高等院校经济管理"十二五"规划教材

营销系列

Contemporary Advertising

现代广告学

| 第4版 |

李东进　　秦　勇◎著

中国发展出版社
CHINA DEVELOPMENT PRESS

图书在版编目（CIP）数据

现代广告学（第4版）/李东进，秦勇著. —北京：中国发展出版社，2015.8（2018.12重印）

ISBN 978 – 7 – 5177 – 0340 – 2

Ⅰ.①现… Ⅱ.①李… ②秦… Ⅲ.①广告学 Ⅳ.①F713.80

中国版本图书馆 CIP 数据核字（2015）第 116113 号

书　　　名：现代广告学（第4版）
著作责任者：李东进　秦　勇
出 版 发 行：中国发展出版社
　　　　　　（北京市西城区百万庄大街16号8层　100037）
标 准 书 号：ISBN 978 – 7 – 5177 – 0340 – 2
经 销 者：各地新华书店
印 刷 者：北京明恒达印务有限公司
开　　　本：787mm×980mm　1/16
印　　　张：27
字　　　数：600 千字
版　　　次：2015 年 8 月第 1 版
印　　　次：2018 年 12 月第 2 次印刷
定　　　价：42.00 元
联 系 电 话：(010) 68990642　68990692
购 书 热 线：(010) 68990682　68990686
网 络 订 购：http://zgfzcbs.tmall.com//
网 购 电 话：(010) 68990639　88333349
本 社 网 址：http://www.develpress.com.cn
电 子 邮 件：fazhanreader@163.com

第4版前言

本书第 3 版于 2011 年 8 月出版，承蒙广大读者厚爱，在 3 年多的时间里被重印多次，赢得了不错的销量和口碑。鉴于当前广告学领域新知识、新理论不断涌现，加之上一版还有一些不尽如人意之处，为进一步提升本书质量，我们基于自身的教学体会和读者们的反馈建议对本书开展了第 4 版的编写工作。

此次再版，在保留第 3 版总体风格和特色的基础上，我们对全书框架结构和篇章内容进行了较大的修订，更新内容近 40%。具体修订工作如下。

首先，对全书结构进行了优化调整。将原书第 4 章"广告计划"和第五章"广告目标与预算"合并编写为第 4 章"广告计划、目标与预算"；将原书第 6 章"广告信息处理过程"和第 7 章"广告信息的认知与情感反应"合并编写为"消费者的广告信息处理与情感反应"。并对这些章节的内容进行了较大幅度的修改。同时，删除了原书第 17 章"企业广告与其他广告"，将其中公益广告的内容放到新书第 1 章第 2 节"广告的分类与作用"中。调整后的全书结构更加紧凑、合理。

其次，对全书的开篇案例、阅读材料和案例讨论进行了大规模的更新和替换。有超过 70% 案例和阅读材料出现在新版教材中。尤其是考虑到当前电子商务迅猛发展的现状，我们增加了大量与电商相关的阅读材料和广告案例，从而使本书紧跟时代发展步伐，更具实用性。

第三，鉴于当前全球经济一体化的趋势和背景，我们新增了"国际广告"方面的内容，作为全书的最后一章。另外，我们还根据广告业的发展变化，对第 2 章"广告的起源与发展"和第 11 章"网络广告"的内容进行了重新编写。

第四，新版教材在每章伊始增加了知识结构图，使读者对全章内容一目了然。同时在课后习题部分增加了单项选择题、多项选择题、名词解释等新题型，并在书后附上习题答案，以方便读者学习和自测。

第五，为方便教学，我们为使用本教材的老师们精心制作了授课所用的全部 PPT 课件、教学大纲、综合测试题等授课资料，欢迎广大教师向中国发展出版社（fazhan-reader@163.com）索取。

第 4 版教材除第 15 章外，全部编写工作由李东进教授和秦勇副教授共同完成。杨继彤和林枭檬提交了第 15 章"国际广告"一章的部分初稿，最后由秦勇补充、修改和定稿。在本书的编写过程中，芦明月同学积极帮助我们进行了文字的校对工作，吴美伶、王玉花、孟玉珍、冯意、王瑶、李思睿、李丹丹等同学提供了有益的编写建议，他们是本书的第一批读者，谢谢这些可爱的同学们。

本书参考和借鉴了众多学者的研究成果，在此表示诚挚的敬意。另外，鉴于书中所引用的部分案例和阅读资料流传较广，引用较为频繁，作者无法确定最初出处，因而未能一一标以出处，在此谨向这些材料的原创者致以真诚的谢意。

最后，我们要特别感谢为本书顺利出版付出辛勤汗水的中国发展出版社的编辑们，感谢他们多年来对我们的一贯支持和帮助。

尽管我们付出了很多努力，但由于学识有限，书中一定存在不少缺点和不足，敬请各位读者批评指正。

李东进　秦　勇

2015 年 5 月于南开园

目　　录

第 1 章

广告导论

■ 本章导读

　　人们在现实生活中接触无数的广告，也无法回避广告。翻开报纸、杂志，打开广播、电视，随意浏览网页，甚至是走在大街上，映入眼帘的、充斥在耳边的总是无处不在的广告。可以毫不夸张地说，人类社会的所有时空都弥漫着浓厚的广告气息。正如大卫·奥格威所言，广告如同空气、水和阳光一样已广泛存在于我们的生活之中，与我们朝夕相伴。作为现代企业营销的重要手段，广告在现代商业社会中正日益发挥着越来越重要的作用。本章在分析广告的定义、功能、分类，以及与广告类似用语的基础上，重点介绍广告的特点及作用，以使读者对广告概念有一个比较完整的认识。本章知识至关重要，是读者进一步学习广告学的基础。

■ 知识结构图

【开篇案例】　　　　　南方黑芝麻糊经典广告

"小时候，每当听见黑芝麻糊的叫卖声，我就再也坐不住了。"1992 年，中国的电视观众都被这一句充满怀旧的旁白再加上那个可爱的小男孩舔碗底的镜头感染了，无数观众沉浸在一

图 1-1　南方黑芝麻糊电视广告画面

片温情脉脉中，南方黑芝麻糊成为中国温情电视广告的鼻祖，获得空前成功。

此广告视听配合相当完美，在表现上，采用了统一的暖色调，配合演员的恰当表演，强化了情感诉求的效果。中心画面表现小孩舍不得放下碗而不断地舔碗，镜头用了大特写，使主题展示令人动情，芝麻糊的卖主给小孩添一勺芝麻糊的镜头进一步强化了心中情感的波动。

买卖一碗芝麻糊看似极其简单，但额外地添加一勺，却蕴集了多少人间真情——母性怜爱、邻里乡情、仁义宽厚、不屑蝇利……中国人的传统美德和真挚情感，真是挥不去，化不开。南方的这则广告最大的特点就在于打出了一张温情牌，遵循中国的传统，以情感诉求方式达到吸引消费者的目的。

南方黑芝麻糊——爱情篇

2010 年 12 月 1 日，王力宏飞抵北京，此行是为南方食品集团广告拍摄而来，在此之前，蓝凤凰公司经过近二个月的合同谈判和档期协调，三方终于敲定于 12 月 2 号拍摄影视和平面广告，广告脚本延用经典的南方黑芝麻糊叫卖声做为广告定格，加上音乐天王的全新演绎，将

图 1-2　王力宏代言的南方黑芝麻糊广告

传统与现代巧妙结合的影视广告作品将延续南方品牌的辉煌。

这是南方黑芝麻糊的爱心杯广告，画面中年轻小伙与恋人手捧南方黑芝麻糊爱心杯，甜蜜十足，氛围也融合的恰到好处。

南方黑芝麻糊走的这条将传统与现代巧妙结合的道路，勾起了 80 后对这段旧时光的深切怀念，令人不禁想起以前的那则温情怀旧的广告，达到了意想不到的效果。

在广告业飞速发展的今天，平淡呆板的广告已经很难引起人们的注意了，因此，今天的很多广告走的是温情路线，通过一段简短的温情故事，勾起

人们对美好情感的回忆，从而对这则广告产生共鸣，进而使人们能够不由自主的记住这则广告，记住广告宣传的产品，因而也就达到了广告的最终目的——促进产品销售。

但如果只是一味的表达感情，不免会让人感觉到乏味，观众如果每天看到的都是大同小异的温情广告，未免感觉千篇一律，因而也不会达到太好的记忆效果。所以现在的广告应该有创新，将传统与现代结合起来，就像南方黑芝麻糊，看似一个传统古老的食品，但是它以爱心杯的形式出现，并且是由王力宏这个青春活力的大男孩捧着的，因而能让人感受到它的现代气息，从而让它在年轻人之中也提高知名度，为南方黑芝麻糊扩大了受众范围，也算是一次不小的成功。

"南方黑芝麻糊"的报纸广告文案

标题：它，还是那个味道！

正文：黑⋯芝麻糊哎——

小时候，一听见黑芝麻糊的叫卖声，我就再也坐不住了⋯⋯

如今，不管过了多久，它还是记忆中的那个味道！

南方黑芝麻糊，滴滴好味道。

广告口号：一股浓香，一缕温情。

附文：南方黑芝麻糊广西南方儿童食品厂荣誉出品。

这则广告最大的特点就是它以南方黑芝麻糊纯正的味道为契合点，勾起人们记忆中对它的怀念，同样打的是温情牌。

南方黑芝麻糊黑色营养篇

"黑五类食品，黑得有道理"这则广告通过黑枣，黑豆，黑木耳，黑糯米，黑芝麻五类食品，将黑色营养的概念深入人心。广告片头"黑色土地象征肥沃，黑色种子孕育健康，播下健康播下希望"传达了一种积极向上的能量。

广告整体上将健康与希望紧紧联系在一起，使片中蓬勃向上的氛围更为浓烈，这符合中国追求健康播撒希望的传统，更能为国人所接受。

简单的说，这则广告最大的特点就是阐述南方黑芝麻糊的黑色营养这一概念，并且将健康与希望联系起来，使广告整体上感觉更为健康向上。

资料来源：百度文库 . http：//wenku. baidu. com/link？url＝flUQwFySZlFvwQey_ ObGnzoD0RGRD0AxWRYE_ T8iTCHW0nprWpGfu_ FQ54a7waz65iCowPWHh3qGSkG2v8RUAbcZAWt9b2fwGk6IF_ ICBRa，有删减。

1.1 广告的概念

"广告"一词来源于拉丁文"Adverture"，其原意是吸引人注意、诱导和披露。在英文中人们常用"Advertising"来指代广告，与之类似的词语还有德语的"Reklame"、法语的"Relame"

和拉丁语的"Clame"等。

我国古代并没有所谓的"广告"一词,而是以"告白"或"广而告之"代之。在《辞源》和《康熙字典》中都查不到"广告"这个词语。事实上,直到20世纪初期,"广告"一词才从日本引入我国。和许多外来词语一样,"广告"也是个舶来品。

1.1.1　广告的定义

美国著名心理学家斯科特(Scott)早在1903年就对广告的定义和理论进行了探讨。他在《广告理论》一书中写到:"任何一项重要的实际事业都需要有一个理论的基础。"他还指出:"一切知名的广告界人士都在征求有关广告的一些基本原则,以便在这个基础上建立一个'合理的广告理论'。"

虽然斯科特的研究距今已逾百年,但时至今日,在学术界仍未形成对广告概念的统一认识,人们从不同的角度来解读广告,并由此形成了一系列不同的广告定义。

1932年,美国《广告时代周刊》征求广告定义,最后确定的定义为:"个人、商品、劳务、运动,以印刷、书写、口述或图画为表现方法,由广告主出费用做公开宣传,以促成销售、使用、投票或赞成为目的。"这一定义强调了广告主的目的——信息的传递。

1947年,美国学者波登(Borden)对广告做了如下定义:"广告是为让公众持有购买产品所必要的想法而提出的视角的或口述的信息内容。"这一定义强调了广告信息的内容。

1948年,美国市场营销协会(AMA)对广告做了如下定义:"广告是可确认的广告主以有偿的方式进行的有关构思、产品、服务的非个人接触的提示或促销。"这一定义强调了广告的促销功能。

赖特(Wright,1982)等从传播学的角度对广告做了如下定义:"广告是通过大众传播媒体所控制的或能识别的信息或劝说。"这一定义强调了四个要点:①信息和劝说。广告是向不确定的消费者或一般公众传递有关企业信息的一种劝说过程。②控制性(controlled)。广告的信息内容、时间以及方向是由广告主所控制的,并且由广告主选择广告媒体。③可确认性(identifiable)。广告信息的接收者可以确认广告主、广告信息内容以及广告主的目的。④大众传播媒体。广告一般通过大众传播媒体传递信息。

Dunn和Barban(1986)从营销学和传播学两个角度对广告定义,他们指出:"广告是可确认的企业或非营利机构或个人以某种方式通过各种不同的媒体向特定群体的受众提供信息或劝说的、付费的、非个人接触的传播。"从这个定义中可以看出,Dunn和Barban把广告的范围扩大到非营利机构(如学校、政府机构、教堂、政党)或个人。

Bovee和Arens(1992)从综合的角度对广告做了如下定义:"广告是可确认的广告主通过不同的媒体传递有关产品、服务或思想信息的事实上劝说性的传播,而这一传播一般是付费的,是非个人接触的。"这一定义的特点是:①强调了信息的非个人接触传播(nonpersonal communication of information）。②强调了广告一般是付费的。③强调了媒体的多样性。广告所利用的媒体并不局限于大众媒体，还包括其他多种媒体。

从上述诸多定义中我们不难发现，从市场营销学的角度来看，广告强调的是产品、服务等促销或销售的功能，即广告的最终目的在于促销或销售。另一方面，从传播学的角度来看，广告作为一种传播手段，其主要目的在于传递信息或劝说。

基于以上分析，我们认为：所谓广告，是指可确认的广告主为了促进交换，主要以付费的方式，通过各种媒体所进行的单向或双向的营销传播活动。

此定义主要强调以下五点。

（1）广告的目的是促进交换。交换（exchange）是交换双方之间的一切行为。交换不仅包括交易（transaction）行为，而且还包括向社会捐赠从而得到荣誉感等的非赢利性行为。虽然广告传递信息，具有传播的功能，但广告的最终目的还是为了促进交换。

（2）广告是可确认的广告主的活动。在广告中，广告主不能用歪曲的方式表示自己的身份，广告主的身份必须是确定的。

（3）广告一般是以付费的方式进行的。但并不是所有的广告都以付费的方式进行。例如，企业在自己的网站上发布广告并不需要支付媒体的使用费。

（4）广告是通过各种媒体以单向或双向的方式进行的。广告主可以利用传统的大众媒体进行单向的信息传递，也可以利用网络等新兴媒体实现信息的双向传播。

（5）广告是营销传播活动。广告是市场营销的重要组成部分，是实现营销目标的有效手段，广告活动要在营销计划的框架下进行。

【阅读资料1-1】 与广告类似的用语

我们在日常生活中经常有意无意地把广告和宣传或报道等词语混淆起来使用。事实上，广告与上述词语既有一定的联系又有很大的区别（见表1-1）。

表1-1 广告与其类似用语的区别

用 语	费 用	与受众接触的方式	目 的	传递的主体
广告（advertising）	付费/免费	媒体	促进交换	明确
企业报道（publicity）	免费	媒体	形成友好态度	明确
宣传（propaganda）	免费	媒体	形成友好态度	不明确
公共关系（public relations）	付费/免费	媒体/人的活动	改善与公众的关系	明确
人员推销（personal sales）	付费	与顾客直接接触	促进交换	明确

1. 广告和宣传

在许多广告定义中，都提到广告是一种宣传手段。这说明广告与宣传有着十分相似的地方。

如它们有着共同的表现形式，可以通过同一媒介和途径来进行；它们都是思想意识和信息的有目的的扩散等等。但作为不同的社会现象，两者之间还是有着一定的差异的。主要表现在：广告的主体必须是明确的，但相比之下宣传的主体是不明确的；广告是以付费的形式向消费者进行传播信息的活动，宣传则是以不付费的形式向大众传播信息；广告是随着商品生产的发展而产生的一种推销手段，而宣传则是在人类社会性生产和生活中适应精神交往的产物等。

2. 广告与企业报道

企业报道也具有一些广告的特点，如企业报道和广告一样也利用媒体。但做广告要付媒体使用费，而做企业报道时一般不需要付媒体使用费。另外，广告主可以控制广告的内容和表现方式，但企业不能完全控制报道的内容和表现方式。

3. 广告与公共关系

所谓公共关系是指为得到公众理解和接受，而对公众态度进行评价，并使个人或组织的策略或程序符合公众关心而确认和实行的管理技能。也就是说，改善组织或公众关系而采取的一种手段。PR 是在各种不同的公众中树立或维持积极、肯定的形象的活动，所以包括企业报道。但通过广告不仅树立企业或产品形象，而且传递产品的信息。所以广告的内容比公关的内容更具体。

4. 广告与人员推销

人员推销是企业通过派出销售人员与顾客进行人际接触来推动销售的促销方法。人员推销的目的也是促进交换，这点与广告是一样的。但是人员推销或口传（word-of-mouth）是直接接触顾客、不利用媒介的沟通方式，这点与广告完全不同。

1.1.2　广告的构成要素

广告的构成要素即广告活动的基本组成单位，主要包括广告主、广告信息、广告费用、广告媒介、广告公司和广告受众等。

1. 广告主

广告主是广告行为活动的主体，包括各类组织和个人。为了促进商品的交换，广告主需要设计、制作并在各种媒介上发布广告。在通常的情况下，广告主会将广告业务外包，委托广告公司代为完成。广告主支付广告费用，对广告发布具有一定的支配权，在整个广告活动中居于主导地位。同时，广告主也是广告的责任主体，需要对其所做广告产生的一切法律后果承担责任。

2. 广告信息

广告信息是指广告主所传递的广告内容，包括商品（产品或服务）信息以及广告主的某种主张或理念。广告主对广告信息的发布具有决定权，经由广告公司创作的广告作品必须得到广告主的认可后方能在广告媒体上发布。

3. 广告费用

广告费用是广告主开展广告活动所需的各种开支，包括广告调研费、广告设计费、广告制作费、媒体发布费等。广告费用的多少取决于多种因素，如广告发布媒介的地位和影响力、广告发布时间段及时间的长短、版面的位置和大小、发布的频率、制作的复杂程度等。如今，一些广告主为了吸引受众的关注，热衷于聘请名人代言，因此所产生的代言费也是一笔巨大的开支。

【阅读资料 1 - 2】　　　　修正药业百万花费请大牌效果立竿见影

"良心药，放心药。"多位明星对着镜头说过这句广告语，曾深入人心，而今随着"毒胶囊"事件的曝光，这变成了一档子并不光彩的事情。

据国内媒体报道，近年来出现在修正药业产品广告中的明星近 10 位，包括孙红雷、张丰毅、陈建斌、林永健等明星，代言了斯达舒、肺宁颗粒、六味地黄胶囊、感愈胶囊等多款产品。见图 1 - 3、图 1 - 4。

图 1 - 3　孙红雷代言斯达舒　　　　图 1 - 4　徐铮代言修正肺宁

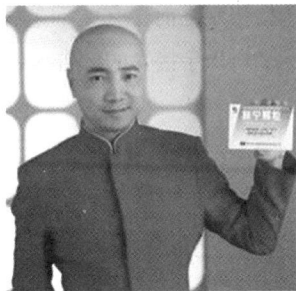

而修正药业在明星代言以及电视广告投放上不惜下重金。有报道称，仅 2012 年 3 月，该公司在央视和省级卫视的广告投放金额就达 3.46 亿元。

当然，明星代言带来的经济效应也是立竿见影的。2011 年，修正药业全年主营业务收入达到 115.04 亿元。

资料来源：转引自腾讯新闻网（http://news.qq.com/a/20120425/000910.htm），原文载于《法制晚报》，作者赵振宗等，有删减。

4. 广告媒介

广告媒介又称广告媒体，既是广告信息的载体，又是连结广告主和广告受众的纽带。没有广告媒介，广告内容就无从展示，因此，广告媒介在广告运作系统中具有极为重要的作用。在我国，由于长期以来广告媒介所处的垄断地位，使得媒介在与广告主和广告代理公司的博弈中居于强势地位。

广告媒介种类很多，传统的广告媒介主要有电视、广播、报纸、杂志、户外等。如今，以互联网为代表的新媒体异军突起，对传统广告媒介造成巨大冲击，大有后来居上之势。

5. 广告公司

广告公司，俗称为广告代理商，是指专门从事广告业务活动的企业。广告公司为广告主提供广告调查、策划、设计、制作、发布等多项服务，并从中获取收益。在经济高度发达的城市，往往也是广告公司云集的地方，如美国的纽约、日本的东京和英国的伦敦等。

我国广告公司在 20 世纪 80 年代初获得了良好的发展契机，借助改革开放的春风，一部分公司快速成长，取得了惊人的业绩。然而，随着广告市场的不断开放，外资公司蜂拥而入，我国本土广告公司在与国外广告巨头的竞争中逐渐处于劣势。

6. 广告受众

广告受众是广告信息的传递对象，可以是组织和群体，也可以是个人。广告信息只有有效传递给受众并为受众所接受，广告活动的目标才有可能实现。正如广告大师李奥·贝纳所言："一个广告在没有印刷出来、没有播放出来、没有张贴出来，或是在一切应该刊播的方式应用之前，并在尽到它应该发挥的传播作用之前，它就不是一个广告。"因此，在广告活动中，应该重视对广告受众的研究，制作目标受众乐于接受的广告内容，同时要选择目标受众能够方便接收的媒体。

1.2　广告的分类与作用

1.2.1　广告的分类

在电波媒体出现之前，广告的主要发布媒介只能是报纸和杂志。被誉为"现代广告之父"的阿尔伯特·莱斯克（Albert Lasker）把广告称为"印刷品上的推销人"（salesman in print），因为那时根本没有广播、电视等传播媒体。如今，广告媒体已经极大丰富，广告信息的传播方式呈现出新的特征，广告的形式和种类日趋多样化。

广告的分类方法很多，具体而言主要有如下分类。

1. 根据广告媒体进行分类

根据媒体对广告进行分类是最常见的分类方法，以此可以将广告分为以下七类。

（1）电波广告。电波广告是指主要通过电波手段来表现广告信息的广告形式，主要包括电视广告和广播广告，它们均属于传统的四大广告媒体。电视广告是以电视为媒介传播的广告，具有形象、直观、传播范围大、传播迅速等特点，近年来一直是广告发布的第一大媒体。广播广告是运用无线或有线广播传播的广告，是一种大众化的广告。此外，电影和幻灯播放的广告亦属于电波广告。

（2）印刷品广告。印刷品广告是指主要通过印刷品传递广告信息的广告形式，包括报纸、杂志、招贴、函件、册子、时历、产品目录、传单等广告。其中的报纸和杂志属于四大广告媒体。

（3）户外广告。户外广告是指通过存放于开放空间的媒体而发布的广告。户外媒体主要有交通类和建筑类两种，其发布媒体具体包括户外的电子显示屏、悬挂在建筑物上的大型广告牌、霓虹灯、专门设置在公路旁及重要交通路口的路牌、流动广告车以及车体、船体内外等。近年来，户外广告的发展十分迅速。

图 1-5　麦当劳的户外广告

（4）新媒体广告。新媒体广告是指利用因特网、PC（个人电脑）、手机等新媒体来传播广告信息的广告形式。由于新媒体广告自身具有传统媒体所不具备的诸多优势，目前正在以令人惊讶的速度发展。新媒体广告已经对传统的广告媒体产生了巨大的冲击。以互联网广告为例，2013 年我国互联网广告市场规模已高达1100 亿元，同比增长 46.1%，创历史新高。近年来，互联网市场保持了高速增长，新业务和新应用层出不穷，成为带动市场扩展的主要推动力。

图 1-6　超市里的加多宝售点广告

（5）直接邮递广告（direct mail advertising，DM）。直接邮递广告是指直接将印刷品广告、录像带、影碟甚至实物等寄送给广告对象的广告形式。在国外，直接邮寄广告是一种非常常见的广告形式，美国 1998 年直接邮递广告费用达到 392 亿美元，成为与无线电视广告并列的第二大广告媒体。但近年来随着网络媒体的兴起，直接邮递广告受到很大冲击。

图 1-7　固特异飞艇广告

（6）售点广告（point of purchase advertising，POP）。售点广告是指在销售现场所做的广告，它是购物场所内外一切悬挂、设置的广告的总称。从建筑物外悬挂的巨幅旗帜，到商店内外的橱窗广告、商品陈列、商品的价目表以及展销会等，都属于售点广告的范畴。

（7）其他广告。此外，还有许多利用其他媒体发布广告信息的广告形式。如利用飞机等飞行物悬浮标语，甚至喷洒烟雾组成特定图案的空中广告；利用包装物和手提袋传播广告信息的包装广告等。这些媒体丰富了广告媒体的形式，也发挥出较好的广告效果。

2. 根据广告主进行分类

根据传递广告信息的主体即广告主进行分类，广告可以分为以下三种。

（1）制造商广告（manufacturer's advertising）。直接生产或制作产品的广告主所做的广告就是制造商广告。

（2）中间商广告（retailer's advertising）。商业批发企业或零售商所做的广告就是中间商广告。

（3）合作广告（cooperative advertising）。虽然是分销商做广告，但由制造商来承担部分广告费的广告就是合作广告。

3. 根据广告受众对象进行分类

根据不同的受众对象进行分类，广告可以分为消费者广告和商务广告。

（1）消费者广告（consumer advertising）。此类广告直接指向最终消费者，是以消费者为对象所做的广告，一般使用大众媒体。在整个广告活动中，这类广告占有较大的比重。我们平常接触的广告，大都属于此类。

（2）商务广告（business advertising）。此类广告是以企业为受众对象，主要是通过专业媒体发布。商务广告又可分为主要针对工业企业，以原材料、生产设备为主要广告内容的产业广告和主要针对中间商为诉求对象所做的商业广告。

4. 根据广告内容分类

按照广告传递信息的内容不同可以将其分为产品广告和非产品广告。

（1）产品广告（product advertising）。此类广告的目的是为了使目标受众了解产品的性能、特点，知晓产品的商标，并产生好感，进而在选购该类产品时给予特别注意的广告形式。

（2）非产品广告（nonproduct advertising）。此类广告的目的是为了扩大企业的知名度和影响力，建立及提升企业形象。因而，在广告中一般并不直接介绍产品和宣传产品的性能、特点等方面的优点，而更多的是表现企业的精神、理念及象征等，这类广告也称为形象广告。

【阅读资料 1 - 3】　　　　红塔集团的企业形象广告

作为中国第一的烟草企业集团，红塔集团旗下有着众多的知名品牌，是消费者心中中国香烟的代表。在竞争环境日益激烈，媒体环境日趋严重的今天，红塔集团需要一个企业形象平台来为众多产品提供形象支持。由此，"山高人为峰"企业形象广告横空出世，其所传达的"超越"和"进取"精神，正是红塔集团从一个小型的地方性烟草厂到中国第一的跨国烟草集团的

发展历程的真实传递，也是大到国家
民族，小到企业和个人在成长历程中
所必有的精神之路。真正的高峰永远
都只在心里，唯有超越自我，才能成
就未来。

在"山高人为峰"主题电视广告
片的创作执行中，把"超越"作为视
觉表达的第一个概念，再配合"山"
的视觉感受，攀登者的形象就跃然眼
前。而真正的超越从来都不是轻易达

图 1 - 8　红塔集团"山高人为峰"企业形象广告

成的，困难越大，战胜困难之后的超越越震撼人心！在广告拍摄过程中，将攀登者置身于风雪
漫天的雪山严酷环境之中，用快节奏的处理方法来表达力量，同时强化团队精神。音乐上考虑
用大鼓在开篇打出雄浑的气势，在中间用圆号奏响昂扬的旋律，来配合"超越"的精神。

以电视广告为重点的"山高人为峰"红塔集团企业形象广告一经发布，立刻在全国甚至
全球范围内，造成了极大的震撼！红塔集团极具生命张力的企业形象深入人心，企业的美誉度
得到空前的强化。

资料来源：http://hi. baidu. com/dqgg/blog/item/5b4ea2fef8a836335d60082f. html。

5. 根据广告目的分类

在不同的时期和具体的环境下，企业的广告目的会有所不同。从经济效益的角度可以将广告
分为盈利性广告和非盈利性广告。

（1）盈利性广告（commercial advertising）。以获取盈利为目的的广告，也叫经济广告。企业
所做的大部分广告是盈利性广告。

（2）非盈利性广告（noncommercial advertising）。广告的目的并不是获取盈利，而是企业或社
会团体表明对社会的功能和责任，表明自己追求的不仅仅是从经营中获取盈利，而是过问和参与
如何解决社会问题和环境问题，向消费者阐明这一意图的广告。此类广告也叫公益广告（Public
Interest Advertising，或 Public Service Advertising）。

公益广告一般是非商业性的，其内容为传播公益观念，其目的为以倡导或警示等方式把有关
社会公共利益或社会公众关心的信息传递给社会公众。因此，更容易引起受众的共鸣，能够起到
盈利性广告所无法替代的作用。

与一般的商业性广告相比，公益广告有以下特征。

首先是公益性。公益广告的最显著特征是公益性而非商业性，公益广告应是纯粹的"公益服
务广告"，其中不应含有任何商业目的。公益广告虽然也是在从事一种诱导性传播，但是其广告

信息均围绕公众利益，而不是广告主利益。

其次是义务性。公益广告内容与广告主商业利益无直接关系，但还要投资制作，体现出投资者对社会公益事业的责任和义务感。

第三是社会性。公益广告的主题及公益广告所产生的效益带有显著的社会性。公益广告的主题内容存在深厚的社会基础，取材于老百姓的日常生活，再通过广告以鲜明的立场、健康的方式实现正确导向，解决的是与百姓息息相关的社会问题。图1-9就是一则光盘行动的公益广告。

图1-9　光盘行动公益广告

图1-10　常回家看看公益广告

第四是大众性。公益广告的诉求对象是最广泛的社会公众，是面向全体社会公众的信息传播。公益广告从性质上讲是公众服务类广告；从内容上讲是社会性题材广告；从目标上讲是宣传教育类广告，这一切都确定了公益广告具有最大的受众面。

公益广告"常回家看看"表现了一家三口在瑞雪纷飞的寒冬即将踏进老人家门的那种喜悦的心情，提醒现在忙碌的年轻人即使工作再忙也不能忘记亲情，要多回家看看老人，见图1-10。

第五是教育性。公益广告以广告的表现手法和独特的艺术魅力，对社会公众产生教育目的，负有教育使命。

公益广告寓宣传教育于情理之中，以倡导、鼓励、规劝、警醒甚至批评等方式引起受众的共鸣，从而达到一般教育所不及的社会效应。图1-11为一张令人震撼的公益公告图片，其警示我们驾驶时拨打电话是一件多么可怕的事情。虽然没有血腥的画面，但足以让我们感到触目惊心。

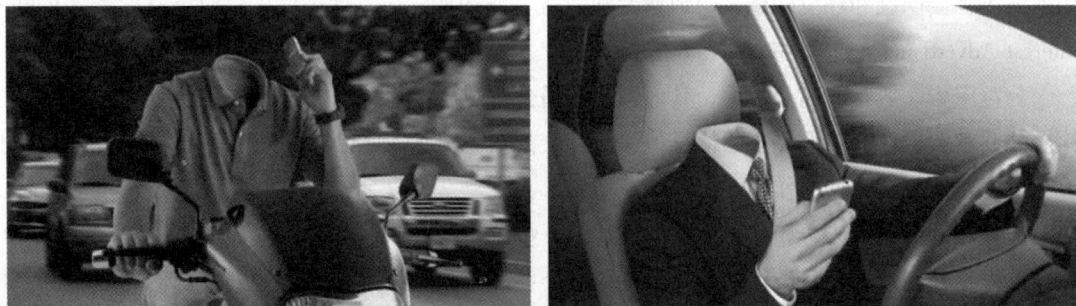

图1-11　交通安全公益广告

【阅读资料1-4】 我国的公益广告

改革开放之后，随着现代意义的商业性广告的恢复和迅速发展以及物质文明和精神文明建设的需要，我国带有公益性质的公益活动在人们的自发意识下不断组织起来。多年来，政府有关部门根据自身工作职责和经费情况，进行了各种各样的公益性宣传活动，例如优生优育、晚婚晚育、防止交通事故、绿化造林、预防火灾、保护环境、治理污染、保护珍禽异兽、宣传爱国卫生运动等。这些公益宣传活动的方法和手段主要是街头招贴，设立广告牌，向有关单位和个人散发宣传单等。同时有些也在大众媒体如广播、电视、报纸上等进行知识性的宣传性的公益活动。但是我国媒体参与的现代意义公益广告活动是20世纪80年代中期开始的。1984年7月5日，由北京日报、经济日报、工人日报、北京晚报、八达岭特区办事处等单位联合主办了"爱我中华、修我长城"的公益广告活动。1986年贵阳市政府和贵阳电视台合作创作了题为"节约用水"的电视公益广告。1987年10月26日中央电视台广告部开设"广而告之"公益广告的专题栏目，这是我国第一个电视公益广告栏目。从此以后，我国公益广告活动全面展开，除了电视媒介的公益广告之外，报纸、户外等媒介等也陆续展开了公益广告活动。特别是从1996年开始由国家工商管理局等政府部门连续组织了公益广告活动。1996年公益广告月（9月1日~10月1日）活动的主题为"中华好风尚"；1997年公益广告活动的主题为"自强创辉煌"；1998年的公益广告活动，以服务中央工作大局为中心，引导人们关注解决社会热点问题；1999年的公益广告活动在中央精神文明指导委员会办公室的指导下，紧密配合党和政府的中心工作，进行了题材广泛、主题突出的宣传活动；2000年中央精神文明建设指导委员会和国家工商行政管理局决定共同组织开展以"树立新风尚，迈向新世纪"为主题的公益广告活动。

随着我国公益广告活动的发展，政府开始从宏观上管理公益广告活动。1997年8月中共中央宣传部、国家工商行政管理局、广播电影电视部、新闻出版署发布"关于做好公益广告宣传的通知"。

我国公益广告从自发组织到政府组织，有了较快的发展。特别是近几年政府组织的公益广告活动充分发挥了公益广告在社会教育、精神文明建设等方面的积极作用，成绩卓著有目共睹。然而，我国公益广告活动发展过程中还有一些需要进一步探讨或改进的问题。

（1）没有专门的公益广告机构。从国外的情况来看，由专门的公益广告机构或团体来组织公益广告活动。如美国的广告公司协会（American Advertising Council）、日本的公共广告机构（Japan Advertising Council）、韩国的公益广告协会。从主题的选择到制作、刊播都是由这些公益广告机构来决定的。而我国还没有像美国或日本那样的机构，到目前为止是由国家工商行政管理局以行政色彩手段来组织公益广告活动。

（2）公益广告资金来源不明朗。公益广告与商业广告一样，从制作到刊播均需要费用支持。从国外情况来看，公益广告资金来源都是很明确的。例如，美国的公益广告资金来源是公共协会会员单位的会费和赞助费；日本的公益广告资金来源是公共广告机构会员单位的会费；韩国的公益广告资金来源是韩国放送广告公社的公益资金。而由于我国公益广告活动的主要组织者是国家工商行政管理局，政府支持的公益广告资金来源有限，所以不得不依靠企业的财力支持。但是有些企业支持公益广告时也提出一些附加要求，如展示其品牌、产品或服务。有的创作者也挖空心思把企业、商业要素嵌在公益广告中展现。这就严重影响公益广告非盈利性这一最基本的特征。

（3）在公益广告创作中重形式轻主题。公益广告的最终目的是提高社会公众的公共意识。在我国经济迅速发展的情况下，社会公众的公共意识也成了社会问题，如环境保护问题、节约资源问题、增强交通安全意识等，公益广告的题材广泛。从国外的情况来看，公益广告主题是在广泛收集社会各部门提供的题材（或调查结果）的基础上由专门的机构（如主题选定委员会）选择的。但是我国公益广告活动的主题主要是由国家行政管理局等政府机构选定，所以选择主题的渠道比较狭窄。而且，各个媒介或相关的公益广告创作机构为完成主题而创作公益广告，结果往往在创作中多重视形式，甚至有"先形式后主题"的倾向，即创作时先寻找表现独特的形式，然后再看与什么主题能吻合。因此，有些表现独特的公益广告其诉求与倡导并不很明确，使公益广告缺乏说服力。

6. 根据产品的生命周期分类

根据产品生命周期各阶段的特点，企业一般采取不同的广告策略。产品处在引入期时，企业广告的目标主要是向消费者介绍产品，让消费者理解产品，所以一般采取产品认知性广告。产品处在成长期或成熟期时，市场竞争日趋激烈，所以企业一般采取强调本产品优越性的竞争性广告策略。进入成熟期或衰退期以后，消费者比较了解产品，所以需要强化消费者的记忆，保持消费者对产品的认识程度，所以采取提醒性广告策略。

（1）认知性广告（awareness advertising）。认知性广告通过向消费者介绍产品的性质、性能、用途、价格等，促进消费者对产品的认知，促使其产生初步需求。

（2）竞争性广告（competitive advertising）。竞争性广告是一种以说服为目的的广告，通过有效的说服手段促使消费者加深对某品牌产品的印象，进而刺激其选择性需求。

（3）提醒性广告（remind advertising）。提醒性广告也叫备忘性广告，是指针对消费者已有使用习惯和购买习惯的产品，通过广告提醒他们不要忘记这个产品，刺激其重复购买。

7. 根据广告诉求分类

广告诉求是指通过广告传播来促使消费者认知和行动，也就是广告诉说有关内容，要求消费者按广告内容指示去购买。

（1）感性广告（emotional advertising）。感性广告也叫情感广告，是指广告内容的选择主要是从感性的角度出发，寻求产品特色与目标受众情感之间的一种和谐或共鸣。感性诉求可划分为两种：①愉悦感性广告。这类广告着重运用富有人情味的诉求，为获得美满感去购买广告的商品。多数消费品均用这种方式。如温暖广告、幽默广告等；②恐惧感性广告。这类广告强调不幸情景，为预防或阻止其出现而购买。药品、保险等广告会用这种方式，如严重性广告、恐惧广告等。

（2）理性广告。理性广告是指广告内容的选择主要从理性的角度出发，直接陈述商品的好处或给消费者能带来的物质利益，从而促使消费者产生理智性购买，主要有产品提示性广告、比较广告等。

8. 根据广告传播范围分类

按照广告传播的范围，广告可分为以下几种。

（1）全国性广告。选择全国性的媒体，如全国性的报纸、杂志、电视、电台等所进行的广告活动形式。这类广告是以全国市场为目标市场的，所以根据全国性市场的特点进行设计与制作。对于同质性较强的产品以及在全国范围内销售的品牌产品而言，可能会更多地采用这类广告形式。

（2）区域性广告。选择区域性的媒体所进行的广告活动形式。由于我国幅员辽阔，各地区之间经济发展不平衡，消费水平也有较大的差距，因而许多商品并不是以全国市场为目标市场的，而是在区域市场内销售。这样，大量的此类广告是针对此类市场的特点进行设计与制作的。区域性广告与全国性广告相辅相成，各具特色，从而提高总体广告效果。

（3）国际广告。选择国外的广告媒体所进行的广告活动形式。国际广告又可分为标准化（standardization）国际广告和当地化（localization）国际广告。标准化国际广告是把同样的广告信息和宣传主体传递给各国市场的广告形式，这种广告要求忽视各国的市场个性，而强调各国市场需求的一致性。当地化国际广告是指通过向不同的国家和地区传递不同的信息，强调各国市场的差异性。采取哪种国际广告形式，实际上是国际广告策略的选择问题。

1.2.2 广告的作用

随着科学技术的不断进步，机器逐渐取代人工劳动，企业生产效率极大提高，大规模工业化生产使得商品过剩现象严重，市场竞争日趋激烈。因此，作为促进商品交换有效手段的广告活动正在为越来越多的商家所重视，并发挥着越来越重要的作用。

1. 广告对市场经济发展的作用

在理想的市场环境下，有限的社会资源是按照市场需求进行合理配置的。但要实现这一目标，必须要有完全的信息传播，而广告在实现信息传播的过程中起到无可替代的作用。广告活动使得社会资源能够在更大的市场范围内优化组合，在更有效率的条件下进行配置，有力地促进了市场经济向更高的阶段迈进。

2. 广告对企业生存和发展的作用

（1）广告是企业获取竞争对手信息的重要途径。在竞争日趋激烈的市场环境下，企业要想在竞争中求得生存和发展，就必须充分掌握大量的市场信息，做到知己知彼，百战不殆。在广告传播过程中，任何一家企业都会在一定程度上将自己的经营理念、市场定位、产品特色、渠道、价格策略等重要信息通过广告传播给目标受众，以此来吸引受众关注，进而购买企业的产品。因此，企业可以根据竞争对手的广告传播活动，获取大量有价值的信息，从而有效制定本企业的经营策略。

（2）广告有助于提高企业的知名度和美誉度。企业知名度和美誉度的提高是一个较为漫长的过程，需要企业长期不懈的投入和努力。一旦美誉度建立，企业就拥有了一份重要的无形资产，这是企业发展的巨大财富。在此过程中，广告的作用异常显著，几乎没有一家企业能够不经广告宣传就拥有很高的知名度。我国的海尔公司一贯重视企业形象的广告宣传，因而在市场中拥有良好的口碑，其"真诚到永远"的服务理念早已深入人心。

（3）广告支持业务人员进行销售活动。业务人员是直接与客户（消费者）打交道的企业员工。业务人员业绩的好坏，与企业的广告宣传活动密切相关。良好的广告活动能够帮助业务人员顺利实现销售目标。

（4）广告能够帮助企业降低成本，增加收益。广告活动能够促进企业产品销量，实现规模经营，从而有效降低成本。成本的降低，可以使企业在同样的价格水平下获得更多的利润。

（5）广告有助于增强企业的竞争意识。市场经济是竞争经济，企业的一切策略都归因于竞争。竞争推动着企业关注市场信息，加强技术开发，注重营销策略以及内部经营管理。改革开放的30年来，人们的竞争意识已得到了初步树立。在这一过程中，广告起了巨大的作用。我们无数次见证了这样的案例：一家籍籍无名的小企业通过广告提高了知名度，产品供不应求，企业迅速发展、壮大，最终成为一家大企业。相反，有一些原本具有较强实力的企业，盲目迷恋产品质量，坚信"酒香不怕巷子深"，从不注重广告宣传，因而最终被市场无情地淘汰。

不过需要我们谨记的是，广告并非企业的万能良药。从1995年至今央视诞生的18位广告标王跌宕起伏的命运让人唏嘘不已。有些企业因大手笔的广告投入而一时风光无限，但最终却因经营不善而走向了失败的边缘。这其中，秦池酒厂的案例最为典型。请看下面根据相关文献整理的资料。

【阅读资料1-5】　　　　　　一代"标王"的悲剧

1994年，出任中央电视台广告信息部负责人的是一位叫谭希松的女强人。谭女士的绝招便是，把中央电视台的黄金段位拿出来，进行全国招标，她还给投标金额最高的企业准备了一顶金光四射的桂冠："标王"。当年11月8日，北京城里开始起风沙的日子，穿着一件陈旧西装的山东临驹县秦池酒厂厂长姬长孔第一次出现在中央电视台梅地亚中心。他可能还意识不到，这里将成为他的幸运和伤心地。一年之后，他成为这里最耀眼的人物；而再过3年，当他又一次企图进入那道玻璃旋转门的时候，却因为没有出入证而被拒之门外。

姬长孔的皮包里带了 3000 万元。这几乎是上一年秦池酒厂的所有利税之和，意味着 3 万吨的白酒，足以把豪华的梅地亚淹到半腰。姬长孔连夜与临驹方面联系，并得到了当地政府的大力支持。经过紧急的密谋，一个新的标底终于浮出水面。

唱标结束，山东秦池酒厂以 6666 万元竞得"标王"，高出第二位将近 300 万元！

"谁是秦池？临驹县在哪里？"众人问。从当时的一张照片可以看出，在场的姬长孔还很不习惯镁光灯的聚焦及众多记者的簇拥，在拥挤的人群中，在火一样蹿升的热情中，他还笑得不太自然。但他显然知道，他终于来到了华山之巅。

1996 年，根据秦池对外通报的数据，当年度企业实现销售收入 9.8 亿元，利税 2.2 亿元，增长 5~6 倍。

1996 年 11 月 8 日，早已名满天下的姬长孔再次来到梅地亚。冲动的情绪如酵母般地在梅地亚会议中心传染，让每一个与会的英雄豪杰都嗅到了一丝"血腥"。竞标从一开始就如脱疆之马，让人无从驾驭：广东爱多 VCD 一口气喊出 8200 万元，超出上一年秦池 1000 多万元。随后，一家名不见经传的山东白酒金贵酒厂就如同一年前的秦池一样企图一鸣惊人，一声喊出 2.0099 亿元——中国广告报价自此首度突破 2 亿元。这时，终于轮到秦池了。当主持人念到"秦池酒厂"的时候，已如沸水般狂腾的全场顿时鸦雀无声。主持人大声叫道："秦池酒厂，投标金额为 3.212118 亿元！"有记者问，"秦池的这个数字是怎么计算出来的？"姬长孔回答："这是我的手机号码。"以 3.2 亿元人民币的代价让一个外国记者记住一个人的电话号码。这样的回答，仿佛是一个让人哑然的黑色幽默。其实，像姬长孔这样精明的人不可能不明白，摆在他面前的事实是：秦池太需要这个"标王"了。或者说，他已经无路可走。

如果秦池不第二次中标，那么其销售量肯定会直线下降。前任"标王"孔府宴酒便是前车之鉴。对于一个富有挑战精神的企业家来说，这不仅意味着企业的死亡，实际上也意味着企业家生命的终结，这是绝对不能接受的。

暴风雨往往突然而来。1997 年初的一则关于"秦池白酒是用川酒勾兑"的系列新闻报道，把秦池推进了无法自辩的大泥潭。几年前，就在秦池蝉联中央台"标王"的同时，北京《经济参考报》的四位记者便开始了对秦池的一次暗访调查。一个县级小酒厂，怎么能生产出 15 亿元销售额的白酒呢？在邛崃县，记者找到当地一家叫"春泉"的白酒厂。据称，秦池的散酒主要是由这家企业在当地收购后提供的。

一个从未被公众知晓的事实终于尴尬地浮出了水面：秦池每年的原酒生产能力只有 3000 吨左右，他们从四川收购了大量的散酒，再加上本厂的原酒、酒精，勾兑成低度酒，然后以"秦池古酒""秦池特曲"等品牌销往全国市场。

《经济参考报》的报道在 1997 年 1 月中上旬刊出，它们像滚雷一般地迅速传播到了全国各地，几乎是在很短的时间里，这则报道被国内无数家报刊转载。还沉浸在喜悦之中的秦池遭遇到了最猝不及防的一击。

那些在"标王"制造运动中稳收其利的人们，此时也站到了秦池的对面，扮演起反思和评判者的角色。谭希松在接受访问谈到秦池时称，一家企业发生危机，不能仅从表面现象看，就像一个人脸上长了一个斑，有可能是内分泌失调造成的。

这就是1997年的秦池，它可能是全中国最不幸的企业。在它君临巅峰的时候，身边站满了弹铗高歌的人们；而当暴风雨来临的时候，甚至找不到一个可以哭泣的肩膀。如果说经济生态圈是一个很冷酷的天地，那么，这就是一个很极端的特例了。

当年，秦池完成的销售额不是预期的15亿元，而是6.5亿元；再一年，更下滑到3亿元。从此一蹶不振，最终从传媒的视野中消失了。

3. 广告对消费者的作用

（1）广告是消费者获取商品信息的重要渠道。在市场经济环境下，特别是在买方市场的环境下，消费者面对品种繁多的商品，几乎无所适从。随着广告媒体的飞速发展和广告创意制作水平的不断提高，广告信息的渗透力和影响力都在进一步加强，广告很自然地被消费者作为获取商品信息及知识的重要途径。

（2）广告影响着消费者的消费观念、消费行为和消费结构。广告信息往往是具有时代感和流行性的，而崇尚流行和求美尝新是消费者共有的心理偏好。因此，广告的示范作用自然影响到人们的消费观念，从而导致消费行为以致整个消费结构发生变化。

（3）广告影响消费者社会阶层的归属。广告的创意表现必须围绕着广告商品的市场定位展开，通过对目标对象的利益的展现，引起他们的注意，使其产生好感，进而导致购买行为。不同的商品有其不同的目标消费群体，身处不同细分市场的消费者将十分关注与自身状况相匹配的商品，并自觉成为此类品牌的忠诚消费者。营销学将整个消费群体划分为各种不同的社会阶层，每一阶层的消费者有其大致相仿的消费习惯和特征。广告以此为创意的基础，使得受众将依照自身的条件确定自己的社会阶层归属。

（4）广告影响目标受众的生活态度。广告的信息内容丰富多彩。有些广告主在制定广告策略时，并不以商品的特征为主要的诉求内容，而试图从商品的特征与企业的理念中找到共融之处。这些理念的阐释对大众会产生一定程度的影响，甚至会起到警示的作用。如海尔的广告语："忠诚到永远！"其实就是一种生活态度的写照。它的作用也许超越了广告信息的传递，而上升为对受众生活态度的影响了。

4. 广告对媒体发展的作用

广告信息必须通过媒体传播，尤其是对于现代广告而言，没有媒体存在，也就无所谓广告。媒体的存在和发展需要大量的资金支持，其来源主要是广告收入。电视、报纸、杂志等媒体能够越办越好，节目能够日益丰富多彩，主要原因在于媒体获得了不菲的广告收入。如央视2013年广告招标收入高达158.81亿元，增长率11.39%，大幅跑赢GDP增长速度，创19年招标收入新高。同时，由于商品竞争的加剧，广告信息的传播要求有更加新颖及更具震撼力的媒体出现，这就进一步推动了媒体的发展。科学技术的进步，使我们能够更为方便地获取全球范围内的信息，运营这一庞大的信息系统的资金来源主要还是广告收入。因此，广告与媒体同生存，共繁荣，相互促进，相得益彰。

5. 广告对文学、艺术发展的作用

为更好地引起受众的注意、激发其购买欲望，广告需充分利用各种艺术表现形式来创作和传递广告信息。这些艺术表现形式包罗万象，可以是文字、诗歌、歌曲、舞蹈以及音乐等等。而为使广告更具感染力，广告创作又往往将几种艺术形式进行综合加工处理。虽然广告时间很短或篇幅很小，但却蕴涵着深厚的文学艺术功底，可以说是文学艺术水平的一种集中体现。

例如，由付笛生、任静夫妇深情演唱、黄圣依担纲主演的五粮液集团企业形象推广 MTV《爱到春潮滚滚来》，不仅曲调委婉悠扬，画面唯美感人，而且歌词也颇具造诣，让人过目难忘。

歌词写道：

一江春水情不尽，我梦绕魂牵

一夜春雨梦不休，你多情缠绵

一朝春露万花开，我美丽无限

一日春风人心暖，你风情万千

一生情深似海，爱到春潮滚滚来

五粮春光灿烂，香醉人间三千年

此外，由著名青年歌唱家谭晶演唱的广东康美药业广告歌曲《康美之恋》，一经推出便受到广大歌迷的亲睐，各大网站纷纷提供在线试听或下载服务，使得这首广告歌曲的流行程度不亚于谭晶之前推出的任何一首单曲。

6. 广告对生活环境及文化的作用

广告尤其是户外广告对于城市环境的美化起着重要的作用。好的户外广告的制作和设置，装扮着城市的街道，营造了良好的人文环境。当夜幕降临，华灯初上，都市中无数的霓虹灯广告光芒四射，变化万千，展示着城市的美丽和繁华（见图 1 - 12），丰富了人们的文化生活，同时也带动了城市第三产业的兴起和发展。

图 1 - 12　霓虹灯广告图片

1.3　广告学的研究对象与方法

1.3.1　广告学的研究对象

广告学是广告学科体系的核心和基础。它研究和探讨一切社会制度下所共有的、各种不同社会制度下所特有的广告活动及其发展规律。广告学作为一门独立的综合性科学，是经过人们长期实践，在经济学、市场学、心理学、社会学、美学等学科发展的基础上逐渐形成和发展起来的。随着广告学研究的日渐深入，在广告学研究的基础上发展起来诸如广告心理学、广告设计学、新闻广告学、广告管理学、广告发展史等新的分支和新的学科。由于广告学的交叉性和综合性，人们对于广告学的研究对象有着不同的看法。

一种观点强调广告的科学性。认为广告是一门科学，不是艺术，它是经济运行中传递信息不可缺少的要素。广告虽然也运用了艺术，但只是广告活动的一种表现形式，是广告活动的手段。广告学经过广大的广告科研人员与广告工作者的共同努力，总结了大量的广告活动的成功与失败的经验，运用先进的研究方法，借助现代科学的运算分析，通过对广告知识的系统整理、总结、提高，探索出广告活动的规律，形成广告原理，揭示了广告活动怎样促进商品销售的规律。因此广告学属于经济科学。

与此相对的另一种意见认为，广告学虽然是一种经济活动，但它深受各种社会因素的影响，是一门艺术，不是科学。广告的经济效益是很难测定的，在同等条件下同时刊登不同的广告，其经济效果也是不一样的。广告经济效益的因果关系不明显，有很大程度上的偶然性。例如，一则报纸广告，究竟有多少人看，看了的人能记住多少内容，又有多少人是看了广告才去购买商品的，这些问题都难以测定。所以，广告活动缺乏规律性和科学性，广告只是通过各种艺术表现形式和造型，引起人们的注意和欣赏，从而传递经济信息，刺激人们的心理欲求。广告活动的效益是心理性和艺术性的。

还有一种看法综合了以上两种意见，认为广告学是一门边缘学科。它的核心部分是经济科学，但它又与其他学科有密切的关系，如经济学、心理学、新闻学、市场学、企业管理学、社会学等社会科学，也涉及到绘画、摄影、书法、音乐、戏剧、文学等艺术，在广告制作中也要具体运用到物理学等自然科学的原理。广告学虽然是一门综合性的边缘学科，但它基本上是一门属于社会科学领域里的经济学科。它揭示了广告促进商品销售的规律，只要依据这些规律进行广告活动，就会收到最大的经济效益和心理效果。

以上三种对于广告学研究对象的陈述，都具有一定的合理性，但也存在着明显的缺陷。前两种说法强调了广告学的独立性，但忽略了广告学的交叉性和综合性；后一种说法过于强调广告学与其他相关学科的联系，把广告学的研究对象与其他学科的研究对象搅在一起，实际上是否定了广告学的相对独立性。因此，对于广告学研究对象的表述，既要从其多学科交叉的特点出发，又要注意保持广告学的相对独立性。因此，即使是边缘科学，也应有自己独立的研究对象和特定的范围体系。

广告学是在许多边缘学科的基础上发展起来的一门综合性的独立的社会科学。它研究的是人类社会中大量存在的一种现象——信息传播现象，广告的本质不是经济性的，而是一种广泛的信息传达。广告实际上在做三件事——传播一种信息、提供一种服务、倡导一种理念。从传播学理论的角度来说，传播学的具体研究对象是包括广告在内的所有大众传播手段，传播学的许多理论也就完全适用于广告学的研究。无论是市场学中的广告，还是各种广告的艺术表现形式，都是在传达一种信息，都具备了信息传播过程的五要素：谁——通过什么媒介——对谁——说了什么——取得了什么效果（Who says what to whom through which channel with what effect. ）。广告的信息传播就包括：广告发布者（包括广告主、广告制作者和传播者，即信息源）、广告信息内容、广告媒介、广告受众、广告效果等要素。

也就是说，广告学要解决的实际问题不是从经济优先的观点出发，而是从传播信息的立场出发，研究各种信息传播的过程、效果及其发展运动规律，其侧重点在于经济、市场信息的传播规律。因此，广告活动和广告事业的产生与发展规律是广告学的研究对象。

现代广告学的研究视野已经从一个较为狭窄的领域，走向一个更为开阔的空间，就是在"营销"和"传播"两个层面上开始对广告的功能和作用进行重新审视。20 世纪 90 年代，舒尔兹等人提出了"整合营销传播"的新概念。在广告整体运作中，整合营销传播被广泛运用于广告实践，并被视为广告学理论体系的有机组成部分。在广告实践中，整合营销传播被描述为：企业或品牌通过发展与协调战略传播活动，使自己借助各种媒介或其他接触方式与员工、顾客、利益相关者以及普通公众建立建设性的关系，从而建立和加强与他们之间的互利关系过程。传播在这里成为营销组合中的一个驱动性力量。广告的营销特性和传播特性在广告的运作过程中实现了高度的统一，广告是一种营销传播活动。对广告的营销与传播的交互式双重理论关照，建立了广告是营销传播的认识。

以广告活动和广告事业为研究对象的广告学，根据具体研究对象的不同，可分为理论广告学、历史广告学、应用广告学三个广告学研究的分支，不同的分支有不同的研究内容。

理论广告学是运用科学方法，对广告活动中的根本性问题进行研究。如广告的概念，广告的分类，广告在社会和经济发展中的作用、地位，广告活动的基本规律、原则，广告研究的基本方法等。理论广告学的研究内容主要有广告活动与社会政治、经济、文化等的关系，广告者的关系，广告在社会和社会发展中的地位与作用等，其根本任务是揭示广告活动的最一般规律。作为广告学体系中具有指导意义的核心部分，理论广告学为广告活动和其他分支的广告学研究提供了理论基础。

历史广告学侧重研究广告产生、发展以及广告事业变迁的规律。它的研究范围很广，内容主要有广告媒介发展史、广告组织发展史、广告设计制作风格（表现技法、工具等）演变史、广告学说史等。历史广告学的研究，可以揭示广告发展的历史规律，把握广告活动的发展趋势，从而指导、调整广告实践。

应用广告学是广告学的主体，它以广告实践作为研究对象，旨在探讨和揭示广告在商品促销中的活动规律。现代广告业之所以能够得到迅速发展，就是因为它自觉地以应用广告学为指导，使广告活动日益科学化、规范化。应用广告学的研究内容是广告活动的业务规律和具体运作方式，如广告策划、广告设计、广告制作、广告管理等。作为一门应用性学科，广告学的理论研究最终要为广告实践服务，而应用广告学正体现了广告学研究的目的性，是贯穿于整个广告学的中心问题。

广告学的研究领域在不断拓宽，广告学本身也在发展和变化之中。通过了解传统广告学的研究视野和现代广告学的研究现状，就能大概认识广告学发展变化的规律和发展趋势。

1.3.2　学习和研究广告学的方法

在学习和研究广告学的过程中，可以参考以下几种方法。

1. 理论与实践相结合的方法

广告学是一门实践性很强的学科。广告学理论产生于广告实践，又服务于广告实践，广告理论必须接受广告实践的检验。因此，在实际广告活动中，必须要重视调查研究，一切从实际出发，同时，也要充分认识广告理论对实践的指导作用，从而使广告理论和实践有机结合，相得益彰。

2. 比较借鉴法

所谓比较借鉴法是把广告学的概念、范畴以及相关的广告理论，进行比较性研究。任何学科理论的建立，都有借鉴、继承和扬弃的过程，必须认真学习和借用一切有用的经验，包括西方发达国家在广告方面的先进技术和有益经验。通过对比分析研究，做到博采众长，融会贯通，推陈出新，在比较中丰富和发展广告学。

3. 案例分析法

案例研究是战后在美国兴起的一种社会科学的研究方法，相当于我们通常所说的典型调查材料。在当代的社会科学著作中，常常附以大量的案例研究材料。通过对典型广告案例的分析研究，总结出一般的规律，给广告工作者以启发和借鉴，从而推动广告管理和广告水平的不断提高。

4. 定性与定量结合法

广告是艺术也是科学，一些自然科学的研究方法同样适用于广告学科。如在广告调查和广告效果评估活动过程中，就需要用到大量的统计学的知识和方法。

5. 系统动态研究方法

系统方法是近几十年发展起来的一种现代科学研究方法，是一种立足于整体，筹划全局，使整体与部分辩证统一起来的一种现代思想方法。学会系统性和动态性分析和研究广告学理论，就会培养自己对于广告学的完整性、严谨性和科学性的研究作风。

本章小结

广告无处不在，正如大卫·奥格威所言，广告如同空气、水和阳光一样已广泛存在于我们的生活之中，与我们朝夕相伴。作为现代企业营销的重要手段，广告在现代商业社会中正日益发挥着越来越重要的作用。

广告是指可确认的广告主为促进交换，主要以付费的方式，通过各种媒体所进行的单向或双向的营销传播活动。

广告在各个层面深刻地影响着我们的社会和经济的发展。从宏观层面来讲，广告的出现有力地推动了商品经济的发展，使社会资源在更大的市场范围内进行组合。从微观层面分析，广告影响着企业的生存和发展，广告有助于企业获得市场信息、提高知名度、支持业务人员销售、降低单位产品的销售费用和增强竞争意识。

广告对消费者的影响体现在：帮助消费者获得商品信息、树立正确的消费观念、消费行为、生活态度以及满足消费者社会归属的心理需求。同时，广告还影响着媒体、文学、艺术和生活环境的发展等。

广告有不同的分类，可根据媒体、广告主体、广告内容、广告目的、产品的生命周期以及传播范围进行分类等等。

广告学是广告学科体系的核心和基础。它研究和探讨一切社会制度下所共有的、各种不同社会制度下所特有的广告活动及其发展规律。学习和研究广告学的方法主要有理论与实践相结合的方法、比较借鉴法、案例分析法、定性与定量结合法以及系统动态研究方法等。

思 考 题

一、单选题

1. 1932 年，美国（　　）征求广告定义，最后确定的定义为：个人、商品、劳务、运动，以印刷、书写、口述或图画为表现方法，由广告主出费用做公开宣传，以促成销售、使用、投票或赞成为目的。

  A. 营销科学学报   B. 广告时代周刊

  C. 纽约时报   D. 美国营销学会

2. 广告活动的最终目的是（　　）。

  A. 提高知名度   B. 引起受众注意

    C. 促进交换   D. 塑造良好形象

3. 进入成熟期或衰退期以后，消费者比较了解产品，所以需要强化消费者的记忆，保持消费者对产品的认识程度，所以采取（　　　）广告策略。

    A. 认知性   B. 竞争性

    C. 提醒性   D. 强化性

4. 广告大师（　　　）说过："一个广告在没有印刷出来、没有播放出来、没有张贴出来，或是在一切应该刊播的方式应用之前，并在尽到它应该发挥的传播作用之前，它就不是一个广告。"

    A. 大卫·奥格威   B. 李奥·贝纳

    C. 吉田秀雄   D. 威廉·伯恩巴克

5. （　　　）是以企业为受众对象，主要是通过专业媒体发布。

    A. 商务广告   B. 制造商广告

    C. 消费者广告   D. 中间商广告

二、多选题

1. 下列不属于印刷品广告媒体的是（　　　）。

    A. 报纸   B. 电视

    C. 户外   D. 网络

    E. 海报

2. 根据广告的内容进行分类，广告可以分为（　　　）。

    A. 产品广告   B. 制造商广告

    C. 消费者广告   D. 商务广告

    E. 非产品广告

3. 与一般的商业广告相比，公益广告具有以下哪些特征？（　　　）

    A. 公益性   B. 社会性

    C. 大众性   D. 竞争性

    E. 教育性

三、名词解释

1. 广告　　2. 售点广告　　3. 商务广告　　4. 消费者广告　　5. 非盈利性广告

四、简答及论述题

1. 理解广告的基本概念时应该注意哪些要点？

2. 广告的构成要素有哪些？

3. 试论述广告对媒体发展的作用。

4. 试论述理性广告与感性广告的不同。

5. 试论述学习和研究广告学的基本方法。

香奈儿——极简的奢华

　　双"C"LOGO、山茶花、斜纹软呢、林格纹皮包、黑色小礼服、玛丽莲·梦露唯一的睡衣——Chanel 5 号香水……说到香奈儿，人们脑海中不断闪现出的是这些专属于她的"图腾"。由一个传奇女性（即嘉伯丽尔·香奈儿）打造的传奇品牌，自 1910 年诞生至今，历久弥新，在传统中革新，在时尚中永恒。

　　……

　　在香奈儿的香水故事中，最为著名的莫过于 5 号香水的传奇：一瓶以香奈儿女士幸运数字"5"来命名的香水；1921 年，在当时巴黎香水界的"第一只鼻子"恩尼斯（Ernest. Beaux）研制的样品中排名第 5 瓶的香水；发布会举办于 5 月 25 日，又恰与 Chanel 第 5 场时装发布会同时举行……于是，在 5 号香水的广告作品中人们不时与"5"相遇。

　　正如香奈儿女士对产品的要求："把所有最漂亮的好东西都放进去，不必考虑价钱。"香奈儿对于 5 号香水的广告投入历来保持不减的热情：从玛丽莲·梦露到安迪·沃霍尔，香奈儿 5 号自诞生以来就一直是名流和艺术家追捧的时尚偶像，而香奈儿 5 号也不断从这些大咖中精挑细选出每一个时代最伟大的偶像来不断提升品牌的内涵。被香奈儿 5 号记录在案的大师有为其留下不朽平面作品的摄影大师理查德·艾维登、依文潘、帕特里科·德马切雷；在各个时期拍摄经典 TVC 的赫尔穆特·牛顿、雷德利·斯科特、吕克·贝松、尚保罗·高德、巴兹·鲁曼等；当然还有每部片子当中的性感女星：阿丽·麦克格劳、劳伦·赫顿、凯瑟琳·丹妮芙、卡洛·波桂，直到如今的妮可·基德曼——她们不仅是性感美女，更是具有智慧灵性的女性，她们成为香奈儿品牌的触角，用可感的媒人身段、迷人微笑、优雅眼神吸引着世人的争相追逐和崇拜。

图 1-13　美女代言的香奈儿 5 号广告画面

　　1930 年，Chanel 特邀当时的著名摄影师 Horst 为 N5 的瓶身拍照；1953 年，5 号香水成为第一个使用电视打广告的商品。之后，每隔一段时日，香奈儿 N5 就会采取拍摄全新的平面或电视广告以及更换代言人的方式，重新诠释"5 号"经典又摩登的香奈儿精神。

　　例如，由卡洛·波桂主演的 Chanel 5 号香水的影视广告，以 20 世纪 40 年代的风格拍摄：镜头里的年轻女子面向大海若有所思，男子缓缓出现，并给予她深深一吻，此时画面转切为浪涛拍岸，同时乐声想起……音乐伴随着浪花的更迭，然后出现年轻女子轻轻微笑的画面。短短的片段却耐人寻味，潮起潮落，斗转星移，时光飞逝，人与人转瞬间擦肩而过，唯一 5 号香水的神秘幽香弥漫时空，久而不散。

　　又如 2001 年由法国著名导演吕克·贝松执导 N5 "小红帽"篇，同样令人记忆犹新。故事叙述了一个身着红衣的"女贼"潜入"博物馆"窃取 N5 香水，当她拿到香水忍不住涂抹于耳根处时，诱人的幽香引来了看门的猎狗，此时女主人不慌不忙走向门外，面对尾随而来的狗，她回眸轻嘘，然后继续沉着离开，凶恶的狗竟然听话地没有追逐。是女性的魅力还是香水的魅力，此刻已经很难分辨，画面结束时透过开启的博物馆大门，我们隐约可见远处的埃菲尔铁塔，既说明了 N5 香水的民族情怀，又暗喻了 N5 香水如铁塔般的经典地位。整个广告色彩鲜明：金碧辉煌的布景对应奢华的产品，与女主人公身上的鲜红裙装形成强烈对比，使观众受到视觉上的冲击力。

　　2004 年对于 5 号香水来说，又开启了一个新的代言人时代。面对竞争激烈的香水市场，为了让这款经典香水更加现代时尚，香奈儿请来了电影《红磨坊》的导演巴兹·鲁曼与以饰演《时时刻刻》夺得奥斯卡影后的澳洲女星妮可·基德曼联袂合作，缔造了一部两分钟的广告（确切的说是电影短片），这也是到目前为止香奈儿品牌投入最大的一部影视广告。

图 1-14　妮可·基德曼的香奈儿 5 号广告

　　广告的主要拍摄地在澳洲，剧中场景全部是搭建而成的，影片中没有出现有关 N5 瓶身镜头，只是演绎了关于明星和凡人的动人爱情。由妮可·基德曼扮演的女星为躲避狗仔队的追逐，无意间冲进一辆已经载人的出租车中，并与车上那位带有波西米亚艺术家气息的男子一见钟情。于是，他们暂时忘却了世俗的烦恼，置身如同《红磨坊》电影中的巴黎屋顶上谈情说爱。但女星终究是要回归现实人生，在状如奥斯卡颁奖典礼的林肯中心红地毯阶梯前，女星被簇拥在光鲜的星光大道中，她回眸远眺那个拥有回忆的屋顶，神情微笑；而远处的他也同样注视着她的美丽身影。画面的最后一个镜头聚焦在女主人公深 V 剪裁的雪白背脊上摇曳着的 N5 钻石项链上，从而带出了品牌名。神秘而梦幻的结尾将香奈儿 5 号的传奇色彩弥漫在整个氛围中。

? 问题讨论

1. 试评价香奈儿 5 号香水的广告策略的成功之处。

2. 如何认识广告在营造品牌中的作用？

资料来源：张家平：《十大品牌广告经典评析》，学林出版社出版 2006 年版。

第 2 章

广告的起源与发展

■ 本章导读

　　广告产生于原始社会末期，是商品生产与商品交换的必然产物。随着人类社会的不断发展，尤其是市场经济及商品社会的出现，广告业获得了良好的发展契机。本章对中外广告的产生与发展进行了梳理和描述，重点阐述了近现代广告业高速发展的历程。通过对本章的学习，读者可以对广告的起源与发展有一个比较清晰的了解和认识。

■ 知识结构图

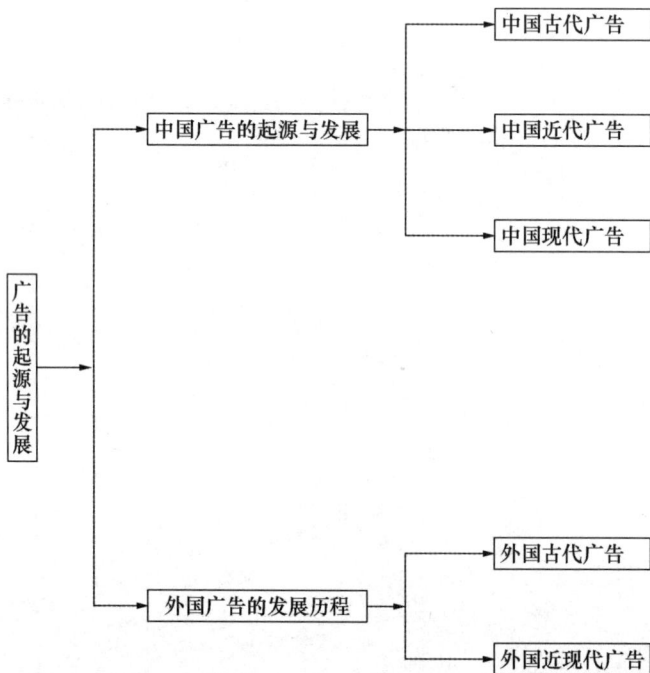

【开篇案例】　　　　　　　　可口可乐百年广告变迁

1886 年 5 月 8 日，药剂师彭伯顿博士在自己家后院用铜鼎调制出一种新口味的糖浆。他和朋友们考虑两个大写字母 C 会使广告更醒目，便为他起名 Coca-Cola；不久又在《亚特兰大纪事报》上刊登了有史以来的第一则可口可乐广告，向全体市民推荐"一种全新的大众化的苏打水饮料"。

如今，可口可乐已经和自由女神像一起成了美国的象征。作为软饮料市场的巨无霸、享誉全球的世界超级名牌，可口可乐是世界上销量最大的饮料，每天被 50 多个国家的 5.43 亿人饮用。

可口可乐之所以成为典型的美式商品，是因为它具备了美国社会的三大特征：自由经营、大量消费和铺天盖地无所不在的广告。广告使可口可乐成为头号全球产品。"成功在于广告"是他们的秘诀。2001 年 8 月美国《商业周刊》评出全球十大品牌，可口可乐稳坐头把金交椅，品牌价值高达 689 亿美元。

可口可乐公司在说明它巨额的广告费用时说："今天，竞争比以往更激烈。这些竞争不仅来自其他软饮料，还来自正在增多的各种各样的产品，这些竞争的目的是赚顾客的钱。这种竞争是富有经验、带有攻击性的，需要有雄厚的经济力量。现在是这个国家有史以来广告运用的最多的时期，我们不能少花钱。"可口可乐的成功不仅在于对广告的充分重视，更在于广告战略的运用。

20 世纪 30 年代以前可口可乐采用了进攻性战略，30 年代以后面临强有力竞争对手的挑战，采用了防御性和进攻性相结合的战略。在全球营销战略上采用全球一致的广告主题策略。每一时期的广告，都有一个基本的主题思想，以微笑作为广告的诉求点。从 1886 年至今，持续不断的广告战略中使用过的广告口号已达 94 条。

"要想提精神请留步""喝新鲜饮料，干新鲜事儿""喝可口可乐只需花五美分""Coca-Cola，一个全球性的符号""真正清凉的饮料""可口可乐使你一帆风顺""挡不住的诱惑"等等不同时期的广告主题，都针对了当时青年消费者爱美、爱虚荣、好奇心强、追求欢乐等心理趋势，通过文字、构图、曲调和媒介运用上的不断创新和着力渲染，赢得消费者的信赖与肯定。

二战期间，可口可乐总裁罗伯特·伍德鲁夫下令以 5 美分一瓶的价格向服役军人兜售可乐。第二次世界大战给世界带来了巨大灾难，却给了可口可乐公司一只诺亚方舟。他们大发战争之财，却被誉为爱国行为。这样的一种广告宣传形式，给可口可乐的销售带来了相当大的收益，这样的影响是深远的：在战争的环境中，在美国大兵这样一个特殊的群体里面建立起来的顾客忠诚度，影响了整整一代美国人。

在这场战争中，可以这么说：珍珠港事件，把美国推入了第二次世界大战，第二次世界大

图2-1　二战时期的可口可乐广告

战却把可口可乐引向了全世界。战争蔓延到哪里，美国大兵就走到哪里，可口可乐的广告就随着美国大兵影响到哪里。战争，似乎就成了可口可乐走向世界的助推剂。

在媒体运用上，可口可乐也从未落伍。从20年代中期到60年代，广播电台是它的首要传播媒体。电视的发展又使它转移了广告的重点，1950年感恩节，可口可乐首次资助电视直播节目。此后，许多重要庆祝活动、娱乐表演和体育比赛都曾得到过可口可乐的赞助。目前，它是世界上最大的体育赞助商。

为了适应个性化消费时代的到来，可口可乐广告在不同国家已开始以本土化的形象呈现。1999年可口可乐在中国推出的电视广告片《年轻的成分》，一改以往的美国面孔，而以全新的本土形象展现可口可乐年轻的心态和健康活力，中式场景、最中国化的面孔和热力四射的音乐，一下子缩短了与中国年轻一代消费者的心理距离。

图2-2　可口可乐奥运赞助广告

可口可乐卓越而成功的广告形象战略——其独特的红白二色标志，已成为它的金护照。人们只要看到标志，就会很快辨认出这是可口可乐。它在全世界展示相同的品牌形象，开创了品牌形象模式化的先河。

"广告是经营的需要，是商业世界一帖美妙的强身剂。"正是这个"美妙"能使顾客高兴，把顾客带到一个美好的世界。卓越的广告策略的成功运用，创造了可口可乐王国的丰功伟绩。可口可乐在一份报告中提出："展望21世纪，我们的目标是继续赢取我们能获得的成功。"

进入21世纪，可口可乐的广告策略更加国际化。广告强调的是全世界共通的博爱与慈悲。可口可乐公司将产品意象从饮料本质抽离，以人与人之间的情感出发，塑造出温馨的氛围，从网站、平面广告，到电视传媒一体成型的宣传，期待创造出另一波高峰。

在可口可乐2007年"心随我爽"主题广告中，红红的主色调、鼓荡激情的旋律、随处可见的可口可乐标志和可口可乐瓶子仍然是广告选用的主要元素。刘翔、潘玮柏的表现也还是那么激情，那么有鼓动力，所不同的是今年的可口可乐主题广告不是放在对"情"的表现上，不是通过对可口可乐饮料在连接青年男女情感流露表现时的独特作用，而是通过年轻人具有的玩"酷"的特点，借助刘翔、潘玮柏的各自优势，在运动内容、游戏表现等方面充分显示可口可乐饮料带来的无限活力，尽情释放"心随我爽"的诱惑。这种诱惑不仅仅是对体验可口可乐的消费者的诱惑，也是对欣赏

图 2-3 网络时代的可口可乐广告

口可乐广告受众的诱惑。同时，这种诱惑又不是对可口可乐往年广告主题的割裂。片尾"要爽由自己"的字样恰似提醒受众，2007 年的广告主题是"要爽由自己"的延伸，是对"要爽由自己"的一种立体化表现。

可口可乐广告演变的过程也是技术手段不断改变广告的过程。从最早的手绘插图到精美的艺术作品，从电视广告初期的定格动画到流畅的产品演示，人物出演的情节短片和后来先进的电脑动画技术。技术的革新，不断丰富着广告的演示手段，推动着广告向更高的层次发展。

2.1 中国广告的起源与发展

2.1.1 中国古代广告

中国广告的起源最早可以追溯到原始社会。在原始社会初期，人们只能以渔猎和采集方式，利用自然界现成的动植物维持生活。人们为了共同生存，需要相互交往，原始的信息传播即社会广告在社会发展中发挥了重要的作用。我国古代传说中的燧人氏教人钻木取火，以及伏羲氏教人结网捕鱼、狩猎的故事，反映了距今一万年前母系氏族时期繁荣兴盛的情况。

在原始社会后期，生产力的发展和社会分工的出现，导致了剩余产品的产生，从而奠定了私有制的基础。随着社会分工的深化，剩余产品的数量和种类日趋增多。为了把用来交换的产品交换出去，就必须把产品陈列在市场上；同时，为吸引他人，势必需要叫卖。实物陈列和叫卖是最早的广告形式。

奴隶社会时期，在我国出现了农业、手工业与商业的分工，行商阶层开始出现。随着商业的发展，商品交换日趋频繁和广泛，买卖中除了走街串巷以外，还有固定的交易场所，如"日中为

市"(《易经·系辞下》)、"百工居肆,以成其是"(《论语·子张篇》)等的描述。封建社会以前的广告形式主要是叫卖广告和实物陈列广告,这些广告形式是我国最初的处于萌芽状态的广告。

我国封建社会从战国时期开始一直延续到清朝鸦片战争之前,经历14个朝代,长达2000多年。在这期间,封建自然经济占主导地位,商品经济仅在一定程度上缓慢发展。因此,广告的发展也是十分缓慢的。在漫长的封建社会中,主要的广告形式是口头广告、旗帜广告、招牌广告、音响广告和印刷广告。

(1)口头广告。宋孟元老的《东京梦华录》有这样的记载:"是月季春,万花烂漫,牡丹芍药,棣棠木香,种种上市,卖花者以马竹篮铺排,歌叫之声,清奇可听。"明冯梦龙《警世通言·玉堂春落难寻夫》中也有"却说庙外街上,有一小伙子叫云:'本京瓜子,一分一桶,高邮鸭蛋,半分一个'"的广告叫卖及叫卖词的记载。口头广告发展到后来,用工具来代替吆喝或两者配合使用,产生了声响广告,如卖布商人的拨浪鼓、货郎担子的小铜锣、卖油的油梆子等。

(2)旗帜广告。旗帜广告以酒旗最多。酒旗也称酒帘、青帘,是周围呈锯齿状的长条旗子。最初的酒旗用青白二色布制作,后来发展到五彩酒旗,并绣上图案或店名。唐宋以后诗人词家多有以酒旗作为话题,而元明清的文学作品中也多有对酒旗的描述。唐朝诗人杜牧的《江南春绝句》中就有"千里莺啼绿映红,水村山郭酒旗风"这样的诗句。

(3)招牌广告。招牌广告是从先秦的悬帜广告发展起来的。到唐五代时还只是集中于官府统一管理的市场内,至宋代却遍及城乡,都市商店几乎每家都有自己的招牌名称。招牌广告是元明清时期主要的广告形式之一。招牌形式有的用文字表示,有的是图文并茂。北宋张择端的《清明上河图》展示了当时汴京繁华的市景和众多商店招牌林立的景象。据统计,画面上仅汴州城东门外附近十字街口,就有各家商店设置的招牌、横匾、竖标、广告等30余块。元代李有在《古杭杂记》中,引用张任国的《柳梢青》词"挂起招牌,一声喝彩,旧店新开"来描绘旧店复业的情形。早期的招牌比较简单,后来发展为请名人书写,并出现了店铺中堂,如酒店的"太白遗风"、米店的"民食为天"等。同时,在招牌装饰上,也开始演变出艺术图案和描金写红等竞比华贵的景象。

图2-4　北宋时济南刘家针铺广告铜板

(4)印刷广告。我国是印刷术的故乡。伴随着印刷术的发明和利用,具有近代广告特点的印刷广告出现了。目前在中国历史博物馆收藏的北宋济南刘家针铺的广告铜版雕刻,是我国最早的铜版印刷广告作品。广告刻版四寸见方,绘有"兔儿"商标,是一幅兔儿捣药图,广告名称为"济南刘家功夫针铺",上面刻着地址:"认门前白兔儿为记"。"白兔儿"就是店门面商号标志,同时写到:"收买上等钢条,造功夫细针,不偷工,民便用,若被兴贩,别有加饶,请记白(兔)"(见图2-4)。明代中叶以后,书商十分活跃,雕版印刷相当盛行。如1498年看本《奇妙全像西厢记》的书末附有出版商金台岳家书铺的出版说明："本坊谨依经书重写绘图，参订编大字本，唱与图合。使寓于客邸，行于舟中，闲游坐客，得此一览始终，歌唱了然，爽人心意。"由此可见当时书商广告的功底。

2.1.2 中国近代广告

近代广告在这里主要指从鸦片战争到中华人民共和国成立以前这段时间的广告发展。1840年鸦片战争爆发后，中国社会进入半封建半殖民地社会。随着外国资本和商品的大量涌入，民族工商业与远洋资本之间互相争夺市场，刺激了广告的发展。从广告发展史来看，在这一时期广告的发展突出地表现在报纸和广播电台的利用。

1. 广告媒介的发展

（1）报纸广告。1853年，英国传教士在香港发行并销售到广州、厦门、福州、宁波、上海等地的《遐迩贯珍》刊物，最先兼登和招揽广告。该刊在1854年曾刊出一则广告，寻求广告刊户："若行商租船者等，得借此书以表白事款，较之遍贴街衢，传闻更远，获益至多。"史学家认为，该刊是在我国出现的最早的铅字印刷的中文报刊。此外，外国人还创办了一些诸如《东方广告报》《福州广告报》《中国广告报》之类的专业广告刊物。其广告业务主要以船期、商品价格为主，这与五口通商之后国外商船往来频繁、货物进出类多量大有很大关系。1872年3月23日，《申报》创刊。《申报》是我国现代报纸开端的标志，由英商美查创办的、以赢利为主要目的的商业报纸。它也是在外国人创办的报刊中由中国人主执笔政的第一家报纸，其上的一则香皂广告见图2-5。

图 2 - 5　1934 年《申报》上所刊的影星黎莉莉的力士香皂广告

同时创办的还有《上海新报》《中国教会新报》等。这些报纸刊登了大量的广告，占到版面的2/3。19世纪末，华人报纸相继创刊，在1895~1898年间全国共创办了32种主要报纸。由于资本竞争激烈，报纸刊数及广告版面迅速增加。到1922年，我国的中外文报纸即达1100多种。当时影响最大的报纸是《申报》《字林沪报》和《新闻报》。《新闻报》创办于1893年，该报1923年即以"日销15万份"作为招徕广告的号召。

此外，一些主要杂志，如《生活周刊》《东方杂志》《妇女杂志》以及《新青年》《每周评论》《湘江评论》《天津学生联合会报》等都刊登过广告。报纸广告的广泛出现，标志着我国近代广告的发展进入了一个新的历史时期。

（2）广播广告。1923年1月23日，我国第一座电台在上海开始广播，它是由美国人奥斯邦的中国无线电公司创办的。其后又出现了美商新孚洋行和开洛公司创办的广播电台。广播电台正式开播广告是在1927年，新新公司开办了一座50瓦的电台，播送行市、时事与音乐。同年，天津、北京也相继开设电台。至1936年，上海已有华资私人电台36座、外资电台4座、国民政府电台1座、交通部电台1座，它们基本依靠广告维持。

（3）霓虹灯广告。上海最早的霓虹灯广告是1926年引进的。不久，外商在上海开办霓虹灯厂，其中丽安电器公司是规模较大的一个。华资电器等公司也在其后相继出现，并为广告公司制作霓虹灯广告。如英美烟草公司为红锡包香烟做了霓虹灯广告。1926年，在上海南京东路伊文图书公司的橱窗内首次安装了霓虹灯广告，是宣传皇家牌（Royal）打字机的。1927年，上海出现了霓虹灯招牌与露天霓虹灯广告，安装在湖北北路中央旅社门首做横式招牌，大世界屋顶也安装了白金龙香烟霓虹灯广告。

（4）交通广告。交通广告在当时盛极一时。它主要包括电车广告、汽车广告、轮船广告、火车广告等。其性质相当于移动的路牌广告，具有制作简便、收费低廉、传递信息面广等优点。

（5）橱窗广告。解放前，上海许多大型百货商店都已有橱窗广告。随着现代建筑的出现和购物环境的改善，橱窗广告发挥着越来越大的作用。

2. 广告业的发展

20世纪30~40年代，我国广告业发展较快。在民族工商业反战的同时，许多大企业设立了广告部，如生产美丽牌香烟的华成烟草公司（其广告之一见图2-6），生产三星牌牙膏的中国化学工业社以及信宜药厂、上海新亚药厂都成立了广告部。与此同时，广告公司也迅速增加。在20世纪30年代，上海有广告公司近20家，规模最大的是联合广告公司。此外，外国人也在我国开办广告公司，如上海克劳广告公司和美灵登广告公司。

此时，广告界出现了同业公会。1927年，中华广告公会在上海成立，是广告行业最早的组织。后几经易名，1933改名为"上海市广告同业公会"，1946年改为"上海市广告商业同业公会"，会员有90家。

图2-6 华成烟草公司的美丽牌香烟广告

【阅读资料 2 - 1】　　　　　　　中国早期的明星商业广告

　　曾几何时，中国的电影明星们对做商业广告还很忌讳，似乎一上广告就有损身份。然时至今日，这种观念的闸门已渐渐被改革开放的洪流冲开了，如果有人能为做过商业广告的明星排个名单，那阵容一定是颇为可观的。时下中央电视台几乎天天播放的娜塔莎·金斯基做的力士香皂广告，著名影星胡蝶在 20 世纪 30 年代也曾做过。1933 年，英商中国肥皂有限公司为打开力士香皂在中国的销路，决定出资举行"电影明星选举"，经投票结果选出明星影片公司的胡蝶为第一名。于是，他们征得"明星"和胡蝶的同意后，在各报刊上大做广告，云："力士香皂，色白质纯，芬芳滋润。日用洗濯，可保肌肤白嫩，容貌秀丽，因此中外明星都爱用。兹将今年力士香皂主办电影明星选举第一名胡蝶女士倩影及签名式刊登于上，以志纪念。"获得其他名次的演员，如徐来、黎明晖、谈瑛、朱秋痕等，也都陆续在广告中出现，使力士香皂在中国的知名度获得了很大提高。

　　20 世纪 30 ~ 40 年代时，影星做商业广告非常普遍，其中尤以荣膺"电影皇后"之称的胡蝶最受厂家青睐，因为明星越红，拥有的"粉丝"也越多，具有的号召力相应也越大。正因为胡蝶拥有这样的魅力，因此，虽然胡蝶本人并不热衷于做广告，但主动找上门来的客户却也不少。如有一家沪江照相馆就曾上门找胡蝶商量，表示愿意免费为她拍摄照片，并承担所有影迷索要照片的回复寄ищ义务，条件是胡蝶的照片由他们制成广告明信片出售。鉴于回复众多影迷的索照信函是一件既费时又麻烦的事，而沪江的照片又拍得确实不错，因此，胡蝶答应了他们的请求。还有一次，胡蝶在一次集会上被人问及："你最喜欢哪一家商店的服装？"胡蝶不假思索地回答："鸿翔服装商店的衣服做工很考究，我经常去那里买衣服。"这本是一句很平常的话，但出自著名影星胡蝶之口，所产生的影响当然就非同一般了。话传到鸿翔服装店老板的耳里，其喜出望外是可以想见的。据说这位老板以后曾和胡蝶达成过一种默契：胡蝶以后所需的所有服装，鸿翔愿意优惠供应，而胡蝶也应在适当的时机为鸿翔多做宣传。这大概可算是一种"口头广告"吧。

　　当时影星做商业广告，大致有这样两种形式。

　　(1) 永久性广告。即厂家用明星的姓名做商品名称。如当时不少商品以"胡蝶"的谐音冠名，并印上胡蝶的照片做号召，当然其中有一些并未征得胡蝶同意，胡蝶为此还曾花费了不少精力与这些不法商人打官司。再如 20 世纪 30 年代杭州有一家蝶来饭店，是以胡蝶和徐来的名字做店名，开业时还特地请两位明星去揭幕剪彩，以示"正宗"。

　　(2) 长期广告。厂家在报刊或影剧说明书等印刷品上，长期刊印某明星的照片及手迹，说明爱用某种牌子的商品。当时的一些甜食点心、高档服饰、化妆品，以及私人开业医生等，都经常用这种形式做广告。如 20 世纪 40 年代初，报上常年刊出陈燕燕、黎明晖等为上海著名的采芝斋食品店做的广告："我们顶爱吃采芝斋糖果。"陈云裳、童月娟等则在报上亲笔赞誉"亚米茄表，余等最信赖之设计式样！"

　　资料来源：资料来源：http://www.66163.com/fujian_ w/news/fzwb/991219/8_ 1. html

3. 广告的研究和管理

1919 年，北京大学新闻学研究会出版了徐宝璜所著的《新闻学》一书，其中对广告做了探讨。1920～1925 年，上海圣约翰大学、厦门大学、北京平民大学、燕京大学和上海南方大学都开设了广告课程。

在广告业和广告学兴起之时，广告管理和监督也逐渐得到重视。如国民党政府在当时的民法、刑法、交通法、出版法中均有涉及广告的条款，并开始征收广告税。许多报馆的广告简章规定"有关风化及损害他人名誉，或迹近欺骗者，概难照登"。当时，全国报界联合会还通过了《劝告禁载有恶影响于社会之广告案》。

尽管广告业在当时有一定的发展，但由于当时的社会性质及经济的不稳定，广告的发展也受到极大的限制。对于近现代时期的广告，可以归纳出以下几个特点。

（1）政府对广告管理不力。虽然政府及有关行业对广告采取了广告监管措施，但显然没有起到应有的作用，许多人仍把广告与欺骗，甚至谋财害命划等号。

（2）产生了一批有一定水平的专业广告公司和广告人才。在经济发达地区，特别是有"不夜城"之称的上海，广告发展是令人瞩目的。我国解放后最早的一批广告就是在这个基础上发展起来的。这时也出现了一些广告画师，如擅长水粉画广告的胡伯翔，以专攻青工图案广告的张光宇等。

（3）广告对经济生活，特别是发达地区产生过较大影响。这也证明了广告与经济发展的联系，经济是广告发展的根本原因。

2.1.3 中国现代广告

我国的现代广告是指中华人民共和国成立到目前为止这一时期的广告。新中国成立后，经济逐渐恢复，广告业一度有所发展。但是在改革开放之前的计划经济体制下，广告业的发展处于停滞和萎缩状态。改革开放之后，传统广告迅速得到恢复，在市场经济发展规律的推动下，广告业的发展速度之快前所未有。

1. 改革开放以前的广告

1949 年，中华人民共和国成立后就着手恢复经济，开始了为期三年的经济恢复时期。为了把旧社会遗留下来的广告业引上有益于经济建设的轨道，上海、北京、天津和重庆等地成立了广告管理机构，对广告进行管理，并在全国相继成立了广告业同业公会；针对当时广告业务中存在的一些问题，对广告业进行了整顿，解散了一批经营作风不正、业务混乱、濒临破产的广告社。各地区以人民政府名义发布了一批地方性的广告管理办法，如天津市卫生局在 1949 年发布的《医药广告管理办法》；上海市人民政府公布的《广告管理规则》；重庆市在 1951 年成立广告管理所后，于年底公布了《重庆市广告管理办法》。

【阅读资料 2 - 2】　　　　　广告，掀起你的盖头来

有商品，则必有广告。从古代的沿街叫卖、幌子招牌到现代的媒体宣传，随着科技的不断发展，广告正在飞速地发展。

这正像法国广告评论家罗贝尔·格兰的一句至理名言那样："我们呼吸着的空气，是由氮气、氧气和广告组成的。"可见广告渐渐渗透到我们的生活之中。

中国是广告的发源地之一，但远没有西方那样盛行，广告反而成了一种洋货、舶来品。

欧美国家是一个彻头彻尾的广告世界，商品广告、公益广告、政治广告等等，令人应接不暇。广告是一门艺术，需要夸张、渲染、强调和突出。是一种自我展示的最佳方式，正好接近西方人坦率直露的性格，这也许是西方广告业发达的原因之一。

比较而言，中国人性格上含蓄克制，不大喜欢张扬个人。

几千年来的文化熏陶，使自我谦虚成为一种让人尊敬的美德，更反感那种自吹自擂、金玉其外败絮其中的浅薄行为。

正因为传统思想的束缚，使得广告业在中国的发展裹足不前，国人也几乎淡忘了"广告"一词。尤其是实行计划体制之后，广告几乎从市场中销声匿迹，取而代之的是官方的宣传。

宣传变成一种丁是丁、卯是卯的报道，脱离了广告的原始轨道，加之宣传的有限性和局限性，使得商品与消费者之间隔开一条鸿沟，两者可望而不可及。

改革开放以来，广告也作为"新生事物"被国人所接受。

人们从"王婆卖瓜"之中惊奇地发现，广告远不是我们理解的那样臭名昭著，一无是处，她是一个绚丽多彩的神奇世界。

资料来源：www.ebook.com。

1953 年，我国开始执行第一个五年计划，从事大规模的经济建设，并在全国范围内开展了对农业、手工业和资本主义工商业的社会主义改造，在流通领域实行计划收购、计划供应和统购包销的政策，其指导思想是建立一个以社会主义全民所有制和集体所有制为基础的社会主义经济制度。1956 年，我国完成了社会主义改造，个体、私营经济成分基本消失，计划经济被作为社会主义的优越性越来越得到加强，商业广告的发展受到了一定的影响。这一时期，报纸广告版面减少；广播广告日益萎缩，一些城市取消了商业电台。此后，对广告不正确的认识逐渐占了上风：认为广告是资本主义的产物，是资本主义社会奢侈浪费的表现。这些认识上的偏差影响了广告事业的健康发展。

1957 年在布拉格召开了国际广告大会，包括中国在内的 13 个社会主义国家的代表参加。此次会议做出了题为"从人民利益出发，发展社会主义商业广告"的决议。1958 年，商业部和铁道部联合发出通知，为使商业广告更好地为生产和消费服务，要求利用车站、候车室、车厢及列车内使用的用具等媒介开展广告业务。从而使广告业务有了一定的恢复。

然而好景不长，1958年开始的"大跃进"，又使广告事业的发展面临新的危机。当时的工业部门提出了"需要什么，生产什么"的口号；商业部门提出了"生产什么，收购什么，生产多少，收购多少"的口号；银行系统则提出"需要多少就贷给多少，什么时候需要就什么时候贷给"的口号。产品不论品种、质量和价格，全都由商业部门包下来。由于商业流通成为独家经营，市场缺少竞争，已很少再有做广告的企业，广告管理也一度废止，广告业面临绝境。如1962年上海市的广告营业额仅为346万元，直到1965年才恢复到500万元。

【阅读资料2-3】　　　　"文革"时期政治广告的兴起

"文革"时期商业广告受到了严重的摧残和冲击，这一时期的政治广告却显得异常兴盛。

这一时期的政治广告形态丰富多彩，路牌广告、橱窗广告、报刊广告、商标广告、游行广

坚决响应毛主席的号召，支援内地干革命！
图2-7　"文革"时期的政治宣传画

告、标语都被熏染上浓重的政治色彩。

"文化大革命"时期，各种户外广告，特别是路牌广告，被铺天盖地的政治宣传口号、形象所替代，变成了政治宣传牌和路牌，形成了所谓"红海洋"的特殊景观。就连商店及粮店之类的陈列广告，所陈列的样品都是"非卖品"，是为了美化环境、装点门面，为体现市场繁荣、为宣传"形势大好，不是小好"而摆设的。影剧院门前也只有宣传八个样板戏的特大海报。报刊保留的广告也多是

宣传政治书刊及"革命"文艺。《人民日报》《光明日报》《文汇报》《南方日报》随处可见政治宣传画和政治口号。以"红卫兵""造反者""东方红""井冈山"等命名的群众组织自发创办的报刊遍及全国，其总量至今无法准确统计，估计至少不下万种，真可谓"满街红绿走旌旗"。这些报刊的主要内容要么是连篇累牍地刊登中央及本单位"走资派"的"罪行录"、内部"首长讲话"和文件、"派性斗争"和武斗的消息、文章，要么就是有关"路线斗争"的历史资料的学习和毛主席著作、首长讲话以及中央文件的心得体会、分析讨论形势的意见等，带有明显的特殊时期的政治宣传色彩。

"文革"时期的商标也带有时代的特点。翻看那个时期保存下来的商标，随处可见毛主席语录、最高指示等"文革"口号的踪迹。如天津钟表厂金鸡牌闹钟说明书上有《满江红·和郭沫若同志》，南昌酒厂工农牌白干商标上印有最高指示，第二砂轮厂白鸽牌切断砂轮说明书上印有毛主席语录。

资料来源：杨海军：《中外广告广告史新编》，复旦大学出版社2009年版，第125页。

1966年是我国开始执行发展国民经济的第三个五年计划的第一年，同年，又发起了"文化

大革命"运动。在这个特殊的时期，由于商品制度从根本上被否定了，广告作为商品生产和商品交换的宣传工具，也被彻底否定。广告管理工作停顿了，在所谓"破四旧"（即破除旧思想、旧文化、旧风俗、旧习惯）的口号下，广告被斥为资本主义的产物，被视为资本主义社会腐朽和浪费的表现。绝大多数商标被列在"四旧"之列，许多老字号被取消；霓虹灯广告被砸烂或撤除，路牌广告被拆掉，橱窗广告被"一片红"代替；报纸杂志不再登广告，广播电台的广告也停止了。各地广告公司的业务全部陷于停顿，许多广告业人员下放、调走，专业队伍七零八落，广告事业几乎到了灭绝的地步。直到 1978 年中共中央召开十一届三中全会，广告业才迎来了新的发展时期。

2. 改革开放以后的广告

党的十一届三中全会以后，是我国广告事业开始快速发展的时期。1979 年初，广告恢复全面启动。1979 年被称为我国的"广告元年"。

1 月 4 日，《天津日报》率先恢复商业广告（天津牙膏厂产品）。

1 月 23 日，《文汇报》刊登了第一条外商广告（瑞士雷达手表）。

1 月 28 日，上海电视台播出了我国大陆电视广告史上的第一条商业广告（参桂补酒）。

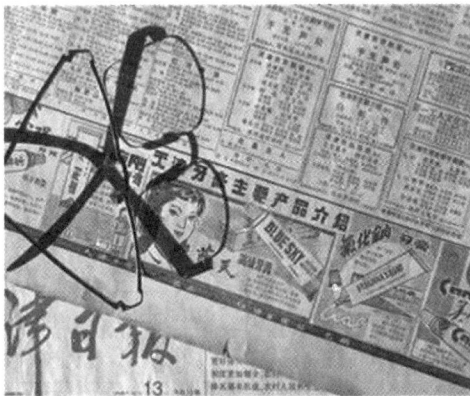

图 2 - 8　1979 年 1 月 4 日《天津日报》刊登的广告　　　图 2 - 9　参桂补酒广告

3 月 5 日，上海人民广播电台在全国广播电台中第一个恢复广告业务。

3 月 15 日，上海电视台又播出第一条外商广告（瑞士雷达表）。

4 月 17 日，《人民日报》刊登了汽车、地质仪器等商品广告。

11 月，中共中央宣传部发出《关于报刊、广播、电视台刊登和播放外国商品广告的通知》，提出"广告宣传要着重介绍四化建设中可借鉴参考的生产资料，消费品除烟酒外，也可以刊登"；并要求"调动各方面的积极因素，更好地开展外商广告业务"，从而使广告业迅速扩大。

（1）总体概况。改革开放以后，我国的经济发展取得举世瞩目的成就。1979～1997 年，我国国内总产值的年平均增长率为 9.8%，其中，1990～1995 年的年平均增长率为 12.8%，远远高于同期世界总产值平均增长速度 2.0%。高速发展的中国经济推动了广告业务的井喷。1980～

1997 年，我国广告营业额每年平均增长 43.93%，其中 1985 年的增速高达 65.7%。1981 年我国广告营业总额为 11800 万元，占国内总产值的比重为 0.024%；而到了 2008 年已达到了 1899.56 亿元，增长了 1609 倍，增速远远超过同期 GDP 的增长速度。

1998 年后由于受亚洲金融危机的影响以及国内一些经济阻碍因素的影响，广告产业的发展速度开始降温。1998 年我国国内总产值为 79148000 万元，比 1997 年增长 7.8%，未能达到年初所计划的 8% 的增长目标。而 1998 年广告营业额为 5378327 万元，比上年增长 16.4%，但比 1997 年的年增长率 26% 下降了 9.6 个百分点。1999 年我国广告营业额为 6220506 万元，比上年年增长率又降低了 0.7 个百分点。而到了 2002 年我国广告营业额为 9031000 万元，年增长率为 8.2%，增长趋于平缓。2006 年我国广告营业额同比增长 11.06%，2007 年同比增长 10.68%，2008 年同比增长 9.11%，和国民经济的增长率越来越接近。2009 年，我国广告营业额首次突破 2000 亿元，达到 20410322 万元，年增长率为 7.45%。2011 年，我国广告业发展又有了新的突破，年人均广告费首次超过 200 元，达到 234 元。全年广告费用总额为 31255529 万元。

2000~2011 年来我国广告业发展概况见表 2-1。

表 2-1 我国广告业的发展概况 （2000~2011 年）

年份	广告营业额（万元）	营业额增长率（%）	占 GDP 的比重（%）	人均广告费（元）	全国广告经营单位（户）	全国广告从业人员（元）	广告从业人员人均广告费（元）
2000	7127000	8.0	0.797	56.229	70747	641116	111160
2001	7944000	11.5	0.820	62.282	78339	709076	112102
2002	9031000	13.6	0.890	70.309	89552	756414	119398
2003	10786680	19.44	0.920	83.473	101786	871366	123792
2004	12646600	17.2	0.790	97.283	113508	913832	138380
2005	14163350	12.00	0.780	108.320	125394	940415	150609
2006	15730000	11.06	0.750	119367	143129	1040099	151236
2007	17409600	10.68	0.710	132.89	172615	1112528	156480
2008	18995600	9.11	0.632	145.01	185765	1266393	150000
2009	20410300	7.45	0.610	152.91	204982	1334898	152898
2010	23405100	14.67	0.589	174.70	243445	1480525	158086
2011	31255529		0.6628	231.98	296507	1673444	186773

资料来源：作者根据《现代广告》等资料综合整理。

在 2000 年四大媒体的广告费中，电视广告费为 168.91 亿元，比 1999 年增长 8.17%；报纸广告费为 146.47 亿元，比 1999 年增长 30.39%；广播广告费为 15.19 亿元，比 1999 年增长 21.33%；杂志广告费为 11.34 亿元，比 1999 年增长 27.31%。在 2000 年我国四大媒体广告费中，电视广告费所占 GDP 比重为 0.19%，报纸广告费所占比重为 0.16%，广播广告费所占比重为 0.02%，杂志广告费所占比重为 0.01%。而到了 2010 年，电视广告费已高达 679.82 亿元，报纸广告费为 381.51 亿元，广播广告费为 77.17 亿元，杂志广告费为 32.22 亿元。这说明四大广告媒体在近十年内均获得了一定的发展，但电视媒体的广告费所占比重已远远高于其他媒体。近年来，在新兴媒体的冲击下，广播、报纸媒体的发展增速明显放缓，从 2007 年至今，广播、杂志媒体的广告费增速没有一年能够超过两位数。2000~2010 年四大广告媒体的具体发展情况参见表 2-2。

表 2-2 　　　　　　　　　　2000~2010 年四大媒体广告费统计

年　份	媒　介	广告费用（亿元）	年增长率（%）	占总额比重（%）	占 GDP 比重（%）
2000	电视	168.91	8.17	23.70	0.19
	广播	15.19	21.33	0.08	0.02
	报纸	146.47	30.39	20.55	0.16
	杂志	11.34	27.31	1.59	0.01
2001	电视	179.37	6.19	22.57	0.19
	广播	18.28	20.34	2.30	0.02
	报纸	157.70	7.67	19.84	0.17
	杂志	11.86	4.59	1.49	0.01
2002	电视	231.03	28.8	25.58	0.23
	广播	21.90	19.80	2.42	0.02
	报纸	188.48	19.52	20.87	0.19
	杂志	15.21	28.25	1.68	0.01
2003	电视	255.04	10.39	23.64	0.22
	广播	25.57	16.76	2.37	0.02
	报纸	243.01	28.93	22.53	0.21
	杂志	24.38	60.29	2.26	0.02
2004	电视	291.54	14.3	23.0	0.18
	广播	32.93	27.8	2.6	0.02
	报纸	230.72	−5.0	18.2	0.14
	杂志	20.37	−16.0	1.6	0.01
2005	电视	355.3	21.9	25.1	0.20
	广播	38.9	18.0	2.7	0.02
	报纸	256	11.0	18.1	0.14
	杂志	24.9	22.1	1.8	0.01

年　份	媒　介	广告费用（亿元）	年增长率（%）	占总额比重（%）	占GDP比重（%）
2006	电视	404	13.7	25.7	0.20
	广播	57.2	47.2	3.6	0.03
	报纸	312.6	22.1	19.9	0.17
	杂志	24.1	−3.1	1.5	0.01
2007	电视	442.9522	9.6	25.4	0.18
	广播	62.8202	9.8	3.6	0.03
	报纸	322.1927	3.1	18.5	0.13
	杂志	26.4648	9.8	1.5	0.01
2008	电视	501.5037	13.22	26.4	0.17
	广播	68.3409	8.79	3.6	0.02
	报纸	342.6737	6.36	18.0	0.11
	杂志	31.0246	17.23	1.6	0.01
2009	电视	536.1903	6.92	26.27	0.16
	广播	71.8703	5.16	3.52	0.02
	报纸	370.4633	−8.11	18.15	0.11
	杂志	30.3792	−2.08	1.49	0.01
2010	电视	679.8263	26.79	29.04	0.17
	广播	77.1668	7.37	3.30	0.02
	报纸	381.5059	2.98	16.3	0.10
	杂志	32.2270	6.08	1.38	0.01

资料来源：作者根据《中国广告统计年鉴》等相关统计数据综合整理。

2011年之后，我国四大广告媒体的发展状况呈现出新的变化，突出表现在电视广告在广告的地位不断下降，增长率不断减缓，甚至在2013年出现了负增长。这说明在网络视频广告的强力冲击下，电视广告已出现萎缩的趋势。2011～2013年我国四大广告媒体广告费用情况见表2-3。

近年来，网络媒体充分发挥自身的优势，大幅度提高了自身的影响力，不仅确立了主流媒体地位，而且在广告市场上也取得了不菲的战绩。

2006～2008年我国网络媒体的广告市场发展迅速，2008年新浪的广告收入达25850万美元，折合人民币约为17.5亿元。其收入已经接近当年全国广告收入最多的报社《广州日报》（2008年广告刊例价为22.06亿元）。腾讯的广告收入从2005年的3.42亿元，增长到2008年的12.09亿元，增长了253.51%，其利润达到4.12亿元，超过一些报业集团的全部收入。

表 2 - 3   2011～2013 年四大媒体广告费统计

年　份	媒　介	广告费用（亿元）	年增长率（%）	占总额比重（%）	占 GDP 的比重（%）
2011	电视	897.9233	32.08	28.73	0.19
	广播	90.9525	17.86	2.91	0.02
	报纸	469.453	23.05	15.02	0.10
	杂志	52.0883	61.63	1.67	0.01
2012	电视	1132.2728	26.10	24.10	0.22
	广播	141.0556	55.09	3.00	0.03
	报纸	555.631	18.36	11.83	0.11
	杂志	83.2723	59.87	1.77	0.02
2013	电视	1101.104213	-2.75	21.94	0.19
	广播	141.186879	0.09	2.81	0.02
	报纸	504.701814	-9.17	10.05	0.09
	杂志	87.207731	4.73	1.74	0.02

资料来源：作者根据《中国广告业发展报告》和国家统计局公布的相关数据综合整理。

近几年，网络广告继续高速增长。以 2013 年为例，当年传统媒体广告经营额持续下滑，电视和报纸广告经营额分别下降 2.75% 和 9.17%，广播广告基本持平，杂志小幅增长 4.73%。与传统媒体相反的是，网络媒体保持了持续的快速增长趋势，根据中国广告协会互动网络分会的统计数据，中国互联网广告在 2013 年实现 638.8 亿元的营业额，较 2012 年（437.97 亿元）增长 45.85%。互联网广告增长空间巨大，视频和移动广告优势逐渐显露，企业开发利用数据能力的增强也使互联网整合营销能力更加强劲，同时给媒体产业结构带来更大的变化。

总之，改革开放之后，我国广告市场快速发展，取得了巨大成就。但近几年来广告业的发展增速变缓（新兴媒体除外）。总体上来说，我国广告产业仍处于发展初期，还有很大的发展潜力。

（2）广告公司。1979 年以前，全国经营广告业务的专业广告公司仅 10 来家，主要经营户外广告。1979 年以后，我国经济日益发展，广告公司的数量如雨后春笋般地增加。1983 年的统计数据显示，全国已有 181 家专业广告公司，年营业额达 4870.9 万元，占当年全国广告营业额的 20.8%。到了 1998 年，全国专业广告公司猛增到 3.3 万多家，年广告营业额达 2301138 万元，占广告行业营业额的 43%，见表 2 - 4。2000～2010 年我国广告经营单位发展势头依然迅猛，年均增长率超过两位数，见表 2 - 5。2013 年，我国广告经营单位数量和从业人员数量继续保持两位数增长，但增长幅度较 2012 年也都有所下降，见表 2 - 6。

虽然改革开放以来我国的专业广告公司得到迅速发展，但我国本土广告公司一般规模小、实力不强，不能向客户提供高质量的综合性服务，因此，与国外广告公司相比明显缺乏竞争力。从 1998 年的情况来看，专业广告公司数为 3.3 万多家，但是平均广告营业额为 69 万元，超过 1 亿

表 2-4　　　　　　　　　1983～1998 年我国广告公司数和营业额增长情况

	1983 年	1985 年	1990 年	1991 年	1992 年	1993 年	1994 年	1995 年	1996 年	1997 年	1998 年
公司数（家）	181	680	1076	1156	3037	11044	18375	22691	25871	29010	33290
营业额（万元）	4870	15108	47907	69264	186403	461745	706013	1071245	1567858	1947413	2301138

资料来源：①中国广告联合总公司：《广告参考资料汇编》，1994 年第 2 期。

表 2-5　　　　2000～2010 年我国广告经营单位（广告公司）数和营业额增长情况

年　份	经营单位/广告公司（户）	营业额（亿元）	营业额增长情况
2000	70747（40497）	712.66（317.73）	14.57%（14.37%）
2001	78339（46935）	794.89（370.98）	11.54%（16.76%）
2002	89552（57434）	903.15（395.65）	13.62%（6.65%）
2003	101786（66353）	1078.68（444.84）	19.44%（12.43%）
2004	113508（76210）	1264.60（565.29）	17.2%（27%）
2005	125394（84272）	1416.30（615.40）	12.0%（8.9%）
2006	143129（99368）	1573.0（631.3）	11.1%（2.6%）
2007	172615（113222）	1740.9629（688.4977）	10.68%（9.1%）
2008	185765（117274）	1899.5614（778.3289）	9.11%（13.05%）
2009	204982（124886）	2041.0322（849.4297）	7.45%（9.14%）
2010	243445（143727）	2340.5076（940.3495）	14.67%（10.70%）

资料来源：作者根据《中国广告统计年鉴》等相关统计数据综合整理。

表 2-6　　　　2000～2010 年我国广告经营单位（广告公司）数和营业额增长情况

项　目	经营单位（户）			从业人员（人）			广告经营额（万元）		
	2012 年	2013 年	比较（%）	2012 年	2013 年	比较（%）	2012 年	2013 年	比较（%）
国有企业	9554	8697	-8.97	89687	114685	27.87	4077237	4083421.88	0.15
集体企业	2173	1891	-12.98	22740	27129	19.30	942228	870278.10	-7.64
私营企业	281509	310326	10.24	1631226	1703940	4.64	18048316	23063127.92	27.79
内资公司（非私营）	512	25057	4793.95	5077	146980	2795.02	90597	4357334.88	4709.59
外商投资企业	1112	1374	23.56	29075	33460	15.08	7601966	4428483.98	-41.75
个体工商户	53905	76031	41.05	185591	267121	43.93	583179	892634.05	53.06

续表

项　目	经营单位（户）			从业人员（人）			广告经营额（万元）		
	2012 年	2013 年	比较（%）	2012 年	2013 年	比较（%）	2012 年	2013 年	比较（%）
事业单位	7354	5938	−19.25	100557	254081	152.67	14134871	11996350.61	−15.13
其他	21659	16051	−25.89	113887	74657	−34.45	1504399	505828.10	−66.38
合计	377778	445365	17.89	2177840	2622053	20.40	46982791	50197459.48	6.84

元的广告公司不到 20 家。随着广告市场的开放，外国广告公司纷纷进军我国广告市场，并逐步占据了主导地位。

我国广告市场从 1987 年公布《广告管理条例实施细则》开始对外开放。《广告管理条例施行细则》第五条和第七条规定外国广告公司在我国境内可以办中外合资、合营广告公司。由对外经济贸易合作部和国家工商行政管理局批准的第一个中外合资广告公司，为 1987 年成立的北京天鹅广告有限公司（与日本广告公司合资的公司）。到 1990 年为止，我国的中外合资广告公司为 17 家。但从 1993 年开始，中外合资广告公司数猛增，到 1995 年我国的中外合资广告公司为 552 家。

外国广告公司一般比国内本土广告公司具有更强的资金基础，并且能提供较高的综合性服务，其广告制作水平也较高，所以在我国广告市场上逐步占据了主导地位。从 20 世纪 90 年代初开始，随着我国向外国广告公司放开大门，外国广告公司纷纷进军我国广告市场。广告营业额排序前 10 名的广告公司中，中外合资广告公司 1993 年只有 2 家，1995 年 5 家，到 1998 年竟达 7 家。2005 年，位居我国广告公司营业额前五位的广告公司无一为本土广告公司。而到了 2008，位居营业额前六的广告已无本土广告公司身影，并且国外广告公司的领先优势越来越明显。2010年之后，本土广告公司的经营业绩有了一定的起色，但实力与外国广告公司（含中外合资公司）相比，仍处于明显劣势。关于 2000～2012 年我国十大广告公司的具体排名请参见表 2－7。

表 2－7　2000～2012 中国广告企业（非媒体服务类）营业额前十名广告公司及营业额

年　份	排　名	广告公司	营业额（万元）
2000	1	盛世长城国际广告公司	138390
	2	麦肯光明广告有限公司	137200
	3	智威汤逊－中乔广告有限公司	121109
	4	上海奥美广告有限公司	91333
	5	精信广告有限公司	79300
	6	达美高广州公司	73694
	7	上海李奥贝纳广告有限公司	67558

续表

年 份	排 名	广告公司	营业额（万元）
2000	8	广东省广告公司	60833
	9	上海广告有限公司	59400
	10	上海灵狮广告有限公司	49500
2001	1	盛世长城国际广告有限公司	140060
	2	麦肯光明广告有限公司	136274
	3	北京电通广告有限公司	109925
	4	上海李奥贝纳广告有限公司	109292
	5	智威汤逊－中乔广告有限公司	94607
	6	北京未来广告公司	90836
	7	精信广告有限公司	87200
	8	上海奥美广告有限公司	74258
	9	广东省广告公司	71897
	10	上海广告有限公司	62802
2002	1	盛世长城国际广告有限公司	219588
	2	麦肯·光明广告有限公司	180986
	3	上海李奥贝纳广告有限公司	169305
	4	北京电通广告有限公司	154980
	5	智威汤逊－中乔广告有限公司	121298
	6	北京未来广告公司	108990
	7	广东省广告有限公司	83000
	8	上海广告有限公司	76904
	9	上海奥美广告有限公司	64157
	10	北京国安广告总公司（集团）	41000
2003	1	盛世长城国际广告有限公司	274774
	2	麦肯·光明广告有限公司	266199
	3	上海李奥贝纳广告有限公司	246426
	4	北京电通广告有限公司	233707
	5	智威汤逊－中乔广告有限公司	170532
	6	北京未来广告公司	118045
	7	广东省广告有限公司	108000
	8	上海广告有限公司	90052

续表

年 份	排 名	广告公司	营业额（万元）
2003	9	上海灵狮广告有限公司	67239
	10	上海博报堂广告有限公司	42141
2004	1	上海李奥贝纳广告有限公司	421868
	2	盛世长城国际广告有限公司	311079
	3	麦肯·光明广告有限公司	277545
	4	北京电通广告有限公司	250374
	5	北京未来广告公司	170000
	6	广东省广告有限公司	133800
	7	上海广告有限公司	122316
	8	上海中润广告有限公司	59083
	9	上海灵狮广告有限公司	58952
	10	TOM 户外传媒集团	58620
2005	1	上海李奥贝纳广告有限公司	381722
	2	盛世长城国际广告有限公司	338429
	3	麦肯－光明广告有限公司	309930
	4	北京电通广告有限公司	250657
	5	智威汤逊－中乔广告有限公司上海分公司	240638
	6	北京未来广告公司	193554
	7	广东省广告有限公司	156000
	8	上海广告有限公司	125200
	9	北京大禹伟业广告有限公司	75900
	10	海南白马广告媒体投资有限公司	70991
2006	1	上海李奥贝纳广告有限公司	393796
	2	盛世长城国际广告有限公司	375102
	3	麦肯·光明广告有限公司	365432
	4	智威汤逊广告有限公司上海分公司	350000
	5	北京电通广告有限公司	286379
	6	上海新结构广告有限公司	273219
	7	北京未来广告公司	237000
	8	广东省广告有限公司	186000
	9	分众传媒（中国）控股有限公司	185000
	10	上海广告有限公司	132300

年　份	排　名	广告公司	营业额（万元）
2007	1	盛世长城国际广告有限公司	431367
	2	上海李奥贝纳广告有限公司	429942
	3	麦肯·光明广告有限公司	423488
	4	智威汤逊—中乔广告有限公司	416972
	5	分众传媒（中国）控股有限公司	370051
	6	北京电通广告有限公司	343520
	7	北京未来广告公司	242817
	8	广东省广告股份有限公司	208000
	9	北京恒美广告有限公司上海分公司	151314
	10	广东凯洛广告有限公司上海分公司	135097
2008	1	分众传媒（中国）控股有限公司	539570
	2	麦肯·光明广告有限公司	492835
	3	上海李奥贝纳广告有限公司	475578
	4	智威汤逊中乔广告有限公司上海分公司	471009
	5	盛世长城国际广告有限公司	427792
	6	北京电通广告有限公司	356886
	7	北京未来广告公司	346487
	8	北京恒美广告有限公司上海分公司	203973
	9	广东凯络广告有限公司上海分公司	184586
	10	凯帝珂广告（上海）有限公司	157688
2009	1	智威汤逊－中乔广告有限公司上海分公司	566800
	2	上海李奥贝纳广告有限公司	496205
	3	盛世长城国际广告有限公司	421895
	4	麦肯·光明广告有限公司	368590
	5	北京电通广告有限公司	367416
	6	北京恒美广告有限公司上海分公司	225596
	7	广东省广告股份有限公司	205024
	8	上海广告有限公司	131815
	9	中航文化股份有限公司	111718
	10	福建奥华集团	100000

续表

年　份	排　名	广告公司	营业额（万元）
2010	1	李奥贝纳广告有限公司	567699
	2	盛世长城国际广告有限公司	559302
	3	北京电通广告有限公司	456924
	4	昌荣传播集团	433200
	5	北京恒美广告有限公司上海分公司	418753
	6	智威汤逊－中乔广告有限公司上海分公司	376756
	7	广东省广告股份有限公司	307863
	8	阳狮广告有限公司上海分公司	212887
	9	中航文化股份有限公司	157906
	10	上海广告有限公司	153124
2011	1	盛世长城国际广告有限公司	666822
	2	上海李奥贝纳广告有限公司	621828
	3	北京电通广告有限公司	573372
	4	昌荣传媒有限公司	565200
	5	北京恒美广告有限公司上海分公司	495802
	6	智威汤逊－中乔广告有限公司上海分公司	376756
	7	广东省广告股份有限公司	371694
	8	上海广告有限公司	187344
	9	中航文化股份有限公司	173045
	10	北京广告有限公司	165574
2012	1	上海李奥贝纳广告有限公司	744840
	2	北京恒美广告有限公司上海分公司	597175
	3	盛世长城国际广告有限公司	559830
	4	北京电通广告有限公司	512496
	5	广东省广告股份有限公司	462664
	6	北京杰尔思行广告有限公司	293922
	7	北京太阳圣火国际传媒有限公司	206130
	8	北京广告有限公司	178727
	9	上海广告有限公司	151618
	10	南京银都奥美广告有限公司	150000

资料来源：作者根据《现代广告》等相关统计数据综合整理。

由表 2-7 可以看出，一些合资广告公司一直是榜上有名，它们不仅有着出色的经营业绩，而且表现一直非常稳定。如在这份榜单上一直位居前列的盛世长城国际广告公司，它是一家经国家对外经济贸易部批准由 SAATCHI & SAATCHI 和中国航天工业部中国长城工业总公司合资的广告经营单位。从 1992 年 8 月成立至今，盛世长城不断发展壮大，营业额从 1998 年的 167329 万元，增加到 2008 年的 427792 万元，再到 2012 年的 559830 万元，其经营业绩一直位居全国广告公司排序前五名。盛世长城国际广告公司坚持"创意就是生命，人才决定一切"的经营理念，对我们本土广告公司也具有一定的借鉴意义。

随着广告市场的进一步开放，我国本土广告公司的发展面临着更大的机遇和挑战。那么在开放条件下，如何发展我国本土广告公司呢？这不能不引起广告界和学术界以及有关部门的极大重视。

【阅读资料 2-4】 　　　　　　　　如何发展我国本土广告公司

在开放的市场经济发展过程中，广告市场的开放问题是无论哪个国家都面临的问题。韩国也是从 20 世纪 80 年代后半期开始开放本国的广告市场的，外国一些著名的跨国广告公司纷纷进军韩国广告市场，加剧了广告市场份额的竞争。但在开放条件下，韩国本土广告公司一直占绝对优势。韩国本土广告公司能占绝对优势的原因主要有以下三个方面：①韩国本土的集团所属广告公司实力强；②在本土广告公司成熟的前提下开放广告市场；③推行独特的广告公司代理制度。

那么，为什么我国本土广告公司在开放条件下失去广告市场的主导地位？其原因如下。

（1）本土广告公司在还不成熟的情况下面临开放的广告市场。我国广告市场是从 20 世纪 80 年代末开始逐步开放的。1987 年公布的《广告管理条例实施细则》中的第五条和第七条规定外国广告公司在中国境内可以办合资广告公司。到 1990 年在我国境内注册登记的有外资背景的广告公司 17 家，到 1993 年猛增到 290 家。但我国广告费占 GDP 的比重，1987 年为 0.098%，1990 年为 0.141%，1993 年为 0.392%。这说明开放广告市场的时候，我国广告产业还比较落后，还没有形成一定的规模。在开放条件下，脆弱而不成熟的本土广告公司只能把市场份额让给实力雄厚的中外合资广告公司。

（2）对广告市场开放所带来的一系列问题没有提前给予充分估计和讨论。广告市场的开放至少带来以下两方面的冲击：一是对本土广告公司的冲击，一是对我国传统文化价值观的冲击。前者是"有形"的冲击，后者是"无形"的冲击。在我国本土广告公司普遍脆弱的情况下开放广告市场，首先受到冲击的就是本土广告公司；另一方面来说，广告毕竟影响文化，所以开放广告市场就意味着外国文化的涌入。现在我们在广告里不难看出强调个人主义、物质万能主义等西方文化的广告内容。但在开放广告市场的时候，我国学术界和广告界还没有充分估计或讨论开放广告市场所带来的这一系列问题。也就是说，在理论上没有充分的准备。

（3）强媒介、弱广告公司的格局一直没有改变，在这样的情况下开放广告市场，本土广告公司发展的空间就更狭小。在我国广告界，由于媒介特殊的体制属性，以及由政府行政管制赋予广告资源的垄断性经营，造成媒介在广告市场上的强势地位。

那么，在开放条件下，如何发展我国本土广告公司？如何发展我国民族广告产业？韩国本土广告公司发展的经验至少给我国本土广告公司发展有以下两方面的启示。

其一，企业直接投入于广告业。目前我国企业也向集团化发展，所以企业的规模也不断扩大。加上企业的广告意识不断提高，大部分企业已认识到广告不仅是重要的营销手段，而且是积累企业品牌资产的传播手段。集团公司直接参与广告业，起点会比较高。因为比较充足的资金保证，能使广告公司引进先进的设备和高级的专门人才；并且至少能保证集团内的广告主，从而使广告公司稳步发展。

其二，实行广告公司资质认定制度。目前我国大部分广告公司的总体策划、创意等方面的水平还不高，技术设备落后，服务质量差，特别是规模一般都小。这样，本来有限的资源和市场更为分散。所以尽快制定广告公司资质标准，严格把关广告代理制度，从而改变目前媒介选定广告公司的比较混乱而不规范的状况。为此，应制定有关法律，建立像韩国放送广告公社那样的带有管理和社会公益性质的广告管理公司，专门管理广告代理业务，执行广告公司资质认定制度。

（3）广告媒介。1979 年 11 月，中央宣传部发出《关于报刊、广播、电视台刊播外国商品广告的通知》后，我国媒介单位大力开办广告业务，广告兼营活动迅速增加并持续发展。1983 年，电视、报纸、广播、杂志四大媒介广告兼营单位数为 1110 家，其广告营业额为 11842.7 万元；而到 1998 年四大媒介广告兼营单位数为 10075 家，媒介兼营的广告营业额为 2604290 万元。

20 世纪 90 年代后半期以来，我国大部分媒介不断扩大规模。如中央电视台目前已有十几个频道，各地方电视台也有多个频道。就天津地区来说，天津电视台有 3 个频道，天津有线电视台有 3 个频道。另外，像《人民日报》《经济日报》《光明日报》等中央报纸也扩大版面，目前每日有 16～18 个版面。地方报纸，如《北京晚报》也从每日 16 版扩到每日 24 版。

进入 21 世纪后，我国广告媒介经营单位数量猛增，从 2000 年的 7047 家增加到 2010 年的 243445 家，增长率为 245%。广告公司数量由 2000 年的 40497 家增加到 2010 年的 143727 家，增长率为 255%。四大广告媒体中，电视台、广播电台及报社的数量有所下降，其中数量变化最大的为报社，由 2000 年的 2226 家减少到 2010 年的 1823 家，11 年间共计减少 403 家，减少了近 20%。杂志社的数量在近十年基本保持稳定，2000 年时数量为 3835 家，2010 年为 3916 家。具体数据请参见表 2-8。

20 世纪 90 年代中期以后，我国广告媒介出现的另一种变化趋势，是媒介通过组合和调整开始走向集团化。1998 年，广州的《南方日报》和《羊城晚报》合并建立南方日报报业集团。同年，《经济日报》和《光明日报》各自建立报业集团，上海的《新民晚报》和《文汇报》也合

表2-8　　　　　　　　　　2000~2010年我国广告媒介数量发展状况　　　　　　　　　单位：家

年　份	经营单位	广告公司	电视台	广播电台	报　社	杂志社	其　他
2000	70747	40497	3067	720	2226	3835	9009
2001	78339	46935	3076	711	2182	3576	9864
2002	89552	57434	2901	710	2235	3874	10645
2003	101786	66353	2924	658	2225	4009	11793
2004	113508	76210	2750	714	1955	4006	14768
2005	125394	84272	2800	919	1845	4056	14342
2006	143129	99368	2763	938	1832	4015	15293
2007	172615	113222	—	—	—	—	—
2008	185765	117274	2639	667	2077	4430	22258
2009	204982	124886	2719	697	1894	4266	26754
2010	243445	143727	2816	686	1823	3916	33414

资料来源：作者根据相关网站统计数据综合整理。

并成立报业集团。同时，某些报纸开始主办杂志，向杂志进军；更多的报纸是向多元化横向发展，纷纷设立专刊、周刊或周末刊，使报纸本身向杂志化版式发展。

通过这些规模的扩大和行业内的重新组合，媒介之间开始形成新的竞争格局。长期以来，处于领导地位的中央媒体的强势逐步被淡化，地方媒体的势力继续上升，香港媒体的影响也逐步扩大。

另外，在各城市日报平均阅读率排名前三位的报纸中，各城市排名前两位的报纸几乎都是当地报纸。全国性报纸的影响正在减弱，地方性报纸在各地的报纸市场中占主导地位。根据《现代广告》杂志1999年发布的数据，1998年，在北京，订阅率前三位的报纸为《北京晚报》（54.32%）、《北京日报》（17.96%）、《北京青年报》（17.02%）；在广州，订阅率前三位的报纸为《广州日报》（52.12%）、《羊城晚报》（43.94%）、《新快报》（4.75%）；在深圳，订阅率前三位的报纸为，《深圳特区报》（40.78%）、《深圳商报》（20.24%）、《深圳晚报》（8.50%）；在上海，《新民晚报》和《解放日报》的订阅率最高。几年以前，像《人民日报》等中央报纸一般由单位或者企业订阅，而现在这些报纸大部分是由个人订阅的。在广州，《人民日报》的订阅率从1995年的21.3%下降到1998年的2.1%。地方报纸占主导地位，这种格局形成与外国特别是欧美国家的报业市场不同的特点。

总之，我国的媒介通过扩大规模和竞争，正不断从"意识形态的媒介"向"产业经营的媒介"转向。这为广告业的发展提供了更多的条件和机遇。但是，媒介在广告市场上的强势地位至少在短时期内是不会改变的。

（4）广告的监督管理。1979年改革开放以后，随着广告业的恢复和发展，需要对广告的统一监督和管理。1980年，国务院工商行政管理局下设广告管理司，开始统一监督和管理广告业。1982 年 2 月，我国公布了第一个广告管理法规，即《广告管理暂行条例》和《广告管理暂行条例实施细则》；1987 年又公布了《广告管理条例》和《广告管理条例实施细则》；1994 年 10 月通过《广告法》，具体地明确规定有关广告监督管理方面的内容。除了《广告法》以外，有关广告监督管理方面的行政法规或条例还有《药品广告管理方法》《食品广告管理方法》《医疗仪器广告管理方法》等。有关我国广告监督管理的具体内容，我们将在广告管制一章中详细讲述。

2.2　外国广告的发展历程

2.2.1　外国古代广告

国外广告的历史源远流长，公认的现存最早的文字广告是在公元前 3000 年，它是在埃及尼罗河畔的古城底比斯发现的写在羊皮纸上的广告。其内容为："一个叫谢姆的男奴隶，从善良的织布匠哈浦家逃走，首都特贝一切善良的市民们，谁能把他领回来的话，有赏。谢姆身高 5 英尺 2 英寸，红脸，茶色眼珠，谁能提供他的下落，就赏给半个金币，如果谁能把谢姆送到技艺高超的织布匠哈浦的店铺来，就赏给他一个金币。"

公元前 79 年，维苏威火山爆发，古代罗马的庞贝城被埋在火山熔岩下。而经考古发现，在庞贝纵横交错的街道建筑物的墙上和柱子上，刻满了各种文字和图画；在官方规定的广告栏内，还发现有候选人的竞选广告。

在古希腊和古罗马时期，一些沿海城市的商业也较发达，已有叫卖、陈列、音响、文图、诗歌、招牌等广告形式。如古代雅典的一首化妆品的叫卖诗，可称为最早的声响广告："为了两眸晶莹，为了两颊绯红，为了老珠不黄，也为了合理的价钱，每一个在行的女人都会——购买埃斯克里普托只制造的化妆品。"罗马商人在墙壁刷上商品广告，悬挂在全城固定地点。出租广告也多见，有一则广告写到："在阿里奥·鲍连街区，业主克恩·阿累尼乌斯·尼基都斯·梅乌有店面和房屋出租，二楼的公寓皇帝也会合意，从 7 月 1 日起出租，可与梅乌的奴仆普城姆斯接洽。"

1445 年，德国人谷登堡发明了金属活字印刷，从此西方活字印刷技术被广泛应用，开辟了印刷广告的时代。

1472 年，英国人卡克斯顿（William Caxton）在伦敦教会前张贴了一张长 12.5 厘米、宽 17.5 厘米的招贴式广告，取名为"Siquis"。Siquis 意指"如果有人（有兴趣的话）"。该广告主要内容是告知市民如何廉价获取宗教仪式书籍。这则广告被大多数广告专家认定为最早的印刷广告。现在英国还保存着两张。

2.2.2　外国近现代广告

1609 年，德国出现了世界上最早的报纸，叫 *Aviso* 和 *Relation*。这时还出现了广告代理店，

1610 年英国最早出现了广告代理商，这是詹姆斯一世让两个骑士建立的。1612 年法国的雷纳德创立了广告代理商，叫"高格德尔"。1622 年，第一份英文报纸《每周新闻》在伦敦出版，并首次刊载了一份书籍广告。

17 世纪后半期，英国报纸上出现了食品广告，如 1675 年 7 月 Public Advice 报纸上刊登的咖啡广告，它反映了当时的食品情况。

在报纸发行的同时，杂志也陆续出现，世界上最早的杂志是创刊于 1737 年的英国杂志《绅士》。10 年后，美国的费城有两种杂志创刊。1830 年，海尔夫人在费城创办《格台妇女书》杂志，成为美国妇女杂志的先驱。

1850～1911 年，现今世界上有影响力的报纸相继创刊。它们是英国的《泰晤士报》和《每日邮报》，美国的《纽约时报》，日本的《读卖新闻》和《朝日新闻》，法国的《镜报》等。

1841 年美国费城成立了第一家广告公司，广告业务逐步形成一个行业。

1868 年，第一家具有现代意义的广告公司——艾尔父子广告公司创办。他们通过代理报纸的广告业务，为报纸承揽客户，并向报纸收取佣金。此后，不同规模的广告公司相继出现。

世界最早开办广播电台的是美国。1902 年，第一家领取营业执照的广播电台——匹兹堡西屋电器公司的商业电台开始播音。继美国之后，其他国家也相继建立了广播电台。这些电台都设有商业节目，主要播放广告。

世界上第一座电视台是 1936 年在英国建立的。美国开始设立电视台是 1939 年，正式开始播放商业电视是在 1941 年。第二次世界大战期间，各国电视事业都停止了。战后，电视事业得以迅速发展，尤其是 20 世纪 50 年代美国首创彩电之后，由于电视广告集语言、音乐、画面于一体，电视成为最理想的传播媒介，在此后的广告业中独占鳌头。

世界上第一架霓虹灯广告是由法国的克劳特安装在巴黎皇宫上的。以后又逐步扩大到法属殖民地和英属殖民地，1923 年进入美国。到 20 世纪 30 年代，霓虹灯广告已广泛普及。

户外广告在 17 世纪就得到了发展。1870 年，户外广告收入占商业广告的 30%，比较大的是酒店的广告牌、彩票海报、药品广告。到了 20 世纪初，由于汽车的数量不断增加，户外广告的重要性进一步提高。户外广告多以图画为主，对经常来往的行人，不断重复宣传，给人印象较深。

此外，空中广告以广阔的天空为背景，书写或垂挂巨幅广告文字，能吸引众多人的注意。1913 年，英国空军少校萨维奇组织了烟雾空中广告试验。1922 年，在英国一个赛马场上空举行了首次表演，飞机在空中利用烟雾写下了"Daily Mail"（《每日邮报》）字样。空中投光广告最早是在美国纽约进行的，它是用 9.1 万个烛光投光机在 50 米上空放射而成的，这种空中广告给人新奇壮观的感受。

随着经济的发展与科技的进步，广告产业也迅速发展。全球用于广告的费用，1976 年是 595 亿美元，1980 年为 1114 亿美元，1986 年为 1800 亿美元，而 1996 年达 2910 亿美元。近年来，全球广告费的规模已超过 20 年前。2008 年，全球广告费用为 7518 亿元，2009 年与 2010 年全球广告费用持续下降，分别为 7022 亿美元和 6657 亿美元，但仍维持在较高的水平（见表 2 - 9）。

表 2 - 9   2008 ~ 2010 年全球广告费统计

年 份	广告费（亿元）	增长率（%）
2008	7518	—
2009	7022	- 6.6
2010	6657	- 5.2

资料来源：作者根据相关网站资料整理

近年来，全球广告业发展的集中趋势越来越明显，表现为强者恒强。世界十大广告公司和十大广告集团的庞大规模能够充分说明这一现象。1999 年全球最大的广告集团奥姆尼康全球营业额高达 57.4 亿美元，全球最大的广告公司电通的营业额达到 21.08 亿美元（见表 2 - 10、表 2 - 11）。到了 2000 年，全球最大的广告集团和广告公司的全球营业额已高达 79.71 亿美元和 24.32 亿美元（见表 2 - 12、表 2 - 13）。2007 年，全球最大的广告集团和广告公司分别为奥姆尼康和日本电通，其营业额较 2000 年均有较大幅度增长（见表 2 - 14、表 2 - 15）。

表 2 - 10   1999 年世界前十大广告集团   单位：亿美元

排名	广告集团	总部	全球营业总额	增长率（%）	资产总额
1	奥姆尼康	纽 约	57.43	13.5	455.49
2	Interpublic 集团	纽 约	50.79	14.6	471.53
3	WPP 集团	伦 敦	48.19	16.2	371.06
4	哈瓦慈	Levallois-Perret 法国	23.85	17.1	184.85
5	电通	东 京	21.07	18.0	149.29
6	B Com3 集团	芝加哥	19.34	18.7	156.95
7	扬·罗必凯	纽 约	18.70	17.5	167.22
8	葛瑞	纽 约	15.78	16.4	97.97
9	正北	芝加哥	14.89	16.0	139.54
10	Public SA	巴 黎	14.35	18.3	103.10

资料来源："广告时代第 56 届年度报告"，载于《国际广告》2000 年第 8 期，第 6 页。

表 2 - 11   1999 年世界前十大广告公司   单位：亿美元

排名	广告公司	全球营业额	增长率（%）	全球资产额	增长率（%）
1	电通	21.09	18.1	130.33	14.5
2	麦肯环球	18.65	12.7	138.27	14.3
3	BBDO 环球	14.15	18.9	108.82	11.5

排名	广告公司	全球营业额	增长率（%）	全球资产额	增长率（%）
4	智威汤逊	12.70	19.8	179.41	10.5
5	欧洲 RSCG 环球	12.69	14.0	182.90	15.5
6	葛瑞	11.93	12.9	170.54	12.9
7	DDB 环球传播	10.78	16.7	178.25	10.5
8	Publicis 环球	10.09	18.9	162.24	16.5
9	李奥·贝纳	19.58	10.3	162.71	14.3
10	奥美环球	19.38	17.6	180.77	19.4

资料来源：广告时代第 56 届年度报告，载于《国际广告》2000 年第 8 期，第 7 页。

表 2－12　　　　　　　2000 年世界前十大广告集团　　　　　　单位：亿美元

排名	广告集团	总部	全球收益	增长率（%）	资产总额
1	WPP	伦敦	79.71	19.9	—
2	奥姆尼康	纽约	69.86	11.9	—
3	Interpublic	纽约	65.96	16.9	—
4	电通	东京	30.89	22.2	—
5	哈瓦兹	法国	27.57	7.8	—
6	Pubiicis	巴黎	24.79	7.8	—
7	Bcom3	芝加哥	22.16	16.0	—
8	葛瑞环球	纽约	18.63	18.7	—
9	正北传播	芝加哥	15.39	11.6	—
10	科带安特传播	伦敦	12.55	16.5	—

资料来源：作者根据《国际广告》等资料整理。

表 2－13　　　　　　　2000 年世界前十大广告公司

排名	广告公司	总部	全球收益	增长率（%）	全球资产额
1	电通	东京	24.32	23.6	165.07
2	麦肯环球	纽约	18.25	9.8	174.69
3	BBDO 环球	纽约	15.34	6.7	136.12
4	智威汤逊	纽约	14.89	9.7	102.29
5	欧洲 RSCG 环球	纽约	14.30	5.7	106.46
6	葛瑞环球	纽约	13.70	14.8	91.37
7	DDB 环球传播	纽约	11.77	9.3	97.81

排名	广告公司	总部	全球收益	增长率（%）	全球资产额
8	奥美环球	纽约	11.09	16.6	106.47
9	Publicis 环球	巴黎	10.41	7.9	79.05
10	李奥．贝纳	芝加哥	10.29	10.4	77.58

资料来源：作者根据《国际广告》等资料整理。

表 2 – 14　　　　　　　　2007 年世界前十大广告集团　　　　　单位：亿美元

公司	奥姆尼康	WPP	埃培智	阳狮	电通	Aegis	哈瓦斯	博报堂	MDC Partners	联合数据
排名	1	2	3	4	5	6	7	8	9	10
总部	纽约	伦敦	纽约	巴黎	东京	伦敦	巴黎	东京	多伦多	达拉斯
收益	126.94	123.83	65.54	63.84	29.32	22.15	20.94	13.92	5.47	4.69

资料来源：倪宁：《广告学教程》，中国让人民大学出版社 2009 年版，第 409 页。

表 2 – 15　　　　　　　　2007 年世界前十大广告公司　　　　　单位：亿美元

公司	电通	埃里克森	BBDO	智威汤逊	RSCG	葛瑞	DDB	奥美	帕布利希斯	李奥贝纳
排名	1	2	3	4	5	6	7	8	9	10
总部	东京	纽约	纽约	纽约	纽约	纽约	纽约	纽约	巴黎	芝加哥
收益	165.07	174.69	136.12	102.29	106.46	91.37	97.81	106.47	79.05	77.58

资料来源：作者根据《国际广告》等资料整理。

由 NTC 出版公司出版的《1999 年世界广告业发展趋势》一书，对全球广告投放进行分析，1997 年在世界主要市场上的广告投放量呈持续增长态势。在所调查的全球 80 多个主要国家中，广告投放总量达到了 2700 亿美元。

在 1997 年世界广告业投放中，印刷媒体在各类广告媒体中仍居首位，赢得了将近一半的份额。尽管如此，在 1988～1997 年这 10 年里，印刷媒体在广告市场中的份额却持续而稳定地受到电视媒体的侵蚀，其所占比重已由 1987 年的 57.7%，下降到了 1997 年的 49.0%；而与此同时，电视媒体的份额却相应的由 11 年前的 30.1% 逐渐上升到 38.2%。其他几种类型的媒体所占份额有所波动，但在这段时间内基本保持了相对稳定的发展状态（见表 2 – 16）。

从区域发展来看，北美地区在 1997 年仍然保持着在世界广告业中的领导地位，占世界广告投放总量的 40% 以上；而这一份额又主要为美国所垄断，仅仅在美国一个市场上的广告投放量就占到了世界总量的 39%。欧洲市场的广告投放量次于北美，位居第二，占全球总量的 28%；其中德国、英国、法国是欧洲三个最大的广告市场，仅这三个市场的广告投放量就占整个欧洲的

表 2 – 16　　　　　　　　1987～1997 年世界广告投放媒体份额

年　份	印刷（%）	电视（%）	广播（%）	影院（%）	户外（%）
1987	57.7	30.1	7.6	0.3	4.4
1988	56.2	31.1	7.6	0.3	4.6
1989	56.3	31.2	7.6	0.3	4.6
1990	55.7	31.8	7.6	0.3	4.7
1991	54.6	32.7	7.6	0.3	4.9
1992	50.6	37.5	7.1	0.3	4.6
1993	51.3	35.8	7.9	0.2	4.7
1994	50.4	36.7	8	0.2	4.7
1995	50.5	36.8	7.7	0.2	4.7
1996	49	38.2	7.9	0.2	4.6
1997	49	38.2	8.2	0.2	4.4

资料来源：World Advertising Trends，NTC Publications Ltd.，1999.

一半以上。亚太地区是世界第三大广告市场，广告投放量占全球的 23%，其次是拉丁美洲 7%，非洲 0.7%，中东 0.8%。

在 1997 年的世界广告市场中，东欧国家广告市场投放量的增长速度普遍最快，如马其顿以 154% 的年增长速度位居世界增长最快的国家首位，斯洛伐克共和国也以 92% 的增长速度位居第二。若从 1988 年至 1997 年这十年的时间来看，中国的增长速度是全球最快的，1997 年的广告投放量比十年前增长了 1078%。

进入 21 世纪以来，世界广告市场的格局发生了一定的变化，由原来的北美和欧洲主导，变成了北美、亚太和西欧三足鼎立。2008 年，北美地区以 1797.6 亿美元位居首位，占全球广告收入的 36.4%；欧洲以 1210.4 亿美元位居第二，占比为 24.5%；亚太地区广告收入 1073.3 亿美元，排名第三，占比 21.7%；拉美广告收入为 304.1 亿美元，而非洲和中东广告收入总和为 202.8 亿美元，仅占全球广告收入 4.1% 的份额。到了 2013 年，世界各地广告市场的整体情况变化不大，依然是北美、亚太和西欧占据了绝大多数广告份额。

2008～2013 年世界各地广告市场状况见表见表 2 – 17。

表 2 – 17　　　　　　　2008～2013 年世界各地广告市场状况

全球各地区	2008 年	2009 年	2010 年	2011 年	2012 年	2013 年
北美（亿美元）	1797.6	1569.7	1532.8	1558.2	1603.8	1623.6
市场份额/%	36.4%	35.4%	34.2%	33.5%	32.9%	32.3%
西欧（亿美元）	1210.4	1067.7	1061.9	1091.2	1127.5	1134.5
市场份额/%	24.5%	24.1%	23.7%	23.5%	23.2%	23.0%

续表

全球各地区	2008 年	2009 年	2010 年	2011 年	2012 年	2013 年
亚太（亿美元）	1073.3	1039.6	1079.0	1136.4	1205.4	1256.3
市场份额/%	21.7%	23.4%	24.1%	24.5%	24.7%	24.9%
中欧、东欧（亿美元）	351.7	275.3	281.6	303.9	332.7	347.2
市场份额/%	7.1%	6.2%	6.3%	6.5%	6.8%	7.0%
拉美（亿美元）	304.1	304.8	329.7	350.8	376.0	392.0
市场份额/%	6.2%	6.9%	7.4%	7.5%	7.7%	7.9%
非洲/中东（亿美元）	202.8	179.9	192.4	210.0	228.2	239.6
市场份额/%	4.1%	4.0%	4.3%	4.5%	4.7%	4.9%

资料来源：ZenithOptimedia。

从整个世界来看，广告业如今正面临着新技术的发展以及由此带来的更多媒体选择上的挑战。比如，数字电视、因特网等新的广告媒体都将对广告业，特别是广告投资的方向产生深远的影响。

本章小结

本章介绍了我国古代、近代、现代广告以及国外广告的历史。通过本章的学习，可以了解广告的起源以及广告的发展、演化过程。

本章的学习重点是我国改革开放至今30多年广告业发展历程。

本章要求掌握的知识：一是广告发展的历史脉络；二是广告发展各个时期的经济文化背景，具有标志性的广告事件和历史人物；三是传播技术的发展和经济文化的交流在广告发展中的重要作用；四是广告发展的历史趋势。

思 考 题

一、单选题

1. 中国广告的起源最早可以追溯到（　　）。

　　A. 封建社会　　　　　　　　　B. 奴隶社会

　　C. 原始社会　　　　　　　　　D. 近现代社会

2. 1923 年 1 月 23 日，我国第一座电台在（　　）开始广播，它是由美国人奥斯邦的中国无线电公司创办的。

　　A. 天津　　　　　　　　　　B. 上海

　　C. 北京　　　　　　　　　　D. 广州

3. 公元 1445 年，德国人（　　）发明了金属活字印刷，从此西方活字印刷技术被广泛应用，开辟了印刷广告的时代。

　　A. 阿尔伯特·莱斯克　　　　　B. 威廉·伯恩巴克

　　C. 谷登堡　　　　　　　　　　D. 乔治·戈里宾

4. （　　）年，我国广告业发展又有了新的突破，年人均广告费首次超过 200 元，达到 234 元。

　　A. 1979　　　　　　　　　　B. 1995

　　C. 2011　　　　　　　　　　D. 2013

5. 1872 年 3 月 23 日，（　　）创刊，这是我国历史最悠久、最有名望的中文报纸。

　　A.《中国教会新报》　　　　　B.《申报》

　　C.《上海新报》　　　　　　　D.《中国广告报》

二、多选题

1. 近现代广告媒介包括（　　）。

　　A. 报纸广告　　　　　　　　　B. 广播广告

　　C. 霓虹灯广告　　　　　　　　D. 交通广告

　　E. 橱窗广告

2. 在北京，订阅率前三位的报纸为（　　）。

　　A.《北京晚报》　　　　　　　B.《人民日报》

　　C.《光明日报》　　　　　　　D.《北京日报》

　　E.《北京青年报》

3. 进入 21 世纪以来，世界广告市场的格局发生了一定的变化，由原来的北美和欧洲主导，变成了（　　）三足鼎立。

　　A. 亚太　　　　　　　　　　　B. 非洲

　　C. 西欧　　　　　　　　　　　D. 北美

　　E. 拉美

三、简答及论述题

1. 我国古代有哪些主要广告形式？

2. 我国近现代时期广告的主要的特点有哪些？

3. 简述新中国改革开放之前的广告业发展。

4. 为什么外国广告公司在我国广告市场上能够占据主导地位？如何发展我国本土广告公司？

5. 简述近年来世界各地广告市场状况。

案例讨论

旧上海香烟广告里的摩登烟云

有人说，最成功的广告都不是直接叫卖商品，而是向你兜售一种观念、一种生活方式，让人们觉得自己是在为梦想掏钱而非替商品付费。

如果确实如此，那么每个时代所流行的广告都必然是最直接而坦白地描绘了彼时人们对物质的真实渴求和生活态度。

翻看从旧上海报刊杂志上刊登过的香烟广告，时时会有时空倒错的恍惚，大半个世纪之前那些女子所演示的生活竟有如今日生活的模糊镜像，细节或有出入而轮廓大体相同。

从 20 世纪初包裹密实的良家妇女到 40 年代全盘欧化的洋派 Lady，从保守到开放，短短二三十年间上海香烟广告上的女郎亲身示范了这过程的每一步。

1914 年前后的广告女郎，尽管身处推翻了帝制的新时代，"三绺梳头，两截穿衣"的传统枷锁却没有这么容易抛却，从小裹起的三寸金莲也依旧如故，裹在一堆绫罗绸缎里的她们生硬呆板笑不露龈，行不动裙。

所幸 20 年代很快来到，那时在大洋彼岸的美国女权运动正轰轰烈烈，越来越多的女性以短发、短裙和像男人一样抽烟来展示独立自主的姿态，著名女星 Louise Brooks 直直的齐额刘海及发沿只及耳根的短发形象风靡一时。而在上海，与彼岸遥相呼应，世纪之初就已创办的各种西式女校已成气候，按严格的淑女教育培养的女校学生成了令人艳美的时尚风标。Louise Brooks 式的短发在中国女校学生身上少了几许充满距离感的冷峻，却多了几丝温婉与斯文，对女学生风姿的追捧热潮一直沿续到 20 年代的末期。

然而朴素与天然不可能满足所有人的审美爱好，从闺房到学堂，女人们生活圈子扩大的第一步，女学生们引领了第一波潮流，但更精彩的高潮远远未曾到来。20 世纪 20 年代中期《良友》画报的创刊直接为香烟广告上的妇女造型提供了更多样本。每期专辟的欧美时装趋势报道版面，新思想新时尚潮水般涌来。旗袍花样好年华的序曲隐隐约约行将奏响。

如果说 20 世纪 30 年代以前的香烟广告上女人们还只是雾里看花曲曲折折单纯以她们的时髦摩登吸引观众，进入 30 年代后的香烟广告则更直白地将女性作为香烟的直接消费者描绘在广告里。那时候没有人会呼吁"吸烟有害健康"，维多利亚时代视女性吸烟为淫荡象征的观念在商业需求前溃不成军。

在上海，那时候好莱坞的新片上映速度虽然做不到全球同步，但也已经快过亚洲其他地区。而那时候的好莱坞银幕女神们，从漫不经心挑战海斯法典的 Mae West 到"蓝天使"Marlene Dietrich，从神秘冷艳的 Greta Garbo 到热情火爆的喜剧女王 Carole Lombard，她们都风情万种手拈香烟倾倒众生。香烟在女人手上的性感与诱惑，经过这些女神的演绎达到极致，作为增添女性魅力的摩登道具，它简直如同雪花膏和高跟鞋、香水一样不可或缺。难怪有广告直白地写道："闺中良伴，顷刻不离"，又循循善诱"有美皆备，无丽不臻"。看，所有时髦的小姐都在做的事，你没跟上，你就 Out 了。

20 世纪 30 年代的香烟广告里，那些充当幸福生活模特的女郎们从洋服到旗袍到泳装没有没穿过的，骑马、跳舞、麻将、高尔夫……没有没玩过的。她们既可以是自食其力的职业妇女，又可以是住洋房享受生活的悠闲主妇，集大成者在 1938 年的那张香烟广告里如女王一样微笑挥手，背后是蓝天白云和空军的飞机——这是以前女性甚少涉足的舞台，但是在那个令人目不暇接的时代里，到底有人站上去当了明星。

女人们恣意地美，恣意地消费，人们爱她们如珍似宝，恰到好处的独立既不影响她们最后投入幸福的家庭生活又显得这么轻松惬意。

? 问题讨论

1. 广告与社会变迁有什么样的内在联系？
2. 为什么 20 世纪 30 年代的上海香烟广告多找美女代言？

第 3 章

广告组织

本章导读

广告组织是指承担各种广告活动任务的主体机构。根据广告组织的性质、任务和设置机构的不同，可以将其划分为企业广告部门、专业广告公司、媒体广告组织、广告支持机构以及广告管制机构等。广告组织是实现广告目标的重要保证，发展和健全广告组织是顺利开展广告业务的基础。通过本章的学习，能够使我们对广告组织系统有一个较为全面的认识，这将有助于我们更好地把握广告活动的开展。

知识结构图

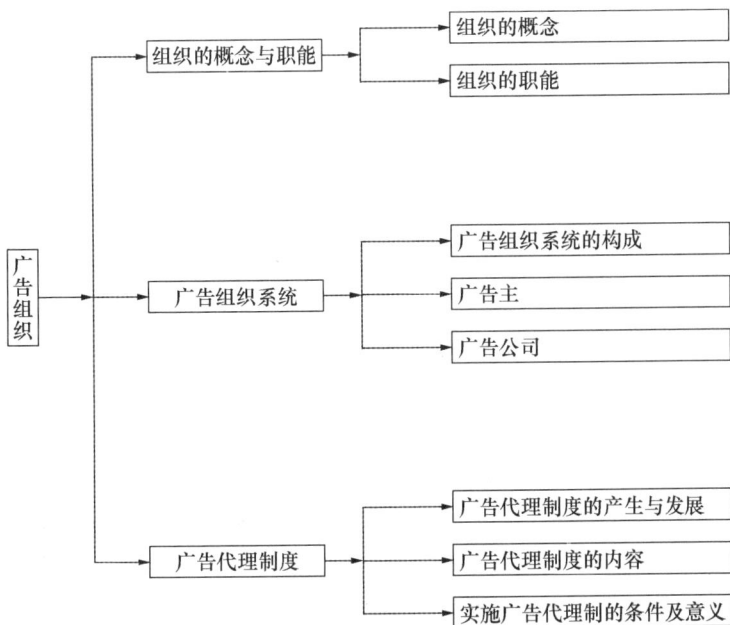

【开篇案例】　　　　　全球最大广告公司的当家人

说起约翰·列恩（下文称列恩）和他的宏盟集团（下文称宏盟），圈外人士可能并不熟悉，但在广告界，这是如雷贯耳的名字。宏盟是现今全球最大的广告传播集团，2013 年收入达到 146 亿美元。作为"当家人"的列恩担任 CEO 长达 17 年，美国媒体曾曝光他的年薪超过4200 万美元，在广告界 CEO 中位列第一，也是美国薪酬最高的 CEO 之一。

创业梦想从未泯灭

20 世纪 50 年代初，列恩出生在美国纽约一个信奉天主教的爱尔兰裔家庭，在纽约的布鲁克林区和长岛长大。他的母亲是第一代爱尔兰移民，精明能干，把全家生活打理得井井有条。后来在接受采访时，列恩说，母亲对自己影响最大，是自己的人生楷模。

在列恩的内心，创业的冲动早在青少年时代就已播下，他几乎一直在为创业做准备。14岁时，他就开始在一家饮食服务公司兼职。到高中毕业时，他已成为这家公司的合伙人。随后，他与一个朋友合办了一家生产扎染 T 恤的企业。这种 T 恤向纽约市的零售店供货，迎合了当地反主流文化人群的需求。后来他们卖掉公司，赚了 40 万美元。

在长岛的艾德菲大学，列恩同时修两个学位。1975 年，他获得了本科和 MBA 学位。为了交学费，大学时他曾中途休学一年，以便通过全职工作来挣钱。当时，他被美国著名的梅西百货公司聘为管理培训生，并当上了公司在长岛新开张的一家清仓家具店的经理。

大学毕业后，列恩进入安达信会计师事务所当管理顾问。1980 年，他和一位同事合伙经营一家溜冰场连锁店。此后，列恩基本上是同时干两份全职工作：白天在安达信，晚上和周末在溜冰场。他后来在接受美国《广告周刊》采访时说："我想在夜间做一点小生意。这样也有助于我在白天从事的管理顾问工作，能够让我说服人们，让他们相信我能够管理好企业。"

1984 年，列恩涉足广告业，他加入尼德汉姆广告公司，担任行政副总裁。两年后，他参加了宏盟的创建，尼德汉姆公司最终并入宏盟。作为管理团队的成员之一，列恩开始在宏盟旗下的多元代理服务系统（DAS）任职，管理宏盟的营销业务，包括客户关系、公关和专业传播服务。1990 年，他被任命为 DAS 总裁，在这一职位上，他展示了过人的领导力，把 DAS 发展为宏盟最大的业务部门。

1993 年，列恩被提拔为 DAS 董事会主席兼 CEO。1996 年，他成为整个宏盟集团的总裁，1997 年 1 月晋升为宏盟 CEO，成为一号人物。

靠兼并打造出庞大帝国

如今的宏盟已成为一家总部设在纽约麦迪逊大道的控股公司，旗下有 3 个全球运作的广告公司 BBDO、DDB 和 TBWA，还有列恩赖以发迹的 DAS 系统。BBDO、DDB 和 TBWA 这 3 家公司都名列世界十大广告公司。通过这些公司，宏盟在全球 100 多个国家为超过 5000 家大客户提供服务，业务包括广告、客户关系管理、公关和专业传播服务。

列恩有一句名言："我们倾向于使用资金来增加分红、回购股票，并做出战略性的收购。"大规模的收购兼并是宏盟做大的原因，这决定了宏盟的发展史是一部兼并史。宏盟 1986 年成立时，已经由 DDB、尼德汉姆与 BBDO 合并而来，当时也是世界第二大广告公司，客户包括最知名的美国品牌如百事、麦当劳等。1993 年，宏盟又与另一家顶尖广告公司合并，扩张为世界第一广告公司。列恩执掌宏盟之后，仍然延续这种扩张势头。去年，宏盟宣布与法国阳狮集团合并，组成阳狮宏盟集团。这一交易总额达 350 亿美元。列恩与阳狮的 CEO 列维共同掌管帅印。列维计划 5 年后卸甲归田，到那个时候，列恩将是阳狮宏盟这个广告帝国唯一的 CEO。

公司迅速发展，需要人才，更需要放权。在这点上，列恩很明智。他喜欢拿棒球比赛做比喻，形容自己是"团队教练，而不是投手"。列恩并不是传统的广告业人士，他的强项在于营销服务，也就是所谓线下广告，通常包括公共关系、促销及其他非传统广告。当年，很多专业出身的高管并不把列恩看在眼里，甚至轻视他。不过，列恩大胆赋予宏盟旗下各公司较高的自主权，很快让自己成为一位颇受欢迎的企业领袖。同时，他也非常注重人才投资。他说："我们的业务就是建立在分布于全球的管理团队和优秀专业人才之上。"他力主宏盟在人才招聘和培养方面对一些关键项目进行投资，包括 1995 年建立宏盟大学，这是宏盟人才培训计划的成功典范。

靠创新两过难关

宏盟的业绩曾连年快速增长，公司股票深受华尔街追捧，但也遭遇过危机。世纪之交，美国发生经济衰退，广告业也曾深受打击，许多公司广告开支锐减。面对危机，列恩想到的是适应变革，拓展渠道。美国媒体后来对他有如此评价："在采取新的传播途径、帮助公司客户把产品信息传递给顾客方面，列恩从不犹豫。"宏盟开始与娱乐业结盟，在影视作品中嵌入产品广告。电视连续剧《兄弟连》改编自二战美国第 101 空降师的作战经历，2001 年在家庭影院频道首播。剧中吉普车的镜头出现了 600 次，而吉普车的制造商克莱斯勒公司正是宏盟的最大客户之一。在嵌入式广告方面，列恩领导下的宏盟是最早"吃螃蟹"的广告公司之一。

这样的广告模式曾引来消费者团体的批评。但列恩相信，这是在数字影音时代做广告的一种聪明方式，因为电视剧观众可以跳过传统的片头广告，只有嵌入式广告才能保证效果。

2008 年金融危机发生后，宏盟遭遇公司成立以来最为严峻的全球经济衰退，列恩一方面要求旗下各广告公司削减成本，应对预期中的收入下滑；另一方面，要求公司"少花钱多做事"，调整向客户提供的服务，更好地满足客户在数字化时代的需求。目前，不少广告客户的营销预算从传统电视转移至在线视频，电子商务开始成为品牌营销整合的切入点，一些品牌甚至主要依赖互联网传播来产生营销效果。而这，也是列恩正在思考的重点之一。

生意做得很大的列恩，却不像很多 CEO 那么好出风头，而是相当低调。他曾说："我干广告这一行已经 20 多年了，很成功。对我来说，重要的是让客户和客户的品牌有能见度。对我的大部分客户来说，我很关注他们的需要。我的工作是为客户提供他们所需要的资源，这样他们可以做好他们的工作，而我则忙我该做的事。"

让列恩忙的事情之一，也包括思考广告业的未来。"这个行业变化非常快。如果这当中有什么主题，那就是一切都要更好、更便宜、更快。其中，更好是最重要的。如今有不计其数的复杂的广告渠道，而我们的工作是帮助客户将投放变得简单，并了解这些渠道的未来发展。同时，我们要有出色的创意和点子，并让它在多种渠道上实现，否则，创意再好也没什么可兴奋的。因为最终，你必须要在零售层面上让消费者购买、使用和喜欢客户的产品。"

资料来源：吴成良："全球最大广告公司的当家人"，《环球人物》2014 年第 10 期。

3.1 组织的概念与职能

3.1.1 组织的概念

作为管理的一项重要职能，组织工作在经营管理活动中占据着十分重要的地位，良好的组织建设是我们有效实现各种管理目标的必要前提和保障。

组织可以从不同的角度去解释和理解，学术界关于组织的概念并没有统一的定义。大体归纳起来，组织包括以下两层含义：一是指两个或两个以上的个人为了实现共同的目标而组成的有机整体；二是指组织活动和组织工作。前者是组织的名词含义，后者是把组织当做动词来使用和解释的。

综上所述，组织的概念可以理解为：组织是以一定的计划任务为前提，按照某种权力责任关系原则，将所要进行的活动进行分解与合成，并把组织成员编排和组合成一个分工协作的管理工作系统或管理机构体系，以便实现组织内外部环境的优化组合，从而圆满实现既定的目标的管理过程。

3.1.2 组织的职能

组织能够完成个体独立活动所不能实现的目标，组织的职能可以概括为以下几个方面。

（1）分配工作。即通过组织工作把企业的总体目标分解落实到每位组织成员身上，转化成每位组织成员的任务。

（2）确定权力与责任关系，促进沟通与协调。权责关系是组织的核心要素，权责关系确定了组织的信息沟通渠道并使领导功能得以体现。

（3）构建分工协作体系，提高效率和工作质量。即通过组织工作使有助于预定目标实现的各项活动彼此得以相互配合，把不同的任务有机地协调起来。

（4）培养组织能力。组织工作的深层次功能是为了培养出一种能力，一种能够支撑企业成长的能力，这是组织的核心功能所在。

上述功能由表及里形成了功能层次体系，见图 3-1。

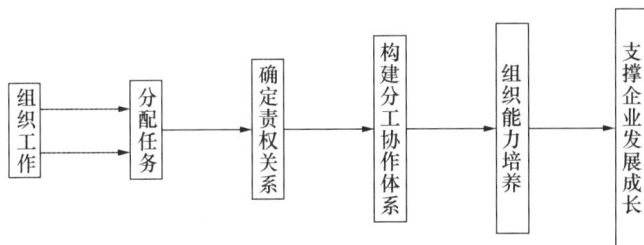

图 3-1 组织管理工作层次结构图

3.2 广告组织系统

3.2.1 广告组织系统的构成

广告组织是广告经营活动的机构，广告组织系统是由在广告传播过程中承担不同职能的专门机构所组成。根据 Aaker 等（1996）[①] 的研究，在广告组织系统中，除了有处于核心地位的广告主、处于支持地位的广告公司、媒体、调查公司，还有处于管理地位的政府有关部门。在广告组织系统中，由不同层次的广告组织形成了广告主协会、广告公司协会、广告调查协会等相应的团体。各团体为谋求其会员的利益和发展而努力。根据 Aaker 和 Myers（1996）的观点来看，广告组织的主要机构如图 3-2 所示。

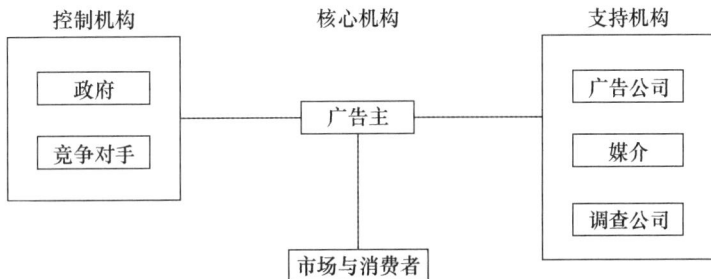

图 3-2 广告组织系统的主要机构

也有学者如 Edmund Farson 等人认为广告组织系统应该包括 5 个机构：广告协会、广告主、广告公司、广告制作公司和广告媒体。而 Dunn 和 Barban 则指出广告组织系统主要由广告主、广告公司、媒体以及其他有关广告的机构，如制作服务公司、创意服务公司、调查公司等组成。

根据以上学者的观点，我们将广告组织系统归纳如下（见图 3-3）。

广告活动的主体是广告主，但是广告主大部分广告活动却是由专门的广告公司来代理的。广

---

① David A. Aaker, Rajeev Batra and John G. Myers, "Advertising Management", New Jersey, Englewood Cliffs, Prentice – Hall, 1996, 2.

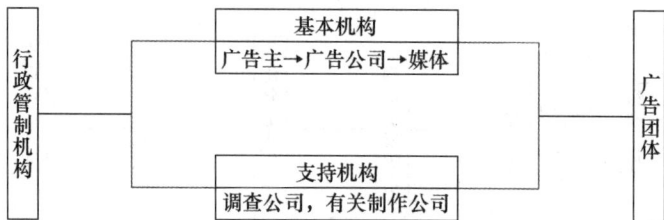

图 3 - 3　广告组织系统

告公司的工作包括为广告主制定广告计划、确定广告信息内容以及通过广告媒体向消费者传递广告主的信息，等等。因此，广告主、广告公司、广告媒体就构成了广告组织系统最基本的机构。

在广告基本机构执行广告职能的时候，一般需要得到诸如市场调查公司、广告设计公司、广告制作公司以及专门的广告创意公司等机构的支持。规模比较大的广告主、广告公司、媒体或者自己组织调查活动，或者从外部调查公司购买调查资料，并在制作广告过程中利用印刷、制片、设计等专门部门所提供的服务。

另外，广告行政或管理机构也是广告组织系统中的一个很重要的组成部分。广告作为一种有效的促销手段，容易使广告主片面地追求经济利益而忽视广告对社会文化的影响，所以有必要对广告活动加以管制，这种管制广告的机构就是政府的行政机构。

广告团体一般由广告行业内的各系统部门或与广告业相关的部门来构成。这些广告团体保护所属会员的利益，促进会员之间的信息交流和业务联系，如广告主协会、户外广告制作协会、广告公司协会等。

3.2.2　广告主

广告主（advertiser）是指直接或委托广告经营者（主要是指广告代理公司）实施广告宣传活动的一个主体，是广告信息的发出者。广告主可以是企业、事业单位，也可以是机关、社会团体和自然人。广告主一般委托广告经营者通过一定的广告媒介进行广告宣传，并向广告经营者支付广告费用。但是广告主也可以利用可能的条件和机会，不通过广告经营者，在自有的媒体上进行自我宣传，这种自我宣传也是广告。但从广告定义来看，广告主是为促进交换而付费做广告的主体。从这个意义上来说，广告主主要是指那些支付广告费通过媒体做广告的企业。所以，正如Batra、Myers 和 Aaker（1996）所指出的那样，广告主是整个广告活动范畴的中心机构，他们的支付决定了整个广告业的规模。也就是说，绝大部分广告费是由企业支付的。

目前，我国有相当一部分大中型企业都建立了专职的广告组织。企业设置广告部门具有专业广告组织不可替代的作用。主要体现在以下几个方面：首先，企业设置广告部门，可以使企业迅速了解市场动态，从而指导企业按市场需要进行生产。其次，企业设置广告部门，有利于企业开展促销活动。由于企业对自身的情况非常了解，因此通过企业广告部门所展开的广告活动，往往能够突出企业产品的卖点，激起消费者的购买欲望，使广告做到有的放矢。第三，企业设置广告部门，有利于广告活动更好地围绕着企业的战略目标进行。最后，企业设置广告部门，还有利于保守商业秘密。如果企业所有的广告宣传都要依靠他人来进行，企业的商业秘密就很难得到保障。

【阅读资料 3-1】 中国广告主协会的主要职能

中国广告主协会成立于 2005 年 11 月 27 日，是经国务院批准，民政部注册登记的全国性协会，业务主管部门为国务院国有资产监督管理委员会。2006 年中国广告主协会正式加入世界广告主联合会，成为中国在世界广告主联合会中唯一的合法代表。

协会以"面向广告主、为广告主服务"的宗旨，以为广告主"维权、自律、服务"为基本职能，是广告主之家，是广大广告主权益的维护和服务者。中国广告主协会自成立之日起，就以引领和推动广告主企业走向世界，构建和谐社会为己任。

协会将积极发挥政府企业间的桥梁和纽带作用；维护企业在营销传播中的合法权益；促进广告投资的科学化、规范化；不断提升广告主的市场竞争能力。

协会致力于推动建立有利于广告投资的社会环境和相关法律法规的完善；加强行业自律，反对不正当竞争，逐步建立广告主、媒体、广告商三方合作制约机制。为会员提供相关信息法律咨询和营销策划、业务培训等服务，推动营销传播服务行业的发展，促进企业间的沟通、交流与合作，为会员走向国际市场提供服务。

从我国企业的广告管理现状来看，其广告组织大致可分为公关宣传型、销售配合型和营销管理型三类。

（1）公关宣传型的广告管理模式是基于企业广告的宣传功能定位，将企业广告纳入企业的行政管理系统，是企业行政职能部门的一个分支机构。这种模式比较注重企业的形象推广和企业的内外信息沟通，但也存在着广告运作缺乏实效性和针对性、脱离市场等缺陷。

（2）销售配合型的广告管理模式，是目前国内外较多采用的一种模式，企业的广告组织从属于企业的销售部门，其主要作用在于销售配合。也就是企业的广告组织在行销主管的管理下，与企业的其他行销部门一起，共同为企业行销服务。在实际操作中，又可以分为以市场或产品为基础的两种组织管理类型。比如，在美国的大部分消费品行销组织实行的"品牌经理制"，就是以产品为基础的组织管理类型，它最早始于 1929 年的美国 P&G 公司。而目前国内企业较多采用的是以市场为基础的广告管理组织模式。其广告的管理与执行，表现出明显的层级性。企业的广告部门，既是企业的广告管理部门，又是企业的广告执行与行销服务机构。销售配合型的广告管理模式能更好地发挥广告的直接销售效果，但过分强调广告对销售的配合，影响企业对广告的长期规划管理，并且由于管理与执行层次繁多，也影响广告传播的整体效果。

（3）营销管理型的广告管理模式将企业广告部门从具体的销售层次中分离出来，提升为与其他职能部门并列的独立机构，是企业营销的重要推广组织和企业实施整体发展战略的重要组成部分。它注重将企业广告的宏观决策、组织管理和具体实施结合起来，减少了企业广告的管理层次，加强了企业广告的统一管理和长远规划，有利于企业广告资源的充分开发与合理调配。

不管企业采取何种广告管理模式，其广告基本运作程序却是大体一致的，也就是企业广告运作一般都要经过广告决策（确立企业广告基本战略思想和总体战略目标）——广告计划（确立并制定出切实可行的具体广告计划）——广告执行（广告计划的具体实施）三个阶段。

在具体运作中，我国企业广告主要有自我执行和委托代理执行这两种方式。所谓的自我执行，就是企业配置了功能齐全的广告部门组织，其广告部门承担了企业广告运作的一切工作和职责。这与我国的广告代理制度尚未完全成熟有关。而实际情况是，企业广告运作要达到完全自我执行，难度极大，有必要实行部分代理，把企业依靠自身力量难以完成的广告运作环节如广告策划与制作等委托广告代理公司代理，以减少不必要的损失。相应地，委托代理执行的方式能极大提高企业广告效率，增强企业广告的投入产出比，是现代广告发展的需要，也是符合企业发展的根本利益。

3.2.3　广告公司

广告市场中存在着广告主、广告公司和广告媒介这三个主体。而在以广告代理制为基础的广告经营机制中，广告公司处于广告市场的主导地位，它是实施广告代理制的中心环节。

广告公司就是专门从事广告代理与广告经营的商业性服务组织。广告公司按照服务功能与经营业务的不同，可以分为广告代理公司、广告制作公司和媒介购买公司三类广告公司。而不同类型的广告公司，也就相应地具有不同的组织形式和机构设置。

【阅读资料3-2】　　　　　　　4A广告公司

"4A"一词源于美国，为"美国广告协会"，即 The American Association of Advertising Agencies 的缩写。因名称里有四个单词是以 A 字母开头，故简称缩写为 4A。跟汽车的 4S 店差不多，4A 就是 AAAA。

美国广告协会是 20 世纪初由美国各大著名广告公司所协商成立的组织，成员包括：Ogilvy&Mather（奥美）、J. WalterThompson（智威汤逊，JWT）、McCann（麦肯）、Leo Burnett（李奥贝纳）、DDBO（天联）等等著名广告公司。该组织的最主要协议就是关于收取客户媒体费用的约定（17.65%），以避免恶意竞争，此后各广告公司都将精力集中在非凡的创意和高超的客户服务中，从而创造出一个接一个美妙的广告创意。从而 4A 也成为众多广告公司争相希望加入的组织。从 20 世纪 70 年代末到 90 年代初，4A 成员们渐渐的进入到华人世界里，从台湾、香港地区一直来到中国大陆。由于国内尚未允许外商独资广告公司的存在，所以 4A 公司往往与国内公司合资成立广告公司，比如盛世长城（Saatchi&Saatchi 与长城）、智威汤逊中乔（J. WalterThompson 与中乔）等等。

20 世纪 80 年代末 90 年代初，改革开放初期随着跨国公司纷纷进入中国，国际广告公司也纷至沓来。当时，国内的广告业尚未发展，4A 公司凭借着国际客户的声誉以及大胆而精妙的创意、精彩的导演和拍摄树立了其在国内广告界的名声，国内广告界渐渐了解了 4A 公司，4A广告公司便成为国际品牌广告代理公司的代名词了。

资料来源：http：//c. chinavisual. com/2010/03/11/c65851/index. shtml

1. 广告代理公司

广告代理公司是为广告主提供广告代理服务的机构，一般又可根据规模大小分为综合型广告代理公司和专项服务型广告代理公司两类。

综合型的广告代理公司为广告主提供全方位的广告代理服务，包括产品的市场调查和研究、广告战略的策划与执行、广告计划的具体设计与制作、广告媒介的选用与发布、广告效果的跟踪与反馈等一系列的活动。它还能为广告主提供信息咨询、企业形象设计、大型公关活动等战略层面的服务和建议。随着信息技术的不断发展，全球市场竞争的日益加剧，综合型的广告代理公司也开始由纯粹的广告代理越来越趋向于提供综合性的信息服务，日益集广告服务与信息服务于一体。

专项服务型广告代理公司的广告经营范围较狭窄，服务项目较单一，一般不承担广告运作的整体策划和实施。但它能满足特定广告主的特殊需要，具有一定的专业优势，同时顺应了广告专业化分工的趋势，有利于广告专业水平的提高。一般来说，专项服务广告代理公司又可分为三种：提供某一特定产业的广告代理专项服务，如房地产广告代理公司；提供广告活动中某一环节的广告服务，如广告创意公司、广告调查公司；提供特定媒介的广告服务，如户外广告、交通广告等。

综合型广告代理公司的组织机构通常既可以根据不同的职能来设置部门机构，也可以依照客户需要设置小组制的组织类型。职能型的广告代理公司大致由客户服务部、市场调研部、创作部、媒介部、行政部等几大职能部门组成。其中客户服务部是主导者和统筹者，它负有沟通、组织、推动、指引各部进行适当又有效的分工与合作的责任。而以个别客户服务为基础的小组制组织类型是将广告公司以个别客户或一组广告主为服务对象，分成若干个专户小组。每一专户小组就是一个功能齐全的、独立的服务单位，为特定的客户提供系统的广告代理服务，包括了调研、策划、创意、媒介、SP 等各类人员，由客户主管或客户监督协调工作。还可以根据具体情况，下设若干品牌经理或客户执行人即 AE（Account Executive）来具体负责一家客户或一组客户的不同品牌产品的广告宣传。

现代社会传播事业极为发达，广告主需要广告公司提供全面服务，以满足其各方面的需要。只有具备一定规模和水准的广告公司，才有条件和能力为客户提供全面的广告策划和计划执行。广告公司的全面服务过程，一般可归纳为五个程序，即研究——建议——提呈——执行——总结，按照"承揽业务——制定策略——设计制作——发布广告——效果调查"等几个环节来进行，有利于各部门围绕一个中心协同作战，形成一整套为客户提供全面服务的体制。它收集市场信息，分析消费趋势，把握流行动向，提出产品开发的意见。同时对于企业形象建设，企业的发展战略，企业文化建设，售后信息收集与分析等提供咨询服务和建议。科技发展的日新月异，广播、电视、电影、录像、卫星通信、电子计算机等电子通讯设备的发明，以及由此带来的信息技术革命，使广告作为一种行业得以成熟，广告公司也彻底摆脱了媒介掮客的角色，最终成为现代信息产业的重要组成部分。

2. 广告制作公司

广告制作公司一般只提供广告设计与广告制作方面的服务。由于广告制作业务的专业性，广告制作从一开始就与广告代理分离，成为独立的广告业务服务机构。如平面广告制作公司、影视广告制作公司及路牌、霓虹灯、喷绘等专营或兼营制作机构等都属于这一类。它可以直接为广告主提供广告设计和制作服务，也可以接受广告代理公司的委托，通过提供广告制作服务收取广告制作费用。广告制作公司最大的优势就在于它设备的精良和人员技术的专门化。随着科技和现代广告业的飞速发展，广告主对广告制作的要求越来越高，广告制作设备和人员的投入也越来越大。所以即使是大型的广告代理公司，也日益倾向于委托专门的广告制作机构来完成其广告设计，而不再设置专门的广告制作部门。

3. 媒介购买公司

媒介购买公司的主要职能，是专门从事媒介研究、媒介购买、媒介策划与实施等与媒介相关的业务服务。它是早期广告代理中媒介代理职能的一种延伸，又是适应现代广告业与广告市场变化的一种新发展。媒介购买公司一般设有媒介研究、媒介策划、媒介购买与媒介执行等几大业务部门，对媒介资讯有系统的掌握，能为选择媒介提供依据，能有效实施媒介资源的合理配置和利用，并有很强的媒介购买能力和价格优势。

从全球范围来看，独立的媒介公司及媒介购买公司，呈现快速发展的趋势。而目前在我国，媒介集中购买是广告媒介业务发展的大势所趋，这一点也得到了业界的普遍认同。我国大陆的第一家专业媒介购买公司，是 1996 年在北京由盛世长城与达彼思广告公司合并成立的"实力媒体"（Zenith Media）。1997 年智威汤逊与奥美广告公司在上海组建了"传立媒体"。中央电视台的未来广告公司、北京的海润国际、上海的兆力媒体和广州的大网与东升媒体等，都是国内较有影响的媒介购买公司。

【阅读资料 3-3】　　　　媒介购买公司对中国广告业的影响

首先应该肯定，媒介购买公司对广告业确实有一定的促进作用。媒介购买公司在一定程度上也在媒体和客户之间架起了桥梁，减少了媒体寻找广告客户的成本。同时，媒介购买公司也部分地承担起了媒体广告资源的营销任务，甚至可以为媒体解决普通广告时段和垃圾广告时段的经营问题。对于媒体的发展有一定积极作用。

　　在广告主广告意识逐渐成熟的环境之下，广告主日益重视对媒介成本的预算和控制，重视媒介策划能力和更加专业的媒介服务。而媒介购买公司以其较大折扣的广告价格，专业化的媒体组合策划服务能力，提高了广告主媒介投放的效果和效率。

　　中国的广告业发展尚不规范。相对于跨国的媒介购买公司，一些本土的广告公司及媒介购买公司与媒体本身存在着千丝万缕的联系，能够拿到比较低的折扣，掌控着特定的媒体资源。这就使得跨国的媒介购买公司在某些时候不得不从本土的广告公司和媒介购买公司手中购买媒介资源，同时，一些广告公司同投放广告的客户有极为隐秘的关系，通过这些特定的广告公司在媒体投放，企业负责广告的人员可以拿到很高的回扣，某些企业的广告投放甚至成为企业高层洗钱的手段。因此，海外的大型媒介购买机构目前尚没有形成压倒之势。

　　但中国大部分本土广告公司以代理起家，依附性较强，实力较弱。而在媒介环境复杂、受众分化严重、媒介支出庞大、传播效果退化的现实环境下，广告主迫切需要将媒介投放代理费降低，并提供科学高效的媒介计划。媒介购买公司以量定价，具有较高的专业能力，这样就在很大程度上挤压蚕食了广告公司的媒介代理业务。从长远来看，当媒介购买公司凭借其资本实力和专业能力发展到一定规模，形成垄断之后，广告公司，尤其是本土广告公司将被严重边缘化，进而面临生存危机。

　　媒体广告市场在激烈竞争的环境下，已经逐渐由原来的卖方市场向买方市场过渡，媒体为了适应新的市场环境的变化，已逐渐改变过去经营广告时间和版面的方式，开始主动地寻求与广告主及广告代理商之间的联系和合作。而媒介购买公司由于其大宗的媒介购买量和其专业化的媒体组合策划服务能力，对客户具有较大的吸引力，也就对媒体形成了较强的议价能力。外资的广告集团利用背后的资金优势，通过兼并联合等方式，加快了规模扩张的步伐。规模的扩张导致行业集中度越来越高，客户的集中度也将越来越高。大客户往往具有巨大的广告投放能力，这种大客户的集中使得媒介购买公司在和媒体打交道的时候有更多的谈判砝码。如此，媒介购买公司便更进一步地挤压了媒体的利润空间，对媒体形成强势控制，进而影响媒体的发展。

　　表面上看来，在广告业的三大主体中，客户应该是最应该从媒介购买公司的发展中受益的，但事实是，媒介购买公司从根本上来说是受资本的逐利本性支配的。资本不会满足有限的利润，在扩张的过程中，必然追求利润的最大化，而这种扩张的最终结果就是形成垄断，通过对市场的垄断获得绝对利润。在这个过程中，广告公司的生存空间将不断被媒介购买公司挤压缩小，广告公司萎缩，恶性竞争加剧，广告质量难以保证；而媒体的合理利润空间也将下降，恶性竞争也将加剧，媒体的发展也将受到影响，从而难以提供高质量的沟通平台。最终的结果必然是使广告主的利益遭受巨大损失。

　　资料来源：陈刚："媒介购买公司的发展、影响及对策研究"，载于《广告研究》2006年第5期。

4. 媒介广告组织

在广告市场中扮演着极为重要角色的媒介是广告行为主体之一，其广告职能是通过媒介的广告部门来具体实现的。媒介最初的广告经营，是集承揽、发布等多种职能于一身。随着现代广告业的不断发展成熟和广告经营机制的确立，媒介广告经营的职能和角色也相应地转变为专司广告发布之职。但由于各个国家和地区的具体情况不同，广告经营运作方式也不同。媒介的广告机构也就根据媒介在广告经营中所实现的具体职能来设置。不同的国家和地区的媒介广告职能不同，决定了广告机构设置的不同。

在实行完全广告代理制的国家和地区，媒介在广告经营中一般只承担广告发布的职能，向广告代理公司和广告主出售媒介版面和时间，是媒介广告版面和时间的销售部门。如在最先实现和完成媒介广告职能和角色转换的美国，其广告业高度发达，实行着完全广告代理制，媒介以不直接与广告主接洽为原则，除分类广告外，媒介只承担广告发布的职责。由于职能和业务内容的单一，这类媒介的广告部门机构设置就较简单，称为广告局或广告部，下设营业部门、编排部门、行政财务部门等几大部门。营业部门负责对外的业务联络和接洽，编排部门负责广告的刊播，行政财务部门负责行政财务方面的管理，督促广告费的及时回收。

在没有推行广告代理制或没有实行完全广告代理制的国家或地区，媒介不仅负责广告的发布，还兼任广告承揽与广告代理之职，其媒介广告部门的机构设置就较复杂。日本与我国媒介广告部门的机构设置大体相同。日本的广告产业结构与美英等国截然不同，媒介的广告经营职能与广告公司并没有明确划分，几乎就与广告公司相同。日本的媒介不仅接受广告公司的广告代理，发布广告，也直接向广告主承揽广告，为广告主提供广告制作及市场调查等多种服务。在我国大陆地区，广告代理制还处于逐步推行阶段，除规定外商来华做广告必须经由广告代理外，媒介的广告经营几乎与广告公司没有差别。实行严格意义上的广告代理制，即对媒介的广告经营实行广告承揽与广告发布职能的真正分离，使媒介专司广告发布，应是我国广告业今后发展的努力方向。

5. 广告团体

广告团体主要指广告行业组织，由从事广告业务、广告研究、广告教育或与广告业有密切关系的组织和人员自愿组成，对促进广告行业的业务交流、沟通协调及增强行业自律和管理具有重要的作用。

广告行业组织按照地域范围可分为国际性广告行业组织、地区性广告行业组织和国内广告行业组织。

国际性的广告行业组织主要有国际广告协会、世界广告行销公司等。它的出现，对于协调、促进各国广告界的交流与合作，提高广告业务水平做出了重要贡献。

创建于1938年的国际广告协会，简称IAA，是目前最大和最权威的国际广告组织，总部设在美国纽约。它是由个人会员和团体会员组成的非营利性组织，会员遍布世界近80个国家和地区。该协会每两年召开一次世界广告会议，交流广告经验并探讨有关广告理论与实务方面的问题。我国于 1987 年 5 月 12 日，以"国际广告协会中国分会"的名义加入了国际广告协会。

世界广告行销公司，简称 WAN，由世界各地著名的广告公司组成，总部设在英国伦敦。该组织主要为成员提供业务帮助，如培训人员、交流国际经济与市场动态的信息等等。

地区性广告行业组织如亚洲广告协会联盟等。亚洲广告协会，简称亚广联，成立于 1978 年，是由亚洲地区的广告公司协会、与广告有关的贸易协会和国际广告协会在亚洲各国、各地区的分会等联合组成的洲际广告行业组织，每两年召开一次广告会议。它是一个松散型的组织。我国于 1987 年 6 月 14 日以"亚洲广告联盟中国国家委员会"的名义加入亚广联。

我国最早的广告行业协会组织，是 1927 年由上海六家广告社成立的"中华广告公会"。后几经改名，在 1933 年定名为"上海市广告同业公会"，1949 年后更名为"上海市广告商业同业公会"。

1979 年，我国的广告市场得以恢复和发展，广告行业组织也获得飞速发展。1981 年，中国对外经济贸易广告协会成立；1983 年，中国广告协会成立。随后，全国相继成立了省、市、地、县等各级广告协会，各地区的媒介也先后成立了广告协会组织。

其中，中国广告协会是我国最大的全国性广告行业组织，会员为团体会员，由国内的广告经营单位联合组成，每两年举行一次会议。其最高权力机构是会员代表大会。它对我国的广告行业具有较强的指导力和监督力。

3.3　广告代理制度

广告代理制指的是广告代理方（广告经营者）在广告被代理方（广告主）所授予的权限范围内来开展一系列的广告活动，就是在广告主、广告公司与广告媒介三者之间，确立广告公司为核心和中介的广告运作机制。它是国际通行的广告经营与运作机制。广告业现代化的主要标志之一就是在整个产业结构中，广告代理公司处于中心地位。而对于相对滞后的我国大陆的广告业而言，媒介处于中心和强势地位，有"强媒介弱公司"的说法。广告代理制的最终确立与实施仍是我国广告业今后发展的努力方向和基本趋势。

3.3.1　广告代理制度的产生与发展

伴随着社会经济的发展需求和广告业自身发展的内在要求，广告代理制从最初的萌芽——广告代理店演变成为现代的能够为客户提供系统而又全面的综合服务，其间经历了漫长的岁月。

早期的广告代理，从属于报业。因为最早承揽并发布广告的大众传媒是报纸。此时的广告代理主要是报纸广告版面的销售代理，被称为"版面销售时代"。1841 年，美国人沃尔尼·B·帕尔默在费城建立了第一家脱离媒体的、独立的广告代办处，专门为他所代理的各家报纸兜售广告版面，充当广告主的代理人，并从报社收取25%的佣金。它被视为是现代广告代理的最早萌芽，也是美国和世界上最早的广告代理店。

1865年，乔治·P·罗威尔在波士顿创办了与今天的广告代理公司更为相似的媒介捐客公司。他与百家报纸签订了版面代理合同，收取报社25%的佣金，再把版面分成小的单位零售给广告主，获利丰厚。1869年，罗威尔又出版了《美国报纸导读》，公开发表美国和加拿大多家报纸的估计发行数量，并向广告代理商和广告主提供各报的版面价格，为广告主选择媒介提供了参考依据。罗威尔所从事的广告版面的买卖业务虽然仍是单纯的媒介代理，但比早期的广告代理又进了一步。它正式摆脱了报社附庸的地位，减轻了媒介经营广告的风险，初步具备了真正意义的广告代理性质。

1869年，弗朗西斯·W·艾尔在美国开设了艾尔父子广告公司。其经营重点从单纯为报纸推销广告版面，转向为客户提供专业化的服务。他站在客户的立场上，向报社讨价还价，帮助客户制定广告策略与计划，设计与撰写广告文案，建议与安排合适的广告媒介。同时，艾尔父子广告公司实行"公开合同制"，规定广告代理店为广告主和广告媒介提供服务，其代价是将真实的版面价格乘以一定的比率作为佣金，还进一步将广告代理佣金固定为15%。这一制度于1917年在美国得到正式确认，并一直沿用至今成为国际惯例。广告历史学家称艾尔父子广告公司为"现代广告公司的先驱"。

这一时期独立的、服务专业化与多样化的广告代理公司的出现，广告主与广告公司的代理关系以及广告代理佣金制度的建立与确认，标志着现代意义上的广告代理制度的真正确立。

自艾尔父子广告公司奠定广告代理制度的基本形态之后，经过约半个世纪的发展，到了20世纪30年代以后，专业意义上的广告代理制在美国基本形成，并相继在广告业比较发达的日本、美国、法国等国家和地区普及，逐渐成为国际通行的广告经营机制。广告公司开始全面代理广告主的广告活动，在广告主授予的权限范围内，完成有关环节的各项工作，包括市场调查、广告策划、广告设计与制作、广告文案撰写、广告发布、广告效果测定等一系列服务项目。广告公司的广告代理方案获得广告主的认可并付诸实施后，可以从所代理广告的媒介刊播费中获得15%的媒介代理佣金，在制作过程中各项支出总额的基础上获得17.65%的加成。

广告代理制的确立与实施，确立了广告公司在广告运作中的中心地位，对广告公司的实力与水平提出了更高的要求。随着经济全球化趋势的日益加强，广告经营的国际化、规模化成为必然。同时，现代高新科技特别是信息通讯技术的不断发展，也使得全球性的广告媒介和全球性的广告运作有了可能。自20世纪70年代开始至90年代，西方许多大型广告公司相继实施了规模化经营的发展战略，走上了国际化发展的道路。国际化、规模化的广告经营，大大降低了广告成本，增强了广告公司的活力与实力。

进入21世纪，整合营销传播成为广告公司的努力方向，对广告公司的全面代理能力提出了更高的要求，广告代理的业务范围又进一步扩展。广告代理活动变得更为精细的同时，又要求广告代理公司能够根据消费者的具体情况确立统一的传播目标，有效发挥各种不同的传播手段向消费者传达本质上一致的声音，为广告主提供包括广告传播、公共关系、形象策划、包装与新媒介、直销、CI 等内容的综合性服务，为企业的整体市场营销战略提供全面的、专业化的服务。这与广告代理兴起之初的简单的媒介代理已有了根本的不同，对当今的广告代理公司无疑是巨大的新挑战。

3.3.2　广告代理制的内容

广告代理制主要包括广告公司的客户代理和媒介代理、代理服务的业务范围及代理佣金制等内容。客户代理和媒介代理，构成了广告公司代理业务的主要范畴。广告代理制突出了广告代理公司在广告运作中的中心地位和作用。

广告代理具有双重代理的性质：一方面它全面代理广告主的各项广告活动。在广告代理制度下，广告主必须委托有广告代理权的广告公司代理其广告业务，不得与广告媒介单位直接联系发布广告（分类广告除外），这样可以有效保证广告主的广告投入的效益。另一方面它又代理媒介的广告时间与广告版面的销售，为媒介承揽广告业务。也就是说媒介单位不能直接面对广告主承接广告的发布、设计和制作等业务，这些活动都应该归属于广告公司的业务范畴。

广告公司在双重代理、双向服务的过程中，其劳动收入主要来自为媒介出售广告版面和广告时间而获取的佣金。按国际惯例，代理佣金的比率为：大众传播媒介的佣金比率是广告刊播费的 15%，户外媒介的佣金比率为 16.7%。在我国，承接国内广告业务的代理费为广告刊播费的 10%，承办外商来华广告的代理费为广告刊播费的 15%。

国际广告界在收取广告制作费方面也有一定的标准，即广告主除了如数提供给广告公司各项广告制作支出外，还要给广告公司 17.65% 的加成，这是对广告公司代理其广告制作活动的报酬。而这也正好与媒介代理佣金一致。

虽然广告公司的代理佣金主要来自媒介，其 15% 的媒介佣金比例是固定的，但这容易引起广告主的不满，因为对于广告公司而言，媒介传播广告的总费用越高，广告公司的代理收入就越多。为缓解双方矛盾，此后又出现了协商佣金制、实费制、议定收费制、效益分配制等收费制度。

协商佣金制就是广告主与广告公司经过协商确定一个小于 15% 的佣金比例，广告公司在得到媒介 15% 的佣金后，将超出协议佣金比例的部分退还给广告主。这在一定程度上保护了广告主的利益，主要适用于媒介支出费用较大的广告代理业务。

实费制就是按照广告公司实际的成本支出和劳务支出计算其广告代理费。广告公司依据各项实际支出的凭证向广告主如实报销，并根据各项业务所花费的时间获取相应的劳务报酬。同时广告公司在获得媒介 15% 的代理佣金后，须向广告主如实报告，并退出超过其劳务费用的部分。但如果其所获得的媒介代理佣金低于劳务费，则由广告主补齐所缺部分。

议定收费制是实费制的补充形式，就是广告主与广告公司针对具体个案，在对广告代理成本进行预估的基础上，共同商定一个包括代理酬金在内的总金额，由广告主一次性付清给广告公司。此后在实际运行过程中，广告公司自负盈亏，与广告主无关。议定收费制可以避免广告主与广告公司之间可能引发的付费纠纷。

效益分配制就是广告公司可以按一定的比例从它所代理广告的实际销售额中抽取相应的利润，但如果广告不能促进销售，则得不到利润回报。这就将广告代理的权利和责任紧紧捆绑在一起，使广告公司必须承担广告代理活动的风险。

3.3.3　实施广告代理制的条件及意义

一方面，全面实施广告代理制的必要条件是需要有与之相匹配的完善的市场经济环境和成熟的广告市场环境。没有经济的繁荣，没有发达的市场经济体制和良好的行业环境，广告代理制就不可能顺利推行；另一方面，广告公司自身的状况和能力又是能否成功实施广告代理制的决定性因素。

广告代理制的实施，牵涉到广告市场中广告主、广告公司和广告媒介这三个主体。而在以广告代理制为基础的广告经营机制中，广告公司处于广告市场的主导地位，从本质上说，广告公司是实行广告代理制的中心环节。

广告公司要从事广告代理活动，首先必须获得有关政府管理部门的认可，并取得合法的代理资格，才能在规定的范围内从事相应的广告代理活动。即广告公司代理广告业务必须得到广告主或广告媒介的认可与委托。其次，提高广告公司自身的代理能力是增强其竞争能力的唯一途径，而高水平的各类广告专业人才、精良的广告制作设备和先进有效的内部管理机制是实现这一途径的有力保障。再次，具备充足的流动资金和雄厚的经济实力是媒介代理的前提。

当前，我国正大力发展社会主义市场经济，这有利于广告业的长足发展，有利于广告代理制的全面实施。但同时我国的市场经济体制还未发育成熟，全面推行广告代理制的市场经济环境还不完全具备，在广告业高速发展的背后，也存在着一些阻碍广告业规范发展的消极因素。其中最大问题就是广告主、广告公司、广告媒介三者之间的关系还没有真正理顺，分工不明确、广告行为不规范、行业结构不合理等问题使得广告经营秩序混乱。

因此，广告代理制的实施，有利于促进广告行业的科学化、专业化建设，有利于提高广告业的整体水平和消除行业内的不正当竞争，明确广告主、广告公司、广告媒介各自的权利和义务。只有真正全面推行国际通行的广告经营机制——广告代理制，才能使广告市场的三个主体各司其职，各就其位，充分发挥广告业对经济发展的巨大促进作用，使我国广告业朝着健康、规范的方向发展；而本土广告公司在我国加入世界贸易组织后，在面临着跨国广告公司、国际性传播公司、营销顾问公司等业内、业界间的激烈竞争时，只有不断提高自身实力，改变服务观念和方式，从零散运作转向集约运作，从经验型服务转向专业化和科学化服务，才能在资本力量和专业化服务的新一轮洗牌中不被淘汰出局。只有这样，我国广告业才能迅速地适应并融入到国际大市场中，顺利实现与国际市场的接轨，在激烈的国际竞争环境中求得生存与发展。

本章小结

广告组织是指承担各种广告活动任务的主体机构，它是实现广告目标的重要保证，也是发展和健全广告组织、顺利开展广告业务的基础。

根据广告组织的性质、任务和设置机构的不同，可以将其划分为企业广告部门、专业广告公司、媒体广告组织等机构。

广告组织系统是由在广告传播过程中承担不同职能的专门机构所组成。在广告组织系统中，除了有处于核心地位的广告主、处于主导地位的广告公司，还有媒介，以及广告团体等。

广告代理制指的是广告代理方（广告经营者）在广告被代理方（广告主）所授予的权限范围内来开展一系列的广告活动，就是在广告主、广告公司与广告媒介三者之间，确立广告公司为核心和中介的广告运作机制。它是国际通行的广告经营与运作机制。

思 考 题

一、单选题

1. 广告活动的主体是（　　），但其大部分的广告活动却是由专门的广告公司来代理的。
   A. 广告主　　　　　　　　　　B. 媒介购买公司
   C. 消费者　　　　　　　　　　D. 广告团体

2. 广告代理制最初的萌芽是（　　）。
   A. 广告代理店　　　　　　　　B. 广告代理公司
   C. 广告公司　　　　　　　　　D. 广告代理商

3. （　　）是实现广告目标的重要保证，发展和健全广告组织是顺利开展广告业务的基础。
   A. 广告公司　　　　　　　　　B. 广告组织
   C. 广告媒介　　　　　　　　　D. 广告管制机构

4. 按国际惯例，代理佣金的比率为大众传播媒介的佣金比率是广告刊播费的（　　）。
   A. 10%　　　　　　　　　　　B. 15%
   C. 17%　　　　　　　　　　　D. 16.17%

5. 创建于 1938 年的国际广告协会，简称 IAA，是目前最大和最权威的国际广告组织，总部设在（　　）。
   A. 法国巴黎　　　　　　　　　B. 美国费城
   C. 日本东京　　　　　　　　　D. 美国纽约

二、多选题

1. 广告组织系统应该包括（　　）机构。
   A. 广告主　　　　　　　　　　B. 广告公司
   C. 广告媒体　　　　　　　　　D. 调查公司

E. 政府有关部门

2. 广告公司按照服务功能与经营业务的不同，可以分为（　　）。

    A. 广告代理公司　　　　　　　B. 广告制作公司

    C. 媒介购买公司　　　　　　　D. 广告创意公司

    E. 广告文案创作公司

3. 广告代理制的实施，牵涉到广告市场中（　　）这三个主体。

    A. 广告主　　　　　　　　　　B. 广告媒介

    C. 广告团体　　　　　　　　　D. 广告公司

    E. 消费者

三、名词解释

1. 广告主　　2. 广告公司　　3. 广告团体　　4. 广告代理制　　5. 协商佣金制

四、简答及论述题

1. 广告组织主要有哪几种类型？请简要说明其中的一种。

2. 综合型广告代理公司的主要服务项目有哪些？

3. 简述广告代理制的发展过程。

4. 广告制作公司提供的服务主要有哪些？有何优势？

5. 论述在我国全面推行广告代理制的必要性及其重要意义。

案例讨论

百年麦肯广告：用坚毅缔造传奇

紧跟标准石油的旗帜

1911 年的分拆并没有终结标准石油公司的传奇，恰恰相反，正是它使得标准石油变得更具有传奇色彩。不可一世的洛克菲勒没有想到，自己最终会被一部形同虚设逾 20 年的法律击倒。这年 5 月，洛克菲勒垄断了全美石油采炼、运输和销售的标准石油公司上诉失败，被美国最高法院依据《谢尔曼反托拉斯法》强行分解成 34 个独立的公司。

标准石油的传奇在 7 个子嗣的身上延续着。34 家公司中的 7 家继承了标准石油的绝大部分垄断地位，它们分别成为了埃克森、美孚、阿莫科、谢夫隆等新的石油巨头，经过并购、联合后，它们又重新进占了世界十家最大企业的行列。

同样诞生于标准石油的废墟之上，麦肯广告公司却从来不被人认作是标准石油传奇的一部分，尽管它的前身就是标准石油的广告部，尽管埃克森、美孚和以生产凡士林著称的奇思伯公司等标准石油的旧部今天的广告代理权仍牢牢掌握在麦肯手里。

哈里森·金·麦肯还没有来得及沾染上洛克菲勒的习气与架子，因为这位标准石油公司的最后一位广告部经理在任上只干了 4 个多月。随着标准石油托拉斯的解散，托拉斯内如广告部这类供全体子公司共用的部门也需要解散。

本来是一次失业的机会，却成为了哈里森·麦肯改变自己命运的关键一步。麦肯向主持分拆工作的小克雷·佛尔格提出，由他成立一家独立的广告公司，接手原标准石油广告部的资料和档案，为从标准石油分拆出来的所有子公司继续原有的广告服务，并履行原有的广告合同。由于标准石油家产太大，一时分解不完，忙得焦头烂额的佛尔格对麦肯的提议考虑不了太多，便欣然应允。于是，麦肯广告公司宣告成立。

在 1915 年哈里森·麦肯本人所著的《广告启示录》这本小册子里，他在《麦肯公司》一节中写道："美国商业地理分布有一个很有意思的特点，即美国所有的制造厂商中，有 75% 都在麦肯公司人员一夜之间能够赶到的位置。我们公司的一名职员可以在傍晚时分从我们任何一个办公室出发，在第二天与任何一个地方的客户进行商谈，而第三天早上又可以回到公司。这比我们与客户隔街相对浪费不了多少时间。"

哈里森·麦肯在最后一句中也许是想让其他客户知道，所有客户都会受到麦肯公司的公平对待，尽管麦肯公司的纽约总部就与标准石油公司隔街相对。因为，标准石油对麦肯广告成长道路的影响才刚刚开始。

1917 年，当哈里森·麦肯向员工提出要建立一家"全国性广告公司"时，没有人知道麦肯广告的四个办公室（纽约、旧金山、克里夫兰、多伦多）会变成怎样一张覆盖全美的大网。因此可以想见，麦肯同时提出的"力争成为全球最大广告公司"的目标，即使是对他本人而言，也不过是一时兴起的想法，因为他还说过："为了成就事业，为了赚取利润，为了建立一个真正有价值的企业，不论是广告业、石油业、钢铁业，还是军火业，关键都在于组织机构的建立。"

幸好哈里森·麦肯没有把自己说过的每一句话都当真。事实上，麦肯广告从在纽约成立到向纽约外的扩张，无一不是因标准石油公司而起。旧金山公司的成立是为了就近向标准石油加州公司提供服务，建立克里夫兰公司是因为那里有标准石油俄亥俄公司，多伦多公司的建立则同样是为了更好地接近同样从标准石油分离出来的帝国石油公司，而总部设在纽约是因为这里有两家超级"小"标准——标准石油纽约公司（美孚的前身）和标准石油公司（埃克森的前身）。

如果没有这么多"小"标准石油公司的扩张，麦肯想要平地里建立起全国性网络的理想几乎不可能实现。而到了海外市场上，这一点尤显突出。1926 年 8 月 15 日，麦肯宣布"将接手标准石油公司在欧洲的分支机构的广告业务，这些分支机构包括在法国、比利时、荷兰、德国、丹麦、挪威、瑞典、瑞士、波兰、意大利等国的标准石油公司的分公司"。同年夏，麦肯公司的第一个欧洲分公司在巴黎的香榭丽舍大街开业。随后，伦敦分公司、德国分公司、法国分公司分别建立。

至 1931 年，从标准石油拆分出来的 34 家公司中有 25 家都是麦肯的客户，仅这 25 家公司就为麦肯带来了 500 万美元的营业额。

但麦肯和标准石油的渊源仍未结束。1934 年，麦肯获得了标准石油在拉美的所有附属公司的广告业务。然后便是麦肯阿根廷公司、巴西公司的开业。不到十年的时间里，麦肯巴西公司既成为了巴西最大的广告公司，也成为麦肯最大的海外分公司。找到当地的标准石油公司，成为其广告代理商，在当地建立分公司，然后再立足当地寻找新的客户，成为当地最有影响的广告公司。然而，在大肆扩张的风光下面，令哈里森·麦肯发愁的是，海外那么多分支却不带来赢利。

领跑广告界变革

真正给麦肯带来革命的人，是 23 岁时被公司招到收发室的马里恩·哈珀。9 年后，32 岁的哈珀成为麦肯公司的总裁。

1939 年，从耶鲁大学心理学系毕业的哈珀进入了麦肯的邮件收发室。精力异常充沛的哈珀每天工作 16 个小时后，还要去爵士俱乐部玩到深夜。数月后，哈珀被调到调研部，在那里，他提出了用"因素分析"来研究杂志和报纸读者的兴趣，研究"印刷品信息和广播信息对受众的影响"。哈珀的研究得到了立竿见影的效果，公司迅速将其研究的新方法应用到了广告领域和新生业务中。1946 年，哈珀成为公司副总裁及调研部总监。一年后，年近七旬的哈里森·麦肯任命哈珀为其助手。1948 年，麦肯宣布哈珀为公司总裁及首席执行官的继任者。而事后，这位年轻总裁的表现远远超出了人们的预期。

哈珀首创了"整合营销传播""公司中的公司""相互竞争、统一管理的分公司体系"等等新的理念，用各种新型的广告业务、充满胆识和活力的想法和方式，对广告代理业务进行了开拓性和革命性的调整。这些使得哈珀成为广告界让人又爱又恨的人，1958 年的 *printer's ink* 报纸描述哈珀时说："争议和客户都在争相向他涌去。"在 1962 年的一期《时代》上的封面文章则说哈珀是"广告界中最固执、最有争议的人"。

在哈珀之前，麦肯的所有子公司都叫麦肯。不光广告业是这样，其他服务行业也莫不如此。所有大型服务性企业的领导人都认为，同一块牌子下面的公司就都应该叫同一个名字，子公司之间没有业务上的不同，只是所辖区域相异。然而，从 1954 年起，情况发生了变化。

1954 年 6 月，麦肯公司打算收购克里夫兰的一家名叫 Marschalk&Pratt 的小广告公司，这家公司非常小，但却夺走了标准石油在当地的一大块广告资源。在财大气粗的麦肯公司面前，Marschalk&Pratt 毫无招架之力，收购进行得很成功。但就在这家小公司行将并入麦肯克里夫兰公司之前，哈珀突然觉得，让这家公司成为一个单独的子公司，让它保留自己原来的名称和客户，效果可能更好。因为，这样这家小公司可以承接比较小的客户，和麦肯公司形成互补，而且，哈珀认为，甚至可以让它承接与麦肯公司的客户之间存在竞争关系的客户。

这样一来，麦肯公司事实上既收了东家的彩礼，又拿了西家的红包，同时，还让旗下不同名牌的广告公司互相之间展开了竞争。

哈珀的新做法在业内掀起了轩然大波，因为对广告界来说，两家同主的广告公司怎么可能做到为各自彼此竞争的客户保守商业秘密。哈珀此举甚至遭到了公司内部元老的强烈反对，他们认为接下来就会发生大量客户退约。然而事情并不像人们所想的那样糟糕，6 年间，Marschalk&Pratt 的规模就翻了 5 倍。

在哈珀接管麦肯时的 1948 年，全球排名第五的麦肯总收入尚不及世界最大广告商智威汤逊的一半。而到了 1960 年，麦肯已跻身世界第二，略次于智威汤逊，当时只有这两家广告公司的总收入达到了 3.5 亿美元以上。

然而哈珀的吸纳第三方、促进竞争的策略用过了头。1964 年，哈珀成立了 Interpublic 集团，将大量资金用在收购其他广告公司和投资建设海外市场，美国本土的业务量和麦肯公司的业务量所占比例在急剧下降。

哈珀卸任后，麦肯公司又遭遇了数次危机，总收入最低时只有高峰时的百分之十几。经过几代领导人的调整，Interpublic 集团慢慢走向了成熟，摆脱了最初以麦肯公司的衍生组织出现的形象，同时也不再是一个由若干庞杂的小公司松散地组成的母公司。

艰难求胜

2001 年元旦就任的约翰·杜纳显然是 Interpublic 集团最没有明星气质的 CEO 兼董事长。和 Interpublic 最辉煌的时候的董事长、CEO 们相同，约翰·杜纳也是从麦肯公司的领导位置上被提拔到现在的职位上来的。事实上，约翰·杜纳在领导麦肯公司时更像一个英雄式的领袖，那时候的他能够扭转局势，更有力量感，也不乏豪言妙语。

《快速公司》杂志曾经将杜纳评为年度最佳变革者。2000 年，杜纳面临可口可乐即将撤下麦肯而去的危机，但是他最后还是成功地说服了可口可乐。"可口可乐不是他的客户了，已经成了他的一部分。"麦肯组约公司的创意总监尼娜·迪塞莎说道。

对杜纳在可口可乐一役的成功，《快速公司》做出的评价也颇高："这是一个在困难时期如何成就领导的绝佳案例，它表明了坚毅、有计划性和头脑冷静是怎样在最艰难的环境下取得胜利的。"

现在的 Interpublic 正在稳步发展，变革和调整已经过去，他需要做的似乎只能是保持 Interpublic 集团的势头。百年麦肯，现在只是需要坚毅。

（资料来源：传媒投资网，作者黄继新、覃里雯）

? 问题讨论

1. 百年麦肯成功的最核心要素是什么？

2. 与麦肯相比，我们本土广告公司的差距主要体现在哪里？

3. 麦肯公司的成功之路给我们的启发是什么？

第 *4* 章

广告计划、目标与预算

本章导读

　　广告计划既是企业对广告活动所做的规划，也是企业检验和总结广告效益的依据。广告目标是广告策划的出发点和归宿，广告策划的各项工作均是围绕广告目标展开的。广告预算是广告活动所需费用的计划和控制方法，它规定计划期间内从事广告活动所需经费的总额和使用范围，是企业广告活动得以顺利进行的保证。广告计划、目标与广告预算三者之间的关系密切。广告预算是制定广告计划的重要内容，广告目标说明广告策划者想做什么，而广告预算则限制广告策划者能做什么。

知识结构图

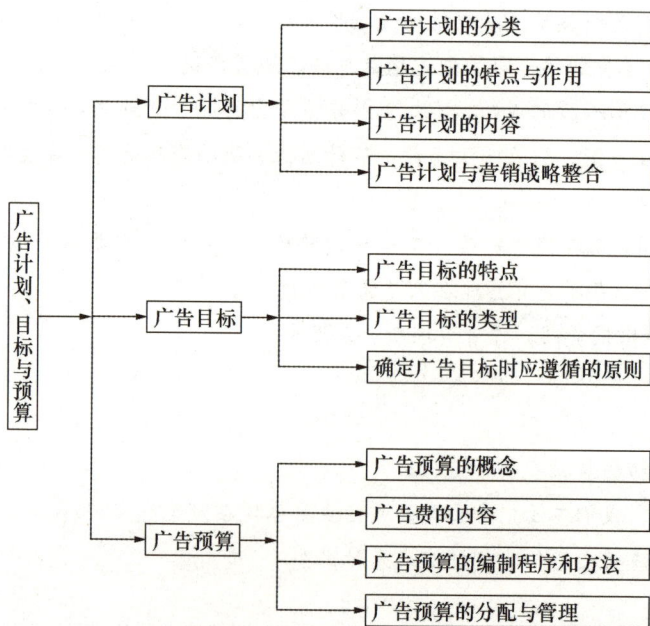

【开篇案例】　　　　　　　依云矿泉水：活力之水

依云矿泉水（Evian）的产地位于法国上萨瓦省（Haute – Savoie）的艾维昂勒邦（Evian – les – Bains），距离日内瓦45公里。这个总共只有7000多人的小镇的全称是Evian les Bains，意为"依云浴室"。Evian这个词来源于凯尔特语，就是"水"的意思。小镇坐落在阿尔卑斯山区的中心，法国和瑞士的交界处。这里有欧洲阿尔卑斯山区最大的湖泊——日内瓦湖，法国人则叫它莱蒙湖。这个湖呈月牙形，总面积583平方公里。依云镇位于月牙的凸面，站在岸边可以清楚看到湖北面的瑞士洛桑。

天然纯净的地理环境，加上由于千万年地质运动形成的特殊地貌，使得这里生产的依云矿泉水含有充分平衡的矿物质并且绝对纯净。

依云水的发现是一个传奇。1789年夏，法国正处于大革命的惊涛骇浪中，一个叫Marquisde Lessert的法国贵族患上了肾结石。当时流行喝矿泉水，他决定试一试。有一天，当他散步到附近的依云小镇时，他取了一瓶来自Cahat绅士花园的泉水。饮用了一段时间，他惊奇地发现自己

图4 – 1　美丽的依云小镇风光

的病竟然奇迹般痊愈了。这件事迅速传开，专家们就此专门做了分析并且证明了依云水的疗效。Cahat绅士决定将他的泉水用篱笆围起来，并且开始出售依云水。Cahat家的泉边一时间衣香鬓影，名流云集。

依云矿泉水在全球高端水市场上拥有较高的美誉度和市场占有率。在欧美以外的市场，依云矿泉水的价格高过牛奶，而且还是时尚和高品位的象征。这一非凡成就得益于依云矿泉水明确的广告目标和市场定位。

依云矿泉水充分了解到人体中水的重要性，尤其是纯净的水能为人们的身体带来活力、青春、健康的感觉。于是青春、

图4 – 2　依云水的广告寓意：活的年轻

活力、纯净等基本概念被依云矿泉水一直用来作为广告的主题。

"活的年轻"是人们的美好向往，也是依云矿泉水的经典广告语。

4.1　广告计划

广告计划是广告主或广告经营单位根据企业的营销目标、营销策略和广告任务而制定的关于未来一定时期内广告活动的整体安排。广告计划的作用在于通过系统地筹划未来的广告活动，把各方的努力有效地组织到广告活动中去，并按照广告主的意图使之协调起来，使从事广告活动的人员都为实现计划规定的目标而努力。

作为指导企业广告活动的规划，广告计划具有事前性和操作性两个重要的特征。事前性是指广告计划是在广告活动开展的前提和依据，拟广告计划是进行广告活动的首要环节。其操作性是指广告计划必须是一个可执行的方案，在具体的广告活动中企业将以此为指导来对广告活动进行组织和实施。

4.1.1　广告计划的分类

在市场经济条件下，广告计划不可能是一成不变的单一模式。企业应根据市场条件和产品的特点，制定不同的广告计划，并以此开展广告活动。广告计划的类型主要有以下几种。

1. 根据广告计划性质分类

按广告计划性质划分，可以将其分为战略性广告计划、战术性广告计划和单一性计划。

（1）战略性广告计划。战略广告计划与企业长期发展战略相适应，是企业长期广告活动的目标与发展战略。此类广告计划一般涉及范围较广，规模较大，广告实施的周期很长且广告投入巨大。战略性广告计划是企业营销战略的一个重要组成部分，只有制定出科学、完整且行之有效的战略广告计划，企业的广告目标才会明确，广告活动才会更有针对性。

（2）战术性广告计划。战术性广告计划是企业为组织某一特定广告活动或为达到某一项广告目标而制定的广告活动规划。它是在广告战略的指导下，企业所制定的具体的广告活动计划。它的内容具体，操作性强，效果明显，因而容易受到企业的青睐，大多数的广告计划均属于此类。

（3）单一性广告计划。单一性广告计划是指企业针对某一市场、某一产品在一定的时段内进行广告活动而制定的广告执行计划。它是在较小的范围内进行的广告计划活动，是对战术性广告策划的进一步的细化，单一性广告计划可以是一个广告创意方案、一个媒体计划方案或一次促销活动中广告的实施计划。单一性广告策划是组成战术型广告策划的基本单位，在广告策划中占有重要的地位。

2. 根据广告时间分类

按广告时间划分，广告计划可以分为长期广告计划、中期广告计划和短期广告计划三类。

（1）长期广告计划。长期广告计划一般是指期限在 5 年以上的广告计划。它是以企业长期发展战略为依据，按照市场营销的战略要求而制定的广告活动规划。长期广告计划主要是方向性和长远性的计划，通常是以工作纲领的形式出现。长期广告计划必须根据企业发展计划的实施程度和市场形势的变化，不断适当地进行调整和修订。

（2）中期广告计划。中期广告计划是指计划期限在 1 年以上到 5 年以内的广告计划。中期广告计划是根据企业的长期广告计划而制定的，它比长期计划要详细具体，是在充分考虑了企业的内外部经营环境后制定的可执行计划。

（3）短期广告计划。短期广告计划包括年度广告计划和临时性广告计划，其时间期限均不超过 1 年。年度广告计划是企业在一年内按季分月制定的广告活动规划。年度广告计划是依据企业年度经营目标和销售计划制定的，其主要内容包括确定本年度广告目标及广告预算在不同媒体上的分配等内容。临时性广告计划是指企业在特殊场合或遇到突发事件而制定的广告计划。短期广告计划的操作性比较强，要求其内容全面具体，指标量化，切实可行。

3. 根据广告的媒体分类

根据广告媒体划分，可以将广告计划分为组合媒体广告计划和单一媒体广告计划。

（1）组合媒体广告计划。组合媒体广告计划是指在广告宣传活动中，计划使用两种或两种以上的媒体作为传播媒介的广告策略，如利用广播、电视、报纸、杂志以及网络等媒体组合来宣传某一产品或服务的广告计划均属于此类。

（2）单一媒体广告计划。单一媒体广告计划是指仅利用一种媒体进行宣传的广告计划。如某一公司在整个广告活动中全部使用专业杂志进行广告宣传的计划。

4.1.2 广告计划的特点与作用

1. 广告计划的特点

（1）广告计划是一项行动文件。实施一项广告策划活动是非常复杂的工作，需要各方面的协调配合。广告计划以文件的形式标明了所要采取的步骤、时间安排等，用以指导和控制整个广告策划活动的运作。

（2）广告计划是对某一广告目标及完成这一目标的一种解释。广告计划解释了需要完成的广告任务，需要达到的广告目标，并解释和规划了实现广告目标的具体步骤。

（3）广告计划具有一定的强制性和约束性。广告计划一旦制定，就成为广告活动必须遵守的行动准则和努力方向。虽然计划具有一定的灵活性，但这种灵活性是受一定的条件限制的，是有限的灵活。

2. 广告计划的作用

广告计划是广告活动的首要环节，是广告策划的重要组成部分。广告计划在整个广告活动中起着举足轻重的作用，其作用主要体现在以下几个方面。

（1）广告计划的指导作用。广告计划是对整个广告活动的预先规划，是企业广告战略和广告策略的体现，它是广告活动的依据和行动指南。广告计划使无序的广告活动变为有序，为各项广告活动规定了努力的方向。广告计划对广告活动的全部过程都具有指导作用。首先，广告活动对整个广告活动具有宏观指导作用。广告计划在宏观上规划着整个广告活动的发展方向，它明确规定了广告的目标、对象、范围和具体的任务，指导着广告策划活动的进行。其次，广告计划对广告各个环节具有微观指导作用。广告计划对广告对象、广告媒体等策略都要做出说明，在微观上规定着广告策略及实施方法。

（2）广告计划的协调作用。建立在充分调研和科学分析基础上的广告计划，可以使从事不同广告业务的人员彼此协调、有条不紊地进行各项工作，齐心协力完成广告目标。通过广告计划的协调作用，能够使广告活动的各个职能部门相互配合，统一行动。

（3）广告计划的控制作用。广告计划规定了广告活动所要达到的各项指标，这些指标是广告活动的衡量标准。在具体的广告实施过程中，管理者应根据这些指标来对检查实际活动与计划目标是否一致，如果存在偏差就必须采取控制措施来消除差距，从而保证能够按时、按质、按量地完成广告计划。

（4）广告计划的评价作用。广告计划对广告效果具有评估作用。广告计划为评价广告活动、测定广告效果提供了相应的依据，有助于广告目标的实现。

4.1.3　广告计划的内容

广告计划的内容囊括了广告活动的全部领域。在广告策划活动中，企业可以根据自身营销战略的需要，选择不同的广告类型，因此其广告内容的侧重点也会有所不同。一般来讲，广告计划的内容主要分为以下几个方面。

（1）广告的市场分析。市场分析是广告计划的首要内容，它既是广告活动的基础，也是广告活动取得成功、达到广告目标的关键。广告的市场分析包括企业与产品分析、市场与环境分析、营销分析、消费群体分析、竞争者分析和市场发展机会分析等。关于这一部分的内容我们将在下一节讲述。

（2）广告的目标。广告目标是广告活动所要达到的目的。广告目标是企业营销目标之一，它们之间既有区别又有联系。如营销目标是为了提高企业商品的市场占有率和销售额，从而使企业赢得利润，推动企业总目标得以实现。而广告活动的目标在于提高商品的知名度，激发消费者的购买欲望，为实现营销目标服务。

广告目标不是单一的，而是多元的。对于广告本身来说，有广告的受众率、理解度、记忆率等指标；对于广告效果来说，有企业及产品的知名度、美誉度、广告宣传引起的购买率、市场占有率提高的幅度、销售利润增长的程度等指标。在制定广告目标时，应尽可能使各项指标都能够具体量化，同时，也要注意广告目标的可行性和可控性，不片面追求数字指标。

（3）广告的对象。广告对象是广告活动诉求的目标，即广告要吸引哪些人的注意，促进哪些人的购买行为。由于每种产品都面对着众多的消费者，而任何一个广告都不可能打动所有的人，所以广告必须找准具有共同需求的消费群体。一般来说，广告对象分析主要包括以下基本内容：广告对象是谁；广告对象最关心的是什么；广告对象的消费水平如何；广告对象对产品及广告的态度等。只有找准了广告的对象，企业才能准确把握消费者的特征，制定出有的放矢的广告策略。

（4）广告的传播区域。广告传播区域是指广告对象生活的区域与范围。广告区域的划分一般有三个层次。即全国范围、国内特定区域和海外市场。这些区域的划分应根据广告战略进行周密筹划，在原则上要突出重点区域，对重点区域要加大广告的投放力度。

（5）广告的主题。广告主题是广告所要表达的重点和中心思想，如何选择主题是广告策略的重要表现。广告主题应该根据产品的市场定位和产品本身的特点来确定，而且广告主题必须要体现出产品的与众不同的个性。在一个广告中不能有太多的诉求主题，否则广告难以给目标受众留下深刻的印象。

（6）广告的策略。广告策略是广告活动中所运用的具体措施与手段，主要包括广告的媒体策略、创意策略和实施策略。这一部分的内容我们将在以后的章节里重点介绍。

（7）广告的费用预算。广告预算是广告活动所需费用的计划和控制方法，它规定计划期间内从事广告活动所需经费的总额和使用范围，是企业广告活动得以顺利进行的保证。广告目标与广告预算有着密切的联系。广告目标说明广告策划者想做什么，而广告预算则限制广告策划者能做什么。编制广告预算是制定广告计划的重要内容，二者可以同时进行。

（8）广告效果的预测。广告效果预测是指对广告活动所要达到的目标和完成任务情况的预先估计。在广告计划中，广告效果预测主要包括广告传播效果和广告销售效果两项内容。广告效果的预测应该是建立在科学分析的基础上，而不能凭空臆造。

4.1.4 广告计划与营销战略的整合

1. 广告计划的制定与执行

制定和执行科学的广告计划必须从战略的角度去考虑。从战略角度来看，广告并不是一副艺术作品，而是科学分析的产物。所以，我们不能只根据瞬间的灵感或艺术感觉来制作广告，而是要在科学分析的基础上发挥创造性来制作广告。从这个角度来看，广告计划并不是广告本身的独立的制作过程，而是与企业战略目标以及市场营销计划密切相关的过程。众所周知，广告是市场营销组合的一个组成部分，所以战略营销计划与广告计划是不可分的。

从这种观点出发，我们通过图 4-3 来说明在企业战略计划与营销计划的基础上确定广告计划的过程。

```
┌─────────────────┐
│     经营理念      │
└─────────────────┘
         │
┌─────────────────┐
│     经营目标      │
└─────────────────┘
         │
┌─────────────────┐
│     经营计划      │
└─────────────────┘
```

营销环境分析

外部环境分析	内部环境分析
经济分析	成果分析
政治、社会、法律、技术分析	地理位置分析
产业分析	组织分析
消费者分析	成本分析
竞争者分析	原策略的分析

SWOT 策略

优势（strength）　　机会（opportunity）
劣势（weakness）　　威胁（threat）

```
┌─────────────────┐
│     营销目标      │
└─────────────────┘
         │
┌─────────────────┐
│     目标市场      │
└─────────────────┘
         │
┌─────────────────┐
│      定位        │
└─────────────────┘
```

营销组合

产品（product）策略	价格（price）策略
渠道（place）策略	促销（promotion）策略

广告活动计划

```
┌─────────────────┐
│     广告目标      │
└─────────────────┘
         │
┌─────────────────┐
│     目标受众      │
└─────────────────┘
         │
┌─────────────────┐
│      预算        │
└─────────────────┘
         │
┌─────────────────┐
│     创意策略      │
└─────────────────┘
         │
┌─────────────────┐
│     媒体策略      │
└─────────────────┘
         │
┌─────────────────┐
│     促销策略      │
└─────────────────┘
```

评价	实施

传播

```
┌──────────────────────┐
│   消费者对广告信息的处理   │
└──────────────────────┘
            │
┌──────────────────────┐
│         口碑           │
└──────────────────────┘
```

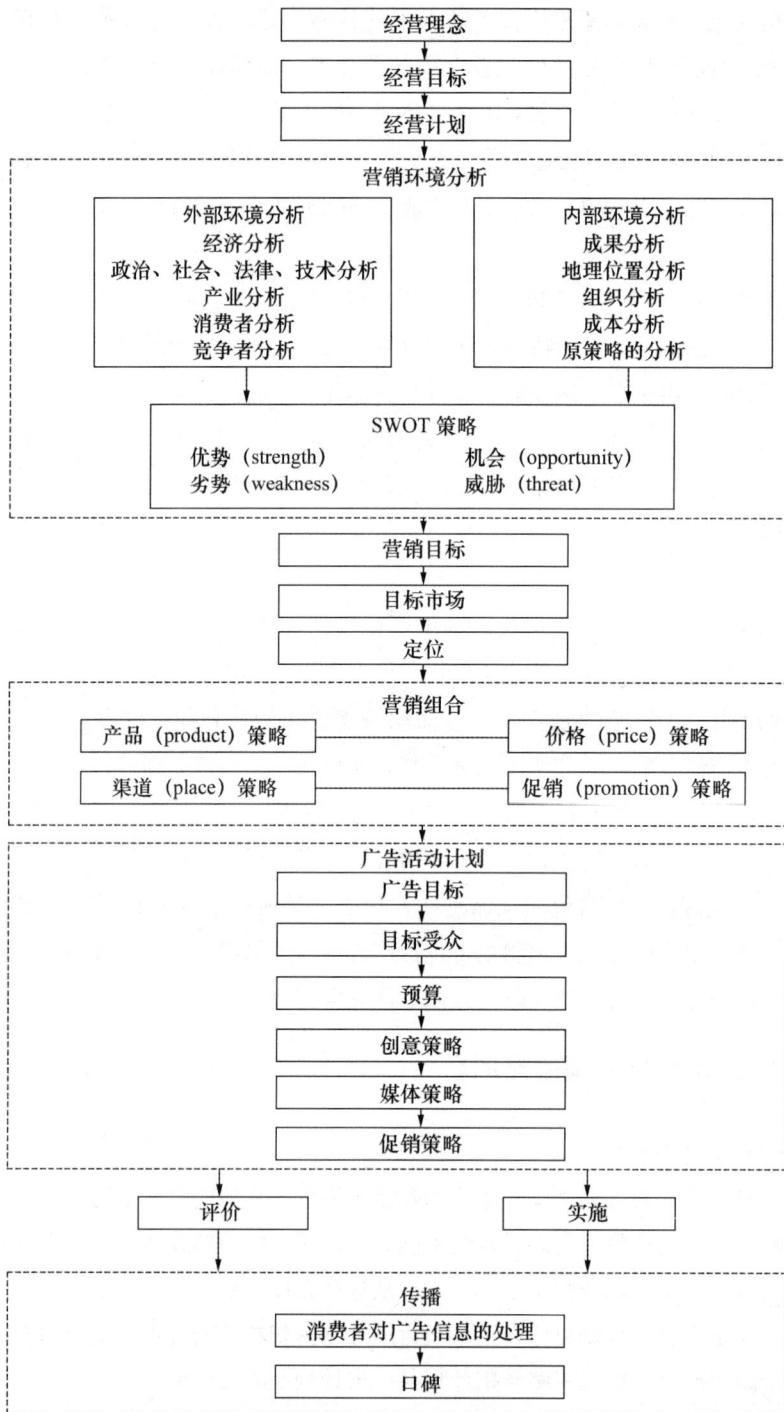

图 4-3　广告计划过程

2. 广告活动计划与营销战略的整合

在策略营销计划的基础上要制定广告活动计划。广告活动计划应该是整合的，即广告策略应有机地结合实现广告目标的各种手段，从而有一个同一的方向。实际上，大部分广告依靠广告创意，创意是实现广告目标的很重要的手段。但创意并不是广告的全部，如果创意所提示的内容与广告策略方向不一致的话，就不能实现广告原来的目标。

（1）广告目标。广告活动计划的第一阶段就是制定广告目标。广告目标是营销目标的组成部分，也可以与营销目标一致。例如，营销目标是市场占有率达到10%，那广告目标也可以是市场占有率达到10%。但是影响产品销售量的除了广告以外还有价格、产品质量、流通、促销、宣传等因素，并且广告活动的结果是在实现广告目标的特定期限以后仍有效果的。所以，制定广告目标时就应考虑品牌的回忆率、广告的回忆率等具体的因素。有关这方面内容我们将在下一章具体讲。

（2）目标受众。制定广告目标以后，要确定目标受众。当然目标受众与营销目标受众是一致的。如果在实际操作过程中出现不一致，就必须最大限度地缩小其差异。

（3）广告预算。广告预算决策是指对广告活动要投入多少费用、怎样投入费用的问题。

（4）创意策略。创意就是如何制作出广告的问题，是在广告活动中最有创意性的部分。如广告文案、广告画面等都属于广告创意。当然广告创意需要独特的构思，但必须与广告目标相一致。

（5）媒体策略。如何选择广告媒体也是广告活动计划中非常重要的部分。因为各媒体的特点和价格都不一样，所以效果也不同。

（6）营业推广策略。制定广告活动计划时也要考虑推销策略。如提供赠品、免费提供样品、降价处理、举办各种活动（如健力宝 60 万元的大抽奖活动）等，必须与广告活动计划要一致。所以现在出现了整合营销沟通（integrated marketing communication，IMC）。

4.2　广告目标

4.2.1　广告目标的特点

广告是实现企业经营策略的工具之一。成功的广告策略必须有明确的目标：是短时期内推销产品还是树立良好的企业形象；是扩大市场区域还是要提高市场占有率；是极力保护巩固现有市场还是向竞争对手发动进攻，进一步抢夺对手的市场。这些问题在广告策划中必须首先明确，只有这样，制定的广告策略才能有的放矢。一般来讲，广告目标就是广告主希望广告活动所能达到的预期目的。或者说，广告目标是指广告要达到的要求。确定广告目标，是制定广告策划非常重要的内容，不论是广告底稿拟制人员、版面设计人员、摄影人员以及与媒体谈判人员、广告费用预算人员等，都应了解广告目标，并共同对此目标负责。

广告目标的确定不是随机的，而应当是建立在对当前市场营销情况透彻分析的基础上，以企业的目标市场、市场定位、市场营销组合等重要决策为依据而确立的。

促销是企业市场营销组合的重要组成部分。企业的促销策略主要有四种方式，即人员推销、广告、营业推广和公共关系。广告是促销策略的一个组成部分，广告目标、人员推销目标、营业推广目标以及公共关系目标是相辅相成的，四者共同形成了促销目标。广告目标是对其余三种目标的有效支援，而广告目标又是在各目标密切合作、协调一致的基础上实现的。

广告目标与促销目标都是为了扩大商品销售，但与促销目标相比，广告目标又有以下特点。

（1）促销数额的不确定性。促销目标可以用销售额或利润额的完成情况来确定，而广告目标很难准确确定它到底完成了多少销售额或利润。例如，一个企业的促销目标可以确定为一年内把销售额增长到20%，但广告目标却很难如此确定，因为影响企业销售额的因素除了广告之外，还受很多其他因素的影响，如，企业产品的价格、包装、流通、营业推广以及消费者偏好的变化等（见图4-4）。

（2）期间的不确定性。促销目标一般以一定的期间为衡量标准，而广告的促销目标很难以一定的期间为标准准确衡量，广告效果具有迟效性，其效果要在广告刊播以后持续一段时间才表现出来。例如，某一家化妆品公司在电视上做了化妆品广告，但消费者并不一定看了广告以后马上去购买，而要经过一系列的心理活动过程或认知过程以后再做出购买决策。

（3）广告目标的多元性。促销目标一般是单一的，就是为了扩大销售额，而广告目标除扩大销售额之外，还有如提高产品及企业的知名度、改变消费者态度等目标。

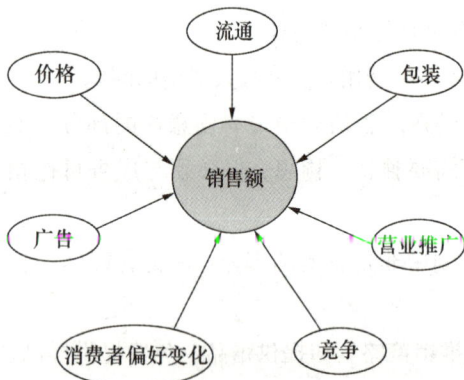

图4-4　影响企业销售额的诸因素

4.2.2　广告目标的类型

广告虽然以促进销售为最终的目标，但不同的企业在不同的时期、不同广告对象和不同的营销策略要求下，广告的目标是有所不同的。由于市场经济的复杂性，企业市场营销策略的多样性，使得企业的广告目标也具有多样性，我们可以从以下几个不同的角度来对其进行分类。

1. 根据市场营销策略划分

（1）创牌广告目标。此类广告的目的在于开发新产品和开拓新市场。它通过对产品的性能、特点和用途的宣传介绍，提高消费者对产品的认识程度，其中着重要求提高消费者对新产品的知名度、理解度和厂牌标记的记忆度。

（2）保牌广告目标。此类型广告的目的，在于巩固已有市场阵地，并在此基础上深入开发潜在市场和刺激购买需求。它主要通过连续广告的形式，加深目标受众对已有商品的认识，使消费者养成消费习惯，潜在消费者产生兴趣和购买欲望。广告诉求的重点在于保持消费者对广告产品的好感、偏好和信心。

（3）竞争广告目标。此类型广告的目的，在于加强产品的宣传竞争，提高市场竞争能力。广告诉求重点是宣传本产品比之同类其他产品优异之处，使消费者认知本产品能给他们带来什么好处，以增强偏好度并指明选购。

【阅读资料4-1】　　　　　　　广告智斗

2010年元旦前后，广州移动的一则广告让移动和联通的竞争关系直接摆上桌面，广告中移动公司的产品站立在一圈散落的青苹果周围，形象高大挺拔。也许很多人很难迅速地看出其中的奥秘，不过仔细琢磨则不难理解移动此则广告的含义。众所周知，iPhone是苹果公司的产品，而青苹果是酸的，现在散落一地明显是在影射联通引进的iPhone手机功能上的不成熟以及入市以来惨淡的销量。

商界不乏冤家对头，正如宝洁之于联合利华，麦当劳之于肯德基，中国移动之于中国联通。在中国30年广告史上，竞争对手在广告传播上彬彬有礼，台下的斗争很少放到广告台面上。这是由于品牌认为公开攻击对手是违反商业道德底线的做法。

但在注意力极度缺乏的广告时代，这种顾虑可能为创新的竞争诉求所打破。广告不能是一潭死水，广告应该奇妙有趣，广告应展示竞争的背景。至少在对手明确的情况下，消费者是会好奇对手间的温和对阵，这就是这种新的传播手法的市场基础。当然高明巧妙的表达是前提，撕破脸皮只会带来双输。

这可能已经是一种潮流。这种广告并非移动首创，在国外已经屡见不鲜，比如微软和苹果之间就经常上演类似的广告大战，互相讽刺挖苦。在苹果的 *Get a Mac* 系列广告中，PC就常常被表现成一个臃肿的胖子。

我们很乐于看到这种广告创造出传播业中的经典，现在是讨论如何巧妙地实施的时候了。

资料来源：《广告大观》，2012年第2期。

2. 根据广告的目的进行划分

（1）信息性广告目标。此类型广告目标的作用在某些产品开拓阶段极为突出，因为消费者对产品的性能、品质和特点有所认识，才能对产品产生基本需求。如对某种保健营养饮料，应首先把该产品的营养价值及其多种功效的信息传递给消费者。

（2）说服性广告目标。广告产品处于成长或成熟期阶段，市场上同类产品多了，代用品也不断出现，市场竞争也日趋激烈，消费者购买选择余地大。这时，企业为了某一品牌培植选择性需求，在激烈的竞争中处于不败之地，多采用说服性广告，通过说服或具体比较从而建立某一品牌的优势。因此，在竞争阶段企业对说服性广告的运用越来越重视。

（3）提醒性广告目标。当产品处于成熟期阶段，虽然产品已有一定的知名度，消费者已有一定的消费习惯，但由于新产品不断涌现，同类产品选择余地大，所以提醒性广告不仅起"提醒"作用，更重要的是起"强化"作用。其目的在于使现有的购买者确信他们做了正确的选择，从而加强重复购买与使用的信心。

以上三种广告目标的具体运用如表 4 - 1。

表 4 - 1　　　　　　　　　　　不同广告目标的诉求目的

类　型	诉求目的
信息性广告目标	介绍有关新产品信息 推介产品的新用途 介绍价格变动的信息 宣传产品的制造过程 描述可提供的服务 改正错误的印象 减少消费者的顾虑 树立企业的形象
说服性广告目标	培养品牌偏好 鼓励顾客改用本企业的品牌 改变顾客对产品特性的感知 说服顾客现在就购买
提醒性广告目标	维持最高的知晓度 提醒人们在何处购买 提醒顾客近期可能需要此产品 淡季时保持产品在人们心目中的印象

3. 根据广告的信息处理过程进行划分

从广告信息处理模型（advertising information processing model）来看，消费者接触广告以后首先知觉广告，然后认知品牌的属性，或者产生对广告的态度，其结果会引起消费者的购买意图，最后在这些购买意图的驱使下去购买产品（见图 4 - 5）。

消费者接触广告以后，受各中介因素的影响，对广告的反应结果也是不一样的。图 4 - 6 概括了消费者对广告反应的中介因素与行为/结果因素。

下面就对上述两种因素做一下具体分析。

（1）中介因素。

①品牌知晓度。顾名思义，品牌知晓度是指消费者知晓品牌是否存在的程度。品牌知晓度可以由回忆度（recall）和再认度（recognition）来测定，而回忆度又可分为无辅助回忆度（unaided recall）和辅助回忆度（aided recall）。

无辅助回忆度是在不提示品牌或广告的情况下来测定的。回忆度一般以百分比来表示。例如，调查问题为"昨晚您收看中央电视台的新闻联播了吗？如果您收看过，那么请记录在昨晚新闻联播节目前后所播出的广告中能记住的广告"。然后把消费者回答内容以百分比来表示。

辅助回忆度是在先提示品牌或广告的有关信息（如产品群）后，以开放式问卷的方式来测定的。协助回忆度也以百分比来表示。如问卷内容为"在牛仔裤品牌中您能想起的品牌按顺序记录"。这时消费者第一个想起的品牌的百分比，叫最初辅助回忆度（top-of-mind recall）。

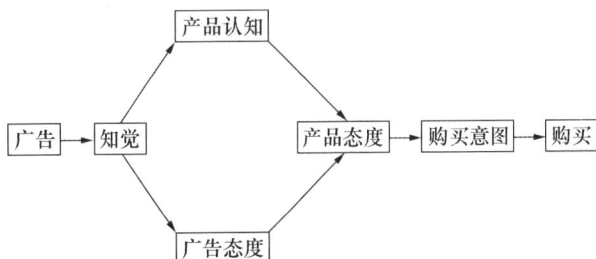

图 4 - 5　广告信息处理模型

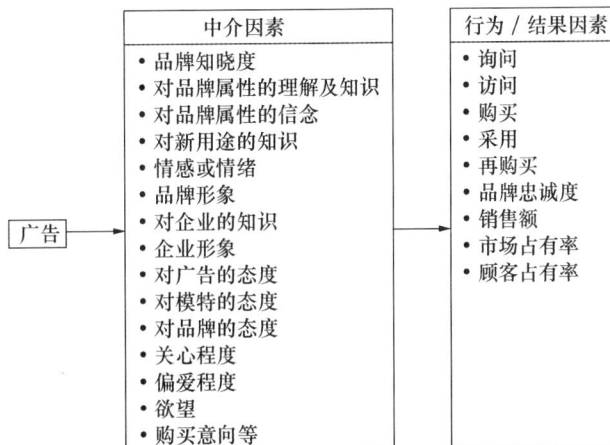

图 4 - 6　中介因素与行为/结果因素

再认度是先提示要测定的品牌或广告，然后提问是否看过其品牌或广告，并把消费者回答的内容以百分比来表示。如调查内容为："在牛仔裤品牌中您有没有听过尼克斯这一品牌？"然后把消费者的回答用百分比来表示。

研究表明，品牌的最初辅助回忆度与销售额有密切的关系。因为消费者在一般的情况下最先回忆起自己最喜欢的品牌。所以，把回忆度作为广告目标时，以最初辅助回忆度作为广告目标比较合适。

②对产品属性的知识和信念。对产品属性的知识是指消费者对广告产品属性的掌握程度。对属性的信念是指消费者相信某一品牌具有特定属性的程度。例如，消费者知道娃娃哈雪糕不是由奶粉做的，而是由纯牛奶做的事实，这是知识。而消费者相信娃娃哈雪糕是纯牛奶做的事实，这是信念。一般来看，消费者对产品属性的知识越多，对产品属性的相信程度就越高，购买产品的可能性也就越大。

③品牌形象。品牌形象也是重要的中介因素。特别是在产品之间的质量、性能等方面没有多

大差异的时候，品牌的形象对消费者的购买决策起很大的作用。所以，提高品牌形象也可以作为广告目标。

④情感或情绪。消费者通过广告所形成的情感或情绪也会影响消费者对品牌的选择。特别是消费者要选择像宝石、时装、化妆品等带有情感色彩的产品时，就受情感方面因素的影响。所以，针对这种产品进行广告时，就需要强调温馨、趣味、喜欢、悲哀、威胁等情感因素。

⑤对品牌的态度。对品牌的态度是指消费者喜欢或不喜欢特定品牌的程度。一些研究结果表明，对品牌的态度越好，消费者购买其产品的可能性越大。所以，提高消费者对品牌的态度也可成为广告目标。

⑥购买意向。购买意向（purchase intention）是消费者对特定品牌所持有的购买意向。如果消费者对特定品牌持有购买意向，那实际购买的可能性就很大。即使有时消费者有购买意向，但由于实际原因也许不购买，或者即使没有购买意向，但因受冲动而会购买。但在一般的情况下，购买意向与购买行为之间有较强的正（＋）的关系。所以可以把购买意向确定为广告目标。

（2）行为或结果因素。

有些广告能直接引起消费者的反应或行为，如广告以后消费者直接打听或询问、访问商店或企业，甚至直接购买广告产品。因此，可以把这些能引起消费者直接反应或行为的因素确定为广告目标。能引起消费者直接反应或行为的广告有以下几种。

①直接反应广告。为在广告以后直接引起消费者的行为，在广告中提示赠券（coupon），或要求电话询问、访问的广告。做直接反应广告时，可以把赠券的回收数、询问电话次数、访问者数等确定为广告目标。

②直接营销广告。通过直接邮递（direct mail）广告、网上购物广告、PC 通信广告、产品说明书广告等进行直接营销活动的时候，消费者直接向企业打听或订货。所以可以以订货次数或打听的次数来确定广告目标。

③宣传活动广告。企业通过一些宣传产品的活动来直接推销产品或者进行广告宣传。例如，化妆品公司在百货商店门口进行宣传产品活动。这时，可以把在一定时间内所集合的人数确定为广告目标。

④销售广告。提供有关零售商店商品的信息，或告知一定期间内减价处理产品的信息广告。由于这类广告几乎不会引起时滞效果，所以可以把行为因素或结果因素，如商店的访问者数或销售额确定为广告目标。

⑤共同广告。制造企业不仅直接做产品广告，而且同时替零售企业做广告或者与零售企业共同做广告，或者与原材料供应企业共同做广告。这些广告叫共同广告（cooperative advertising）。共同广告具体地提供有关零售企业或商品的信息，其直接的目的是在短期内提高销售额。因此，共同广告可以把短期销售额等结果因素确定为广告目标。

⑥提醒广告。针对消费者经常购买的成熟期产品，做提醒广告，从而直接引起消费者的购买行为。例如，在炎热的夏天，看雪糕广告的小孩会马上去购买雪糕。这是一则典型的提醒广告。

由于提醒广告直接引起消费者的购买行为，所以可以把销售额确定为广告目标。一般来看，提醒广告的播放频次较多，但多是 15 秒以内的超短广告。

⑦社会营销广告。政府、社会团体或公民所开展的社会活动和公益广告活动是一种社会营销活动。如普法活动、禁烟活动、环保活动、夏季的节电节水活动等。这些活动的结果马上引起一些人的行为。所以以行为因素，如参加活动的人数，来确定这些社会营销的广告目标。

【阅读资料 4 - 2】　　　　　　Lee 牛仔品牌何以征服全球女性

"最贴身的牛仔"，是 Lee 的经典广告文案。一个"贴"字，将 Lee 与众不同的利益点表达得淋漓尽致。

在美国牛仔服装市场上，第一大品牌 Levi's 的目标市场是男性消费者。问世百年以来，牛仔服也一直被公认为是男人的服装，女性市场被大大忽略了。晚它近 40 年的 Lee 牌牛仔能够迅速成长为第二品牌，制胜的法宝之一，就是正确的定位。Lee 抓住的是长久以来一直被忽略的一个市场——女性市场。对这一市场的主体——25 ~ 44 岁的女性消费者的定性研究表明，牛仔是她们青春的见证，而"贴身"是她们最关心的利益。大多数女性都需要一件在腰部和臀部都很合身而且活动自如的牛仔服，她们平均要试穿 16 件牛仔裤才能找到一件称心如意的。于是，Lee 聪明地定位于此，在产品设计上一改传统的直线裁剪，突出女性的身材和线条，并专为这些女性开发出一种五兜夹克服，其代表产品是公司的"休闲骑士"牌（Relaxed Rider）。曲线的牛仔迎合了女性的审美心理，突出了女性的身材和线条，增加了女性的美感和魅力。这一创新可以说是服装业的一次革命，这一巧夺天工的产品创意为 Lee 的成功奠定了基础。

为了打开女性市场，公司决定寻找一家新的广告公司，帮助设计最优秀的广告去宣传其产品。经过竞争性筛选，Lee 公司在 1986 年指定弗仑（Fallon）广告公司作为其广告代理商。

美国著名广告大师 R. 雷斯在 20 世纪 50 年代提出了一个具有广泛影响的 USP 广告创意策略理论，即独特的销售主张。弗仑广告公司为 Lee 所做的广告就是建立在 USP 的理论基础上。"最贴身的牛仔"（The Brand that Fits），就是其经典广告文案，寥寥几字却是一个独具匠心的力作。尤其是这个"贴"（Fit）字，将 Lee 的创意焦点淋漓尽致地表现了出来。在牛仔服市场上，其他厂商大多采用说服性广告，要么宣传自己的品牌"领导潮流"，要么说自己的产品"最漂亮"等等，词藻华丽，内容空洞。而 Lee 的广告抓住"贴身"这一诉求点，充分体现 Lee 恰到好处的贴身和穿脱自如，表现了 Lee 与众不同的利益所在。以"最贴身的牛仔"为主题，弗仑广告公司利用女性关心自己的体形和服装是否贴身等特点，制作了第一个电视广告片。在广告片中描述一些妇女们因穿不合适的牛仔服而很费力的情景，然后表现了 Lee 牛仔恰到好处的贴身，穿脱自如。印刷媒体广告也宣传了这一主题。

资料来源：http://www.lee.hk.cn/lee/post/65.html。

4.2.3　确定广告目标时应遵循的原则

广告目标的确定是否得当，关系到广告计划的制定和实施，关系到广告效果的好坏，也直接影响到企业的经济效益。因此，广告目标的确定要遵循科学的原则，要注意以下几方面。

（1）广告目标要符合企业的营销目标。广告是企业营销活动中的一种促销手段，广告目标是企业营销目标在广告活动中的具体化。广告目标必须服从、服务于企业的营销目标。

（2）广告目标要切实可行。在确定广告目标时，要考虑到目标实现的可行性，要从实际出发，全面分析，研究企业内外条件的影响和制约因素，既不要降低标准，也不要脱离实际盲目求高，力求使目标恰当合理，切实可行。

（3）广告目标要明确具体。广告目标不能含含糊糊，模棱两可，不能笼统地确定为开拓市场、扩大市场份额、促进商品销售等，广告目标应当尽可能地量化。

（4）广告目标应单一。在某一次具体的广告活动中，切忌追求多目标，多目标实际上是主次不分，力量也容易分散，中心不突出，难以收到应有的广告效果。

（5）广告目标要有一定弹性。广告在实施过程中，企业内外环境可能发生较大的变化，广告活动为了适应这种变化，配合企业整体营销的进行，需要做适当的调整。

（6）广告目标要有协调性。广告活动是企业整体营销中的一个组成部分，在确定广告目标时，既要考虑到它与企业的其他促销手段的协调，又要考虑到广告部门与企业其他部门活动的协调，以有利于实现企业的营销目标。

（7）广告目标要考虑公益性。尽量将企业利益同社会利益结合起来，使两者相互促进，建立起符合社会利益的企业形象，这也是企业广告目标的最终目标。

【阅读资料4-3】　　　《寡妇村》电影与少儿不宜

1989年初，香港和"珠影"合拍的影片《寡妇村》奇怪地成了我国第一部"少儿不宜"的影片。事情的原委是：片子拍好后，先在香港上映，海报按当地规定打上"少儿不宜"字样。待到内地上映时，因无先例，"珠影"要求将海报底样上的"少儿不宜"挖去，不料此事被美术编辑遗忘。由"少儿不宜"四字引出的轰动效应出人意料，人们产生一种逆反心理，观片者如潮，据统计该片发行拷贝182个，票房收入在4000万元。这一戏剧性的局面引起电影业的注目，"少儿不宜"日渐增多。

我们国家的"少儿不宜"标准，不但没有起到保护未成年人的作用，相反还起到了"欲擒故纵"的效果。一方面，大家都滥用"少儿不宜"作为招揽观众的牌子，"少儿不宜"不再是内容的标尺，倒成为了广告招牌。另一方面，一批人单纯地追求'少儿不宜'，在影片中生硬地穿插一些情欲场景。

4.3　广告预算

4.3.1　广告预算的概念

广告预算是广告主根据广告计划对开展广告活动费用的匡算，是广告主进行广告宣传活动投入资金的使用计划。它规定了广告计划期内开展广告活动所需的费用总额、使用范围和使用方法。

广告预算是广告计划的重要组成部分是确保广告活动有计划顺利展开的基础。广告预算编制额度过大，就会造成资金的浪费，编制额度过小，则无法实现广告宣传的预期效果。广告预算支撑着广告计划，它关系着广告计划能否落实和广告活动效果的大小。

广告预算不同于企业的其他财务预算。一般财务预算包括收入与支出两部分内容，而广告预算只是广告费支出的匡算。这是因为广告投入的收益具有较强的不确定性，而且收益表现在多个方面。如它或许反映在良好社会观念的倡导上，或许反映在媒体受众的心理反映上，也有可能体现在商品的销售额指标上。

有许多广告主错误地认为，广告投入越大，所取得的效果也就越好。而实际上当广告投入达到一定规模时，其边际收益呈递减趋势。美国广告学家肯尼斯·朗曼（Kenneth Longman）经过长期的潜心研究，在利润分析的基础上，创立了一个广告投资模式，如图 4-7 所示。他认为任何品牌产品的广告效果都只能在临界（Threshold，即不进行广告宣传时的销售额）和最大销售额之间取值。

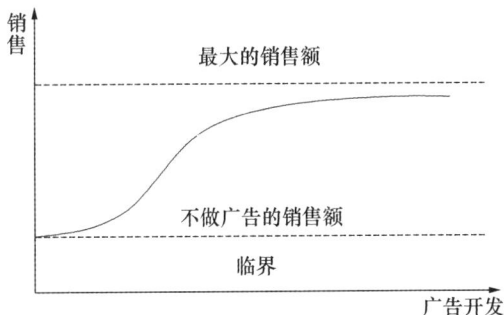

图 4-7　广告效果与广告投入之间的关系

肯尼斯·朗曼认为，任何品牌的产品即使不做广告也有一个最低销售额，即临界线。广告的效果不会超过产品的最大销售额，产品的最大销售额是由广告主的经营规模、生产能力、销售网络以及其他因素综合决定的。朗曼认为，理想的广告宣传活动应该是以最小的广告投入取得最大的广告效果。当广告效果达到一定规模时，广告投入就是一种资源的浪费。

4.3.2　广告费的内容

广告费一般是指开展广告活动所需的广告调研费、广告设计费、广告制作费、广告媒体费、广告机构办公费与人员工资等项目。有的企业把公共关系与其他促销活动费也记入广告费之内是不合理的。如馈赠销售的馈赠品开支，有奖销售的奖品或奖金开支，推销员的名片，公司内部刊物等的开支费用，均不应列入广告费。美国 *Printer's Ink* 杂志，将广告费分为白、灰、黑三色，白色单为可支出的广告费，灰色单为考虑是否支出的广告费，黑色单为不得支出的广告费，详见表 4 − 2。

表 4 − 2　　　　　　　　　　　　　广告费用分类表

分 类			主要费用
白色单	必须列入的广告预算项目	广告媒体	报纸、杂志、电视、电台、电影、户外、POP、宣传品、DM、幻灯、招贴、展示等
		制作费	美术、印刷、制版、照相、电台与电视设计、与广告有关的制作费
		管理费	广告部门薪金、广告部门事务费、顾问费、推销员费、房租费、以及广告部门人员的工作旅费
		杂费	广告材料运费、邮费、橱窗展示安装费、其他
灰色单	选择列入的广告预算项目		样本费、示范费、客户访问费、宣传卡用纸费、赠品、办公室报刊费、研究调查费
黑色单	不得列入的广告预算项目		社会慈善费、旅游费、赠品费、包装费、广告部门以外消耗品费、潜在顾客招待费、从业人员福利费等

依据广告费的用途，可以划分为直接广告费与间接广告费、自营广告费与他营广告费、固定广告费与变动广告费。

（1）直接广告费与间接广告费。直接广告费是指直接用于广告的设计制作费用、广告媒体费用；间接广告费是指企业广告部门的行政费用。应当尽量缩减间接广告费，使同样数目的广告预算能用在直接广告费用上。

（2）自营广告费与他营广告费。自营广告费是指广告主本身所用的广告费，包括本企业的直接与间接广告费；他营广告费是指广告主委托其他广告专业部门代理广告活动的一切费用。一般来说，他营广告比自营广告更为节约，效果更好。

（3）固定广告费与变动广告费。固定广告费是指自营广告的组织人员费及其他管理费，这些费用开支在一定时期内是相对固定的；变动广告费是因广告实施量的大小而起变化的费用，如受数量、距离、面积、时间等各种因素影响而变化的费用。变动广告费又因广告媒体的不同，可分为比例变动广告费、递增变动广告费、递减变动广告费。比例广告费是随广告实施量大小全部呈比例变化的；递增广告费是随同广告实施量的增加而递增的；递减广告费则相反，广告费用随广告实施量的增加而递减。

4.3.3　广告预算的编制程序和方法

1. 影响广告预算编制的主要因素

一般说来，影响广告预算编制的主要因素有产品的生命周期、行业市场的竞争状况、产品品牌的市场基础（或市场占有率）、广告频次等。

（1）产品的生命周期。产品生命周期是指产品从上市到衰退的整个过程。大多数产品在市场上都要经过引入期、成长期、成熟期和衰退期四个阶段。产品的生命周期是由市场需求的变化趋势所决定的。在产品生命周期的不同阶段，企业经营者应采取不同的经营策略，以取得最佳的收益。

①引入期。引入期是产品进入市场的第一个阶段。在这一阶段，目标市场上的消费者还不了解产品的功能，产品的品牌还没有给大家留下任何印象。产品的销售量增长缓慢，由于前期投入较大（例如，产品的研制费用、开发费用、材料成本以及销售网络的建设费用等），企业基本上是无利经营，市场上还没有出现竞争对手。

企业经营者为了提高产品品牌的知名度，树立品牌形象，必须投入大量的广告费用，充分利用各种媒体进行广告宣传，以增加产品的暴露度。只有当产品的暴露度达到一定程度，媒体受众才能对产品产生初步的印象。引入期的广告宣传是一种典型的信息型广告。它主要是针对产品的基本情况向目标市场"广而告之"，例如将产品的价格、功能、品牌、产地、售后承诺等情况告诉媒体受众。

②成长期。在这一阶段，产品在目标市场上已有一定的知名度，一些消费者对产品已建立了初步的品牌认知。产品的销售网络已基本建成，销售利润逐步增加，市场上出现了竞争对手，一部分顾客由于产品的质量而成了企业的回头客，他们已形成了一定的品牌忠诚感。

企业在这一阶段的广告宣传，已由信息型转向个性诉求型。广告规模较引入期有所缩小，广告内容侧重于突出产品的特征，增加了广告的艺术含量，以求通过良好的视听形式来促使媒体受众产生固定的品牌联想。

③成熟期。在这一阶段，市场上观望类消费者也已购买了产品，企业的利润达到最大化。由于利润的诱惑，市场上涌现出大量替代产品或类似产品，竞争达到白热化的程度。由于竞争的加剧，企业的广告费用又开始增加，企业利用多种媒体进行广告宣传，以突出"人无我有，人有我新，人新我全，人全我精"的特征。

在这一阶段，企业进行广告宣传的目的，一是维持市场份额。通过各种形式的促销活动诱使媒体受众购买本品牌产品；二是扩大产品的市场占有率。主要通过两种方法：开发产品的新用途。例如，杜邦公司的尼龙每一新用途的出现，都为公司开拓了一个新市场；增加产品的使用量。消费者使用产品的次数增加了，产品的销售量也就扩大了。同样，每次使用产品的数量增加了，也会扩大产品的销售规模。

④衰退期。这一阶段的特征是产品销售额大幅度呈下降趋势，企业利润大幅度减少。许多竞争对手纷纷转产，即使增加产品的广告投入，市场也不会得到明显改善。如果企业的产品线比较单一，那么企业将会处于困境。

针对以上情况，企业应该开发新产品，或者进行品牌延伸，将成功的品牌引用到新产品上。它可以将媒体受众对原有品牌的认知自然过渡到新产品上，从而为新产品打开市场奠定基础。可口可乐就是利用这种策略，成功地开发了健恰可口可乐、樱桃可口可乐等新产品，确保了企业的市场地位。

在衰退期，企业如果进行广告宣传，其规模也一定非常小，属于提醒性广告。企业只是提醒媒体受众注意该产品的存在，某品牌产品依然是消费者忠实的朋友。提醒性广告主要突出产品的品牌，以唤起媒体受众对产品的回忆，同时也使对本品牌产品持有忠诚感的顾客感到欣慰。

产品生命周期与广告费支出的关系可用图 4-8 表示。

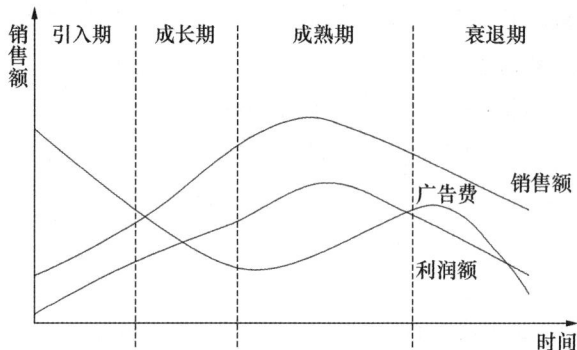

图 4-8　产品生命周期与广告费支出的关系

（2）市场竞争状况。市场竞争状况也是影响广告费用开支的一个主要因素。同类产品竞争者的数量与实力也影响企业的广告预算。如果竞争对手进行大规模的广告宣传，本企业必然要扩大广告宣传的规模，广告预算也随之增加。否则本企业的广告活动就收效甚微，达不到预期的目标。

目标市场上的"广告拥挤度"的大小也影响企业的广告预算规模。广告拥挤度是指单位时间内，某一特定媒体刊播的广告数量。如果广告拥挤度非常大，较小的广告预算无法与竞争企业抗衡。只有企业的广告是众多广告中最响亮的一支的情况下，才有可能引起媒体受众的注意，诱使他们产生购买欲望。比如在一间有 30 多位同学和 1 位老师的教室里，每一个人都向老师诉说，在这种吵闹的无秩序的环境里，作为学生的你如果想让老师听清你的话，你的声音只有比其他人的响亮，才能达到你的目的。而"响亮的声音"需要花费更多精力。这个道理在"广告爆炸"的年代里，同样适用。

（3）品牌的市场地位。产品品牌的市场地位也影响企业的广告预算。一般而言，保持现有的市场占有率的广告费用，远远低于扩大市场占有率的广告费用。如果品牌属于领导型品牌，由于它有成熟的销售网络，有较高的品牌知名度和美誉度，老顾客对产品品牌的忠诚是领导型产品独具的一份经营优势，其广告宣传活动的目的只是为了维持老顾客的重复购买，这就决定企业没有必要进行大规模的广告推广。

如果品牌处于挑战型的市场地位，不太高的知名度与不太成熟的销售网络都迫使企业进行大规模的广告宣传，以提高目标市场上媒体受众对产品品牌的认同意识。据研究，如果维持一名老顾客需要花费 1 元钱，那么吸引一名新顾客则需要花费 6 元钱。对挑战型品牌的经营者来说，进行广告宣传是企业将挑战型品牌发展成为领导型品牌的主要手段之一。在这一发展过程中，较大规模的广告预算是不可避免的。

【阅读资料 4-4】　　　　小企业做广告，好钢用在刀刃上

罗小林大学毕业后筹资 20 万元办了一家皮鞋厂，开始他主要是给一些大的皮鞋厂做贴牌加工。厂子慢慢发展起来后他就开始琢磨自己进入零售业闯一闯，希望通过销售自有品牌的皮鞋建立自己的品牌形象，为今后的进一步发展打下基础。他聘请了一位营销经理，负责企业自有产品的销售，主要以在大小型商场建立专柜的形式销售，一年下来，效果很不错。

为了更进一步拓宽市场和建立品牌形象，罗小林决定做广告。他从众多上门拉广告的广告公司中选了一家自认为可以合作的公司，要求这家广告公司为自己的企业提供一个全面的广告计划。一周后，广告公司送来了一份广告计划，声称如果照此实施，不仅能使罗小林的公司建立起良好的品牌形象，提高产品知名度，在促进公司产品的零售方面，根据他们的评估，销售额会相应增加两倍以上。

尽管罗小林有一定的思想准备，但看到这份预算为 40 万元的广告计划书，他还是倒吸了一口冷气。自己厂里每年自有品牌的销售额不过 85 万，毛利也就三四十万而已，这份计划显然是他不可以接受的。三天后，广告公司的客户经理带着几位助手一起来到厂里，与罗小林进行沟通，调整后的广告计划为 35 万。那位客户经理强调这已经是目前市场上的最低标准了，低于这个限度将不可能达到罗小林所期望的销售及宣传目标了。听了对方的解释，罗小林不好再说什么，过高的费用是目前厂里的能力所无法承受的，他说他需要再考虑几天。

第二天，罗小林找来营销经理，将广告公司的计划书与相关情况向他交换了一下意见。

营销经理当即提出了反对意见，他说：这份广告计划根本不适合厂里的实情。公司应该在广告方面投入一些资金，但这份计划不切实际。首先计划以电视广告为主，占了预算的 2/3。电视广告是一种费用高昂的广告形式，40 万元不会有几次，很难产生明显的效果。第二，计划制作的大量的招贴与吊旗已是目前市场上不被接受的一种宣传方式，多数商场也不允许使用这类东西，做了也是放在仓库里。第三，广告商把计划分散在一年内，几乎没有什么重点时间，这与皮鞋的销售周期不合拍。

听了这番话，罗小林不由得对位营销经理刮目相看，因为这些问题确实比单纯投入还重要，他的皮鞋厂原来的加工业务占去生产总量的一半，而另一半才是自有产品。即便如计划书里说的会通过广告提高两倍的销售业绩，那么随之而来的生产量会增加，原有设备肯定会不够，销售业务人员也要相应增加，现在的运输力量也会有问题，如果按两倍的销售量补足这些，至少要先投入 20 万元，厂里不可能为增加销售而放弃外加工。一方面那些加工客户都是老客户，加工尽管利润低些，但资金周转快；而在商场零售占压资金巨大，回款也慢，如果一味投入这么大的一个资金量，罗小林是不敢的。罗小林让营销经理也搞出一个计划，想听听他的意见。

营销经理的计划书很快完成了。他计划将公司的销售专柜作适当装修，随着销售旺季即将到来，在产品主要区域市场的晚报投放两个月的广告，预算是 30 万元左右。并希望将计划交给一家他认识的广告商做，说那样会省一些费用。

罗小林采纳了营销经理的计划，并和他一起和广告公司进行了沟通。最后，只花了 25 万元做下了这次推广活动。

小企业广告投放要注重现实问题，实力既然无法与大型企业抗衡，那么就应该选择费用低廉的媒介或运用低成本的媒介策略，把媒介选择的目光投向地市报、电台、互联网、二级城市贴片广告、户外等媒介，避免发生和领导品牌正面冲突，最终造成力不从心的局面。把强势品牌忽略的媒介作为自己的广告通路，另一方面在大众媒介上施以公关营销策略，策划新闻事件作为公关传播，以较小的投入创造更大的价值。

资料来源：龚光程：《现代营销·经营版》，载于 2008 年 1 月，有删改。

（4）广告频次。广告频次是指在一段时间内，某一广告在特定媒体上出现的次数。在单位费用不变的情况下，广告播出的次数越多，相应的广告支出也就越大，广告频次与广告预算额成正比关系。广告重复出现的次数越多，广告主的花费也就会更多。

（5）品牌的替代性。如果产品的可替代品牌较多，为突出产品的独特个性、树立品牌形象，企业就需要为产品进行更多的广告投放预算。

某些产品，例如化妆品等，产品之间的同质性使消费者很难将它们区分开来，广告策划者必须通过艺术化的广告促销，将品牌中的文化附加值突出出来，使该品牌显得与其他品牌不同，为媒体受众识别产品创造条件。这一形象塑造过程，需要大量的广告投入，否则，产品品牌的个性不足以成为媒体受众辨别不同品牌产品的标志。

2. 广告预算的编制程序

广告预算的基本程序大体如下。

（1）确定广告投资的额度。通过分析企业的整体营销计划和企业的产品市场环境，提出广告投资的计算方法的理由，以书面报告的形式上报主管人员，由主管人员进行决策。

（2）分析上一年度的销售额。广告预算一般一年进行一次。在对下一年度的广告活动进行预算时，应该先对上一年的销售额进行分析，了解上一年度的实际销售额、销售额是否符合上一年度的预测销售单位和预测销售额。由此分析，可以预测下一年度的实际销售情况，以便合理安排广告费用。

（3）分析广告产品的销售周期。大部分产品在一年的销售中，都会呈现出一定的周期变化，即在某月上升，某月下降，某月维持不变等。通过对销售周期的分析，可以为广告总预算提供依据，以确定不同生命周期的广告预算分配。

（4）编制广告预算的时间分配表。根据前三项工作得出的结论，确定年度内广告经费总的分配方法，按季度、月份将广告费用的固定开支予以分配。

（5）对广告的预算进行分类。在广告总预算的指导下，根据企业的实际情况，再将由时间分配上大致确定的广告费用分配到不同的产品、不同的地区、不同的媒体上。这是广告预算的具体展开环节。

（6）制定控制与评价标准。在完成上述广告费用的分配后，应立刻确定各项广告开支所要达到的效果，以及对每个时期每一项广告开支的记录方法。通过这些标准的制定，再结合广告效果评价工作，就可以对广告费用开支进行控制和评价了。

（7）确定机动经费的投入条件、时机、效果的评价方法。广告预算中除去绝大部分的固定开支外，还需要对一定比例的变动开支做出预算，如在什么情况下方可投入变动开支，变动开支如何与固定开支协调，怎样评价变动开支带来的效果等。

3. 广告预算的编制方法

编制广告预算不仅要分析影响因素，按一定步骤操作，还必须采取正确的方法，以保证广告预算编制的科学性。目前，常用的编制广告预算的方法主要有以下几种。

（1）销售额百分比法。它是广告主以一定时期内产品销售额的一定比例，匡算出广告费用总额的一种方法。这种方法是最常用的一种广告预算编制方法，根据形式、内容的不同，又可将它分为两种。

①上年销售额百分比法。根据企业上一年度产品的销售额情况来确定本年度广告费用的一种方法。这种方法的优点是确定的基准实际、客观，广告预算的总额与分配情况都有据可依，不会出现大的失误。

广告策划者在运用这种方法时，可以根据广告主近几年的销售趋势，按一定比例来调整下一年度的广告预算，以适应企业发展的需要。

②下年销售额百分比法。该法与上年销售额百分比法基本相同，都是根据产品销售的情况按一定比例来提取广告费用总额。它们的区别在于下年销售额百分比法有一定的预测性，经营者在预测下一年度销售额情况的基础上来确定企业的广告费用。它以上一年度产品销售情况为基础，按照发展趋势预测出下年度的销售额，再以一定比例计算出广告费用总额。

这种方法适合企业的发展要求，但也有一定的风险。在市场上，有许多因素都是未知的，这些因素对企业经营活动的影响有可能是突发性的，预测本质上是对事物发展趋势的一种合理推断，而突发性因素常常具有破坏性，它们改变事物的发展规律，使市场处于无序状态。例如，当经济不景气时，再多的广告宣传也无法阻止产品销售额下降的趋势，在这种情况下，执行预测计划就是一种"非理性"经营行为。

（2）销售单位法。销售单位法是以每单位产品的广告费用来确定计划期的广告预算的一种方法。这种方法以产品销售数量为基数来计算，操作起来非常简便，适用于那些薄利产品确定广告费用。通过这种方法也可以随时掌握企业广告活动的效果。它的计算公式为：

$$广告费用总额 = \frac{上年度广告费用}{上年度产品销售数量} \times 本年度计划产品销售量$$

$$或 = 单位产品分摊的广告费用 \times 本年度计划产品销售量$$

销售单位法对于经营产品比较单一，或者专业化程度比较高的企业来说，非常简便易行。相反，对于经营多种产品的企业，这种方法比较繁琐，不实用，并且灵活性较差，没有考虑市场上的变化因素。

（3）目标任务法。目标任务法是指根据广告主的营销目标，确定企业的广告目标，根据广告目标编制广告计划，再根据广告计划具体确定广告主的广告费用总额。它的操作过程如图4－9所示。

```
┌──────────┐   ┌──────────┐   ┌──────────┐   ┌──────────────┐
│企业的营销目标│→│企业广告目标│→│编制广告计划│→│确定广告费用总额│
└──────────┘   └──────────┘   └──────────┘   └──────────────┘
```

图4－9 目标任务法的操作过程

美国市场营销专家阿尔伯特·费雷（Albert Fery）将目标任务法的操作程序归纳为7个步骤，具体情况如下。

①确定广告主在特定时间内所要达到的营销目标。

②确定企业的潜在市场并勾画出市场的基本特征，包括：值得企业去争取的消费者对广告产品的知晓程度，以及他们对产品所持有的态度；现有消费者购买产品的情况。

③计算潜在消费者对广告产品的知晓程度和态度变化情况，以及广告产品销售增长状况。

④选择恰当形式的广告媒体，以提高产品的知名度，改变消费者对产品所持有的不利于产品销售的态度。

⑤确定广告暴露频次，制定恰当的广告媒体策略。

⑥计算为达到既定广告目标所需的广告暴露频次。

⑦计算实现上述暴露频次所需的最低的广告费用，这一费用就是广告主的广告预算总额。

目标任务法是在调查研究的基础上，确定广告主的广告预算总额，它的科学性较强，但比较繁琐。在计算过程中，如果有一步计算不准确，最后得出的广告预算总额就会有较大的偏差。

（4）竞争对比法。竞争对比法地指广告主根据竞争对手的广告费开支来确定自己的广告预算的一种方法。在市场经济下，企业面临的是开放的信息系统，企业必须与竞争对手开展竞争，以赢得竞争优势。企业开展广告宣传在一定意义上为了赢得一定的市场占有率，因此企业在编制广告预算时，必须要考虑竞争对手的广告规模。

运用竞争对比法的关键是要了解主要竞争对手的市场地位与广告费用额，计算出竞争对手每个市场占有率的广告投入，再依此来确定企业的广告预算。如果企业想保持与竞争对手相同的市场地位，则可以根据竞争对手的广告费率来确定自己的广告规模；如果企业想扩大市场地位，则可根据比竞争对手高的广告费率来匡算自己的广告费用总额。这种方法的计算公式为：

$$广告费用总额 = \frac{主要竞争对手的广告费用额}{主要竞争对手的市场占有率} \times 本企业的市场占有率$$

$$或 = \frac{主要竞争对手的广告费用额}{主要竞争对手的市场占有率} \times 本企业预期的市场占有率$$

这种方法最大的优点是编制的广告预算具有针对性，适合市场竞争的需要，有利于企业在竞争中赢得主动权。最大的缺点是竞争对手的广告预算的具体资料不容易取得。广告预算总额属于企业的经营秘密，大多数企业都不愿将它公布于众，这就给本企业编制广告预算造成了困难。更有甚者，有些企业会故意散布一些假情报，诱使竞争企业进行错误的决策。

（5）量力而行法。量力而行法是指企业根据自己的经济实力，即财务承受能力来确定广告费用总额。这种方法也称为"量体裁衣法"，许多中小型企业都采用这种方法。

"量力而行"是指企业将所有不可避免的投资和开支除去之后，再根据剩余来确定了广告费用总额。以下例子就可以充分说明量力而行法的具体运用。某企业在 N 年的经营情况见表 4 – 3。

表 4 – 3　　　　　　　　　　某企业 N 年的经营状况损益表

项　目	金额（元）	项　目	金额（元）
销售总额	2000000	销售费用（管理费用）	400000
销售成本	1200000	广告费用	200000
纯利润	200000	销售毛利	800000

假如该企业（$N+1$）年的销售额预测为 2500000 元，并且企业的销售成本按比例同步增加，那么（$N+1$）年的销售成本为：

$$2000000/1200000 = 2500000/X$$

$$X = 1500000 \ （元）$$

（6）通信订货法。通信订货法是广告主在以邮购广告形式进行广告宣传时，常用的一种编制广告预算的方法。这种方法主要根据某一邮购广告所带来的订货数量来测算广告费用。它的计算公式如下：

$$单位产品的广告费 = \frac{产品目录印刷费 + 邮购产品印刷费 + 信件邮寄费}{已销售产品的数量}$$

根据单位产品的广告费用，就可以得出销售一定数量的商品需要支付多少广告费用。这种方法的优点是广告费用与广告活动的效果直接联系起来，既有利于确保广告预算的动态平衡，同时也有利于对广告活动进行监控。缺点是计算不够准确。邮寄广告的反馈需要一段时间，这就为计算邮寄广告的效果带来了一定的困难。

（7）武断法（arbitrary method）。武断法是指企业决策者根据经验或其他方面的知识来确定广告费用总额的一种方法。运用这种方法编制广告预算时，不考虑广告活动所要达到的目标，而是完全根据决策者的判断力来确定企业的广告规模。

武断法是一种非科学的决策方法，它常被用于一些中小型企业。在这些企业里，独断式的经营管理代替了科学的经营决策。这种方法具有较大的冒险性，广告投入与广告效果不成因果关系。

4.3.4 广告预算的分配与管理

1. 广告预算的分配

企业在确定了广告费用总额之后，就要按照广告计划的具体安排将广告费用分摊到各个广告活动项目上，使广告策划工作有序地展开，以实现扩大产品品牌的知名度、提高品牌资产、树立企业形象、增加商品销售的目的。

广告策划者在分配企业的广告费用时，可以按时间、地理区域、商品或广告媒体分配。

（1）按时间分配。按时间分配是指广告策划者根据广告刊播的不同时段，来具体分配广告费用。根据时间来分配广告费用是为了取得理想的广告效果，因为在不同时间里，媒体受众的人数以及生活习惯是不同的。广告费用的时间分配策略包含两层含义：

①广告费用的季节性分配。在不同的季节里，由于市场需求情况的变化，就要求广告活动的规模有所侧重。以店面广告为例，在我国每年的10月到次年的2月是零售业的销售旺季，这时的店面广告可以营造一种节日的气氛，调动媒体受众的购买欲望，其广告效果非常好，一份广告投入可能取得数倍的广告收益，这一段时间内广告策划者应该扩大店面广告的规模，提高店面广告的艺术品味，要多投入；6~8月份是销售淡季，再多的广告投入也难以改变商品销售不旺的规律，这一段时间内，广告策划者应理智地缩小广告规模，否则就是一种非理性的经营行为。

②广告费用在一天内的时段性安排。在一天的时间内，大多数消费者都表现出一个明显的生活规律：白天工作，晚上休息。广告策划者在选用电视媒体进行广告宣传时，应该侧重于18：00~23：00这一时段，因为大多数媒体受众在入睡以前，常常对电视流连忘返，这一时段的电视广告具有较高的注目率，因此广告主的广告费用安排也应侧重于这一时段。

（2）按地理区域分配。地理分配策略是指广告策划者根据消费者的某一特征，将目标市场分割成若干个地理区域，然后再将广告费用在各个区域市场上进行分配。广告策划者可以根据不同区域市场上的销售额指标，来制定有效的视听众暴露度，最终确定所要投入的广告费用额。假如N企业在全国销售M品牌产品，根据产品销售情况可以将全国市场划分为A、B、C三个区域市场，N企业计划投入电视广告费为1750万元，N企业根据区域市场分配如表4-4所示。

表4-4就是N企业根据产品在不同区域市场上的销售比例，制定了有效的视听众暴露次数标准，再据引分配不同数额的广告费用。A市场的产品销售份额为50%，其广告投入为800万元，占总投入的45.7%；在B市场上，M品牌产品的销售份额为30%，计划投入广告费用为700万元，占广告预算总额的40%；C市场上M品牌产品的销售占总销售额的比例最小，所以计划只投入250万元的资金进行广告宣传。

表 4 - 4　　　　　　　　　　　　N 企业电视广告费用的区域分配情况

市场名称	占销售总额的比例/%	视听众暴露度/1000 次	每千人成本/元	广告费用/万元	费用比例/%
A 区域	50	32000	250	800	45.7
B 区域	30	28000	250	700	40
C 区域	20	10000	250	250	14.3
总　计	100	70000	7500	1750	100

按地理区域分配看起来简便易行，但操作起来很难兼顾各个市场的实际情况，通常的做法是：广告主将几个区域市场的广告费用拨付给某个选定的广告代理商，再由广告代理商根据各个市场的特点进行重新分配，以确保广告投资的效果。

（3）按产品（品牌）分配。按产品分配与按区域市场分配在本质上是相同的，它是指广告策划者根据不同产品在企业经营中的地位，有所侧重地分配广告费用。这种分配策略使产品的广告的销售额密切联系在一起，贯彻了重点产品投入的经营方针。分配广告费用的依据可以是产品的销售比例，产品处在不同的生命周期的阶段，产品的潜在购买力等。

广告费的品牌分配法也属于产品分配法。广告策划者根据经营品牌的某些特征将广告费用进行具体分配，以美国宝洁公司为例，该公司的洗涤类产品有众多的品牌，其中一些成熟品牌广告投入可以相应少一点。而一些初创品牌，则需要大量的广告推广，以提高品牌的知名度，其广告费用就需要多一些。一般说来，当产品或品牌处于上市期时，需要较多的广告投入。当产品或品牌处于成熟期和衰退期时，其广告费用应该少一些。如果企业使用的是统一品牌策略，如海尔电器公司，它的所有产品都只有海尔（Haier）一个品牌，公司在编制广告广告预算时，就应该采取产品分配法。

（4）按媒体分配。按媒体分配是指根据目标市场的媒体习惯，将广告预算有所侧重地分配在不同媒体上的一种分配方法。在运用这种方法时，首先要考虑产品品牌的特性，其次要考虑目标市场的媒体习惯，使所选用的媒体能够充分展现广告产品的个性。

2. 广告预算的管理

从某种意义上讲，广告预算实际上就是一个行动方案。而这个行动方案一旦得以制定、确定，那各个环节均应照此办理。在企业中，每一个管理层次都应在广告预算的有效期限之内，严格按照广告预算的各个项目、数额负责具体实施。但是，由于各种不可预测性因素的制约，也许在将广告预算付诸实施进程中出现一些偏差。

为什么要允许出现一些偏差呢？主要是因为在将广告预算方案付诸实施的过程中，难免会遇到各种不可预测性问题而使原定广告计划有所更改。

如目标市场出现了一些始料不及的变化，如经济状况突然进入萧条期或繁荣期等不可预测性问题，都会迫使广告诸调整原来所制定的广告计划，而广告计划的调整又不可避免地会对广告预算施以影响。因此，在各种不可预测性因素的影响制约下，就应允许在实施广告预算过程中出现一些偏差（这种偏差实际上也是对广告预算进行修正或调整），同时也要求在拟定广告预算时要留有一些伸缩性。

在正常情况下，各个环节应严格按照广告预算计划的内容开展工作，而且要经常性地对广告预算实施进行检查。有关部门在具体确定的时间段（无论是以周、月或其他形式出现的时间段）结束之后，都要将广告预算实施情况进行整理，并将各项实施情况与广告预算中各项具体要求加以对比。同广告预算的实施相类似，各个时间段的具体实施情况也允许出现一些差异。那么，多大的差异在允许范围之内呢？一般来说差异幅度在5%之内即属正常，但这要视具体情况而定。

广告预算的职能作用在于起草计划与管理的宏观作用。为了使广告活动能取得预定的成效，广告预算就要充分发挥其应有的计划管理职能作用，许多广告主（特别是小企业）在拟定广告预算之后便以为完事大吉、放任自流，缺乏为保证广告预算顺利实施而进行的必要跟踪调查。实际上，这样的广告预算就没有能够发挥出其管理的职能作用。如此一来，对广告活动进行科学化管理就会成为一纸空谈。广告预算的管理作用，不仅仅是要在本广告预算有效期限内，对广告活动开展提供必要的资助和管理。如此循环往复的评估，广告主可以不断丰富经验并在此基础上日臻完善。但不管是什么样的广告预算，都必须充分发挥出其计划与管理职能的作用。

本章小结

广告计划是广告主或广告经营单位根据企业的营销目标、营销策略和广告任务而制定的关于未来一定时期内广告活动的整体安排。作为指导企业广告活动的规划，广告计划具有事前性和操作性两个重要的特征。

广告计划是广告活动的首要环节，是广告策划的重要组成部分。根据划分的角度不同，广告计划可分为战略性广告计划、战术性广告计划、单一性计划、长期广告计划、中期广告计划、短期广告计划以及单一媒体计划和组合媒体计划等。广告计划与企业战略计划和营销计划既有区别又有联系，广告计划具有自身的一些特点。

广告计划的内容主要包括广告的市场分析、广告的目标、广告的策略以及广告费用的预算等八个方面。要制定和执行科学的广告计划，必须从战略的角度去考虑。广告计划并不是广告本身的独立的制作过程，而是与企业战略目标以及市场营销计划密切相关的过程。广告策略应有机地结合实现广告目标的各种手段。

广告目标就是广告主希望广告活动所能达到的预期目的。确定广告目标，是制定广告策划的第一步，不论是广告底稿拟制人员、版面设计人员、摄影人员，以及与媒体谈判人员、广告费用预算人员等，都应了解广告目标，并共同对此目标负责。

广告目标与促销目标都是为了扩大商品销售，但与促销目标相比，广告目标具有促销数额的不确定性、期间的不确定性以及效果的多元性等特点。广告目标可以从市场营销策略、广告的目的和广告的信息处理过程这三个不同的角度进行划分，大致可以分为创牌广告目标、保牌广告目标、竞争广告目标、信息性广告目标、说服性广告目标和提醒性广告目标。

广告预算是企业和广告部门对广告所需费用的计划和匡算，是广告主进行广告宣传活动投入资金的使用计划。广告产品的生命周期、市场竞争状况、品牌的市场定位、广告频次和品牌的替代性等因素，影响着广告预算的编制。

编制广告预算的一般方法包括销售额百分法、销售单位法、目标任务法、竞争对比法、量力而行法、通信订货法和武断法等。企业决定了广告预算后，还要按广告的时间、地理区域、产品（品牌）、传播媒体，对广告费用进行合理分配，并且按照一定的要求加强对广告预算对控制和管理。

思 考 题

一、单选题

1. （　　）与企业长期发展战略相适应，是企业长期广告活动的目标与发展战略。

　　A. 战略广告计划　　　　　　　　B. 长期广告计划

　　C. 单一性广告计划　　　　　　　D. 战术广告计划

2. （　　）是广告计划的首要内容，它既是广告活动的基础，也是广告活动取得成功、达到广告目标的的关键。

　　A. 目标市场选择　　　　　　　　B. 市场细分

　　C. 市场分析　　　　　　　　　　D. 市场定位

3. （　　）广告目标的作用在某些产品开拓阶段极为突出，因为消费者对产品的性能、品质和特点有所认识，才能对产品产生基本需求。

　　A. 信息性　　　　　　　　　　　B. 说服性

　　C. 完善性　　　　　　　　　　　D. 系统性

4. （　　）是一种非科学的决策方法，它常被用于一些中小型企业。在这些企业里，独断式的经营管理代替了科学的经营决策。这种方法具有较大的冒险性，广告投入与广告效果不成因果关系。

　　A. 武断法　　　　　　　　　　　B. 销售额百分比法

　　C. 竞争对比法　　　　　　　　　D. 目标任务法

5. 根据目标市场的媒体习惯，将广告预算有所侧重地分配在不同媒体上的一种分配方法是（　　）。

　　A. 按时间分配　　　　　　　　　B. 按区域分配

　　C. 按媒体分配　　　　　　　　　D. 侧重分配

二、多选题

1. 按广告计划性质划分，可以将广告计划分为（　　　）。

    A. 战略性广告计划   B. 战术性广告计划

    C. 单一性计划   D. 合作广告计划

    E. 长期广告计划

2. 广告计划的特征主要有（　　　）。

    A. 事前性   B. 操作性

    C. 安全性   D. 周密性

    E. 完善性

3. 广告目标的类型，根据市场营销策略划分，可以分为（　　　）。

    A. 创牌广告目标   B. 制造商广告目标

    C. 保牌广告目标   D. 合作广告目标

    E. 竞争广告目标

4. 产品生命周期是指产品从上市到衰退的整个过程，大多数产品在市场上都要经过（　　　）四个阶段。

    A. 引入期   B. 成长期

    C. 成熟期   D. 衰退期

    E. 发展期

三、名词解释

1. 广告计划　　2. 广告预算　　3. 品牌知晓度　　4. 广告费　　5. 广告频次

四、简答及论述题

1. 广告计划的特点与作用是什么？

2. 完整的广告计划一般包括哪些内容？

3. 什么是广告目标？广告目标有哪些特点？

4. 确定广告目标时应注意哪些原则？

5. 影响广告预算的因素有哪些？如何编制广告预算？

案例讨论

蒙牛酸酸乳与"超级女声"

    2005 年 2 月 24 日，湖南卫视与国内乳业巨头——蒙牛乳业集团在长沙联合宣布，双方共同打造"2005 快乐中国蒙牛酸酸乳超级女声"年度赛事活动。据湖南卫视透露，包括购买冠名权的 2800 万元，蒙牛共为节目提供了人民币 1 亿元以上的资金支持。活动一经推出，便迅速火爆：广州、长沙、郑州、成都、杭州五大赛区的报名空前热烈，有的赛区超过了 5 万人。依靠"超级女声"，蒙牛乳业集团获得了空前的媒体曝光率。在这场全民狂热的背后，"超级女声"的赞助商——蒙牛乳业无疑是最大的赢家。

图 4 - 10　超级女声选秀现场

　　为了配合此次活动，蒙牛酸酸乳重新设计了产品包装。其中"酸酸乳超级女声""我是超级女声，就爱蒙牛酸酸乳"及"超级女声"报名事宜等相关字样和信息就占了包装面积的 1/2 以上，非常醒目。更重要的是，这样包装的产品已经销售了超过 20 亿盒——即平均每个中国人将近 2 盒。据不完全统计，蒙牛一共发放了约 200 多万张宣传单。同时，蒙牛酸酸乳的包装上也全部印有"超级女声"的参赛信息，这种包装并不增加蒙牛的包装成本，却能为"超级女声"活动提供了约 20 亿份宣传单。

　　蒙牛与"超级女声"结盟后，内部开始为这次营销活动进行培训，并挑选举行路演的城市。蒙牛将强势销售区域由一线城市拓展至二、三线城市，并决定了长沙、广州、郑州、成都、杭州五大城市作为赛区，由此展开路演。标有"超级女声"的蒙牛酸酸乳产品覆盖了全国 400 多个城市，同时，蒙牛也在这 400 多个城市展开宣传活动，进行了 200 多场"迷你"路演，为"超级女声"赛事扩大影响力。借助"超级女声"，蒙牛还设立了"超级女声"夏令营：凡购买蒙牛酸酸乳夏令营六连包的消费者，即有机会享受长沙游。将此活动进一步与终端销售进行结合，使得活动影响力转化为产品销售力。

　　此外，蒙牛还通过电视、报纸、户外、网络等多种媒体进行了大量的广告投放。在电视方面，蒙牛酸酸乳不仅在"超级女声"的主办方湖南卫视做广告，而且还选择了央视、安徽卫视等著名媒体，大范围、高密度地覆盖目标消费者。在报纸方面，由于年轻女性对报纸的接触率较低，所以在报纸广告上，蒙牛采取了更具有针对性的投放策略。"超级女声"分为五大赛区，每个赛区都指定一家当地报纸作为平面协办媒体，它们分别是广州赛区的《南方都市报》、长沙赛区的《潇湘晨报》、郑州赛区的《东方今报》、成都赛区的《成都商报》、杭州赛区的《都市快报》。作为指定媒体，它们对"超级女声"的报道也更加全面和详细，吸引了年轻女性的关注。同时，蒙牛在这些媒体对产品和活动方式进行系列宣传。从赛事的介绍、报名方法到蒙牛酸酸乳的口味，代言人张含韵都做了全面报道，加深了消费者对蒙牛酸酸乳及赛事的认识。

除了电视、报纸、户外这些传统的强势媒体之外，针对年轻的目标消费者，蒙牛还进行了网络方面的准备。在蒙牛酸酸乳与"超级女声"合作之初，蒙牛就及时创办了专门的网站，设置了"活动介绍""夏令营""互动游戏""精彩下载""论坛""酸甜女声"等分类栏目。并在各大门户网站投放广告，其中最重要的策略就是在新浪网开出专门的"超女频道"（supergirl.sina.com.cn），打开这个网站时，首先跳出的就是蒙牛的广告，以强化产品宣传。新浪网还始终将超级女声的信息放在网络首页的显要位置。另外，对于"粉丝们"建立的"超女网站""超女博客"等，蒙牛也进行资助，使年轻的目标消费者可以随时通过其常使用的网络来了解蒙酸酸乳及其赛事，在网络上配合超级女声，吸引消费者。

终端方面，蒙牛在众多超市、卖场树立起堆头，采用"买6送1"的促销方式，与其他的营销活动形成互动和补充。同时，改进蒙牛产品，特别是蒙牛酸酸乳的摆放位置。作为促销手段的一部分，将印有"蒙牛酸酸乳超级女声"广告的产品，放置在超市入口及收款处的醒目位置，借超女的热播，借势销售。

据央视索福瑞对主要品牌乳酸饮料所作的一份调查报告显示，蒙牛酸酸乳的品牌第一提及率跃升为18.3%，已经超过其主要竞争对手伊利优酸乳3.8个百分点。无论是从品牌竞争力还是从市场占有率来看，蒙牛酸酸乳都已经成为乳饮料方面的第一品牌。另外，"超级女声"播出后，受到了无数观众，尤其是广大青少年观众的热情关注。2005年8月底决赛之前，其收视人数竟累计达到了5亿，"超级女声"也因此成为了人们街谈巷议的主要话题。仅2005年，全国报名人数达15万；超过2000万观众的每周热切关注；收视率突破10%，稳居全国同时段所有节目第一名；据说冠名赞助商蒙牛对此次活动共投入达10800万元；"超级女声"贴片广告报价超过了央视一套的报价；关注这档节目的新闻媒体已超过百家；Google 相关网页达1640000；百度贴吧相关帖子上千万……

[?] **问题讨论**

1. 通过对本案例的分析，请指出蒙牛酸酸乳的目标市场定位。
2. 蒙牛酸酸乳借力"超级女声"采用了哪些整合营销转播的方法。

资料来源：于文雨：《蒙牛之"超级女声"整合营销沟通策略研究》，对外经济贸易大学 MBA 学位论文，2007 年。

第 5 章

消费者的广告信息处理与情感反应

本章导读

消费者接触广告时会在心理上引起各种不同的反应，对于同一则广告诉求，消费者或是接受认同，或是否认拒绝，也可能是毫无反应。对传递广告信息的广告主或广告代理公司来说，有必要详细地了解消费者究竟通过哪些心理过程来处理广告信息，以便在有限的资源投入下获得最大的广告收益。广告不仅传递信息，而且给人以温馨、幸福、威胁等感觉。通过广告所给予的感觉而形成的消费者的情感反应影响对品牌的态度或行为。本章主要讲述消费者对广告信息的认知、对广告信息的处理过程以及由广告信息而产生的情感反应。通过对本章的学习，读者可以对广告信息的创作与传播策略有一个较为清晰的认识。

知识结构图

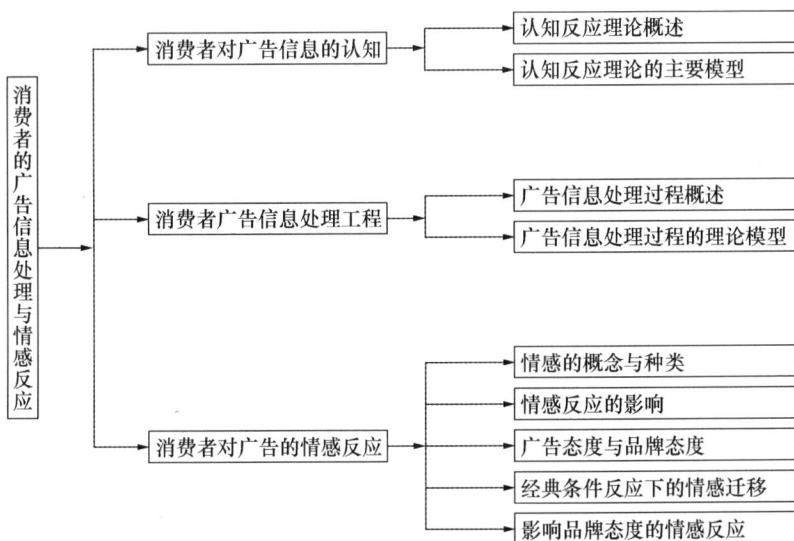

【开篇案例】　　　　　　　　　乡愁诉求广告

乡愁诉求广告是指以过去话题为中心强调人的情感的广告。乡愁的英文词 nostalgia 来自于希腊语的家庭（home）和痛苦（pain）。乡愁是怀念家乡的忧伤的心情（或者对家乡的怀念之情）。但现在乡愁的空间含义远远超过了对家乡的怀念之情。乡愁不仅仅是对家乡的怀念之情，而且还包括对过去美好的时光、情景的怀念之情。这些怀念过去的感情是被美化而抽象化了的幻想的感情。

乡愁诉求广告能引起以下沟通效果。

（1）乡愁诉求广告能有效地引起消费者的注意。

（2）消费者比较容易理解广告内容。

（3）乡愁诉求广告能有效地引起消费者的情感反应。

（4）乡愁诉求广告能提高消费者对广告的置信度。

（5）在广告中所包含的乡愁因素有助于消费者记忆广告内容。

目前，在我国也有不少乡愁诉求广告出现在报纸、杂志、电视等广告媒体上。例如，在药品广告中常用"常回家看看"等广告标语。但是，在我国广告中采取乡愁诉求方式的广告还是不太多。如果我们的企业或广告公司采取乡愁诉求广告创意策略，效果会很好。因为，在我国采取乡愁诉求广告方式有其客观基础。

（1）我国原来农村人口占多数，但随着改革开放和经济的发展，大批农村人口离土、离乡，涌入城市，城乡人口结构发生了很大的变化。有不少中青年都对家乡持有怀念之情。

（2）从我国传统文化来看，尊重老人、供养父母等是中华民族的传统美德，并且人和人之间的关系中也非常重视地缘关系。

（3）目前随着广告行业的发展，各广告主和广告公司为引起消费者的注意而说服消费者采取一系列的广告创意策略，但由于其创意水平有限，出现创意雷同的现象，没有取得相应的广告效果。所以，为摆脱这种现象，可以采取乡愁诉求广告方式。

（4）城市的迅速发展，更激发人们的怀念家乡之情。

（5）人们一般都有回忆过去的本能意识。

5.1　消费者对广告信息的认知

5.1.1　认知反应理论概述

认知反应理论最早是由认知心理学家 A. G·格林瓦尔德于 1968 年提出来的。后来经过 P. L·怀特、R. E·佩蒂和 J. T·卡西澳波加以发展完善。该理论的提倡者认为，在与广告的接触过程中，消费者积极主动地卷入信息处理过程之中，他们根据已有的知识和态度对广告信息加以分析评价。认知反应就是发生于传播活动过程之中或之后的积极思考过程或活动。一般说来，认知反应会影响最终的态度改变，甚至成为态度改变的基础。认知反应理论的基本思路概括起来，即广告接触（或者广告暴露）导致认知反应，而认知反应可分为两大类，即肯定的反应和否定的反应。这些认知反应又影响态度的形成或改变，如图 5－1 所示。

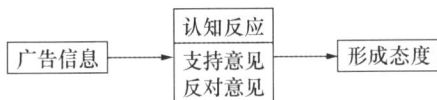

图 5－1　认知反应理论模式

1. 认知反应的种类

消费者对广告信息的认知反应大致分为肯定的反应和否定的反应。肯定的反应表现为支持意见（support argument），否定的反应表现为反对意见（counter argument）。比如，韩国地奖水在广告中传达这样的信息："东海地奖水具有与众不同的品质，她是从 5 亿 7 千万年前形成的黄土岩板层里提取的，它不仅含有一般矿泉水都有的矿物质，还含有纳米大小的、肉眼看不见的、丰富的黄土成分矿物质，在防止老化、促进新陈代谢及治疗过敏皮肤炎方面有着卓越效能，属多功能天然矿泉水"。根据广告传递的信息，一些消费者认为："由于是从 5 亿 7 千万年前形成的黄土岩板层里提取的水，所以这种矿泉水一定很神奇。"或认为："含有纳米大小的、肉眼看不见的、丰富的黄土成分矿物质水，一定有益于身体健康。"这种看法就是对广告信息的支持意见。但也可能有些消费者认为："5 亿 7 千万年前形成的黄土岩板层里能提取出水吗？"或认为："商家就是喜欢炒作，这恐怕又是在忽悠我们吧？"这种看法属于反对意见。

如果消费者对广告信息持支持意见，那就意味着消费者认定了广告所主张的内容、论据、结论以及信息来源等。这些支持意见越多，消费者就越朝着广告内容形成态度。

反对意见是消费者接触广告时对广告信息所产生的不同或相反的意见。那么消费者为什么会对广告信息持相反的意见呢？消费者接触广告的过程中不能相信其内容，或者广告信息与消费者原有的态度相反的时候，消费者就会对广告信息表示反对意见。所以做广告时要注意尽量抑制消费者反对意见的形成，而使消费者更多地形成支持意见。为达到这些目的，广告制作者应从理论上理解认知反应过程。

2. 认知反应的测定

包括支持意见和反对意见的认知反应可以用消费者的口头报告和文字报告来测量。口头报告测量方法能测量消费者的即期反应，而文字报告的方法有利于问卷内容的整理和分类。测量认知反应的主要内容包括以下方面。

（1）同意或不同意广告的逻辑推理或内容。例如，消费者可能会认为"××咖啡不可能是100％的纯咖啡豆精制而成的"。

（2）赞同或怀疑广告的结论。如对当今许多营养保健饮料广告主张其产品能提高儿童的智商，对此消费者也许表示赞同，也可能表示怀疑。

（3）相信或怀疑广告的结论。如有的消费者看了三维动画广告之后，可能认为"现实生活中不可能出现这种情况"。

（4）相信或怀疑广告信息来源。如对名人推荐的产品，有人会认为"一定是企业给他（她）很多钱让他（她）说这些话的"，有人则深信不疑。

虽然我们按意见的方向（支持或反对）把消费者的认知反应分为支持意见和反对意见，但消费者的认知反应的内容是多方面的。如，与意见方向无关的由广告信息本身引起的想法、与广告信息有关的话题以及消费者的其他一些意见。

3. 影响消费者认知反应的因素

认知反应受消费者的特性、广告内容的特性以及各不相同的环境特性等方面的因素的影响。

（1）由于消费者的动机与信息处理能力不同，其认知反应也会不同。例如，对广告信息的卷入程度高或者认知欲望（消费者认知性地处理信息的欲望）高而又有处理广告信息的动机的消费者，比缺乏这些动机的消费者产生更多的认知反应。另外，在性格上认真处理每件事情的消费者，对每个广告信息也都仔细地观察和注意，连对非常单纯或简单的信息也表现出认知反应。

（2）由于消费者知识程度不同，就会产生不同的认知反应。消费者掌握有关广告信息方面的知识越多，认知反应的量也越多。如果广告信息与消费者个人所掌握的知识是一致的，那么消费者就会表示支持主张；如果不一致，就会表示反对意见。

（3）根据广告内容的反复程度，出现不同的认知反应。有些研究表明，对反对意见来说，广告信息反复地暴露以后，一开始可能引起消费者的反对意见，但随着反复的暴露其反对意见逐步减退。如果广告信息反复的次数过多，其支持意见也逐步减退，而反对意见则逐步增加。所以，当广告信息暴露次数最佳，即信息的反复次数最合理时，消费者的认知是最客观的，这就是所谓的纯粹的积极权衡（net positive balance：支持意见与反对意见）。

（4）广告信息来源的可靠性也影响消费者的认知反应。既然接触广告信息的消费者持有与信息内容相反的意见，但如果广告信息来源可靠，那么反对意见可能被减退。

根据认知反应理论来看，认知反应对态度改变的影响取决于认知反应的实质。支持意见的数量与态度和行为意向的改变有积极的关系；而反对意见的数量与态度改变之间有消极的关系。所以，一些研究者则指出，要改变消费者的态度，应该设法增加支持意见，减少反对意见。

从认知反应理论所强调的认知反应来分析，在广告实践中，如果你希望加强广告的说服力，那么一定要注意几个方面：①广告信息来源一定要可靠、可信，如要选择用信誉高的媒体；广告的产品介绍人不管是名人，还是普通人物，最好是产品的真正使用者。②广告情境要让人有真实感。③广告中说明产品优点的论据一定要有力，广告中的推理论证逻辑性要强。

5.1.2　认知反应理论的主要模型

接触广告信息的消费者往往从不同角度评价广告信息内容。例如，奇瑞 QQ 汽车广告强调经济性、便利性这两个属性。汽车的价格当然便宜，而且由于车身小，停车时所占的面积也小，并且能行使于狭窄的道路上。接触这些信息的时候，消费者如何评价 QQ 汽车的这些属性呢？首先消费者评价的是 QQ 汽车是否具有这些属性？如果有这些属性，那么这些属性的程度如何？消费者就是把这些评价综合起来对奇瑞 QQ 汽车进行评价。人们对广告形成一种态度之前，总是先通过对产品的各个方面（如性能、质量、价格等）进行一定的评价之后，再把这些评价综合起来形成对产品的总态度。

在上述例子中，虽然奇瑞 QQ 汽车具有经济性和便利性，但消费者不会因此而判断 QQ 是好车。因为，消费者不一定只把经济性和便利性当做购买汽车的最重要的依据。还有其他的因素影响着消费者购买汽车。消费者对广告信息进行各种评价，而只有把这些评价综合起来，才能构成对产品的总态度。

下面介绍一下认知反应理论的主要模型。

1. Fishibein 的态度模型

Fishibein 的态度模型（Attitude Model）是消费者的态度取决于对产品属性的信念（评价）和这些属性的重要性。就是说，接触广告信息的消费者首先对广告所主张的品牌的各种属性形成信念，然后评价对属性的信念的重要程度，通过这些过程，消费者形成对品牌的态度。该模式可用以下函数来表示：

$$A_0 = \sum_{i=1}^{n} b_i e_i$$

其中，A_0 是对产品的消费者态度；b_i 是对产品属性 i 的信念强度；e_i 是产品属性 i 的重要程度。

表 5-1 列出了消费者对 QQ 汽车的态度。在表中先假定消费者购买汽车时，主要考虑经济性、安全性、品位（质量）、便利性等属性。如果各属性的最高信念分数为 10 分，那么消费者对四个属性的信念打的分数为，经济性 9 分、安全性 2 分、品位 3 分、便利性 8 分，而消费者所评价的各属性的重要程度为，经济性 20%、安全性 40%、品位 30%、便利性 10%，这样综合起来计算的消费者的态度分数为 4.3（见表 5-1）。

表 5-1　　　　　　　　　　对奇瑞 QQ 汽车的消费者态度的计算表

属性（i）	信念的强度（b_i）	属性的重要程度（e_i）	态度分数（$b_i e_i$）
经济性	9	0.2	1.8
安全性	2	0.4	0.8

属性（i）	信念的强度（b_i）	属性的重要程度（e_i）	态度分数（$b_i e_i$）
品位（质量）	3	0.3	0.9
便利性	8	0.1	0.8
合　计			4.3

在上述例子中，消费者对奇瑞QQ汽车汽车的态度总分数中虽然对安全性和品位的信念强度较低，但经济性和便利性的信念强度较高，这样态度分数高的属性补偿态度分数低的属性，所以Fishibein的行为模型也叫补偿模型（compensatory model）。

【阅读资料5-1】　　　　　　　Fishbein 模型对广告的意义

Fishbein 的态度模型对广告的意义有如下三点。

首先，向消费者提示新的属性（i）。向消费者提示原来不太重要的新的属性，从而使消费者对新属性提供的利益（benefit）产生友好态度。例如，海尔空调的广告强调"健康性空调"，使消费者把"空调"与"健康"联系起来。

其次，改变与属性有关的对产品的信念（b_i）。在对消费者重要的属性中，自己企业的产品占有竞争优势时，强调其优势，强化与属性有关的信念，从而可以改变消费者对自己企业品牌的态度。特别是，要强化消费者对肯定评价的属性的信念，要减少消费者对否定评价的属性的信念。例如，一个牛奶广告传递有关头脑营养因素DHA含量的信息，那就可以强化与DHA属性有关的消费者信念。又如，一则方便面广告强调不使用防腐剂，那就可以减少消费者对防腐剂的否定的信念。

最后，改变对属性的评价（e_i）。如改变与信念有关的评价的强度，就可以改变消费者对品牌的态度。并且，企业减少对自己产品的劣势属性的评价，强调对竞争优势的属性的重要性，从而引起消费者的友好的态度。例如，奇瑞QQ是车身小、价格相对便宜的汽车，但消费者对汽车的认知结构中的信念一般是车身大的汽车品位高。对此，QQ汽车可以强调城市空间的狭小而引起的停车难的问题和我国大部分消费者的购买水平有限的情况，那就有利于提高消费者对QQ汽车的积极的评价。

2. Fishbein 的扩张行为模型

Fishbein 的态度模型先假设，消费者对产品产生的友好态度直接联系到购买行为。但实际上态度和行为往往是不一致的。为更明确地说明人们的行为，Fishbein 提出了有理由的行为模型（Fishibein's theory of reasoned action model）。在这个模型里，Fishbein 为预测行为就考虑了态度以外的因素，即能预测行为的因素如规范（norm）和对规范的个人顺应程度。并且指出，能预测消费者行为的一个变量之一——主观性的规范包括参照群体的规范信念（normative belief）和个人对这一规范信念的顺从动机（motivation to comply）。

Fishbein 的扩张行为模型如下：

$$B \sim BI = W_1(Aact) + W_2(SN)$$

其中，BI 为行为意图（behavioral intention）；B 为消费者的实际行为；$Aact$ 为对特定行为的消费者态度；SN 为对行为的主观规范；W_1、W_2 为影响行为意图 $Aact$ 和 SN 的加权。

$$SN = \frac{m}{j=1} NBj \, MCj$$

其中，SN 为主观规范（subjective norm）；NBj 为规范信念（normative belief）；MCj 为顺应动机（motivation comply）；m 为影响个人行为的主要参照群体或个人数。

【阅读资料 5 – 2】　　　Fishbein 扩张行为模型的意义

第一，改变对特定行为的消费者态度（Aact）。在这里的态度是消费者对行为的态度。例如，强调人们不能使用固定电话来联系时可以通过移动电话联系，这可以改变年轻消费者对手机的态度。

第二，改变消费者的规范信念（NB），Fishbein 的扩张模型与原来模型的一个差别就是决定行为的第二个因素，即主观规范（subjective norm）。主观规范由两个因素来构成。一是规范信念，一是顺从动机（motivation to comply）。规范信念是指消费者对其他人如何期待自己行为的信任程度。也就是说，对家属或亲朋好友等如何支持或批评的消费者个人的意见。如日本非法扣留我国在钓鱼岛附件正常捕鱼的渔船，引发中日两国关于钓鱼岛主权的争端。有些消费者本打算购买日本汽车，但担心周围人会反对自己的购买行为，所以就放弃购买。

第三，改变顺从动机（MC）。所谓顺从动机是指消费者如何顺从其他人对自己行为的期待的程度。例如，一个家庭妇女在市场上购买蔬菜时并不购买自己喜欢吃的蔬菜，而购买的是全家都喜欢的蔬菜。所以，改变顺从参照群体期待的消费者个人顺从动机，就可以引起消费者的购买行为。

---

3. Heider 的均衡理论模型

根据均衡理论，如果态度之间发生不均衡的话，为恢复均衡就改变原来的态度。Heider 认为每个个体都具有各自的认知结构，注意在各个体的关系中态度如何变化或形成问题。下面看一看 Heider 的范式。Heider 在他的均衡理论中首先假定"自己"（P）、别人（O）和对象（X）之间形成三元关系。Herder 利用这三元关系说明自己或他人的态度是如何形成的问题。并且假设在 P—O、P—X、O—X 之间关系中人们尽量回避不均衡状态，而努力维持均衡状态。在 Herder 的这三元关系中，三元都具有肯定的关系（＋），或二元是否定的关系（－）、一元是肯定的关系的状态叫均衡状态，否则是不均衡的状态（见图 5 – 2）。

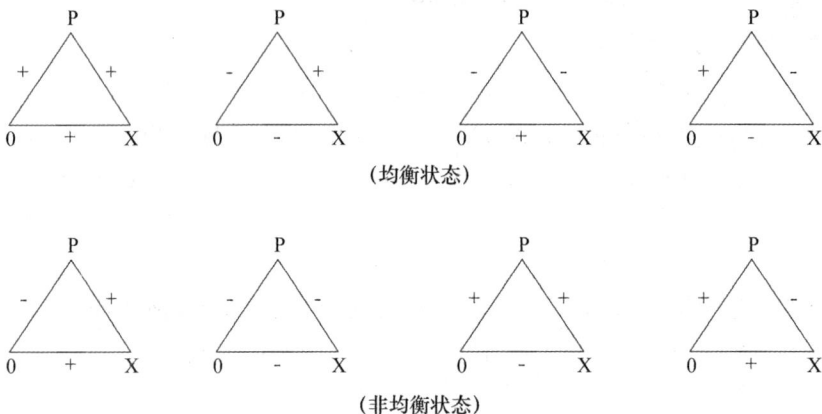

（均衡状态）

（非均衡状态）

图 5 – 2　Heider 的均衡理论中的均衡状态和不均衡状态

如果，P 喜欢 O，而 P 和 O 都喜欢 X，那么三元之间的关系是肯定的关系，从而形成均衡状态。如果 P 喜欢 O，而 P 不喜欢 X，O 喜欢 X，那么形成两个肯定的关系和一个否定的关系，从而形成非均衡状态。例如，大明星巩俐出现在美的空调广告中，由于巩俐代言了这则广告，那么巩俐与美的空调之间形成肯定的关系（O—X：＋），如果消费者喜欢巩俐（P—O：＋），但不喜欢美的空调（P—X：－），就会形成不均衡状态。此时，消费者也许由于喜欢巩俐，也就喜欢上了美的空调；也许由于不喜欢美的空调，就认为巩俐是只知道金钱的明星，因而不喜欢巩俐。处在不均衡状态的消费者通过沟通，尽量把一个否定的关系变成肯定的关系，或者将两个肯定关系中的一个变成否定的关系，从而消除心理上的紧张感。

4. 认知不协调理论

认知不协调理论（cognitive dissonance theory）是由著名社会心理学家 Leon Festinger 提出的。他在《认知心理学》一书中开始就说，每个人都希望自己的内心世界不发生矛盾，同样，也努力使自己信念或态度与自己的行为不产生冲突，然而，在实际生活中，种种不协调总会出现，任何人都无法一直处于毫无矛盾的状态。

根据认知不协调理论，如果认知的两个对象不一致，这两个不协调的认知对象就处于不协调的关系上。如果消费者所认知的对象处于不协调关系，就会在心理上感到不安。这时消费者减轻或消除认知不协调状态的一个可取的手段就是选择性地暴露，即接受所支持的主张，回避反对的或否定的主张。

认知就是对对象的个体的知识、信念、意见。在个体的认知结构中，各认知要素之间存在三个关系，即一个认知因素与其他认知因素之间毫无意义的无关系（irrelevant）、相互一致的协调关系（consonant）和相互间不一致的不协调关系（dissonant）。

消费者在广告信息的基础上评价和选择方案，如果消费者所认知的两个对象不一致时，就会产生不协调。例如，在广告上听到（或看到）与自己所选择的方案或主张相反或否定的信息时，或者购买后的产品在性能方面远不如自己期望的时候，消费者在心理上感到紧张或不安，从而处于认知上的不协调状态。

出现认知不协调状态以后，消费者会做哪些行为呢？很多研究结果表明，消费者感到认知不协调时可采取的措施有：改变态度或意见；搜寻或回忆能形成协调状态的肯定的或支持的信息；回避矛盾的信息；知觉的歪曲；改变行为。

针对消费者的认知不协调的反应，如何做广告？

首先，通过广告让消费者相信自己对产品的期望与购买产品以后的实际性能之间的一致性。例如，不要过分地强调产品的长处，而同时传递产品的肯定的信息和否定的信息（即两面劝说，two sided persuasion），从而可以减少实际购买结果与期望之间产生的不协调。夸张广告引起消费者认知不协调的可能性很大，所以尽量不要做夸张广告。

其次，在广告中强调消费者自己选择的正确性，从而预防认知不协调的产生。即在消费者购买产品以后，继续向消费者传递有关"消费者的选择非常正确"的信息，从而不给消费者感到认知不协调的时间余地。

5. 归因理论

所谓归因，就是寻找能够解释自己或他人行为的原因的过程。像"我为什么要这样做"或"他为什么劝我买这种商品"，即属于归因问题。这种推断自己或他人行为的原因的过程，也是态度形成和转变的一个主要因素，或者说，归因理论将消费者态度的形成和转变看成是他们解释自己的行为和经验的结果。

行为的原因可以分成若干种类，最常见的是分为内因和外因。内因即内在原因，是指导致行为或事件的行为者本身的特征，比如，品质、人格、情绪、心境、能力、动机、努力等；外因即外在原因，是指导致行为或事件的行为者之外的因素，比如，任务难易程度、机遇、工作环境、他人影响等。

归因的对象包括自我、他人和物体。

（1）对于自我的归因。对于自我的归因就是推断自己行为的原因，通常在所谓的"自我知觉理论"中讨论。大量的证据表明，个体在对自己的行为进行归因时，容易出现动机性的归因偏差，即由于某种特殊的动机或需要（比如为了维护自尊心）而在处理信息资料时出现的误差。具体表现有二：把自己的成功归结于内因，如自己的品质、自己的能力、自己的努力等；把自己的失败归结于外因，如运气不好、环境恶劣、障碍太大等。

这种防御性归因，可给予个体一种积极的感受，把成功归因于内因，使人感到胜任、满意、自信和自豪，把失败归因于外因，可以保全面子，避免产生内疚感和无能感（但可能导致气愤和敌意）。

另一方面，把行为归结于内因，即归结于人格、能力、动机、努力时，可以增加这种行为在类似情况下再次出现的可能性；反之，如果把行为归结为外因，即归结于各种外部环境、机遇时，则难以断定在类似情况下这种行为是否再度出现。

所以，营销者应当一贯地提供保质量的产品或服务，一让消费者获得成功感，并把这种成功归结于自己明智的抉择，这样可使消费者一再地重复这种购买行为。此外，在广告中也最好向消费者（特别是那些没有经验的消费者）保证，选择这种产品不会让他们失望，而只会使他们显得更有判断力。

（2）对于他人的归因。对于他人的归因，尤其是对于推销人员的言行的归因，会极大地影响到消费者的购买意向。通常，消费者会考虑推销人员的动机、有关的专门知识或技能和自己的最佳利益之间的关系。如果三者之间被认为是一致的，则消费者可能做出积极的反应；反之，则可能置之不理，另觅他物。

（3）对于物体的归因。对于物体的归因也可以看成是对产品或服务的归因。在判断产品的性能时，消费者最有可能形成对于产品的归因，而且，他们最热衷于找出产品符合或不符合他们的期望的原因。

显然，他们可以把产品的成功（或失败）归结于他们自己，或者归结于产品本身，或者归结于他人，或者归结于情境，或者归结于这些原因中的几个或全部。不同的归因，对于态度改变有着不同的影响，至于究竟如何影响，借助于我们前面的分析思路，便可迎刃而解。

5.2   消费者的广告信息处理过程

5.2.1   广告信息处理过程概述

广告信息处理过程是指消费者从接触广告到开始处理广告信息的全部过程。消费者接触广告信息的刺激并通过感觉器官来接受或解释这种刺激的过程被称之为知觉过程（Perception）。消费者在知觉形成的基础上来认知品牌（Cognition of brand，Cb），即以此获得有关品牌的知识，进而通过情感反应产生对广告的态度（Attitude toward advertising，Aad）。消费者通过上述两个过程（对品牌的认知过程和对广告态度的的形成过程）形成对品牌的态度（Attitude toward brand，Ab）。如果对品牌的态度是友好的、肯定的，消费者就产生购买意向（Purchase Intention，PI），并在适当的时候购买（Purchase，P）其品牌。这一过程就是消费者的广告信息处理过程（见图5-3）。

"广告→品牌的认知→态度的形成→购买行为"是广告信息处理的传统模型。根据此模型，消费者首先处理广告所提示的有关品牌属性方面信息，然后产生对品牌的态度，而这一态度会引起购买行为。这是从认知的角度说明消费者信息处理过程的模型。认知是消费者获得有关品牌知识的过程，所以，这时的信息主要以理性来处理。

与这种传统模型不同的观点，就是从情感角度解释消费者的广告信息处理过程。情感信息处

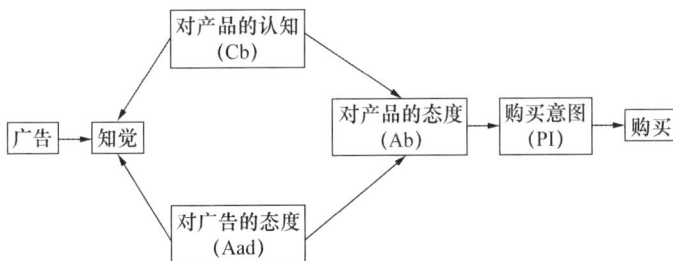

图 5 - 3　广告信息处理模型

理过程是指消费者不经过认知过程，而经过对广告的情感迁移过程来形成对品牌的友好态度。这种观点就是针对传统的信息处理观点忽视消费者情绪或情感而提出来的。

后来，研究者又发现对广告的态度与对品牌的态度之间有正（＋）的关系。这样理解消费者广告信息处理过程就有了新的体系。在广告态度影响品牌态度的观点的基础上，有些研究者进一步提出，广告态度能强化品牌信息的认知反应，从而间接影响品牌态度的二重中介假设（Dual Mediation Hypothesis）。

总之，消费者在广告信息处理过程中，通过认知过程和情感迁移这两个处理途径来产生对品牌的态度。这一观点有很多理论支持。Petty 和 Cacioppo 的精细处理可能性模型（Elaboration Like-lihood Model，ELM），Krugman 的低介入模型（Low Involvement Model），Chaiken 的系统处理（Systematic Processing）和启发式处理（Heuristic Processing）理论都为广告信息处理模型提供了理论依据。

5.2.2　广告信息处理过程的理论模型

纵观 20 世纪 60 年代至今 50 多年来关于广告信息处理的研究，大致可分为三个阶段。每个阶段研究者所倡导的理论模式的侧重点都有所不同。

第一阶段，1960～1970 年，关于广告信息处理的各种理论均强调情感迁移以及其他非认知因素的作用，而忽视了消费者的信息处理对他们接受广告信息的作用。所以，这一阶段的理论模式称为低认知卷入理论模式。

第二阶段，1970～1980 年。在这期间，由于认知心理学的迅速发展及其对其他领域的冲击，研究者们非常重视信息处理或认知卷入对消费者接受广告信息的影响，有些研究者甚至直接将认知心理学理论引入广告说服领域。而与此同时，又忽视了非认知性因素。因此，这一阶段的理论模式称为高卷入理论模式。

第三阶段，即 20 世纪 80 年代初以来，有些广告理论家、心理学家开始认识到，单纯地强调非认知因素的作用，或单纯地强调信息处理、认知卷入的影响都不能有效而全面地解释各种广告现象。因此，他们综合前人的研究（先行研究），提出了较为全面的精细处理可能性模式。下面我们将对这些理论模式加以介绍和分析。

1. 卷入理论

（1）卷入的概念。为什么消费者在购买房子、汽车等产品的时候相当投入，而在购买泡泡糖、圆珠笔等产品时就有些漫不经心？消费者购在买同样的产品时，为什么有时（如为送礼购买）会对品牌相当重视，而有时（如为自己购买）会不太注重品牌？为什么一些消费者积极搜寻有关产品的信息，而另外一些消费者则不太积极？这些均与与消费者的"卷入程度"有关。

卷入（involvement）是消费者行为学和社会心理学的一个很重要的概念。Antil（1984）[①] 指出，卷入是指在特定状况下由某刺激引发的、被认知的关联性以及个人的重要性程度。例如，有一位消费者要购买一副网球拍，如果网球拍是他平时喜欢或关心（认知的关联性）的产品，并且一副好的网球拍对于提高球技是非常重要的（个人的重要性）。那么，对这个消费者来说网球拍就是高卷入产品。

由此可见，对于同样的产品，消费者会有不同程度的卷入。例如在超市中，我们总能看到一些上了年岁的老年人会在日常用品的货架前精挑细选，而年轻人则往往是不加思索地将商品塞进购物车中。

另外，Celsi 和 Olson（1988）[②] 也指出，卷入的根本特点在于知觉个人关联性（perceived personal relevance）。他们认为，对某产品的个人关联性就是个人的欲望、目标、价值等与个人所具有的产品知识之间形成的知觉的结合（linkage）。

（2）个人的关联性与重要性。个人的关联性/重要性是在特定的状况下反映消费者精神状态的内部变量，也就是说，卷入对象符合消费者自我、自身价值标准或目的的程度。例如，消费者把奥迪牌高级轿车理解为成功企业家的象征物或实现自己的重要的价值标准即社会地位的手段，那么这位消费者对奥迪牌轿车的卷入程度就相当高。

经研究发现个人重要性/关联性由一下四个方面来表现。

其一，自我表现的重要性，即帮助自我表现的程度；

其二，快乐的重要性，即喜欢、兴奋、魅力的程度；

其三，实用的关联性，即对实际利益的需要程度；

其四，购买的不安感，即对选择的不确定性。

消费者的卷入程度与动机也是密切相关的。据此可以将卷入划分为认知性的卷入和情感性的卷入两个类别。认知性（cognitive）卷入是由个人关联性的利益动机引发的。而情感性（affective）卷入是由价值表现动机（或自我形象的表现）引发的。例如，同样是看电视广告，对于那些为获得商品信息而看的消费者来说形成的是认知性的卷入，而对于那些本身就对电视广告有浓

---

① Antil, John "Conceptualization and Operalionalization of Involvement," In Thomas Kinnear, ed., Advances In Consumer Research II, Provo, UT: Association for Consumer Research, 1984, 204.

② Celsi, Richard L., and Jerry C. Olson, "The Role of Involvement in Attention and Comprehension Processes," Journal of Consumer Research, Vol. 15 (September), 1988.

厚兴趣的消费者来说形成的则是情感性卷入。

（3）卷入的强度。消费者卷入的强度是指在特定状况下由刺激引起的心理能量的程度。卷入的强度一般由高卷入和低卷入来区分。

在这方面 Vaughn（1980，1986）和 Berger（1981）[①] 根据卷入理论和头脑专门化理论提出了有名的 FCB 矩阵。在消费者行为理论中的卷入是指在特定状况下由某刺激引发的、被知觉的个人的重要性或关心程度。或者个人对信息的关联（relevance）程度或注意（attention）程度。而根据头脑专门化理论，左脑具有分析、语言、思考的功能，右脑具有直观、综合、感性的功能。FCB 矩阵从高卷入/低卷入、思考/情感两方面分类产品，并按产品类型的特点提出了消费者购买决策模型和相应的广告战略（见表 5-2）。

表 5-2 FCB 矩阵

	思 考	情 感
高卷入	第一空间 信息性 产品：汽车、家具、住房 模型：学习→感觉→购买	第二空间 情感性 产品：化妆品、时装、宝石 模型：感觉→学习→购买
低卷入	第三空间 习惯性 产品：食品、日用品 模型：购买→学习→感觉	第四空间 自我满足 产品：香烟、饮料、酒 模型：购买→感觉→学习

第一空间是高卷入/思考领域。属于这一领域的主要有汽车、家具、住房、保险等产品。由于这类产品价格贵，购买风险也大，消费者购买时一般做出理性判断，所以做广告时需要强调产品的信息。其购买决策模型为"学习→感觉→购买"。

第二空间是高卷入/情感领域。属于这一领域的产品主要有化妆品、时装、宝石、摩托车等产品。既然这类产品价格较贵，也有购买风险，但消费者购买时情感起很大的作用。所以做广告时需要强调形象、情感。其购买决策模型为"感觉→学习→购买"。

第三空间是低卷入/思考领域。属于这一领域的产品主要有食品、日用品、洗涤剂、妇女用品等产品。这类产品价格较低，购买风险不大，消费者购买时一般根据自己的习惯去购买，所以做广告时强调产品的差别，从而形成消费者对产品的偏好。其购买决策模型为"购买→学习→感觉"。

---

① Vaughn，Richard，"How Advertising Works：A Planning Model"， Journal of Advertising Research，Vol. 20，No. 5（October），1980，pp. 27-33.，"How Advertising Works：A Planning Model Revisited"，Journal of Advertising Research，Vol. 26，1986，57~66.

第四空间是低卷入/感情领域。属于这一领域的产品为主要有香烟、饮料、各种酒类、糖等产品。这类产品价格也较低，购买风险不大，但消费者购买时根据自己的趣味和爱好、特性去购买或受某些刺激、冲动时购买。所以做广告时强调满足个人特性。其购买决策模型为"购买→感觉→学习"。

（4）卷入的方向。消费者卷入的方向是指心理能量所指向的卷入刺激（满足欲望的产品或活动）。消费者与卷入刺激（如产品、品牌、购物处、广告等）、情境以及与自己相关的活动或行为之间产生卷入关系。这些卷入关系可由卷入程度来表现。对产品的卷入程度可分为对产品类的卷入程度和对具体品牌的卷入程度。例如，有些人卷入于汽车，所以掌握有关汽车方面的知识，谈话时也多谈有关汽车方面的内容；但有些人卷入于奥迪、桑塔那等具体的汽车品牌上，只主张这些品牌。Cushing 等（1985）利用对产品的卷入程度和对品牌的卷入（commitment）程度，提出了四种购买方式（见表5-3）。

表5-3　　　　　　　　　　　　　卷入方向与购买方式

卷入程度		对产品类	
		高卷入	低卷入
对品牌	高卷入	品牌忠诚型 ·注意品牌 ·追求最佳 ·有喜欢的品牌 ·不使用其他品牌	日常品牌购买型 ·不太注意产品类 ·不追求最佳 ·有喜欢的品牌 ·不使用其他品牌
	低卷入	信息型 ·注意产品类 ·追求最佳 ·使用多种品牌 ·搜寻信息	品牌转换型 ·不注意产品类/品牌 ·不追求最佳 ·使用多种品牌 ·对价格敏感

资料来源：Cushing, Peter, Melody Douglas - Tate & Lel Burnett, U. S. A., "The Effect of People/Product Relationshinps on Advertising Processing," in Linda F. Alwitt & Andrew A. Mitchell, ed., Psychological Processing and Advertisng Effects. Lawrence Erlbaum, Hillsdale, New Jersey, 1985, 241~259.

（5）消费者卷入模型。从消费者自我与产品之间知觉的联结关系来看，消费者卷入模型如下（见图5-4）。

通过消费者的卷入模型可以看出，影响消费者主观性卷入的持续关联性和情境关联性是由消费者特性、产品特性以及情境特性等因素来决定的。

①消费者特性。不同消费者对产品的关心程度是不同的。影响产品关联性的个人特性主要有自我观念、个性、欲望、个人的社会作用及专业性等。

```
┌─────────────────┐
│   消费者特性      │
│ • 自我概念        │
│ • 欲望           │──┐
│ • 个性特性        │  │
│ • 社会作用        │  │
│ • 专业性          │  ├──→ ┌─────────┐
└─────────────────┘  │     │ 持续性关联性│──┐
┌─────────────────┐  │     └─────────┘  │   ┌──────────┐
│   产品特性        │  │                  │   │  主观性卷入 │   ┌──────────┐
│ • 产品属性与利益   │──┤                  ├──→│ • 认知性提醒│──→│ 心理作用及行为│
│ • 象征性          │  │                  │   │ • 情感性提醒│   └──────────┘
│ • 知觉的危险       │  │     ┌─────────┐  │   └──────────┘
└─────────────────┘  │     │ 情境性关联性│──┘
┌─────────────────┐  │     └─────────┘
│   情境因素        │  │
│ • 购买情境        │──┘
│ • 使用情境        │
│ • 社会情境        │
└─────────────────┘
```

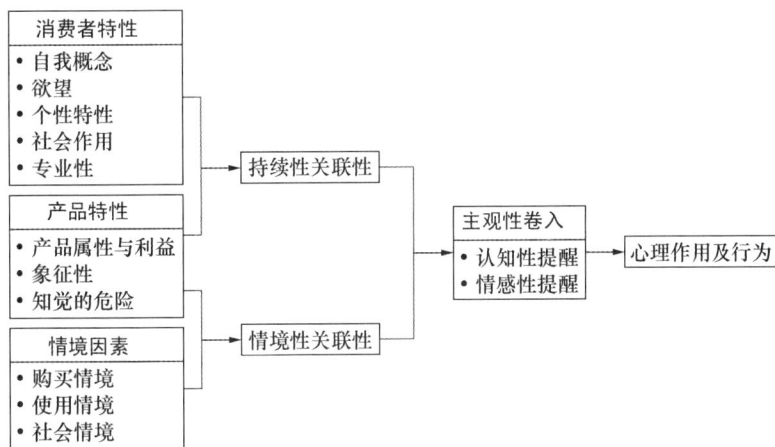

图 5 - 4　消费者卷入的一般模型

②产品特性。消费者关心的产品特性包括产品的属性与利益、产品的象征性以及消费者对产品的知觉危险（perceived risk）三个方面。知觉危险是消费者在购买或使用产品的过程中所感觉到的对不确定结果的不安。知觉危险有以下几种。

财务危险（financial risk），消费者担心在资金上受损失的不安心理。

性能危险（performance risk），消费者对产品的性能的忧虑。

身体危险（physical risk），消费者担心产品对身体造成伤害的不安心理。

心理危险（phychological risk），消费者对自我形象影响或损害的忧虑。

社会危险（social risk），是指消费者对不适合参照群体标准的忧虑。消费者购买或使用可视性产品（如汽车）、带有社会魅力的产品（如化妆品、装饰品等）的时候会有社会危险感的顾忌。

③情境因素。购买情境、使用情境、社会环境等情境因素直接影响消费者对产品的关联性，特别是消费者对情境的关联性。搜寻信息的时间、单独购物还是和其他人一起购物等购买情境、自己使用还是送礼等使用情境，个人使用还是共同使用等社会环境，这些因素都是情境关联性的主要决定因素。

（6）低卷入理论模型。Krugman[①] 第一次把卷入理论引入到消费者行为研究领域里。Krugman在观察中发现，大多数电视广告的产品都是低卷入类型的。电视本身也是一种低卷入的媒体，与高卷入的印刷媒体广告相比较，受众对电视广告的认知反映比较低，他们较少地把广告与个人的生活联系起来。在极端低卷入的情况下，人的视觉防御很低，甚至不存在，观众能再认已看过的广告，但不能回忆其内容。

---

① Krugman，Herbert E.，"The Impact of Television Advertising：Learning Without Involvement，" Public Opinion Quarterly，Vol. 29（Fall），1965.

Krugman 认为，低卷入广告的暴露会引起观众知觉结构的改变，即商标名称的优势增加或产品特征愈加显著。这种知觉结构的微妙变化，增加了受众另眼看待广告品牌的可能性，并能触发诸如品牌购买的行为事件。然而，知觉结构的变化不能直接导致态度的变化。换句话说，知觉结构的变化与态度改变没有稳定的关系，态度是否发生变化只有根据事件的发生才能确定。购买行为的发生是引起与知觉结构变化相一致的态度变化的前提。低卷入理论模式见图 5 - 5。

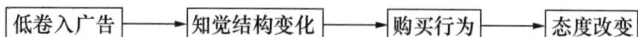

低卷入广告 ⟶ 知觉结构变化 ⟶ 购买行为 ⟶ 态度改变

图 5 - 5 低卷入理论模

由上述可以看出，低卷入模式把购买行为看做是广告影响消费者对品牌的态度的必不可少的因素。很显然，这就把经验的作用扩大化了。不过它也有一定的道理。比如，南方人喜欢吃大米，北方人喜欢吃面食。无论你怎么说面食如何更有利于身体健康，但要改变南方人的吃大米的习惯是很困难的。但是当南方人到北方去，不得不吃面食一段时间以后，他或她对面食就会逐渐产生好感。这也就是行为对态度的影响。

这一理论说明，在广告活动中，配合一些促销活动如赠送样品、免费品尝、产品试用，让消费者先产生行为变化，会大大地促进广告的宣传效果。

2. 精细处理可能性模型

20 世纪 70 年代末和 80 年代初，社会心理学家 Petty、Cacioppo 和 Schumann（1983）[①] 在对广告的信息处理进行研究的基础上提出精细处理可能性模型（Elaboration Likelihood Model，ELM）。根据精细处理可能性模型来看，消费者信息处理由两条线路进行，一是中枢线路，一是边缘线路（见图 5 - 6）。

（1）中枢线路（central route）。通过中枢线路处理信息时，消费者首先具备处理信息的动机和能力。消费者是否具备处理信息的动机，一方面取决于消费者本身，即消费者是否为潜在的产品用户，是否正在做购买决策，是否对产品感兴趣，是否想了解产品信息。另一方面取决于信息是否与消费者有关系，对他们是否重要，信息能否唤起消费者的认知需求等。如果消费者产生了处理信息的动机，那么就有进行中枢线路处理的可能。消费者是否具备信息处理的能力，要看他们是否具备有关的知识经验。很显然，一个不懂韩文的人要阅读用韩文写的广告语是不可能的，一个文盲要阅读广告文案也是不可能的。消费者如果不具备信息处理的能力，精细处理就无法进行。

在精细处理过程中，消费者会产生一些认知反应，包括支持意见和反对意见。消费者产生何种认知反应取决于他们原来的态度以及企业宣传（或广告）的说服力。在所有的认知反应中只要支持意见或反对意见有一方都不占优势（就是中性意见），那么信息处理就由中枢线路转移到

---

① Petty, Richard E., John T. Cacioppo and David Schumann, "Central and Peripheral Routes to Advertising Effectiveness: The Moderating Role of Involvement," Journal of Consumer Research, Vol. 10 (September), 1983.

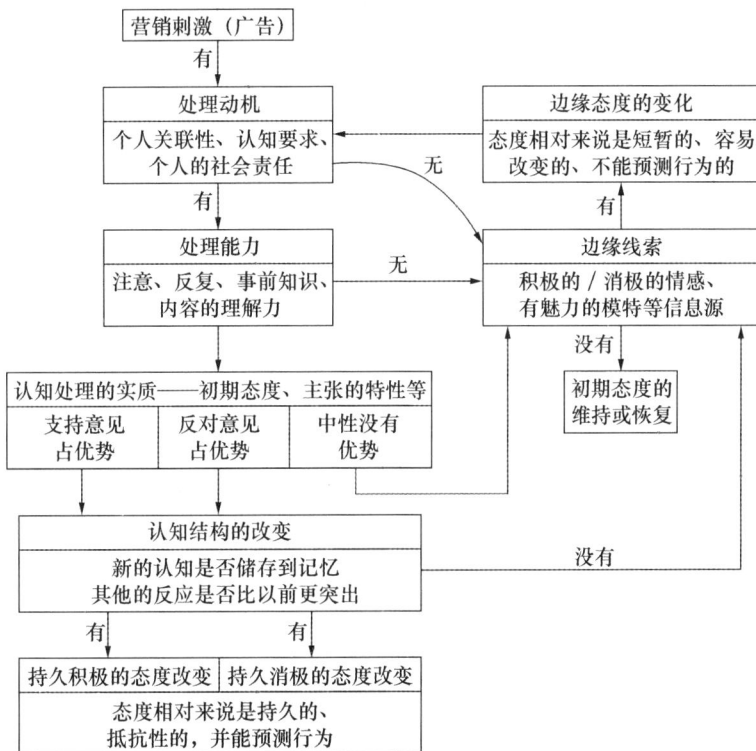

图 5-6　精细处理可能性模型

边缘线索进行。

消费者经过认知处理产生了一些认知反应，即对信息的论点有了新的认识被接受，并储存于记忆之中。换言之，如果消费者的认知结构发生了变化，那么积极的、支持性的认识会导致持久的、积极态度，消极的、反对性的认识则导致持久的、消极的态度。相反，如果消费者的认知结构没有发生变化，信息处理途径就转移到边缘线路上。

（2）边缘线路（peripheral route）。如果消费者不具备信息处理的动机和能力，而且存在着边缘线索，那么消费者就会进行边缘线路处理。所谓的边缘线路处理，是指消费者拒绝或接受信息诉求并不是基于他们对信息的仔细思考，而是将品牌直接与积极或消极的线索联系起来（这种联系是非理性的）；或者根据情境的各种线索做一个简单的结论。所谓边缘线索是指带有情感性的情境以及一些次要的品牌特征。例如，广告的背景音乐、景物、模特和产品外观等。如果边缘线索存在消费者就会形成或改变态度；如果边缘线索不存在，消费者就保持或重新获得原来的态度。

总之，消费者没有产品知识或者卷入程度低的情况下，就以边缘线路来处理信息，这时情感过程影响品牌态度。

上述两条信息处理线路的效果有两点要区别：第一，中枢线路所引起的态度变化比边缘线路的要持久；第二，中枢线路所形成的态度可能比边缘线路预测后来的行为更好。

为便于读者学习精细处理可能性模型，我们以三星 i908E 手机广告为例进行说明。这里我们略去广告的具体内容,直接分析消费者受到广告信息刺激后的反映。消费者对刺激的反映有两条可能的线路①。

一种可能是中枢系统线路,即消费者在认真考虑和综合广告中的信息之后,确定自己确实对手机及其商务应用有必然的需求,即确定处理动机。接下来,消费者根据自己的认知和理解能力,对于 i908E 12.5 毫米的纤薄机身、3.2 英寸触控宽屏、500 万像素镜头、GPS 导航系统、16GB 容量海量空间等顶级配置,以及 Windows Mobile 6.1 系统所带来全功能的应用等具体功能有清晰的概念,对手机技术有足够的了解和评估,即处理能力的环节完成。

之后,消费者将其对手机市场行情的整体了解,对三星手机之前的印象,以及对广告中提出的先进功能与自己对这款手机的性价比的认知结合起来,消费者可能会对这些技术很有信心,认为这款手机提供的各种配置能使自己的需求得到更大程度的满足,不论是机身的纤巧带来的携带方便,还是宽触屏的人性化设计,抑或 windows 系统提供的全方位数字化服务,都让消费者对这款手机的印象大大加分。从而得出结论:支持广告中的宣传。也有可能是消费者认为这些功能并非这款手机独有,而且这些功能的效果并不一定像广告中宣传的那么完美无缺,甚至可能认为高智能手机可能会因为更易感染病毒而带来不必要的麻烦,因而对这款 i908E 抱以否定的态度,认为其性价比不高,不够划算。至此,消费者完成了认知处理的实质这一阶段。

接下来,消费者会进入认知结构的改变阶段,即将以上的认知结果存储到记忆中,对三星手机的这一款 i908E 产生好感或产生抵触,同时对这款三星手机的反应会比以前更突出,包括关注手机在各大卖场的售价,询问朋友当中是否有人购买,或者向大家宣传对这款手机的印象,等等。这种认知结构的改变最终会形成持久积极的态度改变,或持久消极的态度改变,消费者会由此做出是否购买 i908E 的最终决定。

另一种可能的路线是边缘路线,这条路线包含了中枢路线信息处理过程中可能出现的四种意外情形。第一种可能出现在处理动机环节,消费者对购买新手机没有迫切、必然的要求,此时的消费者不会对广告中给出的信息进行精加工,而是会转向边缘线索,即开始关注令人向往的画面场景,成功的商界精英,拥有着洒脱而高品质的生活方式,跑车、游艇、飞机、热气球等元素,老友相聚的生活,以及在休闲当中利用 i908E 完成导航、娱乐乃至办公等各种应用,这款三星手机 i908E 虽然并不是广告画面的绝对主角,却毫无疑问是这种成功、洒脱的"杰仕人生"不可或缺的组成部分,是一种高品质的生活的态度和生活方式的体现。第二种可能出现在处理能力环节,消费者由于自身对手机技术知识的局限,不能很好的领会广告中所传达的各种高新技术的价值,因此也会转入边缘线索,转而关注情感,模特等方面的信息因素,融入这款手机的广告为我们勾勒出"杰仕"的生活之中,并受其影响形成持久态度和购买决策。第三种可能出现在认知处理的实质这一环节,对三星手机的初期态度,对广告传达出的高技术,高质量没有形成绝对的支持或反对意见,而是站在了中立的立场上,此时的消费者会和前一种情况一样开始进入边缘线

---

① 苑虹君等,http://wenku.baidu.com/view/8ac12b3467ec102de2bd899b.html。

索。最后一种可能出现在认知结构环节，新的印象有可能只是在脑海中一闪而过，就像这款手机的广告中提到的各种技术给消费者留下的印象可能并没有被长期储存，消费者的行为也没有突出改变，此时消费者对信息的处理仍然会转入边缘线索。

在边缘路线中，消费者会将对客体的态度与诸多情感线索联系起来，形成边缘线索。这线索可能是肯定的，也可能是否定的。例如，如果广告中的情感信息可能引起消费者的共鸣，即得到肯定的线索；或者引起消费者反感，得到否定的线索。肯定的线索会带来边缘态度的变化，但这种态度的变化时短暂易变的，不能用来预测行为，这种变化可以导致处理动机的变化，从而再次进入中枢系统；与之相反否定的边缘线索会是消费者的态度依然保持与初期态度一致。

ELM 综合了社会心理学和现代认知心理学的思想观点，是当今较有影响的广告说服理论，对于广告实践有着重要的指导意义。从这一理论模式中，我们可以得到一个重要的启示：在广告中，我们最好提供强有力的论据，对受众进行理性的说服，促使产生持久积极的态度改变。如果做不到这一点，那么至少也必须提供一些重要的边缘线索，促使消费者发生暂时的态度改变。

5.3　消费者对广告的情感反应

5.3.1　情感的概念与种类

情感（affect）是人的需要得到满足时所产生的一种对客观事物的态度和内心体验。人们在与现实世界的各种人和事发生关系时，由于现实事物对人具有一定意义，人也会对这些事物产生某种态度。人对客观事物的态度与人对事物的认识不同，它总是以带有某些特殊色彩的体验的形式表现出来。如完成工作或取得成绩会使人兴奋和愉快；亲人故去会使人痛苦和悲伤；遇到不讲理的人和事会使人激动和愤慨；遭遇危机会引起人的震惊和恐惧。所有这些喜、怒、哀、乐、悲、惊、恐，都是人具有的独特色彩体验。而人的不同体验，又是以人的不同的态度为转移的。因此，情感就是人对客观事物的态度的一种反映。

与情感类似的概念有情绪（emotion）和感觉（feeling）。从严格的角度来说，情感与情绪、感觉是不同的，但实际上一般混用。

情感的种类很多。例如心理学家把情感的种类列出 40 多种，如挑战性的、冒险性的、热情的、善良的、不幸的、为难的、害羞的、高兴的、绝望的、害怕的、惊慌的、悲伤的，等等。广告能引起的情感的种类也比较多。Abeele 和 Maclachlan（1994）[①] 认为，情感反应中特别是相当于情绪的温馨（warmth）是对广告的迅速而敏感、具体的反应。并且他们又指出与温馨区别的其他七个情绪，如快乐（joy）、惊奇（surprise）、期待（anticipation）、愤怒（anger）、容忍（acceptance）、厌恶（disgust）、关注（attention）。

---

① Abeele，Piet Vanden and Douglas L. Maclachlan，"Process Tracing of Emotional Responses to TV Ads：Revisiting the.

5.3.2 情感反应的影响

广告不仅传递信息，而且给人以温馨、幸福、威胁等感觉。通过广告所给予的感觉而形成的消费者的情感反应从以下四个方面影响对品牌的态度或行为。

（1）情感可以影响到思考反应（认知反应）的数量和性质。积极的情感可以促进积极的思考，导致由广告唤起的支持与争议比率上升。这部分是因为处于良好情绪下的人们希望停留在良好的情绪中，因此，他们对品牌品质的中立或积极的评价会比他们平时的评价更为积极。还有一部分是因为当广告将人们引入良好情绪时，人们会自发想起贮存在记忆中的其他积极的情感，因此，对广告的评价再次添加了积极的倾向。

但是，处于良好情绪下的人们除了具有更多的积极想法外，有时也比平时更少地进行总体考虑，因为思考是费脑子的，会减少他们的良好情绪。当支持率相对增加，帮助他们提升对品牌的偏好时，总体思考数量的减少能够帮助他们更多地依赖于广告的边缘暗示（提示）和对广告的偏好而形成的品牌偏好，而不是依赖中枢信息的争论。

（2）连接消费者过去经验与广告的迁移广告（transformational advertising）也影响对品牌的态度和行为。下面的例子可以说明其理由：麦当劳的广播电视（电波）广告多次播放，表现了一个幸福家庭场景后，看过广告的一家人会因此感觉到，在麦当劳的经历与众不同。广告使得他们来到麦当劳后感到比平常更温馨、更快乐。他们在麦当劳的经历迁移到（转换为）与广告更为贴近。在对麦当劳的评价中，这种迁移具有增加"温馨与快乐"品质的效果，因此产生了一种对麦当劳的"新信念"。这提高消费者对麦当劳的品牌偏好。不仅如此，这种迁移还为消费者心理的品牌形象加入具有丰富内涵的铺垫。

（3）通过广告而形成的消费者情感，以对广告的态度为媒介发展为对品牌的态度。这是因为消费者的情感反应关系到品牌，从而影响品牌的态度和行为。广告不仅传递对消费者有用的信息，而且由于广告本身有趣或有意思，从而可以引起消费者的兴趣或喜欢。例如，在广告中经常利用的温馨情景本身就导致了对这些广告的一种喜爱。

（4）在经典的条件作用下，由广告引起的情感与对广告的态度转入到对产品的态度。对这一部分将在下一部分具体说明。

5.3.3 广告态度与品牌态度

消费者接触广告时所产生的情感形成对广告的态度。对广告的态度就是指对具体广告的喜欢或不喜欢的程度。这样形成的广告态度与品牌有关系，影响品牌态度的形成。也就是说，消费者接触广告以后，不仅产生对广告的认知反应，还表现出情感反应，而这些对广告的情感反应就影响品牌态度的形成。

这些由广告引起的消费者反应就引起对广告的态度或对品牌的态度，引起一定程度的安全的心理准备状态。而这样的心理准备状态保存到记忆中，在消费者决定购买时就会发挥作用。

5.3.4　经典条件反应作用下情感的迁移

根据经典条件作用理论来看，刺激和反应各分为两种，刺激分为无条件刺激（Unconditioned Stimulus，US）和条件刺激（Conditioned Stimulus，CS），反应分为无条件反应（Unconditioned Response，UR）和条件反应（Conditioned Response，CR）。其中 US 和 UR 的关系是本能的、与生俱来的，狗看食物（US）就分泌唾液（UR），人听轻快的音乐（US）就产生轻松愉快的气氛（UR）。经典性条件作用下，先使用与 US（食物）无关的中性刺激（铃声），然后给 US（食物），并使两者共同作用一定时间，这样多次结合后，中性刺激（铃声）即 CS 单独作用，就会引起与 UR 形同的反应（分泌唾液），这时条件反射就形成了。经典性条件作用的过程是把无条件刺激（US）引起的无条件反应变成为由条件刺激引起的条件反应的过程（见图 5-7）。

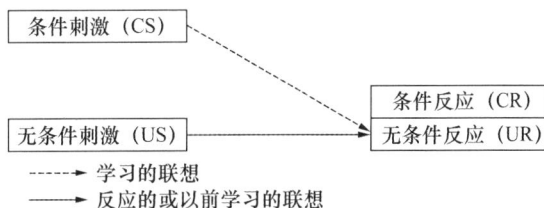

图 5-7　经典条件反应过程

经典性条件反射作用的结果是 UR = CR。

例如，在条件反应作用之前，消费者听到自己所喜爱的音乐（US）的时候，就产生良好的感情。但接触特定品牌广告（CS）时，消费者也许表现出无关的反应，甚至没有反应。但在条件反应作用的过程中先给消费者看消费者熟悉的电影明星或听消费者熟悉的音乐，然后展示品牌（就是 US 和 CS 的匹配），这样联系电影明星或音乐与品牌反复持续地做广告，那么就会产生条件反应（CR）。就是说，一展示品牌，消费者就会产生像看电影明星或听音乐那样的肯定的情感反应。

在这里肯定的情感反应就是条件反应（CR）。这些对模特或音乐等象征物的情感反应迁移到对广告的情感反应的过程就是情感迁移过程。在经典条件反应作用下的情感迁移过程如表 5-4。

表 5-4　经典条件反应作用下情感的迁移

经典条件反应	在广告中的经典条件作用
无条件刺激　→　无条件反应	喜欢的模特　→　好的感觉
条件刺激 + 无条件刺激　→　无条件反应	新品牌 + 喜欢的模特　→　好的感觉
条件刺激 + 无条件刺激　→　无条件反应	新品牌 + 喜欢的模特　→　好的感觉
⋮　⋮	⋮　⋮
条件刺激　→　条件反应	新品牌　→　好的感觉

【阅读资料 5-4】　　　Gorn 经典条件反应作用下的情感迁移实验

首先，改变对特定行为的消费者态度（Aact）。在这里的态度是消费者对行为的态度。例如，强调人们不能使 Gorn 利用经典条件反应理论研究了背景音乐对产品偏好的影响。实验的研究内容是，在最低限度地展示产品信息时，广告背景音乐如何影响被试者的产品偏好。

在实验中，通过投影仪向被试者展示不同颜色的圆珠笔（条件刺激），同时给被试者听不同的音乐（无条件刺激）。条件刺激来自圆珠笔的两种颜色，一种是浅蓝色，一种是米黄色。以无条件刺激来利用的音乐也是两种，一是喜欢的电影 Grease 音乐（肯定的无条件刺激），一是不喜欢的印度古典音乐（否定的无条件刺激）。

被试者分为四个小组。给第一小组听喜欢的音乐，同时展示浅蓝色圆珠笔；给第二小组听喜欢的音乐，同时展示米黄色圆珠笔；给第三小组听不喜欢的音乐，同时展示浅蓝色圆珠笔；给第四小组听不喜欢的音乐，同时展示米黄色圆珠笔。

然后，为感谢被试者的协助，让被试者在浅蓝色圆珠笔和米黄色圆珠笔中选择一个。结果，79%（74 名）的被试者选择与喜欢音乐同时展示的圆珠笔（广告的圆珠笔），而只有21%（20 名）的被试者选择在提示喜欢音乐时没有展示的圆珠笔（没有广告的圆珠笔）。另外，30%（30 名）被试者选择在提示不喜欢音乐时展示的圆珠笔（广告的圆珠笔），

而 70%（71 名）被试者选择在提示不喜欢音乐时没有展示的圆珠笔（没有广告的圆珠笔）。如表 5-5 所示。

表 5-5　　　　　　　　情感迁移实验中音乐与圆珠笔的选择

	广告的圆珠笔	没有广告的圆珠笔
喜欢的音乐	74 名（79%）	20 名（21%）
不喜欢的音乐	30 名（30%）	71 名（70%）

资料来源：Gorn, Gerald J., "The Effects of Music In Advertising on Choice Behavior：A Classical Conditioning Approach," Journal of Marketing, Vol. 16 (Dec.), 1982.

5.3.5　影响品牌态度的情感反应

前面已指出过，接触广告的消费者对广告产生情感反应。这些情感反应又影响品牌态度的产生。从这种观点出发，Burke 和 Edell 研究了电视广告所引起的感觉（feeling）对广告态度和品牌态度的直接或间接的影响。但影响品牌态度的这些情感反应是多种多样的。其中我们主要解释广告能引发的幽默、温暖、恐惧等情感反应。这些情感反应决定广告态度，对品牌态度的产生起很大的作用。

1. 幽默（humor）

幽默是广告中常见的一种诉求手法。广告中的幽默可以用画面来表现，也可以用语言来表达。例如，在大众 POLO 的汽车广告中，该广告中 POLO 汽车被当作防弹车，所有的警察都躲在

它的后面，让人看后忍俊不已，并强化了该车的安全性能。见图 5 - 8。

图 5 - 8　大众 POLO 汽车广告

关于幽默诉求广告的效果，传统的看法认为，幽默能降低受众的认知防御，从而可对产品引发出愉悦的、易于记忆的联想。然而，一些著名的广告人对幽默的看法则甚为不同。大卫·奥格威坚持认为广告不宜太引人发笑，而应该多一些信息，并指出"人们可被小丑所逗笑——他们却不敢取其行径"。而美国波恩巴奇公司的一位撰稿人罗伯特·怀恩从广告与受众互惠的角度强调幽默的作用时指出："我们知道广告等于一种侵扰，读者并不一定喜欢广告，并且可能尽量避开广告，因此做好广告便是广告人的责任……为了赔偿你在他买的杂志上耗去他的时间阅读，因此广告人必须带给消费者乐趣，这是他们的一种报酬。"

【阅读资料 5 - 5】　　　　　　幽默广告语欣赏

　　眼镜店："眼睛是心灵的窗户，为了保护您的心灵，请为您的窗户安上玻璃。"

　　香水公司："我们的新产品极其吸引异性，因此随瓶奉送自卫教材一份。"

　　公共场所禁烟："为了使地毯没有洞，也为了使您肺部没有洞，请不要吸烟。"

　　新书："本书作者是百万富翁，未婚，他所希望的对象，就是本小说中描写的女主人公！"

　　交通安全："请记住，上帝并不是十全十美的，它给汽车准备了备件，而人没有。"

　　鲜花店："今日本店的玫瑰售价最为低廉，甚至可以买几朵送给太太。"

　　美容院：请不要同刚刚走出本院的女人调情，她或许就是你的外祖母。

在幽默效果的研究领域，市场学家、心理学家做了不少的研究，但研究结果不一。邓肯（1980）的研究发现，幽默广告因分心而影响对信息性广告的理解。在 1985 年的研究中，他认为幽默增加受众对广告的注意，积极影响人们对广告、产品和品牌的态度。佩 蒂·威尔斯和鲁克（1976）以及马登（1983）的研究表明，幽默分散受众的注意力，因而减少反对意见的产生。

总之，在有关幽默效果的实验研究领域里，对幽默效应认识的倾向是：幽默引起受众对广告的注意，提高受众的广告接触率，促进受众对广告、品牌形象的良好态度，但减少受众对信息的理解和记忆效果。

在实验研究中，记忆测验大多在接触广告后的短时间（几分钟、几十分钟或几天）内进行，所以效果较差。在测验时间延迟至更长时间之后，情形就有所不同。幽默的语言、表演容易给人留下难忘的记忆，这些信息的记忆对信息的回忆具有提示的作用。有一项关于 500 则电视广告的调查发现，在一系列广告的效果测验中，幽默广告更便于记忆，也更有说服力。该项调查还表明，金钱、财产、生命和死亡都不是取笑的对象，应当避免。

幽默表现手法有利于达到较好的宣传效果，但要注意使用的场合。著名广告人 D·丹尼尔为幽默广告创作提出下列四条原则，值得读者参考。

（1）在大多数情况下，幽默性广告只适用于推销低档商品，不适用于推销高档商品。

（2）幽默笔法应能使老生常谈的话题获得新生，以加强读者的记忆力。

（3）利用幽默的笔法应能有效地把一个简单的内容讲得生动，便于记忆。

（4）幽默创作应能突出强调一个过时做法的愚昧可笑，从而使新产品或新方法扫清思想障碍。

另外，利用幽默的广告也会遇到以下问题，做幽默性广告时应该要注意。

（1）有些人喜欢幽默性广告，但另外一些人并不喜欢幽默，甚至厌倦，认为幽默是庸俗的。所以对做幽默性广告的企业来说，明确目标受众（target audience）是非常重要的。

（2）利用幽默的频率越多，引起受众厌倦的可能性越大。虽然一开始幽默非常逗笑有趣，但过于反复，就容易引起受众的厌倦。

（3）虽然幽默能引起受众的注意，引起受众对广告的好感，但过于强调幽默，就会妨碍受众对广告信息内容的理解。

在幽默性广告中还要注意的是，由于各国的文化不同，消费者能接受的幽默的表现方法也不同。例如，法国的 Kronenbourg 啤酒进入美国市场的时候，就利用英国式的幽默表现方法来做广告。一开始，法国本部的管理人员都不太喜欢英国式的幽默表现方法。如果 Kronebourg 啤酒在美国市场上不能成功的话，他们马上就收回此次广告活动。但实际结果是非常成功的。因为英美幽默的文化基础类似，所以英国式的幽默表现方式在美国很容易被广大消费者所接受。这样，在美国市场进口啤酒的销售增长率为 14% 的情况下，法国 Kronenbourg 啤酒的销售额增长率高达 22.5%。

2. 温馨（warmth）

广告可以使消费者产生温馨的感觉。Aaker 和 Bruzzone（1981）[1] 主张，广告利用感情脆弱的（sentimental）、家庭、儿童、友情、好的感觉等时，就容易引起消费者的温馨的感情。Schlinger（1996）[2] 指出温馨是与包括好夫妻、温馨的关系、母亲与孩子的相互作用、有魅力的产品、休假计划等内容的广告相关的概念。

学术界对温馨概念看法有所不同。Aaker 等（1996）[3] 认为温馨是包括生理性唤起（arousal）在内的肯定、温和而不易消失的情绪，是直接或间接地感受爱、家庭、友情关系等所激发的情绪。

---

① Aaker, Davie A. and Donale E. Bruzzone, "Viewer Perceptions of Prime – Time Television Advertising," *Journal of Advertising Research*, October, 1981.

② Schlinger, Mary Jane, "A Profile of Resoponses to Commercials," *Journal of Advertising Research*, Vol. 19 (Fevruary), 1996.

③ Aaker, David A. , Rajeev Batra, and John G. Myers, "Advertising Management", Perntice Hall, Englewood Cliffs, New Jersey, 1996, 239.

但是 Abeele 和 Maclachlan（1994）[①] 认为，在情感反应中的属于情绪（emotion）的温馨（warmth）是对广告的迅速而敏感、具体的反应。他们通过实验分析温馨与其他七个情绪，如快乐（joy）、惊奇（surprise）、期待（anticipation）、愤怒（anger）、容忍（acceptance）、厌恶（disgust）、关注（attention）之间的关系，结果发现温馨与其他七个情绪之间的区别不大。所以他们主张，温馨不是核心的情绪概念，概念本身也不明确，与其他情绪概念重复。

另外，如果在卷入程度、感觉程度、生理性唤起程度等非常高的情况下所引起的情绪过于激烈，这时的情绪很难说是温馨。但是温馨的持续时间是非常短暂的，就是说，温馨是在几秒钟、几分钟内形成或变化的。

在广告中所出现的模特感受温馨的时候，受众也可能间接地感受到温馨。例如，从海外回来的儿子与母亲久别重逢的画面，聪明伶俐的孙子给爷爷剃头发的画面，都充满着温馨的气氛。这时受众也容易卷入这些气氛，与广告中的演示者共同感受温馨的感受。并且受众通过广告可以回忆起过去自己亲身感受到的温馨。如我国最大的传统节日春节的全家团聚的画面，可以使受众回忆起过去温和的家庭气氛。这些温馨诉求广告可以减少受众对广告内容的拒绝感。

3. 恐惧（fear）

与温暖、幽默不同形态的情感反应恐惧（fear）和不安（anxiety）也是在广告中经常被利用的诉求方式。恐惧诉求是在广告中展示一个可怕的情境，来唤起受众的焦虑和不安，进而指出恐惧情境可以通过使用产品或劳务来解除。恐惧的情境通常包括把侵袭人体的病害描述得非常可怕；或指出在某种情况下，消费者蒙受巨大损失等。恐惧诉求常用于为从财产（汽车保险或家庭财产保险等）或健康（人寿保险或戒烟运动等）的损失中保护消费者而提供的产品广告方面。

另外，也有这样的恐惧，就是与社会心理动机相关的恐惧。这些恐惧诉求用于与个人相关的产品（牙膏、口腔清洗剂等）和家用产品（食品、家具等）的广告方面。

关于恐惧诉求的效果问题，最早的观点认为，信息的有效性与它制造的恐惧成正比。恐惧制造得越大，紧张越强，驱使人们采取购买行动以消除紧张的力量就越大。然而，I. L·詹姆斯和 S·费斯巴奇（1953）的研究却发现情况并非如此。在研究中，他们给中学生讲解牙齿保健的知识，并分别用三种能引起强烈、中等和低等恐惧的图解来唤起受试者的恐惧感。然后，考察感受恐惧程度与受试者改变牙齿卫生行为的关系。研究结果发现，感受恐惧的受试者比控制组（没有接受讲解的受试者）行为变化大，但低等恐惧的效果最大，其次是中等恐惧。

M. L·雷和 R. L·威克（1970）的研究表明，太强或太弱的恐惧感反而不如适当恐惧感有效。他们还对恐惧感增加后的后果做如下解释："……假如恐惧感能够增加驱使力，就有可能把更多的注意力和兴趣放在产品和信息上……但是，恐惧感也会导致一种重要的特征出现，就是抑

---

① Abeele, Piet Vanden and Douglas L. Maclachlan, "Process Tracing of Emotional Responses to TV Ads: Revising the Warmth Monitor," Journal of Consumer Research Vol. 20（March）, 1994.

制……如果恐惧程度过高，就可能产生对广告防御性回避，对威胁的否认，对广告意义做选择性接受或曲解，或者认为如此重大的恐惧实在无法处理。"

【阅读资料5-6】　　　　保德信保险公司恐惧性诉求广告文案

"日航 123 次航班波音 747 航班，在东京羽田机场跑道升空，飞往大坂，时间是 1985 年 8 月 15 日下午 6 点 15 分，机上载着 524 位机员、乘客以及他们家人的未来"

"45 分钟后，这班飞机在群马县的偏远山区坠毁，仅 4 人生还，其余 520 人已成为空难的统计数字……"

"在空难现场一个沾有血迹的袋子里，智子女士发现了一张令人心碎的信条。在别人惊慌失措呼天抢地的机舱里，为人夫为人父的谷口先生写下了给妻子的最后叮咛：智子，请好好照顾我们的孩子。就像他要远行一样。"

"你为谷口先生难过吗？还是为人生的无常而感叹？免除后顾之忧，坦然面对人生，享受人生，这就是保德信 117 年前成立的原因。走在人生的道路上，没有恐惧，永远安心——如果你与保德信同行。"

麦奎尔（1969）针对恐惧宣传及其效果的关系指出，二者之间是非单调性的倒 U 型关系。他认为，受众的焦虑唤起水平与观点的改变之间存在着交互作用，即过高或过低的焦虑水平都不容易引起观点的改变。只有适当的焦虑水平才能引起消费者态度改变。

恐惧诉求不仅引起像不便那样的感觉（feeling），而且也引起对恐惧的情绪性反应（emotional response）。但 Leventhal 指出，根据平行性反应模型（parallel response model），除了情绪性反应以外，又可以引起消费者对自己可能产生损失的认知反应。

为提高引起恐惧这一情感反应的广告效果，最好同时提示解决问题的方法。这个解决问题的方法必须是消费者能够接受或执行的方法。如果没给消费者解决问题的信心，消费者就会避开其广告内容。所以，提示解决方法的时候，让受众认知所提示的解决方法是解决恐惧问题的最合适的方案，是受众能够执行的方法。

从这种观点出发，研究防御动机理论（protection motivation theory）的 Rogers（1983）[①] 指出，为提高威胁诉求广告的效果，必须向目标受众强调以下四个方面。

（1）在广告中所提出的威胁的发生可能性很大。

（2）这些威胁将带来严重的后果。

（3）在广告中所主张的行动是能够消除这些威胁的。

（4）目标受众能够把广告所主张的行动变为现实。

---

① Rogers, Ronald W. , "A Revised Theory of Protection Motivation," In J. Cacioppo and R. Petty, eds. , Social Psychophysiology, New York, NY : Guilford. , 1983.

例如，诉求青少年坚决抵制毒品的广告，必须提示这样的几方面事实：吸毒的消费者就中毒，一旦中毒，就带来非常严重的生理上、财政上、社会上的后果，甚至死亡。同时提示这样的事实：虽然受朋友的压力，但中断吸毒也是可能的，目标消费者能够对抗朋友的压力。

4. 引发否定效果的情感反应

在引起广告态度的情感反应中，除了上述几种情感反应以外，还有减少广告真实性效果的否定的情感反应。Aaker 和 Bruzzone 选择 534 则电视广告，对增加拒

图 5 - 9　**Burger King 万圣节恐惧广告创意**

绝感（irritation）的广告与减少拒绝感的广告进行比较分析。他们认为引起拒绝感的广告"是由于在短时间内刺激不快感或因不快感而不能忍受的广告"。研究结果，女用卫生纸广告是最能引发拒绝感的广告，还有疟疾药、妇女内衣广告也是引起相当拒绝感的产品广告。他们又提出引起拒绝感的原因：

- 对个人敏感的产品（sensitive product），并且详细地提示其包装、构成成分、产品效果的广告；
- 不提供可信感，或者过于戏剧性的时候；
- 个人因外貌或知识而意气消沉的时候；
- 母女之间、夫妻之间或朋友之间的关系受威胁的时候；
- 过于生动而详细地提示身体缺陷部分的时候；
- 由矛盾的主张或行为引起不安或紧张感的时候；
- 不喜欢的或没有魅力的人出现在广告上的时候；
- 广告的制作质量很差的时候。

在上述的情况下，人们对广告产生拒绝感，从而引起否定反应的可能性很大。

相反，有些观点认为，在广告的模特、音乐、画面等不能引起良好感情的时候，也就是说，广告提供否定性暗示的时候，会提高广告效果。这种理论就是睡眠效果假设（sleeper effect hypothesis）理论。根据这一理论，信息的说服效果（persuasive impact）并不是随着时间的推移而下降的，而是增加的。那么，说服效果为什么能提高呢？对此可以做如下说明。受众接触广告的时候，如果暗示（如背景音乐、画面的效果、印刷状态、模特等）是否定的，那么，一开始这些否定的暗示与广告内容之间引起联想，从而说服效果也下降。但是，随着时间的推移，这些否定的暗示与广告内容之间的联想就被断绝。不过，根据否定的暗示，受众更深入地处理了广告信

息，所以广告信息更生动地贮存在受众的记忆里。结果，广告效果也会提高。

5. 情感的强度

情感的强度与也会影响品牌的知晓度（brand awareness）。李斗熙（1999）做了如下实验。选择的产品是低卷入的又是知晓度很低的口香糖，被试者为 156 名，实验期限为 10 天。广告刺激程度分为在非常肯定的、稍肯定的、一般的、稍否定的、非常否定的五种。实验结果，发现广告的刺激程度会影响对品牌的知晓度，并且在同等的刺激下，否定的广告知晓度比肯定广告的知晓度还高。所以，在广告暴露以后的一段时间内，广告刺激的程度越强，品牌的再认度（recognition）就越高。并且在一般的情况下，否定的或肯定的广告比普通的广告更容易引起受众对品牌的知晓。

但是这些研究结果局限于新的品牌或者低卷入产品。从上述研究结果来看，广告的刺激程度是比较重要的。就是说，广告主或广告公司制作广告时，要利用强度或极性效果，适当地决定广告刺激程度。一般来看，广告刺激的强度越强，会引起较高的品牌认知度，所以，在广告次数不频繁的时候，可以利用刺激程度较强的广告。但是同时也应该考虑刺激强度效果的局限性，也不必要制作非常肯定的或者非常否定的广告。稍肯定的或者稍否定的刺激强度的广告会有效地提高消费者对品牌的知晓度。

本章小结

本章主要介绍了消费者如何处理广告信息的问题。接触广告的消费者首先注意广告这一刺激物，并通过自己的感觉器官来接受或解释其刺激，这一过程是知觉过程。消费者在知觉广告信息基础上，认知品牌，或者通过情感反应产生对广告的态度。通过这两个过程（对品牌的认知过程和对广告的态度过程）产生对品牌的态度，如果对品牌的态度是友好的、肯定的，消费者就产生购买意向，并在适当的时候购买其品牌。这一过程就是消费者的广告信息处理过程。

支持这一模型的理论有卷入度理论和精细化可能性模型，本章对此均有详尽的论述。

认知反应就是发生于传播活动过程之中或之后的积极思考过程或活动。一般说来，认知反应会影响最终的态度改变，甚至成为态度改变的基础。

认知结构就是人们对广告形成一种态度之前，总是先通过对产品的各个方面（如性能、质量、价格等）进行一定的评价之后，再把这些评价综合起来形成对产品的总态度。

广告不仅传递信息，而且给人以温馨、幸福、威胁等感觉。通过广告所给予的感觉而形成的消费者的情感反应影响对品牌的态度或行为。

消费者接触广告时所产生的情感形成对广告的态度。对广告的态度，就是指对具体广告的喜欢或不喜欢的程度。这样形成的广告态度与品牌有关系，影响品牌态度的形成。

对广告的情感反应又影响品牌态度的产生。但影响品牌态度的这些情感反应是多种多样的。本章主要解释广告能引发的幽默、温暖、恐惧等情感反应。这些情感反应决定广告态度，对品牌态度的产生起很大的作用。

思 考 题

一、单选题

1. 消费者在广告信息的基础上评价和选择方案，如果消费者所认知的两个对象不一致，就会产生（　　）。

    A. 不接受　　　　　　　　　　B. 不协调

    C. 不理解　　　　　　　　　　D. 不知晓

2. 一般来说，（　　）会影响最终的态度改变，甚至成为态度改变的基础。

    A. 认知反应　　　　　　　　　B. 社会阶层

    C. 消费行为　　　　　　　　　D. 购后反应

3. 根据 Heider 的均衡理论，如果态度之间发生不均衡的话，为恢复均衡就改变原来的（　　）。

    A. 行为　　　　　　　　　　　B. 动机

    C. 态度　　　　　　　　　　　D. 情感

4. 关于恐惧诉求的效果问题，最早的观点认为，信息的有效性与它制造的恐惧成（　　）关系。

    A. 正比　　　　　　　　　　　B. 反比

    C. 等比　　　　　　　　　　　D. 没有比例

5. 著名广告人 D·丹尼尔认为在大多数情况下，幽默性广告只适用于推销（　　）商品。

    A. 高档　　　　　　　　　　　B. 中档

    C. 低档　　　　　　　　　　　D. 奢侈

二、多选题

1. 测量认知反应的主要内容包括以下方面（　　）。

    A. 同意或不同意广告的逻辑推理或内容　　　B. 赞同或怀疑广告的结论

    C. 相信或怀疑广告的结论　　　　　　　　　D. 相信或怀疑广告信息来源

    E. 相信或怀疑广告的动机

2. 知觉危险是消费者在购买或使用产品的过程中所感觉到的对不确定结果的不安。知觉危险主要有（　　）。

    A. 财务危险　　　　　　　　　B. 性能危险

    C. 身体危险　　　　　　　　　D. 心理危险

E. 社会危险

3. 消费者感到认知不协调时可采取的措施有（　　　）。

A. 改变态度或意见　　　　　B. 搜寻或回忆能形成协调状态的肯定的或支持的信息

C. 回避矛盾的信息　　　　　D. 知觉的歪曲

E. 改变行为

三、名词解释

1. Fishbein 态度模型　　2. 归因　　3. 卷入　　4. 消费者卷入的强度　　5. 恐惧诉求

四、简答及论述题

1. 哪些因素影响消费者对广告的认知反应？

2. 消费者对广告的情感反应如何影响对品牌的态度？

3. 试论述 FCB 矩阵。

4. 简述经典条件反应作用下的情感的迁移。

5. 试论述 Fishbein 态度模型。

案例讨论

孔府家酒与雕牌洗衣粉广告中的情感牌

1994 年初，在中央电视台和其他省市电视台同时播出了由王姬主演的"孔府家酒，叫人想家"（《孔府家酒·回家篇》）的电视广告。

广告描绘了这样一组画面：

画面一：暮霭晨曦中，一架飞机徐徐降落，机场的人群都在翘首以盼，迎接远方游子的归来。

画面二：一家人其乐融融，共度晚餐，家人争相为海外归来的阿春（王姬饰）斟酒添菜，场面极为温馨。

画面三：音乐响起，画面中传来刘欢那极富磁性的嗓音，"千万里，千万里我追寻着你……"，歌曲高潮之处，阿春（王姬）饱含深情地说道："孔府家酒，让人想家"。

《孔府家酒·回家篇》一经播出，立刻引起消费者的广泛共鸣。广告为孔府家酒的生产厂家——山东曲阜市酒厂带来了超乎预想的经济利益。1994 年该厂实现利税 2.2 亿元，比 1993 年增长 100%。同时，该广告片还夺得了众多广告大奖：首届"花都杯"中国电视广告大奖赛金塔大奖、公众大奖、最佳广告语奖；1995 年"全国第四届广告作品展"电视类金奖。

人类的情感是很微妙的东西。品牌要想通过情感诉求打动消费者的心，首先必须把清消费者的脉搏。即，要了解目标消费者最关心的是什么；要知道什么最易触动消费者的心弦。

堪称国内情感广告标板之一的"雕牌"洗衣粉电视广告与孔府家酒广告有异曲同工之妙。

雕牌洗衣粉广告向我们讲述了这样的故事：年轻妈妈下岗了，为找工作而四处奔波。懂事的小女儿心疼妈妈，帮妈妈洗衣服，天真可爱的童音说出："妈妈说，'雕牌'洗衣粉只要一点点就能洗好多好多的衣服，可省钱了！"；门帘轻动，妈妈无果而回，正想亲吻熟睡中的爱女，看见女儿的留言——"妈妈，我能帮你干活了！"，年轻妈妈的眼泪不禁随之滚落……这份母女相依为命的亲情与产品融合，成就了一个感人至深的婉丽的产品故事，声声童音在心头萦绕，拂之不去，"雕牌"形象则深入人心。该广告紧紧抓住当前因国企人员分流等一些原因而造成的"下岗"这类普遍的社会现象，只用这则简单朴实的故事在消费者心头轻轻一挠，不知让多少深有此感的观者为其感而落泪，其细腻而不落俗套，平实中见其精彩，教人过目难忘。

所谓"天若有情天亦老"，广告中若能融进适当的情感，定能一把抓住消费者的注意力，贴近消费者的心。

❓ 问题讨论

1. 上述两则广告为什么感人至深？
2. 请根据认知反应理论分别对孔府家酒和雕牌洗衣粉的情感广告案例进行分析。

第 *6* 章
广告创意策略

■ 本章导读

　　随着市场竞争的日趋激烈，企业间的广告大战也在不断升级。由以前的"媒体大战""投入大战"逐渐转向"创意大战"。因而，当今越来越多的广告人认识到创意是广告的灵魂和生命。本章主要讲述广告创意的概念、广告创意的过程、广告创意的策略以及广告创意的表现方式与技巧等内容。

■ 知识结构图

```
                              ┌─> 广告创意的概念
              ┌─> 广告创意的概念与过程 ─┤
              │                └─> 广告创意的过程
              │
广           │                ┌─> 广告创意策略的分类体系
告 ──────────┼─> 广告创意的策略 ─────┤
创           │                └─> 广告创意的表现策略
意           │
策           │                ┌─> 广告创意的表现方式
略           └─> 广告创意的表现方式与技巧 ─┤
                              └─> 广告创意的表现技巧
```

【开篇案例】　　　　　酒中礼颂　月上风雅
　　　　　　　　　　——"水井坊"的中秋广告创意

人说：白酒行业是最具中国特色的经济产业，也是竞争最为激烈、残酷、混杂和高度同质化的一个行业，要想在其中占据一席之地而弥久不倒，品牌建设者的脑中必须时刻充满着奇思妙想！

在同质化中塑造差异化

水井坊，一个五年来被众多白酒企业爱恨交加的品牌。爱者，仿佛看到了名师的学子，饥渴地向水井坊学习如何打破由传统名酒编织的市场牢笼，期盼着自己的品牌也能跻身于白酒新贵的行列；恨者，如同看到了一个不断侵蚀自身市场的掠夺者，在强化自身的同时，处处防范着水井坊的步步蚕食。

这一切都源自水井坊在品牌塑造中的不断创新，源自水井坊在高度同质化的白酒行业中差异化的品牌塑造和传播。

自2000年面市伊始，水井坊就一直奉行"创新"思想，以"差异化"的营销方式经营着品牌，石破天惊般提出"中国白酒第一坊"的品牌定位和近500多元的超高档单品售价，打破了由茅五剑建立起的传统高档白酒格局，牢牢占据"最贵的白酒"的高端地位；高举"文物、文化、文明"的大旗，用"透过酒看世界"的方式，以渊源、历史为先导打造出中国白酒行业中最具吸引力的品牌文化，堪称"文化酒中的文化酒"……

至此，水井坊以独特的文化营销，无可争议地代言了当代名士生活，在磅礴的中华历史文化的基础上，成为新的中国高尚生活元素。这是差异化的成功，也是定位的成功。

给消费者一个不一样的中秋

成功地保持水井坊的"高雅"的差异化定位是极具挑战性的。因为日复一日的日常生活多是平凡庸常的，在市俗文化被推向高峰的中国传统节日中更是如此。

春节、端午、中秋等传统民俗节日一直是白酒行业最为重要的消费旺季，是每一个白酒品牌都不会放过的扩大销售和强化宣传的有利机会，同时也是市俗文化最为张扬盛行的时候。如何在这些节日中去差异化地表达水井坊品牌文化的不同，尤其是其中的高雅特质呢？怎一个"难"字了得！

经历了无数次的头脑风暴之后，水井坊寻找到了独有的节日推广之路——在市俗文化气息浓厚的传统节日中利用文化的不同层次和不同内容，有针对性地去展现、演绎水井坊的"高雅"，给消费者一个不一样的中秋。

"中秋"一词，最早见于《周礼》。中国古时就有"秋暮夕月"迎寒、祭月的传统，最后慢慢形成了每逢农历八月十五家家皆摆团圆宴、吃月饼的习俗，而中秋节也逐渐成为中国传统节日中的"团圆节"。正是基于这一原因，如今的众多白酒品牌利用中秋进行促销推广多以"团

图6-1 水井坊中秋广告系列

圆"作为宣传的主题，以尽量迎合大众消费者"合家团圆、祈福平安"的心理归属。例如，金六福就直接将"中秋团圆"作为其中秋促销活动的主题，借世界各地月亮的阴晴圆缺的对比，用酒去传达"中华团圆"之意，以此实现金六福作为"中国人的福酒"的品牌文化在中秋佳节的展现。虽然其表现可圈可点，但这仍然是传统的、没有新意的、通俗的中秋。

而在如此高度同质化的以"团圆"为主要诉求的中秋促销活动中，水井坊为中秋寻找到不一样的文化表达——高雅的中秋佳节，水井坊代表的是小众的、高尚的贵族格调。中秋赏月是大家都要做的一件事吧，但不同的人有不同的赏法。《东京梦华录》就曾记载："中秋夜，贵家结饰台榭，民间争占酒楼玩月"。而此时对于那些文人雅士、达官贵人们来说，中秋已不再仅仅是团圆，更是借酒述怀、彰显高洁的良机。"一片冰心在玉壶"，且用"水井坊"来接住吧，接住中秋之夜的冰莹月色，接住值此佳节的优雅情怀。

这即是中秋文化中的另一面，是一种借月、借酒而寄情的精神层次的展现，是中秋文化中有别于传统民俗节日市俗性的"风雅"表达和性格。而这也正是水井坊的中秋广告运动所要带给消费者的不一样的中秋，它不再是仅仅有团圆祈福习俗的中秋，更是充满着情感抒发、精神寄怀的"高雅"的中秋。

水井坊之"月上风雅"

水井坊作为中国酒文化塑造最出色的品牌之一，无论是其古朴典雅的外包装、浑然天成的圆润酒瓶、醇厚淡雅的芳香酒品，还是源自"风、雅、颂"系列的品牌形象，水井坊从产品本身到平面广告的内容、风格都无不散发着"雅"的气质和特性。于是，水井坊的雅文化和中秋的"高雅"自然而然地结合在了一起，在水井坊的中秋广告运动中展现出一个不一样的中秋。

水井坊的高雅中秋是这样的：带着淡淡的暗青色的姣月，现于两座重彩的山峦之间，那种仿佛在眼前，又像在天边的感觉油然而生；不同于水井坊以往暗红色基调的青色山峦和山峦间淡白的流云，让人感到那说不出的风雅、高洁，心中的思绪喷涌而出。而"月上风雅"的主题呈于画中，以一字"上"将中秋的月与水井坊的"雅"巧妙地结合在一起，中秋之雅了然于题，此中风韵与思绪已不能用只言片语来形容，真的是"只可意会而不可言传"。

图6-2　水井坊中秋广告系列　　　图6-3　水井坊"风雅颂"广告

"月圆之际，仲秋和风，雅兴顿起。美酒细酌，醉花醉月，情难自己。叹水井坊：六百年陈香不绝，醉了前人醉今人！"。对照"月上风雅"的主题，我们也学了学古人把酒赏月、吟诗作句，如此古色古香的文案挥笔而就，紧紧地抓住中秋的"把酒行风雅"，借中秋来烘托水井坊的"雅"。

"金玉之华美，木石之才情，皆可入礼；锦绣之文章，珠玑之音韵，总可成颂。日水井坊：千古风流，自成礼颂！"。本就是一次以中秋促销为核心内容的广告运动，我们总不能抛弃地面活动而不顾，于是乎再故作一次"风雅"，借"礼颂"将水井坊的雅文化与中秋买酒送礼结合在一起。

细品两段文字，明月、青空、美酒……高洁、风雅之意油然而生，仿佛自己也有着不输于先贤的文采风华，也想趁此中秋佳节把酒吟诗一番了。至此，主题、画面、细文，无不展现着水井坊和中秋的"高、雅"，将一个不一样的高尚的中秋呈现于消费者面前。

资料来源：节选自成都泽宏嘉秀广告．"水井坊"的中秋广告创意．http：//www. adcase. org/html/case/chuangyilei/2009/0305/1500. html。

6.1　广告创意的概念与过程

广告创意水平在一定程度上决定了广告作品的"生命"。商业社会中，广告无所不在，但这些广告留给我们的印象却大相径庭：一些广告平淡无奇，令人毫无兴趣，甚至会引起我们的反感；而有些广告却能激发我们的消费欲望，产生良好的广告效果。同样是广告，为什么会有如此大的差距？除了设计、制作以及产品本身等方面的因素外，广告创意水平的高低是一个最为重要的原因。

6.1.1 广告创意的概念

随着市场竞争的不断加剧，企业间的广告大战也在不断升级，广告从以前的所谓"媒体大战""投入大战"逐渐转向创意方面的竞争。现在，越来越多的人认识到创意是广告的灵魂和生命。然而，创意一词究竟是什么？其内涵如何界定？对此，人们却是众说纷纭。

美国广告专家 Alber Szent Gyorgri 认为："创意就是你发现了人们习以为常的事物的新含义。"

芝加哥 Marvin H. Frank 广告公司的创意总监说："创意人员的责任是收集所有能帮助解决问题的材料，像产品事实、产品定位、媒体状况、各种市场调查数据、广告费等，把这些材料分类、整理、归纳出所需传达的信息，最后转化为一种极富戏剧性的形式。"

美国广告专家 Shirey Polkoff 认为："创意就是用一种新颖而与众不同的方式来传达单个意念的技巧与才能，即所谓客观地思索，然后天才地表现。"

美国的广告杂志《Advertising Age》总结出："广告创意是一种控制工作，广告创意是为别人陪嫁，而非自己出嫁。优秀的广告创意人员深知此道理，他们在熟悉商品、市场销售计划等各种信息的基础上，发展并赢得广告运动，这就是广告创意的真正内涵。"

可见，广告界对于广告创意并没有形成最终的、统一的定义。但透过上述一些权威的解释，我们可以这样认识广告创意：

创意，要突破常规，它体现一种思维方式。它超越了在处理周围环境与自身问题时所采取的通常方式，扩大了那些合乎意愿的心理体验。它采取了一种与众不同的方式。因此，广告创意是广告策划的一系列思维活动，它是对题材的选择，主体的提炼、形象的典型化、文字的精炼、图画的意境，以及载体、表现方式和风格的总和思考和想像。所以，广告创意的实质是对创作对象进行想象和创造，使现实美与艺术美能够融合起来。广告创意是现代广告策划的中心，是引起消费者注意，激发消费者购买欲望的驱动力。

京东商城 2013 年 10 月 14 日在官方微博上发布了一组漫画广告，电商巨头也由此拉开"双十一"广告战役的帷幕。京东以戏弄揶揄的态度，用夸张无节操的手法来阐释其核心优势——极速达配送服务。由于这则广告画风剽悍，迅速吸引了众多人眼球，网上是热评如潮。广告中京东打出"不光低价，快才痛快"的口号，突出了京东的核心竞争力，矛头直指电商老大淘宝的软肋。有过"双十一"购物经历的消费者都知道，网上购物之后漫长的等待是多么闹心的一件事。京东抓住了这点，用一组亮点诸多的漫画广告成功地将它打进消费者心里，与消费者形成一个"选京东就是快"的强烈共鸣，从这个意义上来讲，京东的这组广告创意实属顶级水准。这则风趣幽默，甚至有些重口味的漫画广告一时间风光无限，在各种网络平台上被疯传。京东这组看似任性的漫画小广告着实值得网络消费者为其点赞。

6.1.2 广告创意的过程

广告创意是复杂而艰辛的脑力劳动活动，它不仅需要创作者的灵感，而且还要遵循科学的创作过程。一般而言，广告创意活动要经历以下四个阶段。

第一阶段，收集资料

收集资料是开展广告创意活动的前提与基础。广告创意需要建立在广泛占有资料、充分把握相关信息的基础之上。广告创意工作者只有充分掌握各种相关信息，才有可能发现产品或服务与目标消费者之间存在的关联性，才有可能进行高水平和成功的创意。广告创意的资料收集主要集中在对广告产品、服务、目标消费者及竞争者对手等几个方面。

广告创意绝不是无中生有，而是通过创意者平常细致地观察生活，体验生活，把握生活，并把生活中的点滴资料收集汇入脑海储存记录起来，以备创意时"厚积薄发"。

例如，日本食品化学新闻社学者落合一郎先生为宣传推广中国特产药材罗汉果，从 60 多岁开始，先后 50 多次由日本到中国桂林的边远山村——永福龙江村，收集罗汉果的历史、传说和种植、养护、加工、饮用方法及治疗功效，并先后在日本、中国进行罗汉果临床应用调查，从而获得了罗汉果的大量资料，然后在《日本食品化学新闻报》刊物上推荐给日本消费者；由一个新闻工作者转变成"罗汉果王"，光罗汉果资料就整理出四大本，上百万字。目前中国罗汉果及精加工产品的国际市场一半在日本。[1]

第二阶段，分析、整理资料

收集到的资料未必都有价值，因此，需要对所收集到的资料进行归纳、整理和分析。具体工作包括：分析广告商品与同类商品都具有的共同属性；通过对比分析找出广告商品与竞争商品相比所具有优势和劣势；根据广告商品的竞争优势确定广告的诉求点。

第三阶段，酝酿与顿悟

广告创意的产生表现为灵感的突现，但不是无中生有。在设计师经过阶段性的努力，就某一信息或在偶然机会获得的启发，正如"众里寻他千百度，蓦然回首，那人却在，灯火阑珊处"。灵感的出现都是在长期艰苦的资料储备和思想酝酿之后，绝不可能"从天而降"。

第四阶段，验证完善

广告创意刚刚出现时，往往是模糊的、粗糙的和支离破碎的，会有许多不尽合理的地方。这就需要广告创意人员在创意形成之后下一番工夫，仔细推敲，使之不断成熟和完善。举世闻名的广告大师大卫·奥格威在他产生和确认任何一个创意之前都热衷于与他人商讨。他为劳斯莱斯汽车创作广告时，写了 26 个不同的标题，请了 6 位同仁来审批，最后选出最好的一个："这辆劳斯莱斯时速 60 英里时，最大的闹声来自电子钟"，写好后，他又找出三四个文案人员来评价，反复修改，最后再定稿。大师尚且如此，我们更应该对广告创意进行反复斟酌和修改。

---

[1] 张丽：《医药广告实务》，中国中医药出版社 2006 年版。

【阅读资料6-1】 广告创意中的尤里卡效应

"尤里卡"在希腊语中的意思是"我想出来了"。著名的"尤里卡效应"标志着伟大创意的诞生，这个效应源于古希腊科学家阿基米德科学灵感实现时的忘情呼喊。尤里卡的故事是这样的：一天，阿基米德被要求在不能有任何损伤的条件下判定一顶皇冠的真假，这在2000多年前实在是个大难题。他朝思暮想，想累了，干脆不想它了，还是舒舒服服地洗个澡。阿基米德躺在灌满热水的浴盆里，任热水顺着盆沿溢出来。突然，他脑子里一亮，通过称皇冠排出的水量来确定它的体积，进而确定比重，不就能判定真假了么？于是他高兴地大喊："尤里卡！尤里卡！"他的发明方式被后世称为"尤里卡效应"。现在"尤里卡"驰名全球，不仅欧共体的高技术计划称为"尤里卡计划"，我们国家的许多广告商品也以"尤里卡金杯"相标榜。阿基米德的想象力是非凡的，他的非凡就在于通过想象把握住了事物之间的相关关系，使问题得到了圆满的解决。当广告创意人高喊"尤里卡"的时候，就意味着创意的想象力进入了"寒冷清晨的曙光"的时刻。就像阿基米德那样，在问题遇到困难时，把问题放入潜意识之后而获得的直觉和顿悟，这就是广告创意中的"灵感思维"。

这种在不知不觉中突然发生的特殊的思维形式，唯物主义认为它是长期思考的问题受到某些事物的启发，忽然得到解决的心理过程；它指的是人们在创造性的思维活动中因偶然机遇而疑窦顿开，思路贯通，获得意外创造成果的一种心理现象。在人类历史上，许多重大的科学发现和杰出的文艺创作，往往是灵感这种智慧之花闪现的结果。灵感可谓广告创意的发动机，是创造性思维的源泉。它既不像柏拉图所说的那样是"神的启示"，也不像机械唯物论所说的是一种莫须有的臆造。灵感是长期积累、艰苦探索后的一种必然性和偶然性的统一，是创新思维过程中，认识飞跃的一种奇特的心理现象。

资料来源：张红军，《消费导刊·理论版》，2007年第2期。

6.2 广告创意的策略

广告创意策略目前还没有明确的定义。不过把各种对广告创意策略的定义综合起来看，广告创意策略基本上包括两个方面，即如何构成广告内容和如何表现广告内容。从这点来看，广告创意策略与广告的"说什么（what is said）"和"如何说（how it is said）"有关系。而"说什么"就是指广告内容（message content），"如何说"就是指广告表现（execution）。有些人从广告策略的角度理解广告创意策略，认为广告创意策略是"如何以内容或视觉的角度表现广告策略的计划"。如果广告策略是市场营销策略的组成部分，那么广告创意策略是广告策略的组成部分。广告策略的重点在于广告活动的目标或定位上，而创意策略的重点在于广告所要表现的内容上。

广告创意策略是创造性地表现整个广告策略的一个非常重要的环节。媒体选择得再好，广告内容构思得再妙，如果诉求不太重要的属性或者使用不适当的表现方法，那就会直接导致整个广告活动的失败。所以，我们常说"创意是广告的关键""创意是广告的灵魂与生命""创意是广告活动的中心"。

【阅读资料 6-2】　　　　　　　　影视广告的绝佳创意

创意是影视广告的灵魂，是赋于广告精神和生命的活动。创意重在策略，并通过媒介的符号语言把创意连同产品信息传达给受众。影视广告与平面广告、广播广告最大的不同，就是使用的符号语言不一样，电视广告的符号语言是视听语言，也就是电影的叙事语言，所以影视广告在表达创意上有更大的空间，可以同时用视觉语言和听觉语言传达。

好的广告创意要富有幽默感。人们坐在电视机旁边的目的往往不是为了欣赏广告，因此广告要幽默一些，为他们带去欢笑，以补偿广告带给他们的烦扰。表达幽默的方式，通常是视听并用，要么是语言的幽默，要么是行为的幽默，要么是二者的结合。在利用视听语言制造一种幽默效果的同时，最好有适度的夸张。但实际情况是每天荧屏上出现的上万条电视广告里，几乎没有让人或会心一笑或开怀大笑的广告。有一则国外某品牌巧克力的广告，为了突出它可以增加能量的特性，设置了这样一个场景：一个白人在山间公路上跑步晨练结束后，用双手撑着路边的一辆保时捷跑车，活动腰身。一个黑人一边吃着该品牌的巧克力，一边摇头晃脑听着摇滚歌曲开车经过，远远望去，黑人还以为白人老兄在用力推那辆车，于是，黑人把车开到那位老兄旁边，二话没说下车走向前用力一推，就把保时捷推下了悬崖，然后一副"帮忙"不用谢的神情开车离去，白人对这突如其来发生的一切非常茫然……话外音：××巧克力使您力气倍增。看来，幽默广告既需要想象力，又需要合乎情理的适度夸张。

好的广告创意要对比鲜明，能够引起注意。比如在五彩缤纷的广告片中，突然出现个黑白片，就反而引人注目。有一则治疗感冒的药片的广告，就很得此要领。它在一大堆彩色广告片中，突然来个黑白片，而且让信号不稳定，让观众产生"电视出毛病了"的错觉，当你正着急的当儿，这才来了一句"感冒了，怎么办？你可以选择白＋黑的方法"。接着就兜售白黑两色药片——白天吃白色药片，晚上吃黑色药片。这个片子很引人注意，且让人印象深刻。总之就是使信息保持差异，心理学家们的实验表明，差异越大的信息越容易引起注意，不管是声音上还是色彩上。

好的广告创意要让受众感到真诚温情，同时要具有戏剧性。李奥·贝纳为美国肉类研究所芝加哥总部做的"肉"的广告文案是"你能不能听见在锅里滋滋地响？"他的创意哲学是：我们卖的不是肉而是滋滋声。多么有创意，这广告让人感到温暖和有人情味。

资料来源：http://www.me2wg.com/thread-92193-1-1.html。

6.2.1　广告创意策略的分类体系

由于广告内容和表现方式的复杂性，所提出来的广告创意策略也比较多。在这里，我们介绍广告创意策略分类体系，从而进一步理解广告创意策略含义。

早在 20 世纪 70 年代初，Simon（1971）[①] 从广告内容类型和广告表现方式的角度出发，提出了包括十个创意策略的广告创意策略分类体系。Simon 提出的广告创意分类体系包括以下创意策略。

- 信息策略（information strategy）：没有产品的说明或主张而只提示事实性信息。
- 意见策略（argument strategy）：为诱发消费者的购买决策而在广告文案中强调消费者购买产品的理由。
- 心理动机策略（Motivation with psychological appeals strategy）：针对目标受众强调产品能带来的利益。
- 反复主张策略（repeated assertional strategy）：虽然不提供没有实际证据，但反复传递普遍的或基本的信息（hard-sell 型）。
- 命令策略（command strategy）：通过权威人士提出产品的主张或信息。
- 品牌熟悉策略（brand familiarizational strategy）：几乎不提出销售主张，但为树立广告主的信任形象采取熟悉的对话方式。
- 象征性联想策略（symbolic associational strategy）：强调产品与特定的场所、人、事件、象征物之间的联想，销售主张不明确，广告文案的内容少。
- 模仿策略（imitational strategy）：名人（celebrity）推荐产品。
- 义务策略（obligational strategy）：免费提供样品，从而让消费者感动。
- 习惯启动策略（habit-starting strategy）：提供样品，降低价格，从而引起消费者的习惯性的购买行为。

但是，后来所提出的广告创意策略分类体系的重点在于广告内容上，而忽视了广告的实施方法。Frazer（1983）[②] 对广告创意策略下了定义，即所谓广告创意策略是指："具体广告内容的属性与特性的政策（policy）或指导性的原则（guiding principle）。"根据这个定义，他提出了由七个策略来构成的广告创意策略分类体系。

- 一般性策略（generic strategy）：不强调差别，主张内容的形式多样。
- 抢先性策略（preemptive strategy）：通过对特定产品的属性或产品利益的广告主张，强调产品的领先性。
- USP 策略（unique selling proposition strategy）：强调独特的销售主张，以产品优点作为诉求

---

① Zandpour, Fred, Cypress Chang, and Joelle Catalano, "Stores, Symbols, and Straighy Talk : Comparative Analysis of French, Taiwanese, and U. S. TV Commercials," Journal of Advertising Research, （Jan/Fev）, 1992.

② Frazer, C. F., "Creative Strategy : A Management Perspective," Journal of Advertising, Vol. 12, 1983.

主题，再转化成消费者关心的产品利益，以消费者的语言来表达。"白加黑"广告的空前
成功充分说明了 USP 广告策略的巨大威力。

在我国感冒药品市场上，"白加黑"是不折不扣的小字辈。面对竞争日趋白热化的感冒药市
场，名不见经传的"白加黑"1995 年上市仅 180 天销售额就突破 1.6 亿元，占据了感冒药市场
15% 的份额，取得行业排名第二的佳绩。
这在中国营销传播史上绝对堪称奇迹。

"白加黑"的成功之道在于独特的产
品概念表达。一般而言，在同质化市场
中，很难发掘出"独特的销售主张"
（USP）。感冒药市场同类药品甚多，层出
不穷，市场已呈高度同质化状态，而且无
论中、西成药，都难于作出实质性的突
破。康泰克、丽珠、三九等"大腕"凭
借着强大的广告攻势，才各自占领一块地
盘。"白加黑"是个了不起的创意。它看
似简单，只是把感冒药分成白片和黑片，

图 6-4　白加黑广告画面

并把感冒药中的镇静剂"扑尔敏"放在黑片中，其他什么也没做，实则不简单，它不仅在品牌
的外观上与竞争品牌形成很大的差别，更重要的是它与消费者的生活形态相符合，达到了引发联
想的强烈传播效果。

在广告公司的协助下，"白加黑"确定了干脆简练的广告口号："治疗感冒，黑白分明"，所
有的广告传播的核心信息是"白天服白片，不瞌睡；晚上服黑片，睡得香。"产品名称和广告信
息都在清晰的传达产品概念。

- 品牌形象策略（brand image strategy）：强调品牌形象的策略。
- 定位策略（positioning strategy）：考虑竞争状况，广告产品在消费者心目中找出并建立一
  个位置的策略。
- 共鸣策略（resonance strategy）：利用目标受众的知晓状况、生活方式、情感等的策略。太
  太药业的保健品广告即是采用共鸣策略获得了巨大的成功。

太太口服液在 1993 年上市，当时我国职业妇女正不断增多，太太口服液针对这一消费群体追求
时尚、注重外表的特点，把产品定位为养颜、打造魅力女性这一新鲜诉求，立即引起了女性白领的
广泛共鸣。1999 年，太太药业推出第二种保健产品——静心口服液，针对中年女性的生理特征，在
广告中强调关怀和理解，很好地契合了目标消费群的心理需求，同样取得了极大的成功。

- 反常/情感策略（anomalous / affective strategy）：为引起消费者的卷入或注意而采取的情感
  表现或暧昧表现的策略。

Laskey，Ellen 和 Melvin （1989）① 也从广告内容的角度提出了电视广告创意策略的分类体系。他们首先把电视广告分为两大类，即信息广告（informational advertising）和迁移广告（transformational advertising）。根据他们的解释，考虑信息广告所采取的创意策略包括比较策略、USP策略、抢先性策略、夸张策略（hyperbole strategy）、一般性策略等，而考虑变换广告所采取的创意策略包括使用者形象策略（user image strategy）、品牌形象策略、使用场合策略（use occasion alstrategy）、一般性策略。

信息广告的创意策略：

- 比较策略：明确提示竞争关系。
- USP 策略：提示独特的销售主张。
- 抢先性策略：依据产品属性或利益来强调对优越性能证明的主张。
- 夸张策略：强调对优越性不能证明的主张。
- 一般性策略：焦点放在产品群的策略。

迁移广告的创意策略：

- 使用者形象策略：焦点放在使用者的策略。
- 品牌形象策略：强调品牌形象的策略。
- 使用场面策略：使受众通过广告反复收看使用场面以后，逐步熟悉使用方法的策略。

另外，Moriarity （1991）② 也提出了 AIIEE 广告创意策略分类体系。她提出的 AIIEE 广告创意策略体系包括，主张策略（argumental strategy）、信息策略（informational strategy）、形象策略（image strategy）、情感策略（emotional strategy）、娱乐策略（entertainment）。

- 主张策略：强调产品购买的理由或逻辑性。
- 信息策略：直接提示事实性信息。
- 形象策略：以生活方式等来联想品牌的策略。
- 情感策略：诉求感情的策略。
- 娱乐策略：提示娱乐性或趣味性的内容，从而引起受众注意的策略。

6.2.2　广告创意的表现策略

广告内容可以由硬性内容（hard cell）和软性内容（soft cell）来区分。广告的硬性内容一般以信息为主。为向消费者说明购买产品或服务的理由，就要传递有关产品或服务的信息，从而使消费者做出合理的购买决策。而软性内容一般以情感为主。为引发消费者对品牌或企业的偏好，就要以感性的方式接近消费者。前者称之为信息广告（informative advertising），后者称之为迁移广告

---

① Laskey，Henry A.，Ellen Day and Melvin Crask，"Typology of Main Message Strategies for Television Commercials，" Journal of Advertising，Vol. 18，1989.

② Moriarity，Sandra E.，"Creative Advertising，" Englewood Cliffs，NJ：Prentice-Hall，1991，82.

（transformational advertising）。所以，广告创意表现策略一般有信息广告策略和迁移广告策略。

1. 信息广告策略

信息广告是指向受众提供明确而有逻辑性的事实性信息的广告。信息广告的诉求点一般采取这样的方式，即诉求消费者的实用性或效用性的需求，以消费者的否定情绪（negative emotion）作为提供信息的线索。在这里，消费者否定的情绪是指消费者遇到问题但没有找到合适的解决问题方法的时候，或者因问题而处于不满意状态的时候所产生的心理不协调状态。在广告里提示消费者的这些否定情绪时，应该紧接着提供有关广告的产品能带来效用的信息。例如，保险公司的广告中，先提示有关预想不到的事故或死亡方面的内容，然后提示有关能解决这些问题的方法即参加人身保险的内容。

理性的消费者通过信息广告获得相关的产品信息，并根据这些信息区别产品的特性，做出购买决策。既然有时消费者缺乏理性，不太注意产品信息的搜寻，但是如果广告所强调的消费者购买理由是富有逻辑性的，并且提供有趣的、符合事实的、新的、重要的信息，那么这一信息广告就充分影响或刺激消费者。特别是那些技能性产品更需要采取信息广告方式。

广告内容中的信息不仅对作为广告主的企业，而且对作为广告对象的消费者来说都很重要。企业要引起消费者对广告的注意（attention），就要向消费者提供能知觉的信息，因为消费者注意或接收广告的一个主要理由就是广告的信息价值。而对消费者来说，广告是获得有关产品或服务信息的最主要的渠道之一，所以在广告缺乏信息的情况下，消费者只能做出非效率的购买决策。

为测定广告所提供的信息，Resnik 和 Stern（1977）[1] 开发了由 14 个区别信息广告标准所构成的信息分类体系（information classification system）。他们首先对信息广告明确界定，所谓信息广告传递的是帮助消费者收看广告以后做出合理购买决策的信息。根据这一概念他们开发了 14 个区别信息广告的标准，并规定至少传递一个以上信息的广告为信息广告，从而使信息广告概念具有可操作性。根据这一信息分类体系，他们分析了 378 个美国电视广告。分析结果，传递一个以上信息的广告所占比例为 49.2%，也就是说，在全体分析对象的广告中信息广告不足于 50%。并且发现玩具类产品广告比食品、家用品、洗涤品广告传递更多的信息。对同一资料做追加分析的 Stern、Resnik 以及 Grubb（1977）[2] 发现产品寿命期和广告信息量之间的关系，即导入期产品广告（70%）比成长期产品广告（50%）和成熟期产品广告（41%）具有更多的信息。

Resnik 和 Stern 的 14 个区别信息广告标准如下：①价格或价值（price/value）；②质量（qual-

---

① Resnik, Alan and Bruce L. Stern, "An Analysis of Information Content inTelevision Advertising", Journal of Marketing, Vol. 41（January）, 1977.

② Resnik, Alan, Bruce L. Stern and Edward Grubb, "Information Content in TV Advertising : A Further Analysis," B. A. Greengerg and D. M. Bellenger（eds.）, "Contemporary Marketing Thought," Chicago：American Marketing Association, 1977, 231 ~ 254.

ity）；③性能（performance）；④成分或内容物（components / contents）；⑤购买处（availability）；⑥特别提供（special offers）；⑦味道（taste）；⑧营养（nutrition）；⑨包装、外部形态或设计（packaging /shape / design）；⑩保证（guarantees /warranties）；⑪安全性（safety）；⑫独立机关的调查（independent research）；⑬本公司的调查（company research）；⑭新的构思（new ideas）。

Resnik 和 Stern 的广告信息分类体系反映了产品的基本特性，从而为广告信息研究提供了一个新的定量分析框架。Resnik 和 Stern 以后，很多学者从不同角度利用 Stern 和 Resnik 的广告信息分类体系，对广告所传递的信息量和信息内容进行广泛的研究。

2. 迁移广告策略

所谓迁移广告，是指消费者接触广告的时候，帮助消费者联系消费经验（或体会）与对产品肯定方面的心理反应的广告。如果消费者能合理地、有逻辑性地思考，并对产品具有一定的判断能力或意志，那么，这些消费者可以成为信息广告的目标受众。但是，消费者对广告的反应有时取决于感觉（feeling）或积极性情绪（positive emotions）上的满意程度。积极情绪是持有感觉满意（sensory gratification）、好奇心的充足、社会承认（social approval）等欲望的心理状态。强调通过产品的利用来满足这些欲望的广告就是迁移广告。所以，从某种意义来说，情绪广告就是情感广告。

现在我们举个一位妇女购买宝石的例子。从宝石这一产品能提供的功能以及效用来看，也许它没有多大的价值。但宝石具有稀缺价值，就是说，在需要钱的时候卖掉它就会得到相应的现金。这位妇女购买宝石的目的，并不在于获得宝石的使用价值或者稀缺价值，而是为了满足持有宝石能得到社会承认的特殊象征性的心理需求。所以，做宝石广告的时候，不必要强调宝石的使用价值或者稀缺价值，而需要强调情感方面的诉求。我们再来看看一位妇女购买香水的情况。香水同样具有效用和情感方面的属性，但是妇女一般为了满足情感上的需求而购买香水。因为使用香水，就感觉自己也像广告中的模特一样成为有魅力的人，讨人喜欢。

图 6-5　丽塔·海华斯所代言的力士广告

再例如，智威汤逊 1927 年为力士创作的一则广告中，广告标题是"10 个电影明星中有 9 个都用力士香皂呵护她们的肌肤"，画面则是 16 个好莱坞女影星的集体签名证言。这种利用明星开展广告宣传的方式，在好莱坞全盛时期的 20 世纪 20 年代曾大行其道。

女明星如花的笑脸、迷人的肌肤，一句自信的广告语"我只用力士"，一段时间内成为力士香皂在世界各地的通用表情。用明星证言，是联合利华公司香皂品牌——力士的主要广告模式。联合利华每年花在品牌推广上的费用达 60 亿美元，堪称世界上最舍得在品牌推广和维护上花钱的公司之一。而力士香皂以及后来力士品牌下的系列洗护用品，因为长达近 80 年一贯坚持"明星证言、创新时尚"的广告模式，成为广告发展历史上的一道特殊的风景。力士品牌的卓越品质和独特的明星气质，也因此深入人心。

给消费者满足情绪上需求的产品，一般在使用时具有象征性的意义（symbolic meaning）。消费者使用产品时，满足情绪性需求的欲望越强烈，象征性和幻想性的因素越起作用。

图 6 - 6 　明星舒淇为力士所做的广告

迁移广告的诉求方式是在技能性产品没有竞争优势的时候使用的。并且，如果技能性产品也利用以下情绪性诉求方法，会被理解为比竞争产品更优势的产品。强调适当的品牌形象，制作消费者感兴趣或喜欢的广告。

那么，如何选择信息广告创意策略和迁移广告创意策略呢？可以根据产品的特点，特别是根据消费者对产品的卷入程度选择广告创意表现策略（见图 6 - 7）。

	信息广告	迁移广告
低卷入产品	• 阿斯匹林 • 清淡啤酒（light beer） • 洗衣机用洗衣粉 • 体育饮料	• 碳酸饮料 • 啤酒（regular beer） • 点心 • 化妆品
高卷入产品	• 房子、公寓 • 电脑 • 保险	• 休假 • 时装 • 轿车 • 高档家具

图 6 - 7 　信息广告与迁移广告的选择

资料来源：John R. Rossiter，Larry Percy，"Advertising & Promotion Management，" McGraw-Hill，Inc.，1987，167.

6.3 　广告创意的表现方式与技巧

6.3.1 　广告创意的表现方式

广告创意表现方式较多难以一一描述，下面我们仅从广告诉求的角度介绍几种常见的广告创意表现方式。

1. 严重性诉求（serious appeal）

严重性诉求是指通过向消费者直接或间接地展示不购买或不使用广告产品会引起的严重后

果，从而诱导消费者购买或回避广告产品的一种诉求方式。在一般的情况下，大部分广告主认为肯定的或愉快的广告，比严重的或否定的广告更容易诉求消费者。所以，广告主倾向于选择肯定的或愉快的广告。

但是也有例外。比如有两个关于预防 AIDS 的公益广告：一则广告是模特以逗笑的方式说明 AIDS 的后果；另一则广告展示实际 AIDS 病人的严重病情。从预防 AIDS 的角度来看，消费者看了哪一则广告以后使用保险套的可能性更大呢？当然是后者。

所以，严重性诉求主要用于有关保护环境、预防疾病、饮酒驾驶、预防交通事故、禁毒等的公益广告。相信下面一组采用严重性诉求方式的公益广告会给我们强烈的震撼。见图6－8、图6－9。

图6－8　关注全球变暖公益广告

图6－9　拒绝酒驾公益广告

像抗癌药、治疗法定传染病的药等治疗严重疾病的药品，做广告时利用严重性诉求方式，其广告效果会比其他诉求广告效果更好。

2. 幽默诉求（humor appeal）

幽默诉求是通过逗笑的方式，使广告内容戏剧化、情趣化，在轻松愉快的心情下接受广告内容的诉求方式。幽默广告的回忆率（recall）高，这在不少研究中已得到证明。在美国，幽默广告占整个广告数量的比重为15%，在英国这个比重更高。

采取幽默诉求方式，要考虑以下几点。

（1）幽默是为有效地传递销售构思（selling idea）而被利用的。

（2）幽默与广告内容要协调。也就是说，尽量不要使用与广告内容无关的幽默。

（3）幽默的内容应使受众理解。

（4）幽默应与广告的品牌有较高的关联性。就是说，使消费者想起幽默就会联想品牌，或者看品牌就想起幽默，即强化品牌与幽默之间的联想关系。否则，受众要么只记忆幽默，要么只回忆品牌。

（5）创作广告文案时更要细心地确定或安排幽默内容或方式。幽默的主观性比较强，所以夸张广告内容的可能性很大。很多研究已表明，幽默广告比一般广告更容易引起消费者的"疲劳效果（wear-out effect）"。

在信息广告中利用与产品有关的幽默，其广告效果是很好的，但与产品无关的只逗笑受众的幽默广告虽然能引起受众的注意，但其广告效果不一定是好的。不过在迁移广告中可利用与产品无关的幽默。

图 6 – 10　调料幽默广告

3. 性诉求（sex appeal）

性诉求是把性关系与产品联系起来的诉求方式。性诉求在广告中的运用，是以富有魅力的姿色、激发美感的情境来吸引男人或女人。性诉求的基础是性爱倾向（eroticism）的感情。性爱倾向与性爱是有区别的。性诉求常用与性有关的画面和语言来表现，例如身穿泳衣、袒胸露背、谈情说爱、拥抱接吻的表现等都与性诉求有关。大部分性诉求用于香水广告、酒类广告、内衣广告等。

学术界对性诉求的广告效果，有两种不同的看法。一种观点认为性诉求广告有吸引男人或女人注意的价值，所以有一定的广告效果（Baker 和 Cjurchill 等）。

当同一页杂志上有好几则广告时，大多数人都是先看含有性诉求的广告。仅此而言，性诉求广告是积极的，它说明受到人们的注意。

另一种观点则认为广告主所欲传达给受众的产品或服务信息不利于受众的接受（Chestnut, LaChane 和 Lubtiz 等）例如一些研究发现，同样一种香水、用一个模特来介绍的广告，一则广告模特穿着时髦的三点式泳装，另一则广告模特穿着正常的服装。结果前一则广告，由于观众的注意力都集中到模特身上，因而对广告的记忆率相当低，仅 2%；而后一则广告，观众的注意力都由模特身上转移到她手上的香水瓶，因而记忆率相对较高，为 13%。

斯特德曼（1969）、亚历山大和贾德（1978）等人研究表明，人们对带有性诉求画面的广告信息的记忆率非常低。

在斯特德曼进行的研究中，他给 60 名男子看 12 张照片，其中 6 张是中性的（如房子），另 6 张是女人的各种裸体照。在每一张照片底下，印有一种产品品牌。整套广告让参加者保留 24 小时。当实验快结束的时候，实验者取走照片下的品牌名称，要求参加者回忆它们。即时测试结果是，裸体照片的品牌回忆成绩高于中性照片的回忆成绩，不过差异不太显著。一周后再进行记忆测试时，中性照片的品牌回忆成绩为 60%，而裸体照片的品牌回忆成绩为 49%，两者差别相当显著。

总之，带有过多性诉求色彩的广告在宣传效果上是弊多于利，在教育功能上也不利于青少年身心健康发展。因此，在广告中，特别是电视广告中运用性诉求手法要十分慎重。

【阅读资料6-3】　　　　　　广告中的性诉求

1981年，所有的巴黎人都为某一系列的海报而感到好奇兴奋。第一张海报说："在9月2日，我会脱掉上面的衣服。"第二张海报承诺"在9月4日，我会脱掉下面的部分"。她是否还能做到呢？她照办了。整幅广告版面以一位体态健美的池畔美女，来强调夏日的清凉健康饮料，整幅画面与"健康热情，无限心动"互相辉映。

清嘴含片的电视广告里，一个清纯的女孩说："想知道亲嘴的味道吗？"立刻传来一群饥渴男人迫切的声音："想知道！"听到回答，没想到那女孩倒矜持起来："你们想到哪里去了，不是'亲嘴'是'清嘴'。"原来女孩说的是清嘴含片。这还不够，在吞云吐雾的公交车尾部，画面上一个大眼睛的漂亮女孩噘起嘴，对着路人说："你知道清嘴的味道吗？"

性诉求在欧美国家的广告中很普遍，在国内的广告中也时有出现。性诉求表现为人体的性感部位和性有关的画面表现，与性有关的语言描述，以及某种象征性的符号。

这些"性暗示"广告共同之处在于借"性"发挥，它的"高明"在于能够巧妙地调动起受众的荷尔蒙，并让人深刻地记住它。因为无论受众是商界名流还是小商小贩，是高级知识分子还是平常老百姓，他们生活不同，追求也不同，但性是人们共同所需求的，不受任何身份的影响，最容易引起共鸣，也最容易被人记住。广告看上去五彩斑斓，吸引人的眼球，用性暗示广告取巧，四两拨千斤，达到"广而告之"的目的。从创意的角度来讲，应该是不错的idea。但它的拙劣在于它始终在刻意迎合某些低级趣味，并且，除了以"性"为诱饵之外，似乎再无其他伎俩可施。广告本来是一种商业的促销手段，为的是让受众能记住这个商品。同时，广告也是一种艺术形式，有着很高的审美价值。需要设计人员的智慧和才华。在现实生活的传播环境中，性暗示广告，要达到商业意图与文字锤炼的结合，合乎情理而又出人意料的意境，才会打动人。如果广告一味地向"性"靠拢，乐此不疲的打色情擦边球。会让人感到别扭，甚至龌龊。因此，性文化的传播对中国受众来说要含蓄，要有一定的审美诉求。

利用性文化作为广告的形式，不见得就能收到良好的效果；相反，稍有不慎，可能起到反作用。并且，在对"性"依然持有保守态度的中国，要想在广告中利用好性文化，尤其是一件困难的事情。

资料来源：http://cache.baidu.com/。

4. USP式广告

USP（unique selling point），即独特销售主题，指在广告创意时，先仔细分析产品，找出产品无可取代的优点，以此作为创意表现的诉求主题，再转化成消费者关心的商品利益，以消费者的语言来表达。

这种运用"产品USP"来作为广告创意的广告作品，随处可见。创意人员也多喜用此方法。只要产品能被发掘出USP，即可大胆进行诉求。此种方法可在激烈的商品竞争中，凸显广告产品，遏制竞争对手，给目标消费者留下深刻印象，从而扩大市场占有率。如果此种创意的广告表现杰出，将会成为颇具震撼力的广告作品。

USP 式广告在产品生命周期的前期效果较为突出。对于科技型产品，是以其技术领先、功能卓著而居优势地位的。其诉求点就很明显，当然应以此作为创意的出发点，且可因技术的不断创新而一直采用此法。

USP 式广告偏重产品特点的强调，是一种以产品特点为划分标准的产品定位，大多表现为品质定位，因此，USP 式广告应具备三项特质：商品必须包含特定的利益；此利益是独特的、惟一的；此利益要和销售有关，为消费者所接受。

近年来，我饮用水市场竞争异常激烈，哇哈哈、乐百氏、农夫山泉等厂家在市场上捉对厮杀，为了突出各自的特点，大多采用 USP 式的广告策略。例如，娃哈哈：我的眼里只有你；乐百氏：27 层净化；农夫山泉：农夫山泉有点甜。

【阅读资料 6 - 4】　　　　　农夫山泉有点甜

每当提起农夫山泉，消费者脑海中首先闪现的是那句出色的广告语"农夫山泉有点甜"，这句广告语，首先在农夫山泉一则有趣的电视广告中提到：一个乡村学校里，当老师往黑板上写字时，调皮的学生忍不住喝农夫山泉，推拉瓶盖发出的砰砰声让老师很生气，说：上课请不要发出这样的声音。下课后老师却一边喝着农夫山泉，一边称赞道：农夫山泉有点甜。于是"农夫山泉有点甜"的广告语广为流传，农夫山泉也借"有点甜"的优势，

由名不见经传发展到现在饮水市场三分其天下，声势直逼传统霸主乐百氏、娃哈哈。

为什么农夫山泉广告定位于"有点甜"，而不是像乐百氏广告那样，诉求重点为"27 层净化"呢？这就是农夫山泉广告的精髓所在了。首先，农夫山泉对纯净水进行了深入分析，发现纯净水有很大的问题，问题就出在纯净上：它连人体需要的微量元素也没有，这违反了人类与自然和谐的天性，与消费者的需求不符。这个弱点被农夫山泉抓个正着。作为天然水，它自然高举起反对纯净水的大旗，而它通过"有点甜"正是在向消费者透露这样的信息：我农夫山泉才是天然的，健康的。一个既无污染又含微量元素的天然水品牌，如果与纯净水相比，价格相差并不大，可想而知，对于每个消费者来说，他们都会做出理性的选择。

但是事实是，农夫山泉在甜味上并没有什么优势可言，因为所有的纯净水、矿泉水，仔细品尝，都是有点儿甜味的。农夫山泉首先提出了"有点甜"的概念，在消费者心理上抢占了制高点。其思维敏捷令人叹服。

农夫山泉发展到这地步，已经相当不错了，但农夫山泉并没有固步自封，它继续高扛天然水的大旗，把与纯净水的战争进行到底。1999 年 6 月，农夫山泉在中央电视台播出衬衣篇广告中说："受过污染的水，虽然可以提纯净化，但水质已发生根本变化，就如白衬衣弄脏后，再怎么洗也很难恢复原状。"广告一经推出，立即引起轩然大波，同时挑起了天然水与纯净水的

争论。2000年4月，农夫山泉突然隆重宣布"长期饮用纯净水有害健康"的实验报告，并声称从此放弃纯净水生产，只从事天然水生产，俨然消费者利益的代言人。农夫山泉对纯净水的挑战，遭到了纯净水厂商的激烈反击，甚至诉诸法律。这一系列事件的发生，引来了媒体和公众的兴趣，形成了轰动效应。而作为众矢之的的农夫山泉却暗自庆幸，因为有更多的人知道了它含有微量元素而不同于纯净水。

农夫山泉乘胜追击。2000年7月中国奥委会特别授权养生堂作为2001～2002年中国奥委会合作伙伴，养生堂拥有了中国体育代表团专用标志特许使用权，从此农夫山泉广告与奥运会挂上了钩，并邀请了孔令辉、刘璇做代言人，农夫山泉品牌形象再一次得以发扬光大。

农夫山泉一环扣一环的广告策略，让人领略了东方智慧的魅力。我们在叹服的同时，不忘把它列入十大最佳广告策略排行榜上。

资料来源：李永梁，http：//management. yidaba. com/scyx/579470. shtml。

从以上举例中我们可以看出，独特销售主题可以是客观的，也可以是主观的。这种"独特"并非竞争产品没有具备，而是各竞争产品在其广告表现中没有提及。那么，首先提出并予以强化的这一独特之处，就成为此种产品或服务所特有的，如上文中所述的"农夫山泉有点甜"。

麦氏咖啡打入中国市场初期的广告也是运用了USP的广告创意，广告文案写道：哥伦比亚安第斯山脉，是世界上种植咖啡最好的地方，那里有肥沃的火山土壤，温和的气候以及适量的阳光和雨水，保证了每一颗咖啡豆的完美成长。待到咖啡豆成熟时，人们采用手工摘取。只有最好的咖啡豆才进行烘烤，以保其独特的味道及芬芳。假如您是一位咖啡爱好者，一定要选用哥伦比亚咖啡豆制成的各类咖啡。在中国唯有麦氏超级特选速溶咖啡和生活伴侣杯装咖啡才是您最终的选择。麦氏咖啡能够顺利地为中国消费者所接受，此则广告功不可没。

不过在确定独特性方面，广告创意一定要与销售有关，即此种"独特"是消费者感兴趣的、可接受的和有益的。在这一点上，有过不少并不成功的例子。如美国高露洁公司推出的Ribbon牙膏，曾强调牙膏"带状一般地挤出，使牙膏平铺在牙刷上"。但这一"独特"并未被消费者领情，后来在广告公司的建议下，改为强调"牙齿漂亮，口气芬芳"。虽然这一提法可为所有牙膏采用，但所谓"先入为主"，这句广告词成了高露洁Ribbon牙膏的代名词。

6.3.2 广告创意的表现技巧

在表达广告创意时需要运用各种表达方式和技巧，来形成创意中的构思和各个单元，使广告创意更加形式多样和充实丰满。

1. 产品的陈述（product presentation）

这种类型的广告向消费者陈述购买产品的理由和使用方法。例如，某些药品广告指出某些病症是某种病菌感染而引起的，再通过介绍该药品含有能杀灭这些病菌的成分，从而得出这种药品是治疗这些病症的特效药的结论。但是，由于消费者各自解释和理解广告所陈述的产品，所以广告文案要具有易读性和趣味性。

2. 示范（demonstration）

以有效的方式示范产品的性能或利益的一种广告实行形式。距消费者的理解可能还有一段距离，所以最好采用示范式广告，通过广告上的示范解说，可以让产品的特性表露无遗。运用示范的广告实行形式，必须抓住产品操作或功能的要点，再以简单易懂的步骤表达在广告表现中。由于有教学、有证言的双重特点，若创意手法流畅，常能赢得消费者的好感。而且可即刻感受到商品利益。但做示范广告时应注意以下几点：①要具有有趣而戏剧性的因素；②与广告主主张的主题要一致；③以示范结果来证明主张；④示范内容要易于理解；⑤在竞争产品广告示范之前，抢先做示范广告；⑥就是最重要的，使受众信任示范结果。如果示范广告不具备上述条件，特别是示范结果受怀疑的时候，就会使受众产生认知反应中的反对主张（counter argument），从而引起示范的否定效果。示范的形式较多，在这里只介绍比较、使用前—使用后、"拷问测试"三种示范形式。

（1）比较（comparative）。借助与竞争产品对比分析来突出或陈述产品的特性或优点的示范形式。这种形式的广告一般是在竞争激烈的时候采用。比较的方式有直接比较方式和间接比较方式。直接比较是直接提示竞争产品品牌来做比较的方式，间接比较是只提示自己企业产品品牌来做比较的方式。比较广告作为广告的一种实行形式，早就存在于广告活动中。特别是在美国，大约每 10 则广告中就有 1 则比较广告。但是，有些国家则明确禁止或限制比较广告。比如，日本的广告管理条例其中有一条"不做中伤和排挤他人广告（哪怕这些广告是建立在事实的基础上）"。韩国也在法律上规定禁止不正当的比较广告。我国广告法的第十二条也明确规定"广告不得贬低其他生产经营者的商品或服务"。比较广告是在消费者认为广告产品比竞争产品确实更占优势的时候才有效。否则，消费者就会认为竞争产品更好。所以比较广告有利也有弊，在运用时必须小心谨慎。

（2）使用前—使用后（before-after）。"你看，这衬衫多脏！""现在我们用这个洗衣粉来洗一洗看一看。""怎么样了？洗得干净吧！"这样的使用前—使用后的比较广告以示范或实验的方法来提示产品使用前和使用后的不同结果。

（3）拷问测试（torture test）。为说明产品的强度或性能，以实验的方式提示产品优点的示范广告形式。拷问测试广告容易给消费者留下深刻的印象，从而使消费者长时间记忆。一般在与消费者的安全有关的产品广告中运用得比较多。

3. 问题与解决（problem and solution）

向消费者提示与产品使用有关的问题以后，劝说消费者使用自己公司产品就可以解决这些问题的技巧。问题与解决技巧按提示问题的方法分为三种形式。

（1）直接提出消费者所遇到的问题，然后提示自己公司产品。

（2）先提示竞争企业不能解决的问题，然后强调自己公司的产品就可以解决。

（3）提示不现实的或可笑的方案，使消费者认为无法接受这些方案，然后强调购买自己公司产品是英明的决策。例如，在牛奶广告中需要强调牛奶新鲜度的时候，给消费者展示家庭主妇直接挤奶的可笑的情境，同时强调自己公司的牛奶就是保持新鲜度的最好牛奶。这样消费者认识到通过自己公司的产品（牛奶）可以解决问题。

4. 生活片断（slice of life）

和虚构的世界相比，日常生活中极其平凡而且俯拾即是的现实世界，更有打动人心之处。生活片段就是根据这种想法制作的。它向消费者展示足以唤起共感的生活片段，在展示过程中展开商品广告，借以获得消费者来自生活现实感的共鸣。一般电影明星等出现在生活片断中的广告，效果更好。在药品广告、食品广告、生活用品广告中有许多利用这种生活片断的表现方式的例子。例如，许多洗衣粉广告创意都用生活污浊肮脏的衣物令主妇头疼，而使用某牌子的洗衣粉之后，衣物干干净净的场面来表达；再如，香港电讯的电视广告，以女儿在北京怀孕，妈妈在香港打电话表示关心，令女儿有恍如母亲就在身边的感觉，来表达香港电信能连接万里，迅速传递信息的观念。

5. 代言人（spokesperson）

名人、专家或社会知名人士出现在广告中，保证产品的一种广告表现形式。采取这种广告表现形式，代言人被消费者理解为保证人，从而加强消费者对产品的友好态度。一般在食品广告中利用这种表现形式，特别是在竞争激烈的情况下利用这种表现方式，其效果更好。在广告中一般利用的代言人如下。

（1）从事者代言人（salesperson-spokesperson）。企业的职工或干部直接出现在广告，向受众说明或劝说的方式。我国长岭冰箱的广告就采取这种表现方法。

（2）专家代言人（authority spokesperson）。掌握产品方面很多知识的专家通过广告为自己的产品作宣传。

（3）满意使用者代言人（satisfied user-spokesperson）。有使用经验的代言人在广告中说明产品。这种方式是通过戏剧性的证言方式表现的，一般具有人情味，是直接表现的。利用满意使用者代言人的目的是给广告受众产生感情迁入。

如汰渍洗衣粉的电视广告，就是通过一位家庭主妇的亲身体验，来证明产品的功效的。

家庭主妇：要不是亲身体验，我还不相信呢！祖父60大寿，在我家院子里大摆筵席，我丈夫的新衬衫就把各种美味一一记录，要是修不干净，好好的一件衣服，就要泡汤啦。咳！试试广告介绍的全新汰渍洗衣粉吧！真想不到它的清新亮洁，能够那么快发挥作用，把污渍和汗味消除的如此彻底，衣服恢复干净，还有香味呢！我丈夫很高兴，谢谢！

　　旁白：全新汰渍洗衣粉。

　　清洁、清爽、清洁。

（4）名人代言人（celebrity spokesperson）。以消费者非常熟悉的名人做广告模特，宣传自己的产品。不少广告主利用名人作为广告模特向消费者传达信息，其目的就是要利用名人的信誉度和亲切度。

关于这部分内容，我们将在"广告模特与音乐"一章中详述。

6. 证言（testimonials）

采取证言方式做广告的目的在于利用口传（word-of-mouth）效果。实际人物亲自介绍自己使用产品所获得的直接经验，所以能引起广告受众的注意，其说服力也较强。在印刷广告中利用使用者回信方式来介绍使用产品。或者在街上随意或者秘密摄像机来访谈过路的人，让他们讲使用过产品的经验。

7. 小片段（vignettes）

具有类似经验的使用者出现在小片段的方式。这些小片段的转换速度过快，这就伴随着消费者不能认知出产品的危险。但是有必要让受众认知出小片段广告所提示的情境，而这些情境与产品的销售构思有关。并且因为出现的人物画面的转换速度快，如果反复提示受众为什么购买产品的中心构思，其效果会更高。

8. 解说（narration）

作为一种广告表现方式，解说与其他的广告表现方式有密切的关系。使用产品、强调产品的利益并体验过对产品的强烈欲望的人物经常出现在广告上，但这些出现在广告上的人物与产品之间的关系是一般由解说者的解说连接起来的。电视广告常用这些解说方式。

9. 讽刺（satire）

在大部分广告里无意或者有意的，或者不同程度地含有讽刺内容。广告里采用的纯粹的讽刺，是以逗笑的方式向广告接受者表现熟悉的人和事件。利用讽刺的广告容易使广告接受者受到诱惑，但是正确地利用讽刺是不容易的。如果广告接受者不能理解讽刺内容，其广告就变成愚蠢的广告，讽刺内容就不能与产品协调起来，不能与以产品或产品销售为中心的广告的核心内容连接起来，从而不能达到预定的广告效果。所以制作利用讽刺广告的时候要慎重考虑。因为消费者往往只记忆广告内容或 copy，而不记忆广告品牌。

10. 人格化（personification）

在广告的制作过程中，可以对产品效益、问题、销售构思等给予人格化。在这里，给予人格

图 6-11　蒙牛优益 C 的人格化广告

化就意味着对无生物或抽象的概念给予人的特点。这样使抽象的概念形象化或可视化，使消费者容易理解广告内容，有助于减少消费者的拒绝反应程度（resistance level）。

11. 音乐（music）

在广告上利用音乐的理由是多方面的，但其中主要的理由就是，音乐可以强化广告或品牌的特点。我们可以这样比喻，如果在电影或电视剧里没有音乐，那就很难反映电影或电视剧的感情色彩。广告也是一样的，音乐能强化广告的情感或戏剧因素，并且音乐有利于形成产品的形象或定位。如果熟悉的或有亲切感的音乐与广告内容相协调，就有助于广告接受者的产品联想，给予亲切感，使广告接受者长时间记忆广告产品。有关利用广告歌曲或背景音乐的广告技巧问题，我们将在以后的章节中详细介绍。

12. 象征或类似（symbolism/analogy）

为了使消费者更好地记忆广告所强调的部分，就可利用视觉性的象征（symbol）形态。类似是通过比较来表现的一种象征形态。如果象征或类似的表现方法单纯或亲切地被消费者所理解，那就有助于广告接受者的记忆，能有效地提示广告所要传达的内容。

本章小结

本章内容主要分为两个部分。第一节主要介绍广告创意策略，包括广告创意的概念、广告创意的表现策略；第二节为本章的重点，着重论述了广告创意的表现方式和技巧。

广告创意策略基本上包括两个方面，即如何构成广告内容和如何表现广告内容问题。从这点来看，广告创意策略与广告的"说什么（what is said）"和"如何说（how it is said）"有关系。而"说什么"就是指广告内容（message content），"如何说"就是指广告表现（execution）。

常见的广告创意表现策略主要有信息广告策略和迁移广告策略。其中信息广告是指向受众提供明确而有逻辑性的事实性信息的广告。而迁移广告是指消费者接触广告的时候，帮助消费者联系消费经验（或体会）与对产品肯定方面的心理反应的广告。

广告创意的表现方式较多，需要我们掌握的几种常见的诉求方式主要有严重性诉求、幽默诉求、性诉求、USP 等。在广告创意技巧部分我们介绍了产品的陈述、示范、比较、生活片段、代言人等 12 种方法，这些技巧只有与具体产品以及当时的营销环境结合起来综合运用，才能发挥其应有的功效。

思 考 题

一、单选题

1. 下列产品的广告中不是以功效为主题而展开诉求的是（　　）。

　　A. 大印象减肥茶——留住你的美丽

　　B. 斯达舒——胃酸、胃痛、胃胀，请用斯达舒胶囊

　　C. 舒肤佳——爱心妈妈

　　D. 脑白金——让你享受婴儿般的睡眠

2. "只溶在口，不溶在手"这句广告语是哪种广告创意理论的典型代表（　　）。

　　A. 品牌形象理论　　　　　　　　B. USP 理论

　　C. 定位理论　　　　　　　　　　D. ROI 理论

3. 根据大众汽车平面"警察篇"广告，可以判断大众 Polo 的创意概念是（　　）。

　　A. 时尚　　　　　　　　　　　　B. 省油

　　C. 结实　　　　　　　　　　　　D. 速度

4. 带有过多（　　）色彩的广告在宣传效果上是弊多于利，在教育功能上也不利于青少年身心健康发展。

　　A. 严重性诉求　　　　　　　　　B. 幽默诉求

　　C. 性诉求　　　　　　　　　　　D. USP 式诉求

5. 很多研究已表明，（　　）广告比一般广告更容易引起消费者的"疲劳效果"。

　　A. 幽默　　　　　　　　　　　　B. 温馨

　　C. 夸张　　　　　　　　　　　　D. 明星代言

二、多选题

1. 广告创意的表现方式有（　　）。

　　A. 严重性诉求　　　　　　　　　B. 幽默诉求

　　C. 性诉求　　　　　　　　　　　D. USP 式广告

　　E. 产品陈述

2. 在我国，一般广告中使用的代言人主要有（　　）。

　　A. 一般消费者　　　　　　　　　B. 影视明星

　　C. 体育明星　　　　　　　　　　D. 企业经营者

　　E. 国家工作人员

3. 下列采用 USP 式的广告策略的是（　　）。

　　A. 黄山香烟：一品黄山 天高云淡　　B. 乐百氏：27 层净化

C. 农夫山泉：农夫山泉有点甜   D. 立邦漆：处出现光彩

E. 李宁：把精彩留给自己

三、名词解释

1. 信息广告   2. 严重性诉求   3. 幽默诉求   4. 性诉求   5. 迁移广告

四、简答及论述题

1. 采取幽默诉求时应该考虑哪些要点？

2. 广告创意的表现策略主要有哪些？

3. 您对性诉求广告有何看法？

4. 试论述广告创意的表现技巧。

5. 试论述广告创意的过程。

案例讨论 [CASE]

雕牌天然皂粉广告

"你泡了吗？泡了。你漂了吗？漂了。"雕牌天然皂粉的这一广告播出后，引发了许多消费者的不满。有人认为这则广告打了色情广告的擦边球，让人联想到的内容很不健康。面对这种舆论压力，纳爱斯集团市场部不得不撤下这个饱受非议的广告，并用新的产品形象广告来代替它。

很显然，这则广告被撤下让纳爱斯感觉非常不爽。纳爱斯认为自己比较冤枉，这则广告是按照洗衣服先浸泡再漂洗的有效程序进行创意的，广告只是想告诉消费者如何使用本产品才能达到最好的效果，并没有可供人联想的含义。在纳爱斯做出解释的同时，也有一些学者刊文对纳爱斯表示声援，认为这是"小题大做"，是一些人的想象力太过丰富。有学者从汉字的字形、字义方面为纳爱斯的广告进行辩解，甚至有人怀疑这是竞争对手的阴谋。

但是，纳爱斯的这则广告毕竟是引起了消费者的不满，从2003年9月份广告制作播出后，就有消费者反映该广告有负面影响。不少消费者指责纳爱斯集团通过哗众取宠的方式引起人们的注意。在这种情况下，纳爱斯不得不停播该广告并用新广告来最终代替它。

[?] 问题讨论

1. 这则广告的刊播为何会引起巨大的争议？好的广告创意应该具备哪些特征？

2. 请谈谈你对"纳爱斯雕牌天然皂粉之泡泡漂漂凉凉篇"广告创意的认识。

第 *7* 章
广告文案创作

广告的内容基本上是由文字和画面两部分构成，其中文字部分就是广告的文案。广告文案是广告策划者按照广告主的意图以及广告目标要求，用文字的形式将广告主题和创意表达出来。如何用准确、简明、形象、动人的语言来表现广告，是要经过一番艰辛的劳动才能获得的。本章主要讲述广告文案的特征与构成、广告标题、广告正文、广告标语和广告附文等内容，重点是阐述广告标题与广告正文的创作。

知识结构图

```
                        ┌── 广告文案的特征与构成 ──┬── 广告文案的特征
                        │                          └── 广告文案的构成
                        │
                        ├── 广告标题 ──────────────┬── 广告标题的作用
          广告文案创作 ──┤                          └── 广告标题的类型
                        │
                        │                          ┌── 广告正文的结构与内容
                        ├── 广告正文 ──────────────┼── 广告正文的类型
                        │                          └── 广告正文创作的原则
                        │
                        └── 广告标语与广告附文 ─────┬── 广告标语
                                                   └── 广告附文
```

【开篇案例】　　　　伯恩巴克的经典文案：我们只是第二

20 世界 60 年代，赫兹汽车出租公司在美国市场中位居首位。当时，美国每年汽车出租市场营业额约为四亿美元，它便占了 50%。该公司最早雇佣诺门·克里格·瑞马公司处理广告事务，它策划出著名的"让赫兹将您安放在驾驶座位上"广告运动。在电视上你可以看到一位男士从天上缓缓斜降到车中，然后驾车而行。这项企划开始在 1958 年推出，推行数年，曾遭到无数的讪笑（例如杰克李蒙主演的一部影片便会对此进行讽刺），可是也达成了广告目标——千百万的人们知道了可以在任何地方论时、论日、论周计价租用的赫兹轿车。而当时的艾维斯还默默无闻，帐上都是赤字。连续十几年来都亏损，没有人能预料它的未来。

1962 年，有一家投资银行愿意投资艾维斯，该行负责人福雷斯（LAZARD FRERES）慧眼独具，首先愿用罗勃特·汤生（ROBERT TOWNSEND）来经营艾维斯，而且赋予全权，以方便其行事。汤生曾是美国畅销书《改革公司组织》一书的作者，很有眼光及魄力。福雷斯正是看中了他这一点。汤生从开始起便打定主意要使艾维斯的地位提高，进一步再在这一行中求发展，要使租车者对艾维斯刮目相看，并且以租用该公司的轿车为荣。一般说来，租用轿车的目标消费者都是经理级人士，当然希望驾好车而且受人尊敬。

为了实现他的目标，汤生四处寻找能委以重任的广告公司。但由于其薄弱的资本实力，汤生先后找了六家广告公司，每次都要求"我有一百万美元的广告预算可供使用，但是我需要价值五百万美元的广告冲击效果。"这些广告公司认为这纯属无稽之谈，对他的要求不予理睬。最后他拜访了 DDB 广告公司（DOYLE DANE BERNBACH）。这家广告公司在创作方面很有办法，是个极具创新和活力的公司。其老板伯恩巴克答应了汤生的要求，但请汤生给他九十天的时间去策划。伯恩巴克还强调创作之艰难及创意之宝贵，他说："你一定得答应刊登我们所撰写的每件东西，一丝一毫都不能加以更改。我们高兴看到自己所写的东西刊出来，而不高兴看到它们送到各种董事会去弄得一团糟。好的广告送到董事会等等地方去，便算不得是创作了。"说这些话时，伯恩巴克显得成竹在胸，而且深具见解，给了汤生必胜的信心，汤生便一口答应了下来。

伯恩巴克回到公司，立刻召集手下大将赫默·克隆（HELMUT KRONE）及撰文员杜拉·格林（DAULA GREEN）商议，讨论艾维斯微不足道的资产及数字庞大的负债。结论是艾维斯不是最大的，也不是最好的，更不是有利可图的客户，唯有干劲十足的汤生可以信赖，他可以使艾维斯至少成为租车时最令人感到愉快的地方。其次，他们认为广告能发挥作用，而成为商品的一项具体属性。所以克隆与格林便埋头设计，企划 19 世纪 60 年代中最不平凡及最重要的广告运动。他们在对市场、消费者以及其主要竞争对手赫兹进行了分析之后，认为艾维斯与赫兹实力相差悬殊，如果从正面对自我进行宣传，难以达到汤生预定的目标和效果。于是，一个大胆的设想迸发了出来：逆向思考，依附于赫兹，借势出力！

90 天之后，作品如期交卷，倒使汤生大吃一惊。他心中没有准备，觉得那些广告平庸差劲，效果可疑。可是克隆等坚持不让步，汤生又对伯恩巴克承诺在先，所以广告得以投放。而结果也证明了克隆等人的策略是非常成功的。请看广告文案：

文案一：

我们更为卖力（当你不是最大的时候，你便得如此）

我们只是无法忍受肮脏的烟灰缸，或是半空的油箱，或是用旧了的雨刷，或是未加洗刷的轿车，或是充气不足的轮胎。或是比调整座位的调整器，加热的加热器，除霜的除霜器，还要不重要的任何事物。

显然我们在奋力以赴的求取完美。让你出发能有一活泼，马力足的福特新车，以及愉快的微笑。恩，让你知道在 DULUTH 的什么地方能买一个又好又热的五香牛肉三明治。为什么？因为我们无法让你白白地照顾我们，下一次请驾乘我们的车，我们柜台前排的队比较短。

文案二：

在汽车出租业中，艾维斯只是第二

当你仅是第二时你得更加卖力，不然就很糟糕。

小鱼非一直不停地移动不可，大鱼却从来不会停止对前者的吞食。

艾维斯对小鱼的难题知之甚详。

在汽车出租上，我们只是第二，如果我们不更为卖力便会被人圆图吞下，所以我们没有休息。

我们一直在清除烟碟，在出租车子之前一定将油箱装满，看看电池是否充满了电，查验一下雨刷是否管用，而我们租出去的车子不会比一部马力强的福特还差。

而且因为我们不是大鱼，在你到我们柜台来的时候，你也不会感觉到像一条沙丁鱼。

我们的顾客并非拥挤不堪。

在创作过程中克隆便决定要将 50 年代由奥格威（DAVID OGILVY）所翻新的广告改头换面，重写新页，以大标题、大字体的文案，小图片方式出现。广告刊出之后，广告公司及广告主全都惊恐交加，业界评论四起，认为"自居第二"的想法简直不可思议，是在拿客户的预算开玩笑。传统人士更认为艾维斯在替赫兹免费做广告。但事实上，广告收到了非常好的效果。广告刊出后，租车的人在租车前都要询问一下艾维斯的事，想看看广告中所言是否属实。即使是碰运气，也要试试艾维斯；但试过艾维斯的人都会告诉朋友，艾维斯是个不错的租车公司。一时赞誉四起，租车的经理们也引以为荣，并对广告本身表示欣赏。

文案三：

假如您在艾维斯车中找到烟蒂，请投诉，这样做是对我们自己有好处的

我们向前迈进，需要您的帮助。

在汽车出租方面，我们只是第二，我们非更加卖力不可。

即使是手套格里面有张用笔画过的地图，或是你觉得你等得太久，请不要耸肩了事。

打电话给我们：

我们的人员会了解这一点。他们都曾接到过指示。他们知道，我们没发比活泼、马力强的福特新车还差的东西给你，车子里里外外都要一尘不染，不然的话，就吵吧。

纽约的一位米都先生便如此。他在车中找寻，结果找到一张包口香糖的纸。

当然，汤生本人一言九鼎，以其雷厉风行的作风，提高该公司的员工服务质量，以及公司的车辆的性能。没有这些对广告上所说的承诺的兑现，整个公司便成了作茧自缚。这些才是成功的根基所在。在"我们是第二"的广告初步收到成效的时候，克隆与格林两人，趁热打铁撰写了一幅广告稿，请对艾维斯有任何不满的顾客打电话到汤生办公室或住宅，并通过电话局由艾维斯公司支付电话费。文稿上把汤生的电话列了出来。这一招似乎很险，但很成功，纷至沓来的电话都是表示喜欢艾维斯。

文案四：

如果你要抱怨请打电话给艾维斯的总裁，他的电话号码是 CH8 – 9150

连一个保护他的秘书也没有，他自己亲自接电话。

他对保持外界接触非常在意。

他相信，那是小公司天大的好处之一。

你知道谁对那种事情负责，他是无法推诿的。

而大公司常遭到的抱怨之一，便是顾客找不到可责怪的人。

而且，我们的总裁觉得他应对整个公司的事情负责，他使我们发疯一样，使我们的强力福特更强。

但他知道，偶尔也会有一个脏的烟灰碟或不听使唤的雨刷。

如果你发现了，打电话给他，电话费由他来付。

接到你的电话，他不会烦恼，相反他会为你采取某种行动。

艾维斯广告刊出后，看到广告的读者还纷纷写信给艾维斯公司索取"我们更为卖力"（WE TRY HARDER）胸章，造成了一次未曾预期到的宣传，赠送的胸章总值也超过了十万美元。

1962 年汤生接管艾维斯的时候，艾维斯的年收入为 2400 万美元，亏损为 320 万美元。次年，DDB 荣任其广告代理商后，艾维斯的年收入增至 3500 万美元，而且十五年来第一次盈利达 120 万美元，不赔反赚。1964 年，年收入高达 4400 万美元，盈利接近三百万美元。到了 1968 年左右，DDB 处理艾维斯广告的营业额已超过 600 万美元。然而因为克隆离职，其他人处理不当，使得于 1969 年与 DDB 断绝关系，从而结束了这样一段美好的姻缘。

资料来源：http://blog. sina. com. cn/s/blog_ 4e1499ff01000cc4. html。

7.1　广告文案的特征与构成

广告文案（advertising copy）有两种不同的概念：广义的概念与狭义的概念。

广义的广告文案，也称广告稿、广告表现，它的内容包括广告作品的全部，如广告文字、绘画、照片及其布局等。例如，报刊广告的广告文案不限于文字，也包括色彩、绘画、图片、装饰等。狭义的广告文案，仅指广告作品中（广告物，advertisement）的语言部分。本书所讲的广告文案，就是指狭义的广告文案，即广告文案是指用以展示广告宗旨的语言文字，不包括绘画、照片等。

7.1.1　广告文案的特征

广告文案是较为灵活的信息内容，在广告中占有重要的地位。一般而言，广告文案具备以下基本特征。

（1）真实性。真实性是广告创意的基本原则，也是广告文案的基本特征。广告要传递真实的信息，而不是虚假的信息，这一点十分重要。如果广告文案创作一开始就建立在不真实的基础之上，无论其文字多么华美动人，或其宣传效果在短期内多么有效，但从长远来看，绝不会是成功的广告，只会断送广告产品品牌的生命力。广告文案的真实性主要体现在对广告产品本身的功能、品质、作用的表现上，不能主观夸大或随意隐瞒。当然，这也是广告管理法律法规所不容许的。

（2）独创性。广告文案创作要体现新、奇、特，要立意新、表现奇、方法特，使公众有新鲜感。这就要求广告文案具有独创性，而绝不是模仿之作。由于市场的繁荣，竞争力加剧，广告信息量的加大，要想使广告产品在目标市场中产生影响，除了增加广告投入以外，还要增强广告表现的吸引力，以迎合现代人求新、求奇的心理特征。模仿没有生命力，只会帮助竞争对手。

（3）整体性。广告文案是广告的语言文字部分，并不是广告的全部。因而一定要考虑到与广告其他部分的协调与融合，使之成为一个整体，相映成辉。广告文案与插图、色彩、结构关系密切。不同的媒体在各元素的组合上比例不同，但都应更好地发挥出该媒体的优势，准确、有力地传达广告信息；否则，广告文案与其他广告信息两张皮或自相矛盾，将会损坏广告的效果以至于破坏广告产品的品牌形象和市场定位。

（4）艺术性。好的广告要具有很强烈的感染力。广告文案在真实的基础上，要能使语言文字生动活泼，渲染气氛，调动情感；在阐述目标对象利益点的同时，注重"承诺"的接受程度和方式。广告文案的艺术性在广告文案创作上越来越显重要。这多半因为现代人在接受大量刚性的科技信息的同时，更加具有对感性信息的渴求，艺术性增强了广告信息传播的影响力，使其更加深刻和持久。

（5）商业性。广告文案创作的动机和目的是为促使人们购买广告商品，或改变某种观念，或建立某种形象，而最终都是为了实现广告商品的销售增长。因而，商业性原则乃是广告文案创作的根本性原则。当然，这个原则体现的并不是赤裸裸的狭义的商业味，而是更多地蕴含在颇为艺术性的广告文案中，使目标对象在欣赏广告、被诱导的过程中实现广告的商业目标。这又要求广告不能称为纯艺术的作品，而是借艺术表现实现的商业信息的载体。

7.1.2 广告文案的构成

一般而言，广告文案由以下几个部分组成：标题、正文、标语、随文（附文）、商标。其中，广告的正文、随文、商标是基本部分。

正文是广告的主体部分，用以表现广告的主题。不同媒体的广告文案构成是不一样的，比如，霓虹灯广告是标题与正文的合一；路牌广告、交通广告以图为主时，文字部分非常精炼，有时甚至标题、正文、标语合一；电视广告与广播广告则有自身的特点，一般没有标题；印刷广告各种构成部分则比较齐全。

随文是广告的必要说明，如公司名、公司地址、电话、传真、电子邮件地址、购买手续、银行账号、经销部门等。

下面我们以大卫·奥格威为劳斯莱斯汽车所写的广告文案来具体了解广告文案的构成。

标题：

这部新型的劳斯莱斯汽车在以每小时 60 英里的速度行驶时，最大声响来自它的电子钟。

副标题：

是什么原因使得劳斯莱斯成为世界上最好的车子？一位知名的劳斯莱斯工程师回答道："根本没什么真正的戏法——这只不过是耐心地注意到细节而已。"

正文：

1. 行车技术主编报告："在以每小时 60 英里的速度行驶时，最大声响来自它的电子钟。"引擎是出奇地寂静。三个消音装置把声音的频率在听觉上拨掉。

2. 每个劳斯莱斯的引擎在安装前都先以最大气门开足 7 小时，而每辆车子都在各种不同的路面上试车数百英里。

3. 劳斯莱斯是为车主自己驾驶而设计的，它比国内制造的最大型车小 18 英寸。

4. 本车有机动方向盘，机车刹车及自动排档，极易驾驶与停车，无需雇用司机。

5. 除驾驶速度计以外，在车身与车盘之间没有金属衔接，整个车身都是封闭绝缘的。

6. 完成的车子要在最后测验室里经过一个星期的精密调试。在这里分别要受到 98 种严酷的考验。例如，工程师们用听诊器来细听轮轴所发出的微弱声音。

7. 劳斯莱斯保用三年。从东岸到西岸都有经销网及零件站，在服务上不再会有任何麻烦了。

8. 著名的劳斯莱斯引擎冷却器，除了亨利·莱斯在 1933 年死时，把红色姓名的首写字母 RR 改成黑色以外，再也没有变动过。

9. 汽车车身的设计制造，在全部 14 层油漆完成之前，先涂 5 层底漆，每次都用人工磨光。

10. 使用在方向盘柱上的开关，就能够调节减震器以适应路面的情况。（驾驶不觉疲劳，是该车的显著特点。）

11. 另有后窗除霜开关，它控制着 1360 条隐布在玻璃中的热线网。备有两套通风系统，即使你坐在车内关闭所有的门窗，也可调节空气以求舒适。

12. 座位的垫面是用 8 头英国牛的皮制成，这些牛皮足可制作 128 双软皮鞋。

13. 镶贴胡桃木的野餐桌可从仪器板下拉出。另外两个可从前座的后面旋转出来。

14. 你还可以有以下随意的选择：煮咖啡的机械、电话自动记录器、床、冷热水盥洗器、电动刮胡刀。

15. 你只要压一下驾驶座下的橡板，就能使整个车盘加上润滑油。在仪器板上的计量器，可指示出曲轴箱中机油的存量。

16. 汽油消耗量极低，因而不需要买特价油，这是一部令人十分愉悦的经济车。

17. 具有两种不同传统的机动刹车，水力制动器与机械制动器。劳斯莱斯是非常安全的汽车，也是十分灵活的车子。它可在时速 85 英里时安静地行驶。最高时速可超过 100 英里。

18. 劳斯莱斯的工程师们定期访问汽车的车主，替他们检修车子，并在服务时提出忠告。

19. 班特利也是劳斯莱斯公司所制造。除了引擎冷却器之外，两车完全一样。是同一个工厂中的同一群工程师所设计制造的。班特利的引擎冷却器较为简单，所以要便宜 300 美元。对于驾驶劳斯莱斯感觉信心不太足的人士，可以考虑买一辆班特利。

价格：如广告画面所示的车子，若在主要港口交货，售价是 13550 美元。

倘若你想得到驾驶劳斯莱斯的愉快经验，请与我们的经销商联系。他的名字写在本页的底端。

随文：

喷气式引擎与未来

● 一些航空公司已为他们的波音 707 及道格拉斯 DC8 选用了劳斯莱斯的涡轮喷气式引擎。劳斯莱斯的喷气式螺旋浆引擎则用于韦克子爵机、爱童 F－27 式机以及墨西哥湾·圭亚那式机上。

● 世界各地航空公司的涡轮喷气式引擎，大半都是向劳斯莱斯订货或由劳斯莱斯公司供应的。

● 劳斯莱斯现有员工 42000 人，而该公司的工程经验并不仅限于涡轮喷气式引擎及喷气式螺旋浆引擎。另有柴油发动引擎及汽油发动引擎，可用于许多其他领域。

● 该公司的庞大的研究发展资源正在从事许多未来性、计划性的工作。其中包括核能利用、火箭发射等等。

对这一则广告文案，奥格威曾经自己评价道："像这种以陈述事实所作的广告，比虚张声势的广告更能助长销售。你告诉消费者的越多，你就销售的越多。请注意：这个广告中的标题非常之长，719 个英文字母的文案讲的全部都是事实。"

7.2　广告标题

广告标题（headline）就是广告的题目，是广告文案的高度概括。在多数情况下，广告标题也即广告主题。一则广告中，标题的好坏，对广告效果具有直接和显著的影响作用。标题不妥或吸引力不够，很容易造成广告费的流失和浪费。

7.2.1　广告标题的作用

人们在阅读文章的时候，先通过题目来了解文章的梗概，俗语说："题目是文章的窗口"，就道出了这种含义和作用。人们在翻阅报纸杂志的文章时，也习惯于先读标题，以决定选读哪些感兴趣的文章。这是由于人们的工作和生活都十分紧张，节奏快，不可能用很多的时间去逐篇阅读。人们读广告的时候，其选读性更大，如果不是自己需要的商品或服务广告，更是懒得去看。所以一则广告标题的优劣，往往决定着整幅广告的命运。有人测验过：看一则广告，80%左右的人是先看标题的。也有人做出了估计，50%~70%的广告效果有赖于标题的设计，正文越长的广告，它的标题的作用越显得重要。因此，在撰写广告标题时，必须注意发挥标题的以下作用。

（1）强化广告主题。广告主题是广告商品定位的文字表述，是广告创意表现的前提。因而，在广告文案创作中，应依据广告主题来进行语言文字的表现。广告标题根据广告表现的要求可以有许多，但广告主题通常只有一个。若干标题围绕主题展开，加深受众对广告主题的印象和理解，从而加深品牌印象，提高广告效果。

（2）概括广告表现。广告表现是广告创意的艺术展示。广告信息由多种艺术形式组成，如音乐、图片、动作等，都可以对目标对象产生刺激，形成印象。若没有一句很好的概括性的语句，这些表现就很难长存于受众的心目中，日渐稀薄，甚至完全遗忘。广告标题以较为简洁的语言文字，对充实丰满的广告内容做出概括，使之更加容易记忆和传播，产生联想，使广告效果提升并持久。

（3）引起受众注意。现代社会广告信息量很大，人们每天都接触数以百计的广告信息。因而，大多数人对这些信息或习以为常、熟视无睹；或人为抵触、充耳不闻。因此，若想使广告有效，至少让目标对象接触到广告信息，因而，标题就显得异常重要。下面一则由广告大师伯恩巴克所创作的经典广告，相信会让所有看过的人过目不忘。

标题：

慷慨地以旧换新

副标题：

带来你的太太，只要几块钱……

我们将给你一位新女人

正文：

为什么你硬是欺骗自己，认为你买不起最新的与最好的东西？在奥尔巴克百货公司，你不

必为买美丽的东西而付高价。有无数种衣物供你选择—— 一切全新，一切使你兴奋。

现在就把你的太太带给我们，我们会把她换成可爱的新女人——仅仅只花几块钱而已。这将是你有生以来最轻松愉快的付款。

奥尔巴克　纽约·纽瓦克·洛杉矶

口号：

做千百万的生意，赚几分钱的利润。

广告大师大卫·奥格威曾说过："平均来说，读标题的人数是读正文的人数的 5 倍，因此，可以说，标题一经写成，就等于花去 1 美元广告中的 80 美分；如果你做标题起不到推销的作用，那就等于浪费了 80% 的广告费。"因此，广告标题必须能够吸引广告受众的关注，进而促使其阅读广告正文。如果确实如此，广告标题的作用也就实现了。

【阅读资料 7-1】　　　　奥格威关于广告标题写作的原则

1. 标题好比商品的价码标签，用它来和你的潜在顾客打招呼。反之，不要在你的标题里说那些排斥你的潜在顾客的话。

2. 每个标题都应带出给潜在顾客自身利益的承诺，即讲明能够给他带来什么好处。

3. 始终注意在标题中加进新信息，因为消费者总是在寻找新产品、老产品的新用法或是老产品的新改进。

4. 其他会产生良好效果的字眼诸如：如何、突然、引进、新到、奇迹、魔力、奉献、挑战、快捷、简易、了不起、划时代、轰动一时、最后机会……这些字眼听起来似乎是老生常谈，但在广告上却很有用。

5. 加进一些充满感情的词，可以起到强化的作用。

6. 标题中应该写进品牌名称，至少要告诉浏览者，你的广告宣传的是什么品牌。

7. 在标题中写进你的销售承诺。

测试表明，10 个字或 10 个字以上带有新信息的标题比短的更能推销商品。

8. 能激发读者的好奇心，吸引他们去读广告的正文，在标题的结尾前你应该写点诱人继续往下读的东西进去。

9. 你的标题必须以电报文体讲清你要讲的东西，文字要简洁明了，不要和读者捉迷藏。

有些撰稿人常写一些故意卖弄的标题：双关语、引经据典或用晦涩难懂的词句，这是罪过。

10. 调查表明，在标题中写否定词是很危险的。因为读者很可能漏掉这个"不"字，从而产生错误的印象。

11. 避免使用有字无实的瞎标题，就是那种不读后面的正文就不明其意的标题，而大多数人遇到这种标题时恰恰又不愿意去读后面的正文。

7.2.2　标题类型

广告的标题，按其内容与组合形式的不同，可分为不同类型的广告标题。

W. Dunn 按组合方式把广告标题分为直接标题（direct headlines）、间接标题（indirect head-lines）、复合标题（combination headlines）。广告标题按标题内容又可分为新闻式标题（news headlines）、提示式标题（how-to headlines）、疑问式标题（question headlines）、命令式标题（command headlines）。下面我们分别来介绍。

1. 直接式标题

这类广告标题，是以写实形式、简明的文字表明广告的主要内容，使人们一读就清楚广告说些什么。这种标题要求简明、确切。直接标题往往以品牌名、企业名或活动名称做标题名，一目了然，清晰直观。如：

　　"JUST DO IT"

　　"好空调，格力造！"

　　"力士香皂，国际著名影星的护肤秘密"

　　"非常可乐，中国人自己的可乐！"

　　"露露一到，众口不再难调！"

　　"人头马一开，好事自然来！"

2. 间接式标题

这种标题并不直接介绍广告产品，而是采用迂回的办法，以"不明不白"的词句吸引目标对象的注意，引其转向广告正文，待将正文阅读完毕后，方可以明白其中意味。这类标题有点儿故弄玄虚之嫌，但若设计得当，效果十分理想。如国外有一则介绍方便面食品的广告标题是："丈夫为什么离开家？"画面上是一个男子气呼呼地瞪着眼睛，一副很不高兴的样子。文案解释道：他结束了一天紧张的工作回到家里，妻子已经外出，留下一张纸条，叫他从冰箱中拿食品自己烧了吃。丈夫不善于烹饪，很不高兴地离开家，到街上餐馆吃饭。广告介绍这家公司已生产一批美味的方便食品，只要一加热即可以食用，就不会发生丈夫离开家的现象了。接着就对各种方便食品做了介绍。文案风趣诱人，读来倍感亲切。间接式标题的应用也很多，其中较好的还有：

　　"一毛不拔"（长命牌牙刷广告标题）

　　"眼睛是灵魂的窗口，为了保护您的灵魂，请给窗户安上玻璃吧！"（美国眼镜广告标题）

　　"热气腾腾，蒸蒸日上"（电饭锅广告标题）

　　"发光的不都是黄金"（美国银器广告标题）

　　"夏夜伴侣？"（蚊香广告标题）

　　"我探出了琼的底细"（奥尔巴克（Ohrbach's）百货公司广告标题）

　　"我的朋友乔·霍姆斯，他现在是一匹马了"（箭牌（Arrow）衬衫广告标题）。

　　间接式标题在拟写时应注意间接"度"的把握，弯子绕得太大，给人以愚弄之感，反而会弄巧成拙。

3. 复合式标题

　　当广告标题的内容比较多，而又需要全摆上去以增强对受众的吸引力和印象时，便采用复合式标题方法。复合式标题，是由引题、正题、副题三种标题组成的标题群。在组合的形式中，有的由上述三种标题组成；也有的由其中两种标题组成，如引题与正题，正题与副题等；还有的由一道正题与两道副题组成。

　　复合式标题中的各个部分起着不同的作用。引题，又叫眉题或肩题，是为说明广告信息的意义，或交代背景时用。正题，又叫主题或主标题，一般用来说明广告的主要事实。副题，又叫副标题，一般做正题内容的补充说明。

　　(1) 含有引题、正题、副题的广告。比如，四川天府花生广告，其标题是：

　　　　四川特产，口味一流（引题）

　　　　天府花生（正题）

　　　　越剥越开心（副题）

　　　　又如，松下空调广告标题：

　　　　销售进入第二年（引题）

　　　　松下电器变频式空调的受用者越来越多（正题）

　　　　这么多的笑脸是舒适性和令人信赖的质量之证明（副题）

　　(2) 也有的复合式标题由两种标题组成，如正题和副题，或引题与正题等。

　　　　如下面几则含有正题与副题的广告：

　　　　小儿复方四维亚铁散（正题）

　　　　促进婴幼儿骨骼发育（副题）

　　　　海内存知己，天涯若比邻（正题）

　　　　电视电话能使山阻海隔的亲友见面畅谈（副题）

　　　　又如，奥尔巴克百货公司广告：

　　　　慷慨的旧货换新（正题）

　　　　带来你的太太（副题）

　　　　只要几块钱

　　　　……我们将给你换一位新女人

　　　　再如，美国肉类研究所芝加哥总部做的"肉"广告：

　　　　肉（正题）

　　　　使你吸收所需的蛋白质成为一种乐趣（副题）

　　　　含有引题与正题的广告。比如，春兰空调报纸广告标题：

春兰金牌保姆始终追求最好（引题）

金牌保姆宣言（正题）

再如，某酒厂广告标题：

××酿酒公司介绍（引题）

您想饮上一杯美酒，欢迎品尝××名酒（正题）

复合式标题也可由直接式标题与间接式标题来组成。

7.2.3 广告标题的创作

1. 广告标题创作的形式

广告标题的创作形式多种多样，如同做诗，同样的景物，在不同的诗人口中，就会有不同的诗句佳作。就其创作形式而言，可归纳为如下几种：

（1）陈述式。如杜邦塑胶标题："结实的杜邦塑胶能使薄型安全玻璃经冲击致碎后，仍粘合在一起"。

（2）新闻式。如某酒店门牌广告标题："敝店素来出售的是一种掺水10％的陈年老酒，如有不愿掺水者，请预先声明，但饮后醉倒，概与本店无涉。"

（3）承诺式。如上海牌香水广告标题："一分代价，七天留香。"

（4）反衬式。如："我只爱一个男人，我只用一种香水。"

（5）对比式。如苏杭旅游广告标题："上有天堂，下有苏杭。"

（6）祈使式。如台灯广告标题："用功读书时，灯光不足是最大忌讳，请保护你的眼睛。"

（7）设问式。如百事可乐广告标题："不让我喝百事可乐？想都不要想。"

（8）借喻式。如某电冰箱广告标题："同住一座楼，气味不相投。"

（9）反问式。如哈磁杯广告标题："既然每天要喝水，为什么不用哈磁杯?!"

（10）抒情式。如捷豹轿车："常人无法抗拒的外在美/常人无法体会的内在美"。

（11）幽默式。如某打字机广告标题："不打不相识。"

（12）悬念式。如新加坡美容广告标题："难道你不要脸吗？"

2. 广告标题创作的原则

（1）关注受众利益，适时传达承诺。目标对象总是接受那些与自身利益相关的广告信息，因此，广告标题一般不要在利益上含糊其辞，而应尽可能地明确承诺。如："宝洁（P＆G）公司玉兰油——我们能证明你看起来更年轻！"

（2）尽量把新的内容引入标题。人们往往关注新事物的出现，新产品的上市，并乐于接受新产品的信息和新的观念等。因此，涉及新闻报道的词总能吸引人们的注意，广告标题应善于应用这些词，如"新的""现在""宣告""改进""免费""革命""创新""重大进展""奇迹""令人吃惊""挑战""特殊""特价"等。比如某啤酒："期待已久，喜庆上市。'超爽'口味，即将在中国诞生。"

（3）长度适中。一般而言，短标题容易记忆，产生印象，权威认可的是 6 ~ 12 字的标题的广告效果最佳。而美国纽约零售业研究院与百货商店合作，曾对广告标题进行调研，结果发现字数 10 个或 10 个以上的标题，只要有新内容，新信息，常常比短标题推销的商品多。可见广告标题并无最佳长度标准，但标题不宜太短或太长。

（4）避免使用笼统或概括性很强的词语。广告标题力求生动、具体、形象、阐述直观。泛泛的词语不会使受众产生兴趣，且容易产生误解，严重影响广告效果。因此，对此类词语应避免使用。如某热水器广告："横比，竖比，是热点，没法比。"

（5）避免用否定词。广告标题应尽量不使用否定词。因为受众往往喜欢从正面接受广告信息，若在广告标题中使用否定词就容易造成负面影响。广告标题中最好说明事物是什么，而非不是什么，否则很可能会弄巧成拙。假如某高校招生广告的标题为"我们的学校不是培养不出优秀的人才"，考生或考生家长看到后极有可能对该校的教学质量产生怀疑。

7.3 广告正文

广告正文（body copy）是广告文案的中心内容，是对广告标题的解释以及对广告产品的介绍。广告主题也是通过广告正文来充分表现的，广告正文的质量高低关系到广告创意思想的表现。广告正文与标题的关系是：标题在于吸引，正文在于说服；标题提出问题，正文回答问题。

7.3.1 广告正文的结构与内容

一般而言，广告正文包含三个部分。

1. 引言

引言是广告标题与广告正文的衔接段，是广告正文的开头部分。广告正文的引言担负着承上启下的使命，因而必须以高度的概括和精炼的笔触，迅速生动地点明标题原因并引出下文，以吸引读者继续阅读，否则就会前功尽弃。

如飞利浦等离子超薄平面电视机的广告（《经济日报》1999 年 9 月 30 日三版）：

现代杰作的展示（标题）

飞利浦"等离子超薄平面电视机"视觉的艺术（引言）

2. 主体

主体是阐述广告主题或提供论据的主要部分，是广告文案的中心。引言之后，主体部分要及时点出目标对象关心的价值利益和广告商品的优势特点，以及这些特点与目标消费者的关系，阐明目标消费者可以得到的利益。广告商品中说明这些利益点的依据是什么，对消费者的保证措施等，以此来说服消费者进行购买，仍以飞利浦"等离子超薄平面电视机"广告为例，其广告主体如下。

飞利浦等离子超薄平面电视机，外形别具匠心，它拥有宽大的 106 厘米（42 英寸）屏幕，却只有 11 厘米（4.5 英寸）厚度。超薄的它，挂在墙上，带来无限惊喜，令人惊叹不已！它拥有革命性的等离子平面显示屏，配以数码清晰画面技术，使图像轮廓更为清晰，色彩分外明艳；120 瓦杜比环绕立体声输出（Dolby Prologic Surround Sound），配以 15 个扬声器，二路超重低音扬声器和动态低音增强器，音质生动无比，展现家庭影院的超然境界。

3. 结尾

结尾是广告正文的结束部分。它的主要目的在于用最恰当的语言敦促目标对象及时采取行动。一般结尾较短，但意义重大，具有肯定语气的和煽动性的结尾与广告标题相呼应，可极大地提高广告效果。飞利浦"等离子超薄平面电视机"广告的结尾为：

飞利浦超平面电视机，尊贵享受，尽在其中！生活自然愈来愈好！

7.3.2 广告正文的类型

广告正文依体裁、风格、手法等不同，可将它们分为若干类型，如直诉式、叙述式或描述式等。但具体到广告正文创作，不应选定某一种类型进行，而应该根据具体情况以将正文写得生动有趣为依据。因而，广告正文很有可能是几种类型的混合体。我们进行广告正文的分类，仅是从理论上进行分析，理清思路，便于广告文案创作。

1. 直述式

直述式是直接阐述广告产品功能特性，以客观的表述介绍产品，没有过多的修辞与描绘。直述式广告文案的魅力在于商品本身的诉求力量，而非文案写作技巧。在工业用品及部分日用消费品广告中，采用这种形式。请看方正电脑在杂志上的广告正文：

北大方正专为中国家庭用户制作的网络时代的多媒体电脑卓越 98，更充分发挥了电脑在信息处理、通信、多媒体欣赏与创作等方面的功能，再次确立了网络时代高性能家用多媒体电脑标准。

卓越全部采用立式机箱，外设麦克风和音箱，全新的人工工程设计适合家居环境，其独具特色的滑动门设计可较好地保护软驱与光驱。在系统设计上，以网络与多媒体为核心，采用一系列先进的技术，全部配置有 33.6/144kbps 全功能 Fax/Voice/Modem 卡、快速 S3 VIRGE 三维图加速卡、16 位三维立体声声卡、8 倍速光驱、15 数控 MPR 低辐射、防静电平面直角显示器；CPU 全部升级至 AMDK5、奔腾或多功能奔腾 166MHz 处理器，可实现快速多媒体数据处理、高品质三维影像播放、便捷 Internet 浏览、快捷传真收发、电话答录、特制的 S－Video 与 AV 输出端子，可方便用户将电视作为大屏幕显示屏。卓越的 9980 还配备了视频捕捉卡和 CCD 摄像头，更方便用户享用可视电话新技术。代表了当今家庭数字或信息处理的更高境界。

方正电脑，源自北大学府，创新科技文明。

2. 叙述式

叙述式正文是用故事形式写成的广告文案，它往往能将枯燥无味的广告信息变得饶有趣味。这类正文要使内容像小说故事情节那样，有矛盾冲突的出现和最后的解决，读来引人入胜，颇有微型小说的味道。此类正文写作往往是以某人遇到困难或麻烦而感到苦恼开始，以找到解决办法而圆满结束。目的是告诉受众在遇到同样的困难时，采用同样的办法。请看乔治·葛里宾（George Cribbin）为旅行者保险公司所创作的广告正文：

当我 28 岁时，我认为今生今世很可能不会结婚了。我的个子太高，双手和双腿又不协调，常常碍事。衣服穿在我的身上，总不及穿在别的女郎身上那么好看。似乎绝不可能有一位护花使者会骑着白马把我带走。

可是，终于有一个男人来陪伴我了，爱维·莱特看上了我自己都不知道的优点。至此我方感不虚此生。以后我们就结婚了。

那是 4 月中的一天，苹果树上的花盛开着，大地一片芬芳。那是近 30 年前的事了，自从那一天之后，几乎每天都如此不变。

……

哎，爱维在两年前的 4 月故去，安静地含着微笑就和他生前一样。苹果树的花仍然在盛开，大地仍然充满了甜蜜的气息，而我怅然若失，欲哭无泪。当我弟弟来帮助我料理爱维的后事时，我发现爱维是那么体贴关心我，就和他往常的所作所为一样。他在银行中并没有给我留下很多钱，但有一张照顾我余生全部生活费用的保险单。

就一个女人所诚心相爱的男人过世之后而论，我实在是和别的女人一样的心满意足了。

寓意：到旅行者公司投保。旅行者保险公司，旅行者理偿保险公司，旅行者火险公司。

哈特福德·康涅狄格州

后记："这是我写过的最好的广告，"乔治·葛里宾说，"那全是由我的亲身经历所得。我太太在她 28 岁时就曾经认为，这辈子她是不会结婚的了。因为她认为她生得高大而笨拙，很可能会没有人向她求婚。"葛里宾接着说："而在这一则广告中所发生的故事片是：这个女人被求婚了……结婚了……她过着快乐的生活。她的丈夫在过世之前，早已给她买好了保险金。"

3. 证言式

证言式广告的正文是按证明书形式写成的，它需要提供权威人士或著名人士对广告商品的鉴定、赞扬、使用和见证等。这里的权威人士可以是真名实姓，也可以是虚构的，但无论真假，他们都必须有资格为其所宣传的产品出证言。如某家庭用品，最好选用家庭主妇，才具有说服力。时下许多公司的广告正文采取这种形式。比如，雕牌透明皂电视广告就采用了消费者证言这种形式。

雕牌透明皂通过对日常生活的展示，给雕牌营造了一个温馨的生活场景。广告中的使用者不断介绍并演示产品出色的洗涤性能，亲切可信。电视广告不但可以向受众详尽地介绍商品的各种性能，而且能够形象、直观地将商品的外观及包装特点逐一地展现在受众面前，从而可以最大限度地诱导购买，因此具有不可比拟的影响力和优越性。

4. 音乐式

如果单单用语言来传播商品信息，要让人们一下子记住它是比较困难的，但是，如果赋予语言以歌曲的形式，那么，记忆将会变得容易许多。因此，音乐式广告多种形式：可以将整个讯息编成歌；也可在旁白中穿插。许多广告采用统一的音乐主题作为背景色彩或广告结尾，滚石公司为视窗'95软件创作的广告音乐"启动我"便属于此列，我们称之为音乐标志（music-callogo），在广告主题多次重复之后，听众便会把音乐标志与产品自然而然地联系起来。要做到这一点，音乐必须具有摄人魂魄的吸引技巧。广告音乐的来源包括：购买音乐版权、利用已无版权问题的曲子或原创歌曲，很多广告歌是通过这一方式制作并最终流行的，如张雨生的《我的未来不是梦》。

下面让我们来欣赏一下沱牌曲酒广告歌——《悠悠岁月酒》。

多少天地造化

多少日月精华

你是人杰圣贤的知己

也是平民百姓的朋友

常言道那好酒醉人不醉心

天地间这无情未必真英豪

情至深处人自醉

酒到醉时情更深

悠悠岁月酒

滴滴沱牌情

多少冲天豪情

多少梦绕情牵

你是热血男儿的兄弟

也是多情女儿的知音

常言道那好酒醉人不醉心

天地间这无情未必真英豪

情至深处人自醉

酒到醉时情更浓

悠悠岁月酒

滴滴沱牌情

5. 描述式

描述式广告的正文是以极其生动细腻的描绘刻画来激发人们基本情感和欲望的一种广告文体。读来恰似一篇散文。如果描绘真切感人，会给受众一个鲜明和深刻的印象。否则，就会让人觉得言之无物，枯燥乏味。请看台湾统一企业公司在父亲节所做的广告正文：

> 爸爸的脚步
>
> 爸爸的脚步，永不停止
>
> 曾经，我们携手走过千万步
>
> 逛过庙会，赶过集会
>
> 走过沙滩，涉过溪水
>
> 爸爸的脚步，陪我走过好长的路……
>
> 一面走，一面数
>
> 左脚是童话，右脚是盘古
>
> 前脚是龟兔，后脚是苏武
>
> 爸爸的脚步，是我的故事书
>
> 一面走，一面数
>
> 左脚一、三、五，右脚二、四、六
>
> 前脚是加减，后脚是乘除
>
> 爸爸的脚步，是我的算术
>
> 爸爸的脚步，是我的前途
>
> 为了孩子，为了家
>
> 爸爸的脚步，永不停止……
>
> 今天，让我们陪爸爸走一段路

赠送《健康养生特辑》。即使不能亲身随侍，也请打个电话，写封信，表达对爸爸深深的感恩之情。

7.3.3　广告正文创作的原则

（1）紧扣主题，围绕标题。正文是标题的解释，同时增加了标题的信息量。正文应围绕标题展开阐述，可举事例来论证标题。当然，正文更是对主题的文字表述，以主题为核心概念展开，否则，广告正文就失去了重心。即使正文很华丽，很吸引人，但言之无物或受众不知道广告想说明什么，就会使正文失去作用，反而影响到广告标题的效果。

（2）正面陈述，言简意赅。正文应尽量陈述广告产品的事实，用艺术化的语言表述产品特性，以传达最为直观的信息。切记不要闪烁其辞，躲躲闪闪，绕大圈子，不知所云。正文的长短篇幅并无界定，一般以短文为好。但对于特殊商品如汽车，长文案反而效果显著。

（3）特性突出，具体生动。正文应突出广告商品的特性，抓住受众最为关心的利益点进行阐述，但注意避免"使用说明"式的陈述，以及读来枯燥乏味，毫无活力，而应增加艺术表现成分，使其生动有趣。

（4）语言热情，朴实真诚。正文行文应注意流露出广告商品的信息和喜爱，这样才能传递此种感受。广告正文创作的艺术性并非要求文字的华丽，而要强调朴实和真诚。在此基础上渲染气氛，增强诱惑。因为广告正文毕竟不是散文。

（5）提出忠告，表明承诺。广告正文的结尾若对目标受众提出有益的忠告或表明与目标受众利益相关的承诺，则比整篇广告正文只描述广告产品多吸引75%的受众，且此忠告或承诺与广告标题要相呼应，强化广告主题，加深广告信息的印象，很好地体现广告效果。

7.4　广告标语与广告附文

7.4.1　广告标语

广告标语（slogan），又叫广告口号，是最经常使用的广告语言，在广告传播中具有独特的、重要的作用。广告标语是对广告商品信息精炼的概括或对广告主企业理念简洁的诠释，或两者兼顾。广告标语便于传播和记忆，是广告主企业进行宣传的重要的内容，甚至与企业品牌一道，构成企业宝贵的无形资产。

【阅读资料 7 - 2】　　　　　　　广告语变化与社会变迁

广告口号是研究社会变迁的重要素材，它随手拈来，对历史没有任何的歪曲、粉饰，是最朴素、最直观的素材，但却真实、准确地记录了人们消费观念、生活观念转变和生活水平提高、社会文明进步的过程。

我们将不同时期流行的一些广告口号罗列起来，就能生动地再现随着社会生产力的不断发展，人们生活质量步步提高的历史过程。

不少市场营销学教材都会提到一个经典的案例：福特汽车公司销售广告口号的演变。1920年以前，生产的发展不能满足需求的增长，多数商品都处于供不应求的状况，在这种背景下，只要有商品，质量过关、价格便宜，就不愁在市场上找不到销路，有许多商品都是顾客上门求购。企业的精力集中于扩大生产、降低成本，生产出尽可能多的产品来获取利润。这时工业企业界十分流行的口号和观念是"我们会生产什么就卖什么"。此时，美国福特汽车公司大规模生产T型汽车，而且十分畅销，亨利·福特这位汽车大王的口号是："不管顾客需要什么颜色的汽车，我只有一种黑色的。"1950年以来，由于科学技术和生产的迅速发展使人民的文化生活水平不断提高，消费者的需要向多样化发展并且变化频繁，企业的经营哲学从以产定销转变为以销定产，企业和顾客的位置对调，市场观念发生重大革命，企业一切活动都以顾客需求为中心，企业把满足消费者的需求和欲望作为自己的责任，流行口号变成了"顾客需要什么，我们就生产什么""顾客是上帝"等等。福特汽车公司的口号也变成了"顾客需要什么颜色的汽车，我们就生产什么颜色的汽车"。

不同时期广告口号诉求内容的转变，展示的是人们的消费观念、生活方式逐步走向理性和科学的过程。1970 年开始，国外许多企业、商家在作广告时不再满足于诉说物品原来设计所要满足的需要，即物品直接的、显性的功能，而且还在努力传递一些现代的生活理念，并竭力触发人们内心的追求和渴盼。这种变化的社会背景是西方国家提出了"可持续发展观"，对于片面追求生产增长而不顾环境的承受能力这种发展观提出了反思和批判，环境污染、资源短缺、人口爆炸、通货膨胀等一系列日益严重的社会问题引起了广泛关注。与此同时，在西方国家市场观念、营销观念悄然发生深刻变化，保护长远的社会利益成为公众的价值取向。对企业而言，它的生产既要在满足消费者需求的基础上获取经济效益，又要兼顾和符合整个社会的利益。渐渐的一些新鲜口号，如"绿色食品""绿色消费""绿色生活""生态生活"等等，流行于全世界，同时，人们注重生活质量、追求人与自然和谐相处的新时尚和新观念成为一种新追求。另一方面，经过广告口号对人们听觉、视觉和心理的反复冲击，也会造就一种虚实相生的流行观念和时尚风气，反过来影响人们的消费趋向和生活方式。

同样，在今天，只要我们注意对中外企业各类广告口号和品牌口号的收集，就能及时准确地把握时尚潮流的走向和消费热点的转换。近年来中国人的生活由温饱型转向小康型、富裕型，"吃得饱，穿得暖"已不成问题，现在想的是"有品味，会享受"，买产品重在买服务。这种发展趋势促使企业迅速应变，企业的竞争焦点和市场宣传点转向售后服务。一时间，服务开始摆脱原来作为产品的附加和补充地位，走上前台，成为整个经济发展的最重要因素。与此同时，和服务相关的口号风行世界。如在 IT 业，几乎所有著名厂商都不约而同地亮出了自己的服务口号："金牌服务""全程服务""零距离服务""IBM 就是服务""软件就是服务""分销就是服务""24 小时昼夜服务"，如此等等，不一而足。保健类补品的广告口号则往往以"健康"为说词，以激发人类本能的生命意识，从而对所广告的产品产生不可抗拒的亲和力。"为健康每一天""健康是金，金施尔康""健康成就未来""新年送什么？送健康！""更黑更亮更健康"等，这是人们注重身体和健康，追求生活质量的一种写照。

资料来源：http：//www.ectime.com.cn/Emag.aspx? titleid =3350，作者，毛园芳，有删减。

1. 广告标语的特点

（1）精炼简洁，内涵丰富。广告标语总是试图以较少的文字表现最为丰富的广告信息。为了便于记忆与传播，广告标语在许多情况下不能与广告标题一样，为了吸引公众而有意增加悬念。广告标语往往都是肯定的表述，是对广告商品及广告主企业的高度概括。正如品牌一样，其内涵可能涉及广告主企业的各个方面，为广告主企业所独有。如：

没有愈合不了的伤口。（邦迪创可贴广告）

永远的绿色，永远的秦池！（秦池酒广告）

大家好，才是真的好！（好迪洗发水广告）

真诚到永远！（海尔电器广告）

四海一家的解决之道！（IBM 网络服务广告）

喝可乐，生活添味道！（可口可乐广告）

非常可乐，中国人自己的可乐！（非常可乐广告）

27 层净化。（乐百氏纯净水广告）

INTEL 奔腾处理器，给电脑一颗奔腾的"芯"。（INTEL 广告）

农夫山泉有点甜。（农夫山泉广告）

好酒，可以喝一点。（板城烧酒）

突破渴望，敢于第一。（百事可乐广告）

（2）生动形象，意味深长。广告标语的语言总是力求生动有趣，真挚感人。几个字，一句话，即将产品特点栩栩如生地展现出来，令人称奇。这也正是广告标语的魅力所在。如：

路遥知马力，日久见"跃进"。（跃进汽车广告）

滴滴香浓，意犹未尽。（麦氏咖啡广告语）

钻石恒久远，一颗永流传。（德比尔斯钻石广告）

千里情意，一线相系。（AT&T 公司 10810 中文台广告语）

当太阳升起的时候，我们的爱天长地久。（太阳神口服液广告）

（3）准确定位，吸引目标。广告标语对广告商品信息的概括是建立在商品定位的基础之上的，语言、语气的运用均对此有所考虑，使目标受众产生接近感，易于接受。如：

金利来——男人的世界。（金利来产品广告）

威力洗衣机，献给母亲的爱。（威力洗衣机广告）

只溶在口，不溶在手。（M&M 巧克力豆广告）

牛奶香浓，丝般感受。（德芙巧克力广告）

晶晶亮，透心凉。（雪碧汽水广告）

新一代的选择！（百事可乐广告）

（4）相对固定，强化传播。广告标语与广告标题不同，应是相对固定的。因为广告标语总是与品牌联系在一起，形成品牌——标语——商品——企业这样一种联想。若想随意改变，就会损害这一形象的完整性，广告主企业就会遭受重大损失。相反，广告主企业应当增强对广告标语的宣传意识，在不同的场合，经常传播广告标语，加强公众对广告标语的记忆和了解，这将有助于企业形象的建立。

2. 广告标语创作的原则

（1）简洁明了。广告标语力求简洁，言简意赅。如阿迪达斯广告："没有什么不可能。"又如攀特牌涂改笔广告："一笔勾销。"

（2）朗朗上口。广告标语应易读，易记，文字流畅。如维维豆奶广告："维维豆奶，欢乐开怀。"又如飘柔洗发水："头屑去无踪，秀发更出众。"

（3）阐明利益广告标语要对受众表明其关心的利益点。如法国一印刷厂广告："除了钞票，承印一切。"又如蓝天六必治广告语："牙好，胃口就好！"再如奥尔巴克百货公司企业形象广告："百万的企业，毫厘的利润。"

（4）经久耐用。广告标语要考虑其时效性，最好能与品牌永久相伴。如："可口可乐，挡不住的感觉！"

【阅读资料7-2】 广告口号，请勿玩弄文字游戏

2001年，上海一生产女性内衣的台资企业打出了"玩美女人"的广告口号，受到公众和媒体的指责，并引发官司。在法庭上，生产厂家认为：改革开放以来，生活日益丰富多彩，语言中出现了许多带有轻松随意态度的新字句，"玩"有"追求、崇尚"的意思，生动形象、动感十足、极富时代气息，"玩美"就是崇尚美、追求美，所谓"玩美女人"，也就是重视生活情趣、讲究生活质量的女人，它体现了一种现代的生活理念和消费观念。但工商部门指出："玩"有"戏弄、玩弄"的意思，"美女人"是指"美丽、漂亮的女人"，"玩美女人"给公众的理解就是"玩弄美女"，这违反了《广告法》关于广告"不得妨碍社会公共秩序和违背社会良好风尚"的规定。结果，厂家被责令停止发布此广告，公开更正，并被罚款20万元。"玩美女人"这一口号之所以引起争议、被叫停，究其原因与语言的歧义、双关有关（谐音"完美女人"；歧义：玩美——女人，玩——美女人）。从语言学的角度看，恰如其分地运用歧义和双关可以含蓄地表达文学意境，造成强烈的暗示，让受众者心领神会，产生美感，陶冶情操。但决不能为了片面追求生动形象，而肆意篡改和拼接传统语言。那些低级庸俗、俗不可耐的广告口号，既不能反应商品的内在特性，又不能使公众心理产生认知、认同、认购的效应，更不具有一定的文化品位，对自己品牌也造成伤害，弊大于利，实不足取。

资料来源：http://baike.baidu.com/view/1501271.htm

3. 广告标语创作的主要方法

（1）口语法。如雀巢咖啡："味道好极了！"又如哇哈哈营养液："喝了哇哈哈，吃饭就是香！"再如，波导手机广告："波导手机，手机中的战斗机。"

（2）夸张法。如某矿泉水广告："寿星喝了矿泉水，扔了拐杖比健美。"又如某化妆品广告："今年20，明年18！"

（3）对仗法。如燃气具："蓝蓝的火，浓浓的情！"又如绿野香波广告语："原野的清新，水

晶的光洁。"再如华歌尔服装广告语:"长夜如诗,衣裳如梦。"

(4)排比法。如某一公益广告语:"选择宽容,就是选择对情感的珍视;选择宽容,就是选择对万物的眷恋;选择宽容,就是选择对他人最好的关怀。"

(5)双关法。如丰胸产品广告语:"做女人'挺'好!""不要让男人一手把握"。"没有什么大不了。"男性保健品广告:"做男人也'挺'好。"又如某理发店广告语:"新事业从头做起,旧现象一手推平。"

(6)谐音法。如某酱菜广告语:"'酱'出名门,传统好滋味。"又如摩托车:"'骑'(其)乐无穷。"再如李宁牌运动鞋广告语:"步步为'赢'(营)。"还有某酒家广告语:"举杯邀明月,对饮(影)成三人。"

(7)回环法。如:"万家乐,乐万家。"又如韩国现代集团:"现代技术,技术现代。"

(8)对比法。某臭豆腐广告语:"臭名远扬,香飘万里。"

(9)顶针法。如丰田车:"车到山前必有路,有路就有丰田车!"又如:"加佳进家家,家家爱加佳!"

(10)预言法。三九胃泰药品:"岁岁平安,三九胃泰的承诺!"

7.4.2　广告附文

广告附文是广告文案中的附属文字部分,是对广告内容必要的交代和进一步的补充说明。它主要由商标、商标名、公司名、公司地址、电话、价格、银行账号以及权威机构证明标识等组成。如大卫·奥格威为舒味思(Schweppes)奎宁柠檬水所作的广告文案附文:

如果你喜欢这一则广告但没有品尝过舒味思的话,请寄明信片来,我们会作适当的安排。

函寄:纽约市·东6街30号·舒味思收。

广告附文是广告文案的组成部分,具有重要的推销作用。一则广告一般不会将上述内容全部列出,应根据广告目标、媒体选择等有所取舍。

本章小结

广告文案(advertising copy)有两种不同的概念:广义的概念与狭义的概念。广义的广告文案,也称广告稿、广告表现,它的内容包括广告作品的全部。狭义的广告文案,仅指广告作品中(广告物,advertisement)的语言部分。

广告标题(headline)就是广告的题目,是广告文案的高度概括。在多数情况下,广告标题也即广告主题。一则广告中,标题的好坏,对广告效果具有直接的和很大的影响作用。标题不妥或吸引力不够,很容易造成广告费的流失和浪费。广告标题的作用主要有强化广告主题、概括广告表现、引起受众注意等作用。广告标题的类型可以分为直接式标题、间接式标题和复合式标题三种。

广告正文（body copy）是广告文案的中心内容，是对广告标题的解释和对广告产品的介绍。它由引言、主体和结尾三个部分组成。广告正文的类型可分为直述式、证言式两种，在创作广告正文时应遵循五个基本的原则。

广告标语（slogan），又叫广告口号，是最经常使用的广告语言，在广告传播中具有独特的、重要的作用，它具有精练简洁、生动形象、相对固定等特点。由于广告标语便于传播和记忆，是企业进行宣传的重要内容，因而易于成为企业宝贵的无形资产。广告附文是广告文案的附属部分，是对广告内容的进一步补充和说明，具有重要的推销作用。

思考题

一、单选题

1. 某台灯广告标题："用功读书时，灯光不足是最大忌讳，请保护你的眼睛"，使用的创作形式是（   ）。

  A. 反衬式   B. 祈使式

  C. 借喻式   D. 抒情式

2. 某酒店门牌广告标题："敝店素来出售的是一种掺水10%的陈年老酒，如有不愿掺水者，请预先声明，但饮后醉倒概与本店无涉"，使用的创作形式是（   ）。

  A. 陈述式   B. 新闻式

  C. 借喻式   D. 对比式

3. 下列属于直接式标题的是（   ）。

  A. 力士香皂，国际著名影星的护肤秘密

  B. 我探出了琼的底细

  C. 我的朋友乔·霍姆斯，他现在是一匹马了

  D. 热气腾腾，蒸蒸日上

4. 在广告文案中，注目率最高的是（   ）。

  A. 标题   B. 正文

  C. 附文   D. 空白处

5. （   ）是广告的必要说明，如公司名、公司地址、电话、传真、电子邮件地址、购买手续、银行账号、经销部门等。

  A. 正文   B. 标题

  C. 随文   D. 商标

二、多选题

1. 广告标语创作的原则包括（   ）。

  A. 简洁明了   B. 朗朗上口

  C. 阐明观众关心的利益点   D. 经久耐用

E. 富有文采

2. 创作广告正文的原则主要有（　　）。

A. 紧扣主题，围绕标题　　　　　　B. 正面陈述，言简意赅

C. 特性突出，具体生动　　　　　　D. 语言热情，朴实真诚

E. 极尽渲染，尽力夸张

3. 广告标题的作用包括（　　）。

A. 强化广告主题　　　　　　　　　B. 概括广告表现

C. 美化广告内容　　　　　　　　　D. 引起受众注意

E. 突出商品特征

三、名词解释

1. 广告标题　　2. 间接式标题　　3. 广告正文　　4. 广告标语　　5. 广告附文

四、简答及论述题

1. 广告文案有哪些特征？

2. 广告正文的类型主要有哪些？

3. 广告标语有哪些特点？广告标语创作的原则是什么？

3. 试论述广告标题的创作原则。

4. 试论述广告正文的创作原则。

案例讨论

穿"哈撒韦"衬衫的男人

被美国《广告时代》杂志评为"以创意之王屹立于广告世界中"的大卫·奥格威，1948年以6000美元创业，如今已成为全世界10大广告公司之一，并在全世界40个国家设有140个分支机构。这位美国广告泰斗成功的秘诀就在"创意"。40年来，奥格威的点子层出不穷，他所企划的成功广告活动多不胜数，其中最脍炙人口的经典作品，莫过于哈撒韦衬衫广告。

哈撒韦是一家默默无名的小公司，每年的广告预算只有三万美元，与当时箭牌衬衫每年200万美元的广告费相较之下，真是少得可怜。当哈撒韦的老板杰得与奥格威洽谈广告代理时，奥格威不在乎广告预算太少，他在乎的是：必须把广告全权委托，不得更改企划案，连一个字都不得更改。杰得一口答应。

接下哈撒韦衬衫的广告代理后，奥格威内心盘算着：

——面对箭牌衬衫每年200万美元庞大广告费，哈撒韦要打出知名度，非出奇制胜不可。

——哈撒韦的广告活动，必须是一个伟大的创意，否则必败无疑。

——为了提高哈撒韦的知名度，我必须先建立它的晶牌印象。

根据调查证实，消费大众都是先看广告图案（相片），再看标题，最后才读文案。——此种图案—标题—文案的架构，就是故事诉求法。此种诉求法，常令消费者无法抗拒，不过，"故事"的内容必须充实，而且图案（相片）必须能引起大众的好奇，才能吸引他们接着标准"文案"一路看下去。

——我要以何种图案为主题呢？啊！有了，"眼罩"的中年绅士为主题。于是，一个伟大的创意出现了。

不久，一个戴着黑眼罩的中年男士，穿着哈撒韦衬衫出现在美国的报纸与杂志广告上。在短短几个月内，那位戴眼罩的绅士表现出英勇的男子气概，风靡了全美国。

当然，哈撒韦衬衫跟着水涨船高，达到家喻户晓的程度。

在美国的广告史上，从没有一个产品像哈撒韦那样，花那么少的代价（每年 3 万美元预算）创造了全美知名的品牌。虽然奥格威只从哈撒韦的广告上赚到 6000 美元，然而此一杰出的创意，将使他在广告史上永垂不朽。妙的是，这位因"创意"而名满天下的广告大师，认为好的广告是不愿你觉得它很有"创意"而已，宁愿你觉得它很有意义，而去购买该产品。

广告文案：

标题：穿"哈撒韦"衬衫的人

正文：美国人最后终于开始体会到买一套好的西装而被穿一件大量生产的廉价衬衫毁坏了整个效果，实在是一件愚蠢的事。因此在这个阶层的人群中，"哈撒韦"衬衫就日渐流行了。

首先，"哈撒韦"衬衫耐穿性极强——这是多年的事。其次，因为"哈撒韦"剪裁——低斜度及"为顾客定制的"——衣领，使得您看起来更年轻、更高贵。整件衬衣不惜工本的剪裁，因而使您更为"舒适"。

下摆很长，可深入你的裤腰。钮扣是用珍珠母做成——非常大，也非常有男子气。甚至缝纫上也存在着一种南北战争前的高雅。

最重要的是"哈撒韦"使用从世界各角落进口的最有名的布匹来缝制他们的衬衫——从英国来的棉毛混纺的斜纹布，从苏格兰奥斯特拉德地方来的毛织波纹绸，从英属西印度群岛来的海岛棉，从印度来的手织绸，从英格兰曼彻斯特来的宽幅细毛布，从巴黎来的亚麻细布，穿了这么完美风格的衬衫，会使您得到众多的内心满足。

"哈撒韦"衬衫是缅因州的小城渥特威的一个小公司的虔诚的手艺人所缝制的。他们老老小小的在那里工作了已整整 114 年。

您如果想在离你最近的店家买到"哈撒韦"衬衫，请写张明信片到"C·F·哈撒韦"缅因州·渥特威城，即复。

? 问题讨论

1. 本广告文案采用了何种创作手法？此广告的绝妙创意何在？

2. 本案例给我们的启发是什么？

第 *8* 章

广告制作

■ 本章导读

广告制作是广告活动中的一项重要的内容，是广告理论与广告实践的具体反映和体现。因此，广告制作的成功与否，直接影响到广告效果的好坏。广告制作与广告媒体有着密切的关系。不同的广告媒体因传播特点不同，对广告制作也就有不同的要求。因此制作广告时应充分把握不同媒体的特点，使传播的内容与形式协调一致，以达到最佳的传播效果。本章主要讲述广播、电视、报纸和杂志四大媒体的广告制作，同时也对户外、直邮、POP 等媒体的广告制作进行了简单的介绍。

■ 知识结构图

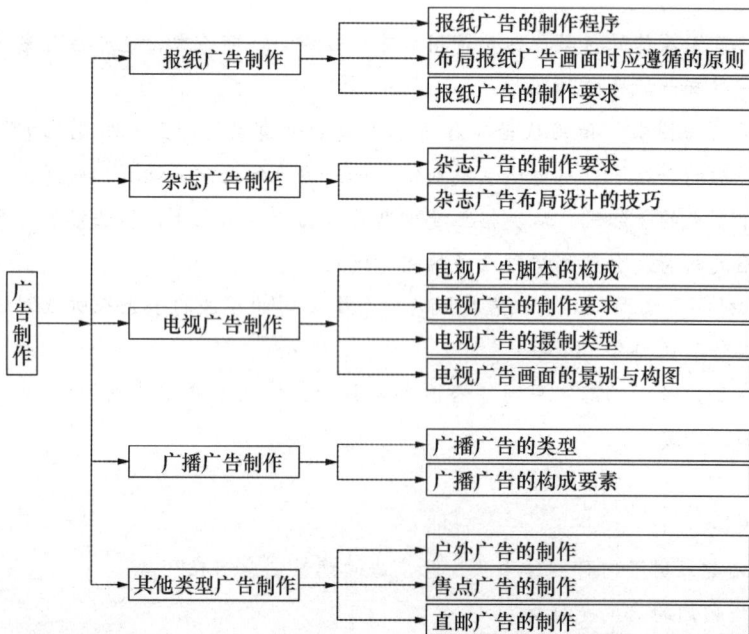

【开篇案例】　　　　　大放异彩的依云矿泉水"滑轮宝宝"

2009 年，一段法国依云矿泉水的视频广告在视频网站 YouTube 上引起轰动——一群穿着纸尿裤的可爱宝宝不仅玩起轮滑，还摆出各种酷酷的姿势，甚至大跳嘻哈。短短一周内，这个视频的点击率超过了 600 万次。这段长 60 秒的视频，其实是法国依云矿泉水的一个创意广告，体现依云矿泉水"保持年轻"系列的宗旨。

视频共出现了 96 个用特效技术制作的轮滑宝宝，背景选在一家城市公园。视频一开始，伴随着说唱团体"糖山帮"的嘻哈单曲《说唱者的喜悦》的音乐声，几名穿着纸尿裤的宝宝脚踩轮滑鞋，隆重出场。别看他们人小，却拥有高超的轮滑技术，轮滑鞋在他们脚下如飞火轮一般自如。他们忽而跳跃，忽而跳上栅栏，忽而翻跟头，忽而又大跳嘻哈。宝宝们的轮滑技术让很多人惊叹不已，但有人质疑：这些连站都站不稳的宝宝为何有如此高超的轮滑技术？其实这都多亏了电脑技术。这段视频是在伦敦松林工作室制作完成的。视频中的宝宝们只需坐在绿色的幕布前，工作人员一边吸引宝宝们的注意力，一边跟着音乐拍子轻轻地前后摇动他们的身体，录制他们的表情等。与此同时，工作人员已拍摄好专业溜冰者的视频，然后将电脑生成的宝宝们的身体替换溜冰者。最后，工作人员再加上宝宝们的头像就大功告成了。

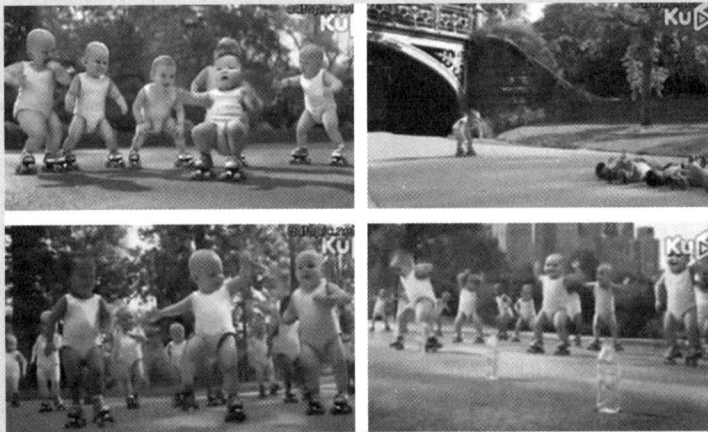

图 8-1　依云矿泉水视频广告画面

资料来源：改编自"依云矿泉水广告——超强悍的轮滑宝宝"，http：//blog. sina. com. cn/s/blog_ 4d1e8e9f0100 fug3. html。

8.1　报纸广告制作

报纸是一种重要的广告发布媒体，与杂志、广播和电视一道被誉为四大广告媒体。报纸广告以文字和图画为主，具有阅读方便、易于保存、不受时间限制等诸多优点。虽然近年来网络媒体异军突起，但报纸作为一种重要的信息载体在媒介中依然占有重要的一席之地。有关报纸媒体的具体特征我们会在广告媒体及媒体策略一章中详述，本节主要介绍报纸广告的制作程序、原则与要求等内容。

8.1.1　报纸广告的制作程序

报纸广告的制作大体上可分为七个基本步骤。

1. 设计初稿

在这一阶段，广告制作人员要将酝酿好的广告创意用草图的形式表现出来，并加上一个醒目的标题，然后征求广告主的意见。经广告主同意后，再制作一个较详细的稿样。如果广告主不同意，就必须对初稿进行修改，直到广告主满意为止。

2. 选择字体

报纸广告中的字体是指文字的书写样式。字体样式的选择会影响广告的外观、设计及识别性。

报纸广告中的字体的样式主要有印刷体、手书体、美术体三类：印刷体包括宋体、正体、黑体、隶体等多种。报纸广告标题运用最多的是黑体和宋体。手书体包括篆体、隶体、碑体、草体、行体、楷体，以及各种流派的手书体。美术体种类繁多，不胜枚举。

下面我们以一广告标题为例，来说明上述几种字体所带来的不同视觉效果。

东西南北中，好酒在张弓（黑体）

东西南北中，好酒在张弓（宋体）

东西南北中，好酒在张弓（隶体）

东西南北中，好酒在张弓（楷体）

……

广告策划者在选择广告字体时，必须考虑以下几点。

（1）易读性。报纸广告的字体要使受众容易接受，使他们一看就明白、就了解。

（2）适当性。包括字体的大小、位置等都要与广告文案正文以及整体的特点相适应。

（3）外观协调。广告字体外观要与广告商品的特性、广告主题表现、广告的整体格调气氛保持和谐，不能随意化。

（4）强调重点。广告字体的个性要能突出体现广告商品的特点，体现广告商品的文化附加值，使媒体受众一看之下就能感悟到广告商品的个性特征。

3. 选择色彩

色彩是影响读者注目率的一个重要因素，不同的颜色会让读者产生不同的心理反应。据调查，与黑白广告相比，彩色广告的注目率要高10%～20%，回忆率要高5%～10%。媒体受众对彩色广告的注目时间是黑白广告的 2~4 倍。在我国，随着经济的不断发展，广告主的经济实力不断增强，套色、彩色印刷广告也开始多起来，但黑白广告仍占主导地位。

对于黑白广告，如果能恰当地运用黑白对比衬托，其视觉效果也非常好。黑白广告要注意底、面的颜色对比。广告文字符号辨识的难易程度，在很大程度上依赖于文字与背景的差异或对比。面色与底色愈接近，辨识起来愈困难；反之，两者差异愈大，对比愈便于辨识。不过，人的阅读经验和色彩的明度等因素也影响着色彩匹配的易读性。例如，同样是黑白两种颜色，白底黑字的匹配就比黑底白字易于识别。

随着现代印刷技术的发展，广告文字和底面的色彩匹配多种多样。美国广告学家卢基经过实验研究，列出了 13 种颜色匹配的易读性等级，其中黄底黑面的匹配易读性最高（许多交通广告都采用这种匹配），绿底赤面的匹配易读性最差（见表 8 - 1）。对于颜色匹配的问题，广告制作者应加以注意。

表 8 - 1 　　　　　　　　　　　　各种颜色匹配的易读性等级

颜色匹配	底色	黄	白	白	白	青	白	黑	赤	绿	黑	黄	赤	绿
	面色	黑	绿	赤	青	白	黑	黄	白	白	白	赤	绿	赤
等 级		1	2	3	4	5	6	7	8	9	10	11	12	13

4. 画面设计

报纸广告的画面设计要注意以下两点。

（1）要把握版位的重点。报纸广告不同于电视广告，电视广告由于占满电视荧屏的全部画面，所以具有强迫性。除非观众不看电视，否则只有一个广告。但报纸广告除全页广告外，大部分广告只占全部版面的一部分，因此读者具有一定的选择性。为了使读者主动看，就得采取精简的手法，不可放置太多的重点，否则易使读者厌烦。

（2）画面要有变化。富有动态感的报纸广告画面，才能引起媒体受众的注意。

通常广告策划者在接到广告方案之后，先在脑海中构想出许多表达方式，然后将这些构想绘成草图，在所画的草图中选出一两个认为最理想的，经过一番过滤后，再绘成正式草图或半完成稿。有时为了与其他广告公司比稿，甚至要把正式的原稿即完稿制作出来。

如何将广告的各要素（广告要素包括文案的量、插图或照片等的大小或形态、表现文案的字体等）放在最恰当的位置，以发挥最大的广告效果呢？这涉及到广告画面布局的技巧问题。广告画面布局的好坏直接影响到广告的效果。

5. 制版

将布局好的画面稿送给有关部门制版，并印制清样。

6. 校对清样

将制版后的清样与原稿对照，以确保画面稿的质量。有时也可以对清样进行局部的修改与补充，以保证画面的整体效果。

7. 印刷

将校对无误的清样送交印刷厂印刷。印刷以后校对无误，就可投放市场。

8.1.2 布局报纸广告画面时应遵循的原则

为有效进行报纸广告画面的布局，应遵循以下主要原则。

1. 平衡对称原则

决定报纸广告画面布局平衡的参考点是视觉中心（optical center）。平衡对称就是将一定篇幅内的要素巧妙编排整理，使左边视觉中心对称右边视觉中心，视觉中心以上部分对称视觉中心以下部分。一般人的视觉中心大约在整体报纸版面中心上面的1/8处，或在底线上面的5/8部分。一般来讲，有两种平衡对称形式，即规则性对称与非规则性对称。

纯粹的左右对称是规则性对称的关键。成对的要素置于中央轴的两边，以感觉到广告有相等的视觉分量。这种形式会给受众留下威严的、稳固的以及保守的印象。

非规则性对称是指从视觉中心不等距离地放置不同尺寸、不同形状、不同颜色、不同明亮度的要素，但仍可呈现出视觉的平衡感。如同一个摇摆物，接近中心点的视觉分量较重的物体，与距中心点较远的的视觉分量较轻的物体相平衡。

大部分的报纸广告画面，偏爱非规则性对称，因为这样可使广告看起来生动而有趣，较富想像力，且更刺激。

2. 视觉移动原则

报纸广告的画面要使媒体受众随广告的内容，乐于阅读下去，这种原则称为视觉移动。在制作报纸广告时，常用的视觉移动方式主要有以下几种。

（1）借助对广告人物或动物的视线，使媒体受众的视线移动到下一个重要的要素上。

（2）利用机械的设计，例如，利用方向标、长方形、直线、箭头等，引导视线从一个要素到另一个要素。如果有暗示的方向，或者有指向其他广告的表现（如模特的姿态、眼睛的方向等），一定要慎重对待。否则，该则广告的力量会被其他广告侵夺。

（3）利用连载漫画的故事情节或图片旁的简短说明，以迫使读者为了了解情节的发展，必须从头依次阅读下去。

（4）利用留白（white space）及色彩效果来强调象征主题或插图。视觉由一个较暗的要素到明亮的要素，从有色到无色。

（5）利用读者阅读时的自然趋向，由书页左上角，随着对角线"Z"而移动到右下角。

（6）利用广告画面本身尺寸大小的变化来吸引媒体受众的注意力。因为，读者常被最醒目的要素引入，然后至较小的要素。

3. 空间比率原则

报纸广告的要素应基于其重要性，调和适当的空间，以形成完美的广告画面。最佳的表现方式，在各要素中运用各种比例的空间，例如，3：2，避免每个要素的等量空间，造成单调乏味。

4. 要素对比原则

使媒体受众对报纸广告画面的特殊要素产生兴趣的有效方法，就是利用颜色对比、尺寸对比或其他形式的对比。例如，颠倒方式（反白色），或者将黑色、白色广告镶红边，或者是一个异乎寻常风格形式的广告，这些都可用对比方式提高媒体受众对广告画面要素的注意力。

5. 连续性原则

报纸广告画面设计中的连续性原则是指将全部广告采用一系列的设计结构，相同的版式、相同的表现手法和风格，结合不同寻常的、独特的画面要素，或者经由其他技术调和运用。例如，标准字体、卡通人物或容易记忆的标语等，来宣传商品的特征。

6. 一致性原则

报纸广告是由许多不同部分（要素）组成，但这些要素彼此之间环环相扣，给人一个协调相称的整体印象，平衡、移动、比率、对比以及色彩皆有助于保持报纸广告画面整体的一致性。此外，运用下列技术也可确保报纸广告画面的一致性：一系列的表现风格；报纸广告四周加上边饰；将一张图片或要素与另一个重叠；巧妙地运用留白；利用绘图工具，例如镶框、箭头或色调等。

7. 清晰简化原则

广告策划者在设计报纸广告画面时应注意，任何与广告内容无关的部分都应该省略或排除。过多不同风格的形式，表现方式太琐碎，太多相反的对比或插图，太多镶框项目，以及无关紧要的文案内容，都会造成布局的复杂与紊乱。它将使报纸广告不易阅读，而且破坏了所欲求的整体效果。

8. 留白原则

留白是指报纸广告画面中不编排任何要素的部分（甚至以黑白或其他颜色为背景而非白色）。利用留白可以使某一孤立的报纸广告要素显得更突出，可以使媒体受众更加集中注意力。如果能在报纸广告文案周围大量留白，看起来广告要素就如同位于舞台的中央，十分抢眼。

8.1.3 报纸广告制作的要求

报纸广告制作一般有下述要求。

1. 连续刊登

报纸广告要取得更大效果，必须有计划地连续刊登，以适应报纸的时效性和新闻性的特点。

连续刊登广告，可增加没有留意广告的读者接触广告的机会，又可使看了广告的人加深对广告的印象。连续刊登可灵活运用集中发布和均衡发布策略，广告内容有计划地变动，使读者对广告有新鲜感；也可运用标题系列、图形系列、形式系列、内容系列等设计策略，使静态广告具有动态的连续感。

2. 版面大小

报纸广告有不同的版面，大致分为全版广告、半版广告、半版以内广告、小广告。小广告多是分类广告栏中的广告，有的只有两张普通邮票那么大。广告版面的大小，对广告效果有直接影响。一般情况下，版面越大，注意率也会增大，但不是等比例的关系。广告版面越大，注意率越高，但广告费也按比例增大。因此，广告主或者广告策划者应依据自己的财力，选择广告版面。

【阅读资料 8 - 1】　　　　　报纸广告的各种版面介绍

1. 报眼广告

报眼，即横排版报纸报头一侧的版面。版面面积不大，但位置十分显著、重要，引人注目。如果是新闻版，多用来刊登简短而重要的消息，或内容提要。这个位置用来刊登广告，显然比其他版面广告注意值要高，并会自然地体现出权威性、新闻性、时效性与可信度。

2. 半通栏广告

半通栏广告一般分为大小两类：约 50mm×350mm 或约 32.5mm×235mm。由于这类广告版面较小，而且众多广告排列在一起，互相干扰，广告效果容易互相削弱，因此，如何使广告做得超凡脱俗，新颖独特，使之从众多广告中脱颖而出，跳入读者视线，是应特别注意的。

3. 单通栏广告

单通栏广告也有两种类型，约 100mm×350mm，或者 65mm×235mm。是广告中最常见的一种版面，符合人们的正常视觉，因此版面自身有一定的说服力。

4. 双通栏广告

双通栏广告一般有约 200mm×350mm 和约 130mm×235mm 两种类型。在版面面积上，它是单通栏广告的 2 倍。凡适于报纸广告的结构类型、表现形式和语言风格都可以在这里运用。

5. 半版广告

半版广告一般是约 250mm×350mm 和 170mm×235mm 两种类型。半版与整版和跨版广告，均被称之为大版面广告。是广告主雄厚的经济实力的体现。

6. 整版广告

整版广告一般可分为 500mm×350mm 和 340mm×235mm 两种类型。是我国单版广告中最大的版面，给人以视野开阔，气势恢宏的感觉。

7. 跨版广告

即一个广告作品，刊登在两个或两个以上的报纸版面上。一般有整版跨板、半版跨板、1/4版跨版等几种形式。跨版广告很能体现企业的大气魄、厚基础和经济实力，是大企业所乐于采用的。

资料来源：http://baike.baidu.com/view/281854.htm。

广告版面如何运用，除考虑费用以外，还应考虑广告目标制定不同策略。产品做首次广告时，使用大面积版面会经济有效，而后续广告版面则可逐步缩小。也就是说，告知性广告使用大版面，提醒性广告使用小版面，节日性广告使用大版面，日常性广告使用小版面。

3. 位置安排

报纸的广告位置是指广告登在报纸哪一版上，以及在同一版内放在什么位置。报纸广告位置不同，有不同的广告效果，广告费也不一样。

报纸正版（第一版）广告，最引人注目，效果最佳，但收费也最高。

报纸的其他版面，因新闻内容都各有侧重，故同类型广告多登在同一版面上。

专业广告版，即全页只登广告，不登其他新闻内容。其好处在于广告免受其他内容的干扰，有利于集中读者注意力，但也因为它没有新闻内容，读者往往忽视，甚至随手翻过，整版不看。

夹缝广告，是在两版报纸之间的夹缝登广告。此项广告容易被人忽略，但广告费低廉。

同一报纸版面内的不同位置，广告效果也不一样。版内位置越符合读者的目光习惯和视觉规律，其广告效果越好。依据读者目光习惯，版内位置的注意值如图8-2所示。

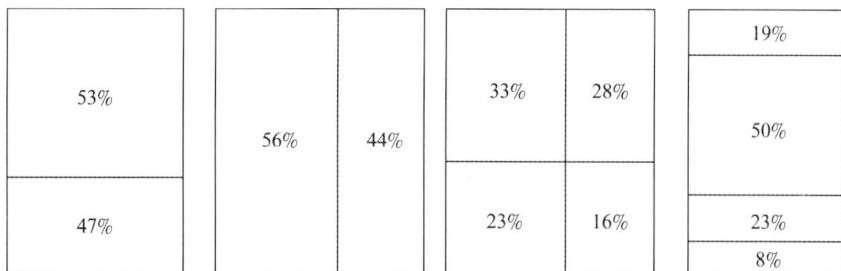

图8-2　报纸版面注意值

4. 情境配合

报纸不同版面有不同的报道重点，广告内容要与该版内容协调。例如，报纸的女性版登时装广告，文艺版登文娱广告，体育版登文体用品和各项运动服装广告。同类广告，最好安排在一起，如食品广告放在一起，方便主妇阅读选择。引起不好联想的内容，要避免与广告相邻，如刊有讣闻的版面，不要登烟酒广告，以免引起消费者联想尼古丁、酒精对健康的影响；刊有飞机失事的版面，不能登航空广告，等等。

8.2 杂志广告制作

杂志广告与报纸广告同属印刷广告。所以制作杂志广告时，可以利用制作报纸广告的一些技巧与方法。但杂志广告也有自身的特点，所以制作时也应注意杂志广告的特点。下面介绍杂志广告的制作要求和布局技巧。

8.2.1 杂志广告的制作要求

制作杂志广告要力求做到以下几点。

1. 图文并茂

杂志具有印刷精美、发行周期长、反复阅读、趣味浓等特点。因此，要发挥杂志广告媒体自身的特点，使杂志广告图文并茂。色彩鲜明的杂志广告图案能够引起媒体受众的注意，逼真地再现广告商品（或服务）的特点和个性，激发目标受众的购买兴趣。同时，杂志广告中的文案要视情况处理，有时要简明扼要，有时要详尽介绍。

2. 正确利用版面

位置与尺寸大小是杂志版面的两个重要要素。杂志内各版面的位置一般可以分为封面、封底、封二、封三、扉页和内页等。上述版面顺序，一般按照广告费由多到少，广告效果由大到小的顺序排列。据调查了解，如果把最高注意度列为100，则各版面注意度分值如表8-2所示。

表8-2　　　　　　　　　　　　杂志版面位置注意度比率

版面位置	封面或封底	封二	封三或扉页	底扉或正中内页	内页
注意度	100	95	90	85	50

同一版面的广告位置也和报纸一样，上比下好，中间比下面好。大比小好，横排字则左比右好，竖排字则右比左好。

3. 情景配合

杂志广告的情景配合与报纸广告的要求大体相同，即同类广告最好集中在一个版面内；内容相反或能够产生反响式干扰的广告在不同的版页上，以确保单个杂志广告的效果。

4. 采用多种形式

杂志广告的制作要运用多种手段，采用各种形式，使杂志广告的表现形式丰富多彩。在制作杂志广告时，较常用的形式主要有以下几种：

（1）折页广告。采取一折、双折、三折、四折等形式扩大杂志一页的面积，以适应某些广告需要占用较大面积的要求。

（2）跨页广告。这种广告的面积是单页广告所占面积的两倍。它的广告画面是一幅完整的图案，充分展示广告商品的名称、品牌、功能以及价格等特点。

（3）多页广告。在一本杂志内，连续刊登多页广告，以扩大广告的知名度。

（4）插页广告。在杂志内插入可以分开列出的独页广告，使广告更加醒目，增加广告商品的传播效果。

（5）其他形式，如联券广告、香味广告、立体广告和有声广告等。联券广告在杂志广告的底部附有联券。例如，礼品券、优惠券、竞赛券等，读者可以剪下联券，凭此券到指定地点兑现或领取赠品；香味广告是指杂志广告用有香味的墨水印刷，或者在杂志广告上喷洒香水。例如，有些化妆品广告就将特殊香水喷洒在杂志广告上；在一些大型广告的制作过程中，还要求采用立体形式，以增强广告的真实

图 8-3　麦当劳优惠卷

图 8-4　3D 立体广告

性和感染力。例如，利用立体的人像、动物、商品或风景照片等；有声广告是将一种很薄的录音带或唱片资料插入到杂志广告中，当读者翻阅杂志时就能听到优美的音乐。

8.2.2　杂志广告布局设计的技巧

对广告策划者来说，杂志广告布局的设计就是将广告创意通过一定的形式具体地表现出来，它充分体现了设计者的心智，是一段"造美"的过程。杂志广告布局设计原则上要求新求异，充分体现广告创意的内容，将商品信息或广告主信息最大限度地传递给目标市场。画面布局的好坏直接影响到广告策划活动的效果，因此，为了创造上乘的布局，以下两点是必须注意的。

1. 提高媒体受众与广告内容的接触效果

一则杂志广告成功与否，通常在媒体受众与广告主题接触的瞬间就可以决定。因此，杂志广告布局设计的第一步就是要从分析广告主题开始。通过分析相关资料，了解广告商品的个性，确定本次广告策划活动的诉求点，使布局设计围绕诉求点展开；其次，要将通过分析所获得的一些信息"亮点"，按照与广告主题关系的疏密程度进行排队，并将它们结合起来，使其在画面布局设计中有序地体现出来。在画面布局设计中，不仅要考虑广告商品的特点，也要考虑媒体的特征以及目标受众的生活习性。只有如此，一则杂志广告才会被广泛地接纳。

2. 增加广告信息视觉传达的美感

杂志广告传递信息的美感只是媒体受众视觉上的一种直观感觉，它不足以评判杂志广告内在的价值。但是，媒体受众对杂志广告的瞬间感觉往往决定了该则广告的市场命运。这也正是杂志广告布局中"美感问题"备受重视的原因。

杂志广告布局的价值在于传达广告信息的手段是否恰当，或在多大程度上向媒体受众传达了有关广告商品或企业的信息，为了实现上述价值，广告制造者（或设计者）要针对广告的内容，在设计画面布局时要考虑各种要素的重要性，衡量其轻重，或摘出或删除，根据重要性对它们进行排序，从而确定它们在画面布局中的具体位置。要实现这一价值，就必须注意以下几点。

（1）强调视觉。强调视觉时，篇幅的处理、照片或插图的表现方式以及内容等，都是重要问题，要认真对待。

（2）注意文案的可视度、可读性。在杂志广告中，文案不论长短，字体不论大小，都必须以容易阅读为原则。

（3）考虑广告商品的特征。在杂志广告中，广告商品往往被当做一幅广告画面布局的中心。不论篇幅多大的杂志广告，其画面布局都应该有美感。而有些广告商品由于自身条件的限制，其照片或图片常常缺乏美感。在这种情况下，为了确保广告的艺术效果，杂志广告画面布局的主角就不能是该商品的图片，而应是其他间接的、能衬托出广告商品的背景图片。广告视觉上要有统一感。在制作杂志广告时，要浓缩广告内容，提炼其主旨，然后将其具体视觉化。在制作技术方面，应根据要素重要性的大小来减少陈列单元的数量。例如，将商品名称、价格、企业名称、地址、品牌名称、标识物等作为一个单元。同时还要考虑画面中文案字句的摆放位置、字体、长度以及形态等，使它们相互间协调起来，构成一个艺术整体。

（4）布局要新颖别致，有个性。杂志广告布局的设计要讲求"动感"，新颖别致，对媒体受众有吸引力。做到这一点不容易，但它也是决定杂志广告成功与否的一个关键条件。

8.3 电视广告制作

电视是一种有声、有形、有色的先进的传播工具。电视传播方式分为有线电视与无线电视，两者都是广告的重要媒体。

8.3.1 电视广告脚本的构成

电视广告脚本，也称电视广告文案，是电视广告创意的文字表达。广告脚本是体现广告主题，塑造广告形象，传播信息内容的语言文字说明，是广告创意的具体体现，也是摄制电视广告的基础和蓝图。电视广告脚本的构成要素主要有广告词、音乐、声响和画面等，其中前三项与广播广告有类似之处，但比之更有特色。

1. 广告词

广告词，亦即台词，包括解说、演词、字幕三种形式。

（1）解说。解说是指随着广告画面的展现而做的讲解，又叫背景语言，用以增加观众对画面的理解。解说应简明扼要，突出个性。画面已表现清楚的不用多说，让画面有更多表现的机会，不要说个不停。

（2）演词。演词是指在戏剧性广告中人物的对话或独白，这时以剧中人物的话语来表达商品个性，引人进入现实环境，比解说更为有趣，感染力更强。

（3）字幕。画面上直接打出文字，如商品品牌名、企业名等。有的叠印在活动的画面上，有的在广告末尾打出，也有的用特定镜头放大商品的标签或品牌名，以加深观众印象。

【阅读资料 8－1】　　　　　　电视广告脚本的写作要求

电视广告脚本的写作既要遵循广告脚本写作的一般规律，又必须掌握电视广告脚本创作的特殊规律。具体要求如下。

第一，电视广告脚本的写作，必须首先分析研究相关资料，明确广告定位，确定广告主题。在主题的统帅下，构思广告形象，确定表现形式和技巧。

其次，电视广告脚本的写作，必须运用蒙太奇思维，用镜头进行叙事。语言要具有直观性、形象性，容易化为视觉形象。

第三，按镜头段落为序，运用语言文字描绘出一个个广告画面，必须时时考虑时间的限制。因为电视广告是以秒为计算单位的，每个画面的叙述都要有时间概念。镜头不能太多，必须在有限的时间内，传播出所要传达的内容。

第四，电视广告是以视觉形象为主，通过视听结合来传播信息内容的，因此电视广告脚本的写作必须做到声音与画面的和谐，即广告解说词与电视画面的"声画对位"。

第五，电视广告脚本的写作，应充分运用感性诉求方式，调动受众的参与意识，引导受众产生正面的"连带效应"。为达此目的，脚本必须写得生动、形象，以情感人，以情动人，具有艺术感染力。这是电视广告成功的基础和关键。

最后，写好电视广告解说词，也称广告词或广告语。它的构思与设计，将决定电视广告的成败。

资料来源：http：//www.cnpeiyin.com/newsInfo_ 121_ 1_ 3. shtml。

电视广告的广告词只是视觉画面的表白，应比广播广告的语言更精炼，有更多的停顿，以免影响视觉效果。

2. 音乐与声响

电视广告的音乐与声响，其作用基本上与广播广告类似，能增强节奏感，表现情感，烘托意境，悦耳动听，最终加深广告给人的印象。

3. 画面

画面是电视广告影像的表现。电视广告画面包括动与静两种：动的画面，如现场直播、影片摄制、录像拍摄、卡通画等，最能吸引人；静的画面，如卡片广告、绘画广告、摄影广告等，一般是一则广告画面表现一个广告主题，也有的以系列广告画面形式去表现多个广告主题，像连环画一样，连续播放带有情节的广告。

8.3.2　电视广告的制作要求

电视广告要在很短的时间内连续播送多则活动画面，画面之间的衔接要有逻辑性，内容要有情节性，声音与影像要配合默契。因此，要制作一则好的电视广告，必须掌握好下述要求。

（1）广播化。电视广告要配合活动画面的需要，充分发挥声音效果，应像广播广告一样，使语言、音乐和音响达到逼真、动听、简明的效果。语言要求口语化、简短化和节奏化；音乐与音响要贴切、动人和协调。

（2）表演化。电视广告主要优点在于形声结合。画面中有各种不同的场面，如激昂的、平静的、欢乐的、忧伤的，等等；有的还进行各种文艺表演，如歌唱、相声、舞蹈等。这些表演化的画面穿插在广告中，就使广告具有舞台化和戏剧化特色。

（3）简短化。电视广告播出时间极短，如我国中央电视台要求每则广告严格控制在30秒内。因此，电视广告剧情必须简短有趣，主题突出，情节简单，语言精炼，绝不能拖泥带水，杂乱无章。

（4）动作化。电视广告除了卡片广告外，都是活动的画面。不但有生命的东西通过各种行为表现情节，而且没有生命的东西也能被赋予生动的形象。如产品能在空中飞翔，在地上跑动，会变大变小，或旋转不同的角度等。

（5）多样化。电视广告在内容、情节、语言等方面要求简单明快，但表现形式却要活泼多样，这才能发挥电视广告的效果。所以，电视广告在拍摄上，也应充分运用电影拍摄技巧，以增强广告的魅力。

8.3.3　电视广告的摄制类型

电视广告片摄制类型有卡通片、写实广告片、特殊效果片、木偶片和纪录片等多种类型。

1. 卡通片

卡通片（Cartoon），又叫动画片（Animation）。卡通片利用人的"视觉残象"原理，使画中的东西产生动感。卡通片将有连续动作的各个画面逐格拍摄，然后以每秒钟转动24格速度放映，使观众看到人或物的动态。卡通片每分钟放映画面1440格，每小时86400格，因此，卡通片的绘制费很高，造价昂贵。但目前由于电脑绘画技术的发展，卡通片的制作方式也越来越多。

卡通片可与写实片（live action）合成，叫做合成卡通片，形成半动画半写实，其合成形式有以下几种。

（1）动画与真景物合成。动画中的人或物走进真实环境中。如一些牙膏广告，一个可爱的动画小男孩骑在真正的牙膏上，为广告片增添了不少情趣。

（2）动画与真人合成。

（3）动画的背景与人物同实物合成。

（4）抽象动画与商品合成。

卡通片在艺术构思上，特别擅长于表现夸张的、幻想的、虚构的题材和情节。它能把幻想与现实紧紧地交织在一起，把幻想的东西通过具体形象表现出来而具有

图 8－5　米其林卡通人物

独特的感染力，这是动画艺术的特性。例如，让手表、电视机、电冰箱跳舞，让汽车、自行车在空中飞翔。

卡通片中的主角人物或动物，往往也用虚构情节加强渲染力。例如，为增强观众对商标的印象，商标中的动物图形，从商标中走出来介绍商品。

如，著名的米其林卡通人物"必比登"（在中国更名为米其林先生），早在 100 年前就已出现，现在更是妇孺皆知。消费者一看到这个可爱的虫形卡通人物就会想到米其林轮胎。尤其是那则"米其林轮胎使刹车距离缩短 1 米"的广告，几乎能让所有人过目不忘。

由于卡通片的这些特点，传达特殊广告内容或者针对小孩等特殊目标市场做广告时，利用卡通片广告效果比较好。

但是针对成人做卡通片广告时要谨慎。因为一些成人会把动画片广告内容理解为人为的表现，特别是过分的夸张反而易引起观众的反感。

2. 写实广告片

写实广告片（live action）是指拍摄真人、真物、真景的广告片，是最常用的广告片之一，其优点在于能够给观众以真实的感觉。

3. 特殊效果片

特殊效果片（special effects）是指在电视广告拍摄时，运用特技使商品会跳、会跑、会转，如牙膏从盒里跳出来，药丸从瓶里滚出来组成文字，又自动跑进瓶里。这是将商品每摆个位置拍摄一格画面，连续拍 24 格，就成为一种可动的商品。

特别是结合戏剧性的音乐或音像、照片效果来制作特殊效果片，使观众长时记忆这些特殊效果广告。并且这些特殊效果能引起观众的愉快的感情。但是，也必须考虑观众也许只注意广告的特殊效果，不注意广告内容的可能性，那就不能达到预期的广告效果。

4. 木偶片

木偶片如拉线木偶、手持木偶、死动片木偶等。

5. 纪录片

纪录片包括现场转播与现场录像两种形式，如拍摄顾客盈门、产品实际操作、时装表演、明星推荐商品等。

8.3.4　电视广告画面的景别与构图

在电视广告的构成要素中画面占主体地位。在画面的摄制过程中要选择好画面的景别和构图。

1. 画面的景别

景别是电视广告语言的基本要素，电视广告就是利用不同的景别组合形成特有的"语言"，向观众传播信息。简单地讲，景别就是被摄主体所占画面大小的不同。景别的首要功能就是描述，通过大小不同的位置变换使媒体受众看清广告的内容。其次，景别还能通过营造特定的环境气氛，来使媒体受众产生某一方面的心理效果。运用不同的景别可以产生不同的气势规模，形成某种特殊的氛围，突出强调细节布局等，从而向媒体受众传达画面以外的某种心理信息。

景别的划分习惯以画面边框截取成年人身体部分的多少为标准。一般可以分为远景、全景、中景、近景和特写。

（1）远景。远景是指表现广告人物周围的空间、环境、自然景色或众多人物活动场面的电视画面。远景的视野开阔，空间规模宏大，常用来突出展示广告主体与周围世界的关系。"万宝路"的电视广告运用的就是远景。远处斜阳如血，粗犷的牛仔骑马奔驰在一望无际的旷野里。远景有利于展示宏大的场面，引发一种豪迈的情感。

（2）全景。全景是指表现成年人全身或场景全貌的电视画面。在电视广告中，全景向媒体受众展示广告产品的全貌，使媒体受众对广告产品有一个完整的视觉印象。许多广告策划者在制作电视广告时，常用全景来展示广告产品的各个方面，以求能给媒体受众留下一个清晰的产品印象。

（3）中景。中景是指表现成年人膝盖以上或有典型意义的局部场景的电视画面。中景可以用来表现广告人物的主要情节和情感交流，可使媒体受众看清广告中人物的动作姿态与感情变化。绝大多数以表现商品与消费者之间关系为内容的电视广告，基本上都是采用中景来展示广告创意的。

（4）近景。近景是指表现成年人胸部以上或局部的电视画面。近景可以用来表现广告产品的具体特征，如一些洗发水的广告就是用近景来显示头发柔顺飘逸的特征。化妆品的电视广告多用近景来展示广告产品的个性，因为近景能够产生较强的视觉效果，使产品的一些细微的特征得以充分的展现。

（5）特写。特写是指表现成年人肩部以上或被摄物体局部状况的电视画面。特写能够产生强烈的视觉冲击力，使广告产品｜深深地留在媒体受众的记忆中。许多化妆品电视广告都用特写来展示女性的娇美，从而激起目标消费者的购买欲望。

特写可以细致入微地表现人物的神态表情，将广告事物的具体细节充分表现出来。如可以用特写来突出广告产品的品牌，也可以表现消费者在使用广告产品时的感受等。

2. 画面的构图

电视广告的画面是否有美感，是否有吸引力，在很大程度上取决于广告画面的构图。画面构图是指画面的结构，即通过把构成画面的各种要素进行艺术性的排列和组合，使其成为具有美感并体现特定销售主题的形态。构图最初是以静态画面形式出现的，随着科学技术的不断发展，人们逐渐将绘画、摄影的一些原理引入到构图之中，于是构图就有了动态的表现形式。因此，静态画面的构图原则与形式是电视画面构图的基本理论，只有掌握了静态画面的构图理论，才有可能制作出视听效果俱佳的电视广告画面。电视画面构图具有以下特点：

（1）固定的画幅比例。电视广告画面构图是一种"美"的创造，它的最大特点是有固定的画幅比例。电视屏幕的画幅比例固定为4∶3，高清新度电视的画幅比例固定为16∶9。这就决定了电视广告画面构图必须在这个比例内进行。

（2）画面构图的动态性。绘画、摄影的画面是客观物体的一种静态展现，它们体现了"造化"的瞬间美。电视广告画面是一系列镜头的不断滚动，每一幅画面在变化的同时又有明显的承接性，由此电视广告画面构图具有动态性。

3. 画面构图的要求

电视广告画面构图一定要符合以下要求。

（1）简洁完整。电视广告画面构图要使媒体受众一看就明白，一看就清楚。一幅画面只能反映一个内容，围绕一个销售主题展开，要给媒体受众一个完整的印象。

（2）均衡统一。均衡就是画面布局符合人们的视觉习惯，上下、左右搭配合理，有稳定感；统一就是所有画面要素构成一个统一的整体，围绕一个主题，局部画面是整体构图的组成部分。

（3）突出主题。画面的各个要素要合理搭配，包括色彩的明度、线条的形状与走向等都必须以突出主题为中心。

8.4 广播广告制作

广播广告的制作要经过规划、录播、录音、播音、乐队等多方面人员的相互分工和合作。但有的广播广告的制作比较简单。例如，现场直播形式，只要把广播文稿提供给播音员就可以了。

广播广告的制作，应根据不同的广告文案形式，加配不同的音乐和音像效果，选择不同的人来演播，采用不同的录制合成方式，这样才能起到较好的宣传效果。

8.4.1　广播广告的类型

广播广告与电视广告一样，都具有多种的形式，但概括起来可能划分为以下几种类型：

1. 直述式

直述式是指由播音员或演员按照写好的广告词，一字不变地照读，不加任何演技，只是将广告词正确地向媒体受众宣读。这是一种最基本的广播广告形式。

2. 独白式

"独白"一词本是戏剧用语，是指在舞台上演员自问自答，唱独角戏。独白式广播广告是在使用广告产品的生活情景中，利用商品的个性人物用独白的方式将广告产品的特点、功能、价格、生产厂商等信息传播给媒体受众的一种广告形式。

广告中的个性人物，是指在广告中经常出现的，用以体现广告产品个性的人物或动物形象。出现在广告中的个性人物，能使广告更富有情趣，使商品的特征得以充分地体现。

3. 对话式

对话式广播广告，是指在广告中利用母子、情侣、夫妇、兄妹等角色，通过对话，将广告产品的特征以及使用情况告诉媒体受众的一种广播广告形式。这种形式容易使媒体受众产生亲近感或现实感，从而增加了广告产品的可信度。如天津牌助听器广播广告就十分幽默地突出了产品的功效，让听众无法忘怀。

店员：大爷，您买啥？

大爷：啥，减肥茶？不减，我这么瘦再减就没了。

店员：……大爷，买什么您自己挑！

大爷：咋的，还得上秤哟？

店员：大爷，您老耳背，我给您介绍一个新伙伴儿。

大爷：啊？要给我介绍个老伴儿，不行啊，家里有一个啦。

店员：大爷，我给您介绍这个，保证您满意。

大爷：啥，助听器？对，我就是来买助听器的。

男白：天津牌助听器，让聋人不再打岔。

4. 戏剧式

戏剧式是指编排一场戏剧，让剧中人物将广告产品的特征用戏剧台词告诉听众的一种广告形式。戏剧式具有较强的趣味性，但地方性也比较强。这种形式只能适用于地方性媒体的广播广告。

5. 音效式

音效式广播广告是指利用音响效果，将广告产品的信息传输给媒体受众的一种形式。广播电台通过声音塑造想像力气氛的能力非常强，通过播放一段特殊的音乐，诱使媒体受众展开想像力，将广告产品与某一事物联系起来，以达到塑造品牌形象的目的。例如，万宝路的一则广播广告，就是利用音响来突出万宝路的品牌个性：

……肃静——声音由远处传来——马蹄声逐渐加大——惊天动地的万马奔腾声，夹杂着马的嘶鸣——沉重而音域宽广的画外牛仔声："Marlboro World。"

8.4.2 广播广告的构成要素

广播广告的独特之处就是通过声音来传递广告信息，也就是说"以声夺人"。广播广告中的声音包括人声（广告的语言部分，就是广告词）、音响和音乐，也称广播广告的三要素。

1. 人声

广播媒体中的语言与平面印刷媒体中的语言有着本质的区别，印刷媒体中的语言是抽象符号式的文字语言，而广播中的语言则只能是有声的口头语言，这一点是广告策划者必须加以区分的。广播广告的语言表现方式比较多，在这里介绍几种常用的表现方式。

（1）比喻法。即将广告产品间接地用其他东西比喻。例如，在砂糖广告中，可以将砂糖比喻为白雪。又如，有一则牙刷广播广告为"××品牌牙刷，就是一毛不拔"。

（2）逆向表达法。即不从顺向来看待事物，而是从相反的方向来考虑事情，以发现新的观点。

（3）暗示法。利用一些为大家熟悉的名言、格言、谚语等，来暗示某一事物。

（4）列举法。即将广告产品的所有成分、色泽、款式、价格等内容一一列举，分别向媒体受众展示。

（5）重复法。即广告中的关键词重复运用，以突出广告产品的品牌。例如，韩国现代集团的广告"技术的现代，现代的技术"。

（6）定义法。例如，"威士忌是生命之泉"。这种方法改变了广告产品原有的概念，使它与生活中的某一事件联系起来，使媒体受众形成一种有利于产品销售的联想。

（7）语源法。即运用一些有悠久历史的语句，以突出广告产品的经营历史或优异品质，例如，"车到山前必有路，有路就有丰田车"。

（8）现写法。又称活写法，即设定某种情景，以现场报道的形式描写整个过程，使媒体受众产生身临其境的感受。

（9）修辞疑问法。即以问卷的形式直接将广告产品的有关信息告诉媒体受众，使他们对产品形成一个完整的概念。

（10）否定诉求法。大多数广告常以产品的特点或优点作为诉求主题，以给媒体受众留下正面的印象。而否定诉求则以产品的不足或缺点作为诉求点，从反面的角度将广告产品的特征客观地告诉媒体受众，如果运用得当，这种方法比正面诉求更为有力。例如，"××品牌手表，48小时误差两秒钟"。

（11）夸张法。即通过艺术的手法夸张广告产品的功能，增强广告产品对媒体受众的吸引力。夸张法与夸大不同，夸张法是一种艺术形式，而夸大则带有一定的欺骗性。运用夸张法不是指说假话，而是通过一定的艺术形式将广告产品的特征或功能渲染出来，以增强其视听效果。

（12）反复法。即将同样或类似的表现反复地强调。例如，广告歌多出现在一则广播广告中，以加深听众对广告产品品牌的印象。

（13）双关语法。即说俏皮话，通过一些幽默的俏皮话将广告产品的信息传输给媒体受众。

广告策划者在制作广播广告语言时，除了灵活地运用一定的广播广告语言表现方式以外，还必须了解以下几点。

（1）广播广告是一种"说的语言"。"说的语言"是被用来听的，而汉语中有许多同音异义的字，特别是我国地缘辽阔，方言众多，稍有疏忽，就会使听众产生误解，这一点必须注意。同时，广播语言是人发出的声音，讲话者的形象、表情等都是藉着语音、语调传达给媒体受众的。媒体受众甚至还可以根据语速来体味说话者的心情。因此，广播广告可以通过听觉效果来调动媒体受众某一方面的兴趣，使他们产生购买欲望。

（2）广播广告要简洁明了。广播广告中所用语句要避免拖沓冗长，用简洁的词句将所要说的话表达出来。句子要尽量简短，段落要分明，层次要清楚，尽量少用形容词。

（3）忌用难懂的词句。在广播广告中，学术用语、专用术语要尽量少用，多采用浅显易懂的词句。

（4）情节要生动感人。广播广告是表现生活的片断，虽然持续时间较短，但情节要感人，有一定的趣味，这样才能使听众产生"听下来"的兴趣。

（5）多次反复。在广播广告中为了将广告产品的品牌、功能等信息确实传递给媒体受众，有时需要不断地重复上述内容，使听众明确了解广告产品的基本情况。反复不同于执拗，反复是将产品的名称多次列出；而执拗是纠缠，会使媒体受众感到反感。

2. 音响

音响是广播广告的主要表现手段之一，可以大大增强广播广告的表现力和感染力。音响可以创造一个声音的环境，可以叙述或表现一个事件，也可以表现思想和情感。

（1）音响的叙事性。现实中一切生物和自然现象都有自己独特的声音。如风声、鸟鸣、马嘶等。也就是说，声音总是和形象联系在一起的，这也正是声音能够令人产生视觉联想化的前提。

广播广告中的人物不需说他打破了盘子，听众只要听到陶瓷破碎的声音和感叹声就知道了。要表现喝饮料的过程，只需要打开瓶盖时"嘭"的一声，再加上喝饮料时"咕嘟咕嘟"的声音，最后是喝过后舒适的一声感慨"啊……"就可以了。同样，要表现火车站的环境，只需用乘客们的嘈杂声、车轮转动声和汽笛声就能把听众带到这个环境中去。

（2）音响的表现力。音响的表现力主要是通过联想来实现的，而这种联想又是通过独特的广告创意而引发的。和视觉一样，声音也同样具有非凡的表现力。因此，对音响的巧妙使用，可以把许多无法或难以表现的东西轻而易举地传达给听众。例如，药品广告的效果一般在广播广告中很难予以表现，因为它无法像电视那样运用画面进行演示。而一则胃肠药品的广播广告却运用自然音响达到了这一目的。即：雷声（约 5 秒钟时间的雷鸣）——雨声（倾盆大雨）——号角声（雨声停后约两秒）——胃肠药品名，从而把服后的效果表现得恰如其分。

（3）音响的个性化。现代企业大多比较重视企业形象识别系统（CI）的建构，以期通过设计独特的视觉形象为企业赋予个性，从而将本企业从众多的企业中突出出来。在广播广告中，企业可以创作出富有个性化特征的音响作为自己的标志，使人们一听到这个声音就知道是什么产品或哪家企业。例如，美国的 Aro 化妆品，用优美动听的门铃声作为它的标志，把这种音响同产品紧紧地联系在一起，成为产品的象征。

3. 音乐

音乐是一种抽象的艺术形式，具有强烈的情绪性，对于人的情感、态度、行为影响极大。音乐在广播广告中发挥多种作用：①它可以活跃广告的气氛，使广播广告的内容丰满起来；②它能够增强广播广告的吸引力，引起媒体受众的注意，美好的音乐常能使听众沉浸在想像之中；③有利于塑造广告产品的形象，突出产品的个性；④特定音乐也可以成为广告产品的标志，使媒体受众轻易将产品与其他产品区别开来。

在广播广告中的音乐主要分为两种类型：一种是背景音乐，一种是广告歌曲。

（1）背景音乐。主要是利用乐曲来烘托气氛，配合人声使用。例如，一则雪地鞋的广播广告，开头就是以《溜冰圆舞曲》缓缓混入并配合始终，听到这首优美抒情的乐曲，听众的脑海里马上就会浮现出欢乐的溜冰者在冰上翩翩起舞的场面，其广告文案的语言采用的是对话的方式，介绍了雪地鞋轻便、暖和、防滑的优点。这首为人们所熟悉的乐曲和雪地鞋这种产品联系在一起，起到了很好的陪衬作用，从而加深了人们的印象。

（2）广告歌曲。就是把广告中所要传递的重要信息，用歌曲的形式表现出来。它不同于电影插曲，不要求多样化和技巧高，只要能上口、易学易记、曲调活泼、歌词简短。广告歌曲创作的目的，是以优美的旋律和独特的音响，加深人们对广告产品特点的认识，便于牢记，并启发联想。

4. 广播广告诸要素的运用

人声、音响和音乐作为广播广告的三要素，并不是简单地相加，而是相融。三者融为一体，变化无穷，魅力无穷，不仅能弥补单一的语言、音乐或音响的不足，而且可以发挥整合效能，从而产生强大的表现力，大大地开拓了媒体受众的"视觉空间"，令人产生身临其境的感觉。当然，这三者各自的特色和所起的作用是不一样的，在运用中需要注意以下两点。

（1）人声语言的主导地位。在广播广告中，语言是传达信息的主要手段，也是使广播广告具备说服力和影响力的关键，音响和音乐也都是为这个目标服务的。一则广播广告可以没有音响和音乐，只要语言引人入胜，符合听觉规律，切合消费者心理需要，同样是一个好的广播广告。当然，音响和音乐的恰当使用会大大增添广告语言的魅力，加强广播广告的整体效果。但是，如果片面追求形式，刻意在音响和音乐上雕琢，而忽略了对广告语言的精益求精，就会喧宾夺主，达不到广告目的。

（2）广播广告三要素的组合方式。广播广告的三要素（语言、音响、音乐）之间的结合有不同的方式。

①只有语言，没有音响和音乐。这是广播广告中常见的一种。其优点是简洁明了，制作简便，具有短、平、快的特点；缺点是容易显得单薄、平板，缺乏吸引力。

②音乐和语言相互配合。具体有四种方式，包括：以音乐开头，然后与语言相混插；以语言开头，然后与音乐相混插；语言与音乐齐头并进；语言和音乐交替出现；

③音响和语言相互配合。这种配合分为两种形式：以音响开头；音响和语言交替出现。

④音响、音乐和语言的配合。这种配合分为三种形式：以音乐开头，穿插语言和音响；以音响开头，穿插语言和音乐；以语言开头，穿插音乐和音响。

8.5　其他类型广告制作

除了传统的四大广告媒体（广播、电视、报纸和杂志）及新兴的网络媒体外，还有一些如户外广告、售点广告、直邮广告等广告形式。这些广告媒体虽然不属于大众媒体，但也发挥着重要的广告功能。下面就简单介绍一下这几种广告类型的设计与制作。

8.5.1　户外广告的制作

户外广告是指通过存放于开放空间的媒体而发布的广告，主要分为交通类和建筑类两种。发布的媒体包括户外的电子显示屏、悬挂在建筑物上的大型广告牌、霓虹灯、专门设置在公路旁及重要交通路口的路牌、流动广告车以及车体、船体内外等。户外的广告历史悠久，中外史书上记载的最早的广告形式均是户外广告。虽然近年来新兴媒体不断涌现，但户外广告依然是传递广告信息的重要载体。有意思的是，我国网络发展的先驱者瀛海威公司最

图 8-5　瀛海威公司的户外广告

著名的广告语"中国据信息高速公路还有多远？前方1500米远"，就是刊登在中关村的户外广告牌上。

户外广告的总类较多，各有特点，因而在具体的制作工艺上会有较大的区别，但从制作的指导思想上来说，这些户外广告又有着较为一致的共同点。因为户外广告的受众是行人，身在户外人们行动匆忙，很少有人专门驻足四处搜寻户外广告信息，所以户外广告设计一定要考虑可视性。制作者要根据距离、视角、环境三因素来确定广告的位置、大小。户外广告要着重创造良好的注视效果，画面尽可能简洁，标题与正文一般要合一，广告创意要有新意，利益阐述要清晰。

8.5.2　售点广告的制作

售点广告（point of purchase advertising，POP）从广义上来讲是指在销售现场所做的广告，它是购物场所内外一切悬挂、设置的广告的总称。从建筑物外悬挂的巨幅旗帜，到商店内外的橱窗广告、商品陈列、商品的价目表以及展销会等，都属于售点广告的范畴。因此，广义的角度来讲，其与户外广告是有些交集的。如悬挂在商场外墙的广告既可归为售点广告，也可认为是户外广告。若从狭义上来看，售点广告仅指在购买场所和零售店内部设置的展销专柜及在商品周围悬挂、摆放与陈设的可以促进商品销售的广告媒体。

售点广告具有显示商品信息、促进消费者购买欲望和营造销售氛围的作用，因而广为商家所重视。我们在卖场看到的牌匾、店面装饰、橱窗、气球、条幅、堆头、陈设、招贴广告、广播、电视、录像甚至商品的现场展示等均属于此类。

售点广告的总类繁多，且不同类别间的广告差异较大，如实物陈列与现场广播等，因此很难对其进行统一地介绍。但不管何种售点广告形式，其根本目的都为了突出商品的特色、展示商品的优点，从而刺激消费者采取购买行为，这是售点广告的设计者和制作者需牢记的要点。

8.5.3　直邮广告的制作

直邮广告（direct mail advertising，DM），是指直接将印刷品广告、录像带、影碟甚至实物等寄送给广告对象的广告形式。直邮广告具有费用低廉、目标受众明确、传递迅速、广泛、亲切感强等优点。这种广告形式在西方非常普遍，美国是世界上直邮广告最发达的国家，人年均收到的直邮信件超过2000封。但在我国，直邮广告的影响力还很有限，这与投递成本和消费者的信任度有关，更与一些无良商家的欺骗性的经营行为有关。现在随着网络媒体的兴起，许可e-mail营销的出现使得传统的直邮广告受到极大的冲击，发展前景更加不利。

在设计和制作直邮广告时应该注意以下几点。一是要选择合适的投递对象，要根据目标受众的特征来制作有针对性的DM广告；二是直邮广告的表现方式要精美别致，让消费者产生兴趣；三是配图时，多选择与所传递信息有强烈关联的图案，刺激记忆；四是多用询问式DM，因其通常以奖励的方法鼓励消费者回答问题，起到双向沟通的作用，比介绍式DM更能引起消费者的兴趣。此外，还要务必写清楚购买地址和方式方法以及及时处理消费者的反馈信息等等。

本章小结

本章主要介绍了四大广告媒体的制作程序与原则，并探讨了报纸广告、电视广告的制作要求以及杂志广告布局设计的技巧。

对于报纸广告而言，应该遵循平衡对称、视觉移动、空间比率、要素对比等原则。连续刊登、较大版面、情境配合以及在较为醒目的位置上刊登是影响报纸广告效果的重要因素。

杂志广告虽与报纸广告同属于印刷广告，但它有着自身的一些特点。在制作杂志广告时应力求做到图文并茂、正确利用版面、采用多种形式等几点要求。

电视广告集文字、画面、声音等于一体，表现方式多样、制作手法灵活。要制作一则好的电视广告，必须遵循广播化、简短化、表现化、动作化和多样化等五点原则。

广播广告通过声音来传递广告信息，人声、音响和音乐为广播广告的三要素。在广播广告的制作过程中，应该注意将这三种要素有机地结合在一起，以发挥整合效果，增强广播广告的表现力。

除了传统的四大广告媒体（广播、电视、报纸和杂志）及新兴的网络媒体外，还有一些如户外广告、售点（POP）广告、直邮广告等广告形式。这些广告媒体虽然不属于大众媒体，但也发挥着重要的广告功能。这些类型的广告各有特点，制作方式具有较大差别。

思考题

一、单选题

1. 报纸广告制作一般没有哪项要求（　　）。

    A. 色彩明亮　　　　　　　　　　B. 连续刊登

    C. 版面大小　　　　　　　　　　D. 位置安排

2. 一般人的视觉中心大约在整体报纸版面中心上面的（　　）处。

    A. 1/8　　　　　　　　　　　　B. 1/5

    C. 1/4　　　　　　　　　　　　D. 1/3

3. 与黑白广告相比，彩色广告的注目率要高（　　）。

    A. 5%～10%　　　　　　　　　　B. 10%～20%

    C. 20%～25%　　　　　　　　　　D. 10%～30%

4. 美国广告学家卢基经过实验研究，列出了13种颜色匹配的易读性等级，其中（　　）的匹配易读性最高。

    A. 红底蓝面　　　　　　　　　　B. 白底黑面

    C. 绿底赤面　　　　　　　　　　D. 黄底黑面

5. （　　）是指表现广告人物周围的空间、环境、自然景色或众多人物活动场面的电视画面。

A. 近景　　　　　　　　B. 中景

C. 远景　　　　　　　　D. 全景

二、多选题

1. 报纸广告中的字体的样式主要有（　　）三类。

A. 草体　　　　　　　　B. 艺术体

C. 印刷体　　　　　　　D. 手写体

E. 美术体

2. 杂志广告制作的要求有（　　）。

A. 图文并茂　　　　　　B. 正确利用版面

C. 情景配合　　　　　　D. 采用相似形式

E. 有声有色

3. 电视广告画面构图一定要符合以下哪几种要求？（　　）

A. 图文并茂　　　　　　B. 简洁完整

C. 均衡统一　　　　　　D. 突出主题

E. 有声有色

三、名词解释

1. 电视广告脚本　　2. 景别　　3. 活动片　　4. 解说　　5. 演词

四、简答及论述题

1. 报纸广告制作的程序有哪些？

2. 布局报纸广告画面时应遵循哪些原则？

3. 试论述杂志广告布局设计的技巧。

4. 试论述电视广告的制作要求。

5. 试论述广播广告三要素的组合方式。

案例讨论

苹果电脑 1984 年的经典广告

1984 年 1 月 24 日是计算机发展史上的一个重要里程碑，那一天苹果电脑发布了全新的 Macintosh（简称 Mac）。这是世界上第一台采用图形用户界面的个人电脑，与当时采用 DOS 命令行纯文本用户界面的 IBM PC 形成了鲜明的对照。Macintosh 的出现引发了一场个人计算机世界的革命。为了使这场革命更能够引起各阶层人士的关注，苹果在 1984 年为 Mac 量身定做了一个非常具有"苹果"特色的广告。

这个广告的名字是"1984"，是根据一部书名为《1984》的小说为背景来制作的。《1984》

是英国著名政治讽刺作家乔治·奥威尔的一部虚幻预言小说。小说中的主人公温斯顿·史密斯，在虚幻中的1984年生活在一个叫欧什尼亚的极权专制国家，他的世界被"党"和它的领导人"大哥"所控制。欧什尼亚处处有"大哥"的头像海报，上面还有文字："大哥在注视着你。""党"和"大哥"在生活中无处不在：定量食物、衣服，还约束人的思想和行为。温斯顿由于和自由派女子朱丽娅相爱而被双双拘捕，送去劳改。在饱受饥饿、折磨、毒打和"教育"后，他终于向"党"低头，背叛了朱丽娅的爱，说出了"我爱大哥"。《1984》给人一个压抑的、毫无希望的结尾。而Mac的广告是这样的：

喔，喔，喔，喔……一个昏暗的大屋子里，跑进来一群人，排排坐下，仰头而待。他们似乎是学生，表情木讷。在前面的大屏幕里，一个固化的脑袋，喋喋不休地告诉呆坐的人们什么是PC，他似乎是老师，表情同样的木讷。突然，一个白衫红裤的姑娘冲了进来，将手中的铁锤掷向屏幕，充满了叛逆的激情。

这就是当时广告的内容。这则广告不仅将苹果的Mac打出了更为响亮的名声，而且同时，那个玩世不恭的姑娘从此将嬉皮精神四处播散，造就了今天生活在城市边沿的两种人之一的嬉皮士。

苹果会选择奥威尔的《1984》为背景来制作广告，是因为当时"苹果Ⅱ"系列电脑在经历了几年的热销后正在走下坡路，而1981年问世的IBM PC正值旺市，不断涌入企业和家庭。而在苹果推出首台个人电脑时，IBM并未给予太多的关注，但是在1981年夏天IBM突然以IBM PC重拳出击，并以其备受企业信赖的品牌推动PC市场迅速成长。在苹果的眼里，毫无疑问这位电脑世界的"大哥"想要控制新兴的个人电脑市场。而这篇小说反映的思想内容正好能够充分表现和体味出1984年时PC世界的格局和苹果的心态，让顾客和看客们在获得视觉效果冲击的同时，也了解了IT世界的现时状况，可谓是一举两得。当年负责制作苹果"1984"广告的创意导演李·克劳回忆说："'1984'表达了苹果的理念和目标：让人民而非政府或大公司掌握操纵技术，让计算机变得普通人可及而非控制人的生活。"

这个60秒长的广告，仅在1984年1月22日美国超级杯橄榄球大赛的电视转播中播出了一次，却造成了空前的轰动，美国的三大电视网和将近50个地方电视台都在超级杯后报道重放了"1984"，还有上百家报刊评论"1984"的现象和影响，这些都为苹果公司和Macintosh做了免费广告，并赢得了评论家经久不息的掌声。

? 问题讨论
试对苹果电脑1984年的广告制作背景进行分析。

资料来源：http://www.shw.cn/Article/sj/ggsj/Index.html。

第 *9* 章

广告模特与广告音乐

本章导读

　　企业或广告公司经常利用模特推荐或说明产品，以提高产品的身价，增加消费者信任，推动人们仿效性购买，巨大的商业价值使得一些企业不惜一掷千金请来顶级模特为其代言。时下名人模特是消费者讨论的热点话题，也是广告界关注的重点。本章主要介绍广告模特的含义、类型以及广告模特的选择等内容。同时也对广播、电视（电波）广告中经常采用的音乐策略进行了探讨。

知识结构图

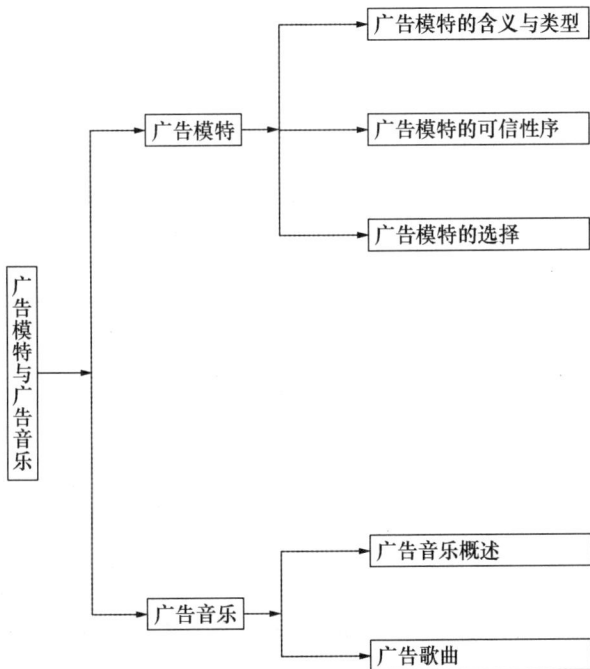

【开篇案例】 寸土寸金，C罗全身都是宝

作为当今世界足坛最炙手可热的两大球星，C罗和梅西在球场上究竟谁强或许很难得出答案。在场外，C罗的商业价值却远超过梅西，他的广告代言费高达2650万英镑，梅西则只有1430万英镑。

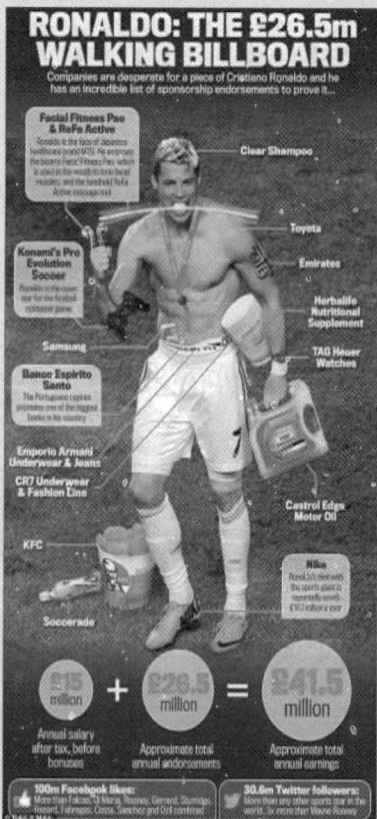

图9-1 C罗代言的产品一览图

C罗代言的产品种类包括饮料、食品、电子产品等，英国《每日邮报》将这些产品巧妙的都用在了C罗的身上，从这张制作的图中（图9-1）可以清楚地看到这位风流倜傥、英俊潇洒的足坛当红巨星都为哪些产品做了代言。

这张图中，C罗头上用的是其代言的清扬洗发香波，嘴里含着的是为日本公司代言的瘦脸神器，右手举着的是一个按摩工具，同时这只手还拿着一个代言的实况足球游戏。右边胳膊上有代言的阿联酋航空LOGO。C罗的右手腕带着代言的泰格豪雅手表，拎着代言的嘉实多润滑油，夹着运动健身营养品，脖子上则挂着代言的一个丰田汽车。腰间别着三星智能手机，另外还有一张葡萄牙银行的银行卡，内裤则露出了代言的阿玛尼以及其自创的CR7品牌商标。

皇马球星的脚上穿着的是代言的NIKE足球鞋，旁边放着代言的KFC食物以及一瓶soccerade运动饮料。C罗代言这些产品每年赚到2650万英镑，而他的税后年薪还有1500万英镑，也就是说C罗的年收入高达4150万英镑。

看过之后，球迷们只能感叹这位皇马高富帅的身体真可谓是"寸土寸金"！

资料来源：http://sports.163.com/14/1023/00/A96VL1RT00051C8V.html#p=A96VCUSE00DE0005，有修改。

9.1 广告模特

9.1.1 广告模特的含义和类型

1. 广告模特的含义

所谓广告模特是为拥护企业、产品以及品牌而在广告上出现的人物或象征物。

广告模特是企业的信息传递者（communicator）。企业通过模特向消费者传递信息。就是说，

企业利用模特的形象、可信性、魅力、类似性等属性来提高广告的说服力，改变消费者对企业或产品的态度，从而形成消费者的友好态度。

广告模特的作用包括：①模特提高了广告的可读性（或可看性、可听性）；②模特能为企业或其产品带来肯定的态度转变。总体来讲，信息来源越可靠，信息越可能具有说服力；③模特的形象特点可与品牌形象联系起来。但是，这些好处不是自发形成的，需要全面考虑对品牌的营销和广告以及模特的性格特点。

传统的观点认为，模特是广告信息的来源，因为其来源具有可信性或魅力，所以有助于增加信息内容的可接受性。但是，最近广告界和学术界又认为模特拥有某些象征性的属性，这些属性通过广告由模特传递给品牌，接下来通过购买、消费或拥有这种品牌的行为由品牌传给消费者。

2. 广告模特的类型

在广告里出现的模特类型比较多，一般广告模特不仅有具体人物模特，如名人模特、专家模特、典型消费者模特、企业家模特，还有象征物模特，如动物模特、特写模特（见图9－2）。

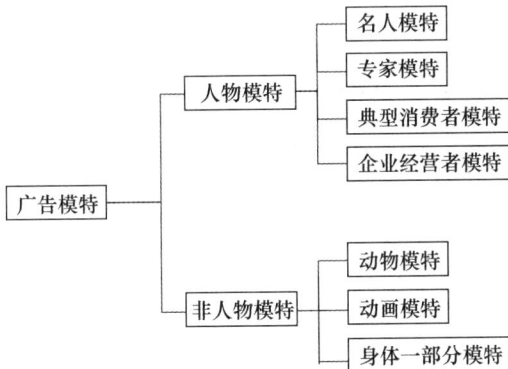

图 9－2　广告模特的类型

（1）名人（celebrity）模特。在众多的模特类型中，名人模特应该是最引人注目的。他（她）们一个个身份不凡，或青春靓丽，引领时尚；或演技出众，迷倒众生；又或运动天赋不同凡人，重大比赛业绩卓著；也或学有所长，为某一领域之翘楚。不管到底属于哪一类的名人，他们的一言一行都会得到众多粉丝或崇拜者的追捧。很显然，名人模特拥有其他模特难以企及的超高人气。

具体而言，名人广告模特的优点体现在以下几个方面：

①在属性或功能方面与竞争产品类似的时候，利用名人模特做广告，企业可有效借助名人的知名度和独特的形象使自己的产品与竞争产品区别开来；

②在做服务广告时，向消费者传递服务的内涵是不容易的。这时，可以通过名人模特为抽象的服务赋予具体的形象与特点；

③在品牌扩张（brand extention）时，始终利用同一名人模特，可以持续保持原有品牌的形象；

④大众媒体广告需要视觉的同一性，在广告各要素中名人是最能引起受众同一感的因素。

【阅读资料 9 – 1】　　　　　　　　乔丹与耐克

　　1999 年 1 月 13 日，一个极不寻常的日子。对广大篮球迷来说是悲痛的一天，因为这一天乔丹离开了 NBA。对耐克公司总裁奈特来说则是不幸的一天，因为乔丹的离去，公司的股票在这一天下跌了 2.36 美元。难受的又何止奈特一人呢？NBA 总裁斯特恩也舒服不到哪儿去，没了乔丹的 NBA 黯淡无色，估计 NBA 总收入将减少三成，体育用品的销售损失将达 6 亿美元，门票收入、球赛和电视收视率也会直线下降。原来围绕乔丹淘金的广告商们也没了昔日的风采，红着眼急切地搜寻着新的目标。这一切只缘于乔丹的拂袖而去。吐着舌头，独步篮坛的乔丹何以在商界有如此大的反响？当年从北卡罗莱纳大学毕业进入 NBA 打球时，乔丹肯定想不到会有今天的辉煌。

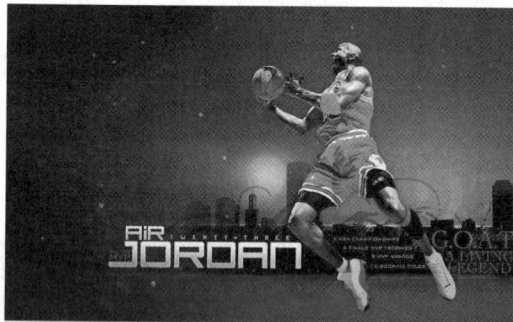

图 9 – 3　篮球之神迈克尔·乔丹

　　这其中耐克公司的作用不可低估。

　　耐克老总奈特曾是俄勒冈州的中长跑运动员，从商学院毕业后组建了耐克公司。他一心想在现实生活中塑造一个"超人"的形象，并使之成为年轻人追寻的梦想，成为耐克公司的代言人。当时的篮球圈内不乏魔术师约翰逊等一批名震一方的大将，但奈特并没有挑选这些红人，而相中了当时还不很出名，看起来瘦瘦小小的乔丹。因为奈特认为借鸡生蛋形式的广告很难展现公司的个性，他要的是符合本公司形象又不乏个性的"超人"。他看重的是乔丹潜在的发展势头和他鲜明的个性及优良的品德。"Just do it！"是乔丹的个性，也就是耐克公司的个性。乔丹有今天的成就靠的是他个人的奋斗和耐克公司的商业炒作。谁又能说得清楚乔丹那循规蹈矩、满脸慈祥、和蔼可亲的外形，不是耐克公司操作的杰作呢？

　　乔丹初出道时，正值 20 世纪 80 年代中期。当时的耐克公司还是很不起眼的小字辈，知道有这家公司的人不多。乔丹也原本一直钟情于阿迪达斯，但耐克以音乐和球场动作相结合的独特广告方式赢得了乔丹的青睐，他很快以每年 25 万美元的广告费与耐克签约，且一签就是五年。每年 25 万美元，这对当时已红遍北美大地的魔术师约翰逊来说也无异于是一个天文数字。在耐克公司的包装炒作下，乔丹的形象脱颖而出，耐克品牌随即深入人心，公司也日渐壮大。奈特的钱没有白花，心血没有白费。捧红乔丹的同时，公司也捞足大钱。耐克推出的"飞人乔丹鞋"当年的销售额就高达 1.3 亿美元；公司每年靠乔丹的广告至少挣得 2 亿美元。从与耐克签约起，乔丹共为耐克公司挣得 26 亿美元，耐克商标的无形资产更是无法估量。在乔丹的众多广告商中，耐克是最成功的一家。因为是它塑造了乔丹的公众形象，同时也塑造了公司自身的形象，乔丹就是耐克的代名词。据美国《幸福》杂志估算，乔丹 14 年的 NBA 运动生涯中创造了近 100 亿美元的商业价值。

但是，我们还需认识到，名人广告是一把双刃剑，有优点也有缺点。其缺点主要有：①由于名人的形象过于突出，有可能会降低消费者对广告产品的注意力。②对同一个名人，消费者反应（或反响）并不一致。对于特定的名人，无论他的名气有多大、声望有多高，也总有人会不喜欢，甚至是深感厌恶。最坏的结果是，讨厌该名人的人恰恰是这类产品的消费者或是潜在的消费者，这样就会产生认知不协调的问题。建议读者参看一下本书第 5 章第 1 节有关 Heider 均衡理论的相关阐述。③如果名人模特的形象与所代言的产品不匹配，就会引起消费者的不一致感。比如一位年过 6 旬的男明星代言了一款新潮的淑女装，显然消费者会认为这是不合时宜的。④当名人模特出现性丑闻、吸毒、逃税等负面事件时，就会对所代言的产品形象造成极大的伤害。当年陈冠希和众女星的"艳照门"事件曝光后，不少企业深受其害，甚至一家上市公司还与代言人张柏芝打起了官司。在当今演艺圈黄赌毒高发的时代，选择这些明星代言是要承担一定的风险的。

【阅读资料 9 - 2】　　如何避免使"名人广告"变成"广告名人"

1. 注重形象代言人与品牌个性的关联性

如果形象代言人不符合品牌的个性，则会造成品牌的稀释。因此，在选择形象代言人时，我们有必要了解代言人与品牌个性之间的关联性。品牌的管理者应该清楚地知道，品牌要迎合哪一类型消费者的喜好，要找什么样的"意见领袖"来做品牌的代言人。只有品牌个性与人物联想对应，才能对品牌产生加法甚至乘法效果，否则，只会对品牌产生副作用，甚至将已有的个性稀释殆尽

2. 考察形象代言人是否"重婚"

在挑选形象代言人时，应该尽量去寻找那些还没有被过度开发的对象。找一个以前没有代言过其他品牌的人，这样就能唤起清晰的感觉，企业就可以利用这种感觉与所宣传的品牌建立联系。而像刘德华，其代言的品牌数不胜数，这样的代言人对企业而言，就失去了独特性，消费者想起这个人，不知道能想起什么产品。在这种情况下，代言的效果就会降低，代言人甚至引起消费者的反感：你一会儿说这个好，一会儿说那个好，是不是真的？如果是做过水广告的，再去做酒广告，或者做过药广告，再去做食品广告，可能会引起消费者的心理不适，效果也会适得其反。

3. 不要单纯只看知名度，更要注重美誉度

对很多企业而言，考虑得最多的是形象代言人的名气、人气大小，至于其是否适合为本企业、本品牌做广告，却不在考虑之列，这是非常错误的。

形象代言人的知名度无疑是他们最大的财富，他们的名字就是一块招牌，可以帮助企业省下大量的广告费用。有研究表明：消费者对于自己喜欢的名人所推荐的产品，会更加信任。但是，仅有知名度是不够的，还要具备美誉度。由于形象代言人大多为影视明星、歌星，而其所

处的娱乐圈容易出绯闻，这些名人的名气稳定性不好。打个比方说，某形象代言人尽管名气很大，但如果名声不好，吸毒、赌博无所不为，这样的明星肯定不会受到消费者欢迎。如果说他有名的话，也是属于臭名远扬。

其实，企业选择形象代言人就像炒股票一样，如果能够选中目前还不是很红但潜力很大的明星，会用最少的费用达到最大的效果。

4. 系列形象代言人之间的选择要有策略性、针对性和连续性

如果企业之前已经用过形象代言人，那么在选择新的形象代言人之前，一定要考虑新旧形象代言人之间的连续性，让人感觉一脉相承。

蓝马啤酒曾经用腾格尔做形象代言人，2004 年，蓝马启用新的形象代言人胡兵。我们知道，腾格尔是一位来自内蒙古草原的歌手，其粗犷的外形与激越高昂的歌声，让人体会到的是纵马飞驰、豪情盖天的草原风情。蓝马啤酒通过腾格尔建立的是粗犷豪爽的形象。而胡兵与腾格尔的差别实在太大，胡兵有俊朗的外形与阳光男孩的气质，让人感受到的是健康、明朗的气息。这与蓝马从前建立的形象大不相同，如果蓝马坚持改变形象，那么以前的广告等于全部浪费，并产生负面作用。

5. 掌握形象代言人的风险规避策略

对风险要事先合同约定，事中密切跟踪，事后迅速更换。

目前，"形象代言人出了事怎么办"已经成为一个世界性的难题。明星因为逃税坐牢怎么办？明星杀人怎么办？事实上，在国外，为了防范类似风险，一般企业在与明星签约时都有附加条款。例如，约定在明星发生丑闻或诉讼案件时，合同自动终止，或约定企业此时有权停付代言费用甚至要求赔偿。

6. 要确保形象代言人广告的真实性

欧美一些国家均视形象代言人广告为"证言广告"和"明示担保"，消费者可据此担保索赔；美国更要求做广告的形象代言人必须是此产品的直接受益者和使用者，一旦查出不实，就要处以重罚，而且已有好莱坞影星被罚 50 万美元的事例。

如果按照欧美国家的标准，那么我们所见到的大多数形象代言人广告，恐怕都难逃被罚的下场。目前，明星的假证言广告，已经引起了消费者的普遍反感。国家的有关立法限制只是时间问题，因此，企业在拍摄代言人广告时，应该把握分寸，避免引火烧身。

7. 要避免记住了代言人忘记了品牌

代言人毕竟只是品牌宣传的一个工具，广告的重心应该是品牌而不是代言人。还有一些广告，明星在广告里吆喝了一通，消费者只记住了明星，并没有记住广告的具体内容，企业花钱为名人做了广告。这样的广告不应该叫做"名人广告"，而是"广告名人"。

资料来源：曾朝晖，http://news.xinhuanet.com/newmedia/2004-10/28/content_2147898.htm

2. 专家（expert）模特

专家是指知道如何解决问题方法的人，具有一定的权威性和较高的可信度。特别是消费者在选择价格高昂、技术程度复杂的商品时，专家的主张会直接影响消费者的购买决策。但是，当某一专家的主张与其他专家群体的主张不一致的时候，可能会引起消费者对该产品或该专家的不信任感。

值得我们关注的是，当前我国广告市场上一些虚假专家代言现象屡禁不止，特别是在是中医药领域，这需要消费者尤其是老年消费者明辨是非，谨防上当受骗。

3. 典型消费者（typical consumer）模特

典型的消费者模特是指那些对广告产品没有特别知识的普通消费者所充当的模特。利用典型消费者模特做广告的目的，在于通过消费者知觉的类似性（similarity）来提高广告产品的可信度。就是说，利用典型消费者模特时，主要考虑的因素就是这些消费者模特与受众之间的类似性。图 9 - 4 是海尔所做的一则洗衣机广告，画面中一家三代人幸福祥和，给人的感觉是既温馨又真实。

图 9 - 4 海尔的洗衣机广告画面

4. 最高经营者模特

最高经营者（chief executive officer，首席执行官）模特又称企业家模特，是一类较为常见的广告模特。在 20 世纪 80 ~ 90 年代，广告的创意还比较贫乏，很多企业都是由厂长或经理来直接向广告受众介绍产品，基本上不会使用诸如明星之类的模特。当前，最高经营者充当模特的情况也不少见，我们比较熟悉是聚美优品的陈欧，见图 9 - 5。

企业的最高经营者直接作为广告

图 9 - 5 聚美优品 CEO 陈欧为自己代言

模特出现在广告中，向消费者直接说明企业或产品，解释以什么方式来开发产品，这能更强烈地诉求消费者。也就是说，使消费者把最高经营者认为是产品的专家，以最高经营者的权威和地位来提高产品或企业的可信度。

利用企业最高经营者模特做广告时要注意的是，不要突出最高经营者个人的特点，而要强调企业的理念和产品的质量，从而使消费者的关心度集中在企业或产品上。

【阅读资料 9 – 3】   聚美优品陈欧为自己代言 引 80 后共鸣

2011 年，一则励志视频在微博 http：//weibo.com/leochenou 推出之后迅速蹿红网络，视频的主角并不是明星，而是一位 80 后的电子商务创业青年才俊。其广告词"为梦想奋斗，活出自己的色彩，做最漂亮的自己。我是陈欧，我为自己代言"语言简短，刻画了一位为未来奋斗的 80 后形象，引起很多同龄人以及 90 后、70 后甚至 50 后的共鸣。

据悉，在短短一天时间内该视频已经转发超过 5000 次，网友回复达 1400 多条。网友还根据其广告词模板，创造出各种不同的广告体，这也是继凡客之后的又一受网友热捧的话题性广告。

为自己代言聚美团队集体出镜

陈欧没有想到，作为聚美优品创始人自己亲自出镜的一则广告，会如此受网友热捧。虽然是首次拍摄广告，片长也仅 30 秒。陈欧还是拉上了自己的创业伙伴——聚美优品的高管团队，包括戴雨森、刘辉、叶飞、阚洪岩等集体亮相，为网友讲述了一群为梦想和未来奋斗的 80 后的创业故事。

广告中，一个窗外灯火阑珊的场景：公司里边陈欧与团队成员热火朝天地讨论着工作，让网友感觉非常真实，同时也表现出团队的创业激情。采访陈欧时，他称这个广告是自己与创业伙伴的内心独白，"我只能说，当我们团队看到的时候，都有热泪盈眶的感觉"。

在谈到创业团队时，陈欧表示：为了一起创业，刘辉放弃了在新加坡的高薪和期权，戴雨森从斯坦福退学。"别人没法理解，觉得我们疯了。但我们知道，这样的选择才会每天快乐，因为我们做的是自己，为了梦想而奋斗。只要努力、自信，每个人都可以是自己的代言人。"

被感动的不仅仅是聚美优品的团队，一位网友评论道：看看我身边，诸多知心好友均是 80 后。他们率真的性格、特色的个性、执着的努力和善于思考很对我的脾气，也赢得了我的好感。我很喜欢和这样的人一起努力，创业和旅行。

广告词直达内心引起网友共鸣

此则视频广告词并没有华丽的辞藻，也没有过多强调产品和品牌。视频中说道"我是陈欧，聚美优品创始人。蜗居，裸婚，都让我们撞上了。别担心，奋斗才刚刚开始，80 后的我们一直在路上。不管压力有多大，也要活出自己的色彩。做最漂亮的自己，相信我们，相信聚美。我是陈欧，我为自己代言。"既道出了当前 80 后年轻人所遇到的困难，也展现了年轻人的理想与憧憬，引起很多 80 后、90 后的共鸣。

有网友表示，"看到这个小短片，我有一点小感动。感觉 80 后的我们也许更应该活出自我。也许真得会失败，但人生很短，千万不能让自己后悔。每个人都不是别人的复制品。"

而该则视频也引来了很多行业知名人士的评价。著名的天使投资人、教育人士徐小平表示"每代人都有每代人的困惑，每代人也有每代人的梦想。80 后的未来，就是中国 10 年、20 年后的希望！"

掀起"聚美体"广告模仿热潮

资深广告人 Kevin_ blog2010 评价此次视频营销是"以个人品牌魅力带动企业品牌，与王石式的软性推广不同，终于有企业家以硬广的方式树立自己价值观，打造自己个人魅力，从而影响促进自己的企业！"

视频广告播出之后，很多网友纷纷套用广告词模板，模仿创造出各种各样的"聚美体"，成为继凡客体之后网友热议的又一话题。

一位 80 后对照自己的经历，编出了自己的"聚美体"：甩人、被甩、都让我遇上了。80 后的我，最好的年华都在为爱等待……不管梦想多么遥远，也要坚信希望会到来，朋友不多，但知心的有几个。21 岁期望的美好生活，要在 35 岁实现！我是 Mini 杰，我为自己代言。

世纪佳缘营销副总裁刘惠璞也跟着网友一起玩起了"聚美体"，他在微博上写道：70 后："扩招、下岗、不包分配，都让我们碰上了。70 后的我们，一直在奔波闯荡……不管 60 后多强大，80 后多时尚，也要坚信我们才是现在的脊梁。不会遗忘青春的韶光，皱纹是成熟散射的精芒，我是刘惠璞，我为河马（自己的微博名）代言。

作为 50 后的代表，徐小平用"聚美体"给自己写一篇广告词："文革、饥荒、都让我们碰上了。50 后的我们，半生都在绝望……不管文革多么黑暗，也要坚信光明会到来，终于迎来了改革开放。20 岁没做成的事情，50 岁也可以做。我是徐小平，我为信仰代言。"

资料来源：http://info. it. hc360. com/2011/07/201202540540. shtml。

5. 动物模特

在广告中利用动物模特的理由是，使广告内容更有趣而引起注意，并且在表现方式上与以人物模特为主的广告区别开来。由于动物模特没有语言表达能力，所以动物不能起到说明广告内容的代言作用。但是在动物模特广告中，可以通过暗示动物与产品之间的类似属性（analogy）等间接的方式来比较或强调产品特点。

利用动物模特时要注意的是，由于动物的表演不自然，因此在广告拍摄过程中需要特殊的装备，并且为预防意外发生，要配备一定数量的备选动物。另外，还需注意的是，消费者可能只记住了动物模特的有趣的表现，而忘记或是淡化了对产品的利益或形象的记忆。

6. 动画（animation）模特

除了人物和动物以外，还可以利用插图、漫画以及把人物形象化的特写（character）作为广告模特。通过这些动画模特能体现产品或企业的性质或特点，并且诱导消费者视线，以留存在记忆里的回忆暗示（cue）来利用。就是说，把产品的特性具体化，这样消费者看了动画以后就容易回忆起产品的特性，甚至消费者购买产品时能作为选择产品的重要因素。

利用动画模特的广告表现方式有以下几种。

（1）幻想性表现方式。动画片等夸张非现实的现象方法来结合现实的幻想性（fantasy）广告。消费者所熟悉的影片或动画片中的漫画形象可用做广告模特。如可利用米老鼠或唐老鸭做广告模特。

（2）人格化（personification）表现方式。

（3）示范性（demonstration）表现方式。

低卷入产品一般利用动画模特做广告。但是高卷入产品也可以利用高科技性的动画模特来适当地表现产品的特点。

7. 身体一部分模特

有时广告模特只展示身体的一部分强调或者表现产品的特点，例如，苗条的曲线美、柔顺的头发等都能用做广告的模特。利用身体一部分做模特，可以节省模特费用，并且把身体的一部分完整地模特化，从而能集中消费者的视线。但利用身体一部分模特做广告时，应注意一些身体部位的裸露面。我国国家工商行政管理局颁布的"广告审查标准"第二章第十八条规定："妇女模特的使用

图9-6　飘柔洗发水广告

不得裸露肩以下、膝以上15厘米的部位（泳装模特不在此限）。"

9.1.2　广告模特的可信性

广告模特的可信性（credibility），是指影响广告受众接受广告内容的信息传递者的肯定主张的特性。消费者知觉广告模特可信性，广告模特才具有说服力。起信息源作用的广告模特的可信性表现在以下几个方面。

1. 真实性

在沟通中的真实性取决于信息传递者与信息接受者的接受程度与信任程度。真实性（trustworthiness）是指信息接受者对信息传递者的信赖程度。可以以友好倾向、接受、心理上的安全、被知觉的肯定的心情等词汇来解释真实性的结果。广告接受者对广告模特真实性的知觉程度越高，态度变化的可能性也越大。而且，如果广告接受者知觉广告模特是可信赖的，那么诱导意见的信息内容比不诱导意见的信息内容，能更有效地改变广告接受者的态度。

2. 专业性

专业性（expertise）是广告接受者对广告模特的专门技能或者专门知识等特性的知觉。离开

某一个主题（topic）就很难谈起专业性了。如果说，某一专家具有专业特长，那么，这个专家必须能提及相关主题。所以，专业性是能以相关主题或者状况以及信息内容来解释的概念。

专业性一般与权威、能力等密切相关。消费者对广告模特的专业性的知觉程度越高，就越容易改变态度。专业性以广告模特的教育水平、对产品的经验或知识等的连续性来被知觉。专业性的说服效果与广告模特的魅力性的说服效果是不一样的。专业性一般与信息内容的支持主张一起被考虑。也就是说，受众对广告模特魅力性的知觉取决于模特本身的特性，而对专业性的知觉取决于模特所具有的专业特长以及技能、知识、经验。

3. 魅力性

魅力性（attractiveness），是指广告接受者对广告模特的魅力性露面（attractive appearance）与个性（personality）的知觉。广告模特的魅力性露面可以成为广告接受者判断的一个重要线索。

广告模特被广告接受者知觉为具有更大的社会影响力，具有更突出的个性（智能、个人特性、人生的成功与否），所以其说服力是很强的。广告接受者一般在关心或者注意广告模特的魅力性露面的情况下，看电视广告或印刷广告。所以大部分广告主在选择广告模特时，经常利用具有魅力性的模特，特别是在化妆品行业。下图是我们所熟知的香奈儿 5 号香水广告，广告中的模特——奥斯卡影后妮可·基德曼的魅力真是无与伦比。

图 9 - 7　妮可·基德曼的魅力无与伦比

魅力性露面在很大程度上取决于消费者的主观判断，所以要正确地把握广告模特的魅力性，需要调查消费者对广告模特魅力性的认知程度。一般来说，名人具有更强的魅力性。所以利用名人作为广告模特的时候，名人的魅力性能提高信息源可信度。具有魅力性的广告模特比不具有魅力性的广告模特，能更有效地改变广告接受者的信念。

4. 类似性

类似性（similarity）是指广告模特与广告产品的潜在使用者之间的亲切程度。与广告接受者类似的模特传递信息时，广告接受者更容易被说服，更容易产生信任。所以利用实际满意的消费者模特的意见，从而缩短或者消除消费者与广告模特之间的距离，自然地提高可信度。例如，在宣扬普通消费者能简单地使用的油漆广告中，利用普通消费者模特比专家模特效果可能更好。尤其是在当今公众心目中专家诚信普遍缺失的时代，消费者可能会更加相信与自己相类似的模特的话，而非专家。

9.1.3 广告模特的选择

特定广告模特并不一定给所有产品带来相同的广告效果。也就是说，由于广告模特的类型不同，广告接受者的态度变化过程也不同。Kelman 指出广告模特的真实性、专业性、魅力性、类似性是各自通过同一化（identity）和内在化（internalize）过程，或者同时通过这两个过程引起消费者态度的变化。

1. 同一化与内在化

同一化是指广告受众所产生的与广告模特间的有类似性感觉的过程。通过这种类似性的感觉，消费者很容易就会顺应或支持模特的主张和意见。也就是说，个体愿意与特定人物类似，从而把自己的行为适应（adaptation）于模特，以树立自我形象（self image）的行为。这个过程与具有好感或者魅力性等情感特性的名人模特有密切关系。相反，内在化是广告接受者接触模特的时候，相信广告内容，从而顺应模特主张的过程。也就是说，信息内容的主张符合于接受者自己价值观的时候就引起内在化。内在化是在信息源可靠、真实并具有专业性的时候引起的。

2. 通过名人模特的态度变化

同一化现象与类似性、魅力性等特性有关，这是名人模特的说服起作用的态度变化过程。利用名人模特可以提高受众对广告或者产品的注目效果。但是对高卷入产品，名人模特的影响力要大打折扣。

对于低卷入产品，如饮料、洗发水等产品来说，利用名人广告模特做广告效果会比较明显。这也很好地解释了为什么可口可乐、百事可乐、宝洁等公司愿意一掷千金请来大明星做产品代言了。

3. 通过专家模特的态度变化

专业性通过内在化过程影响广告接受者的态度变化。受专业性高的信息传递者影响的广告接受者，一般是合理的并具有解决问题倾向的消费者。这些消费者尽可能地把自己的态度接近于外部现象或现实世界，结果形成与自己原有价值体系一致的新的态度的内在化。在专业性较高的信息传递者的说服过程中可形成这种态度的内在化。

4. 通过典型消费者的态度变化

广告接受者在接触与自己类似的信息源的时候会感觉到亲切，所以典型消费者信息源具有较强的说服力。利用典型消费者广告模特的时候，消费者与这些典型消费者之间的类似性引起同一化过程，或者产品使用的类似性在一定程度上给消费者专业性，所以通过内在化过程提高广告效果。在与产品购买相关的金钱的、功能的、心理的、社会的危险不大的时候，利用典型消费者模特做广告，消费者对广告的评价将是肯定的。

5. 外国模特的效果

外国模特一般具有以下优势：①强化与用外语来表示的产品或品牌名称之间的连结感。目前在我国有不少外国品牌是直接用外语来表示的，外国品牌名称与外国模特可以形成一致性。②由于产品市场寿命周期短，所以在短时间内诉求消费者的时候，利用外国模特做广告可以引起比较强烈的冲击效果，就是说，异国形象能帮助消费者对产品的记忆。③可以提高产品的国际形象。④通过模特的差别性来引起消费者的注意。⑤向消费者提供话题，从而能引起口碑（word-of-mouth）效果。

但在广告中利用外国模特也有一些缺点：①对国内产品利用外国模特时，也许会引起消费者对品牌的不太好的印象。②外国模特的形象过于强烈的时候，会出现阻碍消费者记忆产品的遮蔽效果（overshadow effect）。所以，利用外国模特的时候，要充分考虑广告产品的特性，并通过事前调查与评价，正确把握外国模特特点以及形象。

利用外国模特的时候，也要注意我国广告审查标准。因为一些广告主曾利用外国模特欺骗或误导消费者。我国国家工商行政管理局颁布的"广告审查标准"第二章第十六条明确规定："国内产品，用外国人做模特的，应能够识别为国内产品；国外产品广告，用中国人做模特的，应能够识别为国外产品。"

6. 名人模特重复出现效果

当前名人广告出现的最大问题是模特"一女多嫁"的现象比较普遍。一个名人往往会同时代言若干个产品，这时对广告受众就会有无所适从的感觉，甚至会怀疑这些明星们见钱眼开，随意代言。例如，假如巩俐只代言美的空调，消费者看到巩俐很容易就会联想到美的。后来随着巩俐代言的产品越来越多，美的空调与巩俐的这种独特联系就不复存在了。代言众多产品后，名人的效应就会降低，甚至会引起目标消费群体识记的混乱和对名人广告的不信任。事实上选择一个代言产品数量很少的名人其广告效果可能会优于选择那些有强烈吸引力但已被过度使用的名人，而且还能大大节省广告费用。

【阅读资料 9-4】　　　　　盘点刘德华曾经代言过的产品

电子类产品：爱立信手机、金立手机、杰科（DVD 播放机）、三星（VCD 播放机）、铁达时（手表）、东亚银行（信用卡）、司马表、CYMA 表、LG 手机……

服饰类产品：贵人鸟服装（运动鞋）、Baleno（班尼路）（休闲服饰）、天蚕衣（Super Warm）（内衣）、罗蒙（西服）、NIKE、阿迪达斯运动鞋……

其他类产品：百事可乐、首乌洗发水、旭日升冰茶、精通天马摩托、雅马哈摩托、SUM-TORY（威士忌酒）、奥尼（洗发水）、雪亮（眼镜）、胃康（牙膏）、太阳活力（旅社）、雀巢（咖啡）、道地（茶饮料）和成卫浴、名人（洗发水）……

有研究指出，如果企业是长期的品牌形象战略，最好不要使用那些在其他广告中出现的名人代言，因为这很难维持品牌的独特、持久的形象。但对于那些产品生命周期较短，或是仅流行于

一时的产品，企业还是可以使用那些频繁在各种广告中出现的名人模特的。企业在短时期内投入大量的广告也会获得一定的效果。

【阅读资料 9 - 5】　　　　　　有关广告混淆现象的思考

在市场经济飞速发展的今天，消费者不仅通过电视、广播等电波媒体，而且还通过报纸、杂志等印刷媒体不知不觉地接触大量的广告。特别是如今电视广告和杂志广告一组一组地播出和刊载，比如，中央电视台晚间黄金时间播出的广告中有关家电广告最多，早间新闻后播出的广告中防盗门广告较多。这时，消费者接触的是一组产品广告，因为广告主一般也是以类似的消费者群作为广告对象的。

结果，消费者在一定的时间内接触的广告信息量过多，所以消费者以消极的态度来处理广告信息。加上消费者接触广告时，记住一个品牌信息之前又接触无数的新的品牌信息，消费者无法一一记住广告所传递的信息。早在 20 多年前，Britt、Adams 和 Miller（1972）就指出，消费者一天平均能接触的广告量为 300～600 个，但能记住的广告量却只是其中的很少部分。

消费者对广告内容的这种很贫弱的记忆，首先与消费者的不注意（inattention）有关。消费者在目前非常"混乱（cluttered）"的媒体环境下，就容易疏忽广告。

另外，大部分产品广告是以单一的内容来表现的，所以类似的广告多，在消费者心目中无法形成独特的形象。结果，消费者有时即使想起广告，也无法把广告内容与产品或品牌联结起来，甚至在广告与品牌的联结中产生错觉，看的是 A 广告，但买的是 B 产品；或看了 B 广告以后，却买了 A 产品。这样，企业虽然投入大量费用做广告，却可能帮助了竞争企业。在市场竞争激烈的情况下，竞争产品之间的类似品牌名称和广告表现，容易引起消费者对广告与品牌的联结错觉。这种消费者不能把广告与品牌相联结的错觉现象就叫广告混淆（confusion）现象。

虽然如此，目前国内外学术界却很少研究广告混淆现象。特别是我国大部分企业在缺乏广告理论的情况下采取广告策略，所以更容易忽视广告混淆现象，从而使企业所做的广告不能取得预期的效果。

9.2　广告音乐

音乐是一种传递信息非常强烈的完整的语言。广告音乐会在情感表现过程中发挥着重要的作用，它不仅会影响消费者的各种情感及反应，而且还会烘托气氛，刺激消费者的购买欲望。所以广告音乐在电视、网络视频和广播广告（统称为电波广告）的制作过程中被广泛地使用。

9.2.1　广告音乐概述

广告音乐是指媒体传播在广告宣传过程中所使用的音乐。广告音乐既有一般音乐艺术的审美特征，也包含了广告艺术的某些特性。广告音乐的主要功能与作用是在广告宣传过程中作为背景音乐来衬托画面，从而大大丰富了广告艺术的表现力，同时加强了广告宣传的艺术感染力。

具体来说，广告音乐具有如下作用：①辅助画面和解说词，营造出某种情感气氛；②吸引受众的注意；③加强广告受众对广告信息的记忆；④产生迁移效果，即消费者可能因为对广告音乐的好感，而把这种好感迁移到广告或广告产品上，从而对广告产品产生好感或购买欲；⑤广告音乐给消费者愉悦的感受，具有娱乐观（听）众的作用。

但是，在有关音乐是否影响消费者的信息处理过程的问题上，人们有不同的看法。Gorn根据经典条件反应理论发现，如果广告中的音乐是消费者喜欢的音乐，那么，这些音乐有助于消费者形成肯定态度。另外，Milliman 研究在超市里调节背景音乐是否影响销售额与顾客循环问题时发现，节奏（tempo）快的音乐比节奏慢的音乐更增加销售额，更加快顾客循环速度的事实，所以得出背景音乐可以影响消费者的购物行为的结论。但是 Park 和 Young 的研究结果则相反，他们调查在广告中卷入程度（高卷入与低卷入以及情感性的卷入）不同的情况下音乐对品牌态度形成的影响，得出在有背景音乐的情况下，对语言信息的回忆度会下降的否定性的结论。

综合这些研究结果可以看出，背景音乐是在情感性卷入（affective involvement）程度高而认知性卷入（cognitive involvement）程度低像宝石、休闲运动服（sportswear）、化妆品、啤酒等产品群（product category）的广告中是有效的。相反，在认知性卷入程度高的产品像汽车、电子产品、个人电脑（PC）、保险、照相机的广告中，背景音乐并不一定有效果。

如果广告制作者已决定在广告中利用音乐，那么是制作适合于广告产品的新的音乐，还是利用消费者熟悉的但还没有亲切感的音乐，或者是利用消费者非常熟悉的流行音乐呢？如果利用流行音乐，在引起消费者注意方面是有效的，但这些音乐也有消费者只注意广告音乐而忽视记忆广告产品的危险，并且利用音乐的费用也较高。如果要利用在消费者中还没有广泛流行的音乐，就要充分利用音乐与情感表现的关系（见表 9-1）。

表 9-1 　　　　　　　　　　　　为表现情感的音乐特性

情感表现 音乐因素	严肃的	悲伤的	欣赏性的	平稳的	幽默的	幸福的	兴奋的	庄严的	惊讶的
音系	长调	短调	长调	长调	长调	长调	长调	长调	短调
速度	慢	慢	慢	慢	快	快	快	一般速度	慢
音调	低	低	中间程度	中间程度	高	高	中间程度	中间程度	低
音律	一定的	一定的	流水似的	流水似的	流水似的	流水似的	不规则的	一定的	不规则的
合成	合成音	合成音	合成音	合成音	合成音	合成音	非合成音	非合成音	非合成音
音量	中间程度	柔和的	柔和的	柔和的	中间程度	中间程度	大的	大的	变化多样的

资料：BrumerII, Gordon C. , "Music, Mood and Marketing," Journal of Marketing, October 1990, 100.

9.2.2　广告歌曲

广告歌曲是广告创作中普遍使用的元素，通过广告歌曲可以有效地唤醒消费者和影响消费者情感。随着电波广告的出现和兴起，广告歌曲已经成为广告创作中普遍采用的一种重要形式。一些广告歌曲广为流传，被奉为经典。比如，1984年江苏盐城无线电厂所做的燕舞收录机广告时至今日仍让人回味无穷。电视画面中燕舞小子苗海忠又跳又唱，"燕舞、燕舞，一曲歌来一段情"唱红大江南北，燕舞收录机也凭借此广告在国内一炮打响，此后销量连续8年居全国收录机行业首位。

目前还没有一个广泛认同的机制来解释为什么把信息用歌曲唱出来能够帮助人们记忆。概括起来，学者们主要的研究观点有以下三种：

第一，由于歌曲具有结构特征，旋律的结构可以辅助歌词的学习和记忆。Wallace（1991，1994）认为，音乐作为一个框架，决定了每句歌词的长度，设定了被强调的和不被强调的音节，并突出了歌词的某些特定元素，使旋律与歌词紧密配合，让每首歌成为一个连贯的整体。Rubin（1977）也得出一致的结论，认为听者回忆歌曲时，是根据某段特定的旋律填进与之相搭配的词。因此，音乐不仅仅是信息，它是一个综合的、一体的框架，因此会辅助歌词的学习和记忆。

第二，由于信息以歌曲形式呈现时，向听者输出信息的速度减慢（Kilgour，Jakobson，and Cuddy，2000）。也就是说，语言内容被唱出来比说出来发音更慢，这是促进记忆的关键因素。Kilgour，Jakobson and Cuddy（2000）通过试验表明，当把信息内容唱出来的持续时间被控制到与说出来的持续时间一样时，信息回忆效果一样。这充分表明，唱出来比说出来的速度慢是歌曲容易学习和记忆的关键原因。

第三，由于大多数人喜欢听或唱音乐，听到歌曲时或之后会反复哼唱。这种充分的练习和复述对记忆起到明显的促进作用（Schulkind，2009）。

上述研究结论也受到不少质疑。一些实证研究表明，语言信息被说出来，比唱出来更能帮助听者理解和记忆信息内容（Calvert&Billingsley，1998；Racette&Pertez，2007）。因此，关于广告语是说出来好还是唱出来好的争论还将持续下去。

本章小结

广告模特是企业信息的传递者，企业借助模特的形象、可信性、魅力、类似性等属性来提高广告的说服力，改变消费者对企业或产品的态度，达到最终促进产品销售的目的。

广告模特可以分为人物模特和非人物模特两大类。其中人物模特又可分为名人模特、专家模特、典型消费者模特和企业经营者模特。而非人物模特则可分为动画模特、动物模特和身体一部分模特。名人模特是目前的热点话题，也是我们关注的重点。

音乐是一种传递信息非常强烈的完整的语言。广告音乐会在情感表现过程中发挥着重要的作用，它不仅会影响消费者的各种情感及反应，而且还会烘托气氛，刺激消费者的购买欲望。所以广告音乐在电视、网络视频和广播广告（统称为电波广告）的制作过程中被广泛地使用。

思考题

一、单选题

1. （　　）是指那些对广告产品没有特别知识的普通消费者所充当的模特。

　　A. 最高经营者模特　　　　　　　　B. 典型消费者模特

　　C. 动画模特　　　　　　　　　　　D. 身体一部分模特

2. 在动物模特广告中，可以通过暗示动物与产品之间的（　　）等间接的方式来比较或强调产品特点。

　　A. 内在属性　　　　　　　　　　　B. 友好关系

　　C. 类似属性　　　　　　　　　　　D. 亲密属性

3. （　　）是指广告模特与广告产品的潜在使用者之间的亲切程度。

　　A. 魅力性　　　　　　　　　　　　B. 专业性

　　C. 类似性　　　　　　　　　　　　D. 真实性

4. 聚美优品 CEO 陈欧为自己的公司代言，在这里陈欧属于（　　）。

　　A. 典型消费者模特　　　　　　　　B. 最高经营者模特

　　C. 动画模特　　　　　　　　　　　D. 身体一部分模特

5. 我国国家工商行政管理局颁布的"广告审查标准"第二章第十八条规定："（　　）的使用不得裸露肩以下、膝以上15厘米的部位（泳装模特不在此限）。"

　　A. 儿童模特　　　　　　　　　　　B. 老人模特

　　C. 妇女模特　　　　　　　　　　　D. 少年模特

二、多选题

1. 非人物广告模特包括（　　）。

　　A. 动物模特　　　　　　　　　　　B. 最高经营者模特

　　C. 动画模特　　　　　　　　　　　D. 身体一部分模特

　　E. 典型消费者模特

2. 利用普通消费者模特的表现方式有（　　）。

　　A. 推荐式（testimonial）广告表现方法　　B. 权威式表现方法

　　C. 类似消费者广告表现方法　　　　D. 祈求式表现方法

　　E. 生活片段（slice of life）广告表现方法

3. 广告音乐的作用主要有（　　）。

　　A. 营造气氛　　　　　　　　　　　B. 引起受众注意

　　C. 加强受众对广告信息的注意　　　D. 产生迁移效果

　　E. 娱乐观（听）众

三、名词解释

1. 广告模特　　2. 典型消费者模特　　3. 动画模特　　4. 同一化　　5. 广告音乐

四、简答及论述题

1. 广告模特有哪些作用？请举例说明。

2. 广告模特如何引起消费者的态度变化？举例说明。

3. 选择外国模特时应该注意哪些要点？

4. 试论述名人模特的优缺点。

5. 试论述广告音乐的作用。

案例讨论

广告不用名人用什么

　　孔子曰："人能弘道，非道弘人。"参悟出其中深意，大道乃行。

　　在逐步向市场经济过渡的今日中国，名人做广告已屡见不鲜。硝烟弥漫的商场上，因不断有明星、大腕、名流们频频亮相，又平添了几分热闹，几分绚丽，几分神秘。

　　早在 1989 年，当著名演员李默然出现在电视屏幕上，向观众推荐"三九胃泰"时，中国的老百姓对名人做广告还心存疑虑。在一个宣扬"君子不言利"的国度中，为了在公众自觉不自觉的道德审视目光中保持清白名声，李默然通过有关宣传媒介不得不一再表白，澄清事实，颇费了一番口舌。而今天，当一个又一个名人在广告节目中相继亮相时，已很少有人为此而惊讶、而忧虑了。名人做广告，已被中国人当做一种纯粹的商业活动被认可与接受。

　　其实，在商品经济发达的国家和地区，名人广告早已出现。1927 年，力士香皂公司就曾一下请了 16 位女明星为其产品做广告，这成商业广告史上的一个壮举。多年来，这家公司不断请各个时期最走红的女明星在其广告中露脸，而且女明星们也以在力士香皂广告中出现为莫大光荣。40 多年前，当时作为一个小有名气的影星的美国前总统里根，也曾为切斯特菲尔德香烟做过广告。放眼今日西方世界，娱乐界、体育界及其他行业的名人在广告中更是争奇斗妍、显露峥嵘。迈克尔·杰克逊在百事可乐的广告中狂歌劲舞；迈克尔·乔丹足蹬乔丹气垫鞋飞身扣篮；卡尔·刘易斯为推销松下电器又跑又跳，展现雄姿；凯瑟琳·丹妮弗则为香奈儿香水、圣罗兰化妆品而一展"世界第一美女"的芳容。这些令人眼花缭乱的名人广告，虽然在创意上各有新招，但在西方消费者眼中，却已是见多不怪，习以为常了。与之相比，中国的名人广告实在只是"婴儿学步"。

　　所谓名人，最基本的一点就是要有较高的知名度。在激烈的现代商业竞争中，众多竞争者为推销自己的产品、占领更大的市场，不约而同地把眼光盯在了名人效应上。把一种商品与名人联系在一起，让名人的名气助推产品的知名度，从而影响消费者的消费趋向，这种想法非常巧妙，也非常实际，所以，受到许多公司企业的青睐。可是，如何最有效地利用名人效应，做出最成功的广告，却不是一件简单的事情。广告设计者与策划者们为此可谓煞费苦心。

　　1990 年第十四届世界杯足球赛前夕，英国著名球星巴恩斯受到英国公众的普遍关注，人们预料他在意大利的绿茵场上会有上乘表现，为英格兰争光。当时，巴恩斯为一种饮料所做的广告在电视中也频频播出。可是，巴恩斯在意大利的表现却不尽如人意，而为英格兰进身四强立下战功的另一球员加斯科因，因表现出众而从普通球员一跃成为英国头牌巨星。世界杯赛结束后不久，巴恩斯做的广告便从电视屏幕上消失了，而加斯科因匆匆为几家公司做的广告，却几乎同时出现在英国的电视、报刊和街头上，一时红遍半边天。从这个例子可以看出，在名人广告中存在着时效性。高速运转的现代社会，一个名人走红的时间是有限的，特别是在娱乐界和体育界，明星一茬接一茬不断涌现，新星红起来，旧星必然要黯淡下去。不再走红的名人，其名人效应要大打折扣，其商业价值也会随之降低。在残酷的商场上，商人们要的是最佳的时效性，所以，请最走红的名人做广告，成了名人广告的一个特点，也是广告设计者与策划者们追求的目标。

　　名人广告的时效性在中国也已得到印证。一部《编辑部的故事》不仅造就了几个电视剧明星，也造就了几个广告明星。经常看电视的人，谁不知道双汇火腿肠的"省优、部优、葛优"呢？就连在《北京人在纽约》中饰演戴维的大鼻子老外，在该剧叫响之后，也不失时机地在广告中趁热打铁又"风光"了一回。可见，中国的商界和广告人已经认识到了名人广告的时效性。

　　为最有效地利用名人效应，广告的设计与策划者还很注意名人广告的针对性。日本一家生产啤酒的公司，针对日本青年崇拜欧美名人的心理，请美国影星史泰龙到日本为其啤酒做广告。"硬汉兰博"的扮演者赤膊畅饮的形象，很快提高了这种啤酒的知名度，随之而来的，无疑就是可观的经济效益了。乔丹是篮球场上的著名"飞人"，他的出色弹跳力实在令人倾慕。乔丹气垫鞋的广告似乎无意地在对那些爱好运动的消费者做出暗示：穿上乔丹气垫鞋，你会像乔丹一样跳得高。名人都有某一方面的特长，有针对性地利用某个名人的某一特长，来达到在某种特定商品或某种特定商业目的上的目标，是广告设计者与策划者一定要考虑的。日本某家电器公司要在中国市场上推销其新型号电视机，他们特意选了香港一个名气尚不很大的新星为他们做广告。他们的想法是，这位很有希望的新星将在中国年青一代中产生影响，尽管这些年青人现在还不具备购买电视机的经济实力，但当他们一旦具有了这种经济实力，要购买电视机时，这位新星所做的广告将潜移默化地影响他们的选择。从这种有"时间差"的名人效应中，可以看出这类广告明星的针对性。

　　此类广告，在中国也不乏其例。著名数学家陈景润，因在哥德巴赫猜想方面做出的贡献而成为名人。在世人眼中，他是一个诚实、严谨、不善辞令且体质欠佳的科学家。由这样一位名人，现身说法，为某种药品做广告，其影响与说服力都是不容置疑的。这个例子说明了中国企业家的精明。

　　名人做广告，是企业与名人双方的结合。企业一方，是利用名人效应来为企业创造更多的利润。而名人一方，他们为的是什么呢？

　　李默然为"三九胃泰"做广告，所得酬金全部捐给了中国剧协，用来举办第二届全国戏剧节；笑星马季为"山海丹胶囊"做广告分文不取，为的是感谢这种药治好了他的病。英国著名影星、"007"的最著名扮演者罗杰·摩尔为联合国救援机构做宣传广告，据说也是不要报酬，为的是人道主义理想。这些名人的行为着实令人敬佩，但这样不取报酬的名人广告，在现实中往往是不多见的。

　　在商品经济社会中，名人的知名度也具有了商业价值。在名人利用自己的知名度为企业赚取利润时，他们也要求得到相应的回报。这样，就逐渐有了远远高于一般劳务酬金的名人广告酬金。而且，名气越大，酬金越高，近年还有越涨越高的趋势。

　　当年，中国的老百姓听说李默然拍一次广告片竟得20万元酬金，纷纷为之咋舌。20万元，对于普通工薪人员，按当时的工资标准计算，相当于一生的总收入的几倍！而名人做一个几十秒钟的广告就可得到，这不能不在人们的心理上造成难以承受的反差。1993年元旦，当时中国最红的女影星巩俐为美的空调拍的广告片开始在电视台播出。明星出台，轻移款步，笑启朱唇，既潇洒，又漂亮，令观众眼睛为之一亮。几乎与此同时，新闻媒介披露了"美人一笑"的价值：美的集团为这个广告付给巩俐100万元酬金。至此，中国的老百姓又一次为名人做广告所得的高报酬而瞠目、扼腕、感叹再三。当然，价码肯定不会就此打住。据说，某位著名女影星已为自己开出了300万元的要价。虽然笔者目前尚不知是否有人接受她的开价，但中国名人广告的价码越涨越高的趋势却是不可逆转。

　　但与国外的名人相比，中国名人所得的广告酬金实在不足挂齿。迈克尔·乔丹为芝加哥公牛队打球，1992年所得酬金为390万美元，而同一年他为公司企业做广告的收入，则为3600万美元，几乎是他作为一个高薪球员所得报酬的10倍。如果按现在的比率折合成人民币的话，乔丹每一天的平均收入都不低于美的集团付给巩俐的酬金。著名歌星迈克尔·杰克逊自从十年前开始为百事可乐做广告，十年来共从这家公司得到2000万美元的报酬，这还不包括该公司三次赞助他做巡回演出的费用。为公司企业做广告，已成了名人们一条非常快速、便捷、实惠的生财之道。许多名人深谙此道，乐此不疲。更何况，名人做广告不仅给自己带来了滚滚财源，而且又开辟了进一步提高自己知名度的新渠道，真可谓名利双收，这等美事，名人们又何乐而不为呢？

　　名人做广告获取巨额酬金的现象，已引起人们普遍关注，在经历了初期的惊讶与不理解后，关注的焦点必然地转向了名人广告的效果问题。

首先是值得不值得。在中国，请一般电影明星拍一个广告，酬金不过数千元。有些演员为了能上镜头，甚至免费为别人做广告。而同样是一个广告，用了大明星，酬金就要成十倍甚至上百倍地往上翻。据说，在西方国家，普通演员与明星、小明星与大明星之间的酬金差距更大。企业付出如此大的代价请名人为其做广告，值得吗？

应该说，这是一个很难回答的问题。名人的影响在很大程度上是看不见、摸不着的，而某种产品的销售状况如何，往往要同时受多种因素的影响与制约，名人效应究竟在其中占多大比例、起多大作用，不是用进度表一类的图表能准确标示出来的。尽管如此，持相反观点的人都能举出例子来为自己的观点作证。

1993 年 1 月，巩俐为美的空调做的广告在电视台播出。很短时间内，这种牌子的空调机提前进入销售旺季，到 3 月份，销售额居然突破亿元大关。这种直接的经济效益似乎雄辩地说明了名人效应的巨大作用。而且，随着美的空调走俏，美的集团的其他产品也跟着扬名，集团本身的企业知名度大大提高，这些潜在的效益是难以估量的。无怪乎该集团总经理胸有成竹："巩俐拍'美的'空调广告片，它的功与过、是与非，就由人们去评说吧。"潜台词似乎是不管别人怎样说，企业自己认为是值得的。

也有名人效应不起作用的例子。美国洛杉矶一家旅游鞋公司几年前开发了一种式样奇特的新式旅游鞋，推向市场后，销售状况不佳，损失数百万美元。为扭转局面，该公司花巨资请来了迈克尔·杰克逊为其促销。但名扬世界的杰克逊这回也不灵了，消费者对这种旅游鞋仍态度冷淡。名人广告此番失灵，企业付给杰克逊的酬金无疑也近乎白白扔掉。

名人做广告还引起另一个问题，名人广告所宣传的产品都是好的产品吗？上面提到的那家旅游鞋公司的新式旅游鞋，其滞销原因未见披露，不得而知。如果是因其质量差，那么，名人为其做广告，就要承担损害自己名誉的风险。某著名女影星曾为报答恩师而义务为某种化妆品做广告，可在 1992 年的"3·15"消费者权益日活动中，该化妆品因质量问题受到许多消费者投诉，有些消费者还指责了为该产品做广告的影星。尽管此影星并未在广告中得到报酬，但仍免不了陷入尴尬境地，一再向消费者解释、道歉，很伤了一番脑筋。

当然，这种倒霉事并不多见。许多情况是，某种产品与其他同类产品并没有明显的优劣高低之分，基本处于同一水平线上。这时候，请名人做广告，借名人以提高产品的知名度，就有可能提高产品的销量，名人效应也许就能发挥预期的作用。可也有少数企业，产品质量差，为找到销路，不惜出巨资请名人做广告，利用名人效应。把劣质产品打入市场，使消费者的利益受到损害。消费者最担心的就是这种情况。由于有少数这种情况的存在，名人效应在相当一部分消费者那里是要失效的。

每个社会都有名人。名人因其在某一方面的特殊贡献或特殊技能而受到人们的注意、喜爱甚至崇拜。名人因此有较高的知名度，并在不同程度上对社会生活具有一定的影响力，即名人效应。将名人效应运用于经济领域，必然会产生独特的促进作用。怎样正确地估价名人的作用，怎样适当地运用名人效应是个问题。名人广告已成今日世界之普遍现象，其发展前景如何，还要经受时间的检验。

❓ **问题讨论**

1. 为什么企业愿意不惜重金请名人做广告？

2. 如今名人的广告效应已大不如从前，根据你所掌握的知识，试对此一现象进行分析。

资料来源：抒源："广告不用名人用什么？"，《销售与市场》1994 年第 2 期。

第 *10* 章

广告媒体及媒体策略

本章导读

广告媒体是指借以实现广告主与广告对象之间联系的物质或工具。广告活动的大部分经费是花在媒体上的，广告信息能否传递给消费者的关键也在于媒体。可见，准确把握媒体的特点，科学选择媒体以及采取正确的媒体策略对企业和广告公司而言都是至关重要的。本章主要介绍广告媒体的概念、分类，广告媒体的调查以及广告媒体的组合策略，其中媒体组合策略为本章重点。

知识结构图

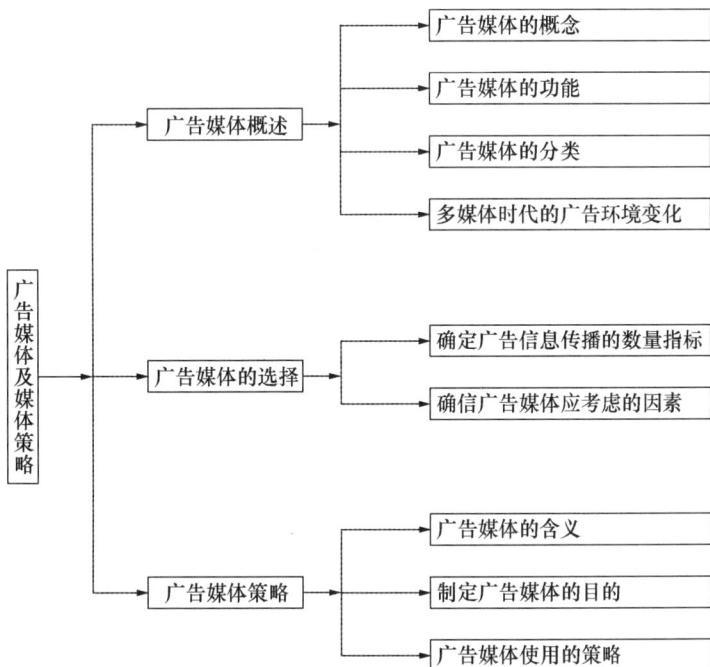

【开篇案例】　　　"王老吉"的广告媒体选择

从 2006 年开始，王老吉以大热之势成为中国营销界最具黑马本色和价值的名字。在此之前，没有人想到，作为有 170 多年历史的地方性老字号品牌，在两广的大街小巷沉淀一百多年后，王老吉将广东凉茶带入了饮料业主流，2005 年突然飘红全国，一年销售 30 亿元。用王老吉管理层的话来说，广告是王老吉的空中部队。

王老吉广告的媒体等级定位

正如广告大师大卫·奥格威所说：一个广告运动的效果更多的是取决于你产品的定位，而不是你怎样写广告（创意）。凉茶原本是广东的一种地方性药饮产品，用来"清热解毒祛暑湿"。王老吉身为凉茶始祖，通过把自己重新定位为"预防上火的饮料"，一扫药饮的消费群局限，以中国传统的"预防上火"概念，让国人普遍了解，接受了广东"凉茶"产品。

任何一个进入中低端市场的饮料产品，要想成为全国性品牌，全国性的强势媒体的宣传助推必不可少，强势媒体有效组合投放可以说是企业最好的投资。产品定位为全国性销售之后，王老吉的电视媒体选择从一开始就主要锁定覆盖全国的中央电视台。

最典型的是红罐王老吉，其电视媒体选择主要锁定覆盖全国的中央电视台，在 2003 年短短几个月，一举投入 4000 多万元广告费，强化王老吉凉茶的保健作用和茶概念，将原先诉求的具治疗功效的药茶向预防上火的功能饮料概念扩张，挖掘省外消费市场。其结果立竿见影，销量得到迅速提升。同年 11 月，企业乘胜追击，再斥巨资购买了中央电视台 2004 年黄金广告时段。正是这种疾风暴雨式的投放方式保证了红罐王老吉在短期内迅速进入人们的头脑，给人们一个深刻的印象，并迅速红遍全国大江南北。借助加多宝在资本、市场拓展的巨大效应，王老吉品牌效应得以迅速放大。王老吉将此次品牌出租行动理解为"双赢战略"。

载体的组合

王老吉成功启动全国市场并迅速飘红，巨额广告投放持续不断的轰炸也是其杀手锏之一。2003 年，王老吉的宣传推广投入 4000 多万元，2004 年则增加到 1 个亿，2005 年 1 亿多元，2006 年世界杯期间广告投入更是激增，全年的广告投入估计达 2 亿多元。近三年王老吉广告投入连续以几何级数的趋势猛增，而其销量也随着广告投入的猛增三年"三级跳"——2003年 6 亿元，2004 年 10 亿元，2005 年一举跃升到 30 亿元。

在巨额的广告投入中，王老吉始终把央视这一全国性品牌最好的孵化器当做打造品牌的第一平台，同时针对区域市场的营销需要在地方卫视上投放广告弥补央视广告覆盖率的不足，报纸和终端广告也在产品的销售中起到了有力的支撑作用。

王老吉的渠道和终端推广上，除了传统的 POP 广告外，还开辟了餐饮新渠道，选择湘菜和川菜馆、火锅店作为"王老吉诚意合作店"，投入资金与他们共同进行促销活动，并且把这些消费终端场所也变成了广告宣传的重要战场，设计制作了电子显示屏、红灯笼等宣传品免费赠送。在给渠道商家提高了实惠后，王老吉迅速进入餐饮渠道，成为渠道中主要的推荐饮品。

在宣传推广中，王老吉除了传播产品的核心立意"怕上火喝王老吉"，也非常重视品牌形象的建立。2004 年 8 月，以王老吉创始人为题材的民间传奇剧《岭南药侠》在中央电视台和一些地方频道播出，就是由广东加多宝食品饮料有限公司（罐装王老吉）、中国电视剧制作中心、广州王老吉股份有限公司（利乐包装王老吉）三方投资 1200 万元拍摄的，这种以电视剧为载体的"隐性广告"体现了王老吉传播品牌的良苦用心，收到了很好的品牌宣传效果。此外，王老吉在终端公关、消费者公关和促销上也投入了不少费用。充裕的宣传推广费用，线上线下、高低结合的媒体投放计划使王老吉的知名度不断提升，市场由南向北不断扩张。

王老吉从巨额的广告投入与媒体的恰当组合中尝到了市场迅速增长的甜头，在中央电视台 2007 年广告招标大会上，又以 4.2 亿元成为 2007 年来央视广告的标王，估计未来几年其广告预算将继续挟总销售额 10% 的厚势轰炸市场。

广告媒体投放时机的选择

在媒体投放时机选择上，王老吉体现了较高的机动性和策略性，如"非典"期间和世界杯期间央视一套的高频度投放，以及夏季的常规广告攻势。为了开拓全国市场，2003 年利用"非典"这个特殊时期，投入巨资进行宣传。这种投放方式保证了王老吉在短期内迅速进入人们的头脑，给人们一个深刻的印象，并迅速红遍了全国大江南北。一句"怕上火，就喝王老吉"的广告不断冲击着你的眼睛，一首"不用害怕什么，尽情享受生活，怕上火，喝王老吉"的广告歌不断刺激你的耳膜。不管怎么样，观众记住了王老吉，王老吉在 2006 年销售量从 2005 年的 6 个亿，到十个多亿，不得不说是成功的。

2008 年，王老吉借 CCTV 抗震捐款晚会捐款 1 亿元人民币。那场捐款晚会的收视率是不用质疑的，这可能比投放几个亿的广告效果都要好。2008 年，中国北京举办奥运会，王老吉成为中央电视台奥运频道合作伙伴。到 8 月份的时候，我们又能经常在电视听到那"不用害怕什么，怕上火，喝王老吉"的广告歌了。

资料来源：贺康庄：《现代广告实务》，东南大学出版社 2010 年版。

10.1 广告媒体概述

10.1.1 广告媒体的概念

媒体，又称媒介（media），就是指将信息传递给社会大众的工具。广告媒体是指借以实现广告主与广告对象之间联系的物质或工具。凡是能刊载、播映、播放广告作品，在广告宣传中起传播广告信息作用的物质都可称为广告媒体。例如，大众传播媒体（包括电视、广播、报纸、杂志）、路牌、交通工具、互联网、霓虹灯、商品陈列、橱窗、包装物以及产品说明书、企业名录等。

10.1.2　广告媒体的基本功能

广告和媒体相互依存，在大众传媒经营活动中，大众传媒提供各种信息服务，需要一定的资金支持，而广告收入则是其主要的收入来源。作为一种信息服务，广告传播需要依存于节目、版面中，凭借公众对大众传媒的信任和好感而达到一定的效果。这种相互依存的关系促进双方的共同发展。

总体而言，广告媒体在广告活动中主要有以下基本功能。

1. 传递功能

美国著名传播学家施拉姆在"传播学概论"中写道："媒体就是在传播过程中，用以扩大并延伸信息的传播工具"。可见，广告媒体具有筛选、加工、扩散信息的功能。由于广告媒体不受时空的限制，它所传播的范围和对象具有广泛性和渗透性，不论受众在什么地方，广告媒体都会发生作用。

由于广告媒体具有传播信息的功能，本身具有实用性，可以为广告主或媒体受众带来一定的经济效益和社会效益。因此，无论对广告主还是对广大受众，广告媒体都具有一定的吸引力。

2. 服务功能

广告媒体可以根据自身的特点，为广告主、广告经营机构、媒体受众提供有用的、真实的信息，满足不同层次的需要。对广告主来说，可以将企业的经营特色、产品等方面的供给信息提供给目标市场；广告经营机构可以通过广告媒体发布供求双方面的信息；广大受众可以通过广告媒体了解各种品牌产品方面的信息，为他们的购买决策提供依据。

由于广告媒体具有上述功能，使其成为现代企业开展市场营销活动的重要手段或工具。广告策划者应当根据广告主的实际需求以及各种广告媒体特点，选择适当的媒体形式，发布广告信息，取得理想的广告效果。

10.1.3　广告媒体的分类

广告媒体可以分成很多类。根据受众规模的不同，把传统媒体分为大众传播媒体和小众传播媒体两大类。随着科学技术的进步，新媒体崛起后成为传播广告信息的一支生力军，我们把它们归为一类：新媒体。下面就各种广告媒体的特点分别进行介绍。

1. 大众传播媒体

大众传播媒体主要是指报纸、杂志、广播、电视、网络、电影等媒体。特别是前四种，是广告传播活动中最为经常运用的媒体，通常被称为四大广告媒体，但近年来网络媒体异军突起，大有后来居上之势。

（1）电视媒体。电视是运用电波把声音、图像（包括文字符号）同时传送和接收的视、听结合的先进的传播工具，是一种具有多种功能的大众传播媒体。自 20 世纪 30 年代问世以来，电视不断以新的面貌面向广大观众，已经深入千家万户，在传播领域中产生了越来越大的影响，也是传播广告信息的主要媒体之一。

电视广告不但可以向媒体受众介绍广告产品的性能和特征，而且可以形象地、直观地将广告产品的款式、色泽、包装等特点展现在媒体受众面前，从而最大限度地诱使媒体受众产生购买欲望。

与其他媒体广告相比较，电视广告具有以下优缺点。

①电视广告的优点：

- 直观性强，具有视听效果的综合性。电视节目既能看，又能听，可以让媒体受众看到表情的动作变化动态画面，生动活泼，因而对观众有广泛的吸引力。特别是电视可以突出广告产品的品牌个性，如外观、工艺水平、文化附加值等。电视集声音、图像、色彩、活动四种功能于一体，可以直观地、真实地、生动地反映商品的特性，不必更多说明也能使消费者了解商品，能使观众留下深刻印象。

- 传播范围广，信息传播迅速。电视具有极高的普及率，收视对象层次广泛，能在节目覆盖的地域范围内，迅速传递信息，易于配合广告商家新产品上市、销售等促销活动。

- 有较强的冲击力和感染力。电视是唯一能够进行动态演示的感性型媒体，因此电视广告冲击力、感染力特别强。因为电视媒介是用忠实地记录的手段再现讯息的形态，即用声波和光波信号直接刺激人们的感官和心理，以取得受众感知经验上的认同，使受众感觉特别真实，因此电视广告对受众的冲击力和感染力很强，容易引起受众的关注。

- 利于说服广告受众，增加消费者购买的信心和决心。由于电视广告形象逼真，就像一位上门推销员一样，把商品展示在每个家庭成员面前，使人们耳闻目睹，对广告的商品容易产生好感，引发购买兴趣和欲望。同时，观众在欣赏电视广告中，有意或无意地对广告商品进行比较和评论，通过引起注意，激发兴趣，统一购买思想，这就有利于增强购买信心，做出购买决定。特别是选择性强的日用消费品，流行的生活用品，新投入市场的商品，运用电视广告，容易使受众注目并激发对商品的购买兴趣与欲望。

- 注意率高、影响面广。在日常生活中多数人们在看电视的时候相对比较专心，所以电视广告的被注意率较高。对多数人来说，电视是一种娱乐形式、教育途径，是重要的信息来源，是生活中的重要组成部分。

②电视广告的缺点：

- 针对性不强、诉求对象不准确。电视媒体传播信息的广泛性是相对的。从世界范围来看，电视传播所到之处，就是广告所到之处。但就某一个具体的电视台或某一则具体的电视广告而言，其传播范围又是相对狭窄的。电视媒体传播信息范围的广泛性同时也就衍生出传播受众构成的复杂性。不论年龄、性别、职业、民族、受教育程度等，只要看电视就成为电视媒体的诉求对象，但不可能全部成为广告产品的购买者。因此，电视媒体具有针对性不强、诉求对象不准确的缺点。

- 受众被动接受，缺乏选择性。绝大多数观众看电视节目的目的是为了娱乐、接受教育和获取新闻资讯，而不是为了接受电视广告传播的信息。受众在看电视时往往会被动地接受信息，缺乏选择性，不像报纸、杂志那样又较大的选择性。

- 一次性传播，无法保存。电视媒体在传播信息时，一次传播，过而不返。不论看清、听清与否，在单位时间内都无法让其重返。因此，电视媒体的广告宣传具有一次性，稍纵即逝，不可逆转。大多数电视广告都是重复播出的，以弥补一次性不易记忆的不足，以起到加强印象的作用。

- 费用高昂，一般企业无法承受。广告片的设计涉及面甚广，模特、道具、场景安排等都得花一大笔投资，摄制费用也不低，尤其是媒体的投放费用更是高昂。因此，大多数中小型企业无力负担。

- 受时间所限，不利于深入传递广告信息。电视广告制作费用高昂，黄金播放时间收费最贵。电视广告时间长度多在 5~45 秒之间。要在很短的时间内，连续播出各种画面，闪动很快，不能做过多的解说，影响人们对广告商品的深入理解。

- 电视台播放广告过多，观众容易产生抗拒情绪。为了最求高多的经济利益，大多数电视台极尽所能来插播广告，正常的电视节目因此常常被广告所打断，容易引起观众的不满和抵触。

（2）广播媒体。广播媒体包括有限电台和无限广播网。广播媒体是通过运用语言、音像、音乐来表达广告产品或企业的信息。广播媒体的特点可以概括为：采用电声音频技术，按时传播声音节目，专门诉诸于媒体受众的听觉。

广播广告具有以下优缺点。

①广播广告的优点：

- 覆盖面广，受众多。目前广播基本上不受时间和空间的限制。从电波所及的范围看，可以覆盖整个国土，不论城市、乡村都可以听到广播节目。广播媒体的受众也非常广泛，只要有一定的听力，就是广播广告的需求对象。

- 以声带响，亲切动听。广播媒体是声音的艺术。广播广告最突出的特点就是用语言解释来弥补无视觉性形象的不足。运用人的语言，通过绘声绘色的描述，可以造成由听到视的联想，从而达到创造视觉形象的目的。

- 制作容易，传播迅速。广播广告是通过播音员的叙述，有时加上音像效果、背景音乐来播放的，有时则以文艺节目的形式出现。因此，制作起来简便灵活。与电视媒体、报刊媒体相比较，广播广告的制作工序比较简单。

广播广告是通过电声传播信息的，而电声传播的速度非常快。只要写好广告词，就可以马上播出去，听众就能立即听到。

- 重复广播，不觉其烦。重复广播是广播媒体的一条规律。广播是通过声音来传播节目，而声音又具有转瞬即逝的特点，听众听了一遍之后，留下的印象往往不深。为了加深印象，广告节目可以多次重复播放。

- 经济实惠，收听方便。广播媒体与其他媒体相比较，节目制作成本费用低廉。广播广播更是如此，一般广告主能承担。

②广播广告的缺点：

- 缺乏视觉感受。与其他媒体相比，广播广告缺少形象支持。有声无形，只能用声音诉诸听众，缺少视觉形象，看不到商品的外观，受众印象比较浅薄。有些必须展示和观赏的产品不适合做广播广告。

- 时效短、易被疏忽。广播广告是听觉媒体，听觉信息转瞬而逝，无法存查。广播广告的信息传递具有不可重复性、时效较短，广告的遗忘度大，难以吸引听众，更难以让广告受众留下深刻的印象。

- 受新兴媒体的冲击巨大，广播媒体的影响力在逐渐下降，广播广告的受众越来越少。并且收听效果难以准确把握和测定。

- 听众被动接受，选择性不强。广播广告很少被听众主动接受，听众一听到广告往往很快换台，转而收听其他节目。

（3）报纸媒体。报纸是传统的四大播媒体之一。报纸运用文字、图像等印刷符号，定期、连续地向公众传播新闻、时事评论等信息，同时传播知识、提供娱乐或生活服务。报纸一般以散页的形式发行，版数具有一定的伸缩性，刊载信息容量较大。报纸是较早面向公众（消费者）传播广告信息的载体，现在依然是最重要的的广告媒体之一。

报纸广告具有以下优缺点。

①广播广告的优点：

- 覆盖面广，发行量大。除一些专业性很强的报纸以外，一般公开发行的报纸，都可以不同程度地渗透到社会各个领域。尤其是全国发行的报纸，可以覆盖全国的各个层次、各个地方。如《人民日报》《参考消息》《中国电视报》等其发行量 2010 年均超过以 200 万份计算。广告主可以通过报纸以较低的成本向目标市场发布产品及劳务信息。

- 广告信息传播迅速。报纸大多是当日发行，出版频率高，读者通常可以阅读到当天的报纸，对于时效性要求高的产品宣传，不会发生延误的情况。

- 选择性强，读者阅读时比较主动。广告主可以根据各种报纸的覆盖范围、发行量、知名度、读者群等情况，灵活地选择某种或几种报纸进行广告宣传。由于报纸的可读性强，读者阅读时可以自由选择喜爱的栏目。

- 读者广泛而稳定。报纸能满足各阶层媒体受众的共同需要。因此，它有极广泛的读者群。

不同的读者群，其兴趣、偏好各不相同，在一定时期，兴趣、偏好是不易改变的。这就使得报纸的目标市场具有相对的稳定性。

● 表现方式灵活多样。报纸传播信息的方式多种多样，或图文并茂，或单纯文字，或诉诸理性，或诉诸情感。

● 信息易于保存，便于查找。报纸媒体不同于电视和广播媒体，读者不受时间限制，可随时阅读或重复阅读。时间长了，读者还可以查找所需要的信息资料。

● 可以凭借报纸的信誉加深广告效果。由于报纸是以报道新闻为主的，所传递的信息容易使读者产生信赖和关心，并影响到对报纸所刊载广告的感觉。

● 广告费用相对较低。这是报纸媒体与电视媒体的主要区别之一。对大多数中小型广告主来说，是有能力承担的，并且广告投资风险也相对较小。

②报纸广告的缺点：

● 有效时间短。报纸出版率高，每天一份。绝大多数媒体受众只读当天的报纸，很少有人读隔日的报纸，因此报纸的有效期较短。它的有效期也只是报纸出版后读者阅读的那一段时间。对于广告策划者来说，特别重视广告定位以及广告诉求点的准确把握，即精心思考"说什么"与"怎么说"，尽可能在有限的时间内给媒体受众明确清楚和印象深刻的重点信息。

● 广告注目率低。通常报纸广告不会占据最优版面，读者阅读报纸时往往倾向于新闻报道和感兴趣的栏目，如无预定目标，或者广告本身表现形式不佳，读者往往忽略广告，即便看了几眼，也会视而不见。

● 印刷不够精美。由于纸张材料和技术的局限，更重要的是发行者出于对报纸成本的控制，不少报纸广告的印刷常常显得粗制滥造。特别是图片摄影，其粗糙和模糊的印刷使媒体受众在潜意识中产生一种不信任感，往往产生负作用。因此，对图片的印制要尽可能精致些。

● 报纸广告表现形式单一，无听觉与动态视觉刺激，广告吸引力不强。

● 广告相互干扰，降低受众对单个广告的关注度。报纸的售价一般很低，大都是靠广告收入来维持的，所以，很多报纸以多条信息在同一版面并置形式排列广告版面。如果管理不当、专业不精，显得杂乱不堪，过量的信息削弱了单个广告的作用。

【阅读资料10-1】　　　　　　全球报业寒冬来袭

如果说网络媒体的兴起让传统报业提前感受到冬天的气息，那么汽车业的整体性萧条、百货业并购、电信业整合以及高油价对航空业的冲击，所有这一切将美国报业推向了雪上加霜的境地。"报纸的艰难岁月已经到来。"华尔街分析师劳伦·费恩一语道破了美国报业正面临的前所未有的困境。

　　随着网络广告的快速发展，美国的报纸等平面媒体赖以生存的广告收入大减。高盛公司预计，2005 年第三季度美国报业广告收入仅比去年微幅增长 1.7%，创两年来新低。

　　发行量持续下降

　　美国发行量审计局（Audit Bureau of Circulations）2005 年 5 月 2 日公布了一项统计数字，截至 2005 年 3 月 31 日的 6 个月之中，全美发行量最大的前 10 家报纸的发行量平均下降了 1.9%。美国报业协会 Newspaper Association of America 引用美国发行量审计局的数字说，在同一期间，814 种报纸的日平均发行量下降了 1.9%，643 种报纸每周日的平均发行量则下降了 2.5%。美国业界认为，下降加速的原因有两个，一是 2003 年开始实施的"拒绝电话推销"法案——美国报纸的新订户有 60% 是通过电话推销拉来的；二是最近关于夸大发行量的几桩丑闻，促使报纸的发行人对发行量的计算比以前更保守。

　　读者阅读习惯改变

　　事实上，报纸发行量下降只是表面现象。最让我们担心的是，读者们尤其是年轻的读者们是否在逐渐抛弃报纸呢？答案令人感觉沉重。

　　报纸在吸引 18~34 岁人群方面早就有问题，在过去十年内，来自互联网的竞争改变了年轻人的阅读习惯。也许这种改变是永远的，这种改变将导致这些年轻人在年老之后仍旧不喜欢阅读报纸。把年轻读者拉到报纸自己的新闻网站不是解决问题的办法，因为在线读者不会直接给印刷版带来广告。

　　另据芝加哥大学的调查，美国报纸读者的人数从 20 世纪 60 年代起就以每年 1% 的速度递减。在 20 世纪 70 年代，将近 70% 的美国人每天读报纸；到 2000 年，这一数字已经下降到 40%。

　　提升发行量：黔驴技穷

　　为了应对这种"寒流"，美国主流媒体纷纷采取一系列"不同寻常"的动作，来重振报纸风格以挽回整个行业的颓势。

　　首先是采取一系列传统手段，提高报纸发行量。

　　降价历来是提升发行量的不二法宝。与此同时，报纸的出版人也在寻找电话推销和降价销售以外的促销手段。

　　为对付发行量下降，报纸业还引入了"总读者数"（readership）这个期刊业的术语。这本身是无可厚非的，毕竟，广告客户想知道的是谁会买他们的产品，因此，重要的是读者会不会看这份报纸，而不是读者是否出钱买了这份报纸。使用这个术语，美国报业协会得以把报纸网站的读者、本地新闻等报纸衍生的免费出版物的读者都计算在内，并声称"与其他传统媒体相比，报纸的总读者数在过去十年中相对稳定"。但是，引入这一术语本身，足以说明传统的招数已经失效了。一方面，越来越多的年轻人对公共事务不感兴趣；另一方面，越来越多的年轻人转向了其他新闻来源：有线电视的新闻频道和互联网。

版面改革：不得已而为之

为了挽回颓势，报业集团们除了在发行上采取一些新老招数，接着就是进行版面改革了。最近，《泰晤士报》《华尔街日报》等报纸十多年来第一次改变自己的版面语言。版面改革的潮流主要是：小报化（瘦报）。

小报化并非毫无缺陷。广告商们仍有疑虑，认为在小报上发布广告有损自己的品牌形象，而且，由于广告尺寸缩小，他们认为广告价格应该下降10%～15%。此外，缩为小报以后，很多空间被浪费在栏与栏之间、文章与文章之间的空白上。当然，仅仅改变报纸的尺寸，绝不是万应良药。今天的报纸，必须采取整套行动，才能在数字化的世界继续生存。

免费报纸：全新经营模式

在视听传媒和互联网的左右夹攻之下，综合性日报已经疲于招架，而今又从正面杀出一个劲敌：免费日报。这几年，北欧的两家免费日报《地铁报》（瑞典）和《20分钟报》（挪威）成功地打入欧洲十几个国家，激起了轩然大波。许多传统日报的发行量因免费日报的出现而下降，英国一家地方报的发行量下降14%，意大利米兰一家报纸的销售减少了20%，有的报纸已经破产。为与之对抗，一些传统报刊开始创办自己的免费报，德国的明星集团和法国马赛地区的《普罗旺斯报》都出版了免费日报，米兰的免费日报至少已有3家，《巴黎人报》也打算这样做，《法兰西西部报》则准备跟《20分钟报》联手。

多媒体融合：未来趋势

从某种意义上来说，博客（Blog）、RSS（Really Simple Syndication）、播客（Prodcast）、IPTV这些新媒体形式，如果经过成熟发展期之后，都有可能把报纸彻底扔出历史舞台。对报纸从业者来说，新技术的发展和老读者的离去，都对报纸的未来造成了极大的压力。我们不能固守着自己的这块市场，闭着眼睛说报纸的未来不会像西方报业那样出现发行量和收入的滑坡。值得借鉴的是，同样面临压力的电视和广播行业正在寻求与新技术和新媒体的融合，希望不被老用户抛弃。而作为传统媒体中最传统的报纸，却不可为暂时的收入上升而坐以待毙。采取新的创新思维，积极与各种新技术和新媒体融合，才是我们走向复兴，甚至得以生存的唯一途径。

资料来源：中国经营报．2005年12月。

（4）杂志媒体。杂志是一种具有一定间隔周期、定期发行的具有小册子形式的出版物，属于印刷的平面广告。一般分为周刊、半月刊、月刊、双月刊和季刊等。杂志与报纸相比具有更强的专业性，往往是针对特定的受众群体。在大众化的广告媒体中，杂志媒体不同于报纸、电视和广播那样具有很强的新闻性。杂志媒体具有延伸性、持续性和知晓性等特点。与其他媒体的广告相比，杂志广告具有以下优缺点。

①杂志广告的优点：

- 针对性强，目标受众明确，具有明显的读者选择性。与报纸的地区选择性不同，杂志的读者有很强的选择性。杂志媒体的这一特点可以通过读者的类型、年龄、收入情况表现出来。这有助于广告策划者根据广告主的自身情况和产品的特点，选择最合适刊载的广告信息、最能将广告信息传递给目标受众的杂志类型。

- 信息的生命周期较长，传阅率高。杂志由于装订成册、便于携带和收藏，杂志的读者多为固定订户，阅读时比较专心。实际阅读率高，由于杂志被保存的时间长，反复阅读率高，而且传阅性好，所以能扩大和延续广告的传播效果。杂志是所有广告媒体中生命周期最长的媒体。

- 印刷质量较高，广告表现力较强。杂志的纸张质量较好，印刷设备性能优良，因而广告制作与印刷质量远远高于报纸，其中最具优势的是彩色广告。印刷精美的杂志广告能够产生较强的视觉刺激，使媒体受众感到真实，并留下深刻的印象（见图 10 - 1）。

图 10 - 1 杂志广告制作精良

- 编排整洁、灵活性强。杂志媒体版面小，每页编排较为整洁，不像报纸那样的内容繁杂。因此，每则广告都显得醒目；同时杂志广告可承载的信息较多，可以比较自由地运用文字、图片、色彩等手段表现广告内容。杂志还可以做连页或折页来延展版面空间，运用一些特殊形式来表现广告商品，造成画面的震撼效果。

- 面向的人群比较特定，杂志广告的效果较一般媒体容易测定。

②杂志广告的缺点

- 时效性差。由于杂志出版周期长，出版频率低，因而不像报纸媒体那样能够迅速及时地反映市场变化，不适合于作时间性要求强的产品广告，也不适合于营造声势较大的大规模营销活动。杂志广告的功效使延缓而非及时的，不易很快使媒体受众产生购买欲望。

- 影响面窄。由于杂志媒体的读者相对少，专业性强，因而接触对象不广泛，影响面相对比狭小。

- 广告费用较高。杂志上刊登广告需要较多的广告制作费和刊物费用。加之杂志的专业性强，影响而窄，一般广告主会认为付出大量的广告费用而得不偿失。

（5）网络媒体。被誉为"第四媒体"的互联网的兴起与迅猛发展，为广告业提供了一种全新的媒介和一次全新的机遇。它所创造的信息平台为广告市场提供了一个巨大的潜在传播渠道，它的发展带来了传媒生态的新变化。互联网通过一系列互相连接的计算机在全球范围内实现信息交换和和传播，不仅具有广播、电视、报纸、杂志等传统媒体的一般功能，而且具有传统媒体无可比拟的独特优势。当然，正在发展中的网络媒体也有不尽完善的地方，对于网络广告的评价也是众说纷纭。有关网络媒体的知识，本书将在网络广告一章中专门介绍，这里就不做具体分析了。

（6）电影媒体。电影虽然属于大众传播媒体之一，但相对其他媒体而言，其影响力要小得多。但电影广告有自己的优势，主要表现在：电影银幕面积大，声音效果好，真实感强，不受时间限制，诉诸观众的信息密集，诉求重点明确。电影广告一般在正片之前放映，观众接受广告信息时环境较舒适，心情较松弛，对广告较少排斥心理，注意力较集中，因而能收到比较好的广告效果。随着我国广告业的发展，电影广告逐渐受到重视，已被不断开发和利用。

电影广告的缺点也很突出，表现在电影广告受放映时间和场地的限制，传播范围有限，且电影广告片拍摄费用也比较高，因而广告界对电影广告的重视程度不及其他媒体高。

但近年来，随着电影（电视）植入广告的不断兴起，越来越多的商家开始关注于此。以冯小刚的贺岁电影为例，其每一部电影中都会有大量商家的身影。图 10 - 2 是电影中的广告植入画面。

除了电影外，如今不少电视剧中同样存在着大量的植入广告，观众们对此褒贬不一。图 10 - 3 是电视剧《乡村爱情 4》中的植入广告镜头。

图 10 - 2　电影中 HP 电脑画面　　图 10 - 3　《乡村爱情 4》的主角总是坐雪弗兰车

2. 小众传播媒体

相对于大众传播媒体而言，还有很多用来传播广告信息的媒体，传播范围较小，受众群体有限，故称为小众传播媒体。这些媒体往往可以直接影响消费者的购买行为，促进销售，是对大众媒体广告有益的补充，小众传播媒体有时也被称为促销媒体。

小众传播媒体广告主要有以下几种形式：

（1）销售点广告（POP 广告）。售点广告是 Point of Purchase Advertising 的缩写，简称 POP，意为销售点广告或购物场所广告。POP 广告围绕销售点现场内外的各种设施做媒体，有明确的诱导动机，旨在吸引消费者，唤起消费者的购买欲，具有无声却有十分直观的推销效力。它可直接影响销售业绩，是完成购买阶段任务的主要推销工具。

（2）DM 广告。DM 广告英文全称为 Direct Mail Advertising，简称 DM，也称邮政广告和函件广告。即通过邮寄、赠送等形式，将宣传品送到消费者手中、家里或公司所在地。美国广告函件协会对 DM 下的定义是："对广告主所选择之对象，将印就的印刷品，用邮寄方法，传递广告主所要传达的信息的一种手段。"而我国国家工商行政管理局 1995 年出版的全国广告专业技术岗位资格培训教材《广告专

图 10 - 4　手机 DM 广告

业基础知识》，把 DM 硬性定义为直销广告（Direct Market AD）。在这里，我们还是遵照第一种定义来进行理解。

DM 广告在西方发达国家被广泛应用，许多企业将此作为重要的促销手段。在我国，由于消费者对此种广告形式信任度普遍较低，目前还不是主流的广告形式。

（3）户外广告。户外广告指设置在室外的广告，如霓虹灯广告、路牌广告、灯箱广告、LED 看板等等。户外广告的英文为"Outdoor Advertising"，简称 OD 广告。其种类繁多，特点各异。总体上来看，户外广告一般传播主旨比较鲜明，形象突出，主题集中，引人注目。但也具有受时空地点所限，传播范围小、广告信息量小、消费者接触时间短暂等缺点。

（4）交通广告。交通广告是指利用公交车、地铁、航空、船舶等交通工具及其周围的场所等媒体做广告。交通广告因其价格比较低廉，且有着较好的传播效果，对企业来说，有很大的吸引力。

图 10 - 5　立邦漆户外广告牌

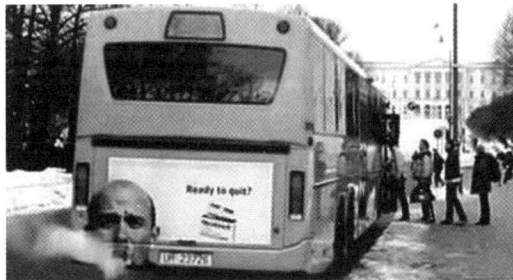

图 10 - 6　车体广告

10.1.4　多媒体时代的广告环境变化

1. 多媒体概念

"多媒体"一词译自英文"Multi-media"，与单媒体（Mono-media）不同，多媒体是指以数字这一整合性的技术来编成文字、声音、图像等信息，从而能有效地进行大量信息交流的技术和产

品（见图 10 – 7）。

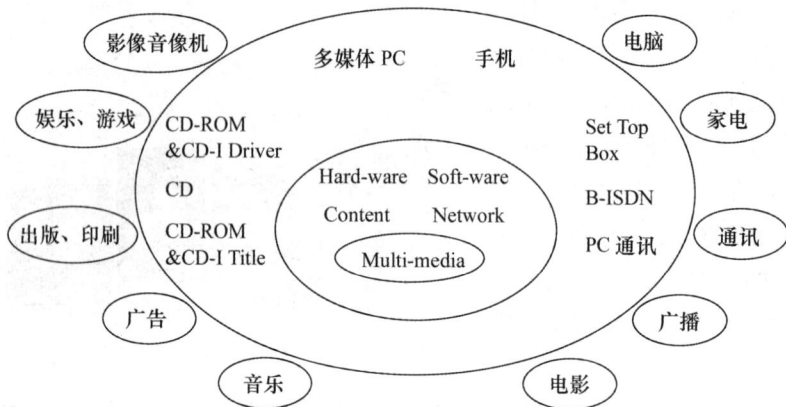

图 10 – 7　多媒体概念图

2. 多媒体时代的广告

多媒体概念图包含了多媒体的技术以及由其技术来制造的产品。下面我们来探讨一下，在多媒体时代媒体环境发生了哪些变化以及由此产生的广告市场的改变。

多媒体时代的媒体环境变化如下：

第一，媒体受众由过去不确定的大量受众群体变为确定的、少数的、被细分化了的受众群体。

第二，沟通的方式由过去的单向沟通向双向沟通转变。

第三，为适应能动的和细分化了的消费者的需求，信息发布者需要开发出包含各种不同内容的程序（program）。

第四，CD-ROM，LD（Laser Videodisc，激光视盘）等的出现，提高了消费者处理和储存信息的能力，并且消费者接触信息的频率会直接影响到企业产品或服务的市场占有率和消费者的购买频率。

10.2　广告媒体的选择

广告媒体是传播广告信息的手段和工具，离开了广告媒体，广告信息就无法传播。在广告活动中，选择的广告媒体不同，广告策划的内容、广告费用以及广告效果等也就不同。

广告媒体选择是指根据广告目标的要求，以最少的成本选择合适的传播媒体，把广告信息传达给预定的目标消费者，并保障接触者的数量和接触的次数。其中心任务就是比较广告目标与媒体之间的差距，并根据广告目标的要求选择广告媒体。

10.2.1　确定广告信息传播的数量指标

选择广告媒体时，必须首先确定广告信息传播的数量指标。常用的数量指标主要有以下几种。

1. 视听率

视听率（rating）是指在一定时间内收看（收听）某一节目的人数占电视观众（广播听众）总人数的百分比。视听率是广播电视媒体最重要的数量指标。广告主和广告公司根据该指标购买广播节目和电视节目，以判断他们的广告信息将能达到多少人，计算这些人将会多少次暴露于广告信息之中。国外的广播电视经营者常用该指标来评价节目的普及情况。如果某一节目的收视率高，该节目就可继续播放。反之，就有可能被停播。视听率也是广播电视经营者确定广告刊播收费率的标准之一。通常，节目视听率越高则媒体的广告收费价格也越高。

2. 开机率

开机率（homes using TV，HUT）是指在一天中的某一特定时间内，拥有电视机的家庭中收看节目的户数占总户数的比例。例如，某一目标市场上有 1000 户家庭拥有电视机，在 2010 年 12 月 3 日 14：00 ~ 18：00，有 125 户在看 A 节目，100 户在收看 B 节目，50 户在收看 C 节目，25 户在收看 D 节目，此时的开机率为 30%。

开机率的高低，因季节、一天中的时段、地理区域以及目标市场的不同而不同。这些变化反应了目标市场上消费者的生活习惯和工作形态。早晨因人们去工作而开机率低；傍晚当消费者回家时则开机率高；深夜人们逐渐入睡，开机率又降了下来。

3. 节目视听众占有率

节目视听众占有率是指在一定时间内，收看或收听某一特定节目的消费者家庭数目占总开机家庭数的百分比。依照上例，节目 B 的视听众占有率为 33.3%（总开机户为 300，而收看 B 节目的户数为 100）。

节目视听众占有率主要由以下因素决定（以电视节目为例）：

（1）何时播映。黄金时段播出的节目比在其他时间播出具有更高的收视率。这也是为什么电视台会因时段不同而收取不同广告费用的重要原因。

（2）该节目播映时与其他电视台有关节目的竞争状况。

（3）该节目前后播出的节目，如果在该节目前播出的节目非常有吸引力，观众就不会立即转换频道。同样，如果在它之后播出的节目很精彩，观众就会非常留意该频道。

（4）节目内容，精彩节目自然具有较高的占有率。

（5）节目的发展情节等。

4. 总视听率

总视听率（gross rating points，GRPs）是指在一定时期内某一特定的广告媒体所刊播的某广告的视听总数。例如，一个媒体或媒体节目的视听率为 30%，广告刊播 5 次，则总视听率为 30% × 5 = 150%。表 10 - 1 为通过 4 个插播 13 次广告的具体情况，说明送达的总收视率为 200。

表 10－1　　　　　　　　　　　　　　　总收视率计算表

节目名称	家庭平均视听率	插播次数	总视听率
节目 A	20	2	40
节目 B	15	4	60
节目 C	25	2	50
节目 D	10	5	50
合 计	75	13	200

5. 视听众暴露度

视听众暴露度（impressions）是指特定时期内收看（收听）某一媒体或某一媒体特定节目的人次数总和。视听众暴露度以个人数目（或家庭数目）来表示，而不是用百分数来表示。计算方法是：

$$视听众暴露度 ＝ 视听总数 \times 视听率 \times 发布次数$$

6. 到达率

到达率是指传播活动所传达的信息接受人群占所有传播对象的百分比。到达率为非重复性计算数值，即在特定期间内暴露一次或以上的人口或家庭占总数的比例。期间的定义上可以根据需要定为一周、四周或几个月等。计算到达率时，一位观众不论他暴露于特定广告信息多少次，都只能计算一次。到达率适用于一切广告媒体，唯一不同之处是表示到达率的时间周期长短各异。一般而言，电视、广播媒体到达率的周期是 4 周，这是因为收集、整理电视、广播媒体有关资料要花费大约 4 周的时间。

7. 暴露频次

暴露频次（frequency）是指一定时期内，消费者个人或家庭暴露于广告信息中的平均次数。暴露频次与到达率指标一样，在所有广告媒体中都可以使用。需要强调的是，暴露频次指标是指平均暴露频次。

到达率、暴露频次和总收听率三个指标常用百分数表示（但没有百分数的记号），都用以衡量一则广告计划送达的人数或家庭数。到达率表示广告策划者希望多少媒体受众一次或多次接触到该广告信息；暴露频次说明该广告信息将达到媒体受众的"平均次数"；总视听率是道道率和暴露频次的产物，表示该广告信息将达到媒体受众的重叠百分数"毛额"。

暴露频次的计算公式是：

$$暴露频次 ＝ \frac{总视听率（GRPs）}{到达率（reach）}$$

8. 每千人成本

每千人成本（Cost Per thousand，CPM）是指对指定人口送达 1000 个视听众产生暴露度的成本。期计算公式如下：

$$CPM = \frac{广告费（元）}{视听众暴露度或人数（以千为单位）}$$

广告策划者可以用 CPM 这一指标来选择广告媒体。表 10 – 3 就是用 CMP 来选择广告媒体的一个实例。广告策划者面临着购买杂志 A 或杂志 B 两种选择，其 CMP 情况如表 10 – 2。

表 10 – 2 　　　　　　　　　　 **A、B 杂志每千人成本计算表**

每页/成本（元）彩色	读者		每千人成本（CPM）	
	妇女	18～49 岁	妇女	18～49 岁
杂志 A：64600	17460	11900	3.7	5.43
杂志 B：46940	12680	9110	3.7	5.16

通过比较可知，杂志 A 与杂志 B 的送达人数和广告成本都不相同。如果对全体妇女计算，杂志 A 和杂志 B 的每千人成本相同。如果媒体计划的目标强调送达 18～49 岁妇女，杂志 B 比杂志 A 的每千人成本低，就说明杂志 B 更有效率，应选择杂志 B。

CPM 以各种人口统计变量为标准适合于消费者能接触的电视、广播、报纸、杂志、户外、交通等所有广告媒体。

除了上述 CPM 计算方法以外还有以下几种计算方式（Sissors and Bumba，1989）。

以印刷媒体发行量（circulation）为标准的计算方式：

$$CPM = \frac{广告单价}{发行量} \times 1000$$

以印刷媒体的阅读率为标准的计算方式：

$$CPM = \frac{广告单价}{阅读率 \times 目标读者数} \times 1000$$

以广播电视视听率为标准的计算方式：

$$CPM = \frac{广告单价}{视听率 \times 目标视听众数} \times 1000$$

9. 有效到达率

有效到达率（effective reach）也称有效暴露频次，是指在一特定广告暴露频次范围内，有多少媒体受众知道该广告信息并了解其内容。

产品的有效到达率是由多种因素决定的，主要包括产品的购买周期、广告信息的复杂程度、产品的市场地位、品牌的知晓度以及广告媒体的传播特性等。国外广告学家对最佳程度的广告频次作了大量的研究，得出如下一些结论：

（1）广告宣传暴露一次没有任何价值；

（2）第二次暴露才会有一些效果；

（3）在一个月或一个购买周期中需要三次暴露，才能产生预期的广告效果；

（4）广告宣传在达到一定的暴露频次以后，宣传效递减；

（5）广告宣传在达到某一程度频次时，广告效果为零，甚至会产生负效果。

广告专家丹·E·舒尔茨认为，广告频次少于3次没有效果，最佳的暴露频次是6次，当暴露频次超过6次，媒体受众就会对广告信息感到厌倦，其后的广告暴露将没有任何效果，甚至会产生负效果。

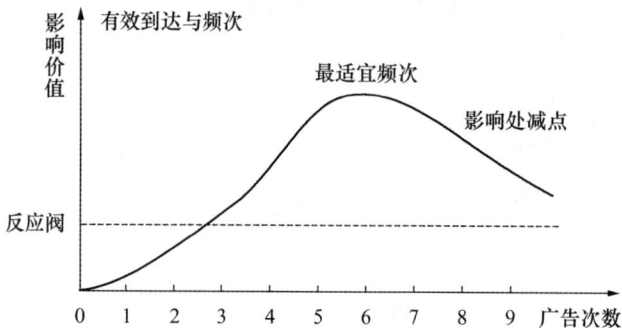

图 10 - 8　广告有效到达率与频次

10.2.2　确定广告媒体时应考虑的因素

1. 目标消费者的媒体接触情况

不同的广告受众通常会接触特定的媒体。有针对性地选择为目标受众所易于接收的媒体，是增强广告促销效果的有效方法。例如，一则针对IT人士的广告，在专业杂志上发布无疑要比在大众娱乐类报纸上发布效果要好。

2. 广告商品的特性

选择广告媒体，应当依据广告商品的特性而定。因为不同媒体在展示、解释、可信度、注意力与吸引力等各方面具有不同的特点。工业品与消费品，技术性能较高的复杂产品与较普通的产品，应采用不同的媒体进行广告宣传。

3. 市场竞争的状况

企业在选用广告媒体时，要结合市场竞争情况选择适当媒体。

4. 广告内容

广告媒体选择要受到广告信息内容的制约。如果广告内容是宣布即将进行的大型促销活动，一般会选择时效性强的报纸、电视、广播等媒体进行广告发布。而如果广告信息中有大量的技术资料，则专业杂志是一种理想的媒体选择。

5. 广告传播区域

选择广告媒体，必须将媒体所能触及的影响区域与企业所要求的信息传播范围相适应。如果企业的目标市场为全国市场，则宜在全国性报纸或电视台、广播电发布广告。

6. 相关法律、法规

选择广告媒体时应遵守国家或地方的相关法律、法规。例如，我国《广告法》中明确规定，"禁止利用广播、电影、电视、报纸、期刊发布烟草广告"，"禁止在各类等候室、影剧院、会议厅堂、体育比赛场馆等公共场所设置烟草广告"，"烟草广告中必须标明'吸烟危害健康'"等。因此，烟草广告的发布必须遵守上述相关规定，否则将涉嫌违法，有可能招致相应的惩罚。

7. 媒体成本

媒体使用成本是选择广告媒体的重要考虑因素。依据成本选择广告媒体时，最重要的不是看绝对成本的数字差异，而是媒体成本与广告接收者之间的相对关系，即每千人成本（CPM）。在比较 CPM 的基础上，再考虑媒体的传播速度、传播范围、记忆率等因素之后择优确定广告媒体，可以收到较好的效果。

8. 广告预算

企业发布广告必须量力而行，应在广告预算的限定下依据自身的财力来合理地选择广告媒体。

【阅读资料 10－2】　　　福特野马汽车的媒体策略

1964 年，福特汽车公司生产力一种取名为"野马"的轿车，新车一推出，一年内就销售了 36 万部，创利 11 亿美元，创下了美国市场汽车销售的历史记录。在不到一年的时间里，"野马"汽车风行整个美国，各地还纷纷成立了"野马"车会，甚至连墨镜、钥匙扣、帽子、玩具上都贴上了"野马"的标志。"野马"车的成功，必须归功于它的营销策划者——美国最著名的实业界巨子、"野马汽车之父"、福特汽车公司分部总经理艾克卡的出色策划。

1962 年，艾克卡担任福特汽车公司分部总经理之后，便策划生产一种受顾客喜欢的新型汽车。这个念头是他对市场进行了充分调研之后产生的。他带领策划人员对新型产品进行最后定位，设计图样，制作泥塑模型，还从沃尔特·汤姆森广告公司代理人约翰·康利提供的上千个新型车的名字挑选出 6 个车名：西部野马、美洲狮、猎豹、小马、野马、美洲豹。经过反复审议评估，最后艾克卡决定将新型车的名字定为"野马"。

在新型车未问世之前，艾克卡还邀请了底特律地区 54 对夫妇来厂做客，并请他们对新型车发表评议。从他们的意见中，艾克卡摸透了消费者的心理，最后将"野马"车的售价定为 2368 美元。

万事俱备，只欠东风。当企业的营销目标确定之后，就必须着手开展广告宣传活动了。艾克卡是一个非常重视广告策划、宣传的企业家，为了推出这种新产品，他委托沃尔特·汤姆森广告公司为"野马"车的广告宣传工作进行了一系列的策划，其广告计划实施步骤大致如下：

第一步，请各大报社的编辑到迪尔伯恩，并借给每个人一部"野马"车，组织他们参加从迪尔伯恩到纽约的"野马"车大赛，同时还请了100名记者亲临现场采访。表面上这是一次赛车活动，实际上是一次告知性的广告宣传活动。事后，数百家报纸、杂志报道了"野马"车大赛的盛况。

第二步，在"野马"车上市的前一天，根据广告宣传计划，2600家报社用正版篇幅刊登了"野马"车广告。广告的画面是：一辆白色的"野马"车在奔驰。大标题是：真想不到。副标题是：售价2368美元。这一广告宣传是以提高产品的知名度为主，进而为提高市场占有率打基础。

第三步，从"野马"车上市开始，让各大电视网每天不断播放"野马"车广告，广告由沃尔特·汤姆森广告公司制作。广告内容是：一个渴望成为赛车手或喷气式飞机驾驶员的年轻人，驾驶着漂亮的"野马"车在奔驰。选择电视媒体作宣传，其目的是扩大宣传的覆盖面，提高产品的知名度，促使其家喻户晓。

图10-9　第一代"野马"车

第四步，选择最显眼的停车场，竖起巨型广告牌，以引起消费者的注意。

第五步，竭尽全力在美国各地最繁忙的15个飞机场和200家假日饭店展览"野马"车，以实物广告形式激发人们的购买欲。

第六步，向全国各地数百万小汽车车主寄送广告宣传品。此举是为了达到直接促销的目的，同时也表明公司忠诚地为顾客服务的态度和决心。

"野马"车的广告活动可以称得上铺天盖地。仅在一周之内，"野马"车便轰动整个美国，风行一时。"野马"车上市的第一天，就有400万人涌到福特代理店购买。原计划销售指标是年销售量7500部，后来增加到20万部。"野马"车推出一年之内，销售36万部，创利11亿美元。这一显赫的战绩，使艾克卡被誉为"野马车之父"。艾克卡由于策划有方，业绩骄人，被破格提升为福特集团总经理，很多美国人将他看成是传奇式的英雄人物。

资料来源：郭庆然，吴磊：《广告理论与实务》，对外经济贸易大学出版社2008年版。

10.3　广告媒体策略

10.3.1　广告媒体策略的含义

广告媒体策略是指广告策划者根据广告对象（企业或产品）的特点制定广告媒体目标，并确定实现这些目标的途径。它是广告策划者运用各种媒体进行广告宣传活动的指导方针。

根据上述定义可知，广告媒体策略的主要内容包括：①确定广告媒体目的；②确定实现该目的的具体途径，如确定广告发布媒体、确定不同媒体的发布次数、制定媒体的广告发布预算以及确定广告刊发的时间表等。

广告策划者在制定媒体策略时，需要媒体特性有着深入的了解，必须清楚如何使用媒体才能产生理想的广告效果。

10.3.2　制定广告媒体的目的

广告媒体的目的是指广告主在一定的时期内、在既定的广告预算限定下，期望通过广告发布来实现的预定成果。通常情况下，广告媒体的目的包含如下内容。

（1）目标视听众目的。广告商品潜在的顾客一般以他们的社会经济特性（如年龄、性别、收入、教育、种族、家庭规模以及职业、社会阶层等）来加以确定。另外，确定目标视听众的方法是以广告产品的购买者、使用者和消费者的心理特征、生活方式的特性为标准来确定。如果确定一种以上的目标视听众，就要明确指出相对于该广告媒体而言，目标视听众的重要程度。例如，广告策划者已确定该产品的目标视听众是公司白领职员，其中白领男士占60%，白领女士占40%。在选择广告媒体时，就要落实这一比例。

（2）媒体信息的目的。通过广告媒体向目标视听众传播有关企业或产品的信息的目的是什么呢？常见的媒体信息目的主要有以下几种：①提高产品（或劳务）品牌的知晓度；②促使消费者改变不利于本品牌产品的某种态度；③向消费者介绍一种新产品；④加强广告主的促销推广活动；⑤提醒老顾客，以建立他们对该品牌的忠诚感；⑥与一种新上市的产品展开竞争；⑦鼓励该产品的推销人员。

（3）广告何时出现。媒体目的中应包括广告在特定媒体上出现的时间。常见的广告出现时间有以下几种：①在产品销售旺季之前出现；②在一年内平均出现，以顺应每月的产品销售；③在企业开展促销活动时出现，以支援企业的产品推广活动；④当竞争产品进行广告宣传时出现；⑤在新产品上市前出现；⑥当季节变化，节假日来临之际，在媒体上刊播广告。

（4）广告在何地出现。广告媒体在开支的大小与产品销售额的高低、配销状况等密切相关，因此要确立在不同地区广告出现的先后顺序。在决定广告出现的地域时，要考虑以下问题：①全国性、区域性与地方性的广告相互配合；②人口密度；③产品在不同地区的销售状况；④产品销售种类的特性；⑤各个地区市场上同类产品的竞争状况。

（5）应安排多少广告。企业的营销目的、媒体目的、市场地位与竞争压力、品牌的市场地位等都会影响广告宣传中所需要的到达率与平均频次的标准。表10-3是强调到达率和平均频次的情况。

表10-3　　　　　　　　　　　强调到达率和平均频次的情况

强调到达率的情况	新产品
	扩展中的类别
	副品牌（flaker brand）
	竞争力强的品牌的加盟
	广泛的目标市场
	不经常购买的产品
强调平均频次的情况	竞争者强大时
	产品信息复杂时
	经常购买的产品
	品牌忠诚度低
	目标市场狭窄时
	消费者对品牌或类别抗拒时

10.3.3　广告媒体使用的策略

广告媒体使用策略是实现媒体目的的途径，用以说明媒体目的是如何实现的。广告媒体使用策略主要包括广告媒体地区上的分配策略和时间上的分配策略。

1. 地区上的分配策略

广告媒体使用的地区分配策略主要有三种类型：广告预算完全投入到全国性媒体上；全国性媒体与地方性媒体结合使用；只使用地方性媒体，或者在国内相当大的部分使用地方性媒体。为了正确地选择媒体地区分配策略，广告策划者要对品牌销售和产品类别销售的情况进行分析，常用的方法有：

（1）品牌发展指数法（brand development index）。品牌发展指数是指品牌在该地区的销售（消费者人数）占全部销售（消费者人数）的比例/该区人口占全部人口的比例×100，品牌发展指数描述特定市场状况的一个指标，用来衡量一个品牌在区域市场的发展程度，常缩写为BDI。计算公式如下：

BDI =（某品牌区域销售量／某品牌全国销售量）／（区域人口数／全国人口数）×100

品牌发展指数反映了一个品牌在特定区域市场的销售水平是高于还是低于平均数，可用来帮助制定地区费用支出策略，保持企业在地区市场的优势，或者把劣势转为优势。

（2）品牌与类别对比法。品牌与类别对比法是将不同地区某品牌产品的销售趋势与该类产品的销售趋势进行比较，以确定广告媒体在地区上的使用情况的方法。通常，将不同的目标市场根据图 10 – 10 的标准进行分类，以决定是否在该地区进行广告宣传。

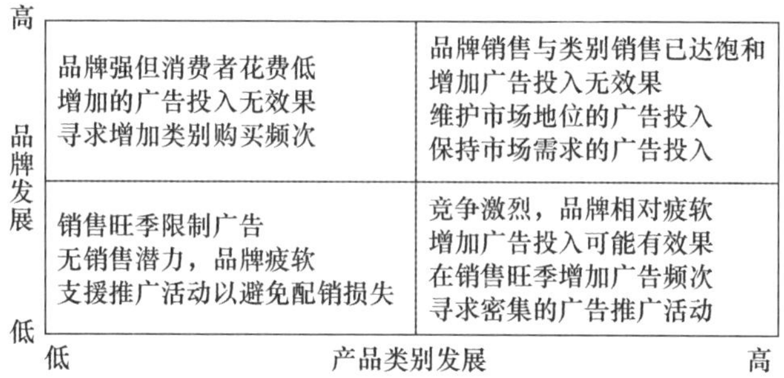

图 10 – 10　目标市场划分类别图

2. 时间上的分配策略

广告媒体使用的时间安排策略可以划分为长期安排策略和短期安排策略。

（1）长期安排策略。广告的长期安排策略是指广告策划者基于对市场的判断及产品的季节性特征而做出的时间周期为 1 年的广告安排。假如某产品销量的 70% 集中于 5 ~ 10 月的温暖月份，则广告策划者可有三种选择：一是随着季节的变化调整广告支出；二是按产品季节变化的相反方向来安排广告支出；三是全年平均使用广告预算。

与上述三种选择相适应，常用的确定广告媒体使用进度的方法有先多后少法、滚雪球式渐次加强法和水平支出法三种。

①先多后少法（big-early，little late method）。先多后少法是指先投入较多的广告媒体费用，在一个时期内展开强烈的广告攻势。当产品（或服务）在市场有一定知名度以后，再逐渐缩减广告媒体开支。

②滚雪球式渐次加强法（snow balling method）。滚雪球式渐次加强法是指在广告投入伊始，采用探测性的方法，先在某一特定市场范围内运用几种易于接近目标市场的媒体，将产品的特点逐一、渐次进行广告诉求，以加强消费者对某品牌产品市场竞争能力及其与同类产品中差异性有所了解。在深入了解目标消费者的消费需求之后，逐渐扩大广告媒体的发布范围，并且使用媒体的次数逐渐增多，使广告信息的影响范围越来越大，声势越来越大，直至产品随着需求量与日俱增，产品从单一品种生产发展到系列化产品生产，市场由国内市场扩展到国际市场。

③水平支出法（level-expenditure method）。采用这种方法选择广告媒体，每次广告活动所投入的广告费用都基本相同。例如，日常生活用品广告，除节假日可能增加一些费用，采用多种媒体展开广泛的广告活动外，一般在一定年度、季节内，每月用于某种媒体的广告费用都基本不变，其广告传播信息的特点是只起"提醒"注意的作用。

（2）短期安排策略。短期安排策略是指将一组广告展露分配在一段时间内，以达到最大效果。短期安排必须考虑以下因素：一是购买者频率。指新的购买者在市场上出现的频率。该频率越高，则广告接触这些新顾客的次数就应更加连续。二是购买频率。指在一定时间内，一般购买者购买某产品的次数。购买频率越高，则广告也更加连续。三是遗忘率。指购买者忘记此品牌的速度。遗忘率越高，则广告就应更加连续。

广告策划者必须在连续性（continuous）广告、飞翔性（flight）广告、完全集中性（blitz）广告、脉冲性（pulse）广告之间做出选择。

①连续性广告。指在一定时间内均衡地安排广告展露时间的形态，见图 10 - 11（a）。

这种广告实施形态优点是：能维持消费者的记忆；能包括整个购买周期；由于连续地展露广告，可以通过与媒体的协商优先在价格、广告时间或者版面上选择。

其缺点是：比其他广告实施计划费用高；可能出现广告过多的展露，且反复的暴露会引起消费者观注度的降低；由于费用上的问题只利用有限的媒体。

这种广告策略常用于以下情况：产品扩展市场时；经常购买的产品；产品的消费者有明显的特征。

②飞翔性广告。指在一定时间内集中安排广告活动，过了一段时间以后不安排广告活动的广告实施形态，见图 10 - 11（b）。

这种形态的优点是：根据购买周期安排广告活动，所以能有效地利用广告费用；一定时间内集中广告，所以可以利用一个以上的媒体；竞争企业利用连续性广告实施形态时，在一定时间内增加自己企业的广告暴露。

缺点是：由于过多的暴露，在广告活动期间也可能降低广告效果；在不安排广告活动期间，消费者的知晓度会下降；不安排广告活动期间，随着竞争企业的努力，也许会把竞争优势让给竞争企业。

③完全集中性广告活动形态。这种形态要求把广告预算完全集中于一段时间内，它是飞翔形态的特殊情况，见图 10 - 17（c）。

完全集中性广告活动形态的优点是：在较短的时间内引起消费阿和的注意和关心；有助于提高消费者对成熟期产品的再知晓度。

缺点是不太适合新产品，因为新产品刚上市的时候在一段时间内需要比较长的广告活动。

④脉冲性广告。脉冲性广告指是在一定期间内连续地安排广告活动，但根据广告量给予适当变化的广告实施形态。这种形态是结合连续性广告形态和飞翔性广告形态的长处而创造出来的，见图 10 - 17（d）。

脉冲性广告的优点是：既能维持消费者的记忆，又能提高广告效果；根据购买周期安排广告活动，可以直接引发消费者的购买；竞争企业采取连续性支出形态时，比竞争企业更增加广告的暴露。

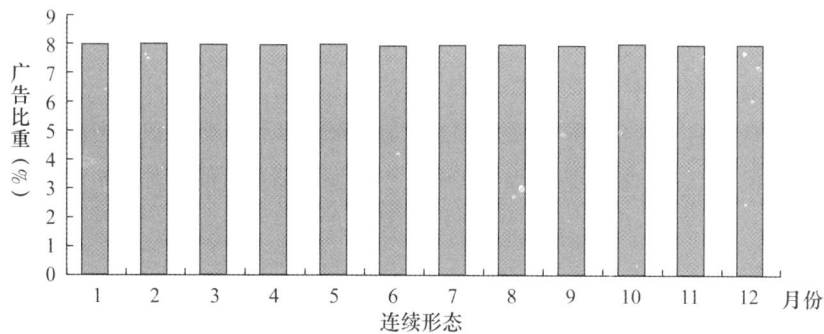

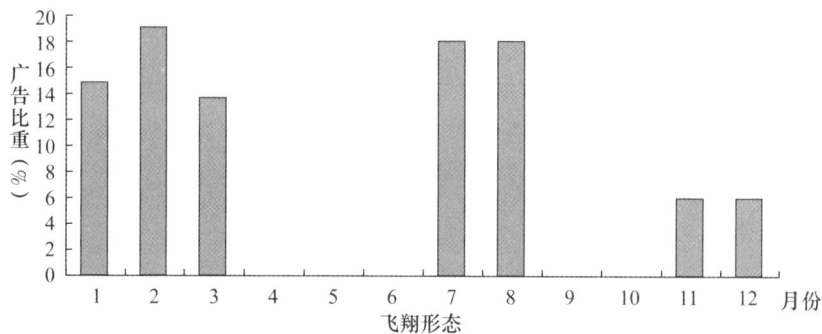

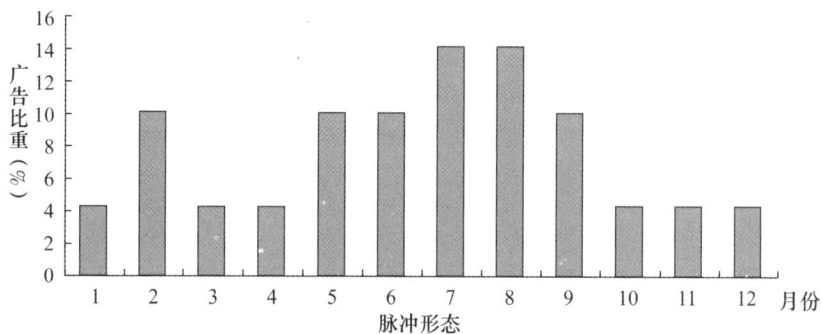

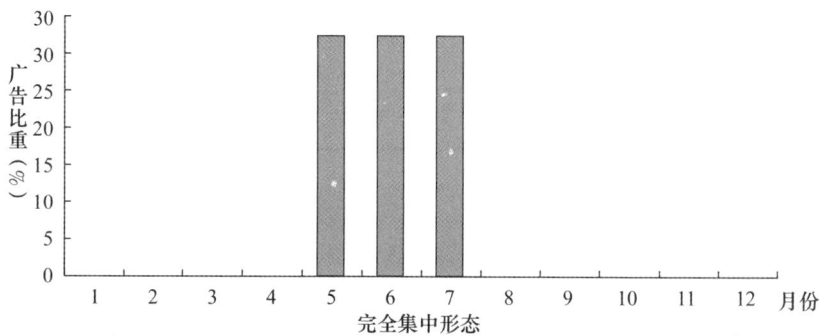

图 10-11　广告实施的 4 种主要形态

　　缺点是：不适合于季节性强的短期性产品；受竞争企业动向的影响；选择媒体以及广告时间或者版面有一定的困难。主张脉冲广告活动形态的策划者，认为通过这种形态消费者更全面地掌握信息，并且可节省广告费用。

　　总之，广告实施策略中的各种广告实施形态都有利弊，我们必须要根据产品的特性、目标消费者的特性、市场的特点来选择合适的媒体策略。不存在所谓最优的广告实施形态，合适的就是最好的。

本章小结

　　广告媒体是指借以实现广告主与广告对象之间联系的物质或工具。凡是能刊载、播映、播放广告作品，在广告宣传中起传播广告信息作用的物质都可称为广告媒体。广告媒体主要具有传递和服务这两个基本功能。

　　广告媒体的分类方法有很多。根据受众规模的不同，把传统媒体分为大众传播媒体和小众传播媒体两大类。随着科学技术的进步，新媒体崛起后成为传播广告信息的一支生力军。

　　传统的四大广告媒体是指电视媒体、广播媒体、报纸媒体和杂志媒体。以上媒体各有优缺点，企业可以根据具体情况选择使用。

　　广告媒体的选择要参照一定的数量指标，主要有收视率、节目视听众占有率、总收听率、视听众暴露率、到达率、暴露频次、每千人成本、每收视率成本以及有效到达率等等。

　　广告媒体策略是指广告策划者根据广告对象（企业或产品）的特点制定广告媒体目的，并确定实现这些目的的途径。它是广告策划者运用各种媒体进行广告宣传活动的指导方针。广告媒体的策略可以分为地区上的分配策略和时间上的分配策略两种。其中，地区上的分配策略主要有广告预算完全投入到全国性媒体上、全国性媒体与地方性媒体结合使用以及只使用地方性媒体，或者在国内相当大的部分使用地方性媒体三种类型。而时间策略主要有长期安排策略和短期安排策略两种。

思考题

一、单选题

1. 下列属于小众广告媒体的是（　　　）。

　　A. 广播　　　　　　　　　　B. 电视

　　C. 杂志　　　　　　　　　　D. 电影

2. 下列属于杂志媒体优点的是（　　　）。

A. 传播范围广，传播迅速　　　　B. 注意率高，影响面大

C. 覆盖面广，发行量大　　　　　D. 针对性强，具有明显的读者选择性

3. 以下哪项不是电视媒体的特征（　　　）。

A. 传播范围广　　　　　　　　　B. 媒体受众的被动性

C. 传播效果的一次性　　　　　　D. 制作容易，传播迅速

4. 在一定期间内连续地安排广告活动，但根据广告量给予适当变化的广告实施形态是（　　　）。

A. 连续性广告　　　　　　　　　B. 飞翔性广告

C. 脉冲性广告　　　　　　　　　D. 完全集中性广告

5. 下列不属于平面广告的是（　　　）。

A. 电视广告　　　　　　　　　　B. 报纸广告

C. 杂志广告　　　　　　　　　　D. 招贴广告

二、多选题

1. 常用的确定广告媒体使用进度的方法有（　　　）三种。

A. 先多后少法　　　　　　　　　B. 先少后多法

C. 滚雪球式渐次加强法　　　　　D. 水平支出法

E. 纵向支出法

2. 确定广告媒体时应考虑的因素主要有（　　　）。

A. 目标消费者的媒体接触情况　　B. 广告商品的特性

C. 市场竞争的状况　　　　　　　D. 广告传播区域

E. 媒体成本

3. 报纸广告的优点是（　　　）。

A. 覆盖面广　　　　　　　　　　B. 发行量大

C. 传播迅速　　　　　　　　　　D. 针对性强

E. 印刷质量较高

三、名词解释

1. 多媒体　　2. 广告媒体策略　　3. 视听率　　4. 暴露频次　　5. 有效到达率

三、简答及论述题

1. 广告媒体有哪些功能？

2. 电视媒体的缺点有哪些？

3. 试论述广告的基本功能。

4. 试论述确定广告媒体应考虑的因素。

5. 试论述广告媒体地区上的分配策略。

案例讨论

《变形金刚3》被斥最牛植入广告　为中国品牌改剧本

梦工厂"钢铁巨制"《变形金刚3》(以下简称"变3")以风风火火的阵势登录中国内地,四大国产品牌——美特斯·邦威T恤、伊利舒化奶、TCL3D电视、联想电脑的植入成为焦点。有观众笑称:"国产品牌植入广告成了《变3》最大的亮点,男主角萨姆穿着邦威的衣服,镜头大概出现了1分多钟,女主角也一样,但不仔细看看不出来;电影中所有的电脑都是Lenovo(联想)的,LOGO的特写不下5次,尤其女主角最喜欢的那个小机器人,最后变形成了联想最新款的笔记本电脑……"

其中伊利舒化奶的植入方式最让人称奇,甚至有观众表示"看完《变3》,大黄蜂、霸天虎到底做了什么都不记得了,就记得国产牛奶了"。

最牛植入——大特写,有台词,中国奶实在"高"

在影片中段,有一个华裔角色冒死向男主角传递秘密信息的情节,其中给出了这位华裔角色在电梯里拿着盒装伊利舒化奶吸吮的大特写,中文包装十分抢镜。这位演员当时还说了句台词:"让我先喝完舒化奶,再跟你说。"伊利舒化奶的整个出镜过程持续了10秒左右。

《变3》在香港上映后,每当演到这个段落,影院内就会发出爆笑甚至掌声,堪称该片第一个高潮。

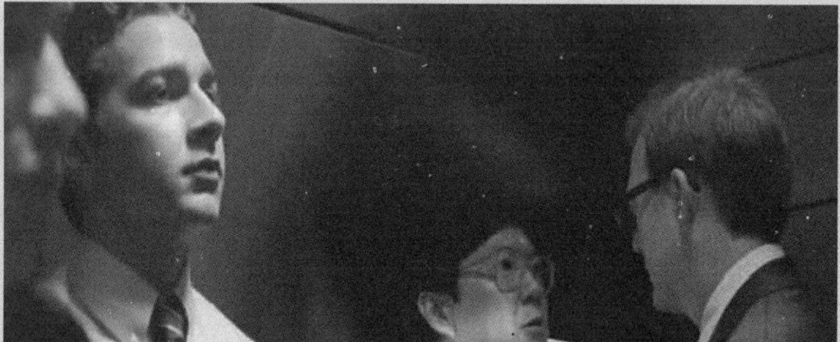

图10-12　《变形金刚3》中的伊利舒化奶镜头

这个情节迅速引起了中国观众热议,成为《变3》在中国最热门的话题之一。鉴于该片的影响力,不少没看过的观众不敢相信这是真的,而看过的观众普遍认为这堪称"中国品牌最牛植入广告"。

伊利公司品牌部相关负责人证实,这确实是一次经过精心设计的植入广告。伊利与片方采取了产品、台词植入与联合推广相结合的合作形式,并且要求以一个正面角色展示产品,从而提升品牌形象。由于此次植入完全针对中国市场，因此品牌文字也是中文。

而直接与《变3》制片方沟通、谈判植入广告事宜的，则是由梦工厂在中国的市场营销代理商——影工场（北京）文化咨询有限公司负责的。除了伊利外，这家公司还将 TCL、联想、美特斯·邦威三个中国品牌植入了《变3》。

幕后故事——谈四次，费心思，导演特意改剧本

影工场总裁刘思汝介绍，《变3》中所有中国品牌的植入均由其负责运作。"舒化奶"这个案例尤为特别，导演、制片人、影工场以及伊利公司进行了多次"四方电话会谈"，最终导演迈克尔·贝妥协，重新加工了剧本。

当迈克尔·贝听说有牛奶公司要植入广告并要求产品特写和台词时，第一反应是——这怎么可能？这种奶在北美根本没有销售！不过他没有断然拒绝，因为影片中刚好有一个华裔角色。经过多次会谈，迈克尔·贝接受了此种假定：这位华裔喜欢中国的饮料，并且会去唐人街特地找该品牌的奶来喝。为了凸显品牌，迈克尔·贝还将原本发生在办公室中的情节搬进了电梯并设计了台词。

刘思汝表示，这一次中国企业不满足于仅露个 Logo 那种生硬植入，都要求玩新花样，有的要求近乎苛刻，确实令制片方"大伤脑筋"。

美特斯·邦威（以下简称"美邦"）就提出，男主角在穿他们的衣服时，衣服不能出现脏污或损坏。但男主角的大部分戏都是"打戏"，想来想去，片方只好安排主角开场时在家穿了。

《变形金刚3》中国品牌植入要求一览

伊利舒化奶：产品植入，正面主要角色配合，台词提及。

TCL 电视：产品植入，能变形。

联想电脑：产品植入，能变形。

美特斯·邦威服饰：产品植入，主角穿着，不得弄脏或损坏。

规则揭秘——想植入？牌子要响，要求得合理

由于出现过"三聚氰胺"丑闻，一些中国观众不敢相信国产牛奶品牌能够植入《变3》，更愿相信这次亮相国际大片只是一次恶搞。

刘思汝告诉记者，其实除了影工场的严格审核，《变3》制片方也进行了调查。他们发现伊利公司在世博、奥运会等一系列国际大型活动中均担任指定饮品，品质应该有所保证。并没有因为中国出现过"三聚氰胺"牛奶，就以偏概全。

刘思汝透露，除了保证质量，好莱坞大片还要求植入品牌的牌子要"大"，必须是行业中的领军品牌，而且不能影响电影的基本剧情。

"之前有一家汽车公司提出的要求太过分，不仅要求成为'汽车人'中的一员，还要求这个'汽车人'有自己的故事，结果被迈克尔·贝一句'我不是拍广告的'当场回绝。"刘思汝说。

费用高？一视同仁，先到能先得

有消息称，中国品牌企业此次植入《变3》花了大价钱，每秒高达6000万元人民币。

刘思汝虽然没透露具体价格，但明确表示，这次和植入国产大片的价格没有太大差异。言外之意，绝非外界传闻那么夸张。"好莱坞大片植入广告费用高低，主要是看时长和植入深度的要求。像覆盖整个《变3》的TCL电视和有一句台词提及的伊利舒化奶，两者的植入价格就不会有太大差别。"

据介绍，好莱坞对品牌植入秉行"先到先得"的原则，一视同仁，不会因为品牌非美国货就特殊对待。《变3》在电脑品牌的植入问题上就曾出现过竞争，但并未打起"价格战"，原因是片方认为是中国的联想电脑先和他们敲定了合作，就直接选择了联想。"我们先向片方报了电脑、电视、牛奶等，那么别人在这些商品种类上就不能再报了。"刘思汝说。

刘思汝透露，由于《变3》中国品牌的植入广告空前成功，之后不少企业找到他们寻求合作。有些项目已经开始运作，在明年上映的《007》第23部中，观众也将看到中国品牌的身影。

片方说法——不图广告费，看重中国"宣传"效果

植入费用并不惊人，为了植入，导演还屈尊改剧本，《变形金刚3》图的啥？针对中国品牌的大规模植入，《变3》的制片方究竟是何态度？迈克尔·贝电影制作公司，主管商业合作的副总裁大卫·里纳透露，主要是看重在中国市场的宣传，这才是和中国商业品牌合作的基础。像伊利、美邦、TCL、联想等品牌，除了植入广告，他们在幕后还给予了我们大量宣传方面的支持。他们在中国投放产品广告时，也会"植入"我们。大卫·里纳表示，品牌对影片的宣传才是电影的最大利益，而靠广告并不能达到降低成本的目的。

? 问题讨论

1. 为什么近几年植入广告大行其道？
2. 请谈谈你对植入广告的看法。

资料来源：《法制晚报》2011年7月12日，A3版。

第*11*章

网络广告

本章导读

　　互联网的兴起与迅猛发展，为广告业提供了一种全新的媒介和发展机遇。网络已经不仅仅是一个无限广阔的信息载体，对许多人来讲，它甚至已成为一种生存方式，一个与现实世界并存的"虚拟世界"。本章主要讲述网络广告的概念、分类与特点、网络广告的策划、网络广告的预算与效果评估以及我国网络广告现状与发展趋势等内容。

知识结构图

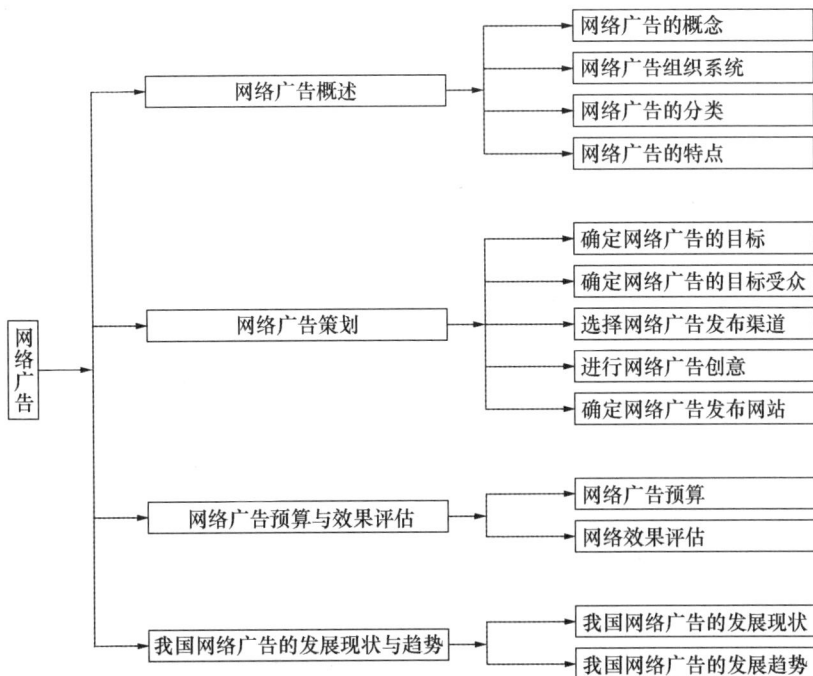

【开篇案例】　　　　6 亿元的营业额 2 亿元的广告费
　　　　　　　　——从凡克诚品的"烧钱"看互联网时代的营销推广趋势

　　互联网有着精准的特性，广告主借助技术很容易了解消费者的喜好。但另外一面却是对其投放的复杂性与日俱增，投放的成本逐年增加。2009 年，凡客诚品科技公司的网络广告投放量几乎接近 19 亿元的刊例价。作为一家纯粹的 B2C 公司（指进行电子商务交易的供需双方都是商家），凡客诚品的交易多在网上完成，广告推广也是如此。凡客诚品 2009 年的估算销售额约 6 亿元，其广告投放费用已达 2 亿元。显然，这是一个非常大的数目。

　　于是，有人认为凡克诚品是在"烧钱"。但应看到，这不是简单的"烧钱"，而是和互联网的"去中心化"有着很大关系。互联网在年轻人心目中已经成为主流媒体，但这个"主流"却和传统媒体有着明显不同。在报刊或是电视时代，人们很容易知晓哪个媒体是最重要的媒体，企业也可以借此提升在大众心目中的认知度。但在互联网时代，这种判断变得很困难。互联网广告具有互联网特有的长尾模式。凡客诚品的广告投放也是如此，除了在几个重要的门户网站投放广告之外，CPS 和 CPA 是凡客诚品惯用的方式。它的广告投放之广在电视媒体时代非常罕见。

　　互联网广告和电视、报刊广告有很大不同，它是典型的"来得快，去得快"。之所以如此，是因为互联网"开放"的另一面的"封闭"特性。在报纸杂志上，不同版面的广告虽然有差异，但没有差到"天差地别的地步"。互联网却不同，一级页面和二级页面、三级页面的差异无法同日而语。此外，报纸杂志广告有一定的传阅率，也有一定的时间效应。电视广告虽然是一播就过，但在播放的时间里，至少电视节目（在不换台情况下）对消费者传达了一个信息。互联网就不同，同一个页面会同时出现很多广告和很多内容，并分散受众的关注度，普通的广告不仅难以引起注意，而且撤下之后也很难在受众的脑海中留下印象。

　　网络广告的诉求方式相对于叶茂中所说的名言"一个产品制造商需要两个经销商：一个帮你把产品铺到消费者面前，一个需要把产品铺到消费者的心上"发生了显著变化。企业或商家不仅需要把这个产品印在消费者的脑海中，还需要他们立刻购买，这也是淘宝网的广告会充满噱头和刺激眼球的原因。纵观当今的互联网广告，无论是淘宝网的站内广告，还是凡客诚品的全互联网投放的广告，它们都有着以前卖场海报的功能——促使你立刻购买。

　　或许有人会说，传统品牌商的网上销售量并不差。笔者认为这只是表象。事实上，这些品牌商大多在吃老本，其网上销售业绩多数并非源于他们的网上推广，而是来源于消费者的主动搜索。这些主动搜索的本质，不过是品牌商长年依靠传统传播所积累起来的品牌影响力而已。离开了这些，化妆品欧莱雅在互联网上未必比护肤品相宜本草卖得好，奥康皮鞋也未必卖得比公羊皮鞋好。

　　从网络发展趋势看，网上购物肯定会成为一种主流的销售方式。这种销售的实现将通过两种方式：一是在购物平台上的销售，比如在淘宝、京东商城网站上的销售；二是在自建网上商城的销售，如凡客诚品和麦网。那么，对于品牌广告而言也就有了几种思路，一是在大型网站（比如新浪、搜狐）上做广告导向，使别的产品的消费者转化为自己产品的消费者；二是在购物平台上做广告；三是在搜索引擎上推广。无论采取哪种投放方式，我们都必须清醒地看到，互联网广告的投放成本将越来越高。市场经济的特性决定了不会有"低成本投放"的渠道。专业的媒体投放技术在互联网时代依然有用，只是技术本身发生了变化，最终的比拼将是品牌商互联网广告投放专业技术的比拼。

在现实生活中不难发现，每当你打开 MSN、QQ 或是旺旺时，其界面总会自动弹出一个《每日焦点》。这个资讯类栏目里除了广告以外，也藏有许多品牌商的推广文章。论坛发帖已经成为过去，资讯频道、SNS 频道，高清影院式的视频频道的出现，甚至叠加式利用，已经引出 SNS 如何和广告、推广结合的热门话题。但是，无论从哪个角度分析今天的互联网，网站经营者为维持生存，势必充分利用网络技术优势，深挖消费需求，想方设法吸引消费者注意，不断创造新的"引力"模式。这将是网络广告发展或推广的必然。无论是传统的品牌商，或是打算在网络上销售产品的"网商"，都在迎接一个新的网络营销时代的来临。

资料来源：http://www.cicn.com.cn/docroot/201005/18/kw02/18030101.htm。

11.1 网络广告概述

网络广告诞生于美国，1994 年 10 月 14 日，美国著名的 Wired 杂志推出了网络版的 Hotwired（www.hotwired.com），其主页上开始有 AT&T 等 14 个客户的广告横幅。这是广告史上里程碑式的一个标志，同时也让网络开发商与服务商看到了一条光明的道路。继 Wired 之后，许多传媒媒体如美国的有线电视网 CNN、《华尔街日报》等，无论电视、广播，还是报纸、杂志，也都纷纷上网并设立自己的网站，将自己的资料搬上网络。在刊登信息、服务网浏览的同时，也在网络媒体上经营广告。自此以后，网络广告作为一种新型的营销手段逐渐成为网络媒体与广告界的热点，成为电子商务及全球互联网市场的重要组成部分。勿庸置疑，网络广告引导着互联网发展的新方向。

11.1.1 网络广告的概念

网络广告是广告的一种形式，英语一般叫做 Net AD（Internet Advertising）或 Web AD，是基于计算机、通信等多种网络技术和多媒体技术，通过一定的可交互和互动的方式，将广告主的信息传递给目标消费者的一种付费的双向营销传播活动。网络广告是一个全新的领域，其具体形式与应用仍在不断翻新，一般可分为广义和狭义两种。广义的网络广告是指企业在互联网上发布的一切信息，其形式包括 Web 主页、E-mail、BBS、新闻组、聊天室、网络传真等；狭义的网络广告就是通过计算机系统，在互联网上制作和发布的广告，即建立含广告内容的旗帜，用户可以通过点击，被带入广告主的 WWW 节点。

网络广告是广告业务在计算机网络中的新的拓展，也是网络营销领域先开发的营销技术之一。从技术层面考察，网络广告是指以数字代码为载体，采用先进的电子多媒体技术设计制作，通过互联网广泛传播，具有良好的交互功能的广告形式。通俗地讲，网络广告是指广告主利用一些受众密集或有特征的网站以图片、文字、动画、视频或者与网站内容相结合的方式传播自身的商业信息，并设置链接到某目的网页的过程。

11.1.2　网络广告组织系统

网络广告组织系统是由在网络广告传播过程中承担不同职能部门的专门机构所组成，这与传统广告组织系统的构成并无多大区别。所不同的是网络组织系统的媒体是互联网，而非广播、电视、报纸、杂志等传统的媒体。网络广告组织系统如图 11 − 1 所示。

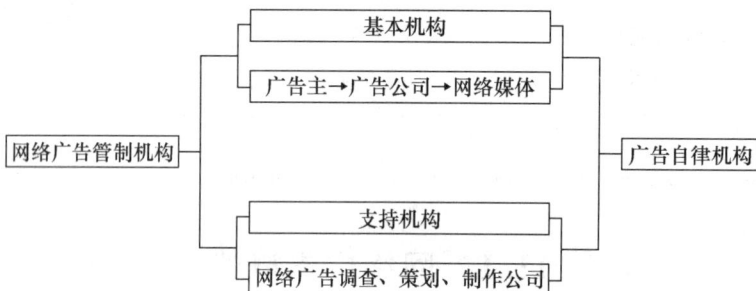

图 11 − 1　网络广告组织系统

11.1.3　网络广告的分类

网络广告的分类方法有多种。如按照网络广告的表现形式分类，可以将广告分为图形广告（包括按钮广告、旗帜广告、手机广告等）、关键词广告、文字链接广告、富媒体广告、电子邮件广告、网络视频广告、移动广告等；按照网络广告的活动程度分类，可以分为静态广告、动态广告、交互式广告等；按照网络广告的受众分类，可以分为分类广告、定向广告、窄告广告等。

下面就几种主要的网络广告形式做进一步的介绍。

（1）按钮广告（Button）。按钮广告通常是一个链接着公司的主页或站点的公司标志（logo），一般面积较小（见图 11 − 2）。按钮广告的不足在于其被动性和有限性，它要求浏览者主动点选，才能

图 11 −2　南海网上的按钮广告

了解到有关企业或产品的更为详尽的信息。

（2）旗帜广告（Banner）。旗帜广告是常见的网络广告形式，又名"横幅广告"，是互联网最为传统的广告形式。网络媒体在自己网站的页面（page）中分割出 23 厘米、316 厘米或 220 厘米的一个画面（视各媒体的版面规划而定）发布广告，因其像一面旗帜，故称为旗帜广告。旗帜广告允许客户用极简练的语言、图片介绍企业的产品或宣传企业形象（见图11－3）。

图 11－3　旗帜广告

旗帜广告分为非链接型和链接型两种。非链接型旗帜广告不与广告主的主页或网站相接（见图 11－4）；链接型旗帜广告与广告主的主页或网站相链接，浏览者可以点选，进而看到广告主想要传递的更详细信息。为了吸引更多的浏览者注意并点选，旗帜广告通常利用多种多样的艺术形式进行处理，如做成动画跳动效果，或做成霓虹灯的闪烁效果等。

图 11－4　台电科技网站非链接旗帜广告

（3）文字链接广告。文字链接广告是以一个词组或一行文字作为一个广告，点击后可以进入相应的广告页面。文字链接广告的安排位置灵活，它可以出现在页面的任何位置，可以竖排也可以横排。这是一种对浏览者干扰最少的网络光形式，但对用户的吸引力有限（见图 11－5）。

图 11－5　文字链接广告

（4）移动式广告。移动式广告画面可大可小，它会在整个屏幕里有规律的移动，同时会闪烁出一些好看的颜色，具有干扰度低，吸引力强的特点。

图 11－6 所示的是移动广告的一种形式。这是目前非常流行的一种新型创意表

图 11－6　浮动式广告

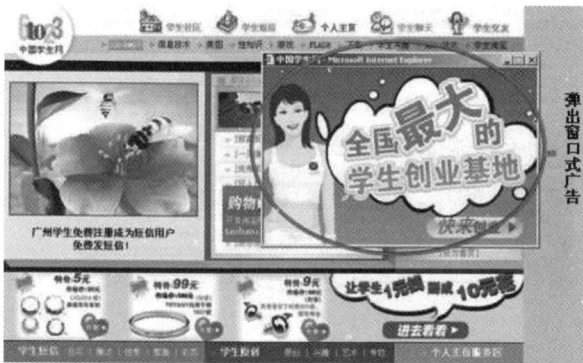

图 11-7　弹出窗口式广告

图 11-8　麦当劳的网络视频广告

图 11-9　对联式广告

现形式的广告，比传统移动图标广告的点击率要更高。

（5）弹出窗口式广告。弹出窗口式广告是目前常用的一种广告形式。弹出窗口特别能吸引人们的注意力，一进入网站立刻会弹出一个窗口，广泛应用于品牌宣传、产品促销、招生或咨询等活动（见图 11-7）。

（6）网络视频广告。网视广告是目前流行的一种广告形式。可以直接将广告客户提供的电视广告转成网络格式，实现在线播放，视频广告与 flash 结合播放，具有良好的影音品质（见图 11-8）。

（7）对联式广告。对联式广告是目前非常流行的一种广告形式，这种广告位于浏览页面中特别设置广告版位，以夹带方式呈现广告表现，冲击力强（见图 11-9）。

（8）主页广告（Homepage）。企业将所要发布的信息内容分门别类制作成主页，置放在网络服务商的站点或企业自己建立的站点上。主页型广告可以详细地介绍企业的相关信息，如发展规划、主要产品与技术、产品订单、售后服务、战略联盟、年度经营报告、主要经营业绩、联系办法等，从而让用户全面地了解企业及企业的产品和服务。

（9）分类广告。分类信息是 WEB 2.0 的衍生物，是新一代互联网应用模式。分类广告又被称为主动广告，它不同于我们日常在电视、报刊上所看到的广告，分类广告不主动强加给受众。如赶集网上有众多的分类广告，大都与老百姓的生活密切相关，如出租、出售、家政、搬迁、招聘、二手货买卖等商品信息。

（10）定向广告及窄告广告。定向广告是指网络服务商利用网络追踪技术（如 Cookies）搜集整理用户信息，按年龄、性别、职业、爱好、收入、地域分类储存用户的 IP 地址。然后利用网络广告配送技术，向不同类别的用户发送内容不同的广告。

窄告广告是通过运用高端的 INTERNET 网络技术和特定的窄告发布系统，根据网站上的内容自动选择和该网站相关联的广告进行精准发布，或者自动检测浏览网页者的 COOKIE 设置从而得知该浏览者的 IP 地址、浏览习惯、所处地理位置而自动选择该浏览者可能会感兴趣的话题广告进行投放，从而达到精准投放的目的。

此外，网络广告的形式还有以下几种。

电子邮件广告（E-mail）。广告形式以旗帜广告为主，广告体现在拥有免费电子邮件服务的网站上，广告会出现在个人邮箱的主页上。

邮件列表广告（Direct Marketing）。又名"直邮广告"，利用网站电子刊物服务中的电子邮件列表，将广告加在每天读者所订阅的刊物中发放给相应的邮箱所属人。广告形式多样化，包括旗帜、按钮及文字广告等。

墙纸广告（Wallpaper）。把广告主所要表现的广告内容体现在墙纸上，并安排放在具有墙纸内容的网站上，以供感兴趣的人进行下载。

赞助式广告（Sponsorships）（见图 11-10）。分为三种赞助形式：内容赞助、节目赞助、节日赞助。赞助式广告形式很多样，广告主可根据自己所感兴趣的网站内容或网站节目进行赞助。

竞赛和推广广告（Contests & Promotions）。广告主可以与网站一起合办他们认为感兴趣的网上竞赛或网上推广活动。

（11）关键字广告。关键字广告是充分利用搜索引擎资源开展网络营销的一种手段，属于按点击次数收费的网络广告类型。关键字广告有两种基本形式。一是关键字搜索结果页面上方的广告横幅可以由客户买断，这种广告针对性强，品牌效应好，点击率高。二是在关键字搜索结果的网站中，客户根据需要购买相应的排名，以提高自己网站被点击的概率。关键字广告见图11-11。

图 11-10　三星奥运会赞助广告

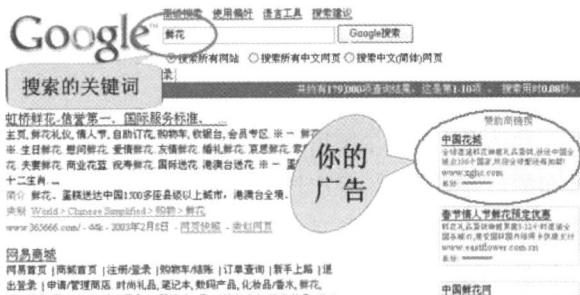

图 11-11　关键字广告

我国网络广告的表现方式除了上文所述外，还有不少创新的形式。因传统网络广告的形式呆板，无法吸引网民的注意，因而新型网络广告便不断应运而生。如网上流媒体广告、网上声音广告、QQ 上线弹出广告、QQ 对话框网幅广告等等，在文字、图片、音频乃至视频上的表现形式各具特色，已经表现出充分的生动性和多样性。

如今，诸如流媒体（streaming media，流媒体是一种使音频、视频和其他多媒体元素在 Internet 及无线网络上以实时的、无需下载等待的方式进行播放的技术）、VRML（Virtual Reality Modeling Language，即虚拟现实建模语言）等网络视频技术的发展，为网络广告技术的发展提供了技术上的保障，随着互联网技术的发展及宽带技术水平的提高，网络广告的表现形式也越来越丰富。

11.1.4　网络广告特点

网络广告是 Internet 问世以来广告业务在计算机领域新的拓展，随着互联网络的迅猛发展，网络广告已成为企业不可或缺的重要广告形式。它兼具传统广告的优点，又有传统媒体无法比拟的优势。具体而言，网络广告具有以下鲜明特点。

1. 非强迫性

传统广告具有一定的强迫性，无论是广播、电视还是报纸、杂志等公告，均要千方百计吸引受众的视觉和听觉，将有关信息强行灌输给广告受众。而网络广告属于按需广告，接受与否的主动权掌握在受众手里，有效避免了受众注意力集中的无效性和被动性。

值得注意的是，早期的网络广告对于用户的无滋扰性也使其成为适应互联网环境营销手段的一个优点，但随着广告商对于用户注意力要求的扩张，网络广告逐渐发展为具有强制性和用户主导性的双重属性。虽然从理论上讲用户是否浏览和点击广告具有自主性，但越来越多的广告商采用强制性的手段迫使用户不得不浏览和点击，如弹出广告、全屏广告、插播式广告、漂浮广告等，虽然这些广告引起用户的强烈不满，但从客观效果上达到了增加浏览和点击的目的，因此为许多单纯追求短期可监测效果的广告客户所青睐，这也使得网络广告与传统广告一样具有强制性，而且表现手段越来越多，强制性越来越严重。目前对于网络广告所存在的强制性并没有形成统一的行业规范，更没有具有普遍约束性的法律法规，因此这种矛盾仍将继续存在下去[①]。

2. 实时性与交互性

网络广告另一个突出优点是能按照需要及时变更广告内容，包括改错。而对于在传统媒体上发布的广告而言，一旦广告播（刊）出，就很难再变。例如，某促销商品价格发生了变化，如在互联网上更改广告信息可能瞬间就能完成，并且更改成本则可以忽略不计，这是传统广告无法比拟的。网络广告实时性的特点可以帮助企业做到广告变化与经营决策变化的同步性，从而有助于提升企业经营决策的灵活性。

网络广告是一种交互式的广告，查询起来非常方便。网络广告的载体基本上是多媒体、超文本格式文件，只要受众对某样产品感兴趣，仅需轻按鼠标就能由一般受众感兴趣的问题，一步一

---

①　冯英健：《网络营销基础与实践》（第二版），清华大学出版社 2004 年版。

步深入到更多、更为详细、更为生动的信息，从而使消费者亲身"体验"产品、服务与品牌。

3. 广泛性

网络广告的广泛性表现在以下几方面：

（1）传播范围广，无时间地域限制。网络广告通过互联网可以把广告传播到互联网所覆盖的所有区域，受众可以在任何地点的互联网站上，在他们方便的任何时间内随意浏览广告，不受受控所限。

（2）内容详尽。传统广告由于受媒体的时间和版面的限制，其内容也必然受限；而网络广告则不存在上述问题，广告主可根据需要将广告做得十分详尽，以便广告受众进一步了解相关信息。

（3）形式多样。网络广告的表现形式包括动态影像、文字、声音、图像、表格、动画、三维空间、虚拟现实等，它们可以根据广告创意需要进行任意的组合创作，从而有助于最大限度地调动各种艺术表现手段，制作出形式多样、生动活泼且能够激发消费者购买欲望的广告。

4. 易统计性和可评估性

运用传统媒体发布广告，评价广告效果比较困难，很难准确地知道有多少人接受到所发布的广告信息。而在互联网上发布的广告可通过权威公正的访客流量统计系统，精确统计出每个客户的广告被多少个用户看过，以及这些用户浏览这些广告的时间分布、地理分布等，从而有助于广告主和广告商正确评估广告效果，审定广告投放策略。

5. 重复性和检索性

网络广告可以将文字、声音、画面完美的结合之后供用户主动检索，重复观看。

6. 视听效果的综合性

随着多媒体技术、网络技术及编程技术的提高，网络广告可以集文字、动画、全真图像、声音、三维空间、虚拟现实等为一体，创造出身临其境的感觉，既满足浏览者收集信息的需要，又提供了视觉、听觉的享受，增加了广告的吸引力。

7. 经济性

目前在互联网上发布广告相对传统媒体而言便宜得多，相对于电台、电视、报刊、户外等媒体动辄成千上万的广告费，网络广告则具有较高的经济性。

8. 广告发布方式的多样性

传统广告发布主要是通过广告代理制实现的，即由广告主委托广告公司实施广告计划，广告媒介通过广告公司来承揽广告业务，广告公司同时作为广告客户的代理人和广告媒体的代理人提供双向的服务。而在网络上发布广告对广告主来说有更大的自主权，既可以自行发布，又可以通过广告代理商发布。

当然，与其他所有事物一样，网络广告也具有两面性。一方面是它无可比拟的优势，另外一方面是伴随网络广告的迅猛发展而引发的一些如色情传播、虚假广告等诸多问题。

【阅读资料 11-1】　　　　我国网络广告存在的主要问题

1. 传播色情内容，污染文化环境

黄色内容充斥"第四媒体"，是一直都比较受关注的问题。在垃圾信息中，无论是垃圾邮件、强制性阅读信息还是垃圾短信，黄色信息的内容都占很大的比重。其中有很多还是打着"普及健康的性知识"和"促进社会人际交往"的旗号，明目张胆地传播色情信息。

2. 虚假广告让网络广告产生负面效应

网络广告的虚假与欺诈现象比较严重。广告数量的庞大性，范围的广泛性，内容的丰富性，形式的多样性和真假的难辨性，致使对广告的监管就很困难。虚假与欺诈现象非常普遍，消费者对之无可奈何。有调查表明，用户对网络广告的评价中，认为其最大的劣势就是可信度太低。这致使人们普遍不太信任网络广告，也是目前网络广告业深入发展的一个首要障碍。

3. 网络广告市场不规范

我国的现代广告业还很年轻，而网络广告更是新生事物，对于其管理和规范还不完善和成熟，各类广告法律法规都还不健全，处在不断改革和完善的过程中，特别是对于网络广告的条例法规还在摸索阶段。在这种环境下，不论是网络广告的价格机制还是行业内的竞争机制，都呈现出比较混乱的现象。网站为了争取更多的广告客户，不断地降低广告位价格。这种恶性竞争带给整个行业的经济停滞不前，甚至有的网站不惜亏本经营，也要从价格方面取得优势来吸引广告客户。

4. 对网络广告质量的检测缺乏一套行之有效的评估方法

至今，在我国还没有一家公认的机构能够对网络广告的效果提供量化的评估标准，还缺少一套行之有效的评估办法。对网络广告效果的评估基准主要是各网站提供的一些数据，而这些数据的准确性、公正性还有待商榷。这样，广告消费群体就对网络广告的可选用性产生了质疑。

资料来源：韩媛，http://www.cnhubei.com/200412/ca635720.htm。

11.2　网络广告策划

网络广告策划是根据互联网的特征及网络人群的特征，从全局角度所展开的一种运筹和规划。其在本质上仍然属于广告策划的一种，因此，在实施过程中的环节与传统广告有很多相同的做法，如确定网络广告的目标、确定网络广告的目标受众、选择网络广告发布渠道、进行网络广告创意以及确定网络媒体发布网站等。

11.2.1　确定网络广告目标

确定网络广告目标的目的是通过信息沟通使消费者产生对品牌的认识、情感、态度和行为的变化，从而实现企业的营销目标。在公司的不同发展时期有不同的广告目标，比如说是形象广告还是产品广告。对于产品广告，在产品的不同发展阶段广告的目标可分为提供信息、说服购买和提醒使用等。

网络广告的目标主要有提高访问量、树立品牌意识和销售产品三个方面。其本质与传统广告目标并无不同，这里不再赘述。

11.2.2　确定网络广告的目标受众

目标受众（target audience）是指传播活动中特定媒介渠道或媒介内容的诉求对象。目标受众决定着传播渠道和传播活动形式和营销策略，同时又为传播内容提供方向和依据。由于网络消费者的年龄、社会阶层、收入水平、兴趣爱好、受教育程度、上网习惯等各不相同，只有广告的目标受众明确，才能科学、有效的选择网络广告发布渠道，从而使广告真正做到有的放矢。

11.2.3　选择网络广告发布渠道

企业发布网络广告的途径有多种，广告主可根据自身的需求，本着广告效应最大化的原则从中选择一种或几种。

1. 建立主页

建立自己的主页，对于大公司来说，是一种必然的趋势。主页不但树立了企业形象，也是宣传产品的良好工具。主页形式是公司在互联网进行广告宣传的主要形式。按照今后的发展趋势，一个公司的主页地址也会像公司的地址、名称、标志、电话、传真一样，是独有的，是公司的标识，将成为公司的无形资产。

2. 搜索引擎网站或内容网站

在互联网上有一些专门的用以查询检索服务的网络服务商的站点如 Yahoo!、Excite 等。这些站点就如同电话黄页一样，按类别划分便于用户进行站点的查询。在其页面上，都会留出一定的位置给企业做广告。比如在 Excite 上，网络用户在"search"一栏中填入关键字"automobile"（汽车），"Excite"页面的中上部就会出现某汽车公司的广告图标。

广告主也可以选择网络内容服务商（ICP）与之合作。如搜狐、网易、新浪、凤凰网等，它们提供了大量的互联网用户感兴趣并需要的免费信息服务，包括新闻、评论、生活、财经等内容，因此，这些网站的访问量非常大，是网上最引人注目的站点。目前，这样的网站是网络广告发布的主要阵地，并且发布广告的形式多种多样。

3. 专类销售网

这是一种专类产品直接在互联网上进行销售的方式，现在有越来越多的这样的网络出现。以汽车之家网站为例，消费者只要在一张表中填上自己所需汽车的类型、价位、制造者、型号等信息，然后轻轻按一下 Search（搜索）键，计算机屏幕上就会马上出现完全满足你所需要的汽车的各种细节，当然还包括何处可以购买到此种汽车的信息（见图 11－12）。另外，消费者考虑购买汽车时，很有可能首先通过此类网络先进行查询，所以，对于汽车代理商和销售商来说，这是一种很有效的网络广告方式。汽车商只要在网上注册，那么他所销售的汽车细节就进入了网络的数据库中，也就很有可能被消费者查询到。与汽车销售网类似，其他类别产品的代理

图 11－12　汽车之家网站主页

商和销售商也可以连入相应的销售网络，从而无需付出太大的代价，就可以将公司的产品及时地呈现在世界各地的用户面前。

4. 免费的网络服务

在互联网上有许多免费的服务，很多用户都喜欢使用。由于互联网上广告内容繁多，即使公司建有自己的主页，但是需要用户主动通过大量的搜索查询工作，才能看到广告的内容。而这些免费的网络服务就不同，它能帮助公司将广告主动送至使用该免费 E-mail 服务，又想查询此方面内容的用户手中。具体说来此种方式有诸多特点：

（1）主动性强。所有的使用者都可以按照自己的喜好和兴趣选择订阅一些免费信息。一旦你选择订阅了有关的信息，就可以定期地收到所订阅的信息。当然，其中包含着广告的内容。不过用户既可以随时增加订阅，也可以随时修改或停止订阅信息内容。

（2）易于统计。每一个用户在第一次使用免费 E-mail 时，必须要详细地填写一张用户档案（Member Profile）。这就使得提供免费 E-mail 的服务商能详细地知道使用者的具体情况，若有公司利用免费 E-mail 做广告，免费 E-mail 服务商就会每月给你一份调查报告，告诉你在这个月中有多少用户看了你的广告，又有多少用户进一步了解了广告的内容（即按了广告的图标）。在每月报告中，免费 E-mail 服务商还会提供对你的产品或服务感兴趣的用户的具体情况的统计资料。

（3）针对性强。随着免费 E-mail 会员的进一步增加，广告主还可以根据使用者的特性（地域、年龄、性别、家庭收入、职业、受教育水平、兴趣爱好、婚姻状况等），有针对性地发布自己的广告。

5. 行业名录

一些网络服务提供者（ISP）或政府机构会将一些行业信息融入他们的主页中。如香港商业

发展委员会（HongKong Trade Development Council）的主页中就融有汽车代理商、汽车配件商的名录。只要用户感兴趣，就可以直接通过链接，进入相应行业代理商或者配件商的主页上。

6. 网上报纸或杂志

在互联网日益发展的今天，新闻界也不落人后，一些世界著名的报纸和杂志，如美国的《华尔街日报》《商业周刊》，国内的如《人民日报》《文汇报》《中国日报》等，纷纷将触角伸向了互联网，在互联网上建立自己的主页。而更有一些新兴的报纸与杂志，干脆脱离了传统的"纸"的媒体，完完全全地成为了一种"网上报纸或杂志"（见图 11 – 13）。

可以预计，随着计算机的普及与网络

图 11 – 13　《男人装》电子杂志

的发展，网上报纸与杂志将如同今天的报纸与杂志一般，成为人们必不可少的生活伴侣。对于注重广告宣传的公司，在这些网上杂志或报纸上做广告也是一个较好的传播渠道。

7. 新闻组

新闻组也是一种常见的网络服务，它与公告牌相似。人人都可以订阅它，成为新闻组的一员。成员可以在其上阅读大量的公告，也可以发表自己的公告，或者回复他人的公告。新闻组是一种很好的讨论与分享信息的方式。对于一个公司来说，选择在与本公司产品相关的新闻组上发表自己的公告将是一种非常有效的、传播自己的广告信息的渠道。

8. 网络黄页

黄页形式：在 Internet 上有一些专门用以查询检索服务的网站，如 Yahoo!（见图 11 – 14）、Infoseek、Excite 等。这些站点就如同电话黄页一样，按类别划分，便于用户进行站点的查询。采用这种方法的好处，一是针对性强，查询过程都

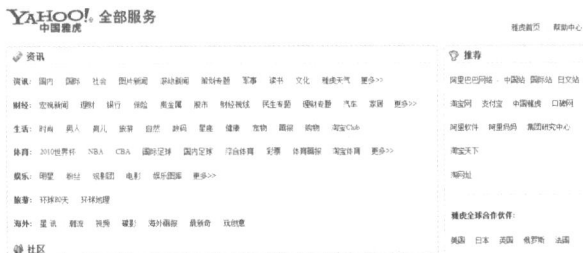

图 11 – 14　雅虎中文网站

以关键字区分；二是醒目，处于页面的明显处，易于被查询者注意，是用户浏览的首选。

11. 2. 4　进行网络广告创意

网络广告策划中极具魅力、体现水平的部分就是创意。它包括两个方面：一是内容、形式、视觉表现、广告诉求的创意；二是技术上的创意。网络广告的创意因素主要来自互联网本身，互联网是一个超媒介，它融合了其他媒介的特点。互联网因为不同的传播目的、传播对象，可以承

载不同的广告创意，同时互联网是电脑科技和网络科技的结合，注定这个媒介的高科技特性，也带来了更加多变的表现方法，为网络广告创意提供了更多的创意方向。在网络广告创意的过程中，要注意如下关键点。

1. 确定强而有力的概念

概念是一句对消费者说的话，向消费者传达的信息。根据统计，上网用户在一个网络广告版面上的注意力和耐心不会超过 5 秒钟。因此，一定要在短时间内吸引人潮进入目标网页，建立良好的品牌形象。

2. 传递简单易懂的信息

在网络上，强而清晰的文案比制作复杂的影音效果更能吸引网络用户点选。由于频宽的限制，图档过大的广告，传输速度过慢，往往使用户放弃。为了确保广告出现的速度能被用户接受，图档大小一般为 10KB ~ 20KB。

3. 适度的曝光率

网络用户的一个基本特点是喜新厌旧，即点选率会随着广告上挂时间的增加而降低。因此，当某一广告的曝光率达到某种程度，出现下降倾向时，就必须考虑更换该广告。

4. 发展互动性

随着网络技术的研究和发展，未来网络广告必定朝着互动性方向发展。例如在网络广告上增加游戏活动的功能，则点选率会大大提高。索尼在线的娱乐站 The Station@ sony. com 发布的凯洛格仪器公司的网络游戏广告，以一组面向儿童的游戏为特色，其中一个游戏参加后有机会赢得一盒爆米花。发布这则广告后，凯洛格主页的访问者增加了三倍，访问时间增加了两倍，该广告的浏览率高达 14.5%。

5. 适当使用动画

为了使广告在网络上更显醒目，可以适当使用动态画面，采用 GIF 做动态呈现，或以 Flash 制作图档，并以下拉式画面延伸广告版面等。动画表现是为了强化概念，不要因图档过大而降低传输速度。

网络广告的策划还需注意对网页浏览链接的规划。旗帜的设计要有全盘思考，应该考虑目标群体的需求差异性、媒体的阅读者属性、广告预算大小及广告曝光时间长短。

与传统媒体广告的强迫性接受特质相比，网络媒体广告的许多形式是被动地等待被点击，并且网络广告的版面一般过小，限制了创意的发展空间。成功的网络广告策划需要突破这些限制，既要化被动为主动，同时又要突破版面的限制。下面介绍的几种新型的广告形式能够在一定程度上克服上述弊端。

（1）扩张式广告（Expanding AD）：鼠标只要移到旗帜上，广告就会自动扩张。

（2）互动游戏广告（Interactive Games）：在一段页面游戏开始、中间、结束的时候，广告都可随时出现。并且可以根据广告主的产品要求为之量身定做一个属于自己产品的互动游戏广告。

（3）动态传送广告（Dynamic Rotation Ad）：与固定版面广告相反，它是以轮换、随机的方式传送广告，可让受众在同一页面上看到不同的广告，同一广告可在整个网站内轮换，也可以根据关键词检索而出现。

网络广告要寻找能争取用户的武器，这就是创意。网络广告要吸引用户，它们应是生动的、能够抓住人的视线、邀请人们参与、有趣味的并且让人无法拒绝的。网络广告形成突破，必须依靠卓越的创意。如百事可乐网络广告就是优秀广告创意的产物（见图11-15）。

图11-15 百事网络广告——百事我创，全民上罐，舞动中国

该广告设计采用百事标准的蓝色为主色调，让人们第一眼就能识别出这就是百事。当用户打开网页时，iTouch广告即刻呈现在网页底边，对活动及产品信息进行长时间的、最大宽幅地展示，能很好地第一时间抓住浏览者的眼球。随着页面下移，广告丝毫没有抖动和闪屏现象。更值得一提的是，在广告中，用户可以利用电脑外部设备如麦克风、摄像头进行有趣互动。这个广告设计充分利用了网络广告能与用户进行互动这一特点，利用富媒体的广告形式来进行展示，恰到好处地契合了产品本身的特行，也赢得了用户的喜爱。

【阅读资料11-2】　　　　　Cruze 视频让"病毒"疯狂起来

无数的案例证明，一款汽车成功的关键在于营销，而营销的关键就在于是否抓住消费者的心理。逐渐成熟起来的中国消费者对汽车的认识和选购已越来越理性。当市场上越来越多的车型充斥在消费者面前时，常规的营销手段已经很难再俘获人心。因此，近年来，为了打动消费者，汽车营销花样百出，网络营销、文化营销、电影广告植入、音乐会营销等全新的营销方式纷纷横空出世。

在Web2.0时代，营销精髓就在于提高受众的关注度和产品的关联度。网络媒体最大的优势和核心资源就是互动性，网络上的任何内容都是网友的接触点，因此应该把握媒介载体的特点，基于目标消费群的关注内容开展营销传播活动。汽车营销在选择营销载体和营销方式时必须考虑品牌的诉求点，寻找适合企业的特色营销载体和方式，才能开展具有强大互动性和营销力的网络营销活动。上海汽车拥有11年历史的同时也成为知名的汽车销量大户，旗下多款车型在同级别车型中都堪称领先。上海通用将许多先进有效的营销技术带到中国市场，而它的成功很大程度上要归功于实力强大的营销团队和营销方案。

要提高营销活动与产品的关联度，关键是营销活动的表现形式，需要运用合适的媒体，通过丰富的表现形式，将产品的信息与受众关注的内容进行有效的连接配合。一段时间来，几段被网友热议的网络视频主角竟然是通用旗下的"大将"。从科帕奇反拖清障车到"野蛮女友"胁迫男友买新君威再到"可乐＋曼妥思＋新乐骋"，通用旗下的诸多品牌一时间纷纷活跃于消费者面前。

实际上自 2008 年以来，上海通用网络营销中就经常采用病毒营销的手法。甚至会一连采用多组病毒视频来强化各个产品的特性，比如《野蛮女友买车》说的是在雪佛兰 4S，野蛮女友看中了一辆红色新君威，她像个向家长要玩具的小孩似地耍赖，逼男友买下来，心急之下，干脆打开车门，直接要把展车开走；《科帕奇反拖清障车》场景是某街头中一名女车主不顾自己的"违章"行为，进入两只后轮已经被清障车举升起来的科帕奇，不费吹灰之力的就将重达数吨的清障车拖了很长一段距离；类似还有《可乐、曼妥思、新乐骋》《胆小男和疯狂试驾会》等等。多组视频一起上线，自然传播效果非凡，也引发了很多网友热议。

这有些看似某些网友不经意间拍就的视频，其实都是出自上海通用之手，甚至故意采用类似手机摄像头等抓拍方式让人觉得很真实，但搞笑、猎奇等方式背后，吸引了大量的点击量，在吸引关注的同时，网友也对视频中提到的各款车型留下了很深刻的印象。

汽车行业本身竞争激烈，而网络视频行业则更有过之而无不及，多家视频网站都有强大的病毒短视频创意和制作团队。病毒视频也成为不少汽车新产品的推广必备动作，但是将短视频弄成电影来做，成为营销竞争制高点的，雪佛兰克鲁兹是第一家。就在不久前，优酷、中影集团及雪佛兰科鲁兹三方联手，启动了"11 度青春电影行动"，全力打造具有互联网特色、满足网民关注需求的新媒体电影。几个月就有十九位导演推出了十余部十几分钟至几十分钟长度的长视频影片，奇幻、写实、悬疑、爱情等各种类型片应有尽有。其中压轴之作《老男孩》在网上爆炸式传播，从 10 月 28 日上线两周后点击量就过了千万，这也是一部十分能引起"80 后"共鸣的好影片。

这些联合制作的影片在网络上推出，引起了较大反响，也很符合雪佛兰克鲁兹产品品牌本身的"奋斗进取"的精神，更对目标消费者"80 后"带来了积极影响。

继"病毒"视频之后，通用又不失时机地推出"Cruze 先锋驾驶营"活动，第一阶段的"全球同步西班牙真实道路试驾"网络招募，通用汽车高调邀请中国、法国、德国、瑞典等世界各地的车迷前往西班牙抢"鲜"试驾 Cruze，引起网友强烈反响。这种营销方式堪称独辟蹊径，一方面全球范围内的试驾突出了科鲁兹这款车的全球战略意义，也强化了中国市场在通用全球的地位，另一方面则让很多草根"车迷"兴奋，因为这次他们将从观众席走向舞台，从"看客"变为"车手"，纷纷大呼过瘾。在"西班牙先锋试驾"取得巨大反响之后，第二波随即而出，"首批国内试驾"火热开启，通用车邀请网友参加中国区四城市赛道试驾，抢先驾驶 Cruze 纵横赛场，这般盛大的第二波活动，让无缘西班牙之旅的 Cruze 热情再度高涨，较之此前确为有过之而无不及。

资料来源：改编自王文成，莫凡：《网络广告案例评析》，武汉大学出版社 2011 年版。

11.2.5　确定广告发布网站

确定广告发布网站有五个原则，即网站用户是否与广告目标受众一致、网站是否有足够的到站浏览人数、是否为话题流行的网站、网站广告计价是否合理、发布时段是否符合要求等。

对媒体属性的透彻了解是先决条件，应该优先考虑能提供较完整可信报表或广告管理软件的网站，最好是用量化的办法对网站媒体做出评估。对网站的评估从三个方面进行：

1. 提供的信息与服务

在提供的信息与服务方面，可分解为三个指标：网站内容，网络用户是网站的生命，而内容是吸引用户的关键；网站功能，如是否提供免费的电子邮件、搜索引擎、聊天室、游戏房等；服务项目，如网络广告专业知识的传播、网络营销策划等。

2. 媒体经营

在媒体经营方面，可分解为五个指标：①广告营业额，业绩越好，说明服务较好或广告效果较佳；②经营团队，团队实力坚强，网站有良好的发展前景；③网站造势能力，网站造势能力强，可以为广告主提供更多的搭便车的机会；④个案执行经验，个案经验丰富，较少犯错误；⑤未来发展，网站拟订有未来发展计划，保证合作的长期、有序。

3. 访客情况

在访客情况方面，主要考虑两个指标：日平均访问人次，即每日平均进站的人次越多，广告信息接触到受众的机会就越大；网站访客特点，即网站访客特点明确，可以提高广告的有效到达率。

除了以上三点之外，选择广告网站还应考虑如下两个因素：

（1）网站的质量与技术力量以及由此决定的网站信誉。任何一个企业在从事网络广告时，都希望自己能找到一个较安全可靠的网站，否则，网站的破产倒闭也会殃及自己，这不仅浪费了广告费，而且有可能延误商机。

（2）网站的管理水平。一个好的网站也会因为管理水平的更改与变换而导致衰落，比如某个网站的点击数在短时间内有大幅下降，那么及时查清其原因以调整广告预算是非常必要的。

11.3　网络广告预算与效果评估

11.3.1　网络广告预算

广告投入是一项商业活动。对广告活动的费用开支计划的设计、安排及分配就是广告预算，它规定计划期内广告活动所需的金额以及在各项工作上的分配。作为一个广告主来说，他总是力求以最小化的成本去争取最大化的广告效果。

1. 明确网络广告预算的作用

在网络广告中，广告预算作为一种企业行为在本质上与传统广告是一致的。对广告主来说，①广告预算为广告效果的检测提供了经济指标；②广告成本及费用的规模决定了广告活动的范围及深度，提供了控制与监督广告活动的依据和原则；③广告预算也是广告费用的最优配置，有助于广告经费的节省和每一项活动的顺利实施；④广告成本及预算能提高广告投入的效率，对整体公司的运作、成本的降低具有举足轻重的作用。

2. 协调网络广告预算的影响因素

（1）成本因素。在一项广告预算的细则中，有些费用可以列入广告预算，最终进入产品成本，从产品销售价格中获取回报。一般来说可进入产品成本的广告预算有：广告信息探寻费用，广告制作费用，管理及其他费用，包括设计费、绘制费、媒体费、广告机构的设施费及广告人员工资等。

（2）市场因素。影响广告预算的市场因素包括消费者、产品推广区域的特点以及竞争对手。就消费者而言，消费者始终是广告的直接对象，如果消费者对产品反应冷淡，则广告的投入会更大。并且，不同层次的消费接受广告的成本是不同的，也就是说要说服或引诱他们所花的成本是不同的。如果消费者文化层次较高，接受新事物能力较强，则这种投入会较小；相反，则要花更大的成本去打开这个市场。产品的地域不同也会有不同的投入，不同地域有不同的"挤入成本"，产品进入难度较大的，广告投入也较大。如果这种产品进入一个地区不受阻碍和消费者的抵制，那么广告投入也会大大降低。此外，地域的大小也会影响广告投入，地域大，则投入多。竞争者的水平及实力也会大大影响本企业的广告投入，如果竞争对手实力强大，产品有相当的影响力，则要与之较量，自己的广告投入会相应上升。当竞争对手突然改变广告策略及投入时，自己必然要做出调整。

（3）网络媒体因素。在网络广告中，网站规模、网站性质、网络普及率及范围也是影响广告投入的因素，这种媒体因素与传统广告有区别。一般说来专业性的网络广告网站收费较高、效果较好，在其他网站附带做广告收费较专业网站低，但效果没有专业网站好。另外，网站规模的大小不同对广告费的要求也有区别，实力雄厚的网站收费较高，这种网站普及率和覆盖范围也较大。总之，网络广告投入的影响因素中，大多与传统广告相同，只是在媒体因素中表现出更多的不同。

（4）广告的主题及表现方式。在任何广告的预算中，都会考虑到广告的主题与表现方式的问题，从预算的角度来讲，对主题与表现方式从选择到确立是关键的。广告制作者会根据广告主提供的产品特点和前一阶段获得的信息制作出可供选择的几则广告，然后要求广告主进行选择。广告预算的作用就是解决如何选择的问题，国外有一套广告测评系统，可以对不同广告效果进行检评，在国内最好的方法是将这种广告在不同时间或同一时间分别播出，然后选择点击率高的进行全面播放。

3. 选择适宜的网络广告预算的编制方法

目前常用的网络广告预算的编制方法主要有以下几种。

（1）期望行动制。这种原则或预算方法是以购买者的实际购买行动为参照来确定广告费用。一般的做法是，先预期一个可能的购买量的范围，再乘以每一单位购买行动的广告费，取其平均值就得到广告预算结果。预期的购买人数一般参照同类商品以往年份的统计数字，每一单位的广告费用可根据商品及企业的目标来定。这种做法尤其适合于农产品、大众消费品、家用电器等这些有较稳定购买量的商品，它的购买数目较容易得到接近客观的数字。

（2）产品跟踪制。这种预算方法通常只确定每一单位商品用多少广告费，再根据实际成交量来确定预算费用，常常使用的是以往的数据，具有时滞性。但好处是便于操作，具有一定的客观性。

（3）阶段费用制。这是广告预算中最常用的方法之一，它一般以企业的营销目标为基础，以实际销售目标为依据，根据不同的营销目标来确定广告目标，然后根据不同的营销阶段来确定广告的战略、设计、制定出完整的广告计划，再运算其费用。一般说来，企业做广告有不同的目标，有降低未知率、提高知名度、让消费者理解自己的产品、建立消费者忠诚度、购买、依赖这六个逐渐加深的阶段。每一阶段广告的计划是不同的，因而预算也不相同。阶段费用制就是根据企业营销计划要达到的阶段或目标来制定广告预算表。在不同阶段，所需的广告方式、广告设计、广告地域以及具体的广告实施计划是不同的，当然广告的预算也就不同。这种方法对于推进新产品的上市力度、加大新产品的攻势有很严格的阶段战略，并且还能适应多变的市场，发现市场的需求及时调整广告的环节，因而这种方法被普遍采用。

（4）参照对手制。这种方法主要预算标准来自同种产品同一市场上竞争者的广告预算，要达到与竞争者有相抗衡的目的，一般后来者的广告预算不会低于竞争者，广告在这里也成了进行市场竞争的工具之一。在制定预算时，要调查竞争者的广告实际预算情况，掌握其控制的市场范围。根据对手广告总额与市场战胜范围可以确定单位范围内的广告投入。这就是自己广告预算的直接基础，用这个数据乘以自己的市场占有范围就得到本企业的广告预算额。

（5）市场风向制。这种广告预算法是依据商业环境的变化而制定预算计划的，在商业环境恶化时，一般采取加大广告力度，加大预算，这有助于乘机扩大市场。但这时往往打开市场要有较大的预算力度，并且效果要在商业环境改善后才能有所表现。在市场繁荣、产品销售好时，广告预算则可以适当减少。

（6）比例提成制。这种预算方法是根据销售比例或赢利比例来制定广告预算。按销售额计算的方法是确定一定的销售额基数，然后根据一定的广告投入比率计算出广告预算。这种方法简便易行，制定预算的过程也不复杂，有一定的科学性。

【阅读资料 11 –3】 网络广告的收费模式

1. 千人印象成本（cost per impressions，CPM）

在传统媒体的广告业中，通常以每千人成本作为确定该媒体广告价格的基础。由于 Internet 上的网站可以精确地统计其页面的访问次数，因此网络广告按访问人次收费是一种方法，所以网络广告沿用了传统媒体广告的做法，一般以广告网页被 1000 次浏览为基准计价单位的收费模式。

2. 每千次点击成本（cost per thousand clickd-throughs，CPC）

即以网页上的广告被点击并链接到相关网站或详细内容页面 100 次为基准的网络广告收费模式。例如，广告主购买了 10 个 CPC，意味着其投放的广告可被点击 10000 次。虽然 CPC 的费用比 CPM 的费用高得多得多，但广告主往往更倾向于选择 CPC 这种付费方式。因为这种付费真实反映了受众确实看到了广告，并且进入了广告主的网站或页面。CPC 也是目前国际上流行的广告收费模式。

3. 每行动成本（cost per action，CPA）

按广告投放实际效果，即按回应的有效问卷或订单来计费，而不限广告投放量。CPA 的计价方式对于网站而言有一定的风险，但若广告投放成功其收益也比 CPM 的计价方式要大得多。

4. 每购买成本（cost per purchase，CPP）

这是广告主为防范广告费用风险采用的一种收费模式，也称销售提成收费模式，即广告主在广告带来产品的销售后，按销售数量付给广告网站较一般广告价格更高的费用。

5. 按业绩付费（pay-for-perforrnance，PFP）

按业绩付费是从 CPM 转变而来的一种收费的模式。基于业绩的定价计费标准有点击次数、销售业绩和导航情况等。

其他收费模式：一些网络广告服务商还采用按月固定收费的模式，不管效果好坏，不管访问量有多少，一律一个价，如国内许多网站推出的以租用硬盘空间方式收费。总之，每一种收费方式单独来看都很难准确地体现网络广告投放的真正价值。但对于广告主和广告公司而言，可以在监测统计手段的基础上，加权计算网络广告的效果，从而选择适当的付费方式。

11.3.2 网络广告的效果评估

网络媒体具有较强的机动性和可调整性，一旦效果不佳，就应该进行调整，如更换旗帜、调整曝光次数、修正网页内容等，一般检测期为一周或 10 万次曝光。

对网络广告效果的评估，较准确的评价指标是曝光次数（impression）及广告点击率（Click Through Rate，CTR）。曝光次数是指有广告的页面被访问的次数，即广告管理软件的计数器上所统计的数字。点击率是指访客点击广告的次数占广告曝光次数的比率。

评估广告效果还要考虑事先设定的广告目的和目标，不同的目的将导致不同的结果。比如，当广告的目的是建立品牌形象时，点击率并不是主要的评价指标，优质的、有效的曝光次数才是评估的重点。

为了获得公正的网络广告效果评价，除了运用网站自身的广告管理软件和稽核工具外，还应使用第三方认证机构。许多传统的大广告主，如宝洁、英特尔、微软等，都愿意在经公正的数字稽核下，支付比传统媒体更高的价格来刊登网络广告。

【阅读资料 11 - 4】　　　　　亚马逊的网络广告传播效果

亚马逊是最早从事书籍网络营销的网站，自 1995 年创业以来，不到 20 年间，亚马逊已将电子商务革命的种子撒遍了世界的每个角落，成为了电子商务名副其实的代言人。亚马逊神话的背后是其创新而独特的众多营销手段，它不仅是笼罩着耀眼光环的网络营销第一大师，而且更为可贵的是亚马逊的网络营销手段具有专属性，竞争对手很难模仿。

读者在亚马逊上购书后就时不时的会收到来自亚马逊的的邮件，不仅仅是订单反馈还有意见交流。这是因为亚马逊拥有领先的客户数据库，一旦顾客与亚马逊在网上有了接触，亚马逊便会竭尽全力地以合理的方式获取顾客的个人数据，接着它将这些数据归类分档，根据不同的特质，分割出细致的客户群落。

而在这些营销手段之外，亚马逊对传统广告的新式运用也折射出了其非凡的网络营销天赋。亚马逊的广告预算远没有常人想象中那般宠大，至少与其世界顶尖的品牌资产是不相匹配的。更加奇特的是，它不但不用自己支付大笔的广告费用，还能从书籍提供商那里收取不菲的新书推荐费。

尽管亚马逊是个将传统广告看得很淡的企业，它却是无可辩驳的广告专家，广告是其主要的营销手段之一，也为其带来了巨大的利润。亚马逊与顾客建立可获利品牌关系的起始点便是广告，只不过它的广告，已经跳出了传统大众媒体广告注重"推"的信息指向，而变成"拉"，用比较形象的描述，就是让顾客点播它精心设计的广告。它的广告制作成本极其低廉，如为一本书撰写一篇短小而精悍的评论，或者为一样玩具设计一个平面广告，这本身就不需要太高的制作成本。而发布的渠道则更是超级省钱——一般只发布在自己的网站上，绝少会把自己产品的信息发布在传统媒体或者其他收费网站上，因此可以说亚马逊的媒体发布费基本为零，再加之其省却了大笔的经销商费用，难怪有人称其为超级省钱的机器。

亚马逊超越传统大众媒体的广告其实很简单——根据数据库，针对顾客不同的兴趣，发送不同的电子邮件，而邮件里链接了为特定的顾客挑选广告的浏览地址。比如，某个顾客是个历史迷，则亚马逊会向其发送关于历史书籍的电子邮件，邮件里会列出一些介绍最新的历史书籍的链接。当然，亚马逊深知现在的网民对垃圾邮件的憎恶，也明白虚拟空间中人们同样不信任广告，因此在发给顾客的私人邮件，首先会小心翼翼地征求顾客的意见，询问他们是否愿意收到这类邮件。其次,也非常注重频率,绝不过多地向顾客发送邮件。最后,它会将邮件的推销意味设计得很淡,做得更像是咨询或者购物的指南,而不是广告。由于私人邮件中的促销信息很薄弱,或者说很隐晦,同时信息的针对性又很强,所以大部分顾客都不反感亚马逊的邮件,甚至总是被吊起一探究竟的好奇,于是便点击了链接,亚马逊也就完成了让顾客点播广告的过程。同时邮件和网站广告上明显的客服热线也时刻准备着进行另外一场隐晦的广告宣传。

资料来源:改编自"亚马逊网络营销方案",http://wenku.baidu.com/link?url=q8Kp1cOGxDaHNd8sFfvTxwztG
1UUN9BRFuURp19tkAB-2qQyJ57r_YiUAoeIXZptiIHCJQmIcGAFiscw5FylDNKeScg95QDoo6fD5q8mPu7。

11.4　我国网络广告的发展现状与趋势

伴随着经济的高速发展、互联网的不断普及,我国的网络广告市场也经历了从无到有、由小到大、迅速发展的过程。网络已经成为我国最为最要的媒体之一,以网络为依托的网络广告迅猛发展是挡不住的潮流。下面就从现状和趋势两个方面对我国网络广告的发展进行简要的介绍。

11.4.1　我国网络广告的发展现状

1997 年,英特尔一幅旗帜广告发布在 Chinabyte 的网站上,这是中国第一个商业性的网络广告。1999 年,北京三元牛奶在网易上发布网络广告,开创了中国传统企业利用网络进行广告宣传的先河。十几年过去了,我国的网络广告市场发生了翻天覆地的变化。根据艾瑞咨询发布的最新数据,2014 年中国网络广告市场规模达到 1540 亿元,同比增长达到 40.0%。在网络广告市场整体进入成熟稳定阶段之后,市场仍然呈现出一些新的发展态势。各个网络媒体细分领域表现各异,一些传统领域呈现出成熟态势下的增速放缓,一些领域在新的广告技术与广告形式共同驱动下,迸发出强劲的增长势头。与此同时,品牌广告主预算进一步向数字媒体倾斜,均推动网络广告市场规模达到新的高度。

图 11-16 显示了我国网络广告市场规模告高速增长的轨迹。

2014 年,根据艾瑞咨询集团发布网络广告市场数据,在新的划分口径下,中国网络广告市场中占比最大的为搜索关键字广告(不含联盟),达到 28.5%,较 2013 年上升 2 个百分点。份额排名第二的广告形式为电商广告,占比为 26.0%,较去年小幅下降。品牌图形广告份额位居第三,占比为 21.2%。

从增长速度来看,门户及社交媒体中的效果广告增长迅速,表现突出。腾讯广点通及新浪微博广告是其中最主要的增长力量。这在一定程度上反映出互联网企业在依靠数据分析和技术驱动,达成更加智能的广告匹配以及更加高效的广告资源配置,实现广告营收进一步提高。该部分增长主要体现在"其他形式广告"中。

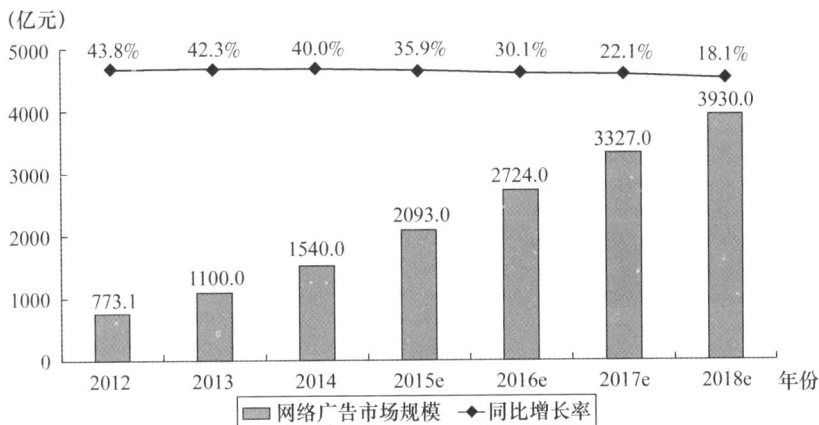

图 11 - 16　2012 ~ 2018 年我国网络广告市场规模及预测
资料来源：艾瑞网 . http：// www. iresearch. cn/。

除此之外，视频贴片广告继续保持高速增长。2014 年视频贴片广告增长得益于巴西世界杯及热门综艺（《我是歌手》第 2 季、《爸爸去哪儿》第 2 季、《中国好声音》第 3 季等）等热门内容的丰富。此外，大品牌广告主对网络视频青睐，广告预算向网络视频倾斜也成为视频贴片广告持续增长的动力。

2014 年，百度广告营收超过 490 亿元，同比增长为 53.5%，位居第一。淘宝广告营收超过 375 亿元，位居第二。百度与淘宝广告营收占整体网络广告市场营收比重达 56.2%，是中国网络广告市场的中坚力量。

在企业营收增速方面，爱奇艺 PPS、奇虎 360 与腾讯表现突出。2014 年爱奇艺 PPS 加大优质内容独播版权的投入，继续发力包括大型综艺节目、自制剧、自制栏目等多项自制内容，在移动端商业化逐步深入，实现了广告溢价，广告营收明显增长。奇虎 360 在搜索方面加强品牌认知与建设，在搜索上继续提高其流量份额。不断发展广告主与渠道商资源，商业化进程持续推进。搜索业务成为奇虎 360 的广告业务核心推动力。腾讯广点通依托于其大社交系统，通过用户数据挖掘以及广告产品竞价机制实现资源有效配置，时间广告收入快速提升。2015 年微信广告资源的开放以及广点通移动广告联盟的发展，将推动腾讯广告营收进一步提高。

2014 年我国网络广告市场媒体营收规模预估见图 11 - 17。

11.4.2　我国网络广告的发展趋势

1. 网络广告在整个广告业中的地位将不断提升

进入新世纪以来，越来越多的广告主开始亲睐和重视网络广告，网络广告也因此彰显出勃勃的生机。相比较传统的广告而言，网络广告具有传播技术先进、表现形式灵活多样、便于检索且

同比增长率		广告营收预估

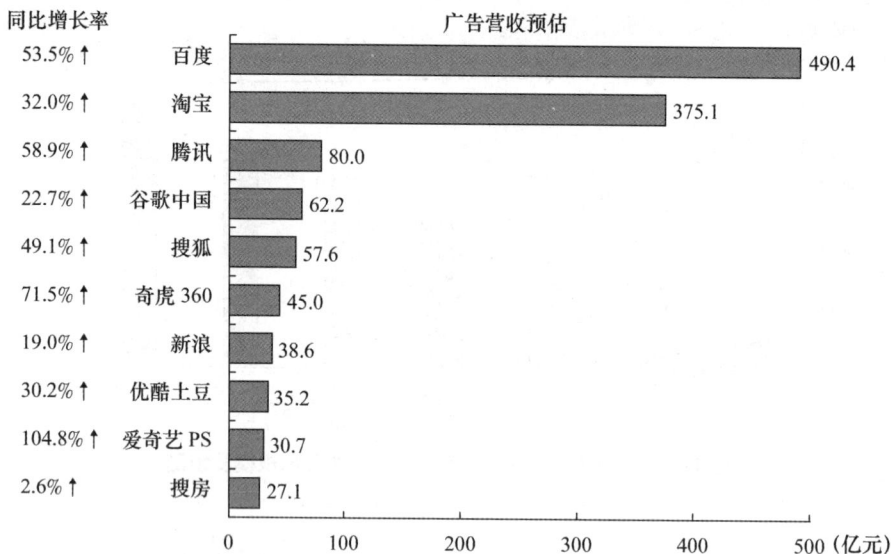

53.5% ↑	百度	490.4
32.0% ↑	淘宝	375.1
58.9% ↑	腾讯	80.0
22.7% ↑	谷歌中国	62.2
49.1% ↑	搜狐	57.6
71.5% ↑	奇虎360	45.0
19.0% ↑	新浪	38.6
30.2% ↑	优酷土豆	35.2
104.8% ↑	爱奇艺PS	30.7
2.6% ↑	搜房	27.1

0　　100　　200　　300　　400　　500（亿元）

图 11－17　2014 年我国网络广告市场媒体营收规模预估

资料来源：艾瑞网 . http：//www. iresearch. cn/。

能够与受众即时互动以及广告成本低廉的优势，这无疑会增强广告主选择网络广告的信心与决心，网络广告的地位必将在整个广告业中不断提升。

2. 网络广告的形式将会更加多样化

新技术层出不穷，如 3G、3D、Java 等。诺基亚的 3G 手机广告，以网络广告的宣传形式将手机推广到更大的市场。消费者可以直接在互联网上点击就能获取所需产品信息。而 3D 技术和 JAVA 技术的出现，使网络广告有了更立体的视觉冲击，使广告更生动、形象，从而促进消费者的购买欲望。现在，诸如流媒体、VRML 等网络视频技术的发展，为网络广告技术的发展提供了技术上的保障，随着互联网技术的发展及宽带技术水平的提高，网络广告的表现形式也越来越丰富。

3. 网络广告将与传统广告整合传播

将电视广告和网络视频广告融合，即将网络视频广告作为电视广告的一部分，一前一后互为补充，寻求最佳的传播效果，也是未来网络广告的发展趋势之一。IT、汽车、消费电子等产业正在将更多经费投放到网络广告中，并与其他广告形式整合传播，这样的方式在未来将受到越来越多产业的青睐，以期产生联动效果。

4. 网络广告计价和效果评价将更加合理

随着互联网运作市场的不断成熟，目前网络广告中存在的一些问题将得到有效解决，尤其是技术方面的进步将使得广告效果测定更加科学，因而今后网络广告计价和效果评价将逐步趋于合理。

5. 网络广告市场监管将更加规范化

鉴于网络广告的迅猛发展以及由此带来的诸多法律纠纷，加大对网络广告市场的监管力度势在必行。对于目前网络广告中存在的一些问题，国家将会建立健全规范的网络广告法律体系来加以解决。另外，从网络广告经营单位的角度来考虑，为了自身的发展，这些企业的网络广告经营行为也必须更加自觉、规范。

总之，作为一种全新的广告形式，在我国经济发展强劲、市场需求多样化、互联网络迅猛发展、国家监管体制不断完善的背景下，网络广告相对于传统广告的优势将进一步得到体现，越来越多的广告商会接受和选择网络广告，越来越多的消费者将会把浏览网络广告作为获得商品信息、进行商品购买决策的重要选择。

本章小结

网络广告是基于计算机、通信等多种网络技术和多媒体技术，通过一定的可交互和互动的方式，将广告主的信息传递给目标消费者的一种付费的双向营销传播活动。

近年来，网络广告发展迅速，对传统媒体产生了强大的冲击，大有后来居上之势。与传统媒体比较起来，网络广告具有非强迫性、交互性、实时性、广泛性、易统计性和经济性等主要特征。网络广告在收费模式上有别于传统广告，而且收费模式比较多样化，有单一的方式，也有混合的方式。

实施网络广告战略应该循序渐进，切不可操之过急，同时应该注意解决好以下问题：第一，做好网络广告预算；第二，选择适宜的网络广告预算的编制方法。此外，为了更好地发挥网络广告的功能，还应该评估好网络广告效果。

作为一种全新的广告形式，在我国经济发展强劲、市场需求多样化、互联网络迅猛发展、国家监管体制不断完善的的背景下，网络广告相对于传统广告的优势将进一步得到体现，越来越多广告商会接受和选择网络广告。可以预期，今后网络广告将在我国得到更加迅猛的发展。

思考题

一、单选题

1. 网络广告 1994 年诞生于（　　）。

  A. 中国　　　　　　　　　　B. 日本

  C. 英国　　　　　　　　　　D. 美国

2.（　　）是常见的网络广告形式，又名"横幅广告"，是互联网最为传统的广告形式。

A. 按钮广告   B. 分类广告

C. 旗帜广告   D. 视频广告

3. （   ）可以将文字、声音、画面完美地结合之后供用户主动检索，重复观看。

A. 杂志广告   B. 网络广告

C. 电视广告   D. 报纸广告

4. 网络广告策划的第一个阶段是（   ）。

A. 设计制作阶段   B. 测试评估阶段

C. 筹备阶段   D. 实施阶段

5. 根据统计，上网用户在一个网络广告版面上的注意力和耐心不会超过（   ）。因此，一定要在短时间内吸引人潮进入目标网页，建立良好的品牌形象。

A. 3 秒钟   B. 5 秒钟

C. 10 秒钟   D. 15 秒钟

二、多选题

1. 网络广告的主要特点有（   ）。

A. 非强迫性   B. 实时性与交互性

C. 广泛性   D. 易统计性和可评估性

E. 视听效果的综合性

2. 赞助式广告（Sponsorships）的赞助形式可以分为（   ）。

A. 形式赞助   B. 内容赞助

C. 节目赞助   D. 体育赞助

E. 节日赞助

3. 企业发布网络广告的途径主要有（   ）。

A. 建立主页   B. 专类销售网

C. 大众媒体   D. 搜索引擎网站或内容网站

E. 行业名录

三、名词解释

1. 网络广告   2. 旗帜广告   3. 邮件列表广告   4. 定向广告   5. 网络广告预算

四、简答及论述题

1. 网络广告的分类方法有哪些？

2. 网络广告的特点主要有哪些？

3. 网络广告的收费模式有哪几种？各有何特点？

4. 试论述网络广告预算的编制方法。

5. 试论述我国网络广告未来发展的趋势。

案例讨论

十大"逼疯"用户的网络广告

资料显示，网络弹窗已基本涵盖网站、网页游戏及播放器在内的绝大部分互联网产品，成为网上信息传播和广告推广的重要方式。据不完全统计，中国网民常用软件中，有弹窗广告行为的软件达 1221 个，其中每天弹出广告数量超过 1000 次的软件近 500 个。

其实，梳理一下可以发现，除了网络弹窗之外，视频广告、垃圾邮件之类的网络广告在日常生活中可以说是屡见不鲜。每个人在生活中，或多或少都会与它们中的一些打过交道，并有可能因为这些广告而产生过困扰。接下来媒体列举了十种堪称"逼疯用户"的网络广告营销方式。

1. 弹窗广告

由于网络弹窗对网民具有强制性，只能被动接受，因此这种形式被很多网络公司普遍利用，有日益泛滥趋势。

据不完全统计，中国网民常用软件中，有弹窗广告行为的软件达 1221 个，其中每天弹出广告数量超过 1000 次的软件近 500 个。业内人士介绍称，由于网络弹窗对网民具有强制性，网民不能自己选择，只能被动接受，因此这种形式被很多网络公司普遍利用，有日益泛滥趋势，特别是手机 APP 上也出现越来越多的弹窗。从这一点来说，网络弹窗这种广告方式确实堪称"逼疯"用户的第一杀手。

2. 垃圾邮件

网民每周收到的垃圾邮件比非垃圾邮件还要多，这在一定程度上给网民造成巨大麻烦，也让这种广告模式变得"极其疯狂"。超长视频广告令用户头疼不已。

随着电子邮件使用的越来越普及，电子邮件广告现在已成为使用最广的网络广告形式。电子邮件广告具有针对性强、费用低廉、简单快捷、反应迅速、覆盖率高的特点，且广告内容不受限制。但那些未经同意发送的垃圾广告邮件很容易引起用户的反感。调查结果显示，网民平均每周收到 6.5 封电子邮件（不包括垃圾邮件），收到垃圾邮件 6.9 封。

3. 视频广告

在用户着急要看一篇视频时，需要等待 60 秒，这已经算是好的了，90 秒、120 秒这样"任性"的也有，啊？视频缓冲失败了？对不起，您需要再看 120 秒的广告！

4. 伪装类广告

这类广告通常会伪装成利率计算器、调查问卷等形式，诱骗用户上当。

在网页上，这种广告一般会出现在两个位置（一个是位于页头下方的条幅和页面右边的公示栏），通常会伪装成利率计算器、问卷调查或者与网页内容匹配的相关链接，诱使用户点击或参与互动。这种情况下，用户发现自己"受骗"时的抓狂自然不言而喻。

5. 引诱类广告

网页上突然出现动画的广告（例如跳舞的女人），乍看之下很吸引人，因为这些广告常常是页面中唯一运动的元素。但这些广告也常常是低质量的，可能降低网站的可信度。用户如果频频遭遇这样的动画"冲击"，想不被逼疯也难。

6. 影片中植入广告

《变形金刚》系列电影令全球观众真切地体会到了植入广告的威力，其实植入广告在网络中无处不在，只要你仔细去寻找，就回发现新闻报道中、视频小短片中到处都是。所谓植入广告，是指把产品及其服务具有代表性的视听品牌符号融入影视或舞台产品中的一种广告方式，给观众留下相当的印象，以达到营销目的。据统计，在今年热映的《变4》之中，植入广告的企业就达到了近20家，比前一部多出三倍。这让许多"变迷"感到担心，下一集的变形金刚会不会变成《威震天舒X奶之争》。

7. 覆盖类广告

这种广告模式让用户的正常浏览遭到了干扰，被逼疯的感觉也是时常萦绕心间。

这种半页广告位于页面内容的上部，打开后常常覆盖了内容，并要求访问者自己关闭。这种广告模式让用户的正常浏览遭到了干扰，被逼疯的感觉也是时常萦绕心间。

8. 代购类刷屏广告

移动互联网时代，伴随着微信的普及，许多人的朋友圈成为了广告的"重灾区"。原本为分享生活点滴、了解朋友动态的设计，如今却沦为了批发、代购的"杀熟"平台，让人们心烦不已。

9. 推广类广告

想在搜索引擎上查点资料，可搜索的结果却全是广告，真正有用的内容没几个，这样的感觉对许多用户来说并不陌生，与之相伴的无奈与抓狂自然也不需多言。

10. 手机推送广告

一解锁手机屏幕，看到满屏的推送通知，"被逼疯"的无奈立刻就涌上了心头。

许多人的手机平日里响个不停，看似是事务繁忙，但其实却是在被手机中安装的各种工具、APP发送的推送通知所骚扰。一解锁手机屏幕，看到满屏的推送通知，"被逼疯"的无奈立刻就涌上了心头。

? **问题讨论**

我国当前网络广告存在的问题主要有哪些？这些问题该如何解决？

资料来源：十大"逼疯"用户的网络广告——迅雷，微信，网络广告，广告 - IT之家 http://www.ithome.com/html/it/116763.htm，

第 *12* 章

广告效果测定

本章导读

随着市场经济的不断发展，企业间的竞争日趋激烈。为了赢得有利的市场地位，企业不惜投入巨额的广告费用。这些广告费用的投入，能否为企业带来预期的收益，是广告主极为关心的事情。因此，测定广告效果，已成为现代广告活动的重要组成部分。本章主要介绍广告效果测定概述、广告经济效果测定、广告沟通效果测定、广告社会效果测定等内容。通过对本章学习，我们可以掌握广告效果测定的科学方法，从而正确、客观地评价广告的传播效果。

知识结构图

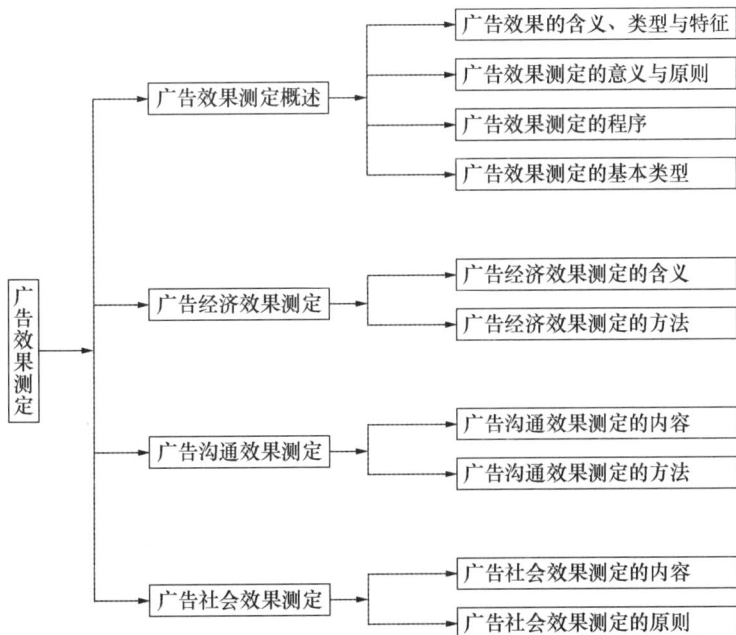

【开篇案例】　　　　　　　　　**乖乖和佳佳的不同命运**

　　"佳佳"和"乖乖"是香脆小点心的商标,曾经相继风靡20世纪70年代的中国台湾地区市场,并掀起过一阵流行热潮,致使同类食品蜂拥而上,多得不胜枚举。然而时至今日,率先上市的佳佳在轰动一时之后销声匿迹了,而竞争对手乖乖却经久不衰。为什么会出现两种截然不同的命运呢?

　　经考查,佳佳上市前作过周密的准备,并以巨额的广告申明:销售对象是青少年,尤其是恋爱男女,还包括失恋者——广告中有一句话是"失恋的人爱吃佳佳"。显然,佳佳把希望寄托在"情人的嘴巴上",而且做成的是咖喱味,并采用了大盒包装。乖乖则是以儿童为目标,以甜味与咖喱味抗衡,用廉价的小包装上市,去吸引敏感而又冲动的孩子们的小嘴,叫他们在举手之间吃完,嘴里留下余香。这就促使疼爱孩子们的家长重复购买。为了刺激消费者,乖乖的广告直截了当地说"吃","吃得个个笑逐颜开!"可见,佳佳和乖乖有不同的消费对象,不同大小的包装、不同的口味风格和不同的广告宣传。正是这几个不同,也最终决定了两个竞争者的不同命运。乖乖征服了佳佳,佳佳昙花一现。

　　消费心理研究指出,在购买活动中,不同消费者的不同心理现象,无论是简单的还是复杂的,都需要消费者对商品的认识过程、情感过程和意志过程这三种既相互区别又相互联系、相互促进的心理活动过程。

　　首先,从消费者心理活动的认识过程来看,消费者购买行为发生的心理基础是对商品已有的认识,但并不是任何商品都能引起消费者的认知的。心理实验证明,商品只有某些属性或总体形象对消费者具有一定强度的刺激以后,才被选为认知对象的。如果刺激达不到强度或超过了感觉阈限的承受度,都不会引起消费者认知系统的兴奋。商品对消费者刺激强弱的影响因素较多。以佳佳和乖乖为例,商品包装规格大小、消费对象的设计、宣传语言的选择均对消费者产生程度不同的刺激。佳佳采用大盒包装,消费者对新产品的基本心理定势是"试试看",诺大一包不知底细的食品,消费者颇费踌躇,往往不予问津;而消费对象限于恋爱情人,又赶走了一批消费者;再加上广告语中的"失恋者爱吃佳佳"一语,又使一部分消费者在"与我无关"的心理驱动下,对佳佳视而不见,充耳不闻。乖乖的设计就颇有吸引力:一是廉价小包装,消费者在"好坏不论,试试再说"的心理指导下,愿意一试,因为量小,品尝不佳损失也不大;再者广告突出了"吃"字,吃得开心,开心地吃,正是消费者满足食欲刺激的兴奋点。两相对比,乖乖以适度、恰当的刺激,引起了消费认知,在市场竞争中,最终击败了佳佳。

　　其次,从消费心理活动的情感过程来看,通常情况下,消费者完成对商品的认知过程后,具备了购买的可能性,但消费行为的发生,还需要消费者情感过程的参与,积极的情感如喜欢、热爱、愉快,可以增强消费者购买欲望,反之,消极的情感如厌恶、反感、失望等,会打消购买欲望。佳佳的口味设计,咖喱的辣味与恋爱情调中的轻松与甜蜜不太相宜,未免有扫兴。

再加上"失恋的人爱吃佳佳"给人以消极性的情感刺激。因此，它最终败下阵来也就没有什么可以奇怪的了。

在商品购买心理的认知过程和情感过程这两个阶段，佳佳都未能给消费者造成充分的良性情感刺激度，失去了顾客的爱心；而乖乖则给人以充分的积极情绪的心理刺激，大获消费者青睐。因此，消费者在意志过程的决断中，舍谁取谁，已在不言之中了。

12.1 广告效果测定概述

随着市场经济的发展，企业间的竞争日趋激烈，为了赢得有利的市场地位，企业不惜投入巨额的广告费用。这些广告费用的投入，能否为企业带来预期的收益，是广告主极为关心的事情。因此，测定广告效果，已成为现代广告活动的重要组成部分。本节主要介绍广告效果的含义、类型和特征；广告效果测定的意义与原则以及广告效果测定的类型和基本程序。通过对本节知识的学习，能够使我们对广告效果测定有一个比较清晰的认识，为进一步学习并掌握广告效果测定的方法奠定一定的基础。

12.1.1 广告效果的含义、类型和特征

1. 广告效果的含义

抛弃单纯的唯销售效果论，广告效果可以定义为：通过媒体传播之后所产生的影响，或者说媒体受众对广告效果的结果性反应。这种影响可以分为对媒体受众的心理（沟通）影响、对媒体受众社会观念的影响以及对广告产品销售的影响。

总之，广告效果并非是单一的经济效果，除此而外，它还包含着其他方面的内容。传播广告信息，会为企业带来某些经济利益，同时广告受众、社会环境、社会文化和社会道德也会受到一定的影响。广告的这种影响既可能产生经济效果，也可能产生心理和社会效果。广告效果可能是直接的，也可能是间接的。因此，我们对广告的效果必须有一个客观、全面的认识。

2. 广告效果的类型

从广义上讲，凡是在广告播出之后所产生的影响都可以称之为广告效果。这种影响不仅包括对企业的影响、对消费者的影响，而且还包含着对社会的影响。因此，广告的效果是广泛而又多元的。一般来说，我们可以从以下几个方面来对广告效果进行分类。

（1）根据涵盖内容和影响范围来划分。根据上述标准，可以将广告效果划分为经济效果、沟通效果（消费者心理效果）和社会效果。

广告的经济效果又称为销售效果，是指广告活动促进产品的销售或提供服务的增加，是对企业利润增值的贡献程度。广告主通过付费的形式，利用各种传播媒介把产品、服务以及观念等信

息向目标受众传递，其最终目的就是通过广告活动来刺激消费者采取行动来购买广告产品或接受服务，以促进销售。广告的经济效果是企业广告活动最基本、最重要的效果，是广告效果的核心效益，也是广告效果测定的主要内容。

广告的沟通效果是指广告活动在消费者心理上的反应程度，表现为广告活动对消费者的认知和改变消费者心理方面的影响。广告活动能够激发消费者对广告产品的需求，唤起他们的购买欲望，使之产生购买动机，并培养其对广告产品的信任和偏好。广告的沟通效果与销售并无直接的关系，但它可以间接地促进销售。

广告的社会效果是指广告在社会伦理、道德、教育等精神文化方面的影响。广告的内容和表现手法都带有社会形态的烙印，因此，这种烙印必然会对广告受众产生影响。例如，广告所倡导的消费观念、道德规范、思想意识都会产生一定的社会影响。

（2）根据广告产生效果的时间来划分。根据广告活动产生效果的时间来划分，可以将广告效果分为即时效果、近期效果和长期效果。

即时效果是指广告作品发布后立即就能产生的效果。例如，一家酒店门口的招聘广告能够吸引大量的求职人员前去应聘。

近期效果是指广告发布后在较短时间内产生的效果。时间通常是一个月、一个季度，最多不超过一年。在此期间，广告主的广告商品（服务）的销售额出现增长，品牌知名度、美誉度等会有一定程度的提高。大多数广告都追求近期的广告效果，它是衡量一则广告活动成功与否的重要标志。

长期效果是指广告在目标受众心目中产生的长期影响。一般情况下，消费者在接收到广告信息后，并不会立即采取购买行动，而是把这些信息保存积累起来，只有在需要消费的时候这些广告信息才会被加以利用。因此，检验一则广告是否有效时，必须充分考虑到广告产生效果的时间因素，不能仅仅凭借广告的即时效果和近期效果来评价广告的优劣。

（3）根据广告产品所处的不同生命周期阶段来划分。根据广告产品处于不同的生命周期阶段，可以将广告效果划分为导入期效果、成长期效果、成熟期效果与衰退期效果。

（4）根据广告宣传活动的整体过程划分。据此标准，可以分为事前测定效果、事中测定效果与事后测定效果。这是一种最常用的划分方式，其目的是为了随时了解广告的具体效果，并根据效果的不同，不断调整和修改广告计划。

3. 广告效果的特征

广告效果是一个集合的概念，涉及到诸多方面。广告效果具有与其他经济活动效果不同的特征，主要表现在以下几个方面。

（1）时间的滞后性。广告对媒体受众的影响程度由经济、文化、风俗、习惯等多种因素综合决定。有些媒体受众对广告的反应快一些，有的则慢一些；广告对目标受众的影响有的可能是连贯的、继起的，有的则可能是间断的、迟效的。一般来说，除非强迫消费者去阅读、收听或观看广告，人们对广告的认识是逐步的。广告对消费者的心理认知的影响以及诱导人们采取购买行动需要一定的时间。也就是说，广告的效果必须在广告发布一段时间之后才能实现，我们称之为广告效果的时滞性。

事实上，广告是短暂的，即便是招牌广告，由于媒体受众的流动性，广告留下的影响也可能是片刻之间的。在这短暂的时间里，即使消费者的购买欲望被激起，也很难立即做出购买的决定。消费者往往要等到时机成熟时才购买广告产品。

时间的滞后性使广告宣传的效果不能很快、很明显地显示出来。因此，测定广告宣传的效果首先要把握广告产生作用的周期，准确地确定效果发生的时间间隔，区别广告的即时性和迟效性。只有这样，才能准确地预测某次广告活动的效果。

（2）效果的积累性。广告宣传活动往往是反复进行的。某一次广告宣传由于其传输信息的偶然性与易失性，使得其效果很难立竿见影。因此，广告发布一般都是反复的，每一次广告发布都会在一定程度上加深消费者的印象，扩大消费者对广告产品的认知范围和认知强度。所以，某一时点的广告效果都是这一时点以前的多次广告宣传积累的结果。我们不能因为一则广告在发布一次之后未能促使消费者产生购买行为，就断定该广告无效。对某一次广告效果进行测定是不足取的。

媒体受众由于受多种因素的影响而没有产生购买行为，这段时间就是广告效果的积累期。针对广告效果的这一特性，广告主进行广告宣传时，应突出广告的诉求点，以鲜明的特色来打动消费者，使他们产生购买欲望，并最终达成交易行为。

【阅读资料 12 –1】　　　　　　　广告重复的效果

广告重复刊播能够提高或巩固品牌的知名度，对此似乎没有人会产生怀疑。事实上，绝大多数的知名品牌或企业之所以知名，跟广告的频繁重复是分不开的。无论是名牌进口产品，如可口可乐饮料、松下电器、柯达胶卷、佳能复印机，还是知名的国内产品，如春兰空调、乐百氏奶、两面针牙膏，消费者都反复在电视或其他媒体上看过或听过。

心理学的研究也提供了大量的科学依据。例如，心理学家 D·潘达斯在 1970 年、1971 年的一系列试验研究中，向受试者呈现一些单词，并要求受试者出声复述。试验结果发现，所有单词的平均记忆成绩随着重复呈现次数的增加而提高，个别单词也由于受试者复述次数的提高而显示出较高的记忆水平。另一学者的研究也发现，只呈现一次的单词，受试者的回忆率为 28%；呈现两次，回忆率提高到 47%。

黄合水等人（1990）曾直接以电视广告为试验材料做研究并发现，受试者见过率在 80% 以上的广告，再认成绩显著地高于见过率在 10% 以下的广告。产品名称重复播讲三次或三次以上的广告，其再认成绩也明显地高于产品名称播讲不到三次的广告。

由此可见，如果要达到扩大品牌或企业知名度的目的，广告可以尽可能多、尽可能频繁地重复刊播。

（3）效果的复合性。广告效果的复合性具有两重含义。其一是广告活动不过是企业营销体系的一个环节而已，决定产品销售业绩的因素很多，如产品开发策略、定价策略、渠道策略等；其二是某一时期的广告效果也许是多种媒体广而告之的结果，鉴于不同的广告媒体具有不同的特点，广告主可以综合加以利用。在测定广告效果时，要分清影响广告效果或决定广告效果的主要因素，以确保测定的客观性与真实性。

（4）效果的间接性。广告效果的间接性主要表现在两个方面：一方面，受广告宣传影响的消费者，在购买商品之后的使用或消费过程中，会对商品的质量和功能有一个全面的认识。如果商品质量好并且价格合理，消费者就会对该品牌商品产生信任感，就会重复购买；另一方面，对某一品牌商品产生信任感的消费者就会将该品牌推荐给亲朋好友，从而间接地扩大了广告效果。

（5）效果的层次性。广告效果具有层次性，既有经济效果、认知效果和社会效果之分，又有立即效果、近期效果和长期效果之别。只有将上述效果很好地综合考虑，才能有利于广告主产品的销售以及塑造良好的企业形象与品牌形象。广告策划者在开展广告宣传活动时，不能只顾眼前利益而发布虚假广告，更不能只要经济利益而不顾社会影响。

（6）效果的耗散性。由于广告之间存在着竞争，同类产品的广告大战，必然会对彼此的广告效果产生负面的影响。例如，一位广告天才策划了一次非凡的广告活动，正当人们为之叫好之际，另一位广告天才也为竞争对手策划了同样优秀的广告活动，在同一时期与之相抗衡，以致前一位广告天才所策划的广告效果大打折扣，未能达到预期的效果。在这种情况下，我们能说第一位广告天才策划的广告活动不好吗？

了解以上广告的六个特性，有助于我们更加准确地制定广告战略，以争取理想的广告效果；同时，也可以帮助我们树立科学的观念，掌握科学的方法，更加客观地测定广告的效果，保证广告活动持续有效地开展。

12.1.2　广告效果测定的意义与原则

1. 广告效果测定的意义

广告宣传是企业在现代市场上开展的重要促销活动之一。广告活动是企业的一种投资行为，它的产出状况直接关系着企业的命运，因此，对广告效果进行测定是一项非常重要的工作。但是，测定广告效果具有一定的难度，主要表现在以下五个方面：①难以分离广告效果与其他因素所产生的效果；②进行广告测定需要很多费用和时间，而企业一般没有这一方面的预算；③广告制作者一般回避对广告活动结果的否定性评价；④在"测定广告效果本身就阻碍广告制作"的认识下，企业不愿进行广告效果的测定；⑤对测定方法的不同看法阻碍了广告效果的测定活动。

虽然有诸多阻碍因素的存在，但广告效果测定还是为越来越多的现代企业所重视。广告效果测定的意义主要有以下五点。

（1）广告效果测定是对整个广告活动经验的总结。广告效果是对整个广告活动的总结，是检验广告计划、广告活动合理与否的有效途径。在广告测定过程中，通过对广告结果与计划目标的对比，能够衡量广告的实现程度，并能够据此总结经验，吸取教训，为下一阶段的广告促销打下良好的基础。

（2）广告效果测定是广告主进行广告决策的依据。在某一时期广告活动结束之后，广告主必须客观地测定广告效果，检验广告目标与企业目标、目标市场、营销目标的吻合程度，以正确把握下一阶段的广告促销活动。如果广告主对广告活动的成效心中无数，就会在经营决策方面盲目行动，误入歧途。

（3）促进企业改进广告的设计与制作。通过对广告效果的测定，企业可以了解消费者对广告作品的接受程度，鉴定广告主题是否突出，广告形象是否有艺术感染力，广告语言是否简洁、鲜明、生动，是否符合消费者的需求，是否收到良好的心理效果等。这些都为企业未来的广告活动提供了参考资料，并有助于企业改进广告的设计和制作，使广告宣传的内容和表现形式的结合日臻完美，从而使广告的诉求更加有力。

（4）促进整体营销目标与计划的实现。广告效果测定能够比较客观地确定广告活动所取得的效益，也可以找到除广告宣传因素外影响企业产品销售的原因，如产品的款式、包装、质量、价格等问题。企业可据此调整生产经营结构，开发产品，生产适销对路的产品，实现经营目标，取得良好的经济效益。

（5）增强企业的广告意识。对广告效果进行科学的评价、测定，可以摒弃单凭经验、感觉来主观评判广告效果的做法，可以使企业的广告活动规范化、严密化和精细化，从而制定可行的广告决策。同时，通过对广告效果的测定，可以使企业切实感受到广告所带来的各种收益，增强其运用广告发展企业的信心，促进企业与广告业的共同繁荣。

【阅读资料 12-2】　　　　汕头企业的广告意识

改革开放以来，汕头经济长足发展，许多企业取得了喜人的成绩。但是在数以百计的汕头工商企业中，出色的企业并不多，能够在国内、省内叫得响的品牌屈指可数。作为经济特区的汕头企业老板的广告意识明显地落后于广州、深圳、珠海及珠江三角洲其他城市，甚至落后于内陆省份，这不能不让人遗憾、汗颜和反思。

汕头工业经济主要分布在纺织服装、塑料玩具、食品、化工、医药等行业，这些行业的产品中，消费品占绝大多数，适合大众媒体作大手笔广告宣传，来树立品牌和企业形象。从整体上来看，汕企老板在产品广告投入上非常保守和小气，在中央电视台、省、地市级电视台、广播电台、各大报纸、杂志等媒体上，做广告宣传的汕货品牌寥若晨星，难觅倩影，汕货品牌广告宣传之少与生产经营厂家之多形成强烈反差。

百年商埠，汕头也有着悠久的经商历史。但是，汕头商业布局散乱，缺乏向外辐射的"大市场"功能和影响力。商业竞争手段落后而又雷同，促销手段单调而又缺少新颖性，营销方法内涵不足。商场内 POP 售点广告稀少，坐等客户现象比较普遍，在树立形象，营造氛围，变着"招数"，主动出击方面工夫不够。

汕头城市街头广告奇少，特别是灯箱广告少得让人难以置信。整个金砂路两则，花灯林立，灯火通明，却似乎显得呆板和无聊。整个城市的街道、广场、桥梁难能见到是由产品品牌或企业名称命名的。与香港相比，则可发现差距之大，问题之严重。香港地区的广告是"抬头得见，低头也得见"，许多商店和公共场所的楼梯台阶的立面上，统统用油漆彩绘上商业广告，走在香港地区的街上，不论远望近瞧，霓虹灯广告，路牌广告上下纵横交织成网，乘船搭车，海报广告，灯箱广告比比皆是，香港地区社会已是广告的海洋。可见，整个汕头城市道路户外（灯箱）广告空间资源白白地浪费。这些问题，首先直接反映了汕头城市规划、城建管理理念、管理手段滞后，其次反映了汕头广告行业力量弱小和工商界人士的广告意识的淡薄。

在市场经济买方市场中，"酒香也怕巷子深"，在琳琅满目的商品中，不做广告的商品，难以让消费者识别和喜爱。不做广告的商品，似如过眼烟云，在消费者心目中是没有吸引力和生命力的。广告神奇的魅力能够使产品迅速履盖市场，抢占市场，抢占消费者心灵方寸之地，树立品牌形象，延长产品生命周期。不做广告，产品没有知名度，加重了销售人员的推销难度，增加了产品的销售费用，在成本上并不合算。深层的问题是，不做广告，不参与广告商战，犹如市场中看客一样，难知市场动态、特点和趋势，难得市场制胜玄机。其实成功的广告包装策划，涉及到市场调查，包括消费需求、结构、模式、特点、习惯和偏好，产品的变化和改进，区域市场的特点、竞争力量对比，竞争对手的优势和弱点等等。这些广告前期市场调查，有助于企业正确选择以何种产品在何时何地以何种形象定位进入市场。不做广告，不研究广告，企业则很难发现和解决这些问题，在产品的选择和营销上则常常处于盲目和被动地位。

http：//www.ydtz.com/NEWS/shownews.asp? id =3816。

2. 广告效果测定应遵循的原则

为确保广告效果测定的科学、准确，在测定过程中必须遵循以下原则。

（1）针对性原则。针对性原则是指测定广告效果时必须有明确而具体的目标。例如，广告效果测定的内容是经济效果还是社会效果？是短期效果还是长期效果？短期效果中是企业的销售效果还是消费者心理效果？如果是心理效果，是测定态度效果还是认知效果？如果测定的是认知效果，是测定媒体受众对产品品牌的认知效果，还是对广告产品的功能特性的认知效果？等等。只有确定了具体的测定目标，才能选择相应的手段与方法，测定的结果也才能准确、可靠。

（2）可靠性原则。广告效果只有真实、可靠，才有助于企业进行决策，提高经济效益。在测定广告效果的过程中，要求抽取的调查样本有典型和代表意义；调查表的设计要合理，汇总分析的方法要科学、先进；考虑的影响因素要全面；测试要多次进行，反复验证。只有这样，才有可能取得可靠的测试结果。如果多次测试的结果都基本相同，说明该测试的可靠程度较高，否则此测试一定存在问题，有必要做进一步的研究。

（3）综合性原则。影响广告效果的因素多种多样，既有可控因素，也有不可控因素。可控因素是指广告主能够改变的，如广告预算、媒体的选择、广告刊播的时间、广告播放的频率等；不可控因素是指广告主无法控制的外部宏观因素，如国家有关法规的颁布、消费者的风俗习惯、目标市场的文化水平等。对于不可控因素，在测定广告效果时要充分预测它们对企业广告宣传活动的影响程度，做到心中有数。在测定广告效果时，除了要对影响因素进行综合性分析外，还要考虑到媒体使用的并列性以及广告播放时间的交叉性。只有这样，才能排除片面性的干扰，取得客观的测定效果。

（4）经常性原则。由于广告效果具有时间上的滞后性、效果的累积性、复合性以及间接性等特征，因此，企业不能抱有临时性或一次性测定的态度。本期的广告效果也许并不是本期广告宣传的结果，而是上期或者过去一段时间内企业广告促销活动的共同作用的结果。因此，在测定广告效果时必须坚持经常性原则，要定期或不定期地测定，同时还要进行科学的分析，从而得出客观的结论。

（5）简便易行原则。在制定广告效果测定计划时，必须坚持简便易行的原则。即在不影响测定要求和准确度的前提下，使测定方案不仅要在理论上可行，而且还要在实施中具有较强的可操作性。

（6）经济性原则。进行广告效果测定，所选取的样本数量、测定模式、地点、方法以及相关指标等，既要有利于测定工作的展开，同时又要从广告主的经济实力出发，考虑测定费用的额度，充分利用有限的资源为广告主多办事、办好事，否则就会成为广告主的一种负担或者是一种资源浪费。为此，企业要搞好广告效果测定的经济核算工作，用较少的成本投入取得较高的广告效果测定产出，以提高广告主的经济效益，增强广告主的经营实力。

12.1.3 广告效果测定的程序

广告效果测定的程序大体上可以划分为确定问题、收集有关资料、整理和分析资料、论证结果和撰写分析报告等过程。

1. 确定效果测定的具体问题

由于广告效果具有层次性的特点，因此测定研究问题不能漫无边际，而应事先决定研究的具体对象以及从哪些方面对该问题进行剖析。广告效果测定人员要把广告主宣传活动中存在的最关键和最迫切需要了解的效果问题作为测定重点，设立正式测定目标，选定测定课题。

广告效果测定课题的确定方法一般有两种：

（1）归纳法。即了解广告主广告促销现状，根据广告主的要求来确定分析的目标。

（2）演绎法。其基本思想是根据广告主的发展目标来衡量企业广告促销的现状，即广告主发展目标—企业广告现状—企业广告效果测定课题。

2. 收集有关资料

这一阶段主要包括制定计划、组建调查研究组深入调查、搜集资料等内容。

（1）制定计划。根据广告主与测定研究人员双方的洽谈协商，广告公司应该委派课题负责人，写出与实际情况相符的广告效果测定工作计划。该计划内容包括课题进行步骤、调查范围与内容、人员组织等。如果广告效果测定小组与广告主不存在隶属关系，就有必要签订有关协议。按照测定要求，双方应在协商的基础上就广告效果测定研究的目的、范围、内容、质量要求、完成时间、费用酬金、双方应承担的权利与责任等内容订立正式的广告效果测定调查研究合同。

（2）组建调查研究组深入调查。在确定广告效果测定课题并签订测定合同之后，测定研究部门应根据广告主所提课题的要求和测定调查研究人员的构成情况，综合考虑，组建测定研究组。测定研究组应该是由各类调查人员组成的优化组合群体。做到综合、专业测定人员相结合，高、中、低层次测定人员相结合，理论部门、实际部门专家相结合，老、中、青相结合。这种"多元化的人员"构成的测定研究组有利于理论与实际的统一，使课题分析比较全面，论证质量较高。在课题组的组建中，应选择好课题负责人，然后根据课题的要求分工负责、群策群力地进行课题研究，认认真真深入调查，才能产生高质量的测定结果。

（3）搜集有关资料。广告效果测定研究组成立后，要按照测定课题的要求搜集有关资料。企业外部资料主要是：与企业广告促销活动有联系的政策、法规、计划及部分统计资料；企业所在地的经济状况、市场供求变化状况、主要媒体状况、目标市场上消费者的媒体习惯以及竞争企业的广告促销状况；企业内部资料包括企业近年来的销售、利润状况，广告预算状况；企业内部资料包括企业近年来的销售、利润状况，广告预算情况，广告媒体选择情况等。

3. 整理和分析资料

整理和分析资料是通过对调查和其他方法所搜集的大量信息资料进行分类整理、综合分析和专题分析。资料归纳的基本方法有：按时间序列分类、按问题分类、按专题分类、按因素分类等。在分类整理资料的基础上进行初步分析，摘出可以用于广告效果测定的资料。

分析方法有综合分析和专题分析两类。综合分析是从企业的整体出发，综合分析企业的广告效果。例如，广告主的市场占有率分析、市场扩大率分析、企业知名度提高率分析等。专题分析是根据广告效果测定课题的要求，在对调查资料汇总之后，对广告效果的某一方面进行详尽的分析。

4. 论证分析结果

论证分析结果，即召开分析结果论证会。论证会应由广告效果测定研究组负责召开，邀请社会上有关专家、学者参加，广告主有关负责人出席，运用科学的方法，对广告效果测定结果进行全方位的评议和论证，使测定效果进一步科学合理。常用的论证评议方法如下。

（1）判断分析法。由测定研究组召集课题组成员，邀请专家和广告主主要负责人出席，对提供的分析结果进行研究和论证，然后由主持人集中起来，并根据参加讨论人员的身份、工作性质、发表意见的权威程度等因素确定一个综合权数，提出分析效果的改进意见。

（2）集体思考法。由测定研究组邀请专家、学者参加，对广告效果的结果进行讨论研究，发表独创性意见，尽量使会议参加者畅所欲言，集体修正，综合分析。

5. 撰写测定分析报告

广告策划者要对经过分析论证并征得广告主同意的分析结果，进行认真的文字加工，写成分析报告。企业广告效果测定分析报告的主要内容包括：①绪言，主要阐明测定广告效果的背景、目的和意义；②广告主概况，主要说明广告主的人、财、物等资源状况，广告主广告促销的规模、范围和方法等；③广告效果测定的调查内容、范围与基本方法；④广告效果测定的实际步骤；⑤广告效果测定的具体结果；⑥改善广告促销的具体意见。

12.1.4　广告效果测定的基本类型

根据不同的归纳方法，广告效果测定的类型可以分为多种。其中常见的类型有事前、事中和事后测定；经济效果、沟通效果和社会效果测定等。下面就以上几种基本的测定类型做一下简单的介绍。

1. 事前测定、事中测定和事后测定

广告效果测定并非只是在广告发布之后才开始进行，事实上，在广告发布之前和发布过程之中也需要进行效果测定。这是因为事先测定能够起到一定的预测作用，对于整个广告活动的实施有着非常重要的作用；而事中测定则可以检验广告计划的执行情况，以保证广告战略的正常实施。

事前测定是指在广告活动之前对广告的策划方案、表现效果及媒体效果进行评价，其主要目的在于提前发现广告作品和媒体组合中存在的问题，及时提出修改意见和方案，以确保广告正式发布后，能够产生最佳的传播效果。事前测定的对象主要有针对媒体情况的调查和针对作品效果的测验。媒体调查一般通过访问日记、访问电话或自动记录仪器等，对各个媒体的单位数、受众人数、社会声誉等情况进行事先调查研究；作品测验是对广告创意构想、文案创作的效果等，采用多种方法进行测定，以便为最后定稿提供参考。

事中测定是指在广告活动实施期间随时了解受众反应，测试和验证广告策略是否符合实际的活动。通常采用市场实验法、回函测定法、分割测定法等方法对广告实施过程中的传播及营销效果进行检测测定。[①]

---

① 李宝元：《广告学教程》，人民邮电出版社 2004 年版。

事后测定是指在整个广告活动结束后，有关方面对广告效果所进行的测定。广告效果的事后测定，是整个广告活动测定的最后阶段，是测定和检验广告活动的最终指标，是人们判断广告活动效益的根本依据。事后测定一般是由广告公司或广告主自己来进行的，现在许多专门的社会中介机构也介入了这一业务领域。事后测定是最常见、最普遍的广告测定活动。

2. 经济效果测定、心理效果测定和社会效果测定

根据广告效果的层次性来划分，广告效果测定可以分为经济效果测定、沟通效果测定和社会效果测定三种。

广告的经济效果测定的重点是，在投入一定广告费用及广告刊播之后，广告活动所引起的产品销售额与利润的变化情况。广告经济效果是广告主最为关心的问题，但由于广告效果的复杂性，从事销售效果测定，必须注意以下几个问题。[1]

（1）一个品牌销售量的增减，是由多方面因素综合决定的，广告只是其中一个因素。因此，测定广告销售效果时，必须从企业环境、市场环境全局出发做系统考虑，全面、科学地分析广告的影响。

（2）广告的效力有短期和长期两种表现，不可只是追求即时效应。

（3）广告的效力包括促销和延缓衰退等多方面的作用，在分析时，要具体对待。

（4）要根据测定目标，选择恰当的测定方法。

广告的心理效果即沟通效果，是指广告在消费者心理上引起反应的程度及其对促进购买的影响，包括知名、了解、信服，或知名、理解、喜爱、偏好、信服，或知名、了解、态度、认为合理或注意、兴趣、欲望等。在广告心理效果中，接触广告的人们的心理变化基本上是按"认知－接受－行动"这种发展模式，每一个层次的目的都可以作为广告沟通效果来测定。

广告的社会效果测定是指从社会道德、风俗习惯、语言文字、宗教信仰等方面对广告效果进行的综合考察和测定。广告的社会效果测定正日益受到人们的关注和重视。

12.2 广告经济效果测定

广告的经济效果是广告活动最佳效果的体现，它集中反映了企业在广告促销活动中的营销业绩。广告经济效果测定是衡量广告最终效果的关键环节。

12.2.1 广告经济效果测定的含义

广告经济效果测定，就是测定在投入一定广告费及广告刊播之后，所引起的产品销售额与利润的变化状况。

---

[1] 王国全：《新广告学》，广东人民出版社 2002 年版。

需要明确的是，"产品销售额与利润变化状况"包含两层含义：一是指一定时期的广告促销所导致的广告产品销售额，以及利润额的绝对增加量，这是一种最直观的衡量标准；二是指一定时期的广告促销活动所引起相对量的变化。它是广告投入与产出结果的比较，是一种更深入、更全面了解广告效果的指标。这种投入产出指标对提高企业经济效益有着重大的意义。它要求：

（1）每增加一个单位产品的销售额，要求广告投入最小，销售增加额最大。

（2）每增加一个单位的广告经济效益相对指标，要求企业（即广告主）获益最大。即经济效益的提高要与企业形象、品牌形象的成功塑造相结合。

（3）这种相对指标的提高，要有利于形成一个良好结构与良性循环。良好的结构是指企业内在的生产经营结构与市场需求趋势以及消费者偏好相适应，从而有利于企业开展促销活动；良性循环是指广告促销活动有利于企业调整生产经营结构，开发新产品，生产出适销对路的产品，这一循环成为企业发展的一种内在的自律机制。

12.2.2 广告经济效果测定的方法

广告的销售效果一般比沟通效果难测定，销售除了受广告促销的影响外，还受其他许多因素的影响，诸如产品特色、价格、售后服务、购买难易程度以及竞争者的行动等。这些因素越少以及可控制的程度越高，广告对产品销售量的影响就越容易测定。

常用的测定广告经济效果的方法主要有以下几种。

1. 广告费用比率法

为测定每百元销售额所支付的广告费用，可以采用广告费用比率这一相对指标，它表明广告费支出与销售额之间的对比关系。其计算公式如下：

$$广告费用率 = \frac{本期广告费用总额}{本期广告后销售总额} \times 100\%$$

广告费用率的倒数可以称为单位广告费用销售率，它表明每支出一单位的广告费用所能实现的销售额。计算公式为：

$$单位广告费用销售率 = \frac{本期广告销售总额}{本期广告后费用总额} \times 100\%$$

2. 单位广告费用销售增加率法

单位广告费用销售增加率法的计算公式为：

$$单位广告费用销售增加率 = \frac{本期广告后的销售额 - 本期广告前的销售额}{本期广告费用总额} \times 100\%$$

3. 广告效果比率法

广告效果比率的计算公式如下：

$$广告销售效果比率 = \frac{本期销售额增长率}{本期广告费用增长率} \times 100\%$$

$$广告销售利润效果比率 = \frac{本期销售利润增长率}{本期广告费用增长率} \times 100\%$$

4. 费用利润率、单位费用利润率和单位费用利润增加额法

这是一种综合方法，具体的计算公式为：

$$广告费用利润率 = \frac{本期广告费用总额}{本期广告后利润总额} \times 100\%$$

$$单位广告费用利润率 = \frac{本期广告后利润总额}{本期广告费用总额} \times 100\%$$

$$单位广告费用利润增加率 = \frac{本期广告后利润总额 - 本期广告前利润总额}{本期广告费用总额} \times 100\%$$

5. 市场占有率法

市场占有率是指某品牌产品在一定时期、一定市场上的销售额占同类产品销售总额的比例。计算公式为：

$$市场占有率 = \frac{某品牌产品销售额}{同类产品销售总额} \times 100\%$$

$$市场占有率提高率 = \frac{单位广告费用销售增加额}{同类产品销售总额} \times 100\%$$

$$市场扩大率 = \frac{本期广告后的市场占有率}{本期广告前的市场占有率} \times 100\%$$

6. 市场占有率与声音占有率

这种方法主要用来评价广告开支是多还是少。声音占有率是指某品牌产品在某种媒体上，在一定时间内的广告费用占同行业同类产品广告费用总额的比例。假如以下公式成立：

$$广告费用占有率 = 声音占有率 = 注意占有率 = 市场占有率$$

换句话说，广告主广告费用占有率产生相应的媒体受众听见声音的占有率，并因此获得他们相应的注意占有率，从而最终决定他们的购买行为。但实际上，该假设并不成立。美国广告专家派克·汉（Peck Hem）研究几种产品消费的若干年声音占有率与市场占有率之间的关系，发现老产品的这一比例为1:1，新产品的比例为 1.5 ~ 2.0:1.0。广告有效率等于市场占有率与声音占有率之比。计算公式为：

$$广告有效率 = \frac{市场占有率}{声音占有率} \times 100\%$$

例如，A、B、C 三家公司在某段时间的广告费用、声音占有率、市场占有率的情况如表 12 - 1所示。

表 12 - 1　　　　　　　　　　　　　A、B、C 三家公司的广告有效率

公司名称	广告开支（万元）	声音占有率（%）	市场占有率（%）	广告有效率（%）
A 公司	200	57.1	40.0	70
B 公司	100	28.6	28.6	100
C 公司	50	14.3	31.4	220

从表 12 - 1 可知，A 公司花费了整个行业广告开支总额 350 万美元中的 200 万美元，因而其声音占有率为 57.1%，但其市场占有率只有 40%，用声音占有率除市场占有率，得出广告有效率为 70%，这说明 A 公司广告开支不是过多就是分配不合理；B 公司花费了开支总额的 28.6%，并且有 28.6% 的市场占有率，结论是 B 公司的广告有效率为 100%；C 公司只花费了广告费用总额的 14.3%，然而得到 31.4% 的市场占有率，说明该公司的广告效果非常好，也许应该增加其广告费用，扩大其广告规模。

7. 盈亏临界点法

盈亏临界点法的关键是确定平均销售广告费用率，计算公式为：

$$平均销售广告费用率 = \frac{广告费用额}{产品销售额} \times 100\%$$

用符号代入推导：

$$L = \frac{X + \triangle X}{C} \quad 即 L \times C = \triangle X + X$$

得出 $\triangle X = LC - X$

式中：X 表示基期广告费用；$\triangle X$ 表示报告期广告费用增加额；C 表示报告期产品销售额；L 表示平均销售广告费用率。

如果计算结果 $\triangle X > 0$，说明广告费用使用合理，经济效果好；$\triangle X < 0$，说明广告费用使用不合理，需要调整广告宣传策略，压缩广告预算规模。

8. 广告效果测定指数法

这种方法是假定其他因素对广告产品的销售没有影响，只有广告促销与产品销售有着密切的关系。具体做法如下：

广告刊播以后，广告策划者对部分媒体受众进行调查。调查的问题是：

● 是否看过某则广告？

● 是否购买了广告宣传中的产品？

假定调查结果如表 12 - 2 所示。

表中：a 为看过广告而购买广告产品的人数；b 为未看过广告而购买广告产品的人数；c 为看过广告而未购买广告产品的人数；d 为未看过广告而又未购买广告产品的人数；n 为被调查的总人数。

表 12 - 2 某则广告调查结果

项　　目	看过某则广告	未看过某则广告	合计人数
购买广告产品人数	a	b	a + b
未购买广告产品人数	c	d	c + d
合　　计	a + c	b + d	N

从表中 12 - 2 中可以看出，即使在未看过广告的被调查者中，也有 b/（b + d）的比例购买了广告产品。因此，要从看过广告而购买产品的 a 人中，减去因广告以外影响而购买广告产品的（a + c）b/（b + d）人，才能得出真正因为广告而唤起购买欲望的购买效果。用这人数除以被调查者总人数，所得的值就是广告效果指数（Advertising Effectiveness Index）。这个指数常用 AEI 来表示。其计算公式为：

$$AEI = \frac{1}{N}\Big[a - (a + c) \times \frac{b}{b + a}\Big]1 \times 100\%$$

例如，某糖果生产企业为自己的同一系列产品进行过两次电视广告宣传，经过调查，获得以下有关资料（见表 12 - 3、12 - 4）：

表 12 - 3 某糖果产品的第一次广告宣传 单位：人

项　　目	看过电视广告	未看过电视广告	合　　计
购买广告产品	50	28	78
未购买广告产品	70	92	162
合　　计	120	120	240

$$AEI_1 = \frac{1}{240} \times \Big[50 - (50 + 70) \times \frac{28}{28 + 92}\Big] \times 100\% = 9.17\%$$

表 12 - 4 某糖果产品的第二次广告宣传 单位：人

项　　目	看过电视广告	未看过电视广告	合　　计
购买广告产品	60	18	78
未购买广告产品	55	107	162
合　　计	115	125	240

$$AEI_2 = \frac{1}{240} \times \Big[60 - (60 + 55) \times \frac{18}{18 + 107}\Big] = 18.10\%$$

从两次计算结果可以看出，第一次广告效果指数为 9.17%，第二次广告效果指数为 18.10%，第二次比第一次提高了 8.93 个百分点。如果两次的广告媒体选择、播放时间、广告预算总额相等同，那么就说明第二次广告策划明显好于第一次。因此，有必要对第一次广告策划进行策略性调整或修改。

12.3 广告沟通效果测定

广告的沟通效果即广告心理效果测定，目的是为了了解广告在知晓度、认知和偏好等方面的效果。

12.3.1 广告沟通效果测定的内容

1. 广告知晓度的测定

广告知晓度是指媒体受众通过多种媒体了解某则广告的比率和程度。广告知晓度的计算公式如下：

$$某则广告的知晓度 = \frac{被调查者中知道该广告的人数}{被调查者总人数} \times 100\%$$

当新产品上市时，广告宣传的目标只是为了告知媒体受众某品牌产品的存在。当产品处于成长期、成熟期或衰退期时，广告的诉求点则在于产品的功能及特性等方面信息的传输。广告知晓度和了解度正是用于测定不同阶段广告效果的有效指标和内容。

2. 广告回忆状况的测定

对广告回忆状况的测定，是指借助一定的方法评估媒体受众能够重述或复制出其所接触广告内容的一种方法。"回忆"常被用来确定消费者记忆广告的程度。对广告回忆的方法，主要有无辅助回忆和辅助回忆两种。

（1）无辅助回忆。无辅助回忆又称纯粹回忆，这种方法是指让媒体受众独立地对某些广告进行回忆，调查人员只如实记录回忆情况，不做任何提示。如问："请您想想在过去几周中，有哪些品牌的方便面在电视上做了广告宣传？"

（2）辅助回忆。这种方法是调查人员在调查时，适当地给被调查者某种提示。例如，提示广告的商标、品牌色彩、标题或插图等。如问："您记得最近看过或听过康师傅方便面的任何广告吗？"辅助回忆法询问的项目或内容越具体，获得的信息就越能鉴定媒体受众对广告了解程度的高低。

3. 偏好状况的测定

偏好是经济学研究的重要问题之一。它是指在一些竞争产品中，消费者较固定地购买某品牌产品的心理特征。美国著名经济学家乔治·斯蒂格勒曾说："趣味偏好是在竞争中筛选出来的。不是随意给定的，它们必须面临一个连续竞争的严峻考验。"这也就是说，偏好在一定时期内是相对稳定的。通过突出感人的诉求点，培养消费者的品牌偏好，对广告主说是非常重要的。因为偏好一旦形成，在较长时期内将会产生一系列的重复购买行为。

12.3.2　广告沟通效果测定的方法

广告沟通效果测定根据安排时间的不同可以分为事前测定、事中测定和事后测定。相应地，运用的方法也可以分为三种类型。

1. 事前测定

广告作品沟通效果事前测定的方法是：在广告作品尚未正式刊播之前，邀请有关广告专家和消费者团体进行现场观摩，审查广告作品存在的问题，或进行各种试验（在实验室运用各种仪器来测定人们的各种心理活动效应），以对广告作品可能获得的成效进行评价。根据测定的结果，及时调整广告促销策略，修正广告作品，突出广告的诉求点，提高广告的成功率。心理效果事前测定常用的具体方法主要有以下几种。

（1）专家意见综合法。该方法是在广告文案设计完成之后，邀请有关广告专家、心理学家和营销专家进行评价，多方面、多层次地对广告文案及媒体组合方式将会产生的效果做出预测，然后综合所有专家的意见，作为预测效果的基础。运用此法事前要给专家提供一些必要的资料，包括设计的广告方案、广告产品的特点、广告主生产经营活动的现状及背景资料等。专家们通过独立思考，对广告设计方案提出自己的见解。

专家意见综合法是事前测定中比较简便的一种方法。但要注意所邀请的专家应能代表不同的广告创意趋势，以确保所提供意见的全面性和权威性。一般说来，聘请的专家人数以 10～15 人为宜，少了不能全面反映问题，多了则花费时间。

（2）直接测试法。这种方法是把供选择的广告展露给一组消费者，并请他们对这些广告进行评比打分。广告评分标准见表 12－5。这种评比法用于评估消费者对广告的注意力、认知、情绪和行动等方面的强度。虽然这种测定广告实际效果的方法还不够完善，但一则广告如果得分较高，也可说明该广告是可能有效的。

表 12－5　　　　　　　　　　广告评分表

评分内容	评分
本广告吸引读者注意力的能力如何？	（　　）
本广告使读者往下继续阅读的能力如何？	（　　）
本广告主要的信息或利益的鲜明度如何？	（　　）
本广告特有的诉求效能如何？	（　　）
本广告建议激起实际购买行动的强度如何？	（　　）

评分标准

差	中等	一般	好	优秀
0	20	40	60	80　　100

注：表中每项得分为 0～20 分。

（3）组群测试法。这种方法是让一组消费者观看或收听一组广告，对时间不加限制，然后要求他们回忆所看到或听到的全部广告以及内容，广告策划者可给予帮助或不给帮助。他们的回忆水平表明广告的突出性以及信息被了解或记忆的程度。

在组群测试中，必须用完整的广告以便能做出系统的评估。组群测试一次可以测试 5 ~ 10 则广告。在调查中，通常询问的问题主要有以下几个：

您对哪几则广告感兴趣？

- 您喜欢哪一则广告？
- 这则广告宣传的是什么？您明白了吗？
- 您觉得广告中的文字和图案是否有需要改进的地方？
- 您看过广告后，给您最深刻的印象是什么？
- 看了广告后，您有没有产生进一步了解广告产品的兴趣，或者有近期购买产品的打算？

（4）仪器测试法。随着科学技术的进步，伴随人类心理效应变化而产生的生理变化测试仪，也在不断的创新与完善。在广告领域，作为一种辅助手段，借助仪器测试广告作品效果的做法也多了起来。

①视向测验法（eye camera test）。人们的视线一般总是停留在关心与感兴趣的地方，越关心，越感兴趣，视线驻留时间就越长。视向测验器（eye camera）是记录媒体受众观看广告文案各部分时的视线顺序以及驻留时间长短的一种仪器。根据测知的视线移动图和各部位注目时间长短的比例，可以预知：广告文案文字字体的易读性如何，从而适当安排文字的排列；视线顺序是否符合广告策划者的意图，有无被人忽视或不留意的部分，如果有，则要进行调整；广告画面中最突出或最吸引人的部分，是否符合设计者的意图，如果不符，应立即予以调整。

仪器测试法也有不少缺点：视线运动是根据眼球移动的，但不能确保视线运动与眼球移动完全一致；注目时间的长短，并不能完全说明消费者兴趣的大小。一目了然的事物，注视的时间自然短。费解的图文，往往要花费较多的时间去琢磨；测验费用高昂，并且不能保证被抽取的消费者都具有典型性、代表性。

②皮肤测试法。该法主要利用皮肤反射测验器（galvanic skin reflex）来测量媒体受众的心理感受。运用此法的理论根据是：人在受到诸如兴奋、感动、紧张等情绪起伏的冲击后，人体的出汗情况会随之发生变化，可测定其感受的波动。

皮肤测试法主要用于对电视广告效果的测定，其次是对广播广告的测定，根据测试的结果，大体上可以确知最能激起媒体受众情感起伏的地方，以此检查此处"高潮"是否符合广告策划者的意图。

皮肤测试法也有一定的缺点：每个人的内分泌的情况各不相同，情绪反映也有快有慢，因此必须事先加以测定，再根据实际反映情况进行修正，工作程序非常繁琐；情绪的波动，内心的冲动，每个人的情况各不相同。引起内心冲动的因素有的来自于音响，有的来自于画面色彩或表演等。情绪的波动，有的可能是积极的，有的则是消极的。因此，必须辅以其他的方法，进行全面的分析，才能得出正确的结果。

③瞬间显露测验法。这种方法是利用电源的不断刺激，在短时间内（1/2 秒或 1/10 秒内）

呈现并测定广告各要素的注目程度。瞬间显露仪的种类有文度式、振子式、道奇式和哈佛式等，常用的是哈佛式。

这种方法的作用与用途是：测试印刷品广告中各要素的显眼程度；测试各种构图的位置效果，以决定标题、图样、文案、广告主名称的适当位置。利用实验与统计的方法，可将艺术效果计量化，并在某些情况下，可区分出艺术效果，以便在二者中有所调整和取舍。例如，标题的功能，一般应是既抢眼又悦耳，但悦耳应从属于抢眼。在两者不可兼得的情况下，艺术效果应服从广告效果的需要；测试文案的易读程度、品牌的识别程度，以使广告整体设计具有最佳效果，使人一目了然。

④记忆鼓测试法。记忆鼓是现代心理试验常用的一种仪器。在广告策划中，专用来研究在一定时间内，人们对广告作品的记忆程度。该方法是：被调查者在一定时间内，经由显示窗看完一则广告后，支持测试者立即用再确认法，测验被调查者对广告文案的记忆，从而评估出品牌名称、广告主名称、广告文案的主要内容等易于记忆的程度。

这种测试法所测结果使用价值的大小，与被测验者的精神状态和记忆力的强弱有直接的关系。而这两者又很难分辨。

⑤瞳孔计测试法。瞳孔在受到明亮光线的刺激时要缩小，在黑暗中要张大。对感兴趣的事物长时间的凝视，瞳孔亦愈张大。瞳孔计测验法就是根据这个道理，用有关设备将瞳孔伸缩情况记录下来，以测定瞳孔伸缩与媒体受众兴趣反映之间的关系。

这种方法多用于电视广告效果的测定。但对所取得的测试结果也不能过分相信，因为瞳孔放大这种生理反应到底掺杂着多少感性和心理方面的因素是难以确定的。而每个人不同的情感、心理作用的差异都是无法忽视的。

2. 事中测定

广告沟通效果的事中测定是在广告已开始刊播后进行的。事中测定可以直接了解媒体受众在日常生活中对广告的反应，得出的结论也更加准确可靠。但这种测定结果对进行中的广告宣传的目标与策略，一般很难进行修改。只能对具体方式、方法进行局部的调整和修补。常用的广告效果事中测定法有以下几种：

（1）市场试验法。先选定一两个试验地区刊播已设计好的广告，然后同时观察试验地区与尚未推出广告的地区，根据媒体受众的反映情况，比较试验区与一般地区之间的差异就可以对广告促销活动的心理效果做出测定。

美国史达氏公司（Starth）与盖洛普·鲁滨逊公司（Grllap&Robinson，G&R）是两家广泛运用出版物测试广告心理效果的公司。其做法是：先把测试的广告刊登在杂志上；广告登出后，便把杂志分发给消费者中的调查对象；随后公司同这些被调查者接触，并就杂志及其广告问题同他们谈话；回忆和认识的测试结果可用来确定广告效果。史达氏公司采用此法时制定了三种阅读评分标准：

● 注意分，即声称以前在杂志上看过这则广告的人数在目标读者中所占的百分比。计算公
式为：

$$注意分 = \frac{被调查中看过某则广告的人数}{被调查者总人数} \times 100\%$$

● 领悟和联想分，是指能正确地将广告作品与广告主对上号的人数在读者中所占的比例。计
算公式如下：

$$领悟和联想分 = \frac{被调查者中能准备叙述广告内容的人数}{被调查者总人数} \times 100\%$$

● 大部分阅读分，即声称读过广告文案一半以上的人数在读者中所占的比例。计算公式为：

$$大部分阅读者 = \frac{被调查者中知晓广告大部分内容的人数}{被调查者总人数} \times 100\%$$

通过案例分析，我们可以归纳出 G&R 公司进行广告心理效果测试时的步骤为：①评估市场
上各广告的表现。②分析整个广告策划活动及其策略的效果，并与该产品以前的广告宣传活动或
者与其他相同产品的广告活动做比较。③针对同一类型产品或某一行业销售效果进行评估。

G&R 公司的测试人员每次抽选调查样本约 150 人（男女均有），年龄在 18 周岁以上，分布
在美国各地。被调查者可以选择自己常看的杂志广告接受测试，他们必须看过最近四期（杂志广
告）中的两期，但没有看过最新的一期。测试人员不事先告诉媒体受众测试的内容，同时要求被
调查者不要在访问的当天阅读有关杂志。电话访问时，首先询问被调查者在某一杂志的所有广告
中记得哪几则广告，以便确定这些广告的阅读率；媒体受众指出所记得的广告后，就可以问他们
以下问题：

● 那几则广告是什么模样？内容是什么？

● 该广告的销售重点是什么？

● 您从该广告中获得了哪些信息？

● 当您到该广告时，有何心理反应？

● 您看完该广告后，购买该产品的欲望是增加了还是减少了？

● 该广告中，什么因素影响您购买该品牌产品的欲望？

● 您最近购买此种产品的品牌是什么？

广告策划者通过将上述问题的答案汇总、整理、分析、综合以后，就可以衡量出该则广告的
以下效果：①吸引读者记住（或想起）某则广告的能力（Proved Name Registration，简称 PNR）；
②媒体受众对该广告的心理反应，或对广告销售重点的了解程度（Idea communication）；③广告
说服媒体受众购买产品的能力（Rersuasion），即媒体受众看了该广告后，购买该产品的欲望，受
影响的程度。

对电视、广播广告效果的事中测定，可以用以下三种方法：

①家中测试。将一个小型屏幕放映机安置在具有代表性的目标消费者家中，让这些消费者观

看电视广告节目。这种方法可使被调查者的注意力集中，但人为地制造了一种勉强观看电视广告的环境。

②汽车拖车测试。为了更接近消费者做出决策的实际情况，可在市郊商业区安置汽车拖车，以作为临时的工作试验室进行试验。在此模拟的购买环境中，向消费者展示测试的产品并给他们选择一系列品牌的机会，然后请消费者观看一系列电视广告片，发给他们一些在郊区商业区购买商品的赠券。广告策划者根据收回赠券数量的多少，判断广告片对媒体受众购买行为的影响力。

③播放测验。这种测试是在普通的甚高频（VHF）电视或有线电视节目频道中进行的。广告策划者将被调查者召集在一起观看播放的节目，其中包括观看被测试的广告片。在广告播放后，广告策划者与被调查者接触，并向其提出问题，询问他们能够回忆起多少广告片中的内容。

（2）函询法。这种方法一般采用调查问卷的形式进行。函询法一般要给回函者一定报酬，以鼓励他们积极回函反馈信息。调查问卷通常以不记名的方式，要求调查者将自己的年龄、职业、文化层次、家庭住址、家庭年人均收入等基本情况填在问卷上。调查表中要尽可能详细地列置调查问题，以便对广告的心理效果进行测试。常见的调查问题如下：

- 您看过或听过有关某品牌产品的广告吗？
- 通过什么媒体您接触到某品牌产品的广告？
- 该广告的主要内容是什么？
- 您认为该广告有特色吗？
- 您认为该广告的构图如何？
- 您认为该广告的缺点是什么？
- 您经常购买什么品牌的产品？

……

3. 事后测定

广告沟通效果的事后测定虽然不能直接对已经完成的广告宣传进行修改或补充，却可以全面、准确地对已做的广告活动的效果进行评估。因此，心理效果事后测定的结论，一方面可以用来衡量本次广告促销活动的业绩；另一方面可以用来评价企业广告策划的得失，积累经验，总结教训，以指导以后的广告策划。

广告沟通效果的事后测定有两层含义：第一，一则广告刊播过程一结束，就立刻对其效果进行测定；第二，一则广告宣传活动结束后过一段时间，再对其心理效果进行测试。通常，效果测试与广告刊播结束之后的时间间隔主要由媒体的性质决定，同时也要考虑目标市场上消费者自身的特点。如果进行测定的时间过早，广告的时间滞后性效果尚没有充分发挥出来，得出的结论就不准确；如果测定的时间过晚，间隔时间太长，广告效果就可能淡化，得出的结论也有可能不准确。

广告沟通效果事后测定常用的方法主要有以下几种：

（1）要点打分法。该法是请被调查者就已刊播过的广告的重要方面进行打分，各项得分之和就是该广告的实际效果。打分的具体内容见表 12 - 6。

表 12 - 6　　　　　　　　　　　　广告心理效果打分表

打分项目	打分的主要依据	该项满分	实际打分
吸引力	吸引注意力的程度（创意）	20	
认知性	对广告诉求重点的认识程度	20	
说服力	广告引起的兴趣如何	20	
	对广告产品的好感程度	10	
行动力	由广告引起的立即购买行为	20	
	由广告唤起的购买欲望	20	
传播力	由广告文案的创造性而引起的传播程度	20	
综合力	广告的媒体效果	20	

（2）雪林（Schwerin）测定法。雪林测定法是美国雪林调查公司（Schwerin Research Co.）根据节目分析法的原理，于 1964 年发明的测定广告心理效果的一种方法。该测定方法又分为节目效果测定法、广告效果测定法和基本电视广告测验三种。

①节目效果测定法。即召集一定数量有代表性的观众到剧场，广告策划者说明测验的标准以后，请观众按照个人的意见对进行测验的广告表演节目评分定级。评分的级别通常是：a. 有趣；b. 一般；c. 枯燥无味。这种测验完毕之后，再请观众进一步说明喜欢或讨厌广告节目中的哪一部分，并阐明理由；或者征求观众对广告节目的意见、建议。广告策划者对节目改进的意见进行统计、汇总，以作为今后设计或制作广告节目的重要依据。

②广告效果测定法。广告效果测定法与节目效果测定法的内容基本相同，是通过邀请具有代表性的观众到剧场或摄影棚，欣赏进行测定的各种广告片。与节目效果测定法的不同之处是：在未看广告片之前，根据入场者持票号码，要求媒体受众选择自己喜欢的商品。这些选择的商品品牌中，既有将在广告片中播放的品牌，也有主要竞争对手的品牌。广告片播放以后，请观众再一次做出选择，如果此次结果中所测验的广告商品品牌的选择度高，高出部分就是该广告片的心理效果。

测试完成后，通常将媒体受众所选择的商品赠送给他们。如果商品单位价值高，可以赠送给他们其他一些礼品。

③基本电视广告测验法。这种测验法的目的在于客观地评价和判断电视广告片的优劣，以及用标准化的程序测验电视广告的效果。基本电视广告测验的项目主要有：

趣味反应。利用集体反应测定机，测定媒体受众对每一广告画面感兴趣的程度。

回忆程度。运用自由回答法，请媒体受众回忆广告片中的产品品牌、广告主名称、画面内容以及标语、口号等。

理解程度。运用自由回答法，了解媒体受众对广告内容的领悟程度。

广告作品诊断。运用自由回答法，请媒体受众指出该广告片的特色，并提出修改意见。

效果评定。采用问卷的形式，测验本广告片留给媒体受众的一般印象，即广告片的一般心理效果。

购买欲望。请媒体受众说出有无购买广告产品的冲动或者欲望。

广告片的整体效果。请媒体受众对广告片做整体的评价。

这种测验法的优点是客观、全面，能真正反映媒体受众的心理活动状况，取得的资料可信度高；缺点是操作技术性强，成本费用大，具体推行起来有一定的局限性。

【阅读资料 12 – 3】　　　　　广告效果测定的几种模式

1. DAGMAR 模式

1961 年，R. H. 科利提出了著名的达格玛模式，即"知名—了解（理解）—信服（好感）—行动"的商业传播四阶段说，达格玛即英文 DDAGMAR 的音译，为"defining advertising goals for measured advertising resultes"的缩写，中文意思是为能够衡量广告效果而确定广告目标。

达格玛模式要求在广告活动开始之前，先测定市场状况，以此作为评价的基准点，在广告活动实施开展中再定期反复实施同样测定，将所得结果与基准位点进行对比分析，其增减变化即是传播效果，将传播效果与目标进行对比，检查目标计划完成程度。达格玛模式以传播扩散理论为基础，以传播的说服效果为评定的中心，对广告管理和随时监控是非常有用的。

表 12 – 7　　　　　　　　达格玛传播阶梯模式

知　名	知悉品牌名称
了解（理解）	理解商品特色、功能
信服（好感）	确立选择品牌信念
行　动	索要说明、样本、访问经销店

达格玛评价模式在评价传播效果，测定消费者心理变化因素方面非常有效，同时，由于达格玛理论是围绕广告传播目标提出的，因此在实施目标管理上有着明显的优势。但达格玛理论是关于态度尺度的测定，面这种测定需要有较好的心理学素质，要求有高超的同卷设计能力和调查技巧。由于该模式在实际操作中具有极好的可操作性，在广告效果评估中是一种切实可行的测定模式。达格玛不仅是测定广告传播效果的一种模式，而且是一种经营观念，一种测定广告传播效果的有效方法。

2. 莱维奇与斯坦纳的层级效果模式

罗伯特 J 莱维奇和加里 A 斯坦纳 1961 年提出的"认知的（从知名到理解）—情绪上的（从喜到偏好）—意欲的（从信服到购买）"的"L&S 模式"。罗伯逊于 1971 年补充修订提出"知名—了解—态度—认为合理—试用—采用"层级模式。

3. AIDAS 模式

这一理论模式又称为广告因果理论或有效广告理论，是由美国广告顾问白德尔提出来的。他认为广告以有效是广告有关因素共同作用的结果，而这种作用过程正是通过强有力的刺激，引起消费者注意，激发消费者购买欲望，最终发生购买行为，并从中得到满足的过程，广告的效果在于促使这一过程的顺利完成。

这一模式为：

A 注意（attention）—I 兴趣（interest）—D 欲望（desire）—A 行动（action）—S 满足（satisfaction）

在 AIDAS 理论中，白德尔认为广告效果是由广告主体、广告活动、广告以外其他影响因素共同作用的结果。

广告效果 = 广告主体 × 广告活动 × 其他外界因素影响

白德尔提供了一种评价广告效果的思维方式，但是这一模式不适合于实际操作，同时，他的模式对广告效果要素采取了乘法模式，这就意味着广告活动最终效果是来自产品、广告活动以及广告本身之外因系共同协作的结果，任何一部门的不配合、都都有可能使广告动力付诸东流，保要其中一项为零，广告效果也就为零。

12.4　广告社会效果测定

12.4.1　广告社会效果测定的内容

广告宣传的社会效果是指广告刊播以后对社会某些方面的影响。这种影响既包括正面的影响，也包括负面的影响。这种影响不同于广告的心理效果或经济效果，广告策划者无法用数量指标来衡量这种影响，只能依靠社会公众长期建立起来的价值观念来对它进行评判。

我们认为，广告的社会效果应该体现在以下几个方面。

（1）是否有利于树立正确的价值观念。涉及到社会伦理道德、风俗习惯、宗教信仰等意识形态领域。近几年来，中国台湾的广告活动多以"新儒学"为策划内容，倡导一种合乎理性的家庭价值观念，对广大青少年来说，很有教育意义。

（2）是否有利于树立正确的消费观念。正确的消费观念是宏观经济健康发展的思想基础，也是确保正常经济秩序的基础。有一段时间内，我国广告宣传倡导"超前消费"，认为"超前消费"可以刺激国民经济的发展，加快国民经济发展速度。实践证明，"超前消费"只能带来较高的物价水平，扰乱正常的经济秩序。这种导向的广告宣传应该受到社会的谴责。中华民族具有节俭的美德，高储蓄可以为国民经济发展提供充足的资金，因为在宏观经济运行系统中，储蓄投资保持高储蓄能使市场供求处于"买方市场"的态势，为国民经济的健康发展提供良好的外部环境。

（3）是否有利于培育良好的社会风气。如是否有利于重视教育、爱护环境、节约使用资源、遵守公共秩序、遵纪守法等良好风气的培养。

12.4.2　社会效果的测定原则

广告策划者在测定广告宣传的社会效果时，应该遵循真实性原则和社会规范原则。

1. 真实性原则

真实性原则，即广告宣传的内容必须客观真实地反映商品的功能与特性，实事求是地向媒体受众传递有关广告产品或企业的信息。

广告传输的信息有单面信息和双面信息之分。单面信息是指只集中告知媒体受众有关广告产品的功能与优点，调动媒体受众的情绪，使他们产生购买欲望，但过分强调单面信息会使媒体受众产生逆反心理，有时甚至会产生怀疑，从而影响广告的宣传效果。

双面信息是指既告诉媒体受众产品的优点，同时也告诉他们广告产品存在哪些缺点或不足，使媒体受众认真对待。这种广告信息诚实可信，常能赢得消费者好感。前一段时间，电视播放了一则有关微创疗法治疗甲状腺节结的广告，广告不仅谈到了微创疗法的特点、原理和优点，同时也明确地告诉了患者该疗法的不足之处。该广告播出后，效果相当不错。随着消费者的不断成熟，一味地自吹自擂、"王婆卖瓜"式的广告今后会越来越遭到广大消费者的抵制。因此，广告宣传坚持使用双面信息，显然是一种明智之举。

2. 社会规范原则

广告策划者在测定某一广告的社会效果时，要以一定的社会规范为评判标准，来衡量广告的社会效果。如以法律规范、社会道德规范、语言规范、行为规范等作为衡量依据。

本章小结

广告效果是指通过广告媒体传播之后所产生的影响，它具有时间的滞后性、效果的积累性、复合性、间接性以、层次性及耗散性等六大特征。

广告效果的测定具有重要的意义，主要表现在如下几个方面：广告效果测定是对整个广告活动经验的总结；广告效果测定是广告主进行广告决策的依据；促进企业改进广告的设计与制作；促进整体营销目标与计划的实现；增强企业的广告意识。

在进行广告效果测定时应遵循针对性、可靠性、综合性、经常性和经济性的原则。

广告效果测定的五个基本步骤是：确定问题、收集资料、整理和分析资料、论证和分析结果、撰写测定分析报告。

本章的 12.2、12.3 和 12.4 三节，我们分别介绍了广告经济效果测定、广告沟通效果测定和广告社会效果测定的知识。在学习时，我们应该重点掌握广告效果测定的各种方法，并注意将这些理论方法应用到实践中去。

思考题

一、单选题

1. 广告的（　　）是广告活动最佳效果的体现，它集中反映了企业在广告促销活动中的营销业绩。

　　A. 沟通效果　　　　　　　　　　B. 经济效果

　　C. 社会效果　　　　　　　　　　D. 心理效果

2. 广告的（　　）是指广告发布后在较短时间内产生的效果。时间通常是一个月、一个季度，最多不超过一年。

　　A. 即时效果　　　　　　　　　　B. 近期效果

　　C. 中期效果　　　　　　　　　　D. 长期效果

3. 影响广告效果的因素多种多样，既有可控因素，也有不可控因素。下列诸多因素中广告主可以控制的因素是（　　）。

　　A. 社会文化　　　　　　　　　　B. 法律法规

　　C. 经济环境　　　　　　　　　　D. 广告预算

4. 广告效果测定的首要程序是（　　）。

　　A. 确定问题　　　　　　　　　　B. 收集资料

　　C. 分析资料　　　　　　　　　　D. 整理资料

5. （　　）是指在广告活动实施期间随时了解受众反应，测试和验证广告策略是否符合实际的活动。

　　A. 预先测定　　　　　　　　　　B. 事中测定

　　C. 事先测定　　　　　　　　　　D. 事后测定

二、多选题

1. 广告效果是一个集合的概念，涉及到诸多方面。广告效果具有与其他经济活动效果不同的特征，主要表现在以下几个方面（　　）。

　　A. 时间的滞后性　　　　　　　　B. 效果的积累性

　　C. 效果的复合性　　　　　　　　D. 效果的层次性

　　E. 效果的耗散性

2. 广告经济效益测定的方法有（　　）。

　　A. 广告费用比例法　　　　　　　B. 视向测试法

　　C. 广告效果比率法　　　　　　　D. 市场占有率法

E. 瞬间显露测验法

3. 广告策划者在测定广告宣传的社会效果时，应该遵循（　　　）。

A. 针对性原则　　　　　　　　B. 真实性原则

C. 社会规范原则　　　　　　　D. 限制性原则

E. 经常性原则

三、名词解释

1. 广告效果　　2. 广告的经济效果　　3. 广告的沟通效果　　4. 声音占有率　　5. 广告知晓度

四、简答及论述题

1. 广告效果测定的原则是什么？

2. 广告效果测定的意义主要有哪些？

3. 试论述广告效果测定的程序。

4. 试论述广告沟通效果测定的内容。

5. 试论述广告社会效果测定的原则。

案例讨论

脑白金的广告和睡眠者效应

　　脑白金的广告曾经被很多的所谓广告业内人士评价为缺乏创意和美感的广告案例。但有趣的是，当年就靠着这在网上被传为"第一恶俗"的广告，脑白金创下了几十个亿的销售额。土广告打下大市场，不是用偶然性能解释的。我们从传播学的角度对其广告策略进行剖析，会从中得到一些新的启示。

　　凭借自己雄厚的资金，脑白金对受众进行狂轰乱炸，其覆盖率是少有其他广告能够相比的。据统计，春节高峰期脑白金广告在二十多家电视台同时播出，平均每台每天要播出两分钟多，加起来一天大概播出四十多分钟，脑白金的销量却从1998年至今销量一直是有增无减。从这一层面上来说，脑白金是一个成功的广告。国外消费行为学家Anthory的研究表明：过多地重复广告信息虽然引起受众的反感，但却不影响受众对信息的记忆以及日后的商品购买行为，这些令人愉快或不愉快的一面将随时间的推移而不复存在，只有广告信息本身牢牢地保持在消费者记忆深处，这就是睡眠者效应。

　　耶鲁学派的研究提出的"睡眠者效应"（Sleeper Effect），即由于时间的间隔使人们容易忘记传播的来源，而只保留了对内容的模糊记忆。显然，此时内容倘若不来源于现实世界，实际生活，就不能感动受传者而容易被遗忘；相反，传播内容真实，有道理，即使人们忘记了其传播来源，同样也能以最终改变人们的态度而被大众接受。在信息的实际传播，流动过程中，媒介以传播内容取胜的例子并不少见。与这一短期条件制约效果相对照的是长效"睡眠者效应"。经过一段时间，由广告引发的情感反应会与产品名字发生分离，尽管名字还是被记住了。因此，一则通过不愉快的情绪而使人集中注意力的广告会产生记忆的效果。

观众有可能会认为广告制作者很愚蠢，竟用一种令人生厌的镜头或者令人不快的场景来做广告，可是日子一长，他们记住的将会是产品，而不是令人不快的反应。当你正在津津有味的收看电视剧，突然插播了一则广告，而且是几个卡通形象的老人在电视里扭来扭去，脑白金送礼广告那可爱的老头和老太太边舞边唱，一次一次的出现在电视的各个频道。毫无美感，甚至有点滑稽。你就在怒气冲冲的情绪状态中记住了这个产品的名字"脑白金"。随着时间一天天过去，记忆渐渐的淡化，留在脑海中的只有产品的印象，而由广告引起的当时不愉快的情绪早已经被忘记了。

还有一项有用的成果是 60 年代晚期由罗伯特·再因茨发现的"反复曝光"效应。如我们已经知道的，再因茨发现，反复暴露在哪怕没有意义的符号面前，也会让观看到这些符号的人产生熟悉感和愉快的反应。广告公司的心理咨询顾问建议他们的客户说，产品品牌和标识简单的反复曝光，哪怕没有合理的解释和费时费力的辩论，也会使观看它的人产生动摇。许多广告机构测试过这种办法，并发现的确如此。在一场长时间的足球比赛或者网球比赛中反复不断地出现产品名称（当然还有男子气概或者性感的图象，阳光下开心的场景等等）会产生其效果。当球迷购买啤酒或者网球鞋时看到自己经常看见的名字，他们会自动产生不假思索的反应。美国营销学家米盖尔·雷也认为，某些产品，消费者没有获取其信息的动机或缺少分析产品信息的能力，在这种消费者低参与度的情况下，广告就能超越态度改变而直接诱发购买行为。

在一个购买周期之内广告与目标群体仅仅一次接触，在大多数情况下都很少或根本不会产生效果。既然一次接触通常是无效的，那么有效的媒体策划的中心目标就应该是加强接触频率而不是到达率。在一个品牌购买周期内，或者四周或八周的时期内接触频率超过三次以上时，接触频率的增长以递减的速度继续增加广告效果，但没有下降的证据。重复广告有以下双重的作用。

1. 广告重复的积极作用

（1）消费者的购买习惯可以通过不断重复该商标商品的广告逐渐形成，只要该商品的特性能够满足消费者的需求

（2）在大众不太熟悉商品的场合下，比如一个新产品的出台，频率高的广告不仅强化大众对它的学习过程，而且高频率本身就可能成为该商标的一个优势指标

（3）对于著名的品牌，广告的重复作用主要是防御性的，即旨在巩固消费大众已经建立了的重复购买习惯即认牌购买。

2. 广告重复的消极作用

（1）过度重复鉴于没有新内容而导致厌倦的产生。

（2）随着重复次数继续增加以至于把认知活动转移到其他的无关信息。其结果难以产生态度改变，甚至导致消极态度。

史玉柱说过一句话，一句比较经典的话："中央电视台的很多广告，漂亮得让人记不住。"我们往往记住了一个广告很漂亮，但往往忘记这个广告是卖什么？相反的，我们都觉得脑白金的广告很俗，但都知道它是卖什么的。沉浸在艺术美感中的洋洋自得的广告艺术家们，他们是否忽略了基本的商业法则。他们不用对史玉柱鼎礼膜拜，但要补上这一课。

用赛斯·高汀的观点看来，这也就是现代商业社会的素描——当市场上已经充斥了太多的类似的产品和营销手段时，想要脱颖而出，就要出现象"紫牛"一样的与众不同的东西（注：你见过紫色的牛吗？没有。这就对了。你经常见到黄色、黑白相间的牛，那些普普通通的事物已经不能吸引你的眼睛了。现在，有人说制造了紫色的牛，你肯定会好奇地看上一眼。人就是始终寻找新奇的动物。于是，在产品的市场推广理念里，别出心裁和独树一帜就是重要的思路了）。"因为这个世界已经发生了变化，人们能够选择的越来越多，而用来做选择的时间越来越少。"赛斯认为，企业通过传统广告能够争取到消费者注意力的可能性已经越来越小，惟有把以往用在制作、购买广告的高额成本投资在设计和制造"紫牛产品"上，才能做到与众不同，受到人们的青睐的是紫牛一样的创新和独一无二。

？ 问题讨论

1. 脑白金的广告策略是什么？
2. 为什么脑白金的广告广受质疑却可以收到良好的销售效果？

资料来源：杨文京．中国营销传播网．2010年6月11日。

第 *13* 章

广告管制

本章导读

　　广告活动和其他经济活动一样，要受到一定的约束、限制和控制。广告管制规定了广告活动过程中必须遵守的行为规范、义务和权利，这对于广告业的健康发展具有重大的意义。本章主要介绍广告管制的领域、我国广告管制的法规和机构、我国广告行政管制内容、典型的违法广告表现、我国广告自律、我国广告管制存在的问题以及今后的改善方向等。

知识结构图

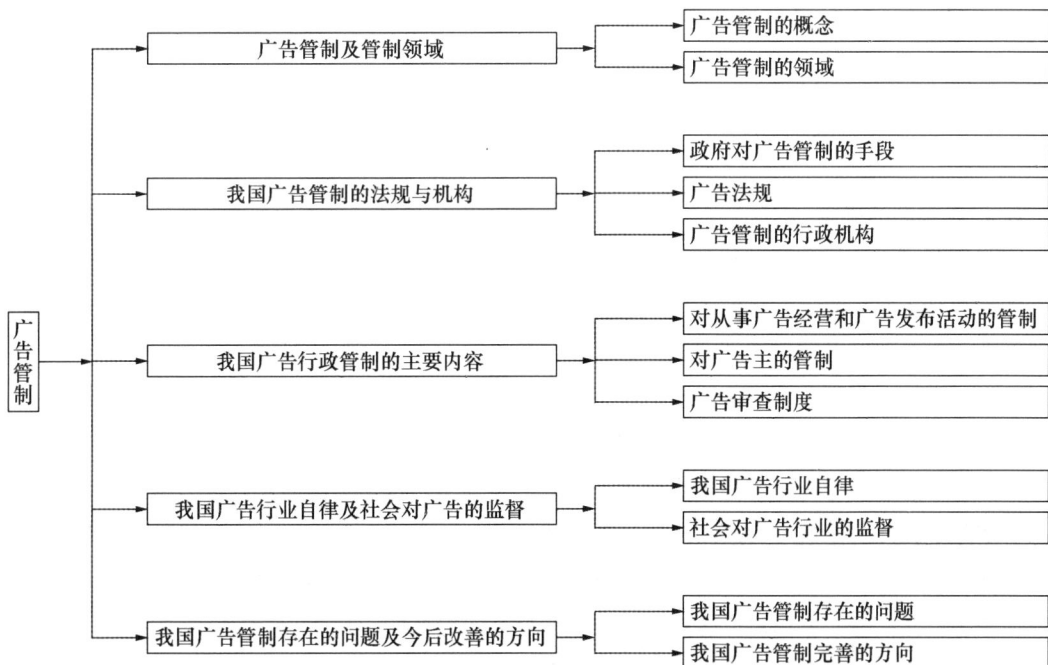

【开篇案例】　　　　电商"双11"互掐恶战　广告宣传无节操

2014年11月10日，在北京、广州、南京等城市的主流媒体上，出现多个整版苏宁易购广告，广告主题为：这个"TM的双十一 你该多一个选择"。网友惊呼，整个广告言辞话风网络化，内容大胆直接，暗指天猫，大有公开挑衅阿里的意思，悉数吐槽了光棍节大促销的弊病！

数小时后，一组"打脸双11"海报爆出贴身回扇版，是否天猫所为不能确定。

除了苏宁、天猫之外，其他电商也不示弱。在"双十一"网购大战即将来临之际，易迅网为了吸引眼球，在其官方微信上打出促销广告——"有力度，才享受"，但4幅促销广告全是男欢女爱的暧昧图片，引来读者一片质疑："易迅网打出的广告为何如此没有节操？底线在哪里？"

广告大战自然少不了电商另一位大佬京东的身影。2014年10月20日，京东官方微博发布了一组"很黄很暴力"的平面广告，以幽默夸张的方式表现了京东的物流是多么迅速。除了重口味的话风之外，尤其是最后一张图"亲爱的，你慢慢飞""马踏飞燕"的画面直指阿里的笨"鸟"物流，还暗示马云，颇具挑衅意味。

2014年10月28日，京东"双11"战役正式打响，其"不光低价，快才痛快"的主题直击天猫第三方物流的软肋。天猫的广告告诉你"要等天猫双11"，京东的广告却幽默地告诉你"等天猫，会等出悲催结局"。而京东的广告恰恰又发布在天猫广告的对面，看来也是有意为之，创造全民话题。

13.1　广告管制及管制领域

1. 广告管制的概念

广告管制是工商行政管理机构通过广告行业协会和社会监督组织，依照一定的广告管理法律、法规和有关政策规定，对广告行业和广告活动实施的监督、检查、控制和指导，以达到保护合法经营，取缔非法经营，查处违法广告，维护广告行业正常运行的目的。

人们对于广告管制的认识主要有两种不同的观点，即广告自由论和广告管制论。

持有广告自由论观点的人认为，广告法规是市场经济活动的基础——经营自由的必要条件。因为，广告作为一种经济行为和表现行为，具有二重性质，特别是作为表现行为的广告需要保障自由。实际上，广告是通过大众媒体向消费者传递信息的沟通活动，同时也是伴随高度创作努力的创意活动。所以，需要保障广告一定的自由。另外，广告媒体特别是报社和电视台、电台的主要收入来源就是广告，所以对广告过多的干预，就是对媒体的干预。

持有广告管制论观点的人则认为，广告活动本质上是商业活动，是追求利润的一种工具。所以，广告活动与一般的创作活动或表现行为有根本的区别。随着经济的发展，广告的影响也在增大，在这种情况下，绝不能忽视广告对社会的责任。因此，对广告的管制是不可避免的。也就是说，广告法规不仅要保障企业之间的公平竞争，也需要保护消费者的权益。

2. 广告管制的领域

由于不同国家在经济与社会发展方面存在着较大的差异性，因此，广告管制的方式或领域也是不同的。但一般来说，广告管制的最终目的是保护消费者权益。

广告管制的领域包括以下四个方面（见图 13 - 1）。

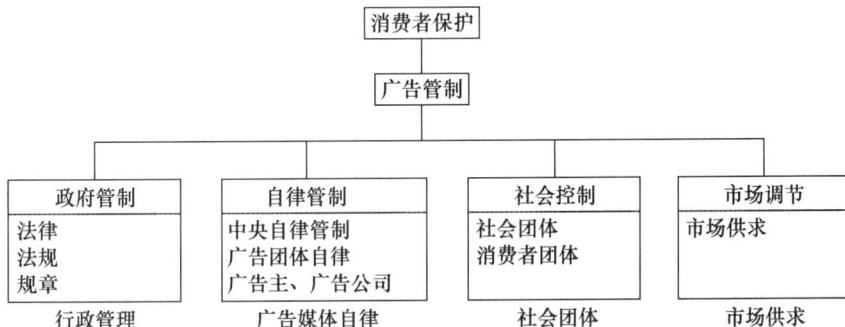

图 13 - 1　广告管制的领域

（1）政府管制。政府管制也叫他律管制。包括法律管制和行政管制。法律管制包括各种法律、法规、规章。行政管制是以行政手段对广告活动所进行的管理、监督、审查等。

（2）自律管制。自律管制包括行业自律管制、广告团体管制、广告主、广告公司、广告媒体的自律管制。

（3）社会控制。社会控制包括市民团体或消费者团体对广告活动的监督。

（4）市场调节。市场调节是以广告市场的供需情况来调节广告活动。

13.2　我国广告管制的法规与机构

13.2.1　政府对广告实施管制的手段

1. 制定和颁布广告法规

政府对广告实施管制，首先要根据广告活动的特点和社会公共利益的要求，制定和颁布广告法规，使广告活动有法可依、有规可循，这是广告管制的首要任务。

广告管制是广告发展的必然要求，所以广告管制的发展程度与广告发展水平紧密联系在一起。我国的商品经济发展较晚，广告在近代的发展受到抑制，因而，广告管制业比较落后，广告法规的建设更是长期处于落后的水平。中华人民共和国成立以前，国民党政府的内政部曾颁布过一部广告法规。新中国成立以后，经济迅速发展，广告也发展较快，在当时商品经济发展较快的上海、重庆、天津、西安等城市，先后发布了地方性的广告管制法规。但是，由于后来我国全面推行计划经济，从而广告业停滞不前，甚至达到崩溃的局面。改革开放以后，我国广告业重新恢复和迅速发展。根据广告业恢复和发展的需要，1982 年，国务院颁布了我国第一部全国性广告法规《广告管制暂行条例》。后来，国务院于 1987 年发布了《广告管制条例》，使广告管制法制建设又进了一步。进入 20 世纪 90 年代，我国经济建设又进入了一个新的快速发展时期，广告更是发展迅速，需要将广告法规地位提高，并且将有关内容更进一步完善。在这种发展形势下，全国人大常委会于 1994 年 10 月 27 日审议通过了《中华人民共和国广告法》（简称《广告法》），从 1995 年 2 月 1 日起正式施行，使我国广告法规建设又进入了一个新的阶段。

2. 建立专门的广告管制机构

有了广告法规，还必须组建专门的广告管制机构对广告活动进行管理和监督。虽然广告活动是集信息传播活动、经济活动、社会活动、文化活动于一身的综合性活动，但是其最终目的还是为经济发展服务，因此，广告管制属于工商管理的范畴。1982 年颁布的《广告管制暂行条例》就从法律上规定，由各级工商行政管理部门代表政府对广告进行管理。《广告法》第一章第六条规定，"县级以上人民政府工商行政管理部门是广告监督管理机关"，为广告管制机关确定了法律地位。

3. 对违法广告行为进行查处

广告管制机关的任务虽然有多个方面，但是，最重要的是要对违法广告行为进行查处，以维护广告正常秩序，使广告健康发展。所以，广告管制机关要根据广告法规赋予的权力，监督社会的广告活动，对出现的违法广告行为，按照广告法规和其他相关法规的规定予以处理。只有经常不断地对违法广告行为进行查处，才能净化广告运行环境。

查处违法广告行为，是保护消费者和社会公众利益的重要手段，同时，也是预防违法广告行为的发生、保护合法广告行为的重要措施，尤其要把查处虚假广告和违法经营广告作为重点。

【阅读资料 13–1】　　　　　　　　城市小广告存在的原因

1. 小广告的价格低廉

雇佣散发、张贴、喷涂小广告的大多数是从事中介、广告、培训、医疗的个体工商户和城近郊区楼盘的售楼广告。电视、广播、报纸等媒体昂贵的广告费和繁琐的手续是这些个体工商户或开发商所不愿承担的，而且大多数也承担不起。如《北京青年报》一次刊登一篇最小 8cm ×8cm 的广告需要人民币 8750 元。而印制粗糙的小广告一张仅需几分钱，加上雇工的成本一张也不超过一角钱。

2. 小广告带来的利润巨大

近年来，城管监察执法部门联合工商、劳动、公安对小广告的打击力度非常大，但总是无法根治。其根本原因在于利益的驱使。印制小广告的场地要求不高，设施简单，所需的费用远远低于正规媒体。

3. 在繁华地段，公共设施欠缺

小区的合适位置，没有张贴信息的免费的公共信息交流的平台。例如寻人、寻物启示。

4. 小广告提供的中介服务信息是外来人员进城找工作的主要媒介

马路上随处可见的小广告成为外来人员进城找工作获得信息的主要渠道。

资料来源：姜韶辉："浅析城市小广告的成因及治理措施"，《城市管理科技》，2005 年 7 月。

13.2.2　广告法规

1. 广告法规包括的范围

广告法规是广告管制机关行使监督职能，对广告宣传、广告经营、广告发布等涉及广告的活动和行为实施管制的法律法规。广告法规规定所有从事广告活动的当事人，哪些行为是必须的，哪些行为是许可的，哪些行为是禁止的。它是广告管制机关依法管理、依法办事的依据，也是广告主、广告经营者和广告发布者从事合法广告活动的法律保障。

广告法规不是单指某一个具体的法律，而是所有有关的约束广告行为的法律规范的集合。它包括以下几个方面。

（1）宪法。宪法是国家的根本大法，具有最高的法律地位和法律效力，是制定其他法律、法规的依据，也是司法、执法的依据。公民、组织和政府的一切行为都必须符合宪法的要求，广告行为和广告管制也不例外。

（2）法律。法律是国家最高权力机关根据立法程序制定和颁布的规范性文件。在我国是专指全国人民代表大会以及人大常委会制定和颁布的规范性文件。例如，《刑法》《合同法》《商标法》《广告法》等。法律是仅次于宪法的规范性文件。《中华人民共和国广告法》是专门规范广告行为的法律。此外，与广告管制相关的法律有：《中华人民共和国民法通则》《中华人民共和国消费者权益保护法》《中华人民共和国产品质量法》《中华人民共和国食品卫生法》《中华人民共和国反不正当竞争法》《中华人民共和国经济合同法》《中华人民共和国商标法》《中华人民共和国烟草专卖法》《中华人民共和国未成年人保护法》《中华人民共和国环境保护法》等。

（3）行政法规。行政法规是国家行政管理机关为执行法律和履行职能，在其职权范围内，根据宪法和法律赋予的权限，所制定和颁布的规范性文件。在我国，国务院是制定和颁布行政法规的最高权力机关，有权根据宪法和法律，规定行政措施，制定行政法规，颁布决定和命令。

1982 年的《广告管理暂行条例》和 1987 年的《广告管理条例》都是国务院制定和颁布的行政法规，还有《烟草专卖法实施条例》等。

（4）行政规章。行政规章是指国家工商行政管理局会同有关部、委、办、局联合制定的部门规章，目前有关广告管制的规章见表 13 - 1。

表 13 - 1　　　　　　　　　　　我国有关广告管制的规章

实施时间	规章名称
1985	《关于加强对各类奖券广告管制的通知》
1986	《关于加强体育广告管制工作的通知》
1987	《关于做好农药广告管制工作的通知》
1988	《广告管理条例实施细则》
1989	《关于严禁刊播有关性生活产品广告的规定》
1990	《关于实行〈广告业务远征〉制度的规定》《关于全国范围内实行广告业专用发票制度的通知》《关于报社、期刊社和出版社刊登、经营广告的几项规定》
1991	《关于伪造、涂改、出租、出借、转让、出卖，或者擅自复制广告经营许可证行为处罚问题的规定》《关于广告经营违法案件非法所得计算方法问题的通知》
1992	《关于实行广告业务发布合同示范文本的通知》《药品广告管制办法》《医疗器械广告管制办法》《关于坚决制止非法使用党和政府领导人的名义、形象、言论进行广告宣传的通知》
1993	《广告审查标准》《关于加强融资广告管制的通知》《关于进行广告代理制试点工作的若干规定》《关于加快广告业发展的规划纲要》《食品广告管制办法》《化妆品广告管制办法》《医疗广告管制办法》
1994	《关于加强海峡两岸广告交流管理的通知》
1995	《药品广告审查办法》《农药广告审查办法》《兽药广告管制办法》《医疗器械广告审查办法》
1997	《房地产广告发布暂行规定》《印刷品广告管制暂行办法》

2. 《广告法》内容

《广告法》共分六章四十九条。分别从总则、广告准则、广告活动、广告审查、法律责任、附则六个方面做了规定。

"总则"一章阐述了制定《广告法》的目的，界定了广告活动、广告主、广告经营者、广告发布者等基本概念，把真实、合法、诚实、守信、不得欺骗和误导消费者等作为从事广告活动的根本原则，并规定县级以上政府工商行政管理部门是广告管制机关。

"广告准则"一章则对广告内容和广告表现形式做了详细的规定，并对药品、医疗器械、农药、烟草、食品、酒类、化妆品等特殊广告的发布做了必要的限制。

"广告活动"一章对所有从事广告活动的当事人的资格、条件和必须遵守的义务作了详细的规定，并对需要禁止的广告活动做了界定。

"广告的审查"一章对要求发布药品、医疗器械、农药、兽药等特殊广告的审查机关、审查程度等做了规定。

【阅读资料 13 – 2】　　　整治违法广告，远离"罚款思维"

中国广告协会 2011 年第一次公开点评违法违规广告发布会 2 月 18 日在京举行，公开点评了一些违法广告的典型案例。据国家工商总局广告司监督处披露，2010 年全年工商系统共查处各类广告违法案件 46889 件，罚没款 2.44 亿元。

所谓违法广告，就是触犯了国家相关法律的广告。这类广告，误导了消费者，危害消费者安全，污染视听环境，扰乱民众正常生活，为社会大众所深恶痛绝，理当得到有效整治，以至杜绝。

整治违法广告，罚款不应该成为优先选用的手段。因为在商人的眼里，他们并不缺少钱，而罚款只不过是他们从违法广告中获取利益的极小部分，当他们有利可图时，哪会在乎占获取利益极小部分的罚款？而对于违法广告的传播载体，只会让他们更加变本加厉，接受更多的违法广告以弥补罚款损失。

进一步说，在罚款成为一种执法手段时，"执法等于罚款"就不再是民间口口相传的打趣话，而是利益培植出的扭曲现实。不管我们承不承认，在很多执法实践中，"罚款"已经是创收的最好手段，甚至于成为部门利益的"提款机"。至于罚款后的结果如何，比如那些违法广告还会不会冒出来坑害消费者，就另当别论了。

当前违法广告之所以屡禁不止，法定的执法措施操作性不强，以罚款代法律处罚恐怕是造成这种局面的主要原因。事实上，市场经济也是法制经济，维护市场经济秩序最有效的手段就是依靠法律。要知道，再有力度的经济处罚总归是经济处罚，是代替不了法律严惩的威慑力的。

因此，要使广告市场正本清源，让违法广告彻底消失于公众的视野，就不能只靠罚款，而该建立严厉的打击和防范机制，运用法律手段规范广告市场。执法过于依赖罚款，带来的恶果必然是只能治"皮毛"而治不了"筋骨"，也就是说，靠罚款是杜绝不了违法广告的，并且还会放大"以罚代法"空间。

资料来源：张冰歌：《法制日报》，2011 年 03 月 23 日。

13.2.3　广告管制的行政机构

根据《广告法》的规定，县级以上政府工商行政管理部门是法定的广告管制机关，负责对所有广告活动实施监督和管理。

广告管制机关由国家工商行政管理总局、省、自治区、直辖市工商行政管理局、地区、市工商行政管理局、县工商行政管理局组成了一个网络，按照分级管理和属地原则对广告活动实施监督和管理。

所谓分级管理，就是按照广告活动的性质和设计的范围，由不同级别的工商管理部门实施管理。例如，对涉及到国际、国家级的广告活动，如在我国境内举办的国际性运动会等的广告活动，需由国家工商行政管理部门监督管理或授权给有关省市工商行政管理部门监督管理；对一般性广告活动，则由所在地的工商行政管理部门监督管理。

所谓属地原则，即由广告发布地区的工商行政管理部门负责对当地的广告活动实施监督管理。如果发生违法广告行为，不论其广告主、广告经营者、广告发布者具体隶属关系在哪里，均由发布所在地的工商行政管理部门负责查处。

13.3 我国广告行政管制的主要内容

13.3.1 从事广告经营和广告发布活动的管制

1. 广告经营者的资格

《广告法》第二条规定：广告经营者"是指受委托提供广告设计、制作、代理服务的法人、其他经济组织或个人"。广告经营者可以是企业、经济组织或者个人。如各类广告公司、设计室、工作室、个体广告经营者等。

《广告法》第二十六条规定："从事广告经营的，应当有必要的专业人员、制作设备，并依法办理公司或广告经营登记，方可从事广告活动。"即从事广告经营活动，必须具备资金、专业技术人员和专业制作设备等条件，符合企业登记中广告业登记的有关要求，经过工商行政部门审批登记，并发给经营证照之后才具合法资格。

不符合上述条件而从事广告经营活动的，即属非法经营。

2. 广告发布者的资格

《广告法》第二条规定：广告发布者"是指为广告主或者广告主委托的广告经营者发布广告的法人或者其他组织"。

《广告法》第二十六条规定："广播电台、电视台、报刊出版单位的广告业务，应当由其专门从事广告业务的机构办理，并依法办理兼营广告的登记。"成立专门的广告机构，专门办理广告业务，是因为这些单位都是兼营广告业务的，而且都是社会影响很大的新闻媒介，其主要工作和业务范围并不是广告。

3. 广告经营者、广告发布者的责任和义务

（1）负责查验广告证明文件，核实广告内容。《广告法》第二十七条规定："广告经营者、广告发布者依据法律、行政法规查验有关证明文件，核实广告内容。对内容不实或者证明文件不全的广告，广告经营者不得提供设计、制作、代理服务，广告发布者不得发布。"

（2）不得从事超出经营范围的广告业务。广告经营者、广告发布者在办理广告经营审批登记时，已经由工商行政管理部门核定其可以从事广告营业业务的范围，广告经营者、广告发布者只可以从事其核定经营范围内的广告业务，不能超越其经营业务范围。

（3）不得在广告活动中进行不正当竞争。《广告法》第二十一条规定："广告主、广告经营者、广告发布者不得在广告活动中进行任何形式的不正当竞争。"

（4）从事广告活动要订立书面合同。《广告法》第二十条规定："广告主、广告经营者、广告发布者之间在广告活动中应当依法订立书面合同，明确各方的权利和义务。"

（5）建立健全广告业务档案。《广告法》第二十九条规定："广告经营者、广告发布者按照国家有关规定，建立、健全广告业务的承接登记、审核、档案管理制度。"

（6）收费公开，标准合理。《广告法》第二十九条规定："广告收费应当合理、公开，收费标准和收费办法应当向物价和工商行政管理部门备案。广告经营者、广告发布者应当公布其收费标准和收费办法。"

（7）提供真实的资料和信息。《广告法》第三十条规定："广告发布者向广告主、广告经营者提供的媒介覆盖率、收视率、发行量等资料应当真实。"当然，作为广告经营者，向广告主和广告发布者提供的资料也应当是真实的。

13.3.2　对广告主的管制

1. 广告主的资格

《广告法》第二条规定：广告主"是指为推销商品或者提供服务，自行或者委托他人设计、制作、发布广告的法人、其他经济组织或者个人"。

2. 广告主的责任和义务

（1）发布广告的内容应在自己的经营范围和国家许可的范围内。《广告法》第二十二条规定："广告主自行或者委托他人设计、制作、发布广告，所推销的商品或者所提供的服务应当符合广告主的经营范围。"如果超出其经营范围进行经营，就属于违法经营，为其违法经营行为进行广告宣传，其行为当然也是违法广告行为。

此外，即使广告主在广告中所推销的商品或者服务属于自己经营范围以内，但是其广告宣传也应当在国家许可的范围内进行。例如，卷烟厂为其生产的香烟做广告，农药厂为其生产的农药做广告，虽然都在自己经营范围以内，但是国家对这些商品的广告宣传有若干限制，所以，必须在国家允许的范围内进行广告宣传。即使是一般商品，也要按照国家关于发布广告所应遵循的一般标准进行。

（2）必须提交真实、合法、有效的证明文件。《广告法》第二十四条规定：广告主自行或者委托他人设计、制作、发布广告，应当具有或者提供真实、合法、有效的下列证明文件。

①营业执照以及其他生产、经营资格的证明文件；

②质量检验机构对广告中有关商品质量内容出具的证明文件；

③确认广告真实性的其他证明文件。

依照本法第三十四条规定：发布广告需要经过有关行政主管部门审查的，还应当提供有关批准文件。

（3）必须委托具有合法资格的广告经营者和广告发布者。《广告法》第二十三条规定："广告主委托设计、制作、发布广告，应当委托具有合法经营资格的广告经营者、广告发布者。"否则就是违法广告行为。

13.3.3 广告审查制度

根据我国《广告法》，目前我国推行的广告审查制度表现在以下两个方面：一是事前审查，一是事后审查。

1. 事前审查

对于广告内容及其表现在发布前进行审查，是法律、法规为保证广告真实、合法而确定的一项重要法律制度和管理制度。广告事前审查分为两类：一类是国家有关行政主管部门进行审查，一类是广告经营者、广告发布者进行审查。

（1）国家有关行政主管部门的审查。《广告法》第三十四条规定："利用广播、电影、电视、报纸、期刊以及其他媒体发布药品、医疗器械、农药、兽药等商品的广告和法律、行政法规规定应当进行审查的其他广告，必须在发布前依照有关法律、行政法规由有关行政主管部门对广告内容进行审查；未经审查，不得发布。"

广告审查机关，就是指与以上规定中列举的待发布的特种广告的商品或服务有关的行政主管部门的简称。

除了《广告法》中所规定的四种商品必须由广告审查机关进行发布前审查外，其他法律、行政法规规定应当进行发布前审查的，必须由广告审查机关进行事前审查。目前还有社会力量办学的广告，也必须由教育行政部门进行事前审查。

（2）广告经营者、广告发布者的审查。《广告法》第二十七条规定："广告经营者、广告发布者依据法律、行政法规查验有关证明文件，核实广告内容。对内容不实或者证明文件不全的广告，广告经营者不得提供设计、制作、代理服务，广告发布者不得发布。"该条明确规定了广告经营者、广告发布者审查的范围、内容、方法及其相应的法律责任。

广告经营者和广告发布者是广告活动的两个主要行为主体，在广告内容的审查方面负有主要的责任和义务。广告经营者、广告发布者对广告内容进行事前审查的范围较广，凡其承办或发布的广告，无论是特种广告，还是非特种的一般广告，均要进行事前审查。

广告审查的范围包括：①广告主的主体资格审查，即审查广告客户有无做某项内容广告的权力、能力和行为能力。②广告的内容和表现形式是否违反广告法律、法规和其他法律、法规的规定。③证明文件是否真实、合法、有效。

广告经营者、广告发布者未依法审查广告，要承担由此引起的法律责任，给用户、消费者及他人造成损害的，承担连带赔偿责任，广告证明承接机关审查不严或未经审查就出具证明的，要承担出具非法或虚假证明的法律责任。

为了加强对广告发布活动的管理，严格执行各类广告发布标准，国家工商管理局于 1996 年制定了《广告审查员管理办法》。根据法律和行政法规，广告经营者、广告发布者负有广告审查的法定义务，且这一义务具体由广告经营单位的广告审查员来实施。广告经营者、广告发布者设计、制作、代理、发布的广告，应当经过本单位广告审查员书面同意。

2. 事后审查

广告正式发布之后，为确保广告发布质量，维护社会经济秩序，保护消费者的合法权益，广告监督管理机关对广告内容进行监测和检查。

一般来说，监测的广告媒体是固定的，连续进行的。监测的范围是所有的广告。目前，有些地方已经成立了专门的广告监测机构，分担了广告监管机关的一部分事务性工作。而检查是非固定的，根据情况和需要检查某种形式或某种内容的广告。

另外，广告发布以后，消费者向工商管理部门举报，工商管理部门根据消费者的举报进行审查。或者上级部门提出有问题的广告，那么下属的工商管理部门就根据上级机关的要求进行审查。我国广告审查大部分是事后审查。

尽管我国有较为规范的广告审查制度和严厉的违法广告惩治体系，但违法广告现象却是屡禁不止，大有愈演愈烈之势。从传统的电视、报纸、广播、杂志四大媒体到新兴的网络媒体，违法广告的发布无处不在。当红明星，甚至令人敬仰的老艺术家也一个个粉墨登场，争相为违法广告代言。

【阅读资料 13－3】 违法广告何以猖狂

从街上走过，会有人悄无声息地塞给你几张花花绿绿的广告纸；骑摩托或自行车，总有人劫匪一般立于路中，异常准确而敏捷地飞射给你叠成"燕"式的广告页；回到家开门，首先映入眼帘的往往是见缝插"纸"的自制广告……这些广告主受利益的驱使（更没有顾及道德和良心的谴责），要么明目张胆地盗用他人刊号印刷"专刊""特刊"，要么干脆赤膊上阵，直接"创刊"，自行印制，四处发放。"广告"的内容，五花八门，光怪陆离，尤以医药类为甚，尤以各类"强身""壮阳""回春"类为甚，夸大其词，信口雌黄，无中生有，极尽下流、无耻之能事，且在其上都还冠冕堂皇地印有某部长、某专家的溢美之词，印有某名人、某演员的切身感受，力求让读者和患者身临其境、怦然心动；更有胆大妄为之徒，公然打出制作各种假证件、制作各种假公章等违法、犯罪的广告。这些"广告"铺天盖地，具有受众面大、影响广泛、欺骗性强等特点，极具煽情和煽动性。

1993 年，原国家工商行政管理局和卫生部联合发布《医疗广告管理办法》，规定医疗广告需经卫生行政部门出证后，方可发布；1995 年 2 月 1 日，《中华人民共和国广告法》正式施行，对广告的内容和广告活动做出明确规定。此后，国家有关部门又陆续出台了一系列相关的法律、法规，逐渐建立健全各项法规制度，以使有法可依。

然而，事实上，违法自制广告仍是未见有丝毫收敛，甚至大有愈演愈烈之势，误导了消费者，污染了精神文明建设，破坏了正常的广告市场及经济市场秩序，危害了广大人民群众的身心健康及生命安全，为社会稳定、国泰民安埋下了巨大的隐患。

诚然，为了打击违法广告、净化市场，各地有关部门也曾投入专门的人力、财力，相应做了大量的工作，可是，为什么非法广告至今仍然得以大张旗鼓、肆意而为？地点隐蔽呀，人员复杂呀，行踪诡秘呀……其实，根本就不需要花费多么大的力气去"围、追、堵、截"，为了联系到"客户"、招徕到"生意"，每张非法广告上都有醒目的电话号码、地址，以及联系人员等，只要我们的有关人员能够痛下决心、不徇私情、顺藤摸瓜地查下去，何愁不能把他们一个个地揪出来，进而连窝端掉、彻底铲除呢？

资料来源：关海山，山西新闻网。

13.4 我国广告行业自律及社会对广告的监督

13.4.1 我国广告行业自律

1. 广告行业自律的性质与特点

广告行业自律是指广告业者通过章程、准则、规范等进行自我约束和管理，使自己的行为更符合国家法律、社会道德和职业道德要求的一种制度。广告行业自律主要通过建立、实施广告行业规范来实现，行业规范的贯彻落实主要依靠行业自律组织进行。

广告行业规范是指广告行业组织、广告经营者和广告主履行制定的约束本行业或企业从事广告活动的广告公约和各种规章，隶属于广告职业道德范畴。

广告行业自律和行业规范作为广告业者遵守的规则，主要有以下特点：

（1）自愿性。遵守行业规范，实行行业规范，实行自律，是广告活动参与者完全自愿的行为，没有任何组织或个人的强制。他们一般是在自愿的基础上组成行业组织，制定组织章程和共同遵守的行为准则，目的是通过维护行业整体的利益来维护各自的利益。因此，行业自律主要是依靠参加者的信念及社会和行业同仁的舆论监督作用来实现。违反者，也主要依靠舆论的谴责予以惩戒。

（2）广泛性。广告业自律调整的范围比法律、法规调整的范围更加广泛。广告活动涉及面广且不断发展变化，广告法律、法规不可能把广告活动的方方面面都规定得十分具体。而行业规范可以做到这些，不仅在法律规范的范围内，而且在法律没有规范的地方也能发挥其自我约束的作用。因而，广告行业自律是限制广告法规所不能约束的某些行为的思想和道德武器。

（3）灵活性。广告法律、法规的制定、修改和废止要经过严格的法定程序，而规范等自律规章只要经过大多数参加人同意，即可进行修改、补充。

2. 我国广告行业组织与行业自律

（1）建立行业协会。行业自律首先要成立行业组织，通常都是以建立行业协会的形式出现。有了行业协会，才能开展活动，行业自律也才能从组织上得到落实。在我国广告界，自 1983 年 12 月就成立了"中国广告协会"，接受国家工商行政管理局的指导。其中包括了客户委员会、广告公司委员会、报纸委员会、电视委员会、广播委员会、公交委员会、铁路委员会、学术委员会等专业委员会，在各地还设有地方广告协会。

中国广告协会的职能是：在国家工商行政管理总局的领导下，承担着抓自律、促发展，指导、协调、服务、监督的基本职能。

中国广告协会的主要任务是：

- 制定行业自律规定，规范经营行为，开展争创文明先进单位活动，促进广告市场健康有序的发展。
- 开展企业资质评审话动，扶植优势企业发展，促进产业结构的优化调整。
- 抓好行业培训工作，确保从业人员的上岗资质，努力提高从业人员的业务素质，与教育部门联合共同进行广告专业大专班、本科班、研究生班的招生教学工作。
- 加强广告学术理论研究，积极开展中外广告学术理论交流，促进和引导中国广告思想理论的发展。
- 开展国际交流与合作，与世界各国广告协会建立联系，代表中国广告界参加世界广告组织和活动，组织中国广告界参加国际性的广告赛事。
- 开展广告发布前咨询工作，为广告主、广告公司、媒介广告部提供法律援助。
- 开发信息资源，建立信息网络，为行业提供信息服务。
- 举办好中国广告节等会展活动，评选创意制作精良、广告效果好的优秀广告作品，推举新人，树立广告界的良好形象，促进广告业的发展。
- 积极参与广告业的立法立规工作，向政府有关部门反映会员单位的意见和要求，提出合理建议。

- 办好现代广告杂志，及时传递行业管理信息，发布行业统计数据，促进广告思想理论的发展和经营秩序的规范。

此外，在外经贸界，有"中国对外经济贸易广告协会"。这些行业协会都制定了协会章程，其中，行业自律是最重要的内容。

（2）广告行业自律。行业自律必须要由成员共同制定自律规章，作为本行业协会成员共同遵守的规范，并对整个行业形成一种行业指引，使整个行业都能够按照自律规章办事。

中国广告协会先后制定和通过了《广告行业自律规则》《广告行业岗位职务规范》（试行）《广告活动道德规范》《广告宣传文明自律规则》《广告公平竞争自律守则》等自律规章。

13.4.2 社会对广告的监督

1. 社会监督的必要性

首先，社会监督是广告监管依靠社会和消费者主动参与的重要手段。由于广告的特殊性，广告监管已经并非只是关系广告行业的事，而是关系到全社会公共利益的大事，要求社会和公众共同关心和参与，社会监督就是社会和公众主动参与的重要手段。

其次，社会监督是广告监管公开化、透明化的具体体现。社会参与广告监管，对违法广告行为进行揭露，让全社会都认识到广告管制的重要性，社会各个层面都来关心广告，使广告管制公开化、透明化，不仅不会影响到国家对广告的管理，反而对广告的管理是一种促进和帮助。

2. 社会监督的主要途径

社会对广告进行监督的途径主要有以下三个方面。

（1）新闻媒体的舆论监督。对违法广告行为，通过新闻媒体的报道和揭露，使之公之于众，一方面可以为广告管制机关提供线索；另一方面，也可以使消费者了解真相，避免上当受骗；此外，也使这些违法广告行为的制造者受到舆论压力，迅速采取措施，改正错误。目前，国内已有新闻媒体计划开设"虚假违法广告曝光台"，此一举措无疑会有力打击虚假违法广告的猖狂气焰。

【阅读资料13-4】　　　青岛将在报纸开设"虚假违法广告曝光台"

2011年5月31日，青岛市工商局召开新闻通报会，向与会的20多家新闻媒体宣布该局将在《青岛日报》开辟"虚假违法广告曝光台"专栏，及时向社会通报监测发现和立案查处的虚假违法广告案件，必要时将把违规的新闻媒体名字公布于众。

近年来，青岛有些媒体刊发的医药类虚假违法广告，肆意夸大疗效，利用专家和患者名义进行虚假宣传，不仅严重误导消费，损害群众身心健康，而且大大削弱了媒体的公信力，败坏了社会风气，损害了党和政府的形象，成为社会一大公害。部分人大代表和政协委员连续几年提出关于加强违法医药广告监管的建议和提案，很多市民也通过多种渠道反映相关诉求。

对此，青岛市工商局牵头建立了全市整治虚假违法广告部门联席会议制度，与 11 个成员单位联合制定整治实施方案，采取每月制发全市媒体广告监测通报，每季度发布查处虚假违法广告公告，对部分严重违法广告主体从严查处、责令停止在我市发布广告等措施，不断加大整治打击力度。

进入 2011 年以来，青岛市政府更加重视媒体广告监管工作，对相关政协提案实行挂牌督办。4 月下旬以来，秦敏副市长先后组织召开了 3 次提案办理工作协调会，要求加大查处力度，强化行业自律。青岛市工商局作为此次专项整治工作的牵头部门，做了大量具体细致的工作：市局主要领导和分管领导多次与各媒体负责人进行约谈，提出指导规范意见和建议；以现场授课和网络视频方式组织举办了全市广告审查员培训班，指导各媒体和企业广告审查人员熟练掌握广告法律法规，提高辨别违法广告的能力和水平；坚持每天对报纸、广播、电视等媒体发布的医药类广告实行 24 小时监测，定期发布《广告监测通报》，对发现的涉嫌违法医药广告在第一时间向媒体下达行政告诫书，责令立即停止发布；对整治期间媒体违规发布的 52 起重点医药广告案件，抽调精干力量限时从严、从快依法查处；密切与相关职能部门的配合，及时将广告监测和案件查办情况向相关部门通报，形成整治合力。相关部门也加大了工作力度：青岛市卫生局专门召开医疗机构医疗广告发布情况通报会，集中力量开展对违规发布医疗广告医疗机构的专项整治，对 21 家医疗机构下达责令改正意见书，对 6 家医疗机构给予警告，情节严重的将采取停业整顿和吊销诊疗科目的处罚；市食品药品监管局进一步加强广告监测，并报请省局批复，对擅自发布违法广告的 3 种药品采取暂停在全市销售的强制措施；青岛市文化市场行政执法局组织对各医疗机构和药店擅自出版印刷和散发的非法刊物和报型出版物进行了集中清理，同时对有关报刊出版单位实施审读，坚决查处医疗广告违法违规行为；市委宣传部专门召开新闻媒体负责人会议，严格规范广告刊播行为，并将治理媒体违规违法广告列入全市新闻战线"三项学习教育"活动的重点内容。各部门各司其职，齐抓共管，迅速遏制了违法医药广告发布行为。

在监管部门强化措施狠抓落实的同时，《青岛日报》报业集团率先行动，2011 年于 5 月 9 日通过《青岛日报》《青岛早报》《青岛晚报》等媒体郑重向社会承诺，认真履行广告审查义务，从源头杜绝刊登违法医药广告；青岛市广播电视台于 5 月 11 日召开加强治理违法医药广告工作专题会议，在全台开展专项治理整顿；其他媒体近日也主动整改，停止发布了大量违法医药广告，使青岛市媒体广告市场迅速得到净化，收到了良好的社会效果。

青岛工商局有关人员告诉记者，"虚假违法广告曝光台"专栏的设立，将借助媒体的快速广泛传播渠道，向社会公众及时曝光各类虚假违法广告，有效解决大众广告信息不对称的问题，起到以正视听的效果，帮助市民及时了解到广告监管部门监测发现和依法查处的各类虚假违法广告情况，防止误导，理性消费，从而彻底清除不法商家的立足和生存空间。另一方面，"曝光台"专栏的设立，也有助于媒体广告行业的自律，起到相互监督的作用，进一步推进虚假违法广告整治工作不断走向深入，共同创造良好的城市宣传环境。

资料来源：张庆申等. 法制网. 2011 年 5 月 31 日。

（2）社会团体的积极参与。对于违法广告行为的监督，一些社会团体的积极参与是必不可少的。因为这些社会团体成立的宗旨就是关注社会公众利益，保护公民的合法权益不被侵犯。在我国，对损害消费者利益的违法广告行为，消费者协会应义不容辞地给予消费者以关心和帮助；对损害到妇女和儿童合法权益的违法广告行为，妇联的参与是理所当然的；此外，残疾人联合会关注损害残疾人利益的违法广告行为；宗教界联合会关注损害宗教界合法权益的违法广告行为，等等，都是合理而且正当的社会监督行为。

【阅读资料 13－5】　　　　　中国消费者协会

中国消费者协会于 1984 年 12 月经国务院批准成立的、对商品和服务进行社会监督以保护消费者合法权益为宗旨的全国性社会团体。其经费由政府资助和社会赞助。

中国消费者协会的宗旨是，对商品和服务进行社会监督，保护消费者的合法权益，引导广大消费者合理、科学消费，促进社会主义市场经济健康发展。

法定职能

根据《中华人民共和国消费者权益保护法》，中国消费者协会及其指导下的各级协会履行以下七项职能：

1. 向消费者提供消费信息和咨询服务；

2. 参与有关行政部门对商品和服务的监督、检查；

3. 就有关消费者合法权益的问题，向有关行政部门反映、查询，提出建议；

4. 受理消费者的投诉，并对投诉事项进行调查、调解；

5. 投诉事项涉及商品和服务质量问题的，可以提请鉴定部门鉴定，鉴定部门应当告知鉴定结论；

6. 就损害消费者合法权益的行为，支持受损害的消费者提起诉讼；

7. 对损害消费者合法权益的行为，通过大众传播媒介予以揭露、批评。

组织机构

中国消费者协会的组织机构是理事会。理事由各政府有关部门、人民团体、新闻媒体、各省、自治区、直辖市及计划单列市消费者协会（委员会，下同）以及各有关方面的消费者代表协商推举产生。理事会全体会议每年召开一次。闭会期间，由常务理事会行使理事会职权。协会的日常工作由常设办事机构承担，秘书长、副秘书长专职管理，并向会长负责。

（3）公民举报投诉。每个公民都有责任和义务对违反法律的行为进行揭露。同时，在公民个人的合法权益受到不法侵犯时，可以向政府主管部门反映和投诉，也可以通过法律途径提起法律诉讼。当公民发现某一广告行为违反法律法规或侵犯了自己的合法权益的时候，可以向广告管制机关举报和投诉，或者向司法机关提起法律诉讼，以保障社会公共利益和自己的合法权益不被侵犯。

13.5　我国广告管制存在的问题及改善方向

随着广告业的发展，我国的广告管制从不完善向完善发展，逐步形成我国特色的广告管制体系。我国已经实施《广告法》以及相关的法律，如《消费者权益保护法》《反不正当竞争法》等，实施《广告管制条例》等行政法规和《广告审查标准》等行政规章。

特别是 1995 年 2 月 1 日开始实施《广告法》以来，工商行政管理部门做了大量工作，积累了有益的经验。政府行政管理局先后制定了广告管制行政规章及规范性文件 30 余件。一些地方制定了地方的广告法规和规章。广告监管的各个主要方面基本做到有法可依。针对社会和群众反映的突出问题，各地工商行政管理机关集中开展广告市场专项治理，有效遏制违法广告蔓延势头，维护了广告经营秩序。仅 2010 年全年工商系统共查处各类广告违法案件 46889 件，罚没款 2.44 亿元。

13.5.1　我国广告管制存在的问题

1. 违法广告主要表现

近年来，违法广告屡禁不止，已对整个社会造成了严重的危害。这其中，药品、保健品行业更是广告的重灾区，历年来高居违法广告数量之首。根据国家食品药品监督局官方发布的统计数据，2009 年各地食品药品监管部门公告违法广告共计 6.28 万次，其中：违法药品广告 4.05 万次、违法医疗器械广告 3295 次、违法保健食品广告 19004 次。2010 年全国共监测移送有关部门查处药品、医疗器械、保健食品违法广告 8.3 万个，采取暂停销售行政强制措施 1152 次，撤销或收回广告批准文号 242 个。通过上述数据我们可以看出，我国药品违法广告的数量大，比例高，并且近年来没有减少的迹象。

下面就以药品行业为例，介绍一下违法广告的主要表现。

违法药品广告表现形式多种多样，它们通过各种各样的方法达到欺骗、诱导消费者购买其药品获取暴利的目的。

以下是违法药品广告常见的几种表现形式。

（1）缺少药品生产批号、广告审查批准文号的广告或超出有效期的药品广告。广告审查批准文号为 10 位数，前 6 位为审查年份、月份，后 4 位代表药品广告序号。根据《药品管理法》第六十条规定："未取得药品广告批准文号的，不得发布"；《药品广告审查办法》第十五条规定："药品广告批准文号有效期为 1 年，到期作废。"东北虎药业股份有限公司制药分公司生产的

"蛹虫草菌粉胶囊"，无广告批准文号；山西正元盛邦制药有限公司生产的"三宝胶囊"，使用过期广告批准文号。

（2）用绝对化的语言表示的药品广告。如含有"国家级新药""药之王""最高科学""最新技术""最先进治法"等以及含有"保险公司保险""无效退款""治愈率百分之百"等的广告。

（3）产品名称宣传不规范，使用科研机构、学术机构、医疗机构或专家、医师、患者名义或形象作证明和使用儿童名义或形象，以儿童为广告诉求对象的药品广告。青岛海尔药业有限公司生产的"海名威牌海麒舒肝胶囊"，该药品广告将产品名称宣传为"海名威"，并利用患者形象作证明；陕西东泰制药有限公司生产的"泌尿宁胶囊"，宣传为"金败毒"；山西正元盛邦制药有限公司生产的"三宝胶囊"，宣传为"耳通三宝"，并使用国家机关、科研单位以及利用患者形象作证明等。《药品管理法》第六十一条明确规定上述行为是不得有的行为。

（4）处方药在大众媒介发布广告。《药品管理法》第六十条第二款规定：处方药不得在大众传播媒介发布广告。而陕西东泰制药有限公司生产的"泌尿宁胶囊"、青岛海尔药业有限公司生产的"海名威牌海麒舒肝胶囊"、太极集团生产的"曲美"均为处方药，却在大众媒介发布广告。

（5）不科学表示功效的断言和保证。辽宁先臻制药有限公司生产的"清脑降压片"，其药品广告宣称："……高压180左右患者，服药1个疗程，血压可以控制在130以下，3个疗程可停药；高压超过200的重病患者，最多服用4个疗程即可停药。停药后请您放心，您的血压不会再高了"；通化神龙药业股份有限公司生产的"脑心安胶囊"，该药品广告宣称："心脏病七八年，吃了脑心安1盒就见效；总有效率达到98.9%"。《药品管理法》第六十一条第二款规定："药品广告不得含有不科学的表示功效的断言或保证"。

（6）产品功能主治的宣传超出批准的内容。《药品管理法》第六十一条规定："药品广告内容必须真实、合法，以国务院药品监督管理部门批准的说明书为准，不得含有虚假的内容"，而不少药品广告公然违反本条规定。如西安德天药业股份有限公司生产的"参龟固本酒"，其功能主治为"益气养血，健脾滋肾，祛湿活络"。广告宣称："中华中医药学会推荐，五大疾病的绿色终结者；主治心脑血管、风湿性疾病、肾病、胃病、贫血；只需7天，夜尿多现象得以消除，胃功能能得到恢复。"

（7）通过有奖销售、让利销售及馈赠、降价等形式进行宣传的药品广告。

（8）通过直接显示疾病症状、病理和医疗诊断画面进行宣传的药品广告。

（9）非药品宣传药品功效。属于保健用品的日本"一度明"，其在广告中宣称：日本著名眼科专家、代代木生物工程研究院首席科学家福田度明教授以此为核心技术，配合汉方中药，研制出新一代酶解珍珠技术的新型高科技眼贴，即疏通泪腺，增强眼部洁净功能；又快速激活"眼筛"，打通眼睛的内排毒通道，清除自由基和变异蛋白；还通过汉方中药成分改善眼部血液循环，增加供养，启动修复程序，使玻璃体、晶状体、视神经得到恢复，从而逆转病变，清目复明。"兰葛降酸茶"在其广告中称："尿酸降了、痛风好了"。《药品管理法》第六十一条第三款规定：

"非药品广告不得有涉及药品的宣传"。

（10）药品广告内容中有明示或暗示服用药品能应付现代紧张生活的需要，或增强性功能内容的。

（11）国家明令禁止发布的药品广告，如防疫制品、试生产期的药品、麻醉药品、毒性药品、放射性药品、艾滋病药品、改善和治疗性功能障碍的药品、精神药品、计划生育用药、戒毒药品等。

2. 违法广告现象屡禁不止的主要原因

违法广告已成社会之痛，国家相关部门曾经三令五申严禁违法广告的播出，并采取了一系列严厉的监管措施，但违法广告依然是泛滥成灾、屡禁不止。究其原因，主要有以下几点。

（1）广告法律体系不完善。虽然我国已经颁布实施《广告法》，但是广告管制的内容比较多且复杂，所以《广告法》还有未涉及的方面。例如，依据《广告法》第二条界定，广告主要是指商业广告，而如何管理和界定公益广告、社会性广告呢？又如，《广告法》第十三条规定"大众媒介不得以新闻报道形式发布广告"。但是，目前所谓的"软性广告"问题比较严重，不少媒体以新闻报道形式为企业发布广告。那么，如何界定广告和新闻的问题？

特别是涉及广告管制的相关法律不多。而《广告法》只规定一般原则，所以在广告管制中有漏洞。例如，《广告法》第四条规定："广告不得含有虚假的内容，不得欺骗和误导消费者。"但是，如何界定虚假广告、欺骗广告、误导消费者的广告？

（2）广告审查制度不完善。广告管制的一个很重要的方面就是对广告的审查。我国现行的广告审查制度，虽然在一定程度上对广告内容是否符合法定的发布标准起到了把关作用，但是，受我国广告业发展水平和广告经营机制、管理机制等因素制约，而不可避免地存在一些问题。这些问题体现在以下几个方面。

①广告审查制度主要采取广告经营者、广告发布者自查的方式。这样广告发布的质量就基本取决于各广告经营者和发布者。随着广告业的发展，广告经营者、广告发布者对广告进行审查的弊端日益暴露：一是由于广告涉及面广，一些涉及到技术、性能、质量等内容的广告难以进行实质性审查，这种审查的准确性难以保证；二是由于广告经营者、广告发布者集经营和审查于一身，容易导致他们受经济利益的驱动，对广告主的一些不合法要求一味迁就，放松广告审查的标准，审查的公正性难以保证；三是广告经营者、广告发布者对广告管制法规，相对于广告管制机关来说重视不够，运用生疏，加之广告经营单位发展数量增长迅速，熟悉广告管制法规的广告审查员比较匮乏，因此，广告审查的法律水准难以保障。

【阅读资料13-6】 投放广告内容违法，经营者和发布者均担责

2008年3月，北京市东城区人民法院对北京炎黄杏林广告有限公司诉某报社广告发布合同纠纷案作出一审判决。

我国《广告法》第二十七条规定："广告经营者、广告发布者依据法律、行政法规查验有关证明文件，核实广告内容。对内容不实或者证明文件不全的广告，广告经营者不得提供设计、制作、代理服务，广告发布者不得发布。"本条法律的规定本来是用以督促广告经营者和广告发布者在各自的工作环节共同履行对拟发布广告的审查义务，以保护广大消费者的合法权益。然而，长久以来，一些广告发布者通过在与广告经营者签订合同时，设置免责条款的方式将因发布违法广告导致的行政责任转移给广告公司，广告公司认为，媒体这样做是不想履行审查义务，从而引起纠纷。

原告诉称，原告由于代理相关产品在北京本地媒体的广告发放，与被告下属的某报刊达成广告投放协议，并交付被告预付广告费 294000 元。此后，被告从中扣除 175132 元据为己有，并声称该笔扣款为代收罚款。原告认为，被告以代收罚款名义扣押该笔款项的行为没有法律依据，所以要求被告将其自行扣收的款项返还原告。

被告辩称，因原告投放的广告内容违法，2006 年 10 月 30 日，北京市工商局东城分局向被告出具了行政处罚决定书，认为被告发布的"富硒灵芝宝"保健食品广告存在违反《广告法》第十六条、第十九条规定的情形，属于发布治疗肿瘤特殊药品广告及在食品广告中使用与药品相混淆用语进行宣传的行为，责令被告停止发布，并没收广告费 43783 元、罚款 175132 元。被告确实扣除了原告所述款项，但是依照原、被告签订的合同第四条约定：原告须向被告缴纳罚款保证金人民币 20 万元，就上述合作期间原告代理该客户在该报刊的广告投放，导致的任何责任均应由原告全部承担，如被告因此遭受任何经济损失，被告有权直接从上述保证金中扣除，如上述保证金不足弥补被告遭受的损失，原告还须向被告补齐差额。因此，被告扣除该笔款项的行为具有合同依据，故不同意返还。

法院经审理认为，根据《广告法》相关规定，原、被告分别作为广告经营者、广告发布者，均应当依据法律、行政法规查验有关证明文件，核实广告内容，对内容不实或者证明文件不全的广告，原告不得提供设计、制作、代理服务，被告不得发布。根据协议约定，合作期间原告代理客户在某报社的广告投放，被告因此遭受经济损失有权直接从保证金中扣除。但是，被告被处以行政罚款的原因是由于其广告发布行为违反了《广告法》相关规定，属于发布治疗肿瘤特殊药品广告及在食品广告中使用与药品相混淆用语进行宣传的行为。因此，被告在广告发布的环节产生的责任不属于原告按照协议应当承担责任的范围，其经济损失也不应包括在内。

另外，原告由于其广告投放行为违反了《广告法》相关规定，亦被处以相应的行政罚款，足以证明原告的广告投放行为与被告的广告发布行为系不同主体的不同行为，原、被告分别作为广告经营者、广告发布者，依法应当各自承担其不同违法行为所产生的相应法律责任。现原告要求被告返还保证金 175132 元，理由正当，法院予以支持。最后，法院判决被告返还原告保证金 175132 元及相应利息。

②广告审查机关的事前审查存在很大局限性。这表现在两个方面：一是事前审查的商品范围存

在局限性，目前仅限于药品、医疗器械、农药、兽药、社会力量办学五种商品和服务广告。而对社会反应较大、数量较多的房地产、保健食品、化妆品、医疗服务、金融等反面的广告，尚未纳入事前审查的范围；二是广告审查机关掌握广告法规有局限性，广告审查机关的审查人员对大量的广告法规缺乏了解和掌握，对广告中除专业技术外的其他内容的审查较为困难。

③广告审查委员会的事前审查已经停止。国家工商行政管理局在 1993 年下发《关于在部分城市进行广告代理制和广告发布前审查试点工作的意见》，尝试通过建立广告审查委员会来克服当时广告审查制度中经营与审查一体化的弊病。但由广告监督管理机关建立的广告审查机关，一开始就存在三个方面的缺陷：一是广告审查委员会的法律地位不明确，广告审查委员会的机构、性质和地位不明确，使实际工作的操作受到影响；二是广告审查委员会的法律责任不明确。广告审查委员会对广告审查通过的广告是否承担责任及承担什么样的责任，因其机构本身法律地位的不明确。也无从明确；三是其地位不超脱，集审查与执法于一体，影响公正执法。因此，广告审查委员会的工作已于 1998 年全面停止。

④广告业组织的事前咨询，因其采取自愿委托的原则，其适应范围受到一定限制；咨询服务的各方面之间是民事代理关系，所以咨询意见不具有行政的强制约束力。

⑤广告监督管理机关的广告审查以事后审查为主，监测、检查都是广告发布之后进行的，即使对违法广告做出了行政处罚，也只起到事后的教育、惩戒作用。而且受监管力量的限制，检查面较窄，使大量违禁、虚假广告不能得以及时查处。

（3）广告自律不强。广告自律是广告行业自律地对广告进行事前或事后的审查，制作公正的广告，从而正确引导消费者。所以广告自律也与以法律为依据的他律管制一样，在广告管制中起非常重要的作用。但是目前我国的广告自律起步较晚，还存在一些问题。我国的广告管制方式主要是以政府为主导的他律管制方式，而自律管制起的作用不大。

我国最大的广告行业协会——中国广告协会是国家工商行政管理局指导下的广告行业组织，所以，它还是没有完全摆脱行政隶属关系。虽然，中国广告协会已经颁布了《广告行业自律规则》、《广告公平竞争自律守则》等自律规章，但是其内容比较一般，没有详细地规定违反自律规则行为的控告或审查程序，甚至没有规定广告自律审查机构。所以，这些广告自律规则或守则主要具有宣言性的意义，而实践意义却不大。

【阅读资料 13 -7】　　　《广告法》第三十条为什么执行难

《广告法》第三十条规定：广告发布者向广告主、广告经营者提供的媒介覆盖率、收视率、发行量等资料应该真实。但在目前蓬勃发展的中国广告业中，一股暗流正为激烈竞争的广告业市场蒙上一层阴影——隐瞒和夸大报刊真实发行量的现象已在相当一部分报社、杂志社严重存在：发行几千份的杂志居然声称自己的发行量有几万份；发行几万份的报纸更敢扬言发行有几十万份；发行几十万份的报纸就往往大言不惭得宣布自己的发行量已达到上百万份。而同一份报纸的发行量，不同的部门查询，往往有不同的答案：税务部门查询，就往少里报；广告主、广告经营者查询，就往多里报。

这种虚报发行量的现象虽然有可能暂时保全媒体领导的政绩，也有可能在短期内赢得一定的广告收入；但从长期看，无论是对受众、广告客户，还是对刊物自身来说，不能客观、真实、准确公布发行量害处颇大，它不仅严重损害了广告客户的利益，也严重损害了同业和竞争对手的利益，而且虚报发行量的行为一旦被发现、披露或戳穿，必将严重损害媒体自身的形象和声誉。

虽然虚报发行量的危害性十分严重，但作为广告业的监管机关——工商行政管理部门，面对这种违法行为，却往往无能为力，主要是因为：

（1）法律规定不完善，缺乏可操作性。尽管《广告法》第三十条规定：广告发布者向广告主、广告经营者提供的发行量资料应该真实。但是，却未同时规定提供发行量的途径、方式、方法，未制定相应的程序和规则，也未对违反法律、法规的行为制定相应的罚则。有禁则而无罚则，不能成为完善的法律，由此造成众多的媒体肆无忌惮地虚报发行量而不必担心受到有关部门的处罚。

（2）各界人士对虚报发行量的行为的危害性认识不清。当一种商品"缺斤短两"时，人们往往会感到很气愤，而当媒体虚报发行量，有人却觉得无所谓。人们往往不把媒体视为一种商品，往往给它蒙上一层浓厚的政治色彩。人们没有认识到，这种行为对市场经济的破坏，最终受到利益损害的，还是广大消费者。

为了消除虚报发行量现象，笔者认为应从以下三个方面进行努力。

（1）完善法律法规，做到"有法可依"。这不仅要求制定确实可行的公布媒体发行量的规则，而且还要针对虚报发行量的违法行为，制定相应的处罚规定，给不法经营者以法律制裁，进行经济处罚，使其"得不偿失"。

（2）加快行业组织建设的步伐，积极推进行业自律。目前，中国广告协会和中国报业协会正在组建中国的ABC——中国报业发行量认定委员会。它是由广告主、广告公司及媒体所组成的非营业性组织，通过严格的查证，提供付费发行量认证，但由于该组织是自律性质的非官方机构，能否有效运行，很大程度上取决于媒体经营者的自律意识，以及政府法治建设的完善程度等外部环境。

（3）重视独立第三方——媒体调查机构的作用，加强社会舆论监督。独立于广告主、广告经营者、媒体的媒介调查机构，必须是独立、公正、专业的调查机构，其通过科学调查得到的发行量等数据，才能公正、规范地为各界服务；同时，发行量等数据公开，接受社会监督。

资料来源：广文，《广告法》第三十条为什么执行难，《现代广告》。

13.5.2 我国广告管制完善的方向

那么，如何克服广告管制上存在的问题，从而使我国广告业健康迅速发展？我们可以借鉴一些发达国家在广告管制方面积累的经验。

1. 美国的广告管制

美国的广告管制基本上由政府管理和广告业的自律两大体系构成，此外消费者监督也起了重要作用。美国政府通过广告立法活动来加强对广告的管理。涉及广告管制的法规很多，其中最重要的是《联邦贸易委员会法》。该法规定了虚假广告的含义、法律责任、虚假广告的管理机关。该法第十五条规定虚假广告是指在主要方面是欺骗性的广告；第十二条规定，任何个人、合伙人、公司传播或者导致传播虚假广告，都是非法的。该法第一条规定，虚假广告的管理机关是联邦委员会，该委员会的委员由总统任命，经参议院推荐及批准。对于虚假广告，该委员会可以发出禁止令。美国涉及广告管制的法规还有：1906 年颁布的《食品与医药卫生法》、1911 年颁布的《印刷物广告法案》、1938 年颁布的《食品、药物和化学物品法》，以后的《不当包装与商标法》《消费者信贷保护法》《玩具安全法》等法规均对广告活动做了明确规定，并把不真实的欺骗性的广告列入禁止和制裁之列。

美国的广告业自律十分严格。广告业的自律受到广告界自身、消费者及政府的欢迎。有了广告行业自律组织的帮助和审查，广告业人员可以减少因违法而受到重罚的风险，消费者也有了一个不用诉诸法律就可以解决因虚假广告而受到损害的问题的地方，政府由此也减轻了负担。美国的广告业自律体系比较健全，政府通过行业组织审查广告、处理纠纷，收到了良好的效果。美国的行业自律体系包括全国广告业行业自律、地方广告业自律、行业协会自律。全国广告审查理事会是美国全国性的广告自律机构，下设两个广告管制部门，一个是全国广告部，另一个是广告审查委员会。全国广告部有权要求广告主修改广告或停止刊播广告。全国广告审查委员主要是在全国广告部调解无效的情况下，负责仲裁经过全国广告部调查和调解上诉的案件。如广告主对做出的裁决不服，则案件移交有关的政府机构处理。地方广告自律机构主要是各地的营业质量促进局。美国有很多的行业组织，一般来说，每个广告公司、广告主和媒介团体至少是一个行业协会的会员。协会成员必须遵守协会的规定。

总之，通过广告行业的自律，不仅提高了广告的信誉，维护了消费者的利益，还有力地促进了广告行业的健康发展。

2. 英国的广告管制

英国政府对广告的管理主要是制定法律。英国是世界上第一个通过广告法规来加强广告管制的国家，也是广告法规比较健全的国家之一。英国广告管制法律法规包括判例法和成文法两种，而以判例法为主。以成文法出现的法律法规大多散见于有关法律法规中，大约 40 多个法律法规中涉及限制、管理或影响广告的内容。比较重要的有《公平贸易法》《儿童与青年法》《食品和药物法》《消费者保护法》《版权法》《诽谤法》《商标法》《独立广播电台法规》《消费者信用法》等。

英国 1907 年颁布的《广告法》，是世界广告发展史上最早的比较完整的广告法。该法规规定禁止广告妨碍娱乐场所、公园、风景地段的自然美；1952 年，该法修订版规定凡影响乡村风景、公路、铁路、水道、公共场所及任何有历史价值的建筑物场所，均禁止广告；1972 年，又增加了禁止广告装饰车辆行驶街市等规定。

英国的广告标准局是英国广告业重要的自律组织。该组织由广告界出资，于 1962 年在广告时间法规委员会的基础上成立，并在 1974 年重新组建。广告标准局的局长是独立于广告界的人士，他有权指定 12 人组成的广告标准局理事会，12 人中的半数以上是来自广告界之外，与广告业无任何利益关系的人士。因此，英国广告标准局不属于纯粹性的自律机构。英国广告标准局的具体职责有两项：一是审查广告，二是受理申诉。

英国广告业自律组织还有电视广告研究联合委员会和发行量审计局，他们负责确定电视广告收费率和报刊发行量。英国其他的广告自律团体还包括：广告人联合会、广告商协会、独立电视公司协会、报纸出版者协会、期刊出版者协会等，他们分别对本专业的广告进行一定的管理。

3. 日本广告管制

虽然日本尚未有一部专门性的广告法，但是各种有关的法律、条例、规约、标准等都对广告活动做了明确的规定，形成了一个庞大的广告法治网络。日本政府实施广告管制所涉及的法律主要有《民法》《不正当竞争防治法》《不当赠品及不当表示防治法》《户外广告物法》《消费者保护基本法》等。

日本的《民法》中第五百二十九条到第五百三十二条规定了广告主、广告代理公司及媒介三者之间的权力与义务，为调节广告法律关系确立了基本的法律规范。《不正当竞争防止法》制定于 1934 年，1975 年又进行了修改。该法从防止不正当竞争的角度对广告做了禁止性规定：一是在广告上对商品的质量、内容、制作方法、用途或数量做出令人误解的表示；二是在广告中对商品的原产地做虚假表示；三是在广告上做出可以使人错认为该商品是在出产、制造或加工地以外的地方出产制作或加工的表示；四是陈述虚假事实，妨害有竞争关系的他人信用。

日本的广告行政执法机构为公正交易委员会，从 1972 年开始其行政权力逐步下放给地方公共团体的消费者关系部门。

日本广告业的自律是比较完善和严密的。日本广告业自律是在遵守各项法律基础上的自我限制，对推动日本广告业的健康快速发展起到了重要作用。

从 1947 年 2 月 17 日成立日本广告会（现名为东京广告会）至今，日本已成立了数十个广告协会团体，其中最有影响的是全日本广告纲领。它指定的《日本广告业协会伦理纲要》是日本广告行业自律的一个样板。该纲领提出：日本广告业要通过广告，承担起提供将生产和消费、需求和效果、社会和个人联结起来的生活信息的责任，发挥广告业的社会效益，为建设物质丰富的社会贡献力量。

日本广告业自律机构十分健全，分工细密，遍及广告业的各个部门和方面，包括日本新闻协会、日本杂志广告协会、全日本户外广告联合会、广告主协会、日本广告审查机构等。这些自律机构都制定了本行业广告活动应当遵守的规则。日本广告审查机构的主要任务是接受、处理、审查、指导有关广告的询问，协调消费者团体与政府主管机关之间的关系，在广告主、媒介、广告业各自律团体之间作联系、合作的行动等。

日本广告业自律的严谨、细致、全面、具体，还表现在除广告业的行业协会外，其他各行业协会也制定了本行业广告应当遵守的规则。

4. 韩国广告管制

韩国也没有专门性的广告法，但是涉及广告限制及管理的法律法规有 180 多种，其中代表性的法律为 1980 年颁布的《反垄断及公正交易法》。韩国的有关广告的法律法规大致分为四种类型：一是有关商业交易的法律法规，如《商法》《反垄断及公正交易法》《不公正竞争防止法》《商标法》等；二是有关广告媒体的法律法规，如《广播法》《韩国放松广告公社法》《综合有线广播法》《定期刊物登记法》《户外广告管制法》等；三是有关广告业务的法律法规，如《国民投票法》《公演法》《消费者保护法》《产业设计包装法》《电影法》等；四是有关限制广告行为及表现的法律法规，如《儿童福祉法》《未成年人保护法》《食品卫生法》《公共卫生法》《广播审查规定》《印刷出版物广告审查规定》等。

韩国主要广告行政执法机构为公正交易委员会和放送（广播）委员。由放送委员会根据《广播法》事前审查电视广播广告。

韩国广告业的自律大致分为中央自律规则、广告团体自律规则、媒介自律规则。1991 年成立的韩国中央广告自律审查机构，其主要业务是广告的自律审查、审查或调解由广告引起的纠纷案或举报案、有关广告表现的咨询等。中央广告自律审查机构是由 12 个团体组成的，这些团体是韩国广告主协会、韩国新闻协会广告协会、韩国放送协会、韩国广告业协会、韩国广告公司协会、韩国杂志协会、韩国制约协会、韩国 CF 制作公司协会、韩国广告摄影家协会、韩国广告学会、韩国言论协会、韩国周刊新闻协会。另外，各广告团体也制定自律规则，如韩国广告协会的广告伦理纲领、韩国广告主协会的伦理纲领、韩国广告团体联合会的广告伦理纲领。韩国的各媒介也规定广告伦理纲领或广告刊载标准等自律规则。

从上述美国、英国、日本、韩国广告管制的考察中，我们可以看出，这些国家的广告法律法规比较全面、系统，广告业的自律体系也比较完善，具有较强的约束力，并且法律规则与自律规则相协调。我国可以借鉴国外的经验，改变现在完全由政府行政管理的现状，提高加强广告业的自律，以自律的方式来监管广告，增强广告协会的监管作用。特别是我国《广告法》以及其他法规，有些内容是原则性的，而没有规定具体的行为规范，这在具体管制过程中往往引起漏洞。

本章小结

广告管制的最终目的是为了保护消费者的权益，其管制领域主要包括政府管制、自律管制、社会控制和市场调节四个方面。根据《广告法》规定，县级以上政府工商行政管理部门是法定的广告管制机关，负责对所有广告活动实施监督和管理。

我国广告行政管制的主要内容有：对从事广告经营和广告发布活动的管制、对广告主的管制和广告审查制度。不过，行政管制仅是维护广告秩序、保护消费者权益的一种手段，此外，社会对广告的监督也是十分必要的。

我国的广告管制目前还存在着诸多问题，违法广告现象层出不穷，这里既有法制不健全、相关主管部门监管不力等问题，同时还有广告发布者、公告公司、媒介等缺乏自律有关。

本章最后一节论述了我国广告管制的问题及今后改善的方向，并介绍了一些发达国家广告管制的基本内容与特征。

思 考 题

一、单选题

1. 全国人大常委会于 1994 年 10 月 27 日审议通过了《中华人民共和国广告法》（简称《广告法》），从（   ）起正式施行，使我国广告法规建设又进入了一个新的阶段。

    A. 1994 年 12 月 1 日   B. 1995 年 1 月 1 日

    C. 1995 年 2 月 1 日   D. 1995 年 3 月 1 日

2. 根据《广告法》的规定，县级以上政府的（   ）是法定的广告管制机关，负责对所有广告活动实施监督和管理。

    A. 工商行政管理部门   B. 公安局

    C. 检察院   D. 城管大队

3. 国家有关行政主管部门的审查。《广告法》第三十四条规定："利用广播、电影、电视、报纸、期刊以及其他媒体发布（   ）等商品的广告和法律、行政法规规定应当进行审查的其他广告，必须在发布前依照有关法律、行政法规由有关行政主管部门对广告内容进行审查；未经审查，不得发布。"

    A. 化肥、种子、农药、兽药   B. 保健品、医疗器械、情趣用品、酒精

    C. 农业机械、化肥、农药、种子   D. 药品、医疗器械、农药、兽药

4. 创建于 1938 年的（   ），是目前最大和最权威的国际广告组织，总部设在美国纽约。

    A. 国际广告学会   B. 中国广告协会

    C. 广告经理人协会   D. 国际广告协会

5. 我国广告审查委员会的事前审查已经于（   ）年全面停止。

    A. 2006   B. 1993

C. 1998   D. 2003

二、多选题

1. 广告的自律管制包括（   ）。

　　A. 行业自律管制   B. 广告团体自律

　　C. 广告媒体自律   D. 广告公司自律

　　E. 广告主自律

2. 《广告法》中"广告活动"一章对所有从事广告活动的当事人的（   ）作了详细的规定，并对需要禁止的广告活动做了界定。

　　A. 资格   B. 年龄

　　C. 性别   D. 条件

　　E. 必须遵守的义务

3. 广告行业自律和行业规范作为广告业者遵守的规则，主要有以下特点（   ）。

　　A. 自愿性   B. 广泛性

　　C. 灵活性   D. 强制性

　　E. 妥协性

三、名词解释

1. 广告管制   2. 广告法规   3. 广告经营者   4. 行业自律   5. 中国消费者协会

四、简答及论述题

1. 政府对广告实施管制的手段主要有哪些？

2. 我国广告法规主要包括哪几个方面？

3. 广告经营者、发布者的责任和义务主要有哪些？

4. 试论述广告主的责任和义务。

5. 试论述社会对广告监督的必要性。

6. 试论述我国广告管制体系存在的主要问题。

案例讨论

阿米尼自行车违法广告案

　　1994 年 7 月，深圳中华自行车（集团）股份有限公司上海分公司委托上海爱建广告公司设计、制作了中华"阿米尼"自行车橱窗广告，并在上海九州商厦橱窗发布。该广告图案以中华人民共和国版图为背景，但在版图中缺少台湾省和海南省。经广告监督管理机关指出后，当事人予以修正，但修正后两岛颜色与陆地领土颜色存在明显色差。广告监督管理机关认为该广告造成严重的政治性错误，有损于国家的尊严和利益，违反《广告法》第七条第二款第九项的规定，根据《广告法》第三十九条，做出如下决定。

（1）对广告主深圳中华自行车（集团）股份有限公司上海分公司罚款人民币10万元，并责令拆除该广告。

（2）对广告经营者上海爱建广告公司没收广告制作费19214.40元，处罚款76857.60元，并责令拆除该广告。

广告监督管理机关同时认定九州商厦未经工商行政管理机关依法审批登记，擅自受理该项广告业务，收取费用五万元，违反《广告法》第二十六条、《广告管制条例》第六条规定，属非法经营广告业务，根据《广告管制条例实施细则》第二十一条，决定没收非法所得五万元。

当事人上海爱建广告公司不服行政处罚决定，向人民法院提起行政诉讼。法院审理后，维持原行政处罚决定。

？问题讨论

1. 一则广告具有合法性，应该包括哪几个方面？
2. 本案例对广告主或广告经营单位有哪些启示？

资料来源：李宝元：《广告学教程》，人民邮电出版社2004年版，第357页。

第 14 章

广告与社会

本章导读

当今社会，消费者的价值观和生活方式越来越多元化。消费者对物质享受的追求、对提高生活品质的渴望以及对于改善环境的意愿比任何时候都要强烈。与此同时，消费者对广告的伦理性，进而对广告社会作用的批判呼声也日益增高。这也是与社会整体的变化相符的。广告在产业化、信息化和国际化的社会中的地位逐步提升，影响力日益增大。广告作为一个产业与经济和社会的发展有着不可分割的关系。本章主要介绍广告对经济、社会与文化的影响，广告对老年人消费者的影响，广告对儿童消费者的影响以及广告对女性消费者的影响等知识。通过本章学习，我们可以进一步加深对广告的全面的理解和认识。

知识结构图

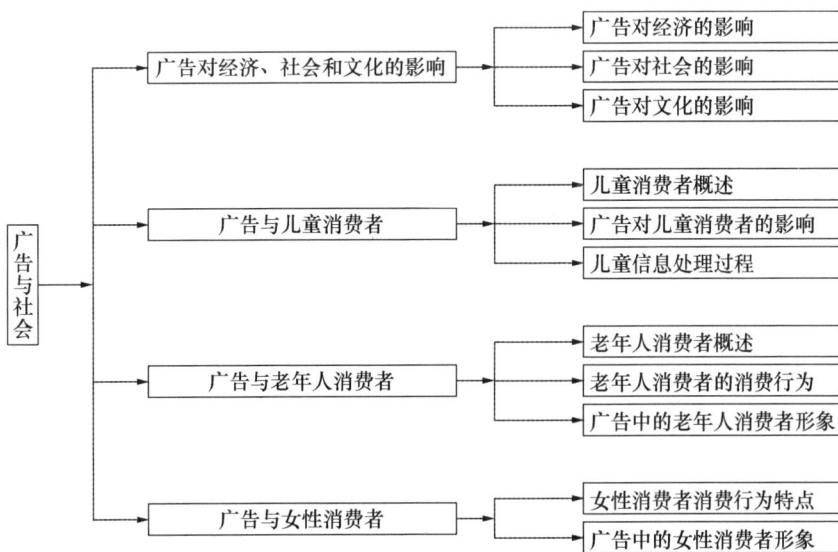

【开篇案例】　　　　　　　　夏士莲洗发水电视广告

镜头一：一位风姿卓绝的中国姑娘穿着非常暴露的上衣，展示给旁边的外国男人看，这个男人只是瞟了一眼，继续看他的报纸，女性声音："他说这样没关系。"

镜头二：还是这位中国姑娘穿着长裙，裙子的中缝开得很高，露出性感的大腿，继续展示给那位外国男人看。这个男人还是不动声色。女性声音："他说这也没关系。"

镜头三：该女子原先的长发变成了又短又乱的短发。这次外国男人看到后勃然大怒，拍案而起："绝对不行。"

镜头四：女孩恢复了原先的长发，经过处理以后油光发亮（画面上出现"夏士莲"的广告语）。

分析：如今，越来越多的美女模特出现在广告画面中，她们一个个姿色靓丽清新可人因而吸引了无数受众的眼球。然而，众多广告中女主角的出现只是为了让男性鉴赏。在本案例中，女性外表装束与身体管理必须得到男性的认可，这种"管理"的目的就是取悦于男性。显然，有些广告均明显带有一定的性别歧视，此类广告大量涌现，值得我们整个社会去反思。

14.1　广告对经济、社会和文化的影响

14.1.1　广告对经济的影响

关于广告对经济的影响，主要有两种观点。一种是市场力的观点（market power school），另一种是市场竞争力的观点（market competition school）。

从市场力的观点来看，广告作为劝说性沟通手段，降低消费者对价格的关心。根据这种观点，广告强调价格以外的产品的属性或特点，从而使产品与竞争产品相差别，引起消费者对产品的偏好（loyalty），进而降低消费者对价格的敏感程度。

相反，从市场竞争力的观点来看，广告向消费者提供有关价格方面的信息，这促使企业之间的竞争，从而降低产品价格，消除垄断支配的机会。

对于广告究竟如何影响经济这个问题，我们应从肯定和否定两个角度来辩证考虑。

从肯定的角度来看，广告向消费者提供有助于合理购买决策的有效信息，即广告向消费者提供产品或服务的信息。因而我们可以说，广告是连接生产者和消费者的桥梁。有了广告，消费者才能比较容易地获得有助于产品购买决策的信息，这将有助于消费者行使产品知情权。同时，由于广告诱导消费者积极消费，进而创造了大量的需求，给生产者带来规模经济效应，商家因此可以降低商品售价，消费者可以从中受益。此外，广告还有助于促进企业积极开发新产品，以迎合

消费者新的需求。

　　从另一个角度来看，广告对经济的负面影响也不容忽视。首先，广告以劝说的方式诱导受众对其产品产生偏好，从而降低消费者对价格的敏感程度。并且广告费用包含在商品售价中，消费者要为广告费买单。其次，实力强大的企业往往占据了强势媒体的广告发布机会，大企业因此可以向消费者广泛宣传产品。而大部分中小企业因无力承担强势媒体昂贵的广告费用，导致它们向消费者传达广告信息的声音非常微弱。这使得中小企业更加难以与大企业展开公平竞争。

14.1.2　广告对社会的影响

　　在一般情况下，人们谈广告对社会影响时，往往把其对象局限于商业性的产品或服务。其实，广告对社会的影响是比较广泛的，主要表现在：①广告教育消费者。消费者可以通过广告获得有关产品方面的信息或知识。②广告向消费者提供知晓权，消费者有权获得广告所提供的各种信息。③广告具有社会化的功能，广告能把现代人的情感、态度、信念一般化，从而影响消费者的购买形态或生活方式。

　　但是，广告对社会也会有负面的影响，大体有两个方面：①广告误导消费者盲目地追求物质消费。广告不顾消费者的需要，强调产品的购买，结果引起社会资源的浪费。Morison 指出："广告促使人们的物质主义，从而使昨天的奢侈品变成今天的必需品。"②有些广告还以虚伪、夸张的方式欺骗消费者，而这些不道德的广告会降低整个社会的伦理或道德水平。如备受争议的某一奢侈品广告，其广告寓意

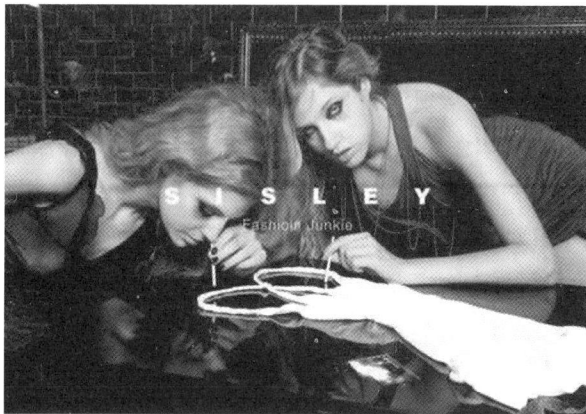

图 14-1　备受争议的内衣广告

"一件性感的内衣，就能同毒品一样让人欲罢不能"（见图 14-1）。

　　此外，对那些购买力相对较低的消费者来说，广告会助长消费者的阶层意识，甚至会加剧社会仇富心理。一些商家在广告诉求中极尽所能地炫富，刺激着普通百姓敏感的神经。例如，走在都市的大街上，随处可见巨大的地产广告牌，"至尊""豪宅""奢侈""顶级享受"的字眼不时映入我们的眼帘。这些广告宣传助长了社会浮嚣、奢华风气，有悖于时代精神。

14.1.3　广告对文化的影响

　　广告的主要功能之一就是向消费者传达信息。处于不同的文化背景之中的消费者接受广告信息的方式是不同的。关于广告与文化之间关系的观点，概括起来，大致有以下四种（见表 14-1）。

表 14 – 1　　　　　　　　　　　广告与文化的相互作用类型

广告影响文化 ＼ 文化影响广告	是	不是
是	相互作用型	文化创造型
不是	文化反映型	相互独立型

（1）广告影响文化、但文化不影响广告的文化创造型。这种观点认为，广告创造新的生活方式或价值观，使社会成员接受这些新的生活方式或价值观。也就是说，广告扩散产品所具有的文化意义，从而将由少数个人或群体所具有的生活方式或价值观向更多的人或群体扩散。广告强调或宣传产品或服务的时候，自然地向消费者传递与产品相关的生活或文化上的特点。

（2）文化影响广告、但广告不影响文化的文化反映型。这种观点认为，广告如实地反映社会普遍存在的生活方式或价值观。从社会学、心理学的角度来看，消费者接受新的价值观或生活方式的时候会产生一些抵抗心理。但是，消费者容易接受与原有的价值观或生活方式相似的东西，所以，广告只反映现实。由此可以推论，广告所具有的问题归根到底在于社会的文化。

（3）广告不影响文化、文化也不影响广告的相互独立型。这种观点认为，广告与文化是互不作用的。从现实的角度来看，广告与文化互不作用的观点是站不住脚的。因此，在处理广告业务的过程中，不能只考虑广告效果，还要考虑广告的社会文化影响。

（4）广告影响文化、文化影响广告的相互作用型。这种观点认为，广告不仅反映原有的价值观或生活方式，而且根据强调或宣传产品的需要，部分地反映新的价值观或生活方式。并且在这种过程中，广告诱导消费者的价值观或生活方式的变化，从而引起整个社会文化的变化。

本书也基本赞同广告与文化相互作用的观点。Robert Pelfrey 说，"艺术创造文化，文化创造艺术"，同样，广告创造文化，文化也创造广告。

但是，在广告与文化的关系上，有些学者认为，在大众媒体发达的今天，消费者经常暴露于广告，结果使一些在广告上出现的人物或对象被象征化了，而这些象征化就成为刻板的（stereotyping）观念。例如，在广告上出现的女性被表现为贤妻良母的家庭主妇，这就给消费者这样的一个刻板观念，已婚的女性就是做家务的家庭主妇。又如，一家洗衣机公司的广告中，有一位丈夫为妻子买了洗衣机，妻子接到洗衣机以后，就因为丈夫的关心和周到而感激流泪。这就把女性表现为依赖丈夫的人物，给消费者无意中形成以男性为主的固定观念。再如，在"金龙鱼色拉油"的电视广告中有这样一组画面，一边是厨房中妻子在烧饭做菜忙得不亦乐乎，另一边是客厅中，丈夫在悠闲地看报，儿子则在起劲地打电子游戏机。笑容满面的妻子从厨房中走出来，摆放好饭菜，招呼丈夫和儿子"开饭啰！"。丈夫与儿子边吃边夸："老婆，你真行"，"妈妈，你做的菜真好吃。"镜头拉近，妻子脸上浮出幸福而得意的笑容："全靠有了金龙鱼色拉油。"这则广告很有代表性，它向我们描述了当今中国社会一种典型的幸福家庭文化。女性的角色被定义为伺候丈夫和儿子的贤妻良母，女性的幸福来自丈夫与儿子对于她的厨艺的赞美，厨艺是衡量一个家庭主妇好坏的重要标准。男人主外，女人主内，男人的世界是工作与事业，而女人的世界则是家庭，女人是一个为了老公和孩子幸福而甘愿付出的家庭保姆。

14.2 广告与儿童消费者

14.2.1 儿童消费者概述

随着我国国民生活水平的不断提升以及独生子女率的增加，儿童群体作为一个潜在收益巨大的市场概念，已越来越受到工商界的重视。由于实行计划生育的基本国策，我国绝大多数夫妇只能生育一个孩子，因此，儿童自然而然就成为了家庭关注的焦点。如今，大多数儿童的父母年富力强，又具有一定的经济能力，加之他们年轻时的生活条件不好，促使他们更愿意让子女过上舒适的生活，往往倾尽全力让孩子消费最好的商品。从内地父母买断香港奶粉的事件中我们能够感受到儿童消费市场的巨大潜力。

如何界定儿童消费者在目前还没有明确的标准。不过一般以 Piaget 的儿童成长阶段以及 DDB Needham Chicago 的学龄儿童来划分（见表 14-2）。从消费者年龄阶段来看，儿童消费者一般指 12 周岁以下的消费者。

表 14-2 儿童发展阶段

Piaget	DDB Needham Chicago	中 国
0~2 岁：感觉运动期	0~5 岁：幼儿期与学龄前期	0~2 岁：婴儿期
3~7 岁：前操作期（preoperational）	6~12 岁：学龄期（school age）	3~6 岁：学龄前幼儿期
8~12 岁：具体操作期	10~14 岁：少年少女期（Teens）	7~12 岁：小学期
12 岁以后：形式操作期	14 岁以后：青春期（Youth）	13 岁以后：初中期

很多企业之所以把目光集中在儿童消费市场，主要基于以下几点原因。首先，儿童市场发展迅速，儿童实际消费的产品和服务越来越多；其次，在儿童时期所形成的一些消费习惯很难改掉，很多孩子长大成人以后仍然按原来的消费习惯生活。比如，小时候形成的对某一食品的味道的偏爱恐怕一辈子都不会变。所以，儿童消费者既是当前的消费者，也是未来的消费者。另外，儿童又会影响父母的购买决策。精明的商家正是看准了这一点，把很大一部分注意力及营销费用投入到儿童市场上面，才出现了如此多的儿童商品广告。

14.2.2 广告对儿童消费者的影响

由于儿童消费者还没有形成完整的、正确的价值观，他们对广告缺乏必要的判断能力，因此，儿童消费者很容易受到广告的负面影响。美国 ACT（Action for Children's TV）通过对儿童广告进行调查以后，提出了广告对儿童有负面影响的结论。主要表现在：①广告是引起儿童与父母之间冲突的主要原因；②在儿童节目中出现的很多广告带有虚假或欺骗性；③从食品营养学的角度来看，不少食品广告不符合要求。还有一些研究者指出，广告给心理上不成熟的儿童带来物质主义价值，甚至有些性诉求广告影响儿童身心的健康发展。另外，儿童消费者会无批判地接受外国的生活方式。

【阅读资料 14 – 1】 　　　　　　　电视商业广告对儿童的影响

　　电视是一种具有极强影响力的大众媒体，而电视广告又是其重要的组成部分。电视广告被称为是一门视听兼容的综合艺术，既有生动的图像、绚丽的色彩和朗朗上口的广告词，又有经典的对白解说、美妙的音乐，再加上一些剪辑的技巧，形成了电视广告的独特魅力。而这些魅力往往符合儿童的心理，使儿童成为广告的主要受众。

　　然而一些商业广告却对儿童造成了许多负面影响。

　　1. 对儿童认知的误导

　　商业广告以追逐利润为终极目标，在广告词的设计方面也以吸引儿童为首要因素，所以我们经常会在视频广告上听到这样的广告词"妈妈，我要喝"、"今天你喝了么"……这样的广告词给儿童灌输了消费和攀比心理。许多广告以这样的方式告诉儿童，想要获得快乐就要去购买广告中所介绍的产品，使儿童形成消费主义至上的价值观念。

　　商业广告将3B原则发挥的淋漓尽致，其中女性又似乎成了所有广告的宠儿，减肥、酒类、家居广告都在以女性为招徕。而广告中的女性多以性感、温柔等传统形象出现，这些也会使儿童对女性产生错误的认知，认为女性就应该是广告中所体现的形象。在金龙鱼的广告中，丈夫和儿子因为妈妈做了好菜而把金牌颁给了妈妈，这样的广告会对儿童造成这样一种心理暗示，女性主要形象就是母亲。

　　2. 对儿童语言的误导

　　在儿童社会化进程过程中，环境和教育起着重要的作用。儿童时期正处于身心迅速发展的时期，思维方式简单，缺乏判断力，特别容易受到影响和暗示。而商业广告正是抓住了儿童这一时期的特点，采用琅琅上口的广告语来吸引儿童的注意。孩童时期时学习语言的重要阶段，而现在的许多广告都在不断的篡改成语，使用并不规范，这些对于儿童在学习语言方面有很大程度的误导如某消炎药的广告词快治人口、热水器广告词随心所浴等等。不仅如此，许多商业广告为追求效果，使用一些模糊、夸大甚至时低俗的词汇，这些都会对儿童造成不良的影响。

　　3. 误导儿童早熟

　　儿童正处于身心发展的阶段，她们应该享受她们年龄应该明白的道理。但是许多广告粗制滥造，有意无意的诱导儿童的早熟行为，在文章开头所举的两个例子就是最好的证明。儿童时期应该时享受快乐，健康成长的时期，过多的接触广告使许多儿童过早的进入的消费、家、社会等角色，从而导致儿童的早熟。

资料来源：http://blog.sina.com.cn/s/blog_4ba92fef0100aqa3.html。

考虑儿童年龄特点，与报纸或其他印刷媒体广告比较，儿童更多地受电视广告的影响。有关电视广告影响儿童的研究也比较多。Piaget，Goldberg 和 Corn 从认知发达理论研究了广告对儿童的影响。

14.2.3　儿童信息处理过程

儿童信息处理过程可分为认识、注意、记忆、评价四个阶段。

第一阶段是认识（awareness）阶段，在这一阶段，大部分儿童分不清电视广告与实际情况。一些研究表明，6 岁以下的儿童不仅分不清广告内容与实际内容，而且也分不清节目内容与广告内容。所以，在电视广告与电视节目类似的时候，儿童就不能区别开来。

第二阶段是注意阶段（attention），在一般情况下，儿童随着年龄的增加，对电视广告的兴趣注意下降。因为，3～5 岁的儿童比 5～8 岁的儿童更注意视觉上、听觉上的信息。就是说年龄越小的儿童越以更加直观的、视觉的因素来收听广告，而理论或抽象的思维影响不大。

第三阶段是记忆（memory）阶段，这一阶段，儿童更能记忆有独创性的广告内容，从年龄来看，8 岁以前儿童的听觉记忆力强，9 岁以上儿童的视觉记忆力强，另外，10～12 岁的儿童有逻辑性地记忆电视上所看到的内容。

最后阶段是评价（evaluation）阶段，就是开始评价广告内容的真假或有用性。随着年龄的增加，儿童评价广告内容中有点虚假或夸张内容，这时儿童感觉到对广告的信任和逻辑判断之间的冲突。如果在广告上所感觉到的信任压倒逻辑性认识，儿童就感觉不到冲突，就向父母要求购买产品。

【阅读资料 14-2】　　　　　　　　　广告与儿童心理

儿童阶段是一个人的认知结构开始形成的阶段。随着年龄的增长，儿童对广告的认识会发生很大的变化。从儿童对广告的注意程度来看，变化尤其明显。我们往往看到，比较大的孩子在广告出现时，就会停止看屏幕，转而开始吃零食、活动身体、聊天或上厕所。国外的一项观察发现，儿童年龄越大，对广告的注意程度就越低。2～7 岁的孩子在广告播放时，其注意转移百分比是 20%；8～10 岁的则是 30%；10～12 岁的是 40%。也就是说，幼儿园的小孩看电视时，还比较注意看广告，进了小学的儿童，可能就不大爱看广告了。

儿童对广告销售意图的理解，也同样随着年龄的增大而加深。幼儿园的儿童仅仅认为，广告是告诉人们怎么买东西，或者认为广告是为了好玩；甚至一部分较小的儿童根本就无法理解广告与节目的内容的区别，会以为广告也是节目的一部分。所以，幼儿园的小孩最热衷于学习广告里头的歌舞。小学低年级学生就已经知道，广告是想吸引别人买东西，并初步理解到厂家做广告是为了"卖更多的东西，得到更多的钱"。小学高年级的学生对广告的意图的理解已与大人没有什么两样，他们已经知道，广告是为了吸引消费者购买，从而提高厂家的利润，广告是厂家为了"赚更多的钱"而做的。

儿童越是理解广告销售意图，对广告的信任程度就会越低。在国外的另一项研究中，研究者询问儿童是否认为广告总是说真话。结果发现，5～7岁的儿童有35%左右的人认为广告总是说真话；8～10岁儿童有15%左右的人同意这种看法；10～12岁的儿童则仅有5%左右的人认同。与幼儿园相比，在小学阶段，儿童所接触的老师的教导能有效地促进儿童思考能力的提高，这使得儿童对广告有更清楚的认识，从而对广告的信任程度明显下降。

即使这样，广告对儿童的影响仍然是巨大的，否则乐百氏大概也不会在中央电视台每年投放1亿元以上的广告费，还重金聘请"小燕子"赵薇做广告代言人吧。

广告对儿童有以下三个方面的影响。

1. 引起儿童的直接购买行为

儿童的直接购买行为，不一定是立即发生的，这也是之所以说一些针对大人的商品的广告对儿童也会产生影响的原因之一。我们可以把广告引起的儿童的直接购买行为分为以下两种。

（1）同年龄阶段发生的。由于生活水平的提高，现在父母大都愿意定期给孩子一些零花钱；而在我国，儿童在春节通常都可以拿到为数不少的压岁钱，具备了"财政来源"，这就构成了儿童购买行为的基础。现在，在一些超级市场、小商铺中，我们都不难看到那些小小的购物者的身影。而他们的购买，又往往与广告有着很大的关联。早在1954年，美国克罗格基金会就在一项调查中发现，儿童在超级市场中购物时，往往只选择那些在电视上做广告的品牌，在购买零食和饮料时更是如此。通常，儿童在选择他们所处的年龄阶段的一些生活用品的时候，都会有意选择在电视上做过广告的品牌。有时候，这种对品牌的认知甚至比大人还要强烈。

（2）不同年龄阶段发生的。儿童在看完广告后的直接购买行为，也有可能是在不同年龄阶段乃至成年后才发生的。儿童的记忆能力其实是很强的，在看完广告后，广告所给出的信息就有可能形成一种态度以及倾向，留在儿童的脑子里，对儿童将来的某些购买行为发生影响。因此，某些主要针对大人的商品广告，也会影响到儿童。现代的厂商除了重视现有的市场外，也必须考虑到将来的市场的培育。如果能考虑到儿童的喜好，培养儿童对自己品牌的好感，使其从小建立对自己品牌的偏好，厂商就能长期收益。当然，必须是儿童知道将来自己有可能使用的商品，他们才可能对其广告感兴趣。例如，儿童一般对化妆品广告很感兴趣，而对香烟广告则兴趣不大。

2. 引起儿童的请求购买行为

除了直接购买行为外，广告还能引起儿童的请求购买行为。儿童的购买能力毕竟有限，但儿童还可以影响他们的家人（包括父母和长辈）的购买行为。而且不难推测，请求购买的金额越低，越有可能被家人所接受。这种请求购买行为所涉及的商品可以是儿童自身使用的，如玩具、食品、衣服；也可以是家人或家庭所使用的，例如家用电器等。儿童向父母提出的购物要求的多少与儿童看电视的时间有关。美国在1977年的一项报告中，在圣诞节期间看电视的时间多的儿童，提出的购买玩具和零食的要求明显高于看电视少的，而圣诞节期间正是玩具与食品广告最多的时间。不过，随着年龄增长，儿童的请求购物行为会逐渐减少，这既是因为长大了，"懂事"了；也是因为其直接购买的能力增强（一般而言，父母会随着孩子长大而给予更多的零用钱），请求购买的范围有所减小。儿童的请求购买行为受广告影响最明显的时期是在幼儿园阶段，在小学阶段，这种影响就会随着年龄的增加而减少。

3. 引起儿童的反社会行为

广告引起了儿童的购买欲望，更由此引发了一些反社会行为。我们有时也会在商店里看到这样一种情形：小孩吵着要购买某件商品，而父母却不愿意，结果小孩就在那里又哭又吵，甚至一屁股坐在地上不起来；结果难堪的父母要么又打又骂把小孩拖走，要么就只好同意购买，以换回"小皇帝"的欢笑。广告能够引起儿童较强的购买欲望，一旦这种欲望得不到满足，就会产生挫折感，愤怒、失望、冲突就会马上发生，令父母难堪。研究表明，父母拒绝孩子的购物要求，从而引发孩子与父母之间的冲突和争论的概率是65%。另外，儿童是一个极善于模仿的群体，模仿广告中的人物行为是儿童所热衷的行为。而广告为了销售的需要，往往在有意无意之间，会以在日常生活中不可能发生的情节来吸引观众，儿童对此的模仿就会产生一些不好的社会后果。

儿童的心理与大人显然是不同的，要做一个好的针对儿童的广告，不能不对儿童尽力有所认识。除此之外，往往儿童商品的购买者又不一定是儿童本身，而是其成年的家人。因此，在做儿童广告时，既要从儿童的心理出发，又要考虑家长，还必须具备一定社会责任感。儿童广告对象是未成年人，他们的世界观和认识能力都正在形成之中，厂商不能只图赢利，而不顾广告可能对儿童产生的不良影响。

资料来源：罗健凯："广告与儿童心理"，《现代广告》2000年第6期，第20～21页。

14.3　广告与老年人消费者

14.3.1　老年人消费者概述

目前，世界上不论是发达国家还是发展中国家，老龄人口都在不断增加。特别是在西方发达国家，老年人口的增长比例比其他任何一个年龄组都高。

2012年，我国大陆总人口达到135404万人，其中15～64岁劳动年龄人口为100403万人，占全部人口的74.1%，较2011年下降0.3个百分点；65岁及以上的老年人口数量为12714万人，占当年全部人口的9.4%，比重较2011年上升0.3个百分点。

20世纪80年代以来，我国老年人口数量在不断增长，65岁及以上老年人口数量从1982年的4991万人增加到2012年的12714万人，年均增加257.4万人；老年人口占比从4.9%增加到

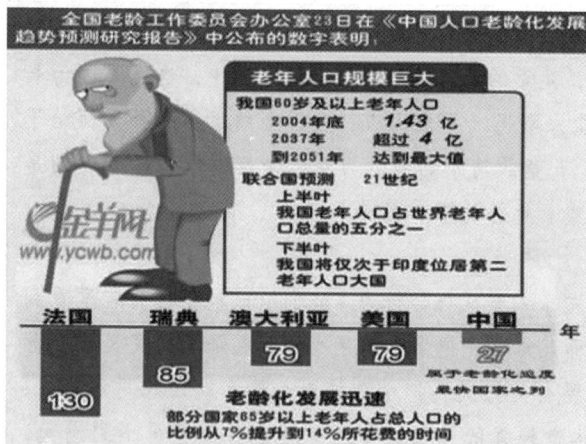
图 14－2 我国老龄化社会业已来临

9.4%，年均增加 0.15 个百分点。预计到 2025 年，我国 65 岁以上的老年人将达 1.85 亿，2050 年 65 岁以上的老人将达 2.84 亿之多。随着老龄人口的增加，这些老年人消费者将形成新的消费者层——"银色市场（silver market）"。银色市场将是一个巨大的市场，由于老年人的生活水平、趣味、爱好、生活方式的特殊性，这个市场也具有其独特的特点。

老年人消费者所具有的特点表现在两个方面：一是随着年龄的增加，体力或精神上的活动减退，从而在信息处理方面与其他消费者层具有不同的特点，二是老年人重新参与社会活动，从而在新的外部环境或心理因素下引起新的生活方式和价值观的变化，这就使老年人具有新的消费态度和行为特点。

【阅读资料 14－3】 传统理论对老年消费者消费行为特征的描述

传统理论对于老年消费者的研究通常基于如下假设。认为老年人习惯性消费既是几十年生活惯性的继续，又是对新生活方式较少了解和难以接受的反映。人到老年以后，其行为表现往往是：怀旧和沿袭旧俗的心态大于对新事物的学习和接受。其生理和心理基础在于：老年人学习能力的适应能力下降，而几十年生活方式的积累所形成的个人意识中的丰厚沉积构成了新事物难以冲破的思维屏障。同时，身体机能的老化使老年人对过去的远期记忆深刻，而对当前的近期记忆弱化。因此，在消费生活中，延续几十年形成的生活习惯，就成为老年人普遍的消费特征。传统理论对老年人的生理特征的分析是合理的，但老年人的有些心理特征，特别是消费行为特征，已经发生了变化。

基于上述假设，传统理论对老年消费者的消费行为特征的表述可以概括为：

1. 心理惯性强，对商品、品牌的忠诚度高

老年人在长期的消费生活中形成了比较稳定的态度倾向和习惯化的行为方式，它主要表现在日常生活中的购买方式、使用方法、商品认知（或品牌认知）等方面。老年消费者对商标品牌的偏爱一旦形成，就很难轻易改变。他们大多是老字号、老商店的忠实顾客；是传统品牌、传统商品的忠实购买者。他们往往对传统产品情有独钟。

2. 价格敏感度高，对商品的要求是物美价廉

老年消费者对商品的普遍要求是物美价廉。认为"勤俭节约"是一种美德，穿衣服要"新三年，旧三年，缝缝补补又三年"，吃饭要"粗茶淡饭"。在这种节俭传统的影响下，老年

人购物，一方面注意价格，择廉选购（虽然许多老年人很难做到价比三家）；另一方面是要求实惠。从一般的消费心态看，年轻人花钱买靓丽、买时尚，老年人花钱买实用、买传统。

3. 注重实际，追求方便实用

老年消费者心理稳定程度高，注重实际，较少幻想。购买动机以方便实用为主，在购买过程中，要求商家提供方便、良好的购物环境和服务。消费中求方便是老年人生理变化促成消费生活变化的自然走向。方便性消费是生理变化的必然结果，它一般表现为对购买和消费两个方面求方便的要求。由于精力、体力随人的年龄增加而不断下降，即使生活情趣很高的老年人，对购买时的路途奔波、商品挑选的繁琐或者商场中人流的拥挤，也大多会感到心有余而力不足。在使用中，对那些有使用要求或需要阅读说明后再使用的商品，特别是对有些家用电器商品的各种开关、按键等，老年人大多感到不方便和反感。一项非正式调查表明，除少数文化程度较高的老年人外，大多数老年人对现在商品包装上的各种文字说明均不阅读，只是根据个人原有的生活经验或由子女代为说明后才使用，这种求方便心态也是老年消费者容易成为假冒伪劣商品受害者的重要原因之一。

4. 补偿性消费特征

补偿性消费是一种纯粹的心理性消费，它是一种心理不平衡的自我修饰。在生活消费中表现为，人们将现代消费水平与过去消费进行比较，比较的结果大多是对过去生活某些方面感到遗憾和不满足，而当家庭或个人生活水平较高且时间充裕时，对过去遗憾和不满足的补偿往往会成为他们的消费追求。这部分消费者基本上属于老年人，因为，在生活中追忆往事是老年人的心理特征，而向往和憧憬未来是青年人的心理特征。同时，由于子女成人独立后，老年人的经济负担减轻了，他们会试图补偿过去因条件限制未能实现的消费愿望。他们在美容美发、穿着打扮、营养食品、健身娱乐、旅游观光等消费方面有着较强烈的消费兴趣。

资料来源：应斌，http：//www. marketingfront. org/infoview/Article_ 61. html。

14.3.2　老年人消费者的消费行为

一般来看，消费者行为受到各种因素的影响。要了解消费者行为，不仅要理解购买或消费行为，而且还要分析购买行为以前的搜寻信息、方案评价的信息处理过程。所以，消费者购买决策过程一般包括认识问题、搜寻信息、方案评价、购买行为、购买后行为这五个阶段，而各阶段都受到信息处理过程和环境、心理因素的影响。下面根据这一消费者购买决策过程分析一下老年消费者购买决策过程。

1. 认识问题阶段

消费者的需求是在实际状况与期望状况不一致时产生的。对老年人消费者来说，实际经济状况与家庭养老能力就影响对产品的需求。老年人购买产品的一个主要理由是晚年生活得健康、丰富、舒适，这是他们最为关注的消费领域。传统的观点认为，老年人一般消费较为谨慎，最热衷购买的是与健康相关的医药保健品。但近年来中国大妈横扫全球黄金市场的消费"壮举"不得不让我们对老年人的消费能力和消费观念刮目相看。

【阅读资料14－4】 　　　中国大妈横扫海外市场 炒黄金购房产被戏称完爆华尔街

2013年，一支被称为"中国大妈"的中老年女性队伍强势进入人们的视野。她们曾是柴米油盐酱醋茶的代名词，可今年以来，凭借牵动国际黄金市场、抢购海外房产的种种魄力一举"杀入"国内外舆论场。临近年底，她们的影响力指数再次爆棚，据悉有望以单词形式收录进《牛津英语词典》。

年度影响力之一：牵动国际黄金市场

2013年4月国际黄金价格经历震撼暴跌后，"中国大妈"于五一前后强势进入抄底。有报道称，这些将金店围得水泄不通的"中国大妈"们，短短十几天内，在香港抢购了超300公斤的黄金。在以"中国大妈"为代表的中国消费者，及逢低买入的投资者推动下，国际金价一度涨至大约1470美元/盎司，"中国大妈"的杀伤力一度被戏称为"进得了菜市场，打得过华尔街"。

然而，随着五月份黄金价格不断下跌，中国大妈"抢金"的故事版本也从开始的"完胜说"发展到后来的"被套牢说"。

不管怎样，在中国股市难有起色、债券市场前途未卜、理财市场频发负面新闻的背景下，"中国大妈"代表了当下中国理财意识初步觉醒，有着热切投资需求的大众消费者，她们已经红遍国际金融市场，影响力更是家喻户晓。

年度影响力之二："买房不逊买黄金"

随着国内房价飙升，限购限贷等调控政策频出，海外房产市场吸引了不少忙于投资的"中国大妈"的目光。

2013年9月份，一则"'中国大妈'抢购韩国济州岛房产"的消息进一步展现了大妈的"雄风"。据报道，包括"中国大妈"在内的购房者蜂拥而至，给韩国冷清的房市注入了一针强心剂。

显然，一边是国内物价、房价的日益攀升，投资成本不断上涨凸显投资渠道匮乏，一边是金融市场国际化，海外投资成本相对降低，在此情况下，怀揣着理财冲动的"中国大妈"奔波于国内外市场之间，"血拼"范儿再次扬名海外。

年度影响力之三："大妈广场舞"惊动大洋彼岸

具有广泛影响力的中国大妈不仅全方位亮相金融市场，在精神文明上同样不甘示弱。不知何时起，跳广场舞的她们迅速占领了海内外各大城市的广场、公园及街道，那滚滚雷声般的舞曲声音，响彻大江南北。

2013 年 8 月，有报道称，中国大妈的广场舞已经惊动了大洋彼岸的美国。一支华人舞蹈队在纽约一处公园排练时，遭到附近居民的多次报警，接警前来的警员给领队开出传票，最后在法庭上，法官念其初犯作出了销案处理。

对广场舞的争议在国内并不鲜见，甚至有市民扔垃圾、放狗欲吓走广场舞大妈。看来，在逐渐迈入老龄化社会时，如何帮大妈们寻找不扰民的"舞池"，这一问题已迫在眉睫。

年度影响力之四："Dama"有望收入《牛津英语词典》

从"抢黄金""抢房子"到"舞"在国际舞台，2013 年"中国大妈"凭借渐涨的影响力，引发国内外社会高度关注。近日有消息称继"Dama（大妈）"年初登上《华尔街日报》之后，有望以单词形式收录进《牛津英语词典》。

2013 年 11 月份，牛津大学出版社双语词典项目经理朱莉·克里曼在接受采访时表示，"Dama""Tuhao"等网络热词已经在《牛津英语词典》编著者的关注范围内。看来，"中国大妈"的影响指数有望在 2014 年冲上新的高度。

资料来源："中国大妈横扫海外市场　炒黄金购房产被戏称完爆华尔街"，微信网页版 http://www.paigu.com/a/8107/1556250.html。

2. 搜寻信息阶段

消费者在做出购买决策过程中，认识产品，搜寻相关信息。搜寻信息有两种，一是搜寻记忆里的经验或者知识的内部搜寻，二是通过访问商店、打听周围人、收看广告等方式搜寻外部信息的外部搜寻。从搜寻信息角度来看，老年人消费者具有以下特点：首先，老年人消费者生活经验丰富，从而对已经购买的产品持有非常丰富的知识，但是对新产品或者一些革新产品的知识相对缺乏一些。其次，老年人消费者在处理信息过程中学习或回忆的效率比较低，所以在内部搜寻信息方面与一般消费者有所不同。再次，老年人消费者在外部信息搜寻过程中主要搜寻来自电视、广播、报纸等媒体和周围人（家属、亲戚等）的信息。

3. 产品方案的评价

老年人消费者由于对产品使用的经验和知识以及经济环境、家属关系、生活方式、价值观等的不同，在产品方案的评价过程中表现出不同的特点。一些研究表明，老年人消费者进行产品方案评价时更多地利用通过人际关系而获得的经验、通过媒体所获得信息、通过比较而得到的价格信息。特别是老年人消费者对大众媒体的利用程度直接影响对产品的认识或态度，所以利用大众媒体的老年人消费者更多地选择广告中宣传的产品。从这些结果中可以看出，老年人的生活方式以及休闲活动影响他们对产品方案的评价。

4. 购买行为阶段

消费者决定方案以后，就是说，决定购买产品以后，就要考虑在哪里购买的问题。为正确地把握这个问题，有必要把握消费者的购买动机。因为购买动机不同，消费者的购买场所也不同。

从老年人消费者的生活方式来看，他们一般善于节约或计划购买。所以，他们一般选择降价处理的商店。当然，由于经济环境以及生活方式、爱好不同，老年人消费者选择的购买场所也不同。为正确地理解老年人消费者的购买过程，有必要从社会经济和人口统计特点以及生活方式角度研究他们的购买过程。

5. 购买后评价阶段

购买后评价行为是指消费者购买产品以后，评价消费过程以及消费结果的行为。也就是说，购买以后评价满意程度和再购买决策的过程。老年人消费者购买以后对不满意的评价会受到一定的限制。因为，第一，体力活动以及心理活动能力的减退，从而缺乏判断不公平的知识，第二，从社会环境的角度来看，生活活动范围的限制以及市场结构的特点，有不满，也不公开行为。一些研究表明，有不满经验的老年人消费者，把不满归因于自己，归因于购买场所，而不采取向有关部门投诉、或向周围人口传等公开的不满行为。

14.3.3 广告中的老年人消费者形象

国外的一些研究结果表明，老年人对一些广告中所描述的老年人群体的形象表示不满。因为，这些广告往往把老年人表现为听力不太好、爱管闲事、保守、喜欢过时产品的消费者，甚至还表现为把安眠药视为必需品的痛苦的消费者。其实，老年人人生经验非常丰富，他们愿意成为年轻一代的好助手，办事认真，不依赖于家属，愿意自立地度过晚年。所以，我们在针对老年消费者做广告时，必须要把握老年人消费者的需求或愿望，注意老年人的新的形象，以免引起他们的误会和不满。

14.4 广告与女性消费者

14.4.1 女性消费者的消费行为特点

女性往往能给她所经过的环境涂上一笔浓重的性别色彩。只要是存在生活商品消费者的环境，总是难以摆脱女性的影响力。放眼周围，不管是商场摆设的琳琅满目的商品，还是各个媒体集中轰炸的信息，体现在商业操作中的女性意识无处不在。所以，女性就成为商业操作过程中被关注的焦点。

随着社会与经济的发展，女性的社会地位和职业化程度不断提高。而且女性消费者还有自己独特的消费行为特点。据中国人民大学舆论研究所①以及华坤女性生活调查中心张明明的调研表

---

① 喻国明："城市女性消费模式调查报告"，载于《现代广告》2000 年第 1 期。

明①，近年来我国城市女性消费者有以下消费行为特点。

（1）影响女性消费者选择消费或接受服务的外部因素，以亲朋好友的口碑和推荐为最大，广告的作用仅占 16.4%。调查表明，女性消费者选择消费或服务时，营业员或导购员的推销作用最小，只能影响 5.7% 的女性消费者；广告的作用居中，影响 18.4% 的女性消费者；相对而言，家人和亲朋好友的口碑和推荐最为有效，31.1% 的女性消费者在选择消费或接受服务时受到亲朋好友的强烈影响。

（2）绝大多数女性消费者的消费计划不强，易受诱惑而发生随机性消费行为。调查表明，近 3/4 的我国女性属于花钱粗放型的消费者，其中 13.7% 的消费者属于"花钱很不仔细"的消费者，57.1% 的女性消费者属于"花钱不太仔细"的消费者。这种调查结果表明，大部分女性消费者购买产品的时候更重视感性或情感。

（3）女性消费者重视品牌和外形款式，这是一种女性消费的倾向。调查结果显示：26.6% 的女性消费者"几乎总是愿意多花点钱买自己喜欢的那种商品"，54.3% 的女性消费者表示"大多数情况下愿意多花点钱买自己喜欢的那种商品"。

（4）张扬个性的含蓄型炫耀，构成了我国城市女性消费者的基本消费动机。调查表明，大多数女性消费者的第一位消费动机是对个性化的追求。73.1% 的女性表示，自己在买东西时"每次都会"（25.5%）或"经常会"（47.9%）考虑"所购买的东西是否可以显示出自己与众不同的品位"；其次是出于一种含蓄型的炫耀——54.8% 的女性表示自己在买东西时"每次都会"（12.3%）或"经常会"（42.5%）考虑"所买的东西是否让人看了会称赞或羡慕自己"。

（5）女性消费结构逐步向发展型、享受型转变。随着收入水平提高，整体消费环境不断改善，城市女性的消费理念发生改变，更加注重生活质量，乐意享受生活。食品不再仅仅是为了填饱肚子、消除饥饿，而更多的是为了吃好、满足"口福"；住房不再仅仅是为了遮风避雨，而更多的是为了住的舒适、有投资潜力；服装也不再仅仅是为了遮体保暖，而更多的是为了追求时尚美丽和展示个人魅力。历年调查显示，服装服饰连续 5 年稳居女性个人最大一笔开支榜首，所占比例平均为 22.2%。除此之外，珠宝首饰、美容美发美体、化妆品等消费在个人最大一笔开支中占有较高比例。这说明"爱美是女人的天性"，"美丽消费"在改变女性自身形象的同时，也给她们带来了自信，增添了身心愉悦。

同时，信息消费也受到城市女性的青睐。在个人最大一笔开支中，手机分别于 2011 年、2012 年排第 4 位；电脑、照相机、MP5 等数码产品在 2009 年排第 2 位。在当今信息时代，女性也希望通过电子产品浏览网页，观看电影，或者下载音乐，从而获取更多的信息。

随着城市生活节奏不断加快，生存压力不断加大，旅游也正成为城市女性及其家庭休闲放松、陶冶情趣的重要方式。

同时，城市女性比以往更加注重自身的内涵修养，希望通过参加各类培训提高个人工作能力

---

① 张明明："我国城市女性消费特征研究"，http：//www.stats.gov.cn/tjzs/tjsj/tjcb/dysj/201405.html。

和综合素质，寻求更大的职业发展空间；也希望学习家庭教育知识，提高教育子女和家庭科学管理水平。

(6) 网络购物逐渐成为女性最主要的消费方式。调查显示，2008 年只有 29.0% 的女性通过网络购物实现消费，但 2009 年、2010 年、2011 年分别增加到 42.3% 、70.8% 、76.6% ，2012 年继续增加到 84.6% 。可以看出，2012 年网络购物比例比 2008 年上升 55.6 个百分点，网络购物正逐渐成为城市女性最主要的消费方式。

14.4.2　广告中的女性消费者形象

传统社会中的女性形象是家庭主妇，而今天，女性作为消费者的地位也在各个方面发生了变化，社会各方面的变化改变了女性消费者在家庭中的位置和社会的地位，女性已经不再是他人购买商品的代理人。另外，女性的社会职业化的提高，女性自己消费也逐步个性化。与这样的社会方式相适应，以女性为主体的广告逐步增多。美国某一广告制作人指出，除了卫生用品、化妆品等几种特殊商品外，性别的概念将不复存在。因此，未来的广告，更需要树立女性的新形象。

但是，以现代的开放的形象代替对传统女性的印象时可能会引发许多问题，由于 20～60 岁各年龄段的女性形象是多样的，因此，表现各年龄段女性形象的广告当然更有效。另外，女性形象到底迎合哪些商品、哪些品牌、哪些消费者层，这些都要具体分析。因此，在广告中选择男女哪一方，在选择哪种形象等问题是广告主较棘手的问题。在广告中选择女性形象时，塑造传统女性的形象，还是塑造现代女性的形象？这些都取决于目标市场特点、广告目标等因素的影响。但是，有一点必须肯定的是，在广告里把女性表现为被动的、男权框架之下的性对象的形象，那就是时代的错误表现。特别是，一个女性被贬抑的世界不是一个完美的世界。无论其物质文明多么发达，它在精神层面存在着重大缺陷。社会中的两性不平等发展，无论对于女性、男性，还是他们所处的世界，都不能说是完全健康的发展。媒介广告作为强有力的手段，对于彰显女性独立人格与尊严、创造能力、多元化的发展状况，担负有重要责任。

【阅读资料 14-3】　　　　　　　对广告中歧视女性形象的文化思考

目前，在我国媒介广告中，女性的形象、位置、角色较明显地显露出性别歧视的倾向。主要表现在以下两个方面。

1. 男权意识宰制下的对女性的种种限定

最为明显的是角色的限定。广告中的女性角色多限定为家庭妇女；若是职业女性，则更多限定在文教卫、秘书等形象中。典型的例子是，暖意融融的家中，丈夫惬意而舒适地坐在沙发中，满面微笑的妻子身着家居服饰，系着围裙，端上热气腾腾的饮品，丈夫满意地接过来，美美地品上一口，转头微笑地看着依旧弯腰弓身的妻子……女性在家庭中服侍丈夫的形象在这里得到了明显的表现和强化。据统计，出现在家庭中的女性有 26.8% 在做家务，而男性则只有5.3%。角色的定型随之而来的是生存空间的限定。据调查，广告中的女性出现最多的场所是家庭，说明女性生存的空间更多地被限制于封闭的家庭中。女性和男性的关系则限定为温柔、依顺、小鸟依人，没有独立主张，积极附和，接受男性指导、帮助。女性的价值更是遭到严格限定：青春、美丽、娇人为惟一标准。这些标准均从男性的审美角度出发。在某些广告的强化之下，女性的价值似乎在于积极取悦于男性，而女性自我独立的价值实现受到了漠视。

与上述限定相应的是媒介广告对女性劳动创造的漠视。女性的社会作用、社会形象未能得到充分展示与肯定。据调查，我国广告中表现的男性科技工作者是女性的两倍，而现实中是1.21 倍。将女性限定于家庭，否定其社会作用；将男性限定于社会，不鼓励其承担家庭责任，这种女性角色的限定也同时限定、抑制男性的全面发展。

2. 男性审视之下的将女性性对象化的倾向

女性脸部、手部特写，娇嫩肌肤的展示，如瀑黑发的飘荡，胸部的若隐若现，腰肌的夸张凸显都极力展示女性外形美；并时常伴有女性自我陶醉的神态或挑逗的目光。凡此种种，一览无遗地显示出：男性是进行性欣赏、把玩的主体，女性则为观赏的性对象。在与女性本没有直接关系的广告中，如酒、饮料、食品、汽车……的推销中，频频展示美女风姿，媚人笑靥，明显以女性作为"刺激点"，用以招徕。或者以女性特质暗示商品特质，用女性烘托商品价值，商品价值渗透女性主体，女性被附加上商品性格，被"物化"。由此，女性的被贬低可见一斑。

高夫曼（Erving Goffman）曾揭示广告中女性形象特质："女性的社会关系即等于家庭关系，而家庭结构以男性权力为核心，女性的地位等同于小孩从属于男人所有，而且她的身体与言行举止皆表现为男人的性玩物"；史密斯也指出广告信息出奇地相似："女人的位置在家里，女人依赖于男人，女人不会做独立而重要的决定；女人鲜少以职业角色呈现，女人视自己、且被他人视为性玩物。"审视中国媒介广告，出于社会制度的原因，性别歧视没有西方那么强烈、明显，但仍在一定程度上体现了上述特征。

带有性别歧视性质的广告会滋长社会中男权至上的文化心理，会强化女性对自身的不正确认识以及自卑心理，会使青少年、儿童在幼小心灵上打上两性关系刻板印象的烙印，会使整个社会依旧处于一种男性对女性的压抑状态。

媒介应清醒地认识到自身意识地加强其文化负载、传递功能，更有意识地加强其文化功能的正面效应，而非相反。

资料来源：陆敏："对广告中歧视女性形象的文化思考"，载于《国际广告》1999 年第 12 期，第 9~10 页。

本章小结

有关广告对经济、社会及文化的影响可谓众说纷纭。我们应该从正反两个方面均衡地考虑广告的影响，才能有助于真正地理解广告的功能。

广告对儿童消费者有着较大的影响。美国国际广告协会主张企业具有销售产品的权利，并强调儿童广告至少在五个方面发挥着重要的作用。但持反对意见的美国 CAT 协会则认为广告对儿童有着负面的影响。

近年来，我国老年消费者人数不断增加，如今我国已经进入了老龄化社会，因此，研究广告对老年消费者的影响具有非常重要的意义。在本节中，我们主要论述了老年消费者的界定、老年消费者的行为等内容。

本章最后一节我们重点论述了广告对女性消费者的影响，并就广告中出现的不尊重女性的现象进行了较为深入的阐述。

思考题

一、单选题

1. 相比较男性消费者，女性消费者更加（　　）。

　A. 知性　　　　　　　　　　　　B. 任性

　C. 理性　　　　　　　　　　　　D. 感性

2. 影响女性消费者选择消费或接受服务的外部因素中，以（　　）为最大。

　A. 亲朋好友的口碑和推荐　　　　B. 广告

　C. 自主搜寻信息　　　　　　　　D. 参加产品宣讲会

3. 美国 ACT（Action for Children's TV）通过对儿童广告进行调查以后，提出了广告对儿童有（　　）影响的结论。

　A. 正面　　　　　　　　　　　　B. 负面

　C. 中性　　　　　　　　　　　　D. 不确定

4. 随着老龄人口的增加，这些老年人消费者将形成新的消费者层，我们称之为（　　）。

　A. 银色市场　　　　　　　　　　B. 灰色市场

　C. 黑色市场　　　　　　　　　　D. 金色市场

5. "买房子，送老婆"的广告语，是对女性消费者的（　　）。

　A. 赞扬　　　　　　　　　　　　B. 批评

　C. 性别歧视　　　　　　　　　　D. 重视

二、多选题

1. 广告对消费者的积极影响主要表现在（　　）。

　A. 广告教育消费者　　　　　　　B. 广告向消费者提供知晓权

C. 广告提倡物质享受　　　　　　D. 广告倡导超前消费

E. 广告误导消费者

2. 广告与文化之间关系的观点，概括起来，大致有以分为（　　）等 4 种。

A. 广告影响文化、但文化不影响广告的文化创造型

B. 文化与广告相互影响的独立型

C. 文化影响广告、但广告不影响文化的文化反映型

D. 广告不影响文化、文化也不影响广告的相互独立型

E. 广告影响文化、文化影响广告的相互作用型

3. 儿童信息处理过程可分（　　）四个阶段。

A. 认识　　　　　　　　　　　　B. 注意

C. 记忆　　　　　　　　　　　　D. 遗忘

E. 评价

三、简答及论述题

1. 儿童消费有何特征？

2. 广告对女性消费者有哪些影响？

3. 老年消费者的购买决策过程分为哪几个阶段？

4. 试论述我国城市女性消费者的消费行为特点。

5. 试论述性别歧视广告屡禁不止的原因。

案例讨论

中国儿童电视广告态度

　　打开电视，各种各样的儿童电视广告跃然眼前，它们或以儿童为目标受众，或以儿童形象演示，或以直接或隐含的方式对儿童介绍各种各样的企业或产品，其中主要涉及食品、饮料、玩具、日常生活用品、益智增高类保健品、文具、企业形象等。面对这样一个客观存在的、如此巨大的、充满了诱惑的信息冲击，儿童不可能不对儿童电视广告产生一定的认知、情感和行动意向，并受到儿童电视广告的多方面影响。

　　企业之所以会有意无意地对儿童施加广告影响，一方面是因为儿童是未来有较大购买能力的消费者。儿童作为消费社会的一分子，其消费行为不是某一天从天而降的，而是一个逐渐学习的过程。现在 6～12 岁的儿童在未来的 5～10 年后，会逐步成长为具有较大消费能力的成年人，他们在儿童时期形成的对某些产品、劳务、商标、品牌、企业等的态度会潜移默化地影响到他们成年后的消费心理；另一方面，儿童本身就是一个强大的消费群体。随着儿童年龄的增加，中国人生活水平的普遍提高，独生子女家庭在中国的日益普及，儿童手里有了越来越多可

供自由支配的零花钱，直接购买行为逐渐增加。同时，中国家庭中有越来越多的大额消费与孩子有关，比如购买乐器，课余教育培训支出，旅游，汽车，甚至投资房产等……儿童对家庭购买决策的影响力也越来越大。

在企业对儿童施加广告影响的过程中，电视被看作最佳的传播途径。这是因为儿童时期阅读能力有限，对纸媒体热情不够，而对电视表现出巨大热情。同时因为电视在广告信息传播方面的独特优势，很容易唤起儿童对广告产品的兴趣和好感，激起潜在的消费欲望，并进而牢牢记住商品名称和品牌，促成儿童直接购买或增加儿童向父母提出的购买要求。

1. 儿童怎样理解儿童电视广告

儿童对儿童电视广告销售意图的理解是对广告本质的认知。8~9岁以下的儿童对儿童电视广告的娱乐、教育功能有很好的理解，而不能很好理解其中隐含的销售意图。比如有的儿童说"儿童电视广告是为了好玩的"，有的儿童说"是教育我们的"，有的儿童说"是教给我们知识的"，五花八门。8~9岁以上的儿童对儿童电视广告的销售意图的理解突飞猛进，绝大多数人认识到电视广告"是介绍产品"或者"推销产品"的。12岁时，儿童已经能够完全理解儿童电视广告的推销意图。

儿童相信儿童电视广告所传递的信息吗？研究发现，6~12岁的儿童对儿童电视广告的信任度都不太高，多数倾向于半信半疑，并且没有年龄上的差异性。现在的儿童接受电视信息的影响早，获得信息的渠道多、见多识广，不轻易盲从，对事对物有自己一定的主见。同时由于电视广告信息良莠不齐，真伪难辨，一些家长也有意识地从小教育自己的孩子抗拒广告的影响，甚至有些矫枉过正地教育自己的孩子："广告是假的。""广告是骗你的。"久而久之，儿童渐渐增加了辨别信息真伪的能力，在没有绝对把握的情况下，不会轻易相信。另外，独生子女家庭增多，社会生活日益复杂，父母也会比较注意教育自己的孩子不轻易相信任何的外来信息。所以儿童对儿童电视广告信息不太信任，应该是社会生活状态的一种反应。

儿童阶段的记忆力很好，研究发现，6岁左右的儿童有一半的人不能记住任何企业（或品牌）名称，只有一半的人能够记住一个，而记住两个、三个企业（或品牌）名称的儿童越来越少。7岁以后经由儿童电视广告对企业（或品牌）名称的记忆度逐步提高，11~12岁的儿童绝大多数能记住三个。在对儿童记住的广告信息进行探究时，我们发现他们对琅琅上口的儿歌，对高露洁草本美白牙膏广告中的海狸先生、光明牛奶广告中的光明奶、酷儿饮料广告中的酷儿、海尔广告中的海尔兄弟卡通形象记忆深刻。但是我们发现儿童对企业名称与品牌名称混淆不清，他们把自己熟悉喜欢的品牌产品当作是那个叫"品牌"的企业生产的。比如，他们以为酷儿饮料就是那个叫"酷儿"的企业生产的，米奇书包就是那个叫"米奇"的企业生产的。

儿童看过儿童电视广告后，会将儿童电视广告的优劣与广告产品、广告企业的优劣关联起来吗？研究发现，不同年龄的儿童对儿童电视广告与产品、企业的关联度的认知表现出大体一致的特征，即在6~7岁时，大多数的儿童趋向于一致性的评定：广告做得好，产品和企业就好；而7岁以后，大多数的儿童则认为，儿童电视广告做的好，产品和企业不一定好，7~12岁的儿童差别性不大。

2. 儿童喜欢什么样的儿童电视广告

研究发现，6~12岁的儿童对儿童电视广告的喜好度略高，随着年龄增加，喜好度呈现逐渐下降的趋势。性别因素在儿童对儿童电视广告情感上影响显著，总体来看，女生比男生更喜欢儿童电视广告一些，主要是女生容易为电视广告中的情感诉求所打动。看电视多的儿童对儿童电视广告的喜好度更高一些；对儿童电视广告销售意图理解度越高的儿童，越不喜欢看儿童电视广告；对儿童电视广告信任度高的儿童，更喜欢儿童电视广告。越喜欢儿童电视广告的儿童看过儿童电视广告后自己会去购物或者会要求家人为自己购物的可能性更大。

儿童最喜欢的儿童电视广告形象依次是：卡通、动物、儿童、大人。其中，卡通形象演示的儿童电视广告排名第一，并且喜欢的程度要大大高于其他广告形象。儿童尤其是男童喜欢看卡通片，是因为卡通形象夸张、滑稽、生动，卡通片内容动感、幽默、跳跃性强。这种喜好延展到他们对于儿童电视广告形象和内容的喜好上。

儿童最喜欢的儿童电视广告元素依次是：故事情节、画面、人物、音乐、语言、产品、其他。其中，最吸引儿童注意力的是故事情节。同时，女童对儿童电视广告中的内容，比如零食、家庭日常生活用品（如洗发精、牙膏、洗衣粉等）、饮料更为关注一些，表现出更多的兴趣。而男童对儿童电视广告中的形式，比如滑稽可爱的卡通形象、幽默搞笑的故事情节，表现出更多的兴趣。虽然大量的研究证实6~12岁的儿童100%能够正确区分电视节目与电视广告，但是在现实中儿童更愿意把儿童电视广告当作一个短小的电视节目来看，所以卡通形象演示的故事情节生动幽默的儿童电视广告能像卡通片一样，紧紧抓住儿童的眼球，吸引起他们的注意。

3. 儿童受儿童电视广告的影响有多大

儿童电视广告对6~12儿童的影响力到底有多大，会在儿童看过儿童电视广告后的自主购物行为倾向性和要求购物行为趋向性上表现出来。

研究表明，增加儿童电视广告的可信度，通过夸张滑稽、生动幽默、跳跃性的广告形象与广告表现使儿童喜欢上儿童电视广告，就会提高儿童对儿童电视广告的行为趋向性。

[?] 问题讨论

1. 儿童的消费心理是如何形成的？
2. 试分析广告对儿童的负面影响。
3. 本材料对于广告主或广告经营单位有哪些启示。

资料来源：媒中媒，作者：徐红。

第 *15* 章

国际广告

本章导读

国际广告是国际市场营销活动中最重要的促销手段之一。与国内广告相比，国际广告要受到诸多迥异于本土的政治、经济、人口、法律、社会文化、科学技术发展水平等因素的影响和制约，因而策划和实施起来更加复杂，也更具挑战性。本章主要介绍国际广告的基本概念、特点和作用，国际广告的创意策略、国际广告的媒体选择以及国际广告跨文化管理等内容。通过本章学习，读者能够掌握国际广告的基本概念及基本创意策略，了解国际广告面临的文化风险及规避风险的基本措施。

知识结构图

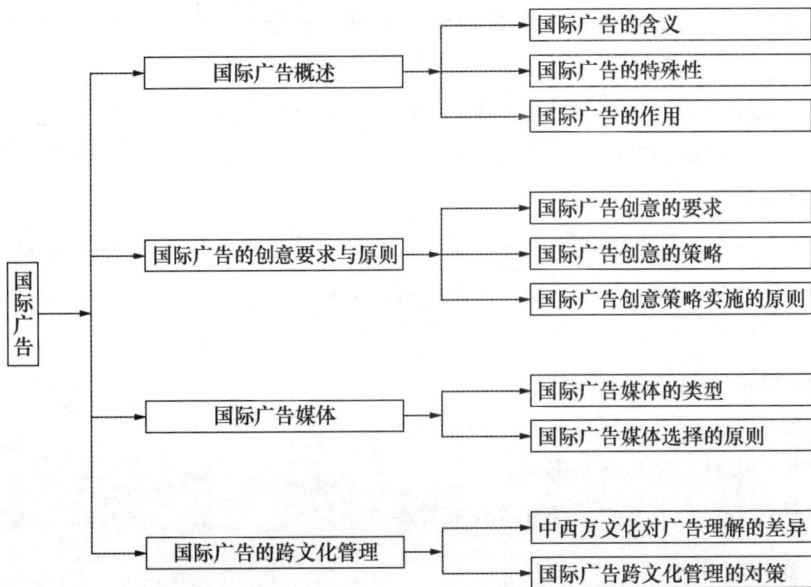

【开篇案例】　　　　　　　　　　丰田汽车广告风波

　　2003 年 11 月，两则丰田公司汽车广告在网络上引起不小的波澜。其一为刊登在《汽车之友》第 12 期杂志上的"丰田霸道"广告：一辆霸道汽车停在两只石狮子之前，一只石狮子抬起右爪做敬礼状，另一只石狮子向下俯首，背景为高楼大厦，配图广告语为"霸道，你不得不尊敬"（见图 15 - 1）；其二为"丰田陆地巡洋舰"广告：该汽车在雪山高原上以钢索拖拉一辆绿色国产大卡车，拍摄地址在可可西里。

图 15 - 1　刊登在《汽车之友》上的丰田霸道汽车广告

　　广告刊登后，引起了无数国人的愤怒。很多网友认为，石狮子有象征中国的意味，"丰田霸道"广告却让它们向一辆日本品牌的汽车"敬礼""鞠躬"。"考虑到卢沟桥、石狮子、抗日三者之间的关系，更加让人愤恨"。对于拖拽卡车的"丰田陆地巡洋舰"广告，很多人则认为，广告图中的卡车系"国产东风汽车，绿色的东风卡车与我国的军车非常相像。"

　　为此，众多网友在新浪汽车频道、tom 以及 xcar 等专业网站发表言论，认为丰田公司的两则广告侮辱了中国人的感情，伤害了国人的自尊。更有网友发出言语过激的评论。

　　网友的声音迅速扩大，仅新浪网上关于此事的网友评论就达到了 3000 多条，网友的关注程度远远超过了其他汽车新闻。其中，大多数网友把抨击的矛头指向了丰田公司、广告制作公司和刊登广告的杂志，要求他们赔礼道歉。一位网友甚至还模仿"霸道"广告制作了一幅图画，画面上狮子把霸道车按在了爪子之下。

　　媒体也迅速跟进报道此事，2003 年 12 月 3 日，国内最具影响力的媒体——新华社对"问题广告"进行了报道，随后，国内的许多媒体都不同程度地对此事进行了追踪。而在日本颇有影响的报纸——《朝日新闻》也用"有两盒香烟大小的版面"报道了此事，并带动了其他日本媒体的关注。

　　工商局也对这两则广告表示关注，并要求投放刊登广告的杂志社提交了书面材料。

　　各方的强烈反应，使整个事件从"问题广告"有向"日资企业在华经营风波"方向转化的趋势。丰田公司、广告制作公司和刊登广告的杂志也认识到了严重性，用各种途径开始道歉。

　　资料来源：作者根据网络相关资料整理。

15.1 国际广告概述

15.1.1 国际广告的含义

国际广告是国际市场营销活动过程中最重要的促销手段之一，是广告主为促进商品销售，主要以付费的方式，通过国际性媒体、广告代理商和国际营销渠道，对海外目标市场所进行的有关商品、服务或企业形象的双向或单向的信息传播活动。

国际广告的宣传途径主要有两类：一是在国外媒体上直接刊登广告，如我国广告主在美国纽约时报或英国BBC电台发布广告；二是广告主的驻外机构在当地市场上进行广告宣传，如韩国三星电子中国分公司在中国中央电视台上发布手机广告等。

15.1.2 国际广告的特殊性

对照本书第1章中有关广告的定义，我们不难看出，国际广告和国内广告的手段和最终目的是一样的，都是一种有计划的营销传播活动，都是为了促进商品的最终交换。但我们不能因此认为国际广告与国内广告就没有区别，事实上由于不同的国家在社会制度、消费水平结构、风俗习惯、宗教信仰、自然环境以及由此形成的价值观和消费理念等方面都存在着极大的差异，因而国际广告也具有不同于一般国内广告的特殊性。

1. 经济环境的特殊性

经济环境是影响广告活动的最为重要的因素之一，可以进一步分为宏观和微观两个层面。宏观经济环境主要包括一国或地区经济发展的阶段和发展水平、经济制度与市场体系、收入水平、财政预算、贸易与国际收支状况等。宏观经济的发展和繁荣显然能够为企业的发展提供有利条件，而经济萧条和衰退也无疑会给所有经济组织带来生存的困难。微观经济环境主要是指组织所在地区或所需服务地区消费者的收入水平、消费偏好、储蓄情况、就业程度等因素，这些因素直接决定着市场规模的大小。

因此，当一个国家或地区经济繁荣，人民生活富足，就必然会对知名品牌和高档产品有着更多的需求。广告的宣传策略也应该是突出品牌形象，强调产品的高贵品质。而在经济水平发展程度较低、人民生活较为困难的国家和地区，价廉物美的商品更受欢迎。企业在进行广告宣传时要充分考虑到这一点，广告的诉求点应重点在强调产品的经久耐用和物美价廉方面。

2. 社会文化环境的特殊性

社会文化环境由一个国家或地区的居民特定的受教育程度、价值观念、行为方式、伦理道德规范、审美观念、宗教信仰及风俗习惯等内容构成。社会文化影响和制约着人们的消费观念、购买行为和生活方式，表现在：宗教信仰和风俗习惯会禁止或抵制某些活动的进行；价值观念会影响居民对组织目标、组织活动以及组织存在的态度；审美观念则会影响人们对组织活动内容、活动方式以及活动成果的态度等。

任何人都在一定的社会文化环境中生活，存在于特定社会文化环境中的个体，其认识事物的方式、行为准则和价值观等都会异于生活在其他社会文化环境中的人们。例如，由于价值观念不同，使得不同国家的消费者对周围事物的是非、善恶和重要性的评价不同；同一种款式的商品，某些国家的消费者认为是美的，而其他国家的消费者也许认为是丑的；同一种色彩的商品，低收入国家的消费者可能十分喜爱，但发达国家的消费者却可能很少问津；同一种消费行为，在这方土地上是习以为常的，在另一方土地上则可能认为是不可思议的。再如，由于民风习俗、礼仪交往等方面的差异，往往影响到广告活动的内容与形式。

因此，在开展国际广告活动时，广告主必须要全面了解、认真分析东道国的社会文化环境，以利于准确把握消费者的需求、欲望和购买行为，做出正确的广告决策。除了在开篇案例中提到的丰田霸道汽车广告风波外，日本立邦漆在华的一则广告也曾引起过轩然大波，见阅读材料15-1。这足以让从事国际广告宣传活动的广告主、广告策划机构和广告媒体引以为戒。

【阅读资料15-1】　　　　立邦漆盘龙广告惹争议

一个中国古典式样的亭子，两根立柱上分别盘旋了一条金龙，左边一条龙和立柱颜色显得比较暗淡，但抓得却很稳，盘旋向上；而右侧那条龙和柱子颜色却很光亮，可是这条龙却从柱子上滑了下来。创意者显然是用广告来形容柱子刷过立邦漆后都变得奇滑无比，以至于金龙从柱子上"滑"下来。这是2004年9月份的《国际广告》杂志上刊登的一则名叫"龙篇"的立邦漆广告作品。这则广告的创意者显然是用广告来形容柱子和龙刷过立邦漆后都变得奇滑无比，以至于金龙从柱子上"滑"下来。

然而，就是这则广告在互联网上掀起轩然大波，针对该广告创意的批评声不断。在众多网站上，关于这则广告创意的评价在不少BBS中都成了"热帖"。大多数网友认为这则广告创意戏弄了中华民族的图腾，难以接受。有的表示："乍一看还觉得挺有意思，可仔细一想就觉得别扭了。龙是中国的象征，怎么能遭到这样的戏弄！""我们中华民族的象征——神圣威武不可侵犯的中国龙！中国龙在这里

图15-2　立邦漆盘龙广告画面

扮演了一个小丑，一个不光彩、受欺负的角色！龙本身就有飞天的神力！不是靠盘紧柱子才昂首挺胸的！"更有的则直言："发布广告者别有用心，且恶劣程度比'霸道广告'有过之而无不及。"……

资料来源：http://management.yidaba.com/scyx/579470.shtml。

3. 政治法律环境的特殊性

政治法律环境指的一个国家或地区的政治制度、政治形势、政府的方针、政策及国家制定和颁布的各种法律、法规等，上述因素都会对国际广告活动产生重大的影响。例如，一些国家严禁刊播比较广告，认为比较广告有可能会损害公平竞争。而有些国家则对此没有限制，如我们所熟悉的百事可乐与可口可乐经常发布针对竞争对手的比较广告，不仅可以直接了当地指出对手的不足，甚至可以是尽情地揶揄和讽刺。

在比较广告方面，百事可乐与可口可乐的万圣节之战堪称经典，见图 15 - 3。比利时一家广告代理商让百事可乐在万圣节换装，打扮成披着"可口可乐披风"的超人，并搭配文案"We wish you a scary Halloween！"（祝你有一个恐怖的万圣节）。不过仔细一看就会发现，披风上写的并不是 Coca Cola 而是 Cola Coca！百事可乐这张海报文案的潜台词就是，穿上可口可乐披风，就可以在万圣节出来吓人了。无疑是在暗讽拉黑老对手。

图 15 - 3　可口和百事的广告大战

可口可乐对此快速回应，使用了同样的画面，将文案更改为：Everybody wants to be a hero（每个人都希望成为英雄）。而可口可乐对此的回应可谓是兼具创意和幽默，表示只要穿上可口可乐披风就能成为大英雄。使用对手同样的海报画面，只是稍许改了一句文案，就让百事可乐自食其果。

4. 科学技术环境的特殊性

科学技术是社会生产力的表现，是企业把资源转化为符合人们需要的物品的基本手段。科学技术的进步，使得广告行业也随之发生巨大的改变。如网络媒体的异军突起对传统媒介产生了巨大冲击。广告传播手段也因此更加丰富化和更具选择性。但由于不同国家和地区在科学技术方面存在的客观差异，使得国际广告在广告创意、制作和发布方面也面临着不同的困难和制约。如一些国家媒介技术落后，企业开展国际广告活动就会大受影响，表现在一些先进的传播手段无法使用，广告的宣传效果因此大受影响。

15.1.3　国际广告的作用

1. 树立产品形象，推广国际品牌

由于地域上的差异，一个在本国家喻户晓的知名品牌在其他国家和地区可能是籍籍无名，甚至海外消费者是闻所未闻的。企业可以通过新闻媒体对产品进行介绍和宣传，但宣传形式本身具

有一定的局限性，如宣传范围有限、展现形式单一、内容难以完全控制等。而国际广告所具有的传播范围广、信息传播速度快、展现形式多样等优势，可以有效帮助企业顺利进入国际目标市场。例如，上世纪 80 年代当我国消费者还保持着品茶、购茶的传统时，雀巢速

图 15 – 4 雀巢咖啡在中国的广告

溶咖啡以一句"味道好极了"的广告语唤醒了国内民众新的味觉阈限，拉近了雀巢与中国民众的距离。如今我们想起那句回荡在耳边的经典广告语及广告画面里香浓的咖啡，就能想到雀巢。国际广告树立了雀巢咖啡在中国消费者心中的形象，其品牌也因此在中国得到了推广。

2. 反应和引导市场需求

国际广告既是放于国际营销活动中对国际市场需求有灵敏反应的"风向标"，又是引导市场需求走向的"领航者"。国际广告的设计能充分体现市场需求的特点，能迅速、有效地反应市场需求；同时国际广告又能够发掘市场潜在需求、倡导一种新消费理念、引导消费者购买动机。

【阅读资料 15 –2】 海尔洗衣机日本走红

日本家电市场是一个饱和的市场，竞争异常激烈。日本的本土家电市场堪称世纪顶级市场，令欧美的西门子、惠尔浦，韩国三星、LG 等众多名牌家电在日本市场打拼 10 余年，也闯不出令人满意的成绩。认识到市场是千变万化的，顾客的需求也是各有差异，海尔集团凭着"创造市场"的信念，对日本市场进行了深入的调查。经过仔细研究后发现，在日本，单身族占到了相当大的比例，大约有 1300 万，单身女性等单身族用户拥有的洗衣机容量一般为 4kg ~ 6kg 之间，但这么大的容量往往得不到充分利用。市场调查后，海尔用了半年时间成功开发出 2.3kg 容量洗衣机——"个人洗衣间"，并于 2002 年 11 月 1 日推向日本市场。产品备有白色、粉红、蓝色 3 种颜色，完全是按日本消费者的偏好设计的。"个人洗衣间"不仅深受日本单身消费者的青睐，还成为很多普通家庭和医院购买洗衣机的首选。在"个人洗衣间"迅速走红日本的同时，海尔又通过大量的市场调查，细分市场，迅速推出了专为日本消费者设计的全自动洗衣机、专为中老年消费者设计的洗衣机，个性化的设计及满足当地化洗衣需求的差异化性能特征受到了挑剔的日本消费者的青睐，各系列海尔洗衣机在日本市场上全面开花。

资料来源：闫国庆：《国际市场营销学》，清华大学出版社 2011 年版，第 178 ~ 179 页。

3. 促进国际间文化交流，提升东道国企业竞争意识

国际广告应以了解不同国家文化差异为前提，尊重别国人民的习俗，才能达到一定的广告效果。广告作为一门艺术，具有美的或情感的表现力、感染力，比其他沟通方式更能表现国际产品或企业的价值，从而以其特有的文化内涵赢得国外消费者的兴趣和爱好。此外，有些国际广告通过公关广告、情感广告来联络民族情感，加强与东道国人民的友谊，为进一步经济合作奠定基础。当然，国外产品和广告的进入，对东道国民族工业会产生一定的压力。但东道国企业为了生存和发展，必须参与国际竞争，提高竞争能力，这在客观上也提升了东道国企业的国际竞争意识。

15.2　国际广告的创意要求与策略

15.2.1　国际广告的创意要求

1. 国际广告必须考虑东道国的经济环境

广告主在进行国际广告策划时，必须首先分析产品东道国的人口规模、国家的经济类型，以及由此形成的市场需求、市场潜力、收入分配等经济状况。并以此确定广告活动的基本思路和方针。

2. 国际广告必须适应东道国的语言文化

开展国际广告活动，必须要了解东道国的文化背景。因文化不同而带来的消费差异是国际广告必须要正视的问题，而在各国文化元素里，语言文化是最直接的体现。能否正确地"用东道国人乐于接受的语言说话"是国际广告成功与否的关键。例如，七喜，原名"SEVEN-UP"，进入中国市场时，译者用"喜"代替"起"，迎合了中国人讲究吉利的心理。百事可乐（PEPSI）则以意译为重，以至于现在中国人经常相互之间庆祝"百事都可乐"。雪碧（SPRITE）直接翻译过来就是"妖精"，而音译成"雪碧"给人以清凉之感。化妆品"REVLON"在中国译为"露华浓"，音译并重，显示其高雅、艳丽，迎合了女子浪漫诗情的口味。

3. 国际广告必须尊重东道国的宗教信仰

每个国家和民族都有自己的宗教信仰，因此会有不同的禁忌。1988年，索尼公司为了在泰国推销收录机产品，利用佛祖释迦牟尼做了一则电视广告。电视广告中出现的画面是，索尼收录机播放出了优美的音乐，佛祖失去定心为音乐所诱惑，随着音乐有节奏地摆动，最后睁开了慧眼。没想到佛教是泰国的国教，佛祖是举国膜拜的精神偶像，这则广告被认为是对泰国国教的极大不尊敬。在全国一片愤怒声中，泰国当局向日本政府提出了强烈的抗议。索尼公司这才恍然大悟，立即停止播放这则广告，并向泰国人民公开道歉。

4. 国际广告应遵守各国对广告的管制

虽然国际广告是在母国广告中延伸出来的，但由于其广告受众及传播环境为东道国，因此必须严格遵守东道国对广告的管制，包括广告内容、时间、传播范围等，这将直接影响到国际广告的传播效果以及广告成本。

【阅读资料 15 – 3】　　　　　　　国际广告的禁忌

在国际市场上，世界各国风尚习俗，语言文化各不相同，反映在产品广告上也有很大的差异。因此，向国外推销产品、做广告，一定要入乡随俗，切勿犯忌。否则，广告难以收到预期效果，甚至事与愿违。例如，美国骆驼牌香烟的印刷广告画面是一位烟民对着镜头高跷着二郎腿，皮鞋底下两个窟窿豁然可见……该公司为开拓泰国市场，在广告画面增加了泰国驰名的神庙，以突出佛国风情，然后配上"骆驼人"鞋底朝天的吸烟照片。此广告刊出后，触犯了禁区。因为泰国人认为鞋底是最污秽的地方，而佛庙乃至尊至洁之地，在驰名寺庙前高抬脚板，有污佛地，实为大逆不道之举。结果骆驼牌香烟广告乘兴而来，败兴而归。可见，对外广告一定要随"俗"，千万不能犯忌。归纳起来，国际广告的禁忌主要有以下方面。

1. 动物方面的禁忌

（1）熊猫。熊猫是珍兽中的珍兽。在世界多数国家颇受欢迎，用其来做广告图案的很多。但在穆斯林国家里，熊猫却因形似肥猪而不受欢迎。

（2）山羊。在英国，山羊被喻为"不正经的男子"，家庭主妇一般不喜欢这种动物图案的广告。

（3）大象。欧洲人不喜欢用大象作广告图案，在欧洲人的词汇里，大象是笨拙的同义词，英国忌用大象的广告图案。

（4）乌龟。日本人特别喜欢乌龟图案，认为这是长寿的象征。而西方一些国家却不喜欢。

（5）孔雀。在欧洲国家孔雀被贬为淫鸟、祸鸟。

（6）狗。非洲北部的一些国家忌用狗的图案。

（7）兔子。澳大利亚严禁兔子图案，因为兔子吃牧草，系澳洲一大公害。

2. 植物方面的禁忌

（1）玫瑰花。美国、英国、罗马尼亚等选玫瑰花为国花。欧洲人喜欢玫瑰，认为这是美的化身、爱的象征。印度人忌用玫瑰花，因为是悼念用品。

（2）菊花。意大利人忌讳菊花，因为菊花盛开之时正是他们扫墓的时节。

（3）荷花。日本人忌荷花图案，认为荷花不吉祥。

（4）蔷薇花。俄罗斯人不喜欢用黄色的蔷薇花作广告图案。

3. 色彩方面的禁忌

（1）红色。在美国商业版面上红色代表亏本，最不受欢迎。委内瑞拉用红色代表五大党之一，避免使用。

（2）黑色。在瑞士、罗马尼亚、泰国、新加坡、印度等国家都禁用黑色，因为视黑色为消极、绝望、丧事等。美国、意大利认为黑色不吉祥。

（3）黄色。埃塞俄比亚把黄色视为丧色，在法国黄色表示不忠诚，对黄色反感、巴西视黄色为绝望，不受欢迎，以色列也不喜欢黄色。

（4）绿色。日本人喜爱淡雅、讨厌绿色，委内瑞拉用绿色代表五大党之一，避免使用。

（5）蓝色。比利时忌蓝色，因为遇不祥之事，用蓝色作标志。

（6）紫色。意大利忌紫色，因为他们视紫色为消极，秘鲁除十月份举行宗教仪式时采用紫色，平时一律禁用。

4. 其他方面的禁忌

如利比亚规定禁止使用女性人体图案广告；美国不喜欢用一般人不熟悉的古代神话人物作广告图案；科威特，女性被禁止做广告模特。又如日本人忌"4"和"9"字，原因是日语发音中"4"字发音和"死"相似，而"9"的发音与"苦"相近；博茨瓦纳忌讳"3"和"7"；西方一些国家忌讳"13"认为它会带来厄运，等等。

资料来源：谭爱平："国际广告中的禁忌"，载于《经营管理者》1996年第7期。

15.2.2　国际广告的创意策略

根据消费者购买行为的差异，可以将国际广告创意策略主要划分为三种，即标准化策略、本土化策略以及全球性策划和本土化执行相结合的策略。若不同国家和地区消费者的购买行为习惯相似或差异性较小，一般适宜采用标准化策略；反之，如果差异较大则适合采用本土化策略。为了综合上述两种策略的优点，当前，越来越多的企业采用了全球性策划和本土化执行相结合的策略。

1. 标准化策略

在全球经济一体化浪潮的冲击下，最大程度地满足全球消费者需求、提升企业的国际统一形象、降低企业广告成本、扩大利润空间，是国际企业最终追求的目标。经过国际广告界多年的摸索与实践，广告界的一些专家与学者提出了国际广告标准化策略。其具体含义为：国际企业在不同的国家和地区，采用相同的广告策略、广告信息和创意以及尽可能相同的媒介进行广告宣传。

这种策略的着眼点是全球消费者有着共同的愿望和追求，如对美丽、亲情、健康的追求，对家庭团圆、幸福祥和的期盼，对美好爱情、友情的憧憬等。因此，广告可以完全基于上述共性，而不必考虑国别的差异。采用标准化广告策略具有以下优点：

（1）使国际企业的整体目标保持一致，以统一的形象传递给各个目标国，能够保持企业形象的整体性，易于消费者记忆，从而增强消费者对企业及产品的印象。美国著名的英特尔芯片公司在国际市场上几十年来一直采用标准化的广告策略，始终以统一的企业和产品形象出现。因此，无论在哪个国家，消费者都能很清楚的认识到英特尔公司所要传递的品牌理念。

（2）有利于实现规模化经营。实施广告标准化的前提是产品的标准化，即在全球市场上生产与销售同样的产品。因此无需再针对不同的消费群体设计不同的产品、建立不同的生产线，以及采取不同的分销手段。因而可以有效地实施规模化经营。

（3）可以降低企业广告促销活动的成本。标准化广告策略采用了统一的标准，无需再花费大量的人力、财力、物力进行多种不同广告的美术设计、文字撰写、排版、印刷、制片等，因而大大节省了广告的成本。

尽管实行标准化广告策略有上述诸多优势，但这是需要前提条件的，即如上文所说的"全球消费者有着共同的愿望和追求"。然而，现实中的海内外市场、以及海外不同市场上的目标消费者之间的差异是客观存在的，所以标准化广告策略并是都能适用。

2. 本土化策略

国际广告创意的本土化策略是指鉴于不同国家和地区目标市场的实际差异，国际企业需要确定不同的广告目标，设计不同的广告主题，以及向广告受众传递不同内容的广告信息。国际广告本土化策略承认不同国家和地区消费者需求的差异性，因此在设计广告时注意尊重东道国的文化并结合消费者的价值观，力争做到"入乡随俗"。本土化广告策略主要体现在品牌名称的本土化、广告语言的本土化、广告形象本土化、广告代言人本土化和广告创意的本土化等诸多方面。显然，本土化广告策略能够地适应不同目标市场上文化的差异和消费需求，使消费者更易于接受。因而在标准化策略运用中遇到的文化尴尬可以用本土化策略化解。

（1）品牌名称的本土化。俗话说"名不正则言不顺，言不顺则事不成"，可见给产品起一个合适的名字是多么重要的事情。但由于语言文化上的差异，一些国外品牌如果简单按照字面含义或是发音直译则往往会水土不服，甚至让人啼笑皆非。

下面以宝马 BMW 为例来说明外来品牌名称翻译的重要性。"BMW"的德文全称是"Bayerische Motoren Werke AG"，意思为"巴伐利亚发动机制造厂股份有限公司"，英文意思是熟悉的"Brvarian Motor Works"，简称"BMW"。然而就中国消费者而言，这样的字母缩写并不能引起共鸣，但翻译成宝马之后就大不一样了。中国历史上有"胯下有良驹，良将得宝马"的典故，将"BMW"翻译成宝马，既贴切汽车的功能，又体现出了汽车的品质，同时还符合直观的读音，无愧是本土化名称的杰作。

另一个将品牌名称成功本土化的企业是宝洁。可以说宝洁公司将旗下品牌命名与中国传统审美观结合得天衣无缝。宝洁公司在对中国市场进行充分调研之后发现，中国女性名称中，芳、翠、莲、婷、丽等非常多，其中，芳、翠等女性名称多为农村女孩名称，而莲、婷等则偏重城市女性用名，凸显清新高雅的气质。因此，宝洁公司为其旗下洗发水产品进行了独具匠心的命名。例如，潘婷的目标消费群恰恰是都市的职业女性，因此潘婷这一名称与该洗发水品牌定位十分吻

图 15－5　汤唯代言的潘婷洗发水广告

图 15－6　法国人头马华人市场广告语

合（见图 15－5）。而飘柔更是将中国人心中美女的长发飘飘，温柔多姿的典型形象表现得淋漓尽致，使中国消费者非常容易的接受这些品牌，并且向往和品牌名称一样的美丽脱俗。

当然，也有由于忽略了本土化而造成巨大失败的案例。我国一款叫"芳芳"的口红，在推向国际市场时，将其品牌直接音译汉语拼音 Fangfang，却忽视了"fang"恰好是一个英文单词，意为狗的长牙或蛇的毒牙。结果使外国消费者联想到涂上这个牌子的口红就变成了张牙舞爪、毒汁四溅的恶狗或毒蛇。试想有谁愿意变成青面獠牙的魔鬼呢？所以口红销路不畅也就不难想象了。

（2）广告语言的本土化。以法国人头马酒品广告为例（见图 15－6），在欧美国家，其广告是"干邑艺术，似火浓情"，而对东方人特别是华人市场，则采用"人头马一开，好事自然来"的广告语。这是因为商家看到了东西方酒文化的差异性，实施了本土化策略。在欧美国家崇尚激情、浪漫，而"干邑艺术，似火浓情"的广告语，把白兰地比作艺术般精美诱人，把酒的醇香比作情火般浓烈，符合欧美风情与文化，很容易唤起西方人内心的共鸣，引起西方人的购买欲望和购买行为。但中国的酒文化则浸透着"吉"字：国家庆典，迎宾要喝，过年过节要喝，婚嫁迎娶更要喝，中国人特别喜欢在吉庆的日子把酒言欢。因此当人头马白兰地进入中国市场时，其广告语就改为"人头马一开，好事自然来"。充满吉祥祝福，使人马上联想到欢天喜地的喜庆的氛围。相反如果不了解受众国的民族性格，道德价值取向就会犯下不可弥补的损失。

（3）广告形象本土化。广告形象的本土化，可以大大拉近与东道国目标消费者的距离，让广告受众有一种倍感亲切的感觉。例如，在 2003 年春节期间，肯德基的山德士上校一改平日白色西装的经典形象，开始在中国 170 座城市的 800 余家分店统一换上大红色唐装，头戴瓜皮小帽迎接顾客。上校还是那个上校，可着装的改变却凸显出一派喜气洋洋的中国年气象，也使代表了中国传统的家庭、亲情、友爱和默契的肯德基爷爷一下子拉近了与中国人的距离，令人感到十分亲切，同时也吸引了原本对洋快餐具有排斥心理的中老年消费者，扩大了潜在的目标消费群体①。

此外，肯德基专为中国消费者打造的新产品嫩牛川辣五方，颠覆了传统西式牛肉汉堡形象，摒弃了将碎牛肉压制成饼的做法，改为精选牛排肉，切成条状，腌制成中国独特的川辣口味，并配以新鲜的蔬菜和香脆玉米片，用面饼包成五方形奉客，充分考虑了中国消费者的口味和营养需求。其产品海报上的广告画面出处体现着中国的文化元素，见图 15 - 7。

图 15 - 7　肯德基专为中国消费者推出的新产品

（4）广告代言人本土化。国内著名运动品牌"李宁"初进美国市场时并不为人所知，在市场上默默无闻，经营惨淡。为了塑造李宁的国际品牌形象，李宁签约 NBA 最著名的强力中锋、绰号大鲨鱼的奥尼尔，这一重量级代言人一改"李宁"品牌柔弱的东方人形象，以其高大霸气的新形象震撼世界。而"李宁"为 54 码大脚的奥尼尔推出的"SHAQ"系列，尤其是 08 年的第四款"君临天下"，与代言人的气质完美统一，快速打开美国市场。

（5）广告创意的本土化。本土化广告创意策略有助于形成与目标受众在情感上的共鸣。例如，我国青岛啤酒进入东南亚市场时，企业在广告宣传中刻意强调了啤酒的产地——山东青岛崂山，并巧妙地运用了一句"美不美，家乡的水"的广告语。我们都知道，东南亚是广大华人聚集的地方，他们虽然远在异国他乡但无时无刻不对家乡有着浓浓的思念之情。这句话引起了当地侨胞的极大共鸣，使他们感到青岛啤酒仿佛将他们带到了魂牵梦系的祖国，所以喝下去的不仅是地道的美酒，还有对祖国的深深眷恋与热爱。

【阅读资料 15 - 4】　　　　　百威啤酒广告的本土化策略

　　随着全球市场的进一步发展，百威啤酒根据不同目标市场的文化差异，开始诉求不同的目标群体。如，百威啤酒在美国本土提供多种品牌啤酒，是一个大众品牌啤酒，在中国是一种中高档的啤酒，在日本把其目标消费者锁定为 25～35 岁的男性。

　　在美国，百威啤酒是这样的"一种啤酒"，消费者辛苦劳作一天后，在回家路边的酒吧里驻足品尝的啤酒。百威啤酒总是与工装裤、沾满油污的双手、艰苦劳作联系在一起。在美国市场上，百威啤酒宣扬"平凡人经过奋斗实现自己的梦想"的精神，集梦想、力量及劳动自豪感于一

① 田丽："国际广告的本土化策略研究"，载于《现代经济信息》2010 年第 1 期。

身的男子汉形象成为百威啤酒消费者的完美形象，因而百威啤酒在其广告的视觉表达中使用强健的挽马而不是饲养的纯种马匹。因为纯种马出身"名门贵族"，骄傲、优雅，只能是贵族的宠物。而挽马最大特点就是具有健硕的身体，超凡的体力，以及工作到极限后仍然保持平和的脾性。挽马外表显得很平和，很安静，但内心深处那种强烈的竞争意识是其他动物所不及的。虽然挽马没有纯种马的轻盈与速度，但它魁伟与蛮力，使得它一旦真正地撒开四蹄尽情地驰骋的时候，一种对自由与梦想的激情就会瞬间爆发。奋斗、激情、自由与梦想，这就是美国文化的精髓。所以百威啤酒选择克拉斯代重挽马做品牌在美国的视觉符号，将品牌内涵与美国文化结合在一起。

当谈及百威啤酒的广告时，中国消费者头脑中首先出现的就是百威啤酒关于蚂蚁的系列广告。蚂蚁是一种渺小而又忙忙碌碌的动物，行走是它生存的最佳造型。"没有任何动物比蚂蚁更加勤奋，然而它却最沉默寡言"（富兰克林语）。蚂蚁一旦盯上目标，就会不惜付出多大代价也要达到目的，具有"咬定青山不放松的执着和坚韧"，蚂蚁拥有快捷且难以抗拒的力量，而这种力量来自群体成员的精诚合作及讲秩序的观念。

蚂蚁身上似乎有某些与中国人非常相似的元素：勤奋、执着和集体意识强烈。"蚂蚁精神"似乎是中国人某一些文化的精神所在，所以，百威啤酒在中国选择蚂蚁作为广告的主角。百威啤酒针对中国人的"蚂蚁文化"制定了系列作品，并且通过蚂蚁将中国传统春节"福"的气氛与百威啤酒（Budweiser）的"B"字联系到一起，以气势恢宏的画面，再现春节热闹、祥和的氛围。百威啤酒以蚂蚁为元素，传神地在品牌传播中融进中国文化，让中国消费者迅速接受百威啤酒。进入中国仅仅六年的时间，百威啤酒就占据了国内中高档啤酒市场近50%的份额。

在日本市场上，百威啤酒明确地把其目标消费者锁定在25～35岁的男性，把他们的消费个性归纳成如下的几点：最有购买力且喜欢购买新奇而又昂贵的产品；有更多时间去追求自己喜爱的事物；他们独特的语言的表达方式；对运动与时装情有独钟且往往是市场舆论的制造者和领袖；啤酒是他们最喜爱的酒。分析看来，这个对象的设定恰恰与百威啤酒原本就具有的"年轻人的"和"酒味清淡"的形象十分吻合。

其次，在大力度的品牌传播中，百威把品牌宣传的重点放在"全世界最有名的，高品质啤酒""第一的啤酒，百威"动人的标题是"我们爱第一""百威是全世界最大，最有名的美国啤酒"等概念上。而这种品牌传播其中就包括广告宣传中各种各样扣人心弦的广告创意，诸如辽阔的大地、沸腾的海洋或宽广的荒漠，使观众面对奇特的视觉效果，产生一种震撼感，令人留下深刻的印象，同时在视觉方面的标签和包装上予以配合，使百威啤酒突出的品牌个性很快在日本青年一代中传开，品牌知名度和忠诚度迅速得到提高，成为日本青年最喜爱、最时尚的啤酒品牌。

最后，为配合大众媒体的广告宣传，百威还针对年轻人市场，成功地举行了许多活动。如举办第三届新港爵士音乐节、邀请百威棒球队到日本访问等，这些活动都吸引了大批的年轻人，扩大了产品的影响力。

通过这些努力，百威的品牌个性化策略获得了极大的成功。百威是 1981 年以后进入日本市场的，1982 年在日本进口啤酒中就名列前茅，1982 年销量比 1981 年增加 50%，1984 年就取得了销售 200 万瓶的业绩，这在当时是不可想象的。

资料来源：作者根据网络相关文献资料汇编。

3. 全球性策划和本土化执行相结合的策略

国际广告创意的标准化和本土化策略各有千秋，孰劣孰优很难简单地下给予评判。过分强调标准化或本土化都会带来一定的问题，这在前文都已经做过分析。因此，全球性策划和本土化执行相结合无疑有助于克服国际广告中过分标准化和本土化的缺点。例如，Adidas 于世界杯足球赛亚洲十强赛期间在中国推出的电视广告既是采取了这种策略。该电视广告表现的是由世界知名球星组成的两支球队激烈对抗的场景，片中最后的射门动作是由中国足球运动员来完成的。其实，Adidas 在全球使用的是创意完全相同的广告片，只不过在最后射门的时候换上了广告东道国的足球运动员。再有，高露洁－棕榄公司一直热衷于进行全球化广告的推广活动，但是它的广告策略却允许根据东道国的实际情况，对全球性广告进行修改和重新拍摄。但前提是必须保留原创意表现中"微笑的地球"这个统一概念和视觉形象。

15.2.3 国际广告创意策略实施的原则

在国际广告创意策略的实施过程中，应该注意以下几个原则。

1. 充分表现国际产品的核心内容及特色

国际广告创作应该表现国际产品的核心价值，因为核心价值是国际产品的理念与精髓，它既是企业面向国际市场绝佳卖点也是东道国广告受众最为关注的利益点。国际产品的核心内容及特色能否在广告中被出色的展现，关系到国际广告最终的成败。

2. 恰当选择诉求方式

国际广告应该根据目标受众的不同心理采用恰当的诉求方式。例如，基于美国和日本两国消费者对广告的不同认知心理，日本松下电器公司的迷你冰箱在这两个国家采用了不同的诉求方式。这是因为美国人比较重视广告中所表现的产品的实际利益，而日本人则比较重视广告中模特对产品的情感体验。松下在美国的广告采用的是理性诉求的方式，广告中强调的是迷你冰箱体积小、价格便宜，适合单身汉或是单身家庭使用等特点。而在日本的广告中则采用了情感诉求的方式，广告片中一位单身妇女沮丧地望着地板上那张离去的情人的照片，而房间里放着一台迷你冰箱。这时，画外音响起："在这样的夜晚，与其为他的离去而犯愁，不如痛饮一杯，这样，你的心情会好受一些。忘掉他吧！你还拥有你的迷你。"这时广告的女主人从地板上爬起来，走向迷你冰箱。广告中的"迷你"一语双关，使这位单身妇女平添了几分信心，对未来充满了希望。

3. 重视广告语言文字的翻译

国际广告中语言文字的翻译就非常重要，稍有不慎就会因不了解其他国家的语言含义和文化背景而造成不必要的麻烦。因为同样的词在不同的国家有不同的释义，如果不重视广告语言文字的翻译就会带来很多文化上的歧义，甚至会引发文化上的冲突，从而对企业及其品牌造成不利的影响。

4. 国际广告必须与国际公关活动结合

国际广告和国际公共关系虽然在宣传形式上有所区别，但它们的目标是一致的，都是加强和东道国人民的沟通，增进国际企业和各国人民之间的友谊，促进产品销售。在国际广告中把广告宣传和公关活动结合在一起，有时能够起到事半功倍的效果。

15.3 国际广告媒体

15.3.1 国际广告媒体的类型

国际广告可以选择的媒体有两种类型，国际媒体和国内媒体。国际媒体是指面向国内外或面向多国的媒体，甚至包括面向全世界的全球媒体。例如美国的《纽约时报》《华盛顿邮报》《哈佛商业评论》等。① 国际媒体一般是比较具有权威性和高可信度的，通过国际媒体打入国际市场犹如"站在巨人的肩膀上"能让目标受众对广告中的信息更加信服。当地媒体是指东道国面向本国国内的媒体。当地媒体的针对性较强，更加熟悉东道国消费者的需求。选择东道国媒体做国际广告，有利于国际产品差异化和集中化战略的实施。企业应以根据自身的实际情况来选择上述两类媒体。

一般来说广告主题直接明了易被大众理解、广告信息能为大众熟知、不存在文化接受差异的国际广告适宜选用国际媒体。这是因为这类广告受东道国文化的影响较小，采用标准化的策略，通过国际媒体进行广告发布，既高效又便于管理，而且还有助于节省广告费用。

但在以下情况下，如广告主题可能会在不同国家产生歧义、广告诉求方式以情感诉求为主的国际广告，应多选用东道国当地媒体来进行广告宣传。此类广告由于理解上有一定难度，受东道国文化的制约较多，启用熟知东道国市场情况的当地媒体可以有效避免上述问题。

15.3.2 国际广告媒体选择的原则

在选择国际广告媒体时，应从以下几个方面重点考虑。

---

① 周立公：《现代广告学——理论策略技巧》（第2版），上海财经大学出版社2010年版。

1. 广告产品的性质和特点

国际企业应根据产品的性质与特点，选择与产品特性相适应的广告媒体。例如服装类产品不仅要突出款式，还要传递出色彩的搭配效果，因此选择彩色的时装杂志是其最佳的选择，如果选择了报纸作为刊播媒介，服装的表现效果就会大打折扣。

2. 目标顾客的媒体习惯

目标市场上的顾客有其特定的接触媒体的习惯，充分了解他们的媒体习惯，有助于提升广告刊播效果的针对性和有效性。例如，电视和互联网对青少年来说可能是最为有效的广告媒体，而女性报刊或儿童杂志则是发布妇女、儿童用品较为适合的广告媒体。

3. 媒体费用

不同媒体的广告费用各不相同，这不仅取决于媒体自身的声誉及影响力，同时还受到广告时间长短、时段质量和版面位置、大小等因素的影响。例如电视广告黄金时段的费用极为昂贵，而其他时间则相对便宜很多。因此，企业应根据自身的财务实力量力而行，选择最为经济有效的媒体。

4. 媒体发布广告的时间是否适宜

广告发布必须要及时，错过时机的广告效果会大打折扣甚至是毫无意义。因此，只有了解广告媒体的发布周期和时间安排，才能在最适宜的时间点上刊播广告。例如。在印度，由于纸张供应紧张，引起报纸广告版面不足，广告主一般需在六个月之前就要预定广告位置。因此，在制定计划广告时需把握好广告发布的时间，密切配合商品的上市时机做出恰当地安排。

15.4　国际广告的跨文化管理

在国际广告活动中，不同文化之间的差异很可能成为国际广告顺利刊播的障碍，因此，掌握跨文化管理的基本知识，了解各种文化间的差异，是做好国际广告的前提和基础。

15.4.1　中西方文化在广告方面的差异

中西方文化的起源和发展路径不同，造成中西方消费者之间在思维方式、价值观和信仰等方面有着巨大的差异。就广告而言，主要有以下两个方面：

一是对广告的态度不同。与有着悠久的市场经济发展历史的欧美国家相比，中国的消费者对广告的信任程度还普遍较低。长期以来，我国消费者普遍信奉"酒香不怕巷子深"的观念，认为好产品无需做广告，做广告也是"王婆卖瓜，自卖自夸"。因此，对于不少中国消费者来说，广告的内容往往是值得怀疑的。目前我国的广告多采用名人代言，除了利用名人的高知名度而外，使用名人的声誉为产品背书，从而增加消费者的信任程度，也是广告主考虑的主要因素。在我国广告市场上，人们更愿意接受直截了当的广告，诸如脑白金这样的广告往往是各类广告媒体上的常客。

随着经济全球化的发展，很多优秀的国际广告开始涌入到我国的市场，它让我们的消费者开拓了眼界，也逐渐提高了对广告的鉴赏鉴赏能力。例如，联邦快递曾将其在中国的宣传广告同神话故事中的哪吒结合，喻意联邦快递的快速犹如脚踏风火轮的哪吒一般，让国人倍感亲切。

在西方国家，企业将广告当做其推广品牌、树立企业形象、提高销售额的最佳途径，消费者则将广告视为购物指南、生活助手，同时也将广告作为自己的购物需求及购买能力的参照。中西方消费者对广告的态度依然有所不同。

二是广告的表现方式存在差异。虽然国际广告的表现形式很多，但是在做选择时一定要考虑到不同文化的差异性。西方多以隐蔽、诙谐的手法表现广告，如喜力啤酒在欧洲的广告中并没有一句话或一段文字提及到产品。丹麦乐队在酒会上奏唱喜力啤酒主题曲 The Golden Age，两个功夫达人各显神通在酒会上和众人分享欢乐，只是在广告结尾奉上喜力的 LOGO，但是整个广告已经让人们感受到了喜力带给人们的欢腾，让人们深切感受到喜力啤酒"open your world"的广告理念。

而中国观众并不喜欢表意不明的广告。国内大多数广告都是用直白的表达方式告诉观众为什么要选用该产品。例如，我们熟知的金龙鱼油广告，广告代言人是明星家庭林丹和谢杏芳夫妇，广告很直白地告诉观众"选食用油就选金龙鱼，一生中只追求完美，选择金龙鱼1∶1∶1。"

15.4.2　国际广告跨文化管理的对策

1. 以东道国广告为参照

国际广告在投放到东道国之前，应该参考东道国本土品牌的广告进行调整。国际广告的跨文化交流中不能有"自我参照准则"的出现（所谓"自我参照准则"是指依据在母国的设计方式和习惯而制作投放到东道国的国际广告）。这是因为国际广告将要进驻的是和母国有着迥异的文化和广告受众的另一个国家，企业所投放的广告应该符合东道国的市场需求而不是固守母国的广告思维。如果运用"自我参照准则"来设计和创作国际广告就会很难符合东道国的市场需求及文化价值观，这显然不利于国际产品的市场推广。

2. 主动适应文化变迁①

一个国家的文化既有稳定性也有变异性，这种变化称为"文化变迁"。文化变迁就表明一个国家的消费和需求也会产生相应的变化。文化变迁既能为国际企业提供一种新的经营机会又能对国际广告提出新的要求。面对文化变迁，国际广告首先要适应这种变化，其次是对这种变化主动

---

① 周立公：《现代广告学——理论策略技巧（第 2 版）》，上海财经大学出版社 2010 年版。

施加影响，引导文化变迁，以便公司开拓更多的市场。如果国际广告的制作者死守该国的传统文化而看不到东道国文化的变迁，那么以此设计制作出的广告就无法适应形势变化的需要，当然也免不了失败的命运。

3. 实行法律监管

世界各国对于广告都有严格的监管措施和法律法规。东道国有关广告的法律法规，是国际广告最重要的约束条件，必须要严格遵守。也就是说，国际广告无论怎样创意，都不应该违反东道国的法律规范，否则要受到东道国的干预和制裁。

不同的国家对广告制作发布的规定是不同的。例如欧洲一些国家对广告创意中采用比较法和使用儿童模特有法律限制，在这些国家，不能以同类产品相比较的手法来设计广告，也不能使用儿童模特，否则就是违法。

本章小结

国际广告是国际市场营销活动过程中最重要的促销手段之一，是广告主为促进商品销售，主要以付费的方式通过国际性媒体、广告代理商和国际营销渠道，对海外目标市场所进行的有关商品、服务或企业形象的双向或单向的信息传播活动。

由于不同的国家在社会制度、消费水平结构、风俗习惯、宗教信仰、自然环境以及由此形成的价值观和消费理念等方面都存在着极大的差异，因而国际广告也具有不同于一般国内广告的特殊性。

国际广告主要具有树立产品形象，推广国际品牌、反应和引导市场需求以及促进国际间文化交流，提升东道国企业提高竞争意识的作用。

国际广告必须考虑东道国的经济环境、必须适应东道国的文化、必须尊重东道国的宗教信仰和遵守各国对广告的管制。

根据消费者购买行为的差异，可以将国际广告策略主要划分为三种，即标准化策略、本土化策略以及全球性策划和本土化执行相结合的策略。如果不同国家和地区消费者的购买行为习惯相似或差异性较小，可采用标准化策略；反之，如果差异较大则采用本土化策略。当前，越来越多的企业采用了全球性策划和本土化执行相结合的策略。

国际广告可以选择的媒体有两种类型，国际媒体和国内媒体。选择国际媒体时应该遵守相应的原则。

在国际广告活动中，不同文化之间的差异很可能成为国际广告顺利刊播的障碍，因此，掌握跨文化管理的基本知识，了解各种文化间的差异，是做好国际广告的前提和基础。

思考题

一、单选题

1. 相比较国内广告，国际广告更加（　　）。

    A. 简单   B. 复杂

    C. 标准化   D. 个性化

2. 人们在面对饮食、服饰等基本（　　）方面的购买问题时会受社会习俗或文化影响而建立与社会要求符合的价值观、消费观，这个层面上的观念不容易被动摇，却极易被触犯。

    A. 生理需求   B. 心理需求

    C. 社会需求   D. 安全需求

3. 德国产的世界名车"Mercedes Benz"，进入中国市场，在翻译这一品牌时删除了复杂的 Mercedes，而被译为"奔驰"，采用的是（　　）策略。

    A. 广告创意的本土化   B. 广告形象的本土化

    C. 广告语言的本土化   D. 品牌名称的本土化

4. Adidas 在全球使用的创意完全相同的广告片，只不过在最后射门的时候换上了东道国的足球运动员，我们称之为（　　）。

    A. 本土化策略   B. 标准化策略

    C. 全球化思考，本土化执行策略   D. 国际化策略

5. 日本松下电器公司的迷你冰箱在美国采用的广告诉求方式是（　　）。

    A. 理性诉求   B. 感性诉求

    C. 幽默诉求   D. USP 式诉求

二、多选题

1. 国际广告的特殊性主要体现在（　　）。

    A. 经济环境的特殊性   B. 社会文化环境的特殊性

    C. 政治环境的特殊性   D. 法律环境的特殊性

    E. 科学技术环境的特殊性

2. 国际广告的主要作用包括（　　）。

    A. 树立品牌形象

    B. 提高东道国产品的竞争意识

    C. 文化影响广告、但广告不影响文化的文化反映型

    D. 反应和引导市场需求

    E. 促进国际间文化交流，提升东道国企业提高竞争意识

3. 国际广告的社会文化环境，除社会结构外，还包括（　　）。

    A. 语言文字   B. 宗教信仰

C. 价值观念　　　　　　　D. 教育水平

E. 民风民俗

三、简答及论述题

1. 何谓国际广告？它有何特点？

2. 何谓国际广告的本土化策略？

3. 试论述国际广告全球性策划和本土化执行相结合的策略

4. 试论述选择国际广告媒体时应考虑的因素。

5. 试论述国际广告跨文化管理的对策

案例讨论

耐克"恐惧斗室"广告事件

　　2004年，耐克在中国的电视广告《恐惧斗室》播出后引发争议，最后导致被禁播，成为耐克广告的一个失败案例。

　　"恐惧斗室"广告画面大气磅礴，情节生动连贯，沉稳而不失个性。它鼓励亚洲青少年直面恐惧，勇往直前，表现个人篮球风格。

　　这则广告失败在于未对中国本土的文化和历史进行思量和联系。广告的三个镜头都体现对中国文化的"怠慢"：身穿长袍中国人模样的老者，和身穿中国服装的形似飞天的妇女以及两条龙纷纷被詹姆斯打败。也就是说耐克这则广告在市场调查分析这方面没有深入，对广告策略进行"盲目"创意。

　　广告的目的就是最好地推销产品，所以广告公司也就应该对推销地所在国家的文化、历史、民众心理有深入研究和深刻了解。

图15-8　恐惧斗室广告画面

　　耐克公司在广告中运用这些中国元素，也许本意是为了贴近中国受众心理，但是却因为盲目运用，不了解其中深意，所以适得其反，变成涉嫌辱华。身着长袍的老人在中国一般是值得尊敬的，而"飞天"也是中国文化的艺术形象，龙更是中国的图腾，在一定意义上是中华民族的象征，然而这些却在"恐惧斗室"里被丑化，更是被一个外国人纷纷打败，自然会让看广告的中国观众感觉不痛快，产生抗拒厌恶心理。

　　建议：耐克作为一个外来品牌，不能忽视对所在国的深入研究，尤其是在一些具有悠久历史的文明古国。只有对其文化历史、民风民情、偶像人物、忌讳等等都提前学习和了解，才不会犯这种"好心办坏事"的低级错误，才能够真正被其民众所接受。耐克想要在中国赢得市场，就必须做足功课，真正融入中国文化国情中。只有从根本上贴近中国受众，中国受众也才会从心底接纳耐克。在这方面，百事可乐做得很出色，既有独特专业的创意，又贴合中国本土精神，所选用的代言人也全部都是中国当红偶像。

注重细节，推陈出新，不盲目过度创意。耐克作为一个已经拥有成熟品牌文化的产品，关键在于扩大其产品在中国的影响力，保住并扩大它的销量。注重细节的打造，扩大品牌文化影响，并且学会打感情牌。

?? 问题讨论

1. 耐克广告"恐惧斗室"被停止播放的深层次原因是什么？
2. 在国际广告的创意、设计、制作、发布过程中，需要注意哪些问题？
3. 结合案例，谈谈在国际广告活动中如何进行跨文化管理？

资料来源：据"恐惧斗室，耐克问题广告分析"改编，百度文库（http：//wenku. baidu. com/link？url = L8wl53ua BmuAOAhYd3HQ3WXvvrLTs8W7tzu4HFqxPyJpjPrK70UKAGt0cal6xiHI42uWx68k2mrTwU5fSLiJYZaW76mR7CR464DcsTZPq37）。

中华人民共和国广告法

（1994 年 10 月 27 日八届人大十次会议通过）

第一章 总 则

第一条 为了规范广告活动，促进广告业的健康发展，保护消费者的合法权益，维护社会经济秩序，发挥广告在社会主义市场经济中的积极作用，制定本法。

第二条 广告主、广告经营者、广告发布者在中华人民共和国境内从事广告活动，应当遵守本法。

本法所称广告，是指商品经营者或者服务提供者承担费用，通过一定媒介和形式直接或者间接地介绍自己所推销的商品或者所提供的服务的商业广告。

本法所称广告主，是指为推销商品或者提供服务，自行或者委托他人设计、制作、发布广告的法人，其他经济组织或者个人。

本法所称广告经营者，是指受委托提供广告设计、制作、代理服务的法人，其他经济组织或者个人。

本法所称广告发布者，是指为广告主或广告主委托的广告经营者发布广告的法人或者其他经济组织。

第三条 广告应当真实、合法、符合社会主义精神文明建设的要求。

第四条 广告不得含有虚假的内容，不得欺骗和误导消费者。

第五条 广告主、广告经营者、广告发布者从事广告活动，应当遵守法律、行政法规，遵循公平、诚实信用的原则。

第六条 县级以上人民政府工商行政管理部门是广告监督管理机关。

第二章　广告准则

第七条　广告内容应当有利于人民的身心健康，促进商品和服务质量的提高，保护消费者的合法权益，遵守社会公德和职业道德，维护国家的尊严和利益。

广告不得有下列情形：

（一）使用中华人民共和国国旗、国徽、国歌；

（二）使用国家机关和国家机关工作人员的名义；

（三）使用国家级、最高级、最佳等用语；

（四）妨碍社会安定和危害人身、财产安全，损害社会公共利益；

（五）妨碍社会公共秩序和违背社会良好风尚；

（六）含有淫秽、迷信、恐怖、暴力、丑恶的内容；

（七）含有民族、种族、宗教、性别歧视的内容；

（八）妨碍环境和自然资源保护；

（九）法律、行政法规规定禁止的其他情形。

第八条　广告不得损害未成年人和残疾人的身心健康。

九条　广告中对商品的性能、产地、用途、质量、价格、生产者、有效期限、允诺或者对服务的内容、形式、质量、价格、允诺有表示的，应当清楚、明白。

广告中表明推销商品、提供服务附带赠送礼品的，应当标明赠送的品种和数量。

第十条　广告使用数据、统计资料、调查结果、文摘、引用语，应当真实、准确，并表明出处。

第十一条　广告中涉及专利产品或者专利方法的，应当标明专利号和专利种类。未取得专利权的，不得在广告中谎称取得专利权。

禁止使用未授予专利权的专利申请和已经终止、撤销、无效的专利做广告。

第十二条　广告不得贬低其他生产经营者的商品或者服务。

第十三条　广告应当具有可识别性，能够使消费者辨明其为广告。

大众传播媒介不得以新闻报道形式发布广告，通过大众传播媒介发布的广告应当有广告标记，与其他非广告信息相区别，不得使消费者产生误解。

第十四条　药品、医疗器械广告不得有下列内容：

（一）含有不科学的表示功效的断言或者保证的；

（二）说明治愈率或者有效率的；

（三）与其他药品、医疗器械的功效和安全性比较的；

（四）利用医药科研单位、学术机构、医疗机械或者专家、医生、患者的名义和形象作证明的；

（五）法律、行政法规规定禁止的其他内容。

第十五条　药品广告的内容必须以国务院卫生行政部门或者省、自治区、直辖市卫生行政部门批准的说明书为准。

国家规定的应当在医生指导下使用的治疗性药品广告中，必须注明"按医生处方购买和使用。"

第十六条　麻醉药品、精神药品、毒性药品、放射性药品等特殊药品，不得做广告。

第十七条　农药广告不得有下列内容：

（一）使用无毒、无害等表明安全性的绝对化断言的；

（二）含有不科学的表示功效的断言或者保证的；

（三）含有违反农药安全使用规程的文字、语言或者画面的；

（四）法律、行政法规规定禁止的其他内容。

第十八条　禁止利用广播、电影、电视、报纸、期刊发布烟草广告。

禁止在各类等候室、影剧院、会议厅堂、体育比赛场馆等公共场所设置烟草广告。

烟草广告中必须标明"吸烟有害健康"。

第十九条食品、酒类、化妆品广告的内容必须符合卫生许可的事项，并不得使用医疗用语或者易与药品混淆的用语。

第三章　广告活动

第二十条　广告主、广告经营者、广告发布者之间在广告活动中应当依法订立书面合同，明确各方的权利和义务。

第二十一条　广告主、广告经营者、广告发布者不得在广告活动中进行任何形式的不正当竞争。

第二十二条　广告主自行或者委托他人设计、制作、发布广告，所推销的商品或者所提供的服务应当符合广告主的经营范围。

第二十三条　广告主委托设计、制作、发布广告，应当委托具有合法经营资格的广告经营者、广告发布者。

第二十四条　广告主自行或者委托他人设计、制作、发布广告，应当具有或者提供真实、合法、有效的下列证明文件：

（一）营业执照以及其他生产、经营资格的证明文件；

（二）质量检验机构对广告中有关商品质量内容出具的证明文件；

（三）确认广告内容真实性的其他证明文件。

依照本法第三十四条的规定，发布广告需要经有关行政主管部门审查的，还应当提供有关批准文件。

第二十五条　广告主或者广告经营者在广告中使用他人名字、形象的，应当事先取得他人的书面同意；使用无民事行为能力人、限制民事行为能力人的名义、形象的，应当事先取得其监护人的书面同意。

第二十六条　从事广告经营的，应当具有必要的专业技术人员，制作设备，并依法注册公司或者广告经营登记，方可从事广告活动。

广播电台、电视台、报刊出版单位的广告业务，应当由其专门从事广告业务的机构办理，并依法办理兼营广告的登记。

第二十七条　广告经营者、广告发布者依据法律、行政法规查验有关证明文件，核实广告内容。对内容不实或者证明文件不全的广告，广告经营者不得提供设计、制作、代理服务，广告发布者不得发布。

第二十八条　广告经营者、广告发布者按照国家有关规定，建立、健全广告业务的承接登记、审核、档案管理制度。

第二十九条　广告收费应当合理、公开，收费标准和收费办法应当向物价和工商行政管理部门备案。

广告经营者、广告发布者应当颁其收费标准和收费办法。

第三十条　广告发布者向广告主、广告经营者提供的媒介覆盖率、收视率、发行量等资料应当真实。

第三十一条　法律、行政法规规定禁止生产、销售的商品或者提供的服务，以及禁止发布广告的 商品或者服务，不得设计、制作、发布广告。

第三十二条　有下列情形之一的，不得设置户外广告：

（一）利用交通安全设施、交通标志的；

（二）影响市政公共设施、交通安全设施、交通标志使用的；

（三）碍生产或者人民生活，损害市容市貌的；

（四）国家机关，文物保护单位和名胜风景点的建筑控制地带；

（五）当地县级以上地方人民政府禁止设置户外广告的区域。

第三十三条　户外广告的设置规划和管理办法，由当地县级以上地方人民政府组织广告监督管理、城市建设、环境保护、公安等有关部门制定。

第四章　广告的审查

第三十四条　利用广播、电影、电视、报纸、期刊以及其他媒介发布药品、医疗器械、农药、兽药等商品的广告和法律、行政法规规定应当进行审查的其他广告，必须在发布前依照有关法律、行政法规由有关行政主管部门（以下简称广告审查机关）对广告内容进行审查；未经审查，不得发布。

第三十五条　广告主申请广告审查，应当依照法律、行政法规向广告审查机关提交有关证明文件。广告审查机关应当依照法律、行政法规作出审查决定。

第三十六条　任何单位和个人不得伪造、变造或者转让广告审查决定文件。

第五章　法律责任

第三十七条　违反本法规定，利用广告对商品或者服务作虚假宣传的，由广告监督在责令广告主停止发布、并以等额广告费用在相应范围内公开更正消除影响。并处广告费用一倍以上五倍以下的罚款；对负有责任的广告经营者、广告发布者没收广告费用，广告费用一倍以上五倍以下的罚款；情节严重的；依法停止其广告业务。构成犯罪的，依法追究刑事责任。

第三十八条　违反本法规定，发布虚假广告，欺骗和误导消费者，使购买商品或者接受服务的消费者的合法权益受到损害，由广告主依法承担民事责任；广告经营者、广告发布者明知或者应知广告虚假仍设计、制作、发布的，应当依法承担连带责任。

广告经营者、广告发布者不能提供广告主的真实名称、地址，应当承担全部民事责任。

社会团体或者其他组织，在虚假广告中向消费者推荐商品或者服务，使消费者的合法权益受到损害的，应当依法承担连带责任。

第三十九条　发布广告违反本法第七条第二款规定的，由广告监督管理机关责令负有责任的广告主、广告经营者、广告发布者停止发布、公开更正，没收广告费用，并处广告费用一倍以上五倍以下的罚款；情节严重的，依法停止其广告业务。构成犯罪的，依法追究刑事责任。

第四十条　发布广告违反本法第九条至第十二条规定的，由广告监督管理机关责令负有责任的广告主、广告经营者、广告发布者停止发布、公开更正，没收广告费用，可以并处广告费用一倍以上五倍以下的罚款。

发布广告违反本法第十三条规定的，由广告监督管理机关责令广告发布者改正，处以一千元以上一万元以下的罚款。

第四十一条　违反本法第十四条至第十七条、第十九条规定，发布药品、医疗器械、农药、食品、酒类、化妆品广告的，或者违反本法第三十一条规定发布广告的，广告监督管理机关责令负有责任的广告主、广告经营者、广告发布者改正或者停止发布，没收广告费用，可以并处以广告费用一倍以上五倍以下的罚款；情节严重的，依法停止其广告业务。

第四十二条　违反本法第十八条的规定，利用广播、电影、电视、报纸、期刊发布烟草广告的，由广告监督管理机关责令负有责任的广告主、广告经营者、广告发布者停止发布，没收广告费用，可以并处广告费用一倍以上五倍以下的罚款。

第四十三条　违反本法第三十四条的规定，未经广告审查机关审查批准，发布广告的，由广告监督机关令负有责任的广告主、广告经营者、广告发布者停止发布，没收广告费用，并处广告费用一倍以上五倍以下的罚款。

第四十四条　广告主提供虚假证明文件的，由广告监督管理机关处以一万以上十万以下的罚款。

伪造、变造或者转让广告审查决定文件的，由广告监督管理机关没收违法所得，并处一万元以一万元以上十万元以下的罚款。构成犯罪的，依法追究刑事责任。

第四十五条　广告审查机关对违法的广告内容作出审查批准决定的，对直接负责的主管人员和其他接责任人员，由其所在单位、上级机关、行政监察部门依法给予行政处分。

第四十六条　广告监督管理机关和广告审查机关的工作人员玩忽职守、滥用职权、徇私舞弊的，给予行政处分。构成犯罪的，依法追究刑事责任。

第四十七条　广告主、广告经营者、广告发布者违反本法规定，有下列侵权行为之一的，依法承担民事责任：

（一）在广告中损未成年人或者残疾人的身心健康的；

（二）假冒他人专利的；

（三）贬低其他生产经营者的商品或者服务的；

（四）广告中未经同意使用他人名义、形象的；

（五）其他侵犯他人合法民事权益的。

第四十八条　当事人对行政处罚决定不服的，可以在接到处罚通知之日起十五日内向作出处罚决定的机关的上一级机关申请复议；当事人也可以在接到处罚通知之日十五日内直接向人民法院起诉。

复议机关应当在接到复议申请之日起六十日内作出复议决定。当事人对复议决定不服的，可以在接到复议决定之日起十五日内向人民法院起诉。复议机关逾期不作出复议决定的，当事人可以在复议期满之日起十五日内向人民法院起诉。

当事人逾期不申请复议也不向人民法院起诉，又不履行处罚决定的，作出处罚决定的机关可以申请人民法院强制执行。

第六章　附　则

第四十九条　本法自 1995 年 2 月 1 日起施行。本法施行前制定的欺骗广告的法律、法规的内容与本法常委会相抵触的，以本法为准。

药品广告审查标准

为了保证药品广告的真实、合法、科学，制定本标准。

一、发布药品广告，应当遵守《中华人民共和国广告法》、《中华人民共和国药品管理法》及有关药品监督管理的规定，符合国家广告监督管理机关制定的《药品广告审查办法》规定的程序。

二、下列药品不得发布广告：

（一）麻醉药品、精神药品、毒性药品、放射性药品；

（二）治疗肿瘤、艾滋病，改善和治疗性功能障碍的药品，计划生育用药，防疫制品；

（三）《中华人民共和国药品管理法》规定的假药、劣药；

（四）戒毒药品以及国务院卫生行政部门认定的特殊药品；

（五）未经卫生行政部门批准生产的药品和试生产的药品；

（六）卫生行政部门明令禁止销售、使用的药品和医疗单位配制的制剂；

（七）除中药饮片外，未取得注册商标的药品。

三、药品广告内容应当以国务院卫生行政部门或者省、自治区、直辖市场卫生行政部门批准的说明书为准，不得任意扩大范围。

四、药品广告中不得含有不科学地表示功效的断言或者保证。如"疗效最佳"、"药到病除"、"根治"、"安全预防"、"安全无副作用"等。

药品广告不得贬低同类产品，不得与其他药品进行功效和安全性对比，不得进行药品使用前后的比较。

五、药品广告中不得含有"最新技术"、"最高科学"、"最先进制法"、"药之王"、"国家级新药"等绝对化的语言和表示；不得含有违反科学规律，明示或者暗示包治百病，适合所有症状等内容。

六、药品广告中不得含有治愈率、有效率及获奖的内容。

七、药品广告中不得含有利用医药科研单位、学术机构、医疗机构或者专家、医生、患者的名义、形象作证明的内容。

八、药品广告不得使用儿童的名义和形象，不得以儿童为广告诉求对象。

九、药品广告不得含有直接显示疾病症状、病理和医疗诊断的画面，不得令人感到已患某种疾病症状、病理和医疗诊断的画面，不得令人感到已患某种疾病，不得使人误解不使用该药品会患某种疾病或者加重病情，不得直接或者间接怂恿任意、过量使用药品。

十、药品广告中不得含有"无效退款"、"保险公司保险"等承诺。

十一、药品广告中不得声称或者暗示服务该药能应付现代紧张生活需要，标明或者暗示能增强性功能。

十二、药品商品名称不得单独进行广告宣传。广告宣传需使用商品名称的，必须同时使用药品的通用名称。

十三、国家规定应当在医生指导下使用的治疗性药品的广告中，必须标明"按医生处方购买和使用"。

十四、药品广告审查批准文号应当列为广告内容同时发布。

十五、违反本标准的药品广告，广告经营者不得设计、制作，广告发布者不得发布。

参 考 文 献

［1］ 李宝元. 广告学教程. 北京：人民邮电出版社，2010

［2］ 周茂君. 广告管理学. 武汉：武汉大学出版社，2012

［3］ 崔晓文. 广告学概论. 北京：清华大学出版社，2009

［4］ 维尔斯等著. 桂世河，王长征译. 广告学：原理与实务. 北京：中国人民大学出版社，2009

［5］ 曲孝民，孙方伟. 广告原理与实务. 北京：中国人民大学出版社，2007

［6］ 陈培爱. 中外广告史教程. 北京：中央广播电视大学出版社，2007

［7］ 袁安府. 现代广告学导论. 杭州：浙江大学出版社，2007

［8］ 何佳讯. 广告案例教程. 上海：复旦大学出版社，2006

［9］ 韩光军. 现代广告学. 北京：首都经济贸易大学出版社，2011

［10］ 周鸿铎. 广告策划. 北京：中国财政经济出版社，2000

［11］ 魏超等. 网络广告. 石家庄：河北人民出版社，2000

［12］ 严学军，汪涛主编. 广告策划与管理. 北京：高等教育出版社，2000

［13］ 迈克尔·R·所罗门著. 张莹等译. 消费者行为. 北京：经济科学出版社，1999

［14］ 王文成，莫凡. 网络广告案例评析. 武汉：武汉大学出版社，2011

［15］ 张大镇，吕蓉. 现代广告管理. 上海：复旦大学出版社，1999

［16］ 杨建华. 广告学原理. 广州：暨南大学出版社，1999

［17］ 栾港，于湛波. 现代广告理论与实务. 哈尔滨：哈尔滨工业大学出版社，2010

［18］ 樊志育. 广告效果研究. 北京：中国友谊出版社，1998

［19］ 韩顺平，宗永建. 现代广告学. 成都：电子科学出版社，1998

［20］ 黄合水. 广告心理学. 北京：东方出版社，1998

［21］ 王健. 广告创意. 北京：中国建筑工业出版社，1998

［22］ 傅汉章，邝铁军. 广告学. 广州：广东高等教育出版社，1997

［23］ 成伯清，李林艳. 消费心理. 南京：南京大学出版社，1996

［24］ 杜学森，苗玉树主编，国际市场营销，对外经济贸易大学出版社，2008

［25］ 丁俊杰，康瑾著，现代广告通论，中国传媒大学出版社，2007

［26］ 王浩．中英文化差异在广告语中的体现．决策探索，文化广角，2013（7）

［27］ 姚柳虹．跨文化因素对国际广告的影响．商业现代化，商业视角，2008（9）

［28］ 入券俊雄．企业 Image 战略．东京：产能大学出版部，1984

［29］ BrumerII, Gordon C. (1990), "Music, Mood and Marketing," Journal of Marketing, (October)

［30］ Burke, Marian Chapman and Julie A. Edell (1989), "The Impact of Feelings on Ad – Based Affect and Cognition," Journal of Marketing Research, Vol. 26

［31］ Celsi, Richard L., and Jerry C. Olson (1988), "The Role of Involvement in Attention and Comprehension Processes," Journal of Consumer Research, Vol. 15 (September)

［32］ Courtland L. Bovee and Willianm F. Arens (2002), "Contemporary Advertising," 8th ed. Illinois, Richard D. Irwin

［33］ Dunn, S. Watson and Arnold M. Barban (1986), "Advertising: Its Role in Modern Marketing," 6th ed. New York, Dryden Press

［34］ Frazer, C. F. (1983), "Creative Strategy: A Management Perspective," Journal of Advertising, Vol. 12

［35］ Gorn, Gerald J. (1982), "The Effects of Music In Advertising on Choice Behavior: A Classical Conditioning Approach," Journal of Marketing, Vol. 16 (Dec.)

［36］ Homer, Pamela M. (1990), "The Mediating Role of Attitude Toward the Ad: Some Additional Evidence," Journal of Marketing Research, Vol. 27 (February)

［37］ Wright, John S., Daniel S. Warter and Sherilyn K. Zeisler (1982), "Advertising," 5th ed., New York, McGraw – Hill

［38］ Krugman, Herbert F. (1965), "The Impact of Television Advertising: Learning Without Involvement," Public Opinion Quarterly, Vol. 29 (Fall)

［39］ Laskey, Henry A., Ellen Day and Melvin Crask (1989), "Typology of Main Message Strategies for Television Commercials," Journal of Advertising, Vol. 18

［40］ Mackenzie, Scott B., Richard J. Lutz and George E. Belch (1986), "The of Attitude the Ad as a Mediator or Advertising Effectiveness: A Test of Competing Explanations," Journal of Marketing Research, Vol. 23 (May)

［41］ Mackenzie, Lutz and Belch (1986), "The of Attitude the Ad as a Mediator or Advertising Effectiveness: A Test of Competing Explanations," Journal of Marketing, Vol. 23 (May)

［42］ Mitchell, A. A. and J. C. Olson (1981), "Are Product Attribute Beliefs the only Mediator of Advertising Affection Brand Attitude?" Journal of Consumer Research, Vol. 22 (sep.)

［43］ Osgood, C. E. and P. H. Tannenbaum (1955), "The Principle of Congruity in Prediction of Attitude Change," Psychological Review. Vol. 62

［44］ Petty, Richard E., John T. Cacioppo and David Schumann (1983), "Central and Peripheral Routes to Advertising Effectiveness: The Moderating Role of Involvement," Journal of Consumer Research, Vol. 10 (September)

［45］ Ralph S. Alexander and the Committee on Definitions (1963), "Marketing Definitions", AMA, Chicago

［46］ Resnik, Alan and Bruce L. Stern (1977), "An Analysis of Information Content inTelevision Advertising", Journal of Marketing, Vol. 41 (January)

［47］ Resnik, Alan, Bruce L. Stern and Edward Grubb (1977), "Information Content in TV Advertising: A Further Analysis," B. A. Greengerg and D. M. Bellenger (eds.), "Contemporary Marketing Thought," Chicago: American Marketing Association

[48] Rogers, Ronald W. , "A Revised Theory of Protection Motivation (1983) ," In J. Cacioppo and R. Petty, eds. , Social Psychophysiology, New York, NY: Guilford

[49] Rossiter, John R. and Larry Percy (1987), "Advertising & Promotion Management," McGraw – Hill, Inc

[50] Schlinger, Mary Jane (1996), " A Profile of Resoponses to Commercials," Journal of Advertising Research, Vol. 19 (Fevruary)

[51] Shaver, Kelly G. (1975), "An Introduction to Attribution Processes", Winthrop Publishers, Inc. Cambidge, Massachusetts

[52] Tanner, Hunt and Epprihgt (2001), "The Protection Motivation Model: A Normative Model of Appeals", Journal of Marketing, Vol. 55

[53] Vaughn, Richard (1980), "How Advertising Works: A Planning Model", Journal of Advertising Research, Vol. 20, No. 5 (October)

[54] Vaughn, Richard (1986), "How Advertising Works: A Planning Model Revisited", Journal of Advertising Research, Vol. 26

[55] Zandpour, Fred, Cypress Chang, and Joelle Catalano (2002), "Stores, Symbols, and Straighy Talk: Comparative Analysis of French, Taiwanese, and U. S. TV Commercials," Journal of Advertising Research, (Jan/Fev)

[26] Aaker, David A. and Donale E. Bruzzone (1981), "Viewer Perceptions of Prime – Time Television Advertising," Journal of Advertising Research, (October)

[57] Aarker, David A. , Douglas M. Stayman, and Michael R. Hagerty (1986), "Warmth in Advertising: Measurement, Impact and Sequence Effects," Journal of Consumer Research, Vol. 12 (March)

[58] Aaker, David A. , Rajeev Batra, and John G. Myers (2004), "Advertising Management", Perntice Hall, Englewood Cliffs, New Jersey

[59] Abeele, Piet Vanden and Douglas L. Maclachlan (1994), "Process Tracing of Emotional Responses to TV Ads: Revisiting the Warmth Monitor," Journal of Consumer Research, Vol. 20 (March)

[60] Antil, John "Conceptualization and Operalionalization of Involvement," In Thomas Kinnear, ed. , Advances In Consumer Research II, Provo, UT: Association for Consumer Research

参考答案

第1章　广告导论

一、单选题

1. B　　2. C　　3. C　　4. B　　5. A

二、多选题

1. BCD　　　　2. AE　　　　3. ABCE

三、名词解释

1. 所谓广告，是指可确认的广告主为了促进交换，主要以付费的方式，通过各种媒体所进行的单向或双向的营销传播活动。

2. 售点广告是指在销售现场所做的广告，它是购物场所内外一切悬挂、设置的广告的总称。

3. 商务广告是以企业为受众对象，主要是通过专业媒体发布。商务广告又可分为主要针对工业企业，以原材料、生产设备为主要广告内容的产业广告和主要针对中间商为诉求对象所做的商业广告。

4. 消费者广告直接指向最终消费者，是以消费者为对象所做的广告，一般使用大众媒体。在整个广告活动中，这类广告占有较大的比例。

5. 非赢利性广告是企业或社会团体表明对社会的功能和责任，表明自己追求的不仅仅是从经营中获取赢利，而是过问和参与如何解决社会问题和环境问题，向消费者阐明这一意图的广告。此类广告也叫公益广告。

四、简答及论述题（略）

第2章　广告的起源与发展

一、单选题

1. C　　2. B　　3. C　　4. C　　5. B

二、多选题

1. ABCDE　　　2. ADE　　　3. ACD

三、简答及论述题（略）

第3章 广告组织

一、单选题

1. A   2. A   3. B   4. B   5. D

二、多选题

1. ABCDE   2. ABC   3. ABD

三、名词解释

1. 广告主（advertiser）是指直接或委托广告经营者（主要是指广告代理公司）实施广告宣传活动的一个主体，是广告信息的发出者。

2. 广告公司就是专门从事广告代理与广告经营的商业性服务组织。

3. 广告团体主要指广告行业组织，由从事广告业务、广告研究、广告教育或与广告业有密切关系的组织和人员自愿组成，对促进广告行业的业务交流、沟通协调及增强行业自律和管理具有重要的作用。

4. 广告代理制指的是广告代理方（广告经营者）在广告被代理方（广告主）所授予的权限范围内来开展一系列的广告活动，就是在广告主、广告公司与广告媒介三者之间，确立广告公司为核心和中介的广告运作机制。

5. 协商佣金制，就是广告主与广告公司经过协商确定一个小于15%的佣金比例，广告公司在得到媒介15%的佣金后，将超出协议佣金比例的部分退还给广告主。

四、简答及论述题（略）

第4章 广告计划、目标与预算

一、单选题

1. A   2. C   3. A   4. A   5. C

二、多选题

1. ABC   2. AB   3. ACE   4. ABCD

三、名词解释

1. 广告计划是广告主或广告经营单位根据企业的营销目标、营销策略和广告任务而制定的关于未来一定时期内广告活动的整体安排。

2. 广告预算是广告主根据广告计划对开展广告活动费用的匡算，是广告主进行广告宣传活动投入资金的使用计划。它规定了广告计划期内开展广告活动所需的费用总额、使用范围和使用方法。

3. 品牌知晓度是指消费者知晓品牌是否存在的程度。品牌知晓度可以由回忆度和再认度来测定。

4. 广告费一般是指开展广告活动所需的广告调研费、广告设计费、广告制作费、广告媒体费、广告机构办公费与人员工资等项目。

5. 广告频次是指在一段时间内，某一广告在特定媒体上出现的次数。

四、简答及论述题（略）

第5章 消费者的广告信息处理与情感反应

一、单选题

1. B   2. A   3. C   4. A   5. C

二、多选题

1. ABCD   2. ABCDE   3. ABCDE

三、名词解释

1. Fishibein 的态度模型（Attitude Model）是消费者的态度取决于对产品属性的信念（评价）和这些属性的重要性。

就是说，接触广告信息的消费者首先对广告所主张的品牌的各种属性形成信念，然后评价对属性的信念的重要程度，通过这些过程，消费者形成对品牌的态度。

2. 所谓归因，就是寻找能够解释自己或他人行为的原因的过程。

3. 卷入是指在特定状况下由某刺激引发的、被认知的关联性以及个人的重要性程度。

4. 消费者卷入的强度是指在特定状况下由刺激引起的心理能量的程度。卷入的强度一般由高卷入和低卷入来区分。

5. 恐惧诉求是在广告中展示一个可怕的情境，来唤起受众的焦虑和不安，进而指出恐惧情境可以通过使用产品或劳务来解除。

四、简答及论述题（略）

第6章　广告创意策略

一、单选题

1. C　　2. B　　3. C　　4. C　　5. A

二、多选题

1. ABCD　　　2. ABCD　　　3. BC

三、名词解释

1. 信息广告是指向受众提供明确而有逻辑性的事实性信息的广告。信息广告的诉求点一般采取这样的方式，即诉求消费者的实用性或效用性的需求，以消费者的否定情绪（negative emotion）作为提供信息的线索。

2. 严重性诉求是指通过向消费者直接或间接地展示不购买或不使用广告产品会引起的严重后果，从而诱导消费者购买或回避广告，产品的一种诉求方式。

3. 幽默诉求是通过逗笑的方式，使广告内容戏剧化、情趣化，在轻松愉快的心情下接受广告内容的诉求方式。

4. 性诉求是把性关系与产品联系起来的诉求方式。性诉求在广告中的运用，是以富有魅力的姿色、激发美感的情境来吸引男人或女人。

5. 所谓迁移广告是指消费者接触广告的时候，帮助消费者联系消费经验（或体会）与对产品肯定方面的心理反应的广告。

四、简答及论述题（略）

第7章　广告文案创作

一、单选题

1. B　　2. B　　3. A　　4. A　　5. C

二、多选题

1. ADCD　　　2. ABCD　　　3. ABD

三、名词解释

1. 广告标题（headline）就是广告的题目，是广告文案的高度概括。

2. 间接式标题是指并不直接介绍广告产品，而是采用迂回的办法，以"不明不白"的词句吸引目标对象的注意，引其转向广告正文，待将正文阅读完毕后，方可以明白其中意味。

3. 广告正文（body copy）是广告文案的中心内容，是对广告标题的解释以及对广告产品的介绍。

4. 广告标语（slogan），又叫广告口号，是是对广告商品信息精炼的概括或对广告主企业理念简洁的诠释，或两者兼顾。

5. 广告附文是广告文案中的附属文字部分，是对广告内容必要的交代和进一步的补充说明。它主要由商标、商标名、公司名、公司地址、电话、价格、银行账号以及权威机构证明标识等组成。

四、简答及论述题（略）

第8章 广告制作

一、单选题

1. A　　2. A　　3. B　　4. D　　5. C

二、多选题

1. CDE　　　　2. ABC　　　　3. BCD

三、名词解释

1. 电视广告脚本，也称电视广告文案，是电视广告创意的文字表达。

2. 景别是电视广告语言的基本要素，电视广告就是利用不同的景别组合形成特有的"语言"，向观众传播信息。简单地讲，景别就是被摄主体所占画面大小的不同。

3. 活动片也叫写实广告片（live action）。拍摄真人、真物、真景，是常用的广告片，能够给观众以真实感和现实感。

4. 解说是指随着广告画面的展现而做的讲解，又叫背景语言，用以增加观众对画面的理解。

5. 演词是指在戏剧性广告中人物的对话或独白，这时以剧中人物的话语来表达商品个性，引人进入现实环境，比解说更为有趣，感染力更强。

四、简答及论述题（略）

第9章 广告模特与广告音乐

一、单选题

1. B　　2. C　　3. C　　4. B　　5. C

二、多选题

1. ACD　　　　2. ACE　　　　3. ABCDE

三、名词解释

1. 广告模特是为拥护企业、产品以及品牌而在广告上出现的人物或象征物。

2. 典型的消费者模特是指那些对广告产品没有特别知识的普通消费者所充当的模特。

3. 动画模特是指利用插图、漫画以及把人物形象化的特写作为广告模特。

4. 同一化是指广告受众所产生的与广告模特间的有类似性感觉的过程。

5. 广告音乐是指媒体传播在广告宣传过程中所使用的音乐。广告音乐既有一般音乐艺术的审美特征，也包含了广告艺术的某些特性。

四、简答及论述题（略）

第10章 广告媒体及媒体策略

一、单选题

1. D　　2. D　　3. D　　4. C　　5. A

二、多选题

1. ACD　　　　2. ABCDE　　　　3. ABC

三、名词解释

1. 多媒体是指以数字这一整合性的技术来编成文字、声音、图像等信息，从而能有效地进行大量信息交流的技术和产品。

2. 广告媒体策略是指广告策划者根据广告对象（企业或产品）的特点制定广告媒体目标，并确定实现这些目标的途径。它是广告策划者运用各种媒体进行广告宣传活动的指导方针。

3. 视听率（rating）是指在一定时间内收看（收听）某一节目的人数占电视观众（广播听众）总人数的百分比。

4. 暴露频次（frequency）是指一定时期内，消费者个人或家庭暴露于广告信息中的平均次数。

5. 有效到达率也称有效暴露频次，是指在一特定广告暴露频次范围内，有多少媒体受众知道该广告信息并了解其内容。

四、简答及论述题（略）

第 11 章　网络广告

一、单选题

1. D　　2. C　　3. B　　4. C　　5. B

二、多选题

1. ABCDE　　　2. BCE　　　3. ABDE

三、名词解释

1. 网络广告是广告的一种形式，英语一般叫做 Net AD（Internet Advertising）或 Web AD，是基于计算机、通信等多种网络技术和多媒体技术，通过一定的可交互和互动的方式，将广告主的信息传递给目标消费者的一种付费的双向营销传播活动。

2. 旗帜广告是常见的网络广告形式，又名"横幅广告"，是互联网最为传统的广告形式。网络媒体在自己网站的页面（page）中分割出 2×3 厘米、3×16 厘米或 2×20 厘米的一个画面（视各媒体的版面规划而定）发布广告，因其像一面旗帜，故称为旗帜广告。

3. 邮件列表广告（Direct Marketing）。又名"直邮广告"，利用网站电子刊物服务中的电子邮件列表，将广告加在每天读者所订阅的刊物中发放给相应的邮箱所属人。广告形式多样化，包括旗帜、按钮及文字广告等。

4. 定向广告是指网络服务商利用网络追踪技术（如 Cookies）搜集整理用户信息，按年龄、性别、职业、爱好、收入、地域分类储存用户的 IP 地址。然后利用网络广告配送技术，向不同类别的用户发送内容不同的广告。

5. 网络广告策划是根据互联网的特征及网络人群的特征，从全局角度所展开的一种运筹和规划。

四、简答及论述题（略）

第 12 章　广告效果测定

一、单选题

1. B　　2. B　　3. D　　4. A　　5. B

二、多选题

1. ABCDE　　　2. ACD　　　3. AC

三、名词解释

1. 广告效果是指通过媒体传播之后所产生的影响，或者说媒体受众对广告效果的结果性反应。

2. 广告的经济效果又称为销售效果，是指广告活动促进产品的销售或提供服务的增加，是对企业利润增值的贡献程度。

3. 广告的沟通效果是指广告活动在消费者心理上的反应程度，表现为广告活动对消费者的认知和改变消费者心理方面的影响。

4. 声音占有率是指某品牌产品在某种媒体上，在一定时间内的广告费用占同行业同类产品广告费用总额的比例。

5. 广告知晓度是指媒体受众通过多种媒体了解某则广告的比率和程度。

四、简答及论述题（略）

第 13 章　广告管制

一、单选题

1. C　　2. A　　3. D　　4. D　　5. C

二、多选题

1. ABCDE   2. ADE   3. ABC

三、名词解释

1. 广告管制是工商行政管理机构会通过广告行业协会和社会监督组织，依照一定的广告管理法律、法规和有关政策规定，对广告行业和广告活动实施的监督、检查、控制和指导，以达到保护合法经营，取缔非法经营，查处违法广告，维护广告行业正常运行的目的。

2. 广告法规是广告管制机关行使监督职能，对广告宣传、广告经营、广告发布等涉及广告的活动和行为实施管制的法律法规。

3. 广告经营者是指受委托提供广告设计、制作、代理服务的法人、其他经济组织或个人。

4. 广告行业自律是指广告业者通过章程、准则、规范等进行自我约束和管理，使自己的行为更符合国家法律、社会道德和职业道德要求的一种制度。

5. 中国消费者协会是经国务院批准成立的、对商品和服务进行社会监督以保护消费者合法权益为宗旨的全国性社会团体。

四、简答及论述题（略）

第14章 广告与社会

一、单选题

1. D   2. A   3. B   4. A   5. C

二、多选题

1. AB   2. ACDE   3. ABCE

三、简答及论述题（略）

第15章 国际广告

一、单选题

1. B   2. A   3. C   4. C   5. A

二、多选题

1. ABCDE   2. ACDE   3. ABCDE

三、简答及论述题（略）

书名：现代营销学（第2版）
作者：李东进　秦　勇　主编
书号：978-7-80234-742-7
定价：35.00元
简介：本书以通俗易懂的方式叙述现代企业营销的基本原理和概念，并结合我国企业营销发展的新趋势，从企业产品的渠道、价格、市场环境、促销、消费者行为等方面对现代企业的营销活动进行了较为深入的探讨。

书名：现代广告学（第4版）
作者：李东进　秦　勇　著
书号：978-7-5177-0340-2
定价：42.00元
简介：本书充分借鉴国内外广告学最新研究成果，讲述了广告学的基本原理、概念和实务，还结合我国广告业发展的新趋势，对新媒体广告、电影（电视）植入式广告以及名人广告等热点广告问题进行了较为深入的探讨。

书名：国际营销教程
作者：陈祝平　编著
书号：978-7-80234-452-5
定价：32.00元
简介：本书系统地比较了国际营销与国内营销、国际贸易的区别，讲述了国际环境、国际市场策划、国际产品策划、国际渠道策划、国际沟通和国际定价等内容。适合高校经济管理类本科和研究生（包括MBA）学习用书，也可供工商企业管理层阅读和参考。

书名：市场营销学教程
作者：吴　涛　编著
书号：978-7-80234-452-5
定价：32.00元
简介：为了更好地适应高等院校市场营销学

课程的教学需要，这次修订对原书进行了大幅度的调整，重新撰写了一些章节，包括更换书名。本教程旨在提供一本以案例教学为导向，突出本土企业营销管理实践，侧重实践应用能力的市场营销学教科书。

书名：市场调研与预测
作者：胡祖光　王俊豪　吕筱萍　编著
书号：978-7-80087-829-5
定价：30.00元
简介：本书从市场调研、市场预测、数据处理与分析三大方面系统阐述了市场调研的基本概念、方式方法和技术、调研资料分析、数据统计软件的应用以及市场预测的方式方法等。

书名：品牌管理
作者：陈祝平　著
书号：978-7-80087-803-9
定价：28.00元
简介：本书通过大量的中国本土企业的品牌实战案例，从心理学和经济学两个角度全面分析了品牌管理的各种问题，包括品牌资产的概念和结构、品牌形象和定位、品牌设计、品牌渠道和品牌传播等内容，具有很强的实用性。

书名：营销渠道管理：理论、方法与实践
作者：秦　勇　李东进　主编
书号：ISBN 978-7-5177-0283-2
定价：36.00元
简介：本书结合当前的营销新环境，系统介绍营销渠道的模式与设计、渠道成员的选择、渠道冲突与合作管理、营销渠道中的信息与物流管理、国际营销渠道等内容，为读者呈现了一个较为完整的渠道管理知识体系。

书名：绩效管理
作者：付维宁　编著
书号：978-7-80234-726-7
定价：38.00元
简介：本书主要讲述绩效评价、绩效执行、绩效反馈、绩效计划、公关部门的绩效管理。本书可作为人力资源管理专业本科学生、正在从事或有兴趣从事人力资源管理的企业及社会人员的学习用书，也可作为高等职业院校、大专院校、成人院校企业管理专业的培训教材。

书名：劳动关系管理
作者：尚　珂　左春玲　著
书号：978-7-80234-710-6
定价：35.00元
简介：本书从宏观和微观两个角度，不仅讲述了劳动关系与劳动关系管理、劳动关系主体与劳动力市场等宏观理论，还详细讲述了企业劳动合同管理、企业劳动标准实施管理、企业集体合同管理、企业劳动争议管理等内容。

书名：人才测评教程
作者：寇家伦 编著
书号：978-7-80234-453-2
定价：40.00元
简介：本教材的第1版《人才测评》于2006年出版。本书是原书的第2版。为了更好地适应高等院校人力资源专业课程的教学需要，本次修订对原书进行了大幅度的调整，并且重新撰写了一些章节。

书名：人力资源管理教程（第2版）
作者：伍争荣 主编 缪仁炳 副主编
书号：978-7-80234-462-4
定价：36.00元
简介：为了更好地适应人力资源管理环境发生很大变化后的教学研究工作，特别是新的《劳动合同法》颁布实施后劳动关系领域新的变化，并反映理论的前沿和实践的进步，本书对第1版进行了一定程度的调整、补充和完善。

书名：组织行为学
作者：肖余春 主编
书号：978-7-80087-882-4
定价：36.00元
简介：本书运用心理学、社会学、人类学、经济学等知识，分别从个体行为、群体行为和组织系统等方面探讨研究一定组织中人的心理和行为的规律性，从而提高管理者对人的行为的预测和引导能力。

书名：人才测评技术（修订版）
作者：宋荣 谷向东 宇长春 主编
书号：978-7-80234-853-0
定价：38.00元
简介：本书不仅介绍了人才测评的基本概念和基本原理，还全面系统地介绍了心理测验、面试、笔迹分析、无领导小组讨论、公文筐、角色扮演、360度反馈技术等目前国内企业所采用的人才测评技术。全书用大量的人才测评案例，对实际人才测评工作具有很强的实用性。

高等院校经济管理"十二五"规划教材·管理与MBA系列

书名：管理经济学
作者：戴庚先等 编著
书号：7-80087-860-0
定价：39.00元
简介：本书创造性地将Excel运用到管理经济学的决策分析当中，全面阐述了管理经济学的理论、方法和应用，系统讲述了管理经济学的数学模型、供应与需求理论、生产理论与决策分析、成本理论与分析、企业利润、生产结构分析、博弈论与竞争策略等内容。

书名：管理学原理（第3版）
作者：李东进 秦勇 主编
书号：978-7-5177-0193-4
定价：42.00元
简介：这是本教材第三次修订，在保持前两版总体风格、特色和体系架构的基础上，对全书内容作了一定的更新。除了着重强调管理策略的重点——决策、计划、预测、组织、领导、激励、控制等外，还增加了组织文化和管理创新两章内容，使整个教材的知识体系更趋完整和合理，更适应我国管理学教学的需要。

书名：公共关系学
作者：秦勇 主编
书号：978-7-5177-0209-2
定价：45.00元
简介：本教材追求简明、实用的写作风格，讲述了公共关系的定义与特征、公共关系的工作流程、公共关系广告、公共关系专题活动、公共关系危机管理、公共关系的CIS战略，以及网络公共关系等内容，内容丰富，结构清晰，实用性很强。

高等院校经济管理"十二五"规划教材·财务管理系列

书名：高级财务会计
作者：蒋德启 主编 王铁林 副主编
书号：978-7-80234-575-1
定价：35.00元
简介：本教材重点安排能够提升学生实战能办的内容——合并财务报表和中期财务报告的编制，以及企业清算会计、衍生金融工具会计、外币会计、物价变动会计、租赁会计等相关知识。在介绍这些内容时，加入了很多真实企业的案例。

书名：小企业会计准则释义与运用
作者：蒋德启 刘诚 主编
书号：978-7-80234-749-6
定价：32.00元
简介：本书是第一本系统阐释小企业会计准则的书。它从基本理论、流动资产、非流动资产、负债的核算、所有者权益、收入、费用、利润及其分配、外币业务、财务报告等方面对小企业会计准则进行释义，并且相应地列举了大量案例，以供学习者的吸收、消化。

书名： 电子商务实务教程
作者： 李东进 秦 勇 主编
      于 洁 朴世桓 副主编
书号： 978-7-80234-888-2
定价： 35.00元
简介： 本书介绍了电子商务的技术基础、电子支付、电子商务物流、网络营销、网络采购等内容，前瞻性地勾画出了电子商务专业理论知识的基本框架，旨在帮助读者理解电子商务商业模式和价值创造的原理。

书名： 商务沟通教程
作者： 王慧敏 编著
书号： 978-7-80087-826-0
定价： 28.00元
简介： 本书是一本以能力培养为主线的理论与实务相结合的商务沟通教材。全书包括商务沟通概述、商务沟通的一般技巧、招聘与面试、演讲的技巧、会议沟通技巧、谈判技巧、与客户的沟通技巧、管理沟通、书面沟通等内容。本书具有很强的实用性。

书名： 国际贸易实务
作者： 王慧敏 编著
书号： 978-7-80234-519-5
定价： 35.00元
简介： 本书突出案例教学、启发式教学，主要讲述国际货物运输、国际货物运输保险、进出口商品价格核算、国际贷款的收付、国际货物买卖合同的签订、进出口交易的基本业务程序等内容，使学生在解决问题的过程中掌握课程教学内容。

书名： 商务礼仪教程
作者： 王慧敏 吴志樵 周永红 编著
书号： 978-7-80234-229-3
定价： 32.00元
简介： 本书系统地介绍了商务活动中的服饰妆容礼仪、语言行为礼仪、往来礼仪、交际礼仪、办公室礼仪、通讯礼仪、会议礼仪、谈判礼仪、求职礼仪、涉外礼仪等方面的知识。本书可以作为大学本科和高职院校学生的教材，也可以作为普通大众了解礼仪知识的通俗读物。

书名： 报关实务
作者： 王慧敏等 编著
书号： 978-7-80234-354-2
定价： 32.00元
简介： 本书详尽地介绍了报关从业人员需掌握和了解的各种进出口货物的报关程序、进出口商品的归类与税费的征收，以及进出口货物报关单的填制等相关知识。还根据教学的实践安排了练习题和案例分析，以培养学生的思维能力和动手能力。

书名： 连锁企业经营管理（第2版）
书号： 978-7-5177-0343-3
作者： 孙 静 孙前进 编著
定价： 35.00元
简介： 修订后的教材更具有实用性，使学习者掌握连锁经营的相关知识，并不断提高驾驭现代连锁企业的技能与素养，成为更优秀、更符合连锁企业需要的人才。
　　本教材适合连锁经营管理专业师生使用，也可作为连锁企业从业人员的培训教材。

书名： 连锁门店开发与选址（第2版）
书号： 978-7-5177-0341-9
作者： 李晓晖 弓秀云 杨洋 编著
定价： 32.00元
简介： 作者根据自身在教材使用过程中的体会和读者们的反馈意见，对全书内容做了一定的更新和充实。修订后的教材更具有实用性，是成功开发并有效管理一家门店所必须掌握的知识与技能。
　　本教材适合连锁经营管理专业师生使用，也可作为连锁企业从业人员的培训教材，具有广泛的适用性。

书名：连锁企业信息系统与管理（第2版）
书号：978-7-5177-0342-6
作者：杨洋 孙前进 编著
定价：32.00元
简介：修订后的教材内容更新，案例更典型，使学习者能更快的掌握连锁企业信息系统运营维护及发展研究等内容。

本教材适合连锁经营管理专业师生使用，也可作为连锁企业从业人员的培训教材，具有广泛的适用性。

书名：连锁企业采购与配送管理（第2版）
书号：978-7-5177-0345-7
作者：胡贵彦 编著
定价：35.00元
简介：修订后的教材更具有实用性，力图使从事连锁企业的相关人员能够以最短的时间全面系统地掌握连锁企业采购和配送方面的知识和技能。

本教材适合连锁经营管理专业师生使用，也可作为连锁企业从业人员的培训教材，具有广泛的适用性。

书名：连锁企业门店管理（第2版）
书号：978-7-5177-0344-0
作者：隆意 尚珂 顾丽萍 编著
定价：32.00元
简介：本次修订在保留上一版总体风格、特色和体系架构的基础上，作者根据自身在教材使用过程中的体会和读者们的反馈意见，对全书内容做了一定的更新和充实。

修订后的教材在保持知识的完整性和系统性的同时，重点突出了对实践的指导和应用。

本教材适合连锁经营管理专业师生使用，也可作为连锁企业从业人员的培训教材，具有广泛的适用性。

高职高专旅游管理类规划教材

书名：旅行社经营管理实务
作者：陈道山 主编
书号：978-7-80234-421-1
定价：35.00元
简介：本书将旅行社的经营管理分为四大模块，即基础模块、实务模块、支撑模块、发展趋势模块，每个模块下又分为若干项目，详细讲述了旅行社的基本知识、旅行社经营管理基础等内容。

书名：酒店经营与管理
作者：李辉作 于涛 主编
书号：978-7-80234-421-1
定价：35.00元
简介：本书以酒店经营与管理的理论及管理内容为框架，通过模块的形式，讲述了酒店经营管理概述、酒店接待业务管理、酒店内部管理和酒店日常管理等内容，建立起了酒店经营与管理的完整体系。其内容上"宽"、"新"、"实"并举，注重内容的科学性、系统性、创新性和实用性。

书名：导游实务
作者：仪孝法 冯静 主编
书号：978-7-80234-389-4
定价：32.00元
简介：本书系统地阐述了合格的导游员应具备的素质、知识和技能。全书理论与实践相结合，侧重对学生实践技能的培养，主要体现在导游服务各种操作规程的介绍上，有很强的实用性和操作性。

书名：旅游学概论
作者：苟胜东 主编
书号：978-7-80234-424-2
定价：26.00元
简介：本书讲述了旅游的产生与发展、旅游的概念与特点、旅游者、旅游资源、旅游业、旅游组织、旅游市场以及旅游的影响等八个模块。这八个模块以旅游的自身性质和特点为主线，既有纵向旅游发展历史的介绍，也有横向旅游业的组成部分、旅游组织的讲述，使大家对旅游业发展有一个清醒的认识。

书名：旅游市场营销
作者：樊雅琴 主编
书号：978-7-80234-423-5
定价：35.00元
简介：本书分别介绍了旅游市场营销导论、旅游市场营销环境分析与运筹、旅游购买行为分析、旅游市场调研与预测、旅游目标市场营销等内容。

书名：旅游资源学
作者：杨学峰 主编
书号：978-7-80234-426-6
定价：35.00元
简介：本书系统阐述了旅游资源的概念，旅游资源形成的基本条件、基本特征、分类等基本理论，分析了地理、水体、大气及太空等自然旅游资源的成因、特征、主要类型等。

书名： 人力资源战略与规划
书号： 978-7-80234-038-1
作者： 寒 武 编著
定价： 28.00元
简介： 本书介绍了人力资源战略与规划的产生、人力资源战略及其制定与实施、人力资源规划、人力资源供求分析、操作技巧和成功案例的学习，可使读者充分掌握人力资源战略设计及人力资源规划的模式与方法，从而构建起一个完整的人力资源战略与规划体系。

书名： 劳动关系管理 (修订版)
书号： 978-7-80087-983-8
作者： 左祥琦 编著
定价： 32.00元
简介： 本书可以作为专业的培训和教学教材外，还适合人力资源管理者、企业高中级管理人员、劳动行政部门的官员、各级工会干部、劳动法的研究人员、劳动争议仲裁员、负责审理劳动争议案件的法官，以及其他与劳动领域有关的从业人员。

书名： 薪酬福利管理
书号： 978-7-80087-963-0
作者： 胡昌全 编著
定价： 35.00元
简介： 作为"中国注册人力资源管理职业资格认证"的指定培训教材之一，本书以什业薪酬管理为主线，对薪酬体系与结构、付薪策略与原则、福利与保险做了完整深入的分析。

书名： 人才测评
书号： 978-7-80087-969-2
作者： 寇家伦 编著
定价： 36.00元
简介： 本书向读者全面介绍了人才测评技术的发展历程、基础理论与实践方法，重点阐述了人才测评技术中信用效度最高的评价中心技术的实践操作，向读者完整地呈现了组织人才测评活动的各个环节及关键控制点。

书名： 人力资源信息化管理
书号： 978-7-80087-962-3
作者： 洪 玟 编著
定价： 28.00元
简介： 本书能够帮助读者更好地理解e-HR究竟是什么，它在企业人力资源管理工作中能做哪些事情，以及如何选择和实施这项技术来实现预期的收益。

书名： 员工任用
书号： 978-7-80087-954-8
作者： 闫凤芝 编著
定价： 28.00元
简介： 本书从员工任用的角度，讲述人力资源规划、职位分析、员工招聘甄选、员工入职和辞职管理等内容，在传播人力资源管理技术的同时，将人力资源管理的理念与读者进行分享，从而引导读者全面、系统、实际地看待和解决企业的问题。

书名： 职业生涯管理 (第2版)
书号： 978-7-80234-653-6
作者： 杜映梅 编著
定价： 35.00元
简介： 本书系统地介绍了职业生涯管理的相关理论知识，并提供了丰富的案例和测试，以期为广大读者提供具有高度可操作性的指导。

书名： 绩效管理 (第2版)
书号： 978 7 80234 654 3
作者： 杜映梅 编著
定价： 35.00元
简介： 本书是作者对近年来国内外关于绩效管理的方法和在企业管理实践中的经验进行总结、提升而形成的关于绩效管理的操作理念，主要可供企业的实际管理工作者和从事人力资源管理工作的人士作为工作的参考，也可作为企业管理类教学和科研的参考书，对人力资源管理感兴趣的人士亦可作为自学之用。

书名： 企业培训
书号： 978-7-80087-961-6
作者： 于 虹 编著
定价： 25.00元
简介： 本书内容由三部分组成。第一部分重点介绍培训的涵义、目的、形式和企业培训管理的内容及培训体制的完善等内容，第二部分围绕着企业培训体系构成的核心内容展开说明，第三部分从培训前的准备、课程的开发方法、培训师授课技巧及企业培训中的经典游戏等方面做了介绍。